U0931083

谨以此书庆祝

中国共产党成立100周年和

西藏和平解放70周年！

དཔེ་དེབ་འདི་བཞིན་ཀྲུང་གོ་གུང་ཁྲན་ཏང་དབུ་བརྙེས་ནས་ལོ་ངོ་༡༠༠འཁོར་བ་དང་བོད་ཞི་བས་བཅིངས་འགྲོལ་བཏང་ནས་ལོ་ངོ་༧༠འཁོར་བར་རྟེན་འབྲེལ་ཞུ་བའི་སྐྱེས་སུ་ཆེད་དུ་དམིགས་པའོ།

西藏文物考古研究

བོད་ལྗོངས་རིག་དངོས་དང་ས་འོག་ཞིབ་འཇུག།

（第4辑）

གླེགས་བམ་བཞི་པ།

西藏自治区文物保护研究所　编著

བོད་རང་སྐྱོང་ལྗོངས་རིག་དངོས་ཉར་སྐྱོང་ཞིབ་འཇུག་ཁང་གིས་བསྒྲིགས།

科 学 出 版 社

北 京

内 容 简 介

本书以西藏文物考古与古建筑为主要讨论对象，内容包括考古调查简报、专题研究、建筑勘查报告等，涉及考古、文物、古建筑、宗教艺术、古文献等方面的研究，旨在为广大读者提供较为集中的有关西藏文物考古信息与文化历史研究的成果。

本书适合文物、考古、古建筑、历史、艺术等相关领域的研究人员参考阅读。

图书在版编目（CIP）数据

西藏文物考古研究. 第4辑 / 西藏自治区文物保护研究所编著. —北京：科学出版社，2022.4

ISBN 978-7-03-072075-7

Ⅰ. ①西… Ⅱ. ①西… Ⅲ. ①文物–考古–西藏 Ⅳ. ① K872.75

中国版本图书馆 CIP 数据核字（2022）第 062265 号

责任编辑：赵 越 / 责任校对：邹慧卿

责任印制：肖 兴 / 封面设计：美光设计

科学出版社 出版

北京东黄城根北街 16 号

邮政编码：100717

http://www.sciencep.com

中国科学院印刷厂 印刷

科学出版社发行 各地新华书店经销

*

2022 年 4 月第 一 版 开本：787 × 1092 1/16

2022 年 4 月第一次印刷 印张：23 3/4 插页：20

字数：600 000

定价：198.00 元

（如有印装质量问题，我社负责调换）

《西藏文物考古研究》（第4辑）
编辑委员会

目　　录

西藏阿里札达县格布赛鲁墓地2017年度考古发掘简报

西藏自治区文物保护研究所　陕西省考古研究院
札达县文化局（文物局）

一、墓地概况

格布赛鲁墓地位于西藏自治区阿里地区札达县县城以北约10千米处的桑达沟内，行政上隶属托林镇东嘎村（图一）。桑达沟内的小河自北向南注入象泉河，沟两侧为高耸的土林崖壁。古代墓葬分布在河谷两岸的台地上。1997年7月，四川大学、西藏

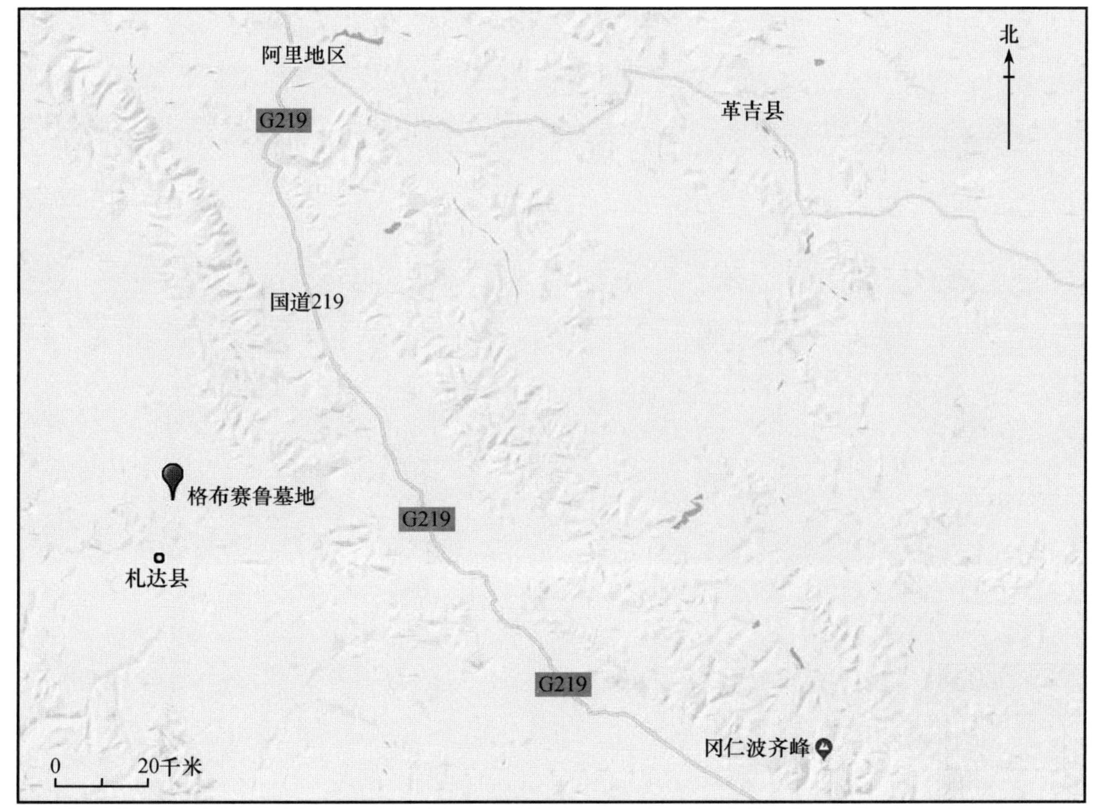

图一　格布赛鲁墓地地理位置示意图

自治区文物局联合考古队曾在格布赛鲁进行过初步调查，确认此为一处古代墓地，并发表了调查简报[1]。简报提到藏语地名“格布赛鲁”意为“黄色的大山”，其实译做“黄色的断崖”较为准确。简报介绍地表采集到石制品包括石核、石片、砍砸器、砍斫器、切割器、刮削器等。采集陶器以夹砂陶为主，泥质陶较少，陶色以不太纯正的红褐陶为主，器类主要有罐、钵、杯等，绝大多数为圜底器，器耳较为发达，多饰压印的绳纹、弦纹、水波纹以及刻划的线纹、以小圆点和菱形构成的几何纹等，器耳上则多见剔刺的点状或条形纹样。采集金属器有铜环等。

由于墓地长期遭受自然和人为的破坏，为确保墓地尽可能保存原貌，更加准确提取墓地所包含的考古学信息，2016年西藏自治区文物保护研究所、陕西省文物考古研究院专业人员对该墓地现场踏查后，申请将其列入2017年主动性考古发掘项目。经国家文物局批准，2017年西藏自治区文物保护研究所、陕西省考古研究院联合对格布赛鲁墓地开展了考古调查和发掘工作。通过调查，并根据古代遗存的分布，可将墓地以桑达河为界分为东、西两个区域，东区又分为南、北两个部分。此次发掘区位于墓地东区北部，所在地势东高西低、南高北低，地表多有东西向冲沟，根据现场已暴露于地表的石框和堆石等遗存状况，共清理了9座墓葬（图二）。现将此次工作情况介绍如下。

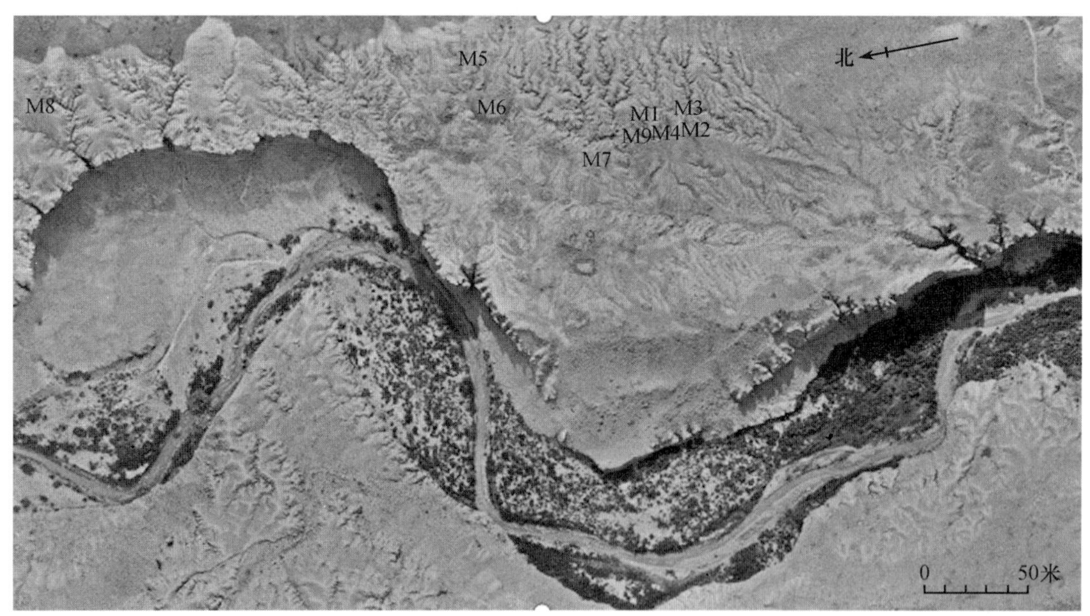

图二 2017年度发掘墓葬分布图

二、墓　　葬

本年度共发掘清理9座墓葬，按墓葬形制可分为竖穴土坑石室墓和土洞墓两类，本简报中，仅对8座石室墓按墓葬编号（2017ZGM1～2017ZGM5、2017ZGM7～2017ZGM9）

依次简要分述如下。

2017ZGM1　位于发掘区南部，M3北侧，M9东侧。发掘前遭到较为严重的盗扰，四周散落有较多石块及扰土，石室四壁部分砌石暴露于地表之上。墓葬方向151°。墓葬形制为竖穴土坑石室墓，平面略呈长方形，南壁略外弧，东南角弧度明显。南北内长170、外长192厘米，东西内宽99、外宽144厘米，原始墓底深21厘米，北部东侧扰动破坏最严重处深24.5厘米。从现存状况来看，垒砌墓室四壁的石块均为纵向放置的较厚扁平石块，除南壁为内外两层砌石外，其余部分均仅可见一层砌石。砌石之间有宽0.5～3厘米的缝隙。现存砌石南高北低。墓室底部未见石块，系在土坑底部铺垫一层厚约0.2厘米的较纯净灰白色土并压实形成硬面之后涂抹红色物质加工而成，红色物质层现存部分厚0.3～0.5厘米。四壁石块上亦可见红色物质浸染迹象。墓主人仰身直肢葬，头朝南脚朝北，残存头骨、趾骨、左侧肩胛骨等。头骨枕于南壁石块上，头部饰品保存较好，未受扰乱。墓主人颅骨顶部发现一段覆盖颅骨的朽木痕迹，与南壁大体平行，宽约6、厚约2.5厘米，内外侧有白色迹象。据此推测原来可能有木质葬具（图三；图版一，1～4）。

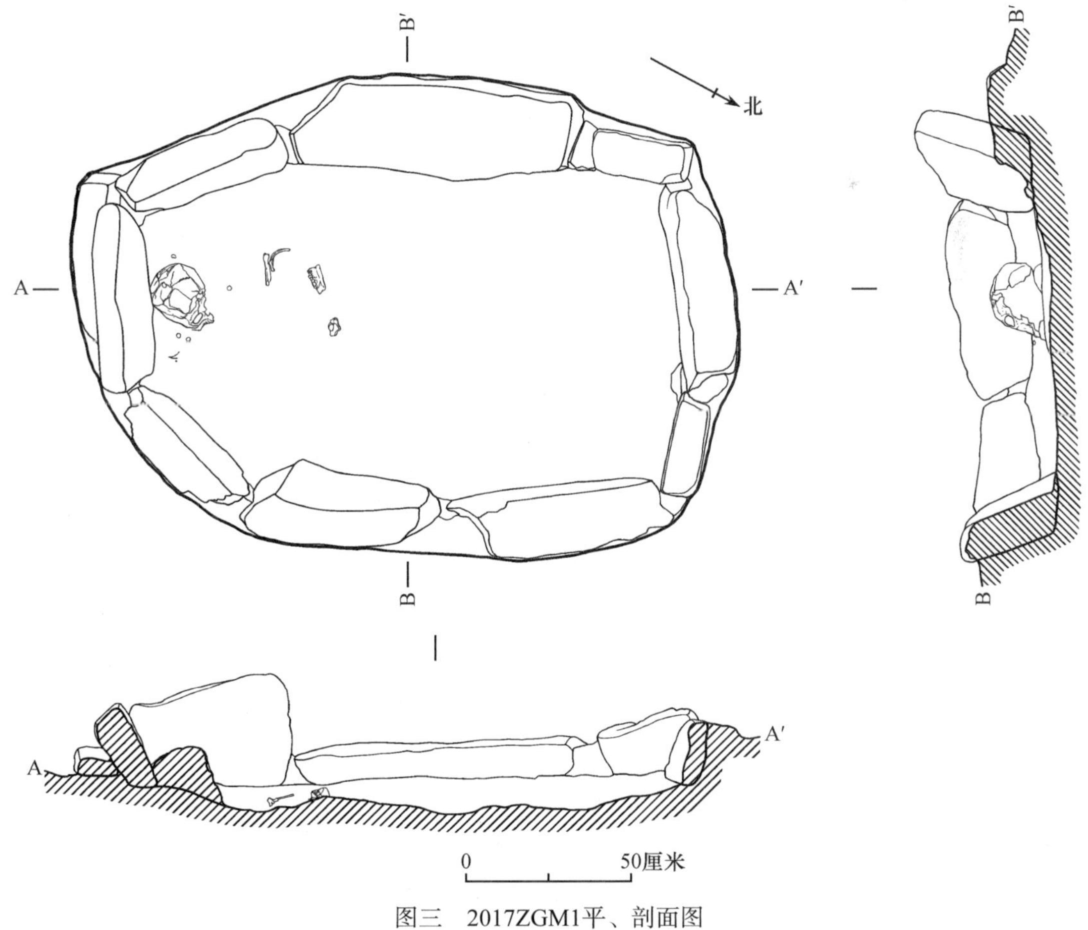

图三　2017ZGM1平、剖面图

2017ZGM2　位于发掘区南部，M4南侧，M3西侧。墓葬开口于地表散乱堆石下，保存完好，未遭盗掘。墓葬方向近0°。墓葬形制为竖穴土坑石室墓，墓葬北侧带一头厢，平面大致呈南北狭长的椭圆形，坑口东西宽124.2、南北长156.4厘米，北端深103.4、南端深119.8厘米，坑口较小，略呈袋状。坑口地势东南高西北低。坑壁平整坚硬，与坑内淤沙自然分离。墓室东、西两壁由7层石片平砌作石框，石框东西宽63.6厘米，石片高约75厘米，厚度较均匀。石框北侧用2层较长的石片搭棚，南侧未搭棚，石框南端略塌陷。墓室坑口盖较大石片，石片下有2层朽木遗存，推测墓室内原来用2层直径为8～18厘米的圆木搭棚，下层放置墓主人遗骸及绝大多数随葬陶器和随身物品；中层放置随葬牛头、羊头和部分陶器；上层放置封口石板。墓内淤沙层理清晰，结构紧密，有圆木垮塌、腐朽后留下的痕迹和残存的黑色木屑。墓室底部为铺有红色物质的硬面，厚约0.7毫米。头厢位于坑北侧下部，平面呈半圆形，穹隆顶，平底，呈四分之一球状。口宽64.2、高36厘米，内置随葬陶器、动物骨骼等。头厢外有2块长条石。墓主人置墓室底部中间，葬式为仰身直肢葬，头朝北脚朝南。股骨上有明显的红色物质，胸椎上有黑色炭化物质，形成原因有待进一步分析（图四；图版一，5～8）。

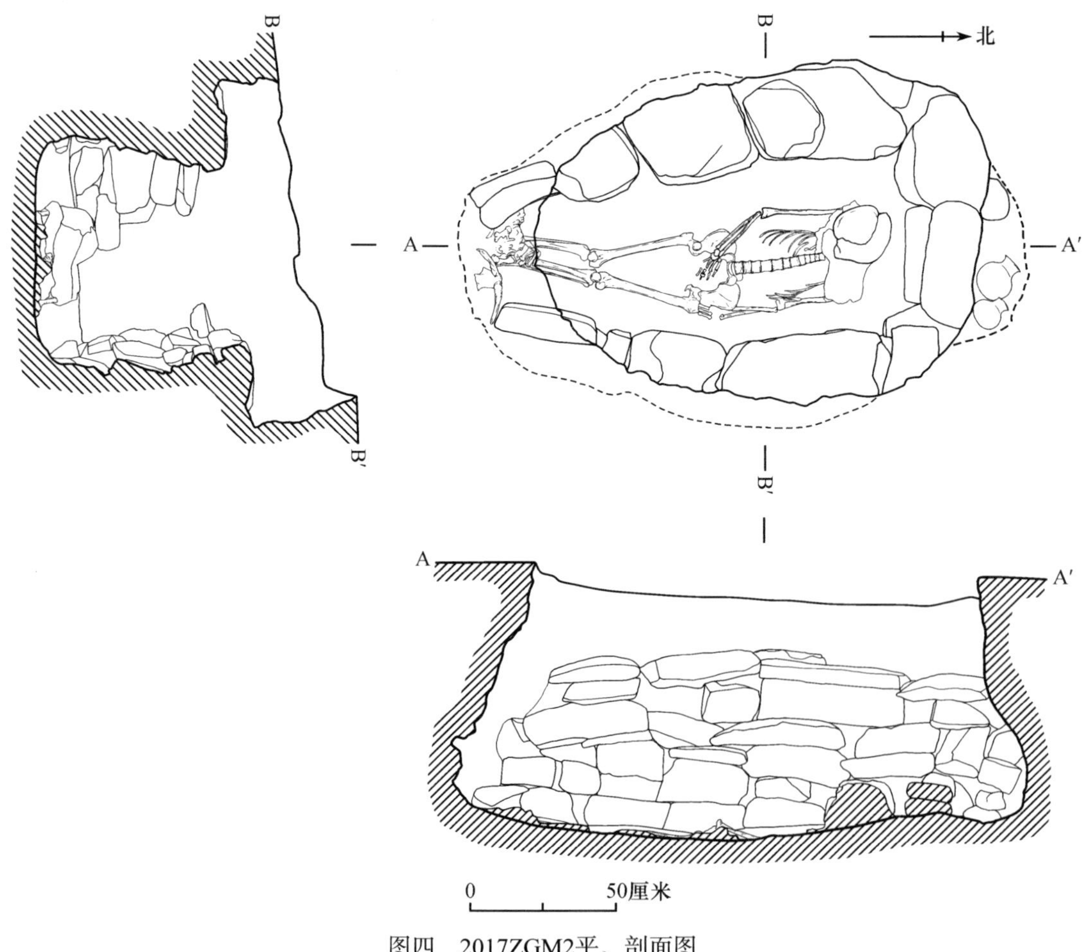

图四　2017ZGM2平、剖面图

2017ZGM3　位于发掘区南部，T1东南部。发掘前遭到严重盗扰，石室四壁部分暴露于地表外，保存状况差。墓葬方向155°。墓葬形制为竖穴土坑石室墓，平面呈长方形，东、西壁略呈弧形，南窄北宽。石室外长218、外宽125厘米，石室内长190、内宽75厘米。东西两壁下部为竖置的石板，上部平铺大石块，南壁由规整的大石块垒砌而成，北壁由于遭受破坏，现仅存西北侧4块垒砌的大石块，猜测原来应与南壁相对应，由较规整的大石块垒砌而成。墓底可见红色物质层。人骨位置扰乱，葬式不明。参照其他墓葬的情况，不排除最初的葬式为仰身直肢葬的可能性（图五；图版二，1、2）。

2017ZGM4　位于发掘区南部，T1西部偏北处。保存状况极差，残存的南北向砌石中部的2块在发掘前暴露于地表，除东壁和东北转角外，其余石室砌石及墓室的上部结构均已无存，墓室底部西侧、北侧、南侧均已遭破坏。从现存的东壁立石和东北转角砌石来看，M4原来亦应为一座小型土坑石室墓。东壁砌石方向为27°，长215、最宽28、最高37厘米。东壁由东、西2层石块构成。西层石块较连续，现存4块，为竖置的扁平石块，均向东微斜。东层石块仅在西层自南向北第二石块东侧下部发现。东北转角石块平置、较小，不排除已被扰动的可能性。现存墓室底部无石，仅在局部发现有层状涂红迹象，可能亦是在铺垫了一层细沙土并加工平整后进行涂红的。墓室内未发现人骨与朽木痕迹，葬具葬式均已不明，仅出土2块骨骼（图版二，3）。

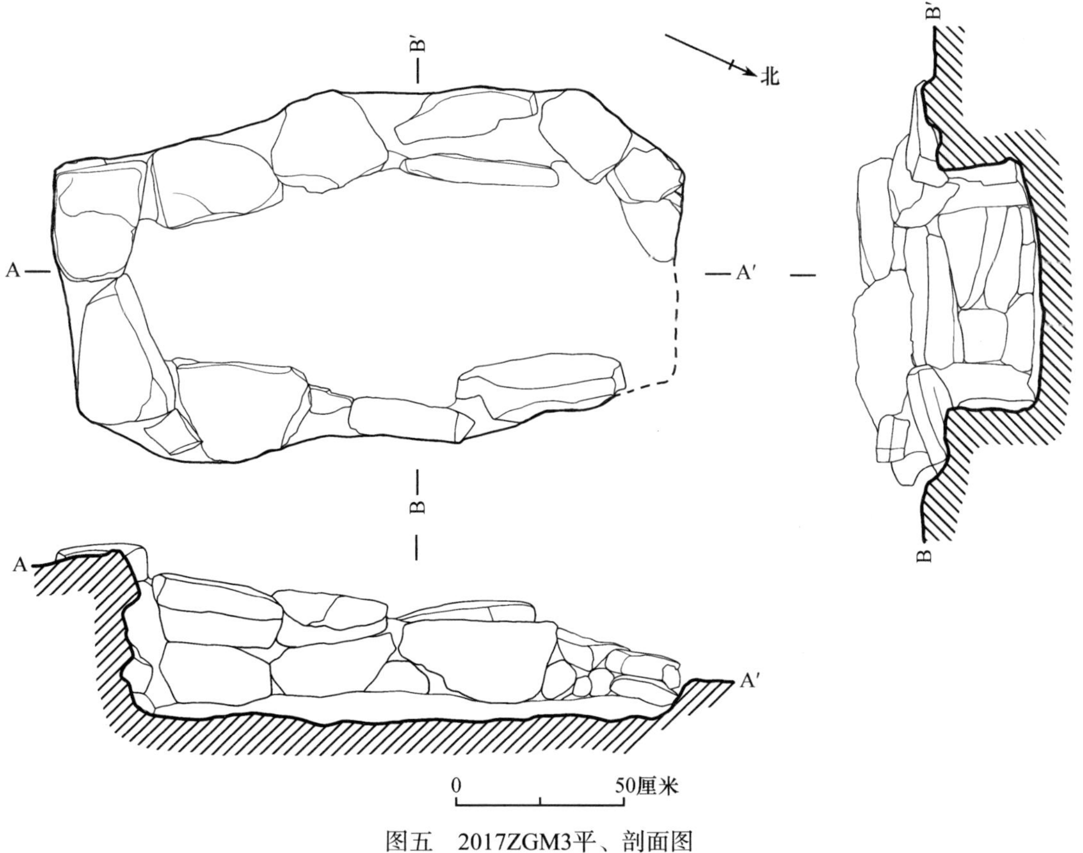

图五　2017ZGM3平、剖面图

2017ZGM5　位于发掘区中部偏南。发掘前遭到严重破坏，石砌墓室暴露于地表，保存情况差。墓葬大体呈东西向，方向北偏东110°。为竖穴土坑石室墓，残存南、北、东三壁砌石。四周以自然石块砌筑，东西长160、南北宽60～90、深8～40厘米。边框最厚处约16厘米。墓室内仅存部分肢骨，葬具葬式均已不明（图六；图版二，4）。

2017ZGM7　位于发掘区南部。发掘前遭到较严重的盗扰，石室内、外散落有较多石块及扰土。主体部分盗扰程度较东北角石框更为严重，石室四壁砌石上部均已暴露于地表之上。墓葬方向112°。墓葬形制为竖穴土坑石室墓，主体部分平面略呈长方形，西壁呈圆弧状，西北角和西南角均呈圆弧状。东南角较直，东北角与外伸石框构成一头厢结构，转角亦较直。头厢与主体部分之间连通，整体呈"⊂┘"形。石室东西内长168、外长192厘米，南北内宽65、外宽97厘米。头厢南北长67、东西宽21.8厘米。原始底部现存深度为17～20厘米，中部和东部破坏最严重处深29厘米。从现存状况来看，垒砌墓室四壁的石块竖平不一。西壁下部由一竖置的较大石块构成，其中西南角竖置石块上有一平置石块，西北角下部为一竖置的较窄石块，上部为一竖置的较低的条状石块。南壁下面两层上下平砌的石块保存完整，左右方向下层三列、上层四列，偏西处的第三层石块仅存一块。北壁现存部分下部的三层上下平砌的石块保存完整，左右三列，中、西部分别可见第四层的两个石块。东壁现仅可见一块竖置的较大

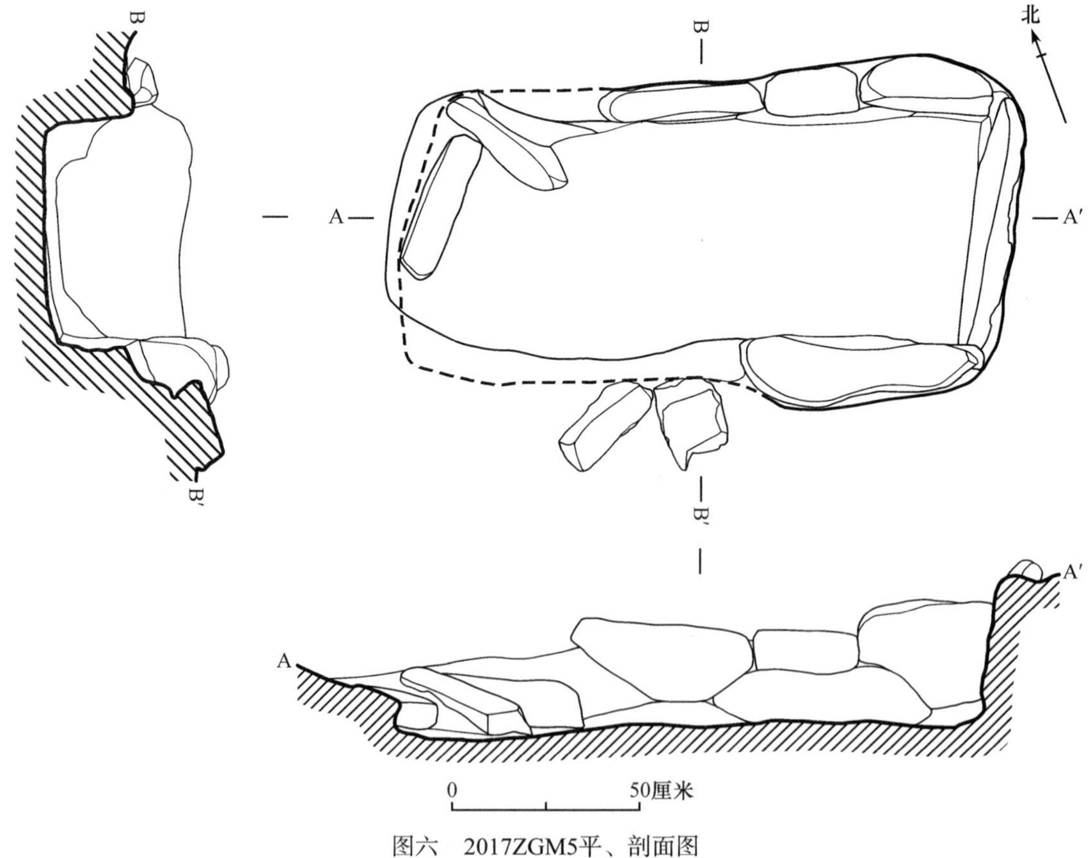

图六　2017ZGM5平、剖面图

石块。该石块向北连接头厢东壁。头厢西壁亦为一较长的竖置石块，其上为一块平置石块。头厢无北壁。砌石之间相接或有宽0.5～2厘米的缝隙。现存砌石南高北低。墓室底部未见石块，除主体部分边缘和头厢部分外，中部由于盗扰破坏，原始的墓底平面已经被破坏，出现了参差不齐、东西向排列的铲挖痕迹，距原墓室地面深6～15厘米。墓底局部有红色物质层。由于遭受严重破坏，人骨已经分散到墓室外围周边扰土以及墓室及头厢内的扰土中，头厢内最为集中，上下错乱叠压，最上层为头骨、髋骨和骶骨，中层为肋骨、肢骨等，下层为肩胛骨等。因此原始的葬式、葬具已不清楚。参照其他墓葬的情况，不排除最初的葬式为仰身直肢葬的可能性和存在木质葬具的可能性（图七；图版二，5）。

2017ZGM8　位于发掘区最北部。遭受严重破坏，石室四壁暴露于地表。墓室方向5°。墓葬形制为竖穴土坑石室墓，平面呈不规则长方形，东西两壁略有弧度，中间宽，两头窄。西北侧外凸石框构成一头厢结构，头厢与主体部分之间连通，整体呈“ ”形。土坑南北长213、东西宽80厘米，石室内长180、内宽50厘米。墓室四壁均

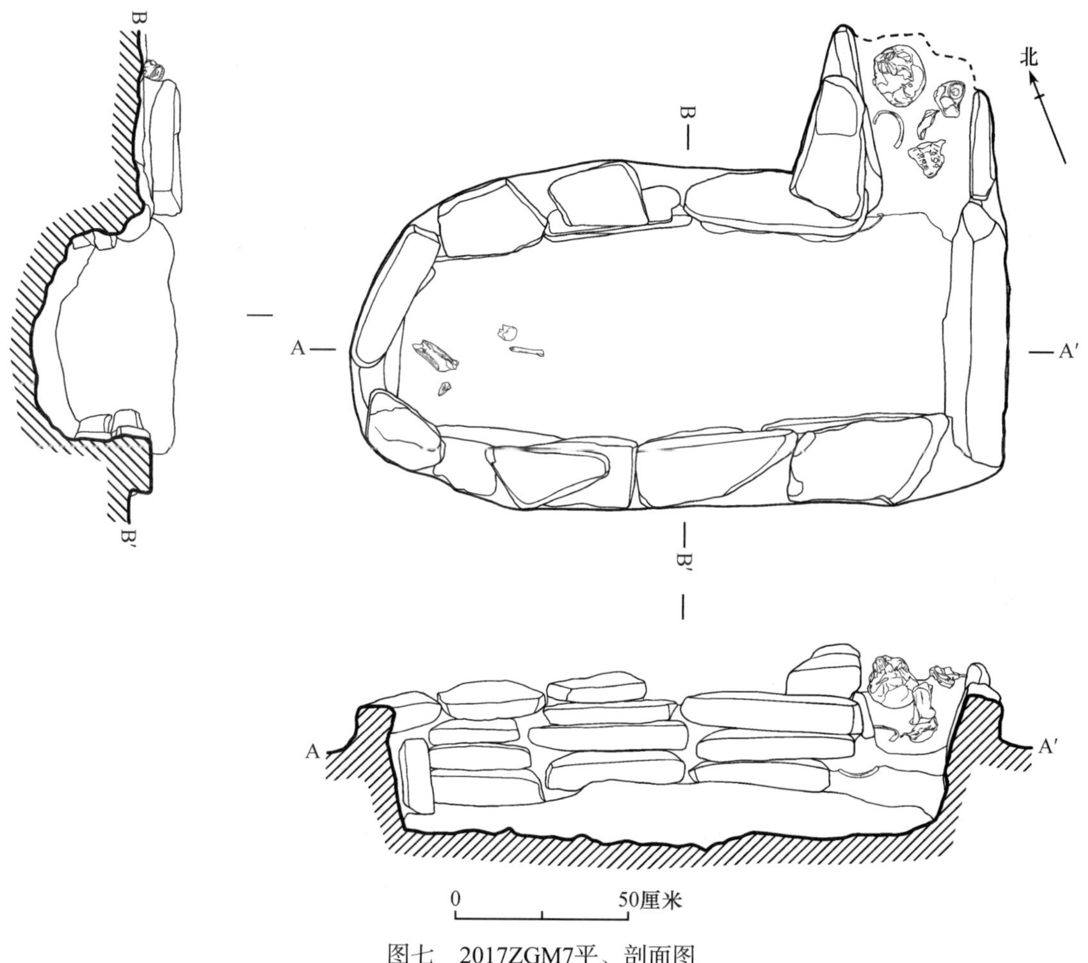

图七　2017ZGM7平、剖面图

是以横向竖起的石板或者较规整的石块垒砌构筑而成。墓室内未见墓主人头骨，葬式应为仰身直肢葬，墓主头朝北脚朝南。墓室底部发现长条状朽木痕迹，长短不一，不排除原来存在木质葬具的可能性。墓室南侧，墓主人脚骨处放置有羊头骨，头厢内出土陶器和金属器（图八；图版二，6、7）。

2017ZGM9　位于发掘区南部，M1西侧，M4北侧。发掘前遭受严重破坏，保存状况极差。墓葬方向160°。墓葬形制为竖穴土坑石室墓，平面形状呈不规则圆角长方形，墓壁略有弧度，北窄南宽。土坑长272、宽148厘米，石室内长197、内宽100厘米。墓室北壁由2排3层平放的石板垒砌而成，东壁北侧下层竖置石板，上层平铺石块，东壁中部为2块不规整的石块，东壁南侧无石块，南壁为2层平放的石块，西壁下层为3块竖置的石板，上层平铺石块。墓壁略呈弧形，北窄南宽。墓室北壁现存3层石板横向相叠，南壁有2层石块相叠，东壁、西壁下层为竖向石板，上层平铺石块。墓室内仅存肢骨若干，葬具、葬式不明（图九；图版二，8）。

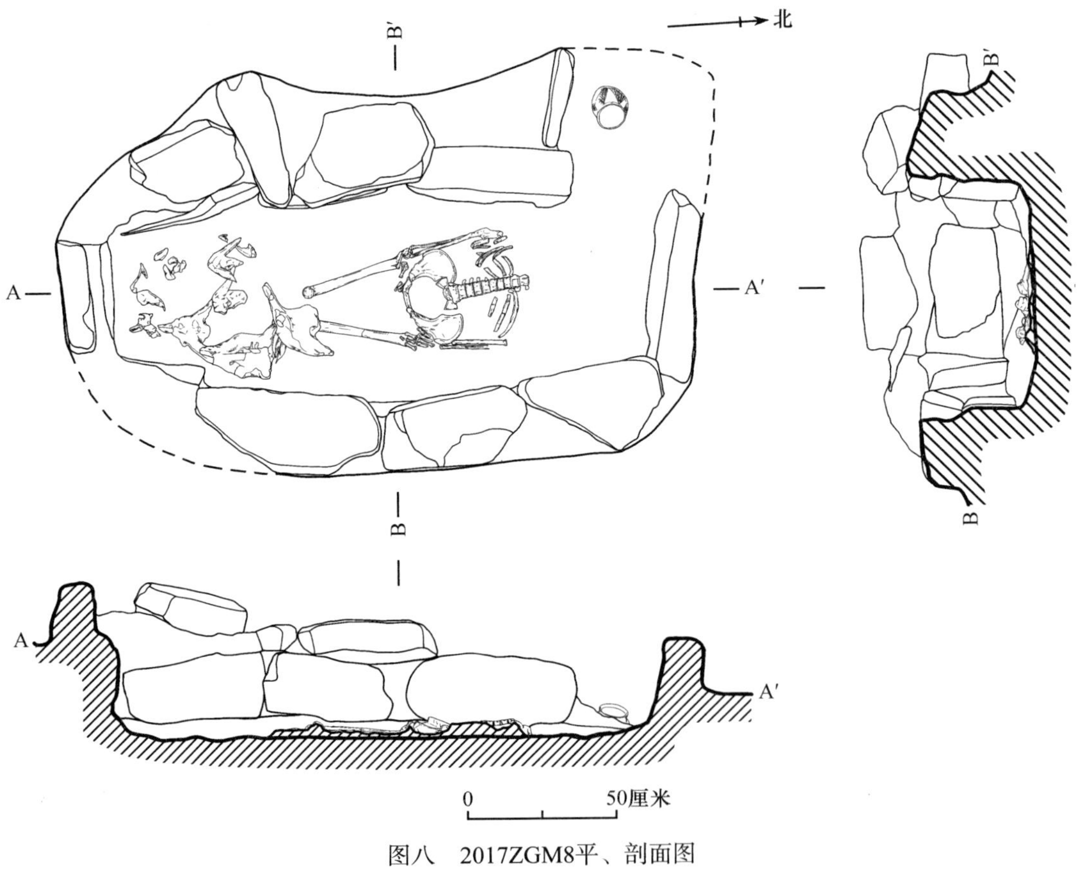

图八　2017ZGM8平、剖面图

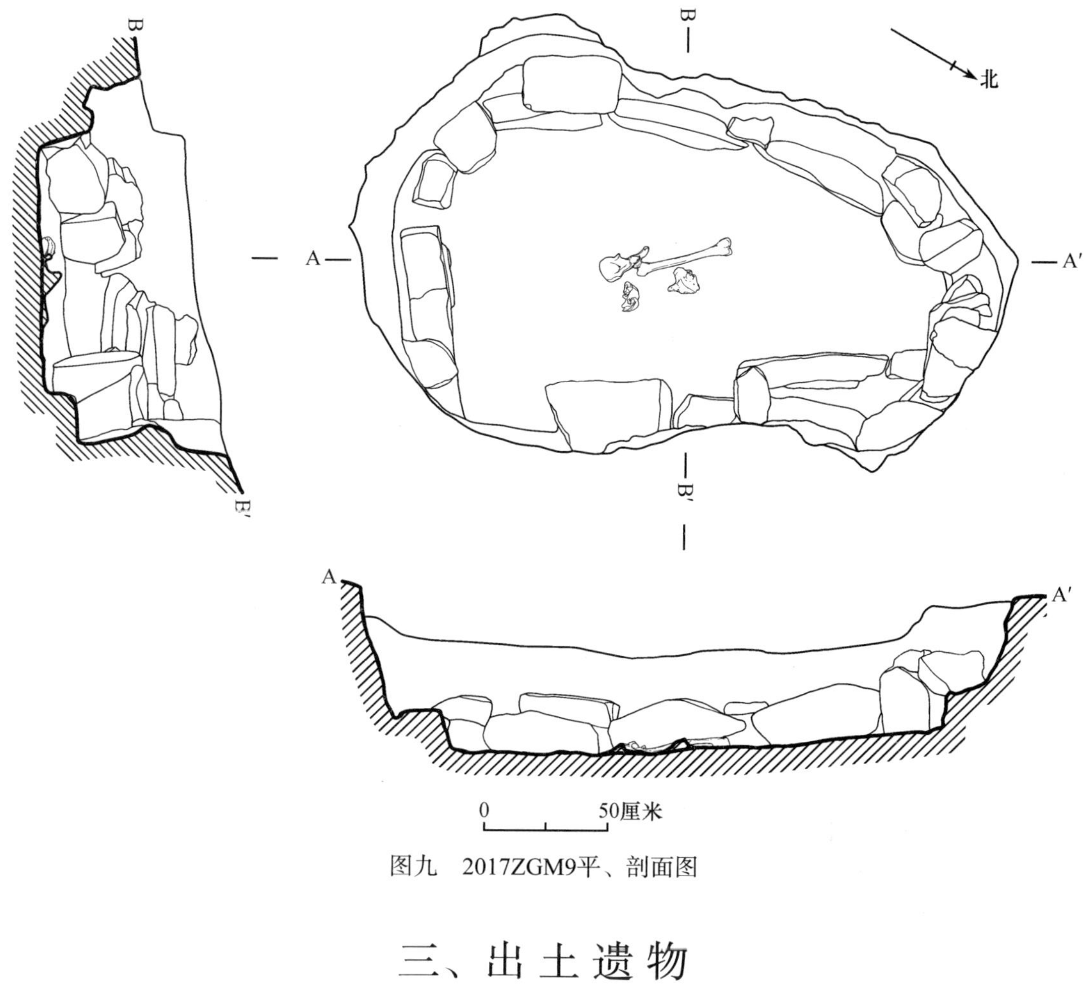

图九 2017ZGM9平、剖面图

三、出土遗物

出土遗物主要包括石器、陶器、金属器、珠饰、有机质品五大类。

（一）石　器

出土石器共28件。按制作方法可分为细石器、磨制石器两大类，另外还有小石球和天然水晶柱等。

1. 细石器

14件。均为细石叶。其中M1出土13件，有9件集中出土于墓主人头部东侧，有12件是水晶石质；M7出土1件。选择其中6件细石器介绍如下：

细石叶近端　2017ZGM1：38，水晶石质。整体呈扁平长方形，长1.4、宽0.65、厚0.2厘米。两侧边缘完整，无人为加工痕迹。尾端截断，断口平齐。台面为自然节理面，呈三角形，背面有一条纵脊，劈裂面平坦（图版四，6）。

细石叶中部　2017ZGM1：69，水晶石质，整体大致呈平行四边形，长0.9、宽0.7、厚0.1厘米。仅存一侧边缘，有人为加工痕迹。上端、尾端截断，断口平齐。背面脊应呈Y形，劈裂面平坦。

细石叶远端　2017ZGM1：63，水晶石质，整体呈三角形，长1.45、宽0.4、厚0.1厘米。两侧边缘呈刃状，尾端呈尖面状。背面有一条纵脊，劈裂面平坦，尾部内凹。

完整细石叶　2017ZGM1：66，水晶石质，整体呈叶状，长1.7、宽0.6、厚0.1厘米。台面为自然节理面，呈三角形，背面脊呈Y形，劈裂面较平坦。两侧边缘完整，无人为加工痕迹，尾端内卷，略呈尖状。2017ZGM1：61，原本为两残段，分别编号为17ZGM1：61、17ZGM1：62，后期整理发现两残段可拼成1件完整细石叶，后并入17ZGM1：61。拼接后整体呈细长条形，长2.09、宽0.4、厚0.11厘米。两侧边缘完整，有一侧经过人为加工。尾端呈尖面状。台面为自然节理面，呈三角形，背面有一条纵脊，劈裂面平坦，尾部稍内凹（图版四，5）。2017ZGM7：12，整体呈三角形，长2.07、宽0.61、厚0.23厘米。两侧边缘完整，无人为加工痕迹。尾端呈尖面状。台面似有人为加工痕迹，背面脊呈Y形，劈裂面平坦，尾端稍内凹（图版四，4）。

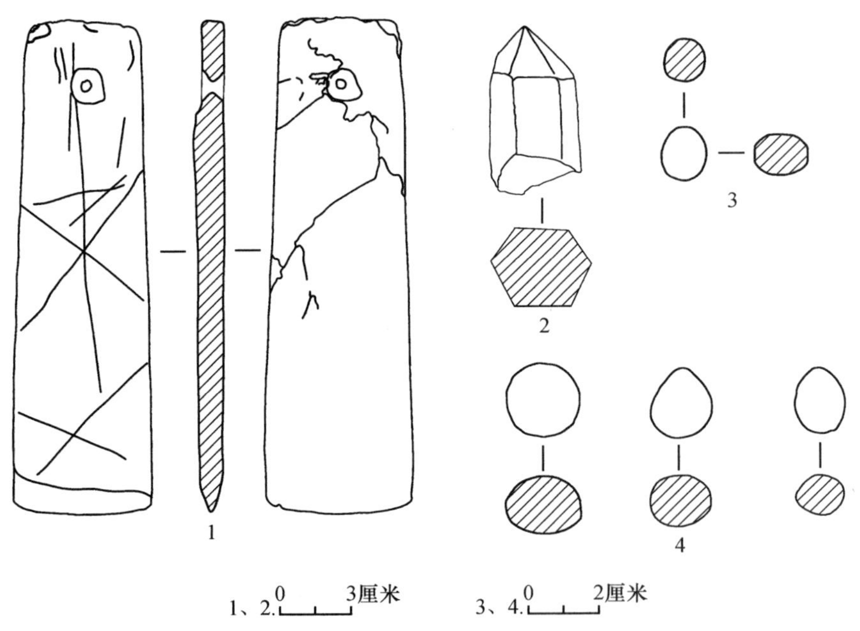

图一〇　出土石器

1. 钻孔磨制石斧（2017ZGM1：56）　2. 水晶柱（2017ZGM3：26）　3、4. 石球（2017ZGM3：4、2017ZGM8：2）

2. 磨制石器

8件。钻孔磨制石斧1件，锥状石箭镞7件，最为典型完整的石箭镞是2017ZGM1：49，其次是2017ZGM1：43。其余标本仅存锥状一端部分，或者已经破碎成几个残片，如2017ZGM1：39。举例描述如下：

钻孔磨制石斧　2017ZGM1：56，器身呈长梯形。长20.55、宽4.81～5.93、厚1.1厘米。通体磨制。刃口位于梯形下底边，磨制整齐。双面对钻，钻孔位于梯形上端，钻孔开口直径1.4、孔径0.4厘米。器身一面有纵横交叉的阴线（图一〇，1；图版四，1）。

石镞　2017ZGM1：42，器身呈长圆锥状，长2.2、圆径0.35厘米。尖端残，断裂处呈片理状剥裂（图版四，8）。2017ZGM1：49，器身呈圆锥状，通长7、最大径0.54厘米。器身自最大径处向两端分别收窄，一端长2厘米，磨制成多棱锥状；另一端长5厘米，无棱，呈圆锥状（图版四，3）。2017ZGM3：6，器身呈长圆锥状，通长3.95、最大直径0.37、最小直径0.11厘米。残。磨制较精细，尖部锐利（图版四，7）。

3. 其他

6件。包括小石球5件，2017ZGM3：4（含3件）、2017ZGM8：2（含2件）；水晶柱1件，2017ZGM3：26。

石球　2017ZGM3：4，3件。均表面粗糙，未见明显磨制痕迹。其中，1件近呈圆球形，球径约2.02厘米；2件近呈椭圆球形，球径约2厘米（图一〇，4）。2017ZGM8：2，2件。均表面粗糙，未见明显磨制痕迹。近呈圆球形。1件球径约1.31厘米，另1件球径约1.18厘米（图一〇，3）。

水晶柱　2017ZGM3：26，呈假六方锥状，通长6.92、最宽处3.27厘米。无色透明。内含大量愈合裂隙。残，参差状断口，断口呈油脂光泽柱面发育横纹（图一〇，2；图版四，2）。

（二）陶　　器

出土陶器共42件，可复原的有31件，均为圜底器。按器形可分为罐和钵两类，其中罐29件，钵2件。

1. 罐

可复原的有29件。根据有无器耳和器耳的数量分为三型，即A型为无耳罐，B型为单耳罐，C型为双耳罐。举例如下。

A型　无耳罐，11件。2017ZGM2：114，通高18.4、口径8.2、厚0.2厘米。颈最细

直径4.3、颈高4.2厘米。腹径14.5、腹高14.1厘米。泥质红陶，色浅。颈肩残，修补复原。侈口，薄圆唇，细长颈，上宽下细，球腹，圜底。条纹褐彩绘。唇部涂褐彩，宽约0.2厘米。颈内施5道竖向彩绘，宽约0.5厘米。颈外根部横向彩绘。腹竖向施8道彩绘，宽约0.5厘米。口沿外侧可见横向细线状修整痕迹。下腹部可见斜向刮修痕迹。底部陶质粗糙（图一一，1）。2017ZGM2：118，通高18.7、口径8.5、唇厚0.3厘米。颈径4.7、高4.2厘米。腹径15.2、高14.5厘米。泥质红陶，色浅。完整，唇部略残。侈口，薄方唇，细长颈，上宽下细，球腹，圜底。上腹部器表涂红，施横向条纹褐彩。唇部施横条状褐彩，宽约0.2厘米，大部分脱落。颈部内侧施6道竖向褐彩，宽0.45厘米；外侧根部施1道横向彩，宽约1.3厘米，施9道竖向褐彩，宽约0.6厘米，延伸至上腹部，止于下腹部。上腹部光滑，下腹部表面略粗糙，表面有细小凹坑。下腹部可见明显斜向刮痕，圆刃和线状（图一一，4；图版三，1）。2017ZGM2：121，通高18.5、口径9、唇厚0.25厘米。颈径5.4、高4.6厘米。腹径14.9、高13.9厘米。腹部有一道斜向戳痕，宽0.1、长0.5厘米。泥质红陶，色浅。底部略显黑色，器表有褐色斑块。上腹部及肩颈部分残，修复。侈口，薄方唇，细长颈，上宽下细，球腹，圜底。上腹部器表涂红，残存少量。颈腹施带状褐彩。唇部有彩绘痕迹。颈部内侧残见2道竖向褐彩，宽0.65厘米；颈根部施横向带状褐彩，宽约0.7厘米。腹部外侧施9道竖向褐彩，宽约0.7厘米，止于下腹部。上腹部光滑，下腹部表面略粗糙，表面有细小凹坑。下腹部可见明显斜向刮痕（图一一，5）。2017ZGM2：123，通高13.5、口径6.6、唇厚0.2厘米。颈径3.5、高3.7厘米。腹径10.4、高9.8厘米。泥质红陶。器表有黑色斑块。口沿和底部略残。侈口，薄方唇，细长颈，上宽下细。球腹。圜底。上腹部器表涂红，颈腹施带状褐彩。唇部残见彩绘痕迹。颈部内侧施5组竖向双线条褐彩，彩线宽0.2厘米，每组宽约0.8厘米；颈根部施横向双线条褐彩。颈外侧至腹部外侧施8组竖向双线条褐彩，延伸至底部。颈根部外侧可见横向涂抹痕迹。底部质地略粗糙，有较浅的斜向线状修整刮痕（图一一，6；图版三，3）。2017ZGM6：24，通高17.9、口径11.1、领高7.6、最大腹径12.8厘米。泥质黄褐陶，陶质坚硬细腻。表面大部呈灰黑色，局部可见深黑色块状区域。口沿、领部、腹部均有不同程度残损，可复原。侈口，平沿微外斜，唇部外卷。领部很高，自上而下微内收。圆肩，球腹，圜底。器表腹部以上打磨光滑，局部可见斜向打磨痕迹（图一一，7）。2017ZGM6：44，通高17.4、口径10、领高6、最大腹径12.9厘米。泥质红陶。口沿微残，底部一侧有残损和陶胎剥落情况。侈口，平沿，唇微外卷，高领自上而下内收，溜肩，鼓腹，圜底。肩腹相接处一侧带有一柱状短鋬，顶部有四个戳印纹。短鋬左侧上腹部器表有一块近三角形的黑色区域。器表领部至上腹部可见一层褐色物质，可能为陶衣或涂彩，下腹至底部局部可见浅灰色。高领内侧壁局部可见一道红色迹象，可能为涂彩（图一一，8）。2017ZGM6：46，通高19.2、口径12.4、领高7.1、最大腹径14.5厘米。夹细砂红陶。口沿内侧、领部、下腹部大部表面呈灰黑色。保存基本完整，仅口沿部微残。侈口，圆唇外翻，领部较高，自上而下内收，圆肩，球腹，圜底。下腹部至底部饰纵向细绳纹，较细较浅，表面磨光较甚。一侧肩腹相接处有两组三角形刻划纹，左大右小，均无底线。左侧三角形内填充5道竖线，自左而右逐渐变短。右侧三角形内填充3道竖线。所有线条边缘均为刻划双阴线，呈窄带状。领部及上腹部有打磨痕迹，较光滑（图一一，9；图版三，2）。2017ZGM6：102，通高18.1、口径11.3、领高8、最大腹径12.9厘米。泥质红陶。领部、上腹部磨光，局部表面呈黑色。局部开裂，已修复完整。侈口，高领微束，圆唇，溜肩，鼓腹，圜底。肩腹相接处有2道阴线刻弦纹，局部呈波浪状起伏，上部线条

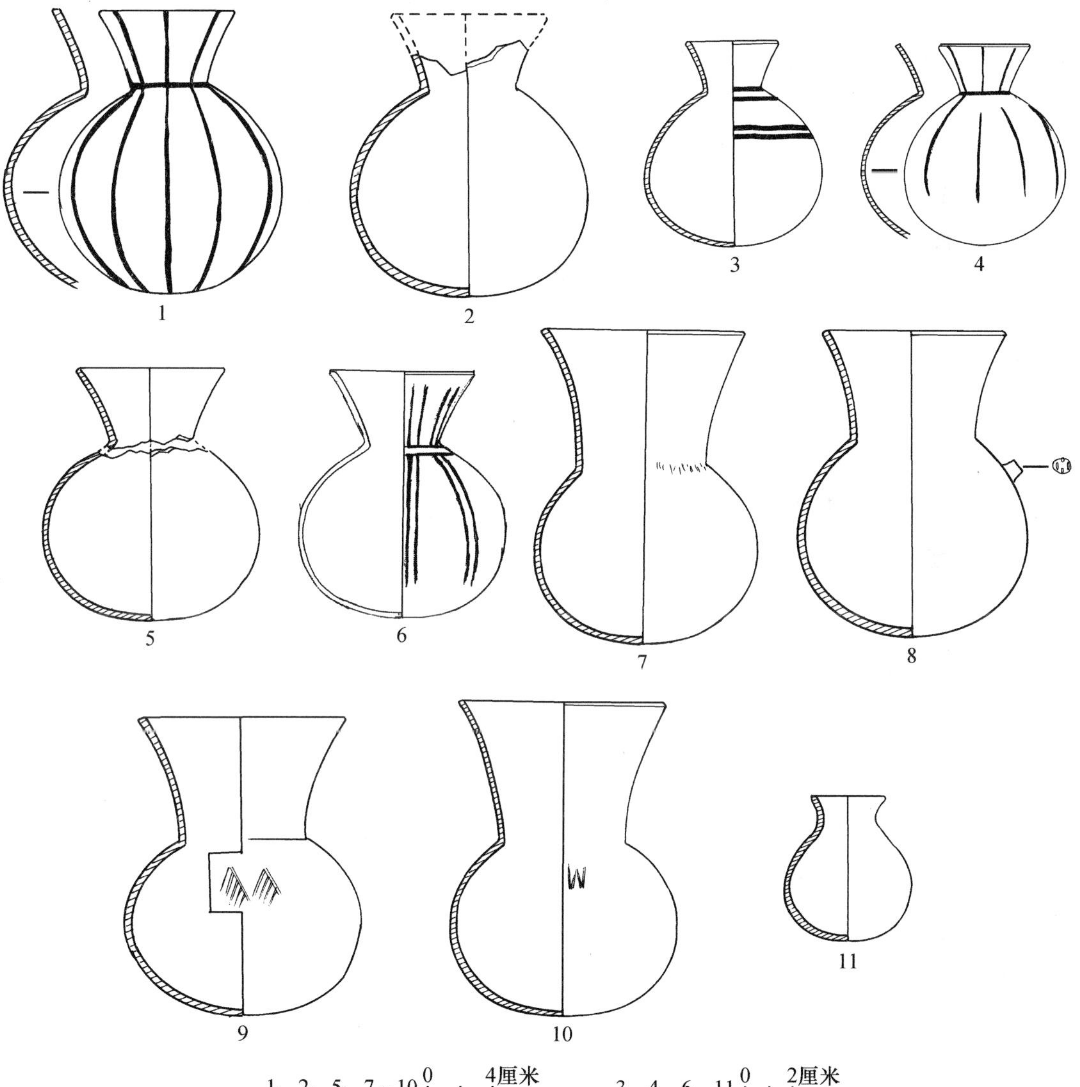

图一一　出土A型陶罐

1. 2017ZGM2：114　2. 2017ZGM2：115　3. 2017ZGM2：117　4. 2017ZGM2：118　5. 2017ZGM2：121　6. 2017ZGM2：123　7. 2017ZGM6：24　8. 2017ZGM6：44　9. 2017ZGM6：46　10. 2017ZGM6：102　11. 2017ZGM8：42

较细较浅，下部线条相对较粗较深。两端相接处上下错开，用5道纵向平行短竖线隔开（图一一，10）。

B型　单耳罐，14件。2017ZGM2：116，通高14.7、口径约11.8、唇厚0.25厘米。颈径约9.8、高2.6、厚0.5厘米。耳高5.6、宽3.6～3.9、厚0.7～1.4厘米。腹径14.1、高12.1厘米。夹细砂红陶。口沿部分残。侈口，圆唇，粗短颈，唇至肩处有单耳，球腹，圜底。素面，无彩绘。唇部内侧可见横向细线状抹痕。颈部内侧可见横向涂抹痕迹（图一二，1）。2017ZGM2：129，通高12.9、口径8.4、唇厚0.2厘米。颈径约6.1、高2.2厘米。耳高3.6、宽2.2～2.8、厚0.5～0.8厘米。腹径12.5、高10.9厘米。夹砂红陶，器耳对面器表有黑色烟炱，底部器表略呈黑色。基本完整，唇部略残。侈口，方圆唇，粗颈，唇至肩处有单耳，球腹，圜底。素面。唇部内施红彩，宽0.6厘米。耳部残见红彩。颈外侧至上腹部残存10道纵向带状褐色彩绘，宽约0.8厘米。颈根部内外凹凸不平，有横向裂痕和涂抹痕迹。器表粗糙，有不规则凹坑。腹部可见纵向窄片状刮痕（图一二，3）。2017ZGM2：130，通高11.8、口径7.7、唇厚0.15厘米。颈径约5.3、高3厘米。耳高3.8、宽2.7、厚0.2～0.5厘米。腹径9.8、高8.8厘米。泥质红陶，底部器表有少量褐色斑点。颈部残，绝大部分修复。侈口，方唇，粗高颈，颈上部至肩处有单耳，两侧边略起棱，球腹，圜底。颈腹部涂红，线状褐色彩绘。唇内外施褐彩，宽0.1厘米。颈部内侧残见2道线状红彩绘，每道宽约0.2厘米。颈部根部外侧有2根线状褐线彩绘。耳部涂红。上腹部残存6组由3根纵向线组成的彩绘，每组宽约1.5厘米。器表光滑，底部略粗糙，有点状不规则凹坑（图一二，4）。2017ZGM2：131，通高12.3、带耳通宽11.4厘米。口径8.4、唇厚0.2厘米。颈径约6.2、高2.5厘米。耳高5.1、宽2.5～2.8、厚约0.9厘米。腹径10.7、高9.8厘米。泥质红陶，器耳附近有白色结晶斑点。完整，唇部略残。侈口，方唇，粗高颈，唇部至肩处有单耳，中部纵向起高棱，高棱断面三角形，球腹，圜底。带状红褐色彩绘。颈部内侧施7道纵向带状红褐彩绘，每道宽约0.5厘米。颈部外侧至腹部有12道纵向带状彩绘，粗细不匀，0.3～0.5厘米。颈部内侧有贴附状凸起，外侧圆滑。耳部上下均有明显贴附、涂抹痕迹。耳上部贴于颈部内侧。器表光滑，仅底部器表略有不规则小凹坑，略粗糙（图一二，5；图版三，4）。2017ZGM2：132，通高17、带耳通宽18、口径12.5、唇厚0.3厘米。颈径约11.4、高3.3厘米。耳高6.4、宽3.3～4.5、厚0.4～1厘米。腹径17.5、高13.7厘米。泥质红陶，器耳及附近腹部有大面积白色结晶斑块。完整。侈口，方唇，粗短颈，颈上部至肩处有单耳，球腹，圜底。颈部内侧黑色线条绘横向菱形网格纹，线宽0.2～0.4厘米。颈根部有横向凸起堆纹，宽约0.6厘米。耳部刻画双线条菱形1.5个，双线条间刻划斜向平行短线（图一二，6）。2017ZGM6：42，通高12.8、口径6.3、最大腹径12.8、耳宽1.6厘米。夹细砂红陶。器表整体较光滑，大部呈黑色。保存基本完整，仅器耳对侧的下腹部有2个横向长条状孔。圆唇，口沿部微外敞，直颈，溜肩，鼓腹，圜底。颈下部凸起明显，应为加贴泥条或泥片，与溜肩处形成明显的高低层次。单耳位于颈中部至肩腹相接处，下宽上窄。上部有3个并排的小钻孔。口沿及耳部有涂红迹象（图一二，7）。2017ZGM6：43，通高16.5、口径9.9、最大腹径14.4、耳宽2厘米。泥质红陶。器表大部呈灰黑色，单耳左侧下腹部有一块颜色特别深的黑色（不排除渗碳的可能性）。口沿大部残，器身局部有裂隙。侈口，圆唇外翻，高直领较粗，肩部微溜，腹部圆鼓、较宽，低圜底。领部下端微内收，表面凸出明显，与肩部形成明显高低层次。单耳位于颈下部至肩腹相接部，下端略宽。耳中部有两道、下端有一道平行的小戳孔纹。腹部有四道均匀分布的纵向凸棱（图一二，8）。2017ZGM6：100，通高17.3、口径10.3、最大腹径15.6、耳宽1.2厘米。夹细砂红陶。下腹至底部及器耳对侧的口沿至上腹部器表呈黑色。耳对侧的腹部局部缺片，其余部分完整，可复原。侈口，卷沿，颈部较粗，微束，溜肩，鼓腹，圜底。单耳位于肩腹相接处至颈中部之间，上窄下宽，表面中部有两排横向戳印点状纹。器耳两侧向外延伸出一组直线间以波浪线纹样带，耳两侧部分纹样带边缘有纵向刻划线作为边缘。鼓腹部位有4道纵向条状贴塑，2组完整，2组残损。条状贴塑上宽下窄，上面呈环状，环内内凹（图一二，11；图版三，5）。2017ZGM7：16，通高7.4、最宽（带耳）7.2、口径4.8、颈高1.3、径3.4、腹径6.8厘米。彩绘条带宽0.3～0.9厘米。夹砂红陶。器底及耳两侧腹部表面呈灰黑色。基本完整，口沿部略残，而上部左侧的口沿局部用出土的小口沿残片进行了修补，其余部分由于磨损造成的残缺已无法修补。侈口，薄圆唇，单耳，上端与唇相连，下端位于上腹部，自上而下略向右侧偏，短束颈，溜肩，腹部自上而下微外鼓，腹底之间有略圆钝的转折，圜底较低。唇部至腹底相接处的器表范围内可见红褐彩绘制的装饰纹样。唇部彩绘仅器耳上端与唇部相接处的横向红彩较明显，其余部分的彩绘因磨损较甚不太清楚。器耳右侧边连续以红彩涂绘，表面自左上至右下有两折的三角折线彩绘。器耳下部的腹部可见2道较宽较短的纵向彩绘。器耳左右两侧自唇部外侧开始至下腹部对称绘2道纵向平行的竖线纹。与器耳相对一侧的唇部外侧开始至下腹部则为3道纵向平行竖线纹。口沿外侧及腹部局部可见横向或斜向的细线状刮修痕。腹底相接部至底部器表不平整，应是未刮修过。其余部分器表整体较平整（图一二，13）。2017ZGM8：23，通高13.8、口径9.2、最大腹径14、耳宽2.4厘米。泥质红陶。完整。侈口，束颈较短，带单耳（宽带耳），两侧向外卷，贴附于颈部下端至腹上部，鼓腹，圜底。颈部以下有三角形网状彩绘纹，颈部有一相连的不规则斜线纹，颈部以下目前能看到5条与斜线相交的竖线纹，其中2条长、3条短，一直线竖直向下至与三角形网状纹相交。口沿内侧有波折纹，共23道转折线。泥片手制（图一二，14；图版三，6）。

C型　双耳罐，4件。2017ZGM6：45，通高34、口径12.5、唇厚0.4、领高5、最大腹径24.6、双耳分别宽2.7、3厘米。夹砂红陶，陶质较疏松。颈部以下器表大部呈灰黑色，尤以近底部处明显，应为烟炱。口沿至颈部局部及一耳局部残。侈口，短束颈，口沿大部呈圆唇，局部较平。一侧器耳上方的颈部可见一道横向凸起的棱，可能

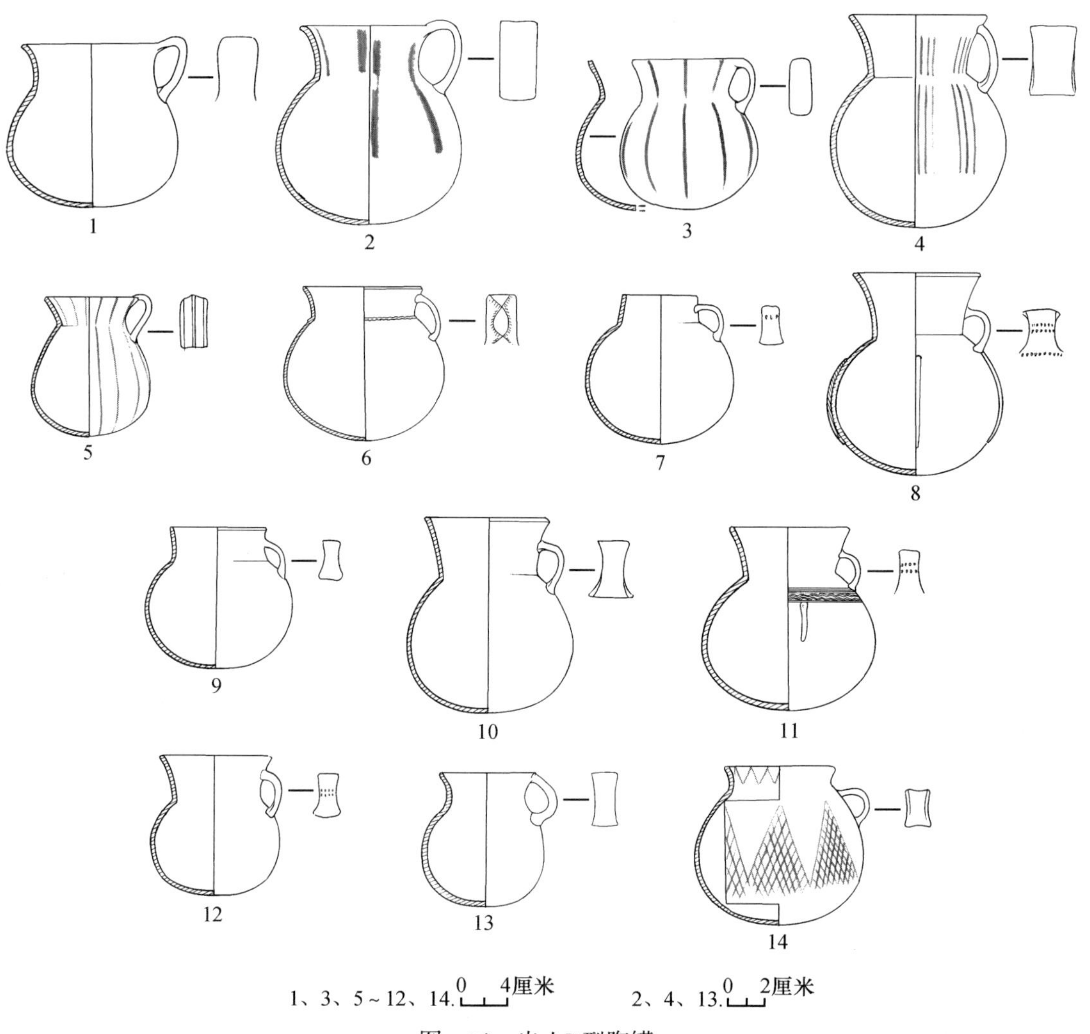

图一二　出土B型陶罐

1. 2017ZGM2：116　2. 2017ZGM2：127　3. 2017ZGM2：129　4. 2017ZGM2：130　5. 2017ZGM2：131　6. 2017ZGM2：132　7. 2017ZGM6：42　8. 2017ZGM6：43　9. 2017ZGM6：66　10. 2017ZGM6：98　11. 2017ZGM6：100　12. 2017ZGM6：104　13. 2017ZGM7：16　14. 2017ZGM8：23

为贴泥条形成的凸棱。器耳位于颈下至肩腹相接部，粘贴迹象明显。束腰，下端略宽，上下略有错位，制作较粗糙。溜肩，腹部自上而下外鼓，至底部内收呈圜底。肩部以下通体饰竖向微斜绳纹，至器底中心收在一起。双耳间一侧器表胎体暴露、局部脱落（图版三，7）。2017ZGM6：97，通高63、口径27.5、最大腹径42厘米。夹砂红陶，器形较大。口沿内部、平沿上、下腹至底部器表呈灰黑色。口沿部微残，下腹部表面局部脱落及裂隙，平沿外斜，敞口，束颈粗短，溜肩，鼓腹很深，自上而下向内斜收，圜底。肩部以下通体饰纵向微斜的粗绳纹。双耳位于上腹与肩相接处，整体宽短。两侧耳部中间各有一排3个小圆孔，未钻透（图一三，1；图版三，8）。

2017ZGM6：99，通高16、口径12、最大腹径16、耳宽3.2厘米。夹细砂红陶。器表整体呈黑色，尤其是下腹至底部，黑色烟炱很厚。保存完整。口微敞，平沿微外斜，颈部粗短，微束，溜肩，鼓腹，圜底。肩部以下饰纵向细绳纹，较细较深，表面较锐利。双耳位于颈中部至肩部（图版三，10）。2017ZGM6：101，通高42.3、口径13.2、最大腹径27.3、一耳宽3.3厘米。夹细砂红陶。器表大部呈灰黑色。颈部外表较光滑。口沿局部、腹部表面局部残损（表面剥落或缺片）。侈口，窄平沿，长颈微束，溜肩，深腹微鼓，腹下斜收，小圜底。肩部至底部通体饰竖向绳纹。双耳位于肩腹相接处至颈肩相接处，上端内收，整体较短。一侧耳部上下端分别戳印一排（上5个、下6个）纵向凹窝纹。双耳之间上端有成排的近圆形压印圆圈纹，一侧一排，一侧两排（图一三，2；图版三，9）。

2. 钵

可复原的有2件。2017ZGM2：119，通高4.8、口径11.2、唇厚0.2厘米。泥质红陶。残，修复。直口，薄方唇，圆腹，圜底。外壁残见6道带状褐彩，呈十字形；内壁残见3道，呈Y字形。器表凹凸不平，内壁较光滑，外壁有较多点状空洞，粗糙，有横长戳痕（图一三，4；图版三，11）。2017ZGM2：133，通高不详，口径14.4～15.2、唇厚0.25、底部陶片厚0.5厘米。泥质红陶，器底表面略呈黑色。残，大部分修复。直口，圆唇，浅腹，圜底。唇内侧残见涂红。内部器壁可见2道斜向红彩线条，总宽0.8、线宽0.3、间隔0.2厘米。器外表不平，唇下2～3厘米有横向起伏。内壁光滑（图一三，3；图版三，12）。

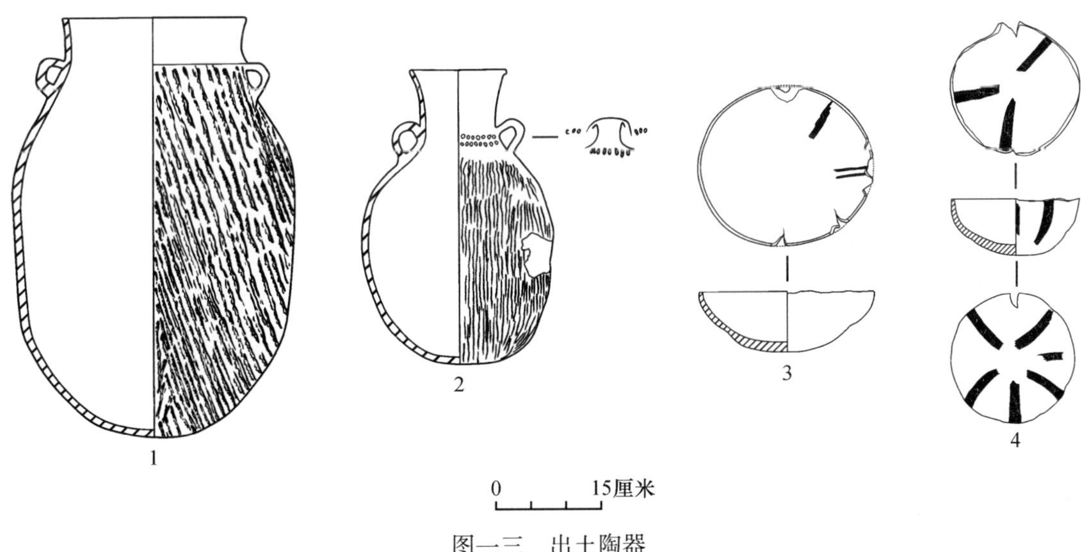

图一三 出土陶器

1、2. C型罐（2017ZGM6：97、2017ZGM6：101） 3、4. 钵（2017ZGM2：133、2017ZGM2：119）

（三）金 属 器

出土金属器共95件，包括铜器87件和铁器8件。

1. 铜器

87件。按功能可分为装饰品和工具两类。

（1）装饰品。

74件，包括铜扣饰53件、铜铃20件、铜戒指1件。

铜扣饰　53件。均出土于墓主人头顶骨处，2件并排呈条带状，部分扣饰内有皮质残存，应为有机质冠帽的装饰扣件（图一四）。举例如下。2017ZGM1：1，长径1.06、短径0.94、厚0.05、钩长0.49厘米。平面形状呈椭圆形。颜色呈铜绿色。侧面呈弧状弯曲。背面两端有弯钩，一端已脱落，另一端未脱落，钩呈条形片状，端部较尖（图一四，20；图版五，2）。2017ZGM1：3，长径1.16、短径1.14、厚0.11、长钩长0.64、短钩长0.38厘米。平面形状呈椭圆形。颜色呈铜绿色。侧面呈弧状弯曲。背面两端有弯钩，钩呈条形片状，端部较尖（图一四，36；图版五，1）。2017ZGM2：148，共13件，以其中1件为例，长径2.12、短径1.89、厚0.06、长钩长0.48、短钩长0.36厘米。平面呈椭圆形。侧面呈弧状弯曲，较薄。背面两端有弯钩，呈条形片状（图一四，40；图版五，3）。

铜铃　20件。均由铜片卷曲而成，闭合处有的重合，有的不重合（图一五）。举例如下。2017ZGM2：159，上部口径0.44、下部口径1.05、高2.31、厚0.05厘米。整体形状呈圆锥状。由铜片卷曲而成，闭合处有重叠，中间空。顶端和尾端残，锈蚀，重叠处有粉状锈，局部呈黑色（图一五，1；图版五，4）。2017ZGM3：23，上部口径0.56、下部口径1.1、高1.65、厚0.06厘米。整体形状呈圆锥状。由铜片卷曲而成，闭合处有重叠，中间空。局部有粉状锈（图一五，13；图版五，5）。2017ZGM9：13，高1.68、下部口径1.06、上部口径0.37、厚0.09厘米。整体形状呈圆锥状。由铜片卷曲而成，闭合处相重叠，器身中空。器物表面有粉状锈（图一五，17；图版五，6）。

铜戒指　1件。2017ZGM2：158，整体直径约1.75、铜片厚0.1、宽0.5～0.81厘米。佩戴于墓主人右手中指。由长条状铜片卷曲而成，闭合处略重叠。平面形状呈方角圆形，表面有粉锈状（图一六，1；图版五，13）。

（2）工具。

13件，包括铜镞4件、铜刀1件、铜柄1件、铜针7件。

铜镞　4件。举例如下。2017ZGM1：13，器身长2.8、横截面边长0.3厘米。整体形状呈四棱锥状，横截面呈方形。器身布满粉状锈，断面可见少许铜金色（图一六，2；图版五，10）。2017ZGM2：138，器身长6.13、横截面边长0.47、尾端长0.95厘米。

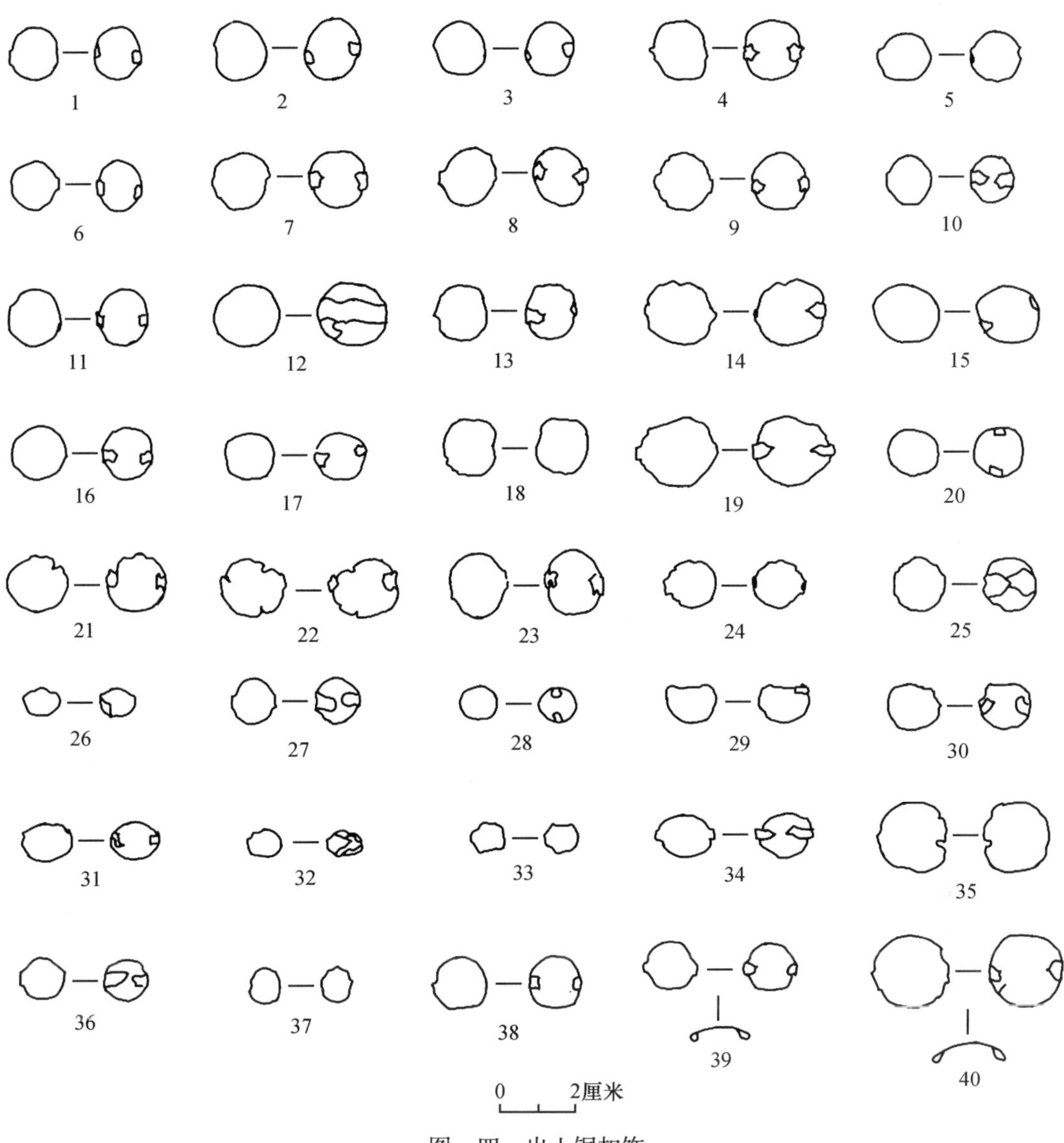

图一四　出土铜扣饰

1. 2017ZGM1：17　2. 2017ZGM1：21　3. 2017ZGM1：26　4. 2017ZGM1：33　5. 2017ZGM1：29　6. 2017ZGM1：16　7. 2017ZGM1：22　8. 2017ZGM1：27　9. 2017ZGM1：34　10. 2017ZGM1：30　11. 2017ZGM1：18　12. 2017ZGM1：23　13. 2017ZGM1：28　14. 2017ZGM1：35　15. 2017ZGM1：71　16. 2017ZGM1：19　17. 2017ZGM1：24　18. 2017ZGM1：31　19. 2017ZGM1：36　20. 2017ZGM1：1　21. 2017ZGM1：20　22. 2017ZGM1：37　23. 2017ZGM1：32　24. 2017ZGM1：50　25. 2017ZGM1：55　26. 2017ZGM1：4　27. 2017ZGM1：5　28. 2017ZGM1：9　29. 2017ZGM1：51　30. 2017ZGM1：54　31. 2017ZGM1：2　32. 2017ZGM1：6　33. 2017ZGM1：11　34. 2017ZGM1：52　35. 2017ZGM1：8　36. 2017ZGM1：3　37. 2017ZGM1：7　38. 2017ZGM1：15　39. 2017ZGM2：148-11　40. 2017ZGM2：148

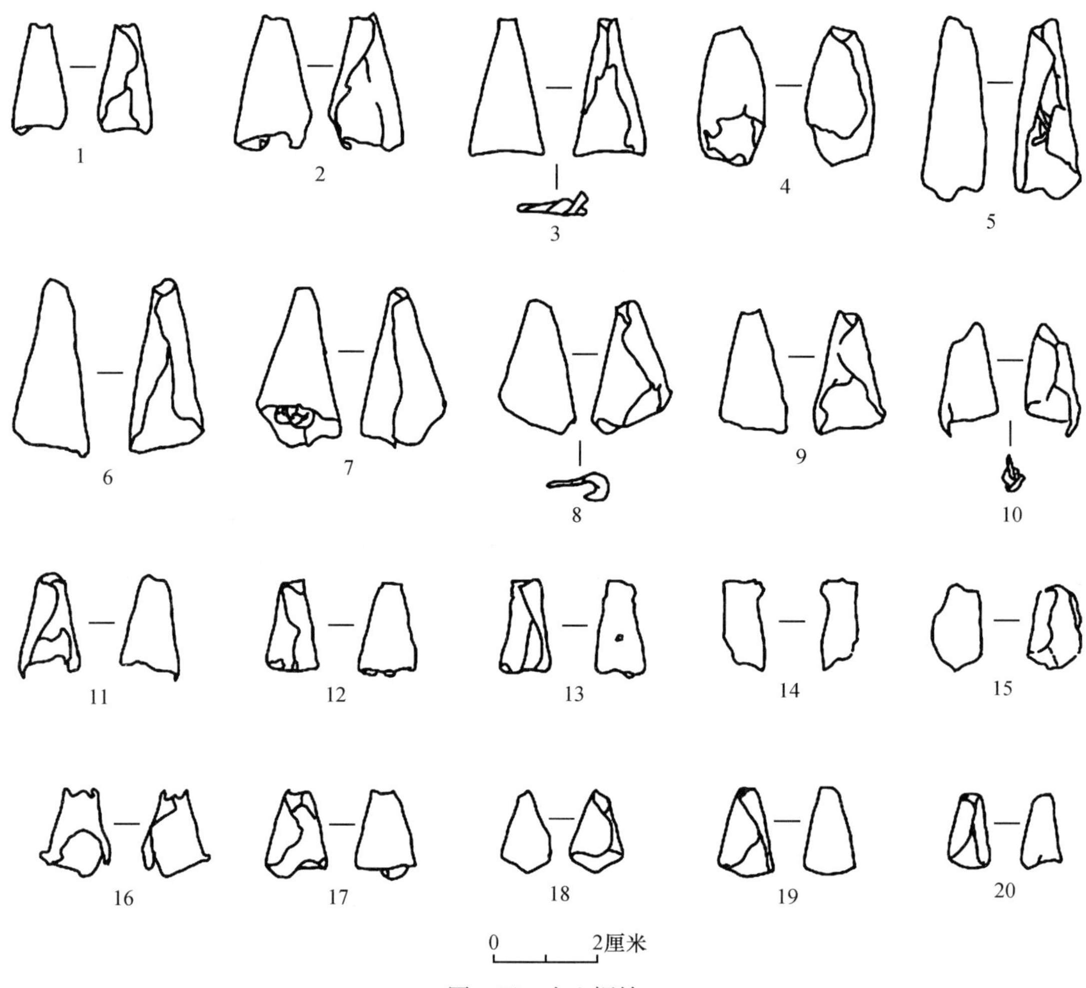

图一五　出土铜铃

1. 2017ZGM2∶159　2. 2017ZGM2∶160　3. 2017ZGM2∶161　4. 2017ZGM2∶162　5. 2017ZGM2∶163　6. 2017ZGM2∶164　7. 2017ZGM2∶165　8. 2017ZGM2∶166　9. 2017ZGM2∶167　10. 2017ZGM2∶168　11. 2017ZGM3∶3　12. 2017ZGM3∶19　13. 2017ZGM3∶23　14. 2017ZGM3∶24　15. 2017ZGM3∶28　16. 2017ZGM3∶39　17. 2017ZGM9∶13　18. 2017ZGM9∶21　19. 2017ZGM9∶29　20. 2017ZGM9∶30

整体形状呈四棱锥状，横截面为方形，器物尾端自最宽处开始收窄。器身布满粉状锈（图一六，3；图版五，12）。2017ZGM2∶170-1，器身残长2.85、横截面边长0.3厘米。整体形状呈四棱锥状，横截面呈方形。器身布满粉状锈，断面可见黑色金属（图一六，4；图版五，11）。

铜刀　1件。2017ZGM2∶139，整体长6.2、最宽1.15、厚0.09～0.24厘米。长条片状，略呈柳叶形，刀尖圆弧状，自尾向尖部逐渐变薄。锈蚀成铜绿色（图一六，5；图版五，7）。

铜柄　1件。2017ZGM2∶140，器身长4.5、宽边宽1.95、窄边宽1.1厘米。包括1件

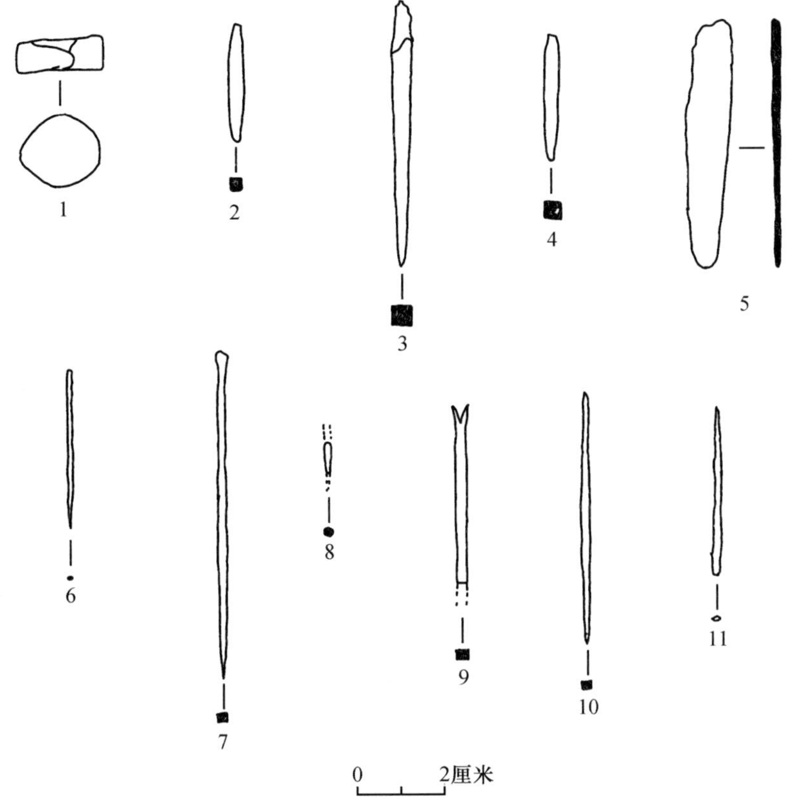

图一六　出土其他铜器

1. 戒指（2017ZGM2：158）　2～4. 镞（2017ZGM1：13、2017ZGM2：138、2017ZGM2：170-1）　5.刀（2017ZGM2：139）　6～11. 针（2017ZGM8：39、2017ZGM8：38、2017ZGM8：37、2017ZGM8：40、2017ZGM2：141、2017ZGM3：21）

铜制品，若干木、皮革制品。其中铜制品整体形状近呈长方形，两个短边呈弧形，一边较宽，一边较窄。宽边呈锯齿状，窄边呈连瓣状。其外部粘有木制品，类似木鞘。铜制品器身有粉锈状。木制品和皮革制品保存差（图版五，14）。

铜针　7件。举例如下。2017ZGM2：141，器身长6.7、横截面边长0.19厘米。整体较完整，整体形状呈细长条四棱锥状，横截面呈方形，其一端尖，另一端较扁平。器身有粉锈状（图一六，10；图版五，8）。2017ZGM3：21，器身残长4.05厘米。整体呈四棱锥状，截面呈方形（图一六，11；图版五，9）。2017ZGM8：38，器身长8.7、横截面边长0.24厘米。整体形状呈细长条四棱柱状，横截面呈方形，一端扁平，另一端为尖端。器身布满粉状锈（图一六，7）。

2. 铁器

铁器锈蚀严重，保存较好的有8件，均出土于2017ZGM6，可辨器形大致包括铁箭镞和其他。

（1）铁箭镞。

4件。举例如下。2017ZGM6：23，器身长6.06、宽1.82、厚0.72、铤长2.22厘米。镞身扁平，双翼，带铤，铤呈圆柱形，锈蚀严重，已断开（图一七，1；图版五，20）。2017ZGM6：94，器身残长4.85、残宽1.48、厚0.99、铤长2.12厘米。三角形镞，顶端略残，双翼，一翼已残缺，带铤，表面包裹土锈，锈蚀严重（图一七，2；图版五，21）。2017ZGM6：95，器身残长3.82、铤部直径0.25厘米。整体呈锥状，镞呈三角形，铤呈圆柱形，铤表面附着一层木质。双翼，一翼已残缺。箭镞尖部已残损，可见残断面为圆形。残断面露出灰黑色金属（图一七，3；图版五，22）。

（2）其他。

4件。2017ZGM6：22，铁器残块，共2块。其一器身长2.2、直径0.72、钩长1.05厘米；其二器身长2.2、直径0.68、钩长1.5厘米。均为带弯钩的圆条，锈蚀严重（图版五，24）。2017ZGM6：40，铁器残块，共2块。形状不规则，锈蚀严重。用途不详（图版五，25）。2017ZGM6：87，器身长8.56、宽2.9、厚0.37、铤长2.1厘米。镞身扁平，不见双翼，带铤，铤呈圆柱形，锈蚀严重，铤外部包裹有木质（图一七，4；图版五，23）。2017ZGM6：122，器身长11.5、宽5、厚1厘米。整体形状呈圆角方形，较规则。用途不详。四周未见断面（图版五，26）。

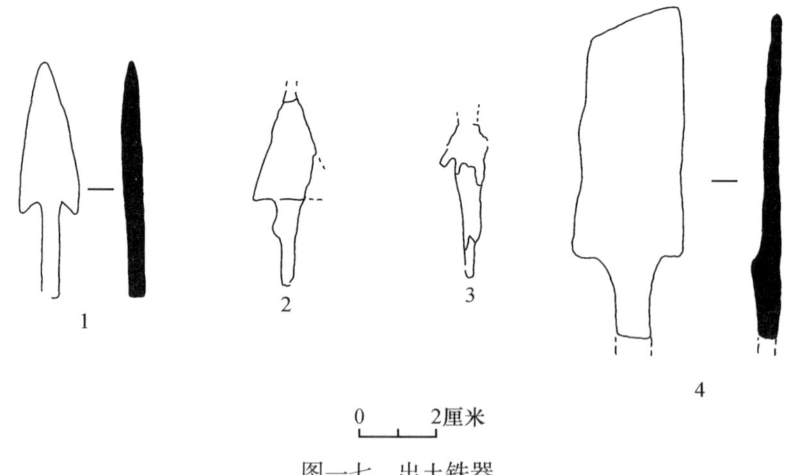

图一七　出土铁器

1～3. 箭镞（2017ZGM6：23、2017ZGM6：94、2017ZGM6：95）　4. 其他（2017ZGM6：87）

（四）珠　　饰

此次发掘出土大量珠饰，按材质大致可以分为滑石珠、釉砂珠、宝玉石珠、石珠、玻璃珠、木珠。其中滑石珠、釉砂珠、宝玉石珠、石珠均出土于石室墓，玻璃珠出土于土洞墓。

1. 滑石珠

共计近3000颗。形状呈扁圆柱体，穿孔，大小略有差异。按颜色不同可分为白色、红色、黑色、紫色，其中白色的数量占绝大多数。2017ZGM2：155，共181颗。直径0.36、孔径0.08、厚0.16厘米。整体形状均呈扁圆柱形，有圆形穿孔。均呈白色，无光泽，不透明。2017ZGM3：32，共41颗。其中较大者直径0.55、孔径0.11、厚0.13厘米，适中者直径0.35、孔径0.15、厚0.11厘米，较小者直径0.28、孔径0.1、厚0.18厘米。整体形状均呈扁圆柱形，有圆形穿孔。均呈白色，无光泽，不透明。2017ZGM9：28，共108颗。其中较大者直径0.5、孔径0.1、厚0.18～0.25厘米，较小者直径0.24～0.3、孔径0.1、厚0.15～0.25厘米。整体形状均呈扁圆柱形，有圆形穿孔。其中1颗呈紫色，其余均呈白色，无光泽，不透明。2017ZGM2：147，共1055颗，平均直径0.3、孔径0.08、厚0.2厘米，整体形状呈圆柱状，有圆形穿孔，基本均呈白色，部分表面有黑色物质，无光泽，不透明（图版四，9）。

2. 釉砂珠

共计176颗，保存较好的有154颗。器身整体基本呈蚕节状，部分呈圆珠状。2017ZGM7：4，共14颗。器身较长者长1.28、较短者长0.36、直径0.23、孔径0.15厘米。珠身长度在2～6节，质轻且疏松。从断面看内层疏松多孔，如海绵状。表面呈浅绿色或浅蓝色。无光泽，不透明。2017ZGM7：14，共56颗。其中9颗为圆珠，47颗为蚕节状珠。圆珠高0.17～0.2、直径0.21～0.27、孔径0.11～0.13厘米。蚕节状珠长1.61～2.56、直径0.21～0.28、孔径0.11～0.13厘米。圆珠可能是蚕节状珠的断节。珠身正中有孔，质轻且疏松，表面呈浅绿色或浅蓝色，大多数表面已观察不到釉层，从断面看内层疏松，如海绵状（图版四，10）。

3. 宝玉石珠

共计29颗。根据石质和花纹不同，可分为红玉髓珠、缠丝玛瑙珠。红玉髓珠的形状有算珠形、圆环形两类；缠丝玛瑙珠基本呈橄榄形。

红玉髓珠　28颗。2017ZGM7：11，3颗。其一直径0.68、孔径0.11、高0.5厘米。整体呈圆珠状，对穿孔。红色，半透明，中间有突出腰棱。其二直径0.61、孔径0.12、高0.35厘米。整体呈管状圆柱形珠，对穿孔。红色，半透明。其三直径0.51、孔径0.12、高0.41厘米。整体呈圆珠状，对穿孔。红色，半透明。表面有轻微裂痕（图版五，28）。2017ZGM2：152-1，7颗。直径约0.42、孔径约0.22、高约0.28厘米。整体均大致呈圆柱形。穿孔较大，孔壁直。红色，半透明（图版五，27）。

缠丝玛瑙珠　1颗。2017ZGM2：154，长1.02厘米。整体略呈橄榄形，中间粗，两端较细。一端呈深棕色，一端呈浅棕色，中间呈白色，有横向缠丝状花纹（图版五，19）。

4. 石珠

7颗。2017ZGM2：151，3颗。较大者长1.08、直径0.45、孔径0.21厘米；居中者残长0.92、直径0.38、孔径0.19厘米；较小者长0.53、直径0.35、孔径0.18厘米。平面均略呈柱状椭圆形。两端呈黑色，中间呈白色（图版五，30）。2017ZGM1：60（图版五，29），4颗。其中，2017ZGM1：60-1为3颗扁圆形珠，算珠状，深红色，直径0.7～0.8、孔径0.2、厚0.3厘米。2017ZGM1：60-2为1颗柱状珠，黑白相间，有穿孔，高0.8、直径0.6、孔径0.3厘米。

5. 玻璃珠

1颗。2017ZGM6：96，直径0.56、孔径0.16、高0.42厘米。整体形状呈扁球形状。上下两端较平，有圆孔。珠身呈蓝色，外有白色风化层（图版五，32）。

6. 木珠

2颗。2017ZGM1：57，较大者直径0.45、孔径0.1、高0.2厘米。较小者直径0.32、孔径0.1、高0.2厘米。整体略呈球形，穿孔。珠身呈棕色（图版五，31）。

（五）有机质品

1. 骨、蚌制品

骨镞　4件，均出土于2017ZGM3。2017ZGM3：5，器身残长4.31、宽0.68、铤长2.47厘米。整体呈四棱锥状，表面打磨光滑。镞截面呈菱形，镞尖已残。铤呈圆柱形，已残断（图一八，3；图版五，17）。2017ZGM3：42，器身残长4.95、宽0.49厘米。整体呈圆锥状，表面打磨较光滑。铤身呈六棱柱形，已残断（图一八，7；图版五，18）。

羊距骨　4件，分别是2017ZGM2：142（图版五，16）、2017ZGM2：143、2017ZGM2：144、2017ZGM2：145，出土于M2墓主人头右（西）侧，个别有人工切

割痕迹。

穿孔贝饰　1件。2017ZGM2：157，直径4.8～5.1、孔径0.98、厚0.15厘米。呈圆形，正面鼓起，背面凹，背面一侧有台面。正中穿孔，孔壁上大下小（图一八，1）。

2. 木制品

三角形木器　1件。2017ZGM1：40，器身残高5.5、底边长1.6厘米。呈三角形，裂为两片，每片厚约0.8厘米，裂开处有绿色铜锈（图一八，2；图版五，15）。

3. 皮制品

2017ZGM2出土的铜铃中，部分铜铃内部带有打结的皮绳；2017ZGM2墓主人头部左侧冠帽部分出土方形皮头饰一件，头饰一边可见清晰的缝制针眼和细绳。

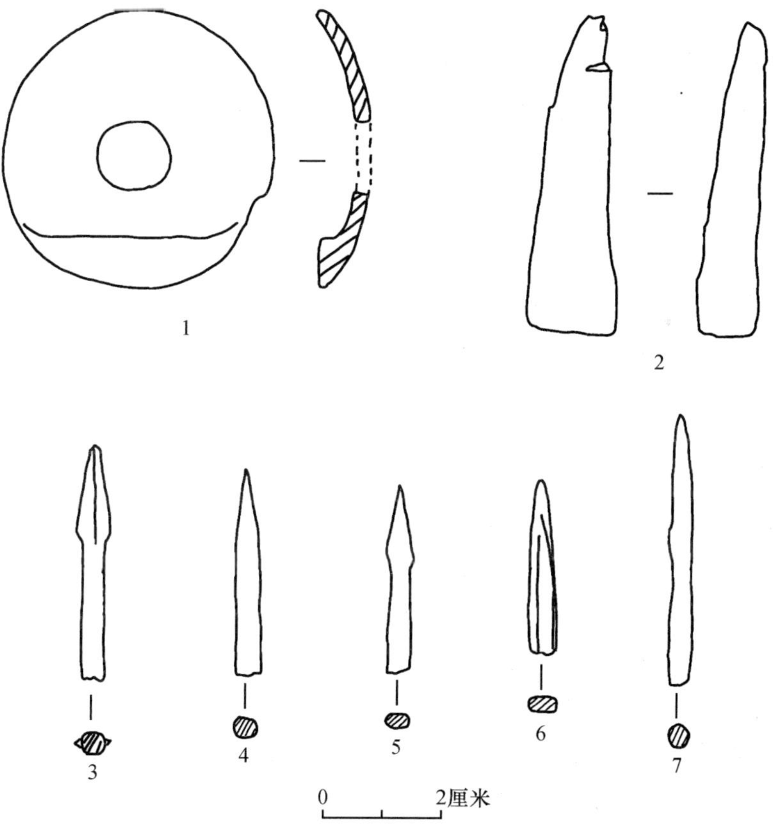

图一八　出土有机制品

1. 穿孔贝饰（2017ZGM2：157）　2. 三角形木器（2017ZGM1：40）　3～7. 骨镞（2017ZGM3：5、2017ZGM3：17、2017ZGM3：43、2017ZGM3：44、2017ZGM3：42）

四、结　　语

我们通过对墓葬出土的人骨、动物骨骼、植物种子等遗存进行^{14}C测年，同时对墓葬形制和出土遗物进行考古类型学分析，初步将墓葬分为早、晚两期，早期墓葬年代为距今3600～3000年，晚期墓葬年代为距今2400～2000年。

1. 早期墓葬

距今3600～3000年前后，是目前西藏西部地区发现的时代最早的墓葬。早期墓葬形制为小型的竖穴土坑石室墓，平面形状以竖长方形为主，部分墓壁略呈弧形，部分墓葬有头厢，墓葬方向基本为南北向，部分为东西向。墓主人葬式为仰身直肢，无明显葬具，部分骨骼涂红，头向北、东、南不固定。个别墓室底部有涂红迹象。根据保存状况好的M2的墓葬形制，猜测早期墓葬原可能为墓室内部用两层原木棍搭建成上、中、下三个空间，下层埋葬墓主人遗骸和随葬品；中层摆放动物头骨；上层平铺覆盖较大的石板，可能系墓主人生前建筑形式的体现。

随葬陶器以泥质和夹砂的红褐色陶为主，均为圜底器，以束颈高领球腹罐为典型，器形较小，少数有单耳，大部分器壁较薄，大部分装饰彩绘条纹、弦纹、网格纹等图案；随葬工具有磨制石斧、细石叶、（铜或石制或骨制）箭镞、铜刀、铜柄等；随葬装饰品以白色扁珠为主，另外还有红玉髓、玛瑙、釉砂珠等。随葬动物种类以山羊为大宗，另外还有绵羊、盘羊、黄牛和鹿。

2. 晚期墓葬

距今2400～2100年，比曲踏墓地洞室墓时代略早。晚期墓葬方向为南北向，双洞室墓，墓道在北，长方形竖穴，填石封闭；有甬道和东、西并列的二洞室，洞室平面近圆形，用石片封门。由于早年盗扰，墓主人埋葬方式和葬具不详。晚期墓葬的形制可能与象泉河流域大量存在的窑洞式居住方式相关。

随葬陶器以夹砂红褐色陶为主，均为圜底器，器形较大，有深腹器，多带双耳或单耳，多装饰粗绳纹和刻划纹、戳印文；随葬工具有铁箭镞等铁器；随葬日用品有木器、纺织品等；随葬装饰品有玻璃珠等。随葬动物种类有山羊、绵羊、黄牛、马、野驴和鱼等。

西藏阿里札达县格布赛鲁墓地2017年的考古资料填补了西藏西部地区公元前两千纪考古资料的空白，为研究西藏西部特别是象泉河流域新石器时代晚期到金属时代早期的社会面貌提供了重要材料。随着与出土资料相关科技考古研究的进一步深入和考古发掘的进一步开展，对西藏西部地区的古代文明演进过程将会有更加全面和深入的认识。

附记：本项目得到“国家重点研发计划项目”（2021YFC1523600）的资助和支持。发掘领队为西藏自治区文物保护研究所夏格旺堆和陕西省考古研究院席琳；参加发掘的有夏格旺堆、席琳、张建林、田有前、于春、扎西次仁；参加整理的有于春、扎西次仁、宋瑞、汪楠、曹昆、曹诗媛、李欣桐；线图由张蕊侠、金鹏、曹昆、宋瑞、扎西次仁绘制；照片由金鹏、高博拍摄。

执笔：扎西次仁　夏格旺堆　席琳　于春

注　释

[1]　四川大学中国藏学研究所、四川大学考古系、西藏自治区文物局、阿里地区文化广播电视局：《西藏札达县格布赛鲁墓地调查简报》，《考古》2001年第6期。

2015年山南琼结县邦嘎遗址发掘简报

西藏自治区文物保护研究所　四川大学考古学系　山南市文物局

一、引　　言

邦嘎遗址位于西藏自治区山南市琼结县下水乡邦嘎村北侧（北纬29°05′13.66″，东经91°43′15.36″），海拔3713米，总面积2000余平方米。遗址所处的雅隆河谷属于雅鲁藏布江中游的泽当宽谷，土壤发育情况较好，农牧业发达，人口众多，向来被认为是吐蕃文明的发祥地。

邦嘎遗址最初在1985年文物普查时被发现，西藏自治区文物管理委员会、中国社会科学院考古研究所、西藏博物馆与山南地区文物局等单位曾先后进行过三次小规模发掘，但由于种种原因，材料均未正式发表，学术界对遗址的性质和文化面貌的认识尚比较模糊。为系统了解邦嘎遗址的保存状况与文化内涵，并为下一步发掘与保护工作提供支持，西藏自治区文物保护研究所、四川大学考古学系、山南市文物局三家单位组成联合考古队，于2015年7～8月对该遗址进行了第四次发掘。本次发掘仅在遗址东缘布设一个探方，编号为2015QBT1，面积为5米×5米。探方位置处于琼结河流二级阶地之上，南面为一条东西向大冲沟，其西南面约17米处即为2002年发掘区（图一）。

二、地层堆积

此次试掘识别出16个地层（图二）。

第1层：灰黄色粉砂土，较致密，厚15～40厘米。堆积形状为波状，分布于整个探方。无出土遗物。

第2层：灰褐色粉砂土，夹杂大量砾石，较致密，距地表25～70、厚15～35厘米。堆积形状为波状，分布于整个探方。出少量陶片。

第3层：灰褐色粉砂土，致密，距地表55～90、厚45～75厘米。堆积形状为波状，分布于整个探方。出土少量陶片与动物骨骼及1件青铜制品。

第4层：灰色粗砂土，夹杂大量砾石，疏松，距地表130～155、厚10～25厘米。堆

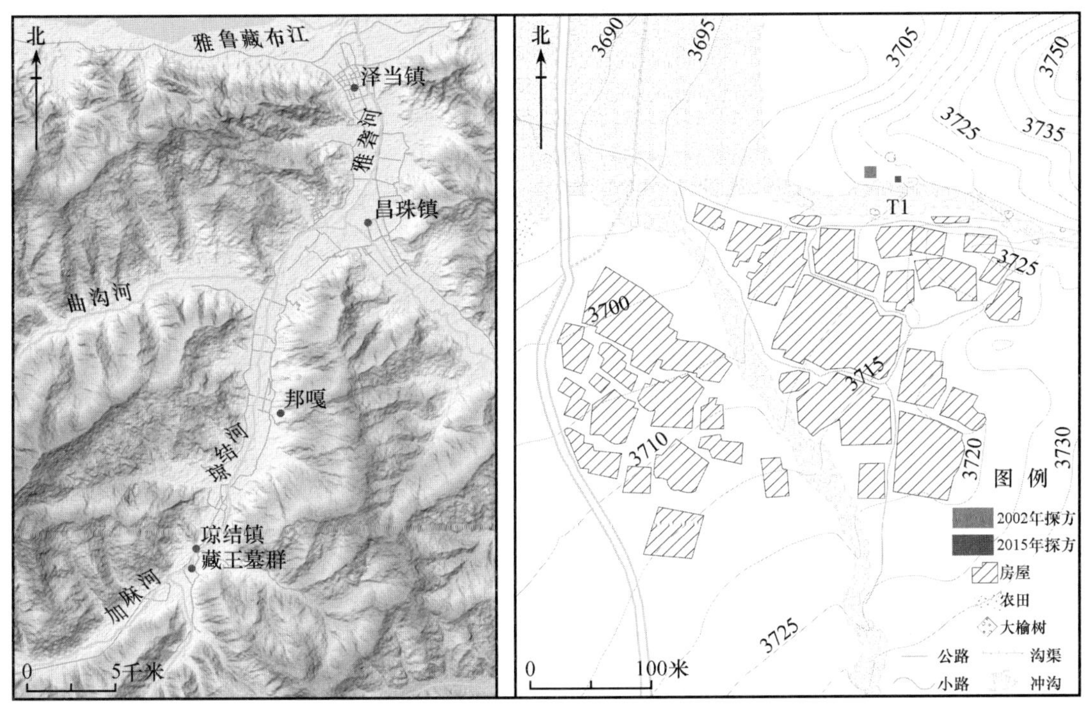

图一　遗址与探方位置示意图

积形状为波状，分布于整个探方。仅出土2片陶片。

第5A层：黄褐色细砂土，较致密，距地表140～175、厚15～35厘米。堆积形状为波状，分布于整个探方。出少量陶片与动物骨骼。

第5B层：黄褐色细砂土，夹杂一定数量砾石，较致密，距地表170～190、厚10～25厘米。堆积形状为波状，分布于整个探方。发掘过程中未能准确判断其分布区域，其出土物统一归入第5A层。H1开口于此层下，打破第7层。

第6层：灰色粗砂土，夹杂大量砾石，疏松，距地表185～200、厚0～15厘米。堆积形状为坡状，局部分布于探方内，不见于探方西北部。无出土遗物。

第7层：褐色粗砂土，夹杂大量砾石，较疏松，距地表185～210、厚5～30厘米。堆积形状为波状，分布于整个探方。出土少量陶片。

第8层：黄褐色细砂土，夹杂灰色土块，较致密，距地表205～230、厚5～10厘米。堆积形状为坡状，大部分布于探方内，不见于探方南部。仅出土1片陶片。

第9层：灰色粗砂土，夹杂一定数量砾石，疏松，距地表210～220、厚10～20厘米。堆积形状为坡状，局部分布于探方内，不见于探方北部。无出土遗物。D1、DM1开口于此层下，D1打破DM1。

第10层：红褐色细砂土，较疏松，距地表210～235、厚10～25厘米。堆积形状为波状，分布于整个探方。出土极少量陶片、石器、动物骨骼。

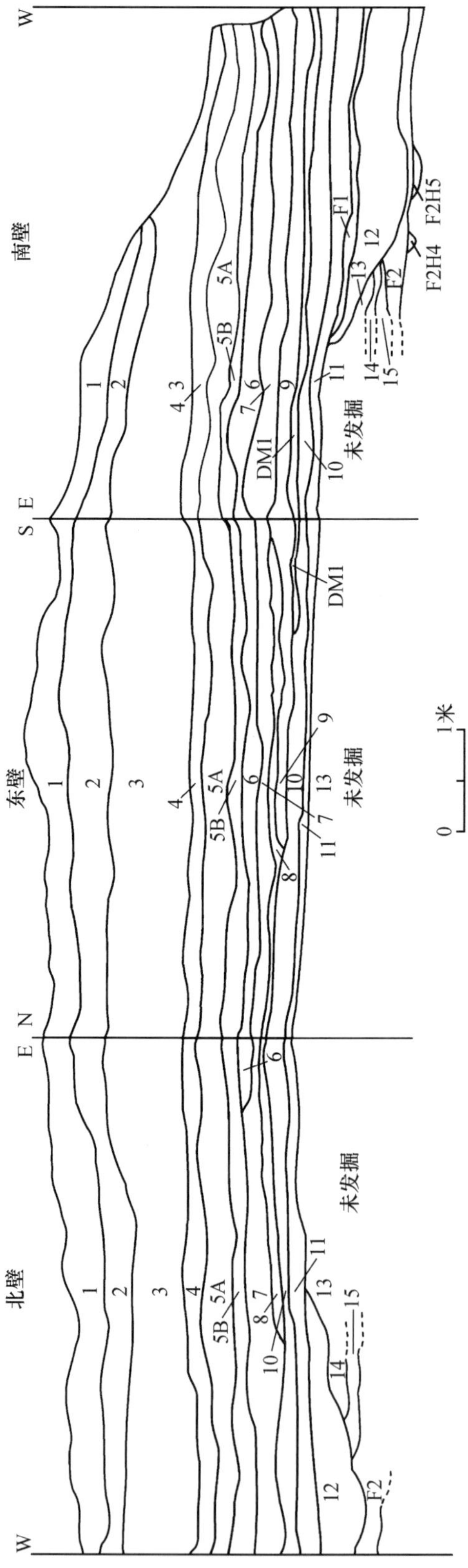

图二　2015QBT1探方北、东、南壁剖面图

第11层：灰褐色细砂土，夹杂大量炭屑，较疏松，距地表225～250、厚10～20厘米。堆积形状为波状，分布于整个探方。出土一定量陶片与动物骨骼。F1开口于此层下，叠压第12层。

第12层：灰褐色细砂土，较致密，距地表250～270、厚0～50厘米。堆积形状为坡状，局部分布于探方，不见于探方东部。出土大量陶片与动物骨骼。该层层表发现两处炭灰聚集处。

第13层：浅黄色细砂土，致密，距地表240～290、厚0～10厘米。堆积形状为坡状，仅发掘探方西部区域。无出土遗物。

第14层：橙红色细砂土，较致密，距地表285～290、厚0～5厘米。堆积形状为坡状，仅发掘探方西部区域。无出土遗物。

第15层：黑褐色细砂土，较致密，距地表290～295、厚0～15厘米。堆积形状为坡状，仅发掘探方西部区域。无出土遗物。F2（包括F2H1～F2H7）开口于此层下，打破第16层。

第16层：橙红色细砂土，较致密。为保留F2，该层及其以下的层位未发掘。

三、遗　　迹

2015QBT1共发现5个遗迹，包括灰坑（H1）、柱洞（D1）、垫面（DM1）、建筑遗迹（F1、F2）。其中D1与DM1开口于第9层下，可能存在关联。F1性质存疑，暂定为房址。

1. H1

位于2015QBT1西北角，开口于第5B层下，打破第7层。平面呈不规则椭圆形，弧壁，圜底。坑口距地表1.73、口径0.55～1.1、深0.13米。坑内填土为褐色细砂土，夹杂大量砾石，土质较疏松。坑内仅出陶片1片（图三，2）。

2. D1

位于2015QBT1南端近中部，开口于第9层下，打破DM1与第10层。平面呈圆形，弧壁，平底。坑口距地表2.33、口径0.31～0.33、深0.06米。坑内填土为浅紫色粉砂土，夹杂大量炭屑，土质疏松。坑内无出土遗物（图三，1）。

3. DM1

分布于2015QBT1南部，开口于第9层下，叠压第10层。该遗迹为一薄薄的土层，距地表约1.9、厚0.02～0.1米。堆积为浅黄色粉砂土，较纯净，质地疏松。堆积内无出土遗物（图三，5）。

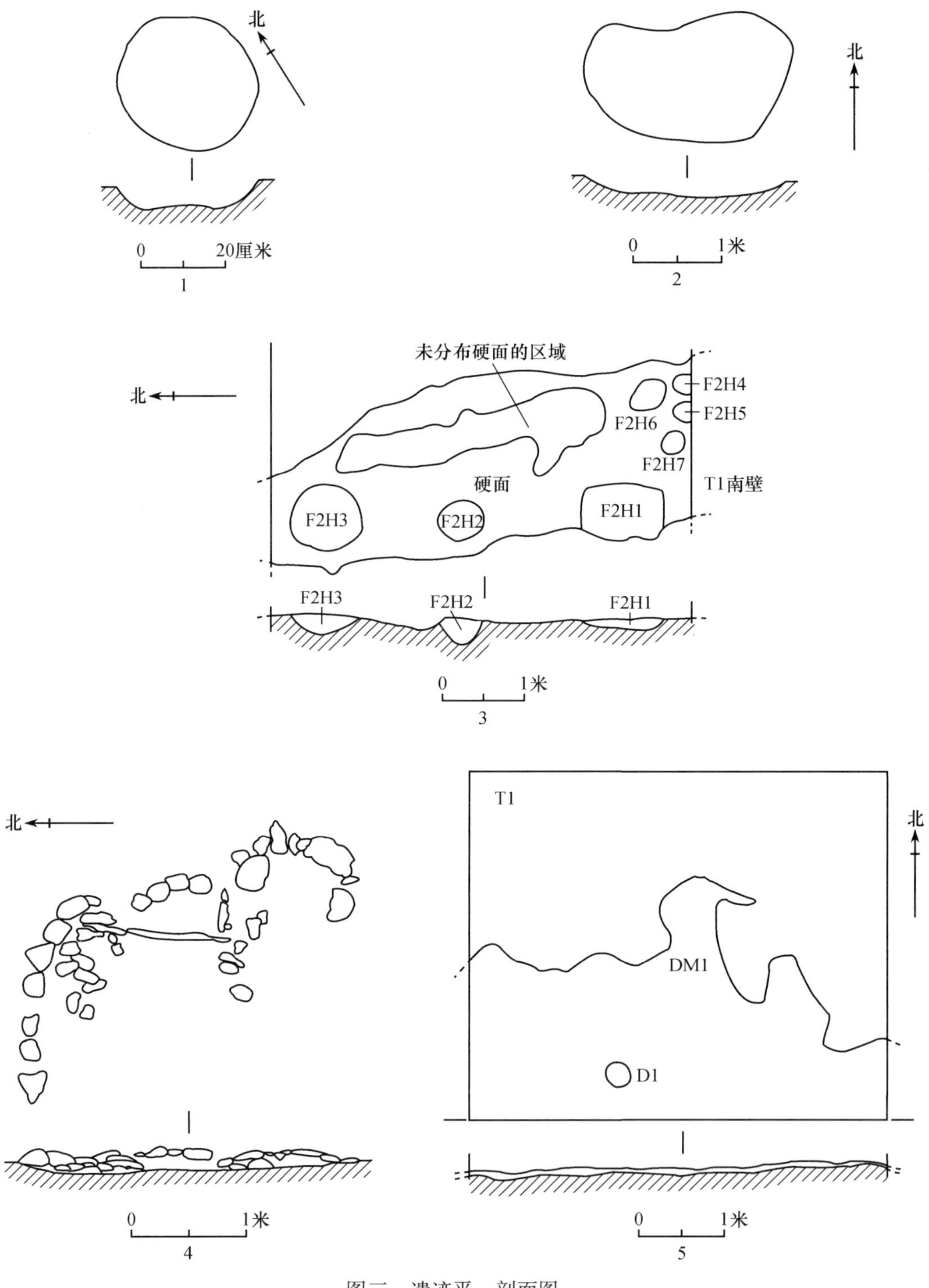

图三　遗迹平、剖面图

1. D1　2. H1　3. F2　4. F1　5. DM1

4. F1

位于2015QBT1南部，开口于第11层下，叠压第12层。F1推测为一浅穴的石围圈，平面大致呈扇形。石堆可能向探方西部延伸，但这部分已被当地村民取土所破坏。遗迹由大小不一的石块及石板堆砌而成，南北长2.75、东西宽2.75米。石块大致可划分为三个小区域，最南端石块堆积平面呈东西长1.75、南北宽1米的椭圆形，北部由一南北向长条石隔为西大东小的两个区域，西部平面大致呈边长为2米的正方形，东部大致为南北长0.85、东西宽0.7米的长方形。遗迹内填土为浅紫色砂土，夹杂大量炭屑和杂乱的石块，土质较疏松，厚约0.24米。这些杂乱的石块可能是该遗迹的围墙或屋顶的倒塌堆积。填土内出土有大量陶片和动物骨骼（图三，4；图四；图版六，2）。

图四　F1（东→西）

5. F2

开口于第15层下，打破第16层。目前已发掘的区域分布于探方西部，目前发现遗迹内有7个灰坑（F2H1～F2H7）及一个硬面。由于F2尚未完全揭露，其整体形制尚不清楚，从目前已发掘的区域观察，除F2中部一块不规则区域外，其余部分均分布有硬面，可能是一处人类活动面。硬面的表面分布不规则且起伏较大，底部较水平。整个硬面在探方西部约三分之一处消失。硬面为灰白色砂土，土质致密。活动面上可见7个灰坑，其中F2H1～F2H3平面似沿南北向直线分布，F2H4～F2H7则集中分布于探方南部中央区域，各灰坑都打破F2活动面及第16层。F2的填土为灰黄色细砂土，土质较疏松，厚0.1～0.2米。填土内出一定数量的陶片和动物骨骼。为了今后对遗址进行全面发掘时保持F2的完整性，此次试掘未对F2H4～F2H7这四个灰坑及探方东侧第15层下叠压的F2部分进行发掘（图三，3；图五）。

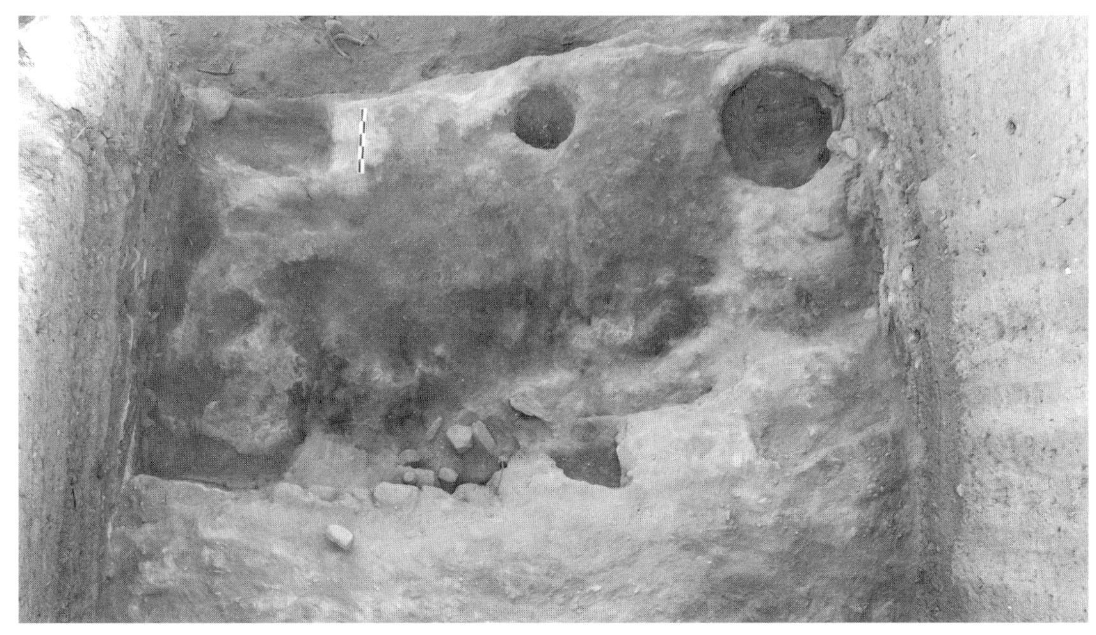

图五　F2（东→西）

四、遗　物

1. 陶器

此次发掘共获陶片1012片。第12层与F1两个单位所出陶片最多，占总数的三分之二强。陶片多破碎，无可复原者。第2～7层均发现火候较高的泥质橙红陶，应为吐蕃以后的堆积，数量都很少，缺乏统计意义。第8层及以下单位所出陶器均为手制，个别标本可见泥条成型的痕迹，肩部以上部分有在器身成型后附加一块泥条制成的做法。陶色以黄褐及灰褐色为主。陶系以夹细砂陶为主，夹粗砂者次之，泥质陶很少。少量陶片经过打磨，器表细腻光滑。大部分陶片为素面，纹饰有刻划纹、戳印纹和附加堆纹三类，其中刻划纹最为常见。第11层及以下的单位所出陶器标本中可辨器形有罐、钵两类，此外还有较多的器耳以及2件穿孔圆陶片（图版六，1）。

罐　24件。均为敞口罐，器物残破程度较高，从未发现器底这一点来看，多数应为圜底器。可分为带耳罐、高领罐、矮领罐、折肩罐、大口罐五类。

带耳罐　5件。依器耳位置及做法分为二型。

A型　1件。器耳从唇部连至肩部，器耳表面没有任何装饰。F1：1，夹粗砂黑陶，除器耳外其余部分均磨光，内壁口沿以下部分可见竖向手抹修整痕迹。尖唇，卷沿，口沿部不甚平整，溜肩，圆腹。残高4.5、口径5.8厘米（图六，1；图七，1）。

B型　4件。器耳从沿部连至肩部，器耳中部捏出凸棱，凸棱上多饰齿状戳印纹。

F2H3①：1，夹细砂黄褐陶，除器耳外其余部分均磨光。圆唇，卷沿，敞口，口沿部饰两道平行线纹，平行线纹之间夹点状戳印纹，溜肩。器耳与口沿连接处饰点状戳印纹。残高3.5、口径7厘米（图六，2；图七，2）。F1：9，夹细砂红陶，除器耳外其余部分均磨光。圆唇，卷沿，敞口，口肩转折处饰一圈点状戳印纹，其下附一道平行线纹，溜肩。残高4.5、口径5.8厘米（图六，3；图七，3）。F1：8，夹粗砂灰褐陶，器表可见炭粒聚集，口沿内侧可见慢轮修整痕迹，内壁有手抹修整痕迹。尖圆唇，折沿，敞口，溜肩。残高10.5、口径6.9厘米（图六，4；图七，4）。

高领罐　6件。均折沿，溜肩，多束颈。依束颈程度分为二型。

A型　4件。束颈较甚。F1：4，夹细砂灰褐陶，口部以下可见手抹修整痕迹。圆唇，斜折沿，敞口，束颈。唇部饰齿状戳印纹饰。残高10、口径5.1厘米（图六，5；图七，5）。T1⑪：1，为一口沿残片，夹细砂红陶。圆唇，斜折沿，束颈。残高8.5厘米（图六，9；图七，10）。F1：5，夹细砂黑陶，器表可见烟炱，内壁可见手抹修整痕迹。圆唇，折沿。残高5.4、口径8.9厘米（图七，6）。T1⑫：21，夹细砂灰褐陶。圆唇，折沿。器物表面可见炭粒沉积。残高6.3、口径9.1厘米（图六，6；图七，7）。

B型　2件。束颈不显。T1⑫：5，为口沿残片，夹细砂磨光黑陶。圆唇，折沿。沿内侧有一周凹弦纹。残高4.3厘米（图六，10；图七，11）。

矮领罐　9件。均敞口，溜肩。依沿部特征可分二型。

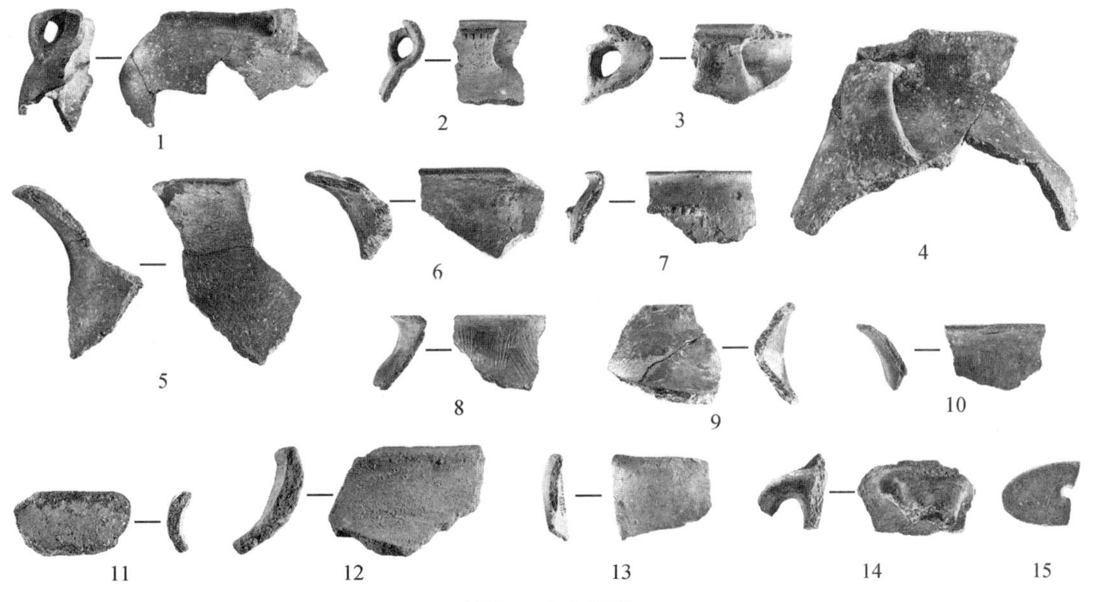

图六　出土陶器

1. A型带耳罐（F1：1）　2～4. B型带耳罐（F2H3①：1、F1：9、F1：8）　5、6、9. A型高领罐（F1：4、T1⑫：21、T1⑪：1）　7. B型矮领罐（F1：3）　8. 折肩罐（T1⑫：7）　10. B型高领罐（T1⑫：5）　11. A型矮领罐（T1⑫：8）　12. 大口罐（T1⑫：11）　13. B型钵（T1⑫：20）　14. 器耳（T1⑫：18）　15. 穿孔圆陶片（T1⑫：13）

A型　6件。折沿。T1⑫：8，为一口沿残片，夹粗砂灰褐陶。圆唇，斜折沿。残高5.2厘米（图六，11；图七，12）。

B型　卷沿。3件。F1：3，夹细砂黄褐陶，器身略经打磨，口肩部与腹部有明显的黏接痕。尖唇，卷沿。口沿与器身相接处饰附加堆纹，附加堆纹上饰齿状戳印纹。残高5.4、口径6.6厘米（图六，7；图七，8）。

折肩罐　2件。均敞口，主要特征为口肩部转折明显。T1⑫：7，夹细砂磨光灰褐陶。尖唇，斜折沿，溜肩。口部以下饰一周不甚规整的平行线刻划纹，器身遍饰斜向刻划纹。残高5.1、口径3.7厘米（图六，8；图七，9）。

大口罐　2件。均不能复原口径，推测是一种大型容器。T1⑫：11，口沿残片，夹细砂红褐陶。口沿内侧可见慢轮修整痕迹。尖唇，斜折沿，口微敞，广肩。残高6.8厘米（图六，12；图七，13）。

钵　9件。均为残片，无法测算口径。根据腹部趋势可分二型。

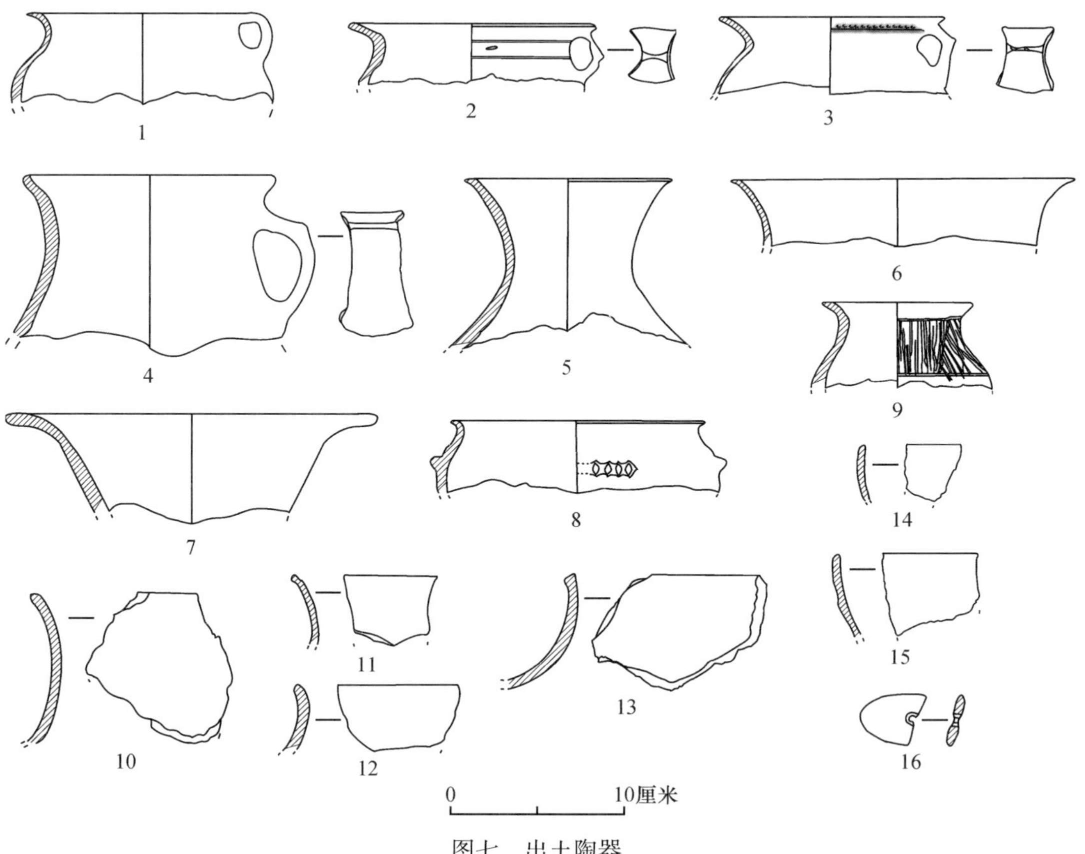

图七　出土陶器

1. A型带耳罐（F1：1）　2～4. B型带耳罐（F2H3①：1、F1：9、F1：8）　5～7、10. A型高领罐（F1：4、F1：5、T1⑫：21、T1⑪：1）　8. B型矮领罐（F1：3）　9. 折肩罐（T1⑫：7）　11. B型高领罐（T1⑫：5）　12. A型矮领罐（T1⑫：8）　13. 大口罐（T1⑫：11）　14. B型钵（T1⑫：20）　15. 器耳（T1⑫：18）　16. 穿孔圆陶片（T1⑫：13）

A型　4件。深腹。T1⑫：19，夹细砂黄褐陶。卷沿。残高3.4厘米。

B型　5件。浅腹。T1⑫：20，夹粗砂黄褐陶。卷沿，口部不平整。残高4.9厘米（图六，13；图七，14）。

器耳　19件。T1⑫：18，夹细砂灰褐陶，半环形耳仅余一半（图六，14；图七，15）。

穿孔圆陶片　2件。边缘均有打磨迹象，应该是在原陶器废弃后对残片加以改制以做他用的。探方中还出土了一些边缘未经打磨的穿孔陶片，无法确定其用途。T1⑫：13，夹细砂红褐陶，内壁有钻孔痕迹，钻孔未完成即被丢弃。穿孔直径0.7厘米（图六，15；图七，16）。

2. 石制品

发掘共获石制品24件，种类包括石核、石片、重石、磨盘、磨石、长条形石器、石球、砍砸器等（图版六，3）。

重石　1件。F2H3②：1，褐色石料，仅余一半，周身及钻孔均打磨光滑，中部的孔为对钻而成。厚5.2厘米，重288.2克（图八，1）。

石磨盘　2件。T1⑫：25，褐色石料，残损较严重，仅余磨槽边缘。一边有明显的磨面，边缘残损。残长13.1、残宽12.7、厚3.6厘米，重435.1克（图八，2）。

图八　出土石器

1. 重石（F2H3②：1）　2、5. 石磨盘（T1⑫：25、T1⑫：34）　3、4. 磨石（F1：13、F1：14）

T1⑫：34，褐色石料，残长13.1、残宽12.7、厚4.5厘米，磨槽深3.9厘米，重266.7克（图八，5）。

磨石　4件。F1：13，灰色石料，残损，一面局部磨光，横向擦痕明显。长13.6、宽6.4、厚5.8厘米，重279.4克（图八，3）。F1：14，褐色石料，圆饼形，两面均有局部磨光痕迹。长3.3、宽3.3、厚1.5厘米，重8.1克（图八，4）。

五、结　语

邦嘎遗址是西藏腹心地区为数不多的经过正式考古发掘的史前人类居住遗址，具有重要的研究价值。此次发掘令我们对该遗址的文化属性、生计模式等问题有了比较可靠的认识，能够对以往关于该遗址的看法进行一些补充甚至纠正。

邦嘎遗址曾经被认为是曲贡文化的代表性遗址之一[1]。多位学者曾撰文指出，邦嘎遗址的年代约在距今3000年的西藏新石器时代晚期，文化面貌与拉萨曲贡、贡嘎昌果沟遗址存在相似性，但陶器种类上尚有一些差别[2]。从本次试掘的第12层、F1等单位的情况看，这一时期遗址所表现出的文化面貌与曲贡文化存在较大差别。从陶系上看，邦嘎遗址以夹砂灰褐、黄褐陶为主，磨光陶很少，这与以磨光黑陶为主的曲贡文化存在较大差别；此外陶器装饰方法以各种刻划纹和戳印纹为主，纹饰的组合形式与曲贡文化完全不同。从器形上看，曲贡文化常见的高领、圜底的陶罐与高领圈足罐也不见于邦嘎遗址。因此此次发掘的主体堆积（F2、第15～11层）不属于曲贡文化。

邦嘎遗址所出的几件带耳陶罐与曲贡晚期石室墓中的单耳陶罐类似，陶系也与曲贡晚期石室墓相近，都以非磨光的夹砂陶为主，因此其文化属性应当与曲贡晚期石室墓遗存接近。曲贡晚期遗存尚存在一些曲贡文化的因素，如圈足器与镂孔豆柄，这是邦嘎遗址中所不见的[3]。综合以上的几个现象，邦嘎遗址主体堆积的年代应当在曲贡晚期遗存之后，与曲贡晚期石室墓时代相当。F2、第12层、第11层中炭化种子的测年结果显示，这三个单位的年代区间分别为公元前1045～前905年、公元前760～前410年、公元前400～前230年（校正后年代），这与器物群分析的结果基本吻合。考虑到F2之下还有一些文化层未经发掘，不排除今后发现与曲贡文化年代相当的遗存的可能性。

为了解古代人类的生业模式，我们采取了浮选法提取植物遗存，并用孔径6毫米的筛子收集动物骨骼。植物遗存的初步鉴定显示该遗址存在大麦、小麦；动物遗存有绵羊、山羊、牛等。但麦作是本地种植还是由贸易交换而来，羊的管理方式是否存在垂直海拔移动等问题，我们尚在进行多学科的分析，详细结果将另文发表。

附记：本次发掘得到西藏自治区文物保护研究所的专项经费支持，研究工作得到国家社科基金项目“青藏高原及周邻地区考古学文化比较研究”（14BKG005）、教育部人文社科基地重大项目“青藏高原丝绸之路考古调查与研究”（16JJD780011）的支持。参加发掘的有夏格旺堆、陈祖军、吕红亮、宋吉香、杨锋、张正为、唐莉、陈心舟、徐海伦、丁增达吉、伦珠群培，本文线图由陈心舟、张正为、徐海伦绘制，照片由张正为、李祯荣拍摄。

执笔：吕红亮　陈心舟　夏格旺堆　陈祖军　张正为

注　　释

[1] 王仁湘：《关于曲贡文化的几个问题》，《西藏考古》（第1辑），四川大学出版社，1994年，第63～75页。

[2] a. 李林辉：《山南邦嘎新石器时代遗址考古新发现与初步认识》，《西藏大学学报（汉文版）》2001年第4期，第50～56页。

b. 夏格旺堆：《邦嘎新石器时代遗址的考察及考古发掘》，《中国西藏》2001年第4期，第54、55页。

[3] 中国社会科学院考古研究所、西藏自治区文物局：《拉萨曲贡》，中国大百科全书出版社，1999年，第146～209页。

（原载《考古》2020年第1期）

西藏乃东县结萨石室墓地发掘简报

西藏自治区文物保护研究所　四川大学历史文化学院　山南市文物局

结萨石室墓地位于西藏自治区山南市乃东区泽当镇结萨村一组居委会佳瓦日苏山口东面洪击扇山脚坡地处。结萨，藏语意为鸟落处。墓地地处雅鲁藏布江南岸，北距江边约1.7千米，距省道101约120米，地理坐标为北纬29.239266°~29.239744°，东经91.745542°~91.745663°，海拔3572~3588米。墓地南北长约130、东西宽20米，面积约2600平方米。

2009年，在距此次结萨石室墓地考古发掘区西约700米的结萨拉康西南约180米处山坡地施工取土时，曾发现陶罐、铜器、人骨等遗物，山南地区文物局专业人员前往实地了解，并提出了相应保护措施意见，同时对已被破坏的石棺内出土的几件青铜遗物进行了采集。

2016年7~8月，为全力配合做好国家重点基建项目拉林铁路沿线及周边施工范围内文物保护工作，西藏自治区文物保护研究所、四川大学历史文化学院、山南市文物局组成的联合考古队对结萨石室墓地进行了抢救性考古发掘。本次考古发掘区共布设探沟5条，发掘清理面积30余平方米，清理墓葬10座（图一、图二）。

一、墓葬形制

2009年和2016年共清理11座墓葬。除1座破坏无法辨识外，其余10座均为石室墓。两个年度发现的石室墓均位于雅鲁藏布江中游南岸，墓葬形制相同，相距不远，应属同一墓地，由此将结萨石棺墓地分东、西两区。

东区墓葬共10座，均暴露于施工取土开挖所形成的南北走向断面上，自南向北分别编号为2016NJEM7（以下省略2016NJE）、M6、M3、M10、M2、M1、M9、M4、M8、M5，另在断面南部西侧坡地高处发现2座疑似土丘封土墓（图三）。

墓葬均为长方形竖穴土坑石室墓，头向为234°~274°。除M2、M10两座墓葬外，其余盖板皆破坏无存，其中大部分墓葬结构均遭受严重的破坏，仅见部分墓室砌壁或骨骸遗存。墓室长0.42~1.62、宽0.38~1.23米。棺底均未铺石板，或直接用砂石和黄土铺底。

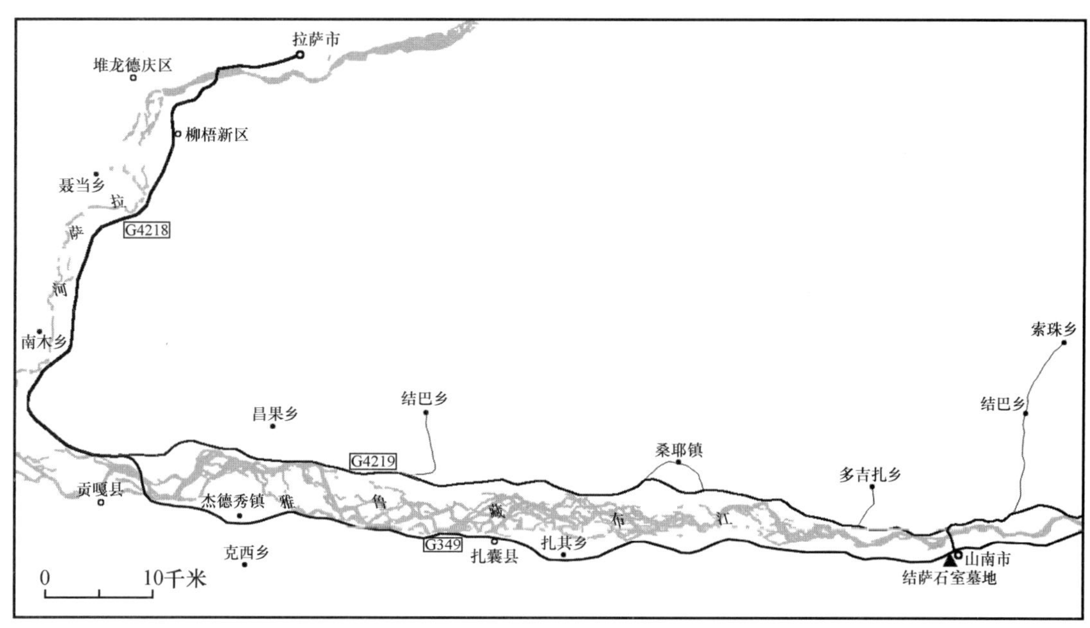

图一　墓地位置示意图

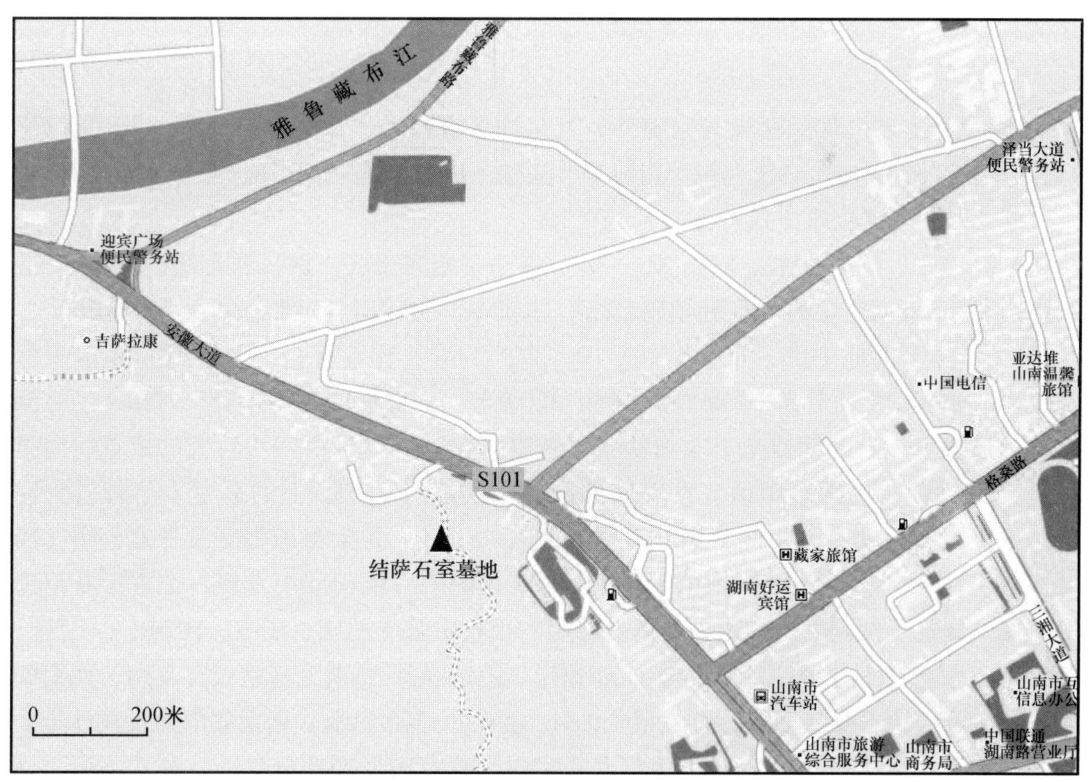

图二　结萨石室墓地具体位置示意图

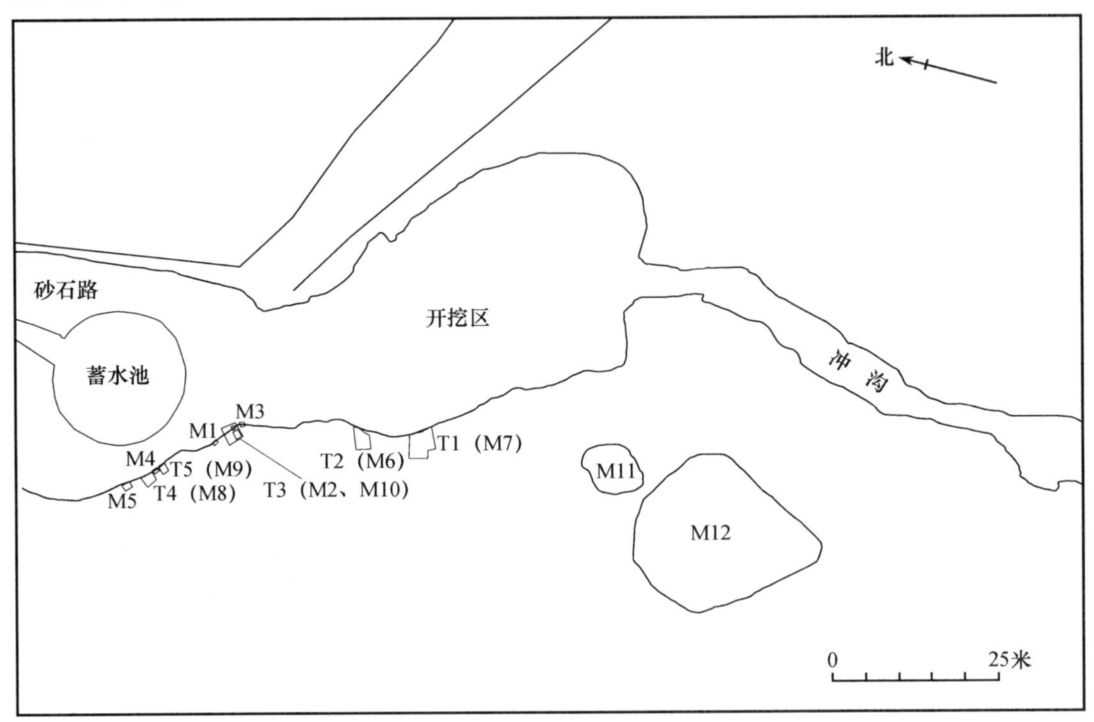

图三　结萨石室墓地东区分布图

除M2墓主人尸骨保存较为完整外，其余均保存极差，仅见部分骨骸。其中有3座墓葬可确定葬式：M1、M2为侧身屈肢葬，头枕山坡，脚朝河沟；M8为二次捡骨葬。

墓葬形制依据砌筑方式可分为A、B二型。

A型　4座。分别为M2、M4、M6、M7。长方形竖穴土坑，紧贴土坑四壁垒砌两三层石块，将块石相对平整的一面朝向内侧垒砌，以形成内侧平齐的矩形墓室，均有盖板石。

M2　位于墓地中部，东面紧邻M10，方向244°，保存完整。墓葬开口距地表深2.16米。长方形竖穴土坑长1.86、宽1.85、高0.8米。墓室长1.62、宽1.23、高0.41～0.54米。梯形墓室，石缝间或垫以小石块，以灰黏土粘连。盖板由四块较大的板石横向排列，上方放置几块砾石压顶。墓室底部铺有一层碎石。碎石上的墓主人尸骨较为完整。头向西，面朝南，为侧身屈肢葬，身体右向。从人骨架粗细程度及骨盆分析，当系成年男性死者。在M2西南侧0.6米的T3西南角的同一堆积层中发现一个方形石框遗存，其中放置一件侧倒的陶罐，石框上部用一板石覆盖（图四、图五；图版七，1）。

M4　位于墓地北部，方向240°，墓葬开口距地表深2.3米。墓室仅存东南、西南两侧壁，由两层块石垒砌而成。墓室残长0.84、宽0.9、高0.53米。墓室底部铺设黄沙土。盖石板为不规则大石块，有两块塌落入墓室内。墓室内发现部分骨渣，葬式不清，性别、年龄不详（图六）。

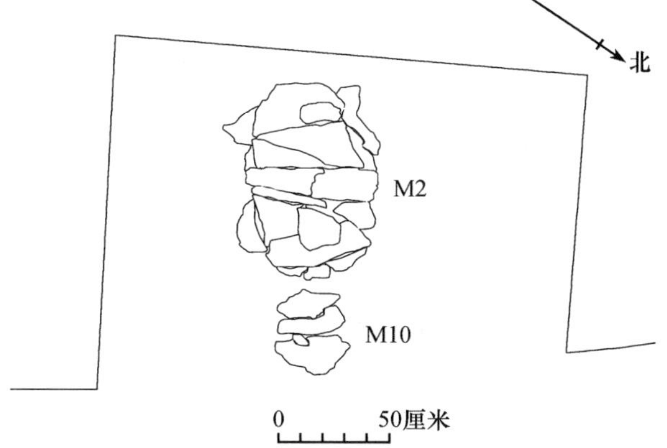

图四 M2、M10位置关系图

图五 M2平面图

图六　M4俯拍

M6　位于墓地南侧，方向234°，墓室开口距地表深2.47米。墓室仅存西南、西北两侧壁，采用三层块石垒砌而成。残存部分平面呈矩形，残长1.56、残宽1.08米。墓室内底部铺一层黄土，经夯打结实。尸骨无存，葬式不清。在石棺底部靠断面处发现若干青铜残片（图七）。

M7　位于墓地南端，方向240°，墓室开口距地表深2.82米，长2.68、宽1.93、高0.75米。除东北壁现存一层砌石外，其余三面均以两三层石块垒砌。东北残壁上方残留朽木，性质不明。墓室堆积杂乱无章，包括块石、黄土，以及部分盖石残段，似经严重扰乱。墓室底部铺垫黄土和碎石，仅存若干残骨，葬式不清，性别和年代不详。仅发现一块陶片（图八）。

B型　5座。分别为M1、M3、M5、M8、M10。长方形竖穴土坑，紧贴土坑四壁单层竖立石块砌筑，其中头足两端各立一块，左右两侧各立两三块，将块石平整的一面朝向内侧，以形成内侧平齐的矩形墓室，均有盖板石。

M1　位于墓地中部偏北。方向240°，头向西，面朝南。墓葬东部被施工破坏，仅存墓室西侧砌石与南、北部分砌石。墓室平面呈长方形，残长0.29～0.42、宽0.69、高0.24～0.25米。南北两侧壁各存一块立石。在西南、西北角上方各存一块盖石。墓室内底部薄铺一层黄土。墓主人为右侧屈肢葬，现仅存腰部以上尸骨，手指骨无存，头骨受损严重。从骨骼判断，应为幼儿，性别不明。无随葬品（图九；图版七，2）。经清

图七　M6俯拍

图八　M7俯拍

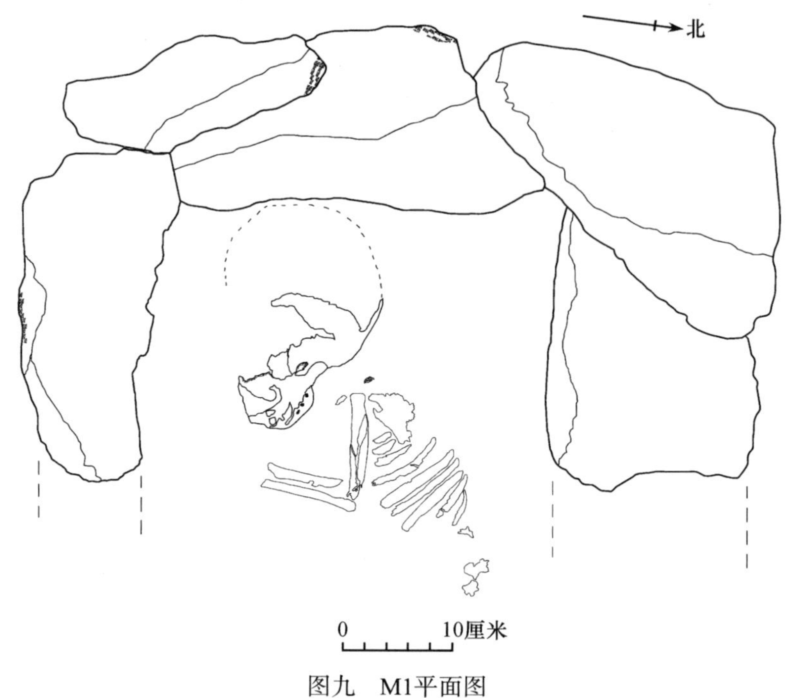

图九　M1平面图

理，墓室内发现的幼儿尸骨仅见腰部以上部分，且仅存从头部至腰部脊椎左半部分，头骨残存部分断面平整，似为利器剖开。

M3　位于墓地发掘区中部，方向234°，墓室开口距地表深2.7米，仅存西、北两侧壁部分石块，残长0.53、残宽0.66米。盖板石仅存一块，压于西北壁之上。墓室底部出土少量骨渣。葬式不清，性别、年龄不详（图一〇；图版七，3）。

M5　位于墓地最北端，方向274°，距地表深1.06米。墓室平面呈长方形，长0.42、宽0.38米。墓室内填土为黄沙土，包含少量的砾石和碎骨。底部铺一层砾石。墓主人仅存部分碎骨，可辨识的仅有碎齿骨，葬式不清。无随葬品（图一一）。

M8　位于北部，北为M5，南为M4、M9，方向150°，距地表深0.97米。墓室仅存西壁三块立石和南壁一块立石，残长1.25、残宽0.35、高0.28米。墓室内发现残破的头盖骨和部分碎骨，葬式不清，性别、年龄不详。

M10　位于墓地中部，西面紧邻M10，方向240°。墓室平面呈长方形，长0.73、宽0.53、高0.26米。盖石板三块，覆压于侧壁上。墓室内填土为灰黄色，土质疏松，包含少量人骨残渣，可辨识的有牙齿碎骨。葬式不清，性别、年龄不详。未见随葬品。

墓葬形制不明　1座。

M9　位于墓地北部。墓室被破坏殆尽，仅发现4段肢骨。在骨骸东北侧发现块石一块，应属墓室构筑物（图一二）。

西区墓葬1座，为2009年在结萨拉康西南约180米处山坡地施工取土时发现，编号2009NJWM1。墓口距地表深4～5米，为长方形竖穴土坑石室墓，出土部分铜器等遗物（图一三）。

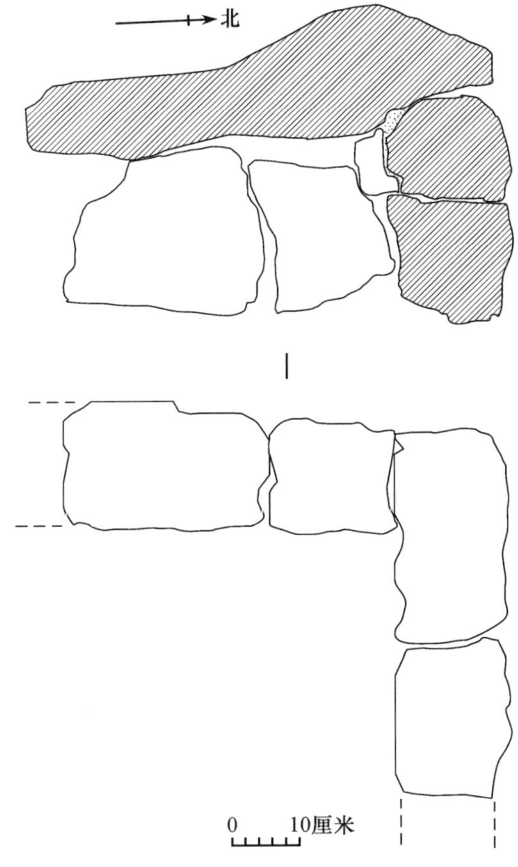

图一〇 M3平、剖面图

图一一 M5俯拍

图一二　M9出土情况

图一三　2009NJWM1现状

二、随葬器物

墓地东区出土遗物有陶器和铜片若干。

圜底罐　1件。M2：1，夹砂红褐陶。器表红褐色调斑驳不均，另附着白色钙化物。圆唇，侈口，鼓腹，圜底。高27.3、口部外径27.3、内径24.1、腹部最大径29.3、器壁厚0.6厘米（图一四，1；图版八，1）。

长颈罐　1件。T5③：1，出土于T5东北侧，距地表深1.2米。尖唇，长颈，鼓腹，底残。口部外径6.8、内径5.2、腹部最大径9.9、器壁厚0.7、残高12.6厘米（图一四，2；图版八，2）。

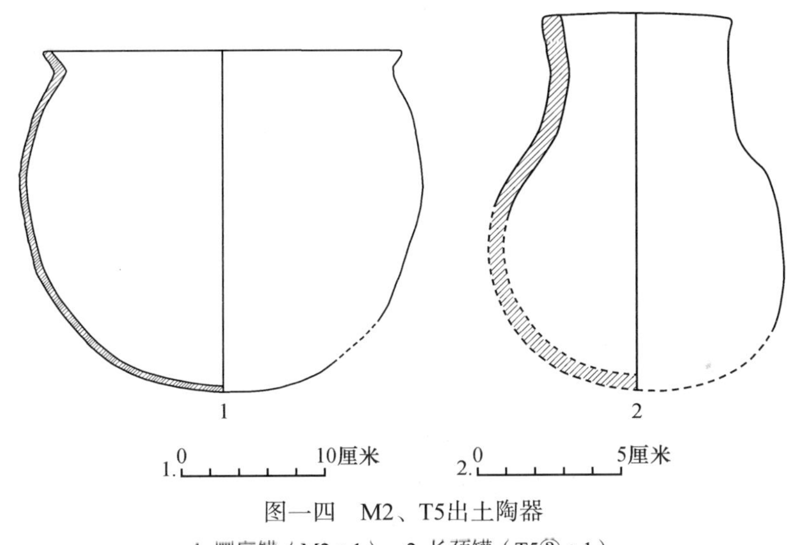

图一四　M2、T5出土陶器

1. 圜底罐（M2：1）　2. 长颈罐（T5③：1）

青铜残片　出土于M6。M6：2，残长6～15厘米（图版八，3）。

墓地西区出土带柄铜镜、镂空圈足铜钵、带饰铜环（残）等3件铜器。

带柄铜镜　1件。2009NJWM1：1，保存完好，铜镜表面有锈垢。此铜镜应为一次浇铸而成。镜面呈圆板状，略带拱弧状。镜背中央微微隆起，距镜面边缘向内1.3厘米有双道同心圆。其镜柄饰如羊头。镜柄两头各有镂空装饰，呈水滴状。铜镜通长11、镜面直径8.4、镜柄长3.5、厚0.1厘米（图一五；图版八，5）。铜镜出土时，镜面上残留3厘米×2.5厘米的纺织物，为麻布，平纹织物，起伏交叉形成固定，经、纬向密尺寸不详。

镂空圈足铜钵　1件。2009NJWM1：2，基本完整。由钵身和镂空圈足两部分组成。直口，鼓腹，圜底，镂空圈足。口沿下方有一道弦纹，最大腹径下有两道弦纹，与口腹弦纹间饰错向垂仰三角纹，三角纹中饰细密网格纹。下腹部饰细密网格纹。口径11.5、足径6.5、足高3、通高10、壁厚0.3厘米（图一六；图版八，4）。

带饰铜环　1件。2009NJWM1：3，残为2块。直径5.5、壁厚0.1、残高2厘米（图版八，6）。

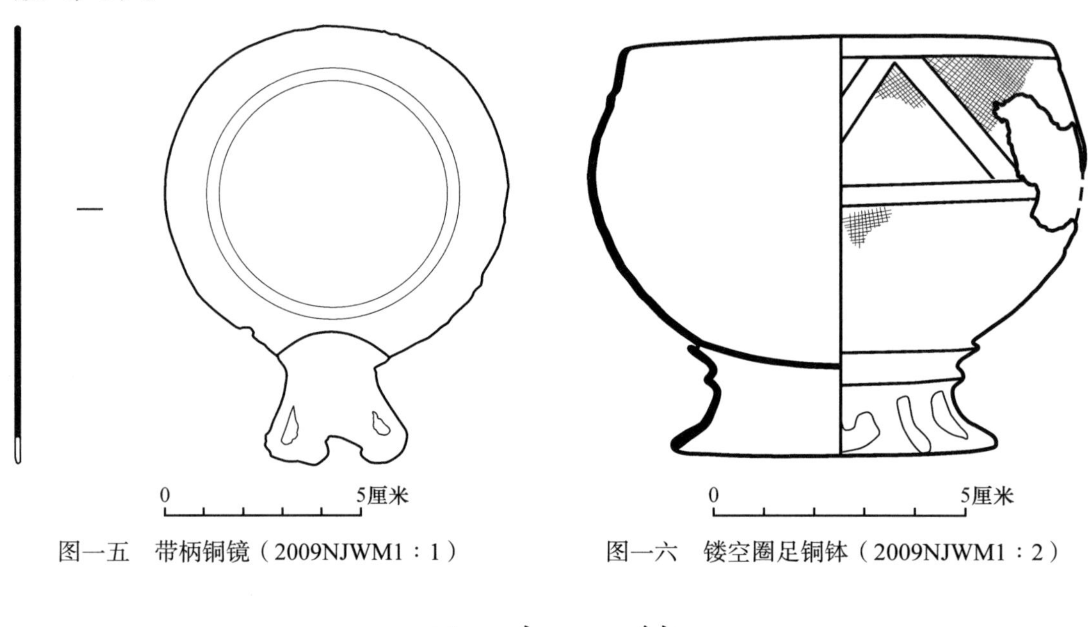

图一五　带柄铜镜（2009NJWM1：1）　　图一六　镂空圈足铜钵（2009NJWM1：2）

三、小　　结

山南市所辖的雅鲁藏布江流域中游区域是西藏早期文化遗存发现较多的地区之一，以石板或石块构筑的石棺墓或石室墓多有发现，其分布范围遍及乃东区，以及隆子县和扎囊县，出土遗物的文化面貌大致相近，并具有浓烈的区域性特征。

结萨墓地是近年来在雅鲁藏布江流域中游区域经考古清理墓葬最多的一处。尽管因基建施工破坏较为严重，但仍为我们了解该墓地的葬俗、文化特征、年代等各方面提供了许多较为重要的信息。

1. 墓葬形制结构

结萨石室墓地的墓葬均为在长方形竖穴土坑内砌筑石块或石板为墓室的形制。本文依选用石材大小及砌筑方式的差异又可分为两种形制：A型为选用相对规整的石块贴坑壁平铺垒砌构成墓室；B型为选用相对规整石块贴坑壁单层竖立块石砌筑构成墓室。

因施工被破坏的墓葬数量较多，保存有完整墓室的墓葬有M2、M7、M5、M10等4座。

M2、M7墓室较大，M2墓室长1.62、宽1.23米；M7墓室更大，长2.68、宽1.93米。M6残长1.56、残宽1.08米，M8残长1.25、残宽0.35米，其墓室长度均超过1米，应为较大的墓室结构。M4墓室残长0.84、宽0.9米，从数值看，也可能为较大的墓室结构。

M5与M10墓室较小，其中M5墓室长0.42、宽0.38米，M10墓室长0.73、宽0.53米。M1残长0.29～0.42、宽0.69米，应为较小墓室结构。

M3墓室残长0.53、残宽0.66米。无法判断其墓室结构大小。

基于此，结萨墓地东区的10座墓葬中，墓室结构较大的有5座墓葬，分别为M2、M4、M6～M8。墓室结构较小的有3座墓葬，分别为M1、M5、M10。M3因长宽均残，且其数值处于中间，无法断定；M9因砌筑墓室的石块几乎破坏殆尽，无法得知其墓室尺寸。

2. 葬式

东区10座墓葬中，只有3座墓葬可辨葬式，其中M1、M2为侧身屈肢葬，M8为二次捡骨葬。其他墓葬尸骨或被破坏无存，或因朽烂无法辨识。

M1墓主人为一幼儿，其骨骼仅存腰部以上部分，腰部以下部分被施工破坏。头骨面向右侧，上肢屈于胸前。清理时发现墓主人骨骼只保存从头骨至腰椎的左半部分，右半部分无存。头骨残存部分断面平整，似为利器剖开。从骨骼分布情况观察，不似二次捡骨葬。

该墓为墓地清理的唯一一座可确认的幼儿墓葬。仅从发掘所见而言，无法确知残存的骨骼所提供的信息系死者生前的杀婴习俗所致，还是死后所为。

M2墓主人为成年男性，侧身屈肢葬，身体右侧。上肢屈于胸前，下肢蜷曲，膝部位于腹前。

M8为二次捡骨葬。墓室内发现残破的头盖骨和部分碎骨，葬式不清，性别、年龄不详。

3. 与周边其他墓地材料的对比

结萨墓地出土的青铜器独具特色，山南市乃东区以及隆子县、扎囊县等地的其他墓地鲜见青铜器，为我们认识这一区域的早期文化提供了新的证据。

从器物形态观察，结萨墓地M2出土的圜底罐与扎囊县都古山墓地K1出土的圜底罐较为相似（图一七）。两处墓地均地处雅鲁藏布江右岸，都古山墓地位于扎其乡葱堆居委会东侧省道101南侧都古山北端，东距结萨墓地约31千米。20世纪80年代，西藏自治区文物管理委员会文物调查队对都古山墓地进行了调查与清理，共清理祭祀坑2个。在K1底部出土圜底大陶罐1件："夹细砂红陶，器大胎薄，敞口圆唇，矮领束颈，鼓腹圜底。口径0.27、高0.25米，胎壁仅厚4毫米。外壁领部以下（包括底部）满饰模印漩涡纹。漩涡纹为三圈，一半清楚，一半模糊，其排列无序，但亦不显得凌乱。系每个个体单独而印，有些漩涡纹相互叠压。陶罐外表有烟熏痕迹。"发掘者将该墓地年代定为吐蕃时期[1]。

另2009NJWM1出土的镂空圈足铜钵类器形也属首次发现。其中墓室内出土的带柄铜镜与中亚卡拉姆隆遗址出土的铜镜形态相近[2]（图一八）。历年来，西藏各地出土的早期青铜器为数不多，地域涉及西藏自治区7个地市10个区县。据不完全统计，共有20余件。

4. 年代

结萨石室墓地东区M1、M2进行了^{14}C测定，M1年代为距今2180年 ± 30年（经树轮校正），M2年代为距今2210年 ± 30年（经树轮校正）。大约相当于战国末期至秦初。

该墓地的发掘对了解雅砻河流域这一时期丧葬习俗、社会制度、冶炼技术、生产生活方式等，乃至构建该区域考古学文化序列提供了极其珍贵的实物资料，同时也丰富了对乃东县乃至雅鲁藏布江流域的石室墓葬的认识，为研究该区域早期青铜时期的葬俗和内涵提供了新的材料。

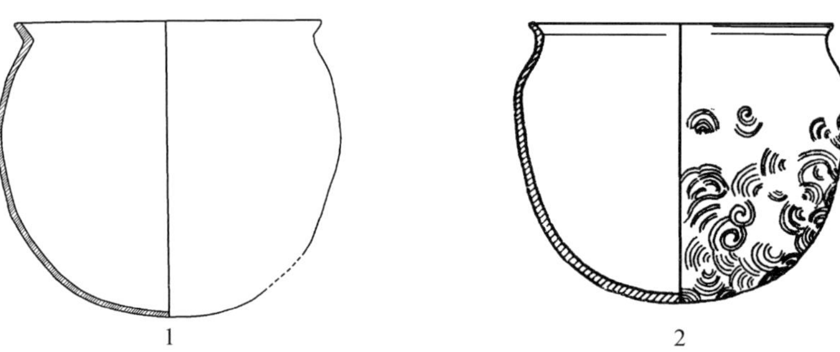

图一七　山南地区部分墓葬出土圜底罐

1. 乃东结萨石室墓地（M2：1）　2. 扎囊都古山（K1：2）

图一八　带柄铜镜比对

1. 中亚卡拉姆隆遗址出土　2. 乃东结萨石室墓地出土

注　释

[1] 西藏自治区文物管理委员会，索朗旺堆、何周德：《扎囊县文物志》，西藏人民出版社，1986年。
[2] 赵慧民：《西藏曲贡出土的铁柄铜镜的有关问题》，《考古》1994年第7期。

调查、发掘：罗布扎西　韩芳　丁增塔杰
摄影、绘图：罗布扎西
执笔：罗布扎西　韩芳　伦珠群培　丁增塔杰

西藏拉萨市协村杰丁噶摩崖石刻造像群调查简报

西藏自治区文物保护研究所

2017年2月16日，拉萨市柳梧新区嘎琼寺驻寺干部永中久美在蔡公堂乡协山谷徒步时，根据当地村民格桑次仁提供的线索，在其子白玛的带领下，在拉萨市东面蔡公堂的"杰丁噶"（རྒྱ་སྡིང་ཁ）小山沟内首次确认了一处早期摩崖石刻群。

作为这一重要资料的第一学术发现人，永中久美以《蔡公堂"协"村山谷内发现大面积11～13世纪摩岩石刻佛像群》为标题，将信息公布于个人微信平台"雅江彼岸"上。2月19日，西藏自治区文物保护研究所专业人员与永中久美一同前往此地，对石刻群题材、年代进行了再次确认，同时开展了调查、测量工作，并将该新发现的简讯发表在《西藏大学学报》（社会科学版）2017年第2期。随后，笔者几次前往实地做了补充调查，现将调查工作简报如下。

一、位置与概况

杰丁噶摩崖石刻造像群位于西藏自治区拉萨市蔡公堂乡协村西南约3.2千米南北走向的协山谷里，山谷内有一条季节性河流由南向北流过，与简易的砂石道路基本平行。石刻群分布于山谷西面杰丁噶小山沟岩壁上，故名"杰丁噶摩崖石刻造像群"（图一、图二；图版九，1）。

杰丁噶摩崖石刻造像群，朝向基本为东面、东南面和南面。据实地调查发现6处摩崖石刻地点，共由22个画幅组合构成。地理坐标为东经91°12′32.85″～91°12′45.43″，北纬29°36′50.14″～29°36′54.63″，海拔3880～4040米。摩崖造像群以东南西北向由低向高依地势高低分布于山坡岩壁和地势平缓的大岩石上，依次编号为一至六号摩崖石刻点。其中，二号摩崖石刻点的题材内容最为集中，另二号石刻点最东端前缓坡地发现3组建筑和佛塔遗址，疑似为与此石刻群相关的寺院建筑遗址。

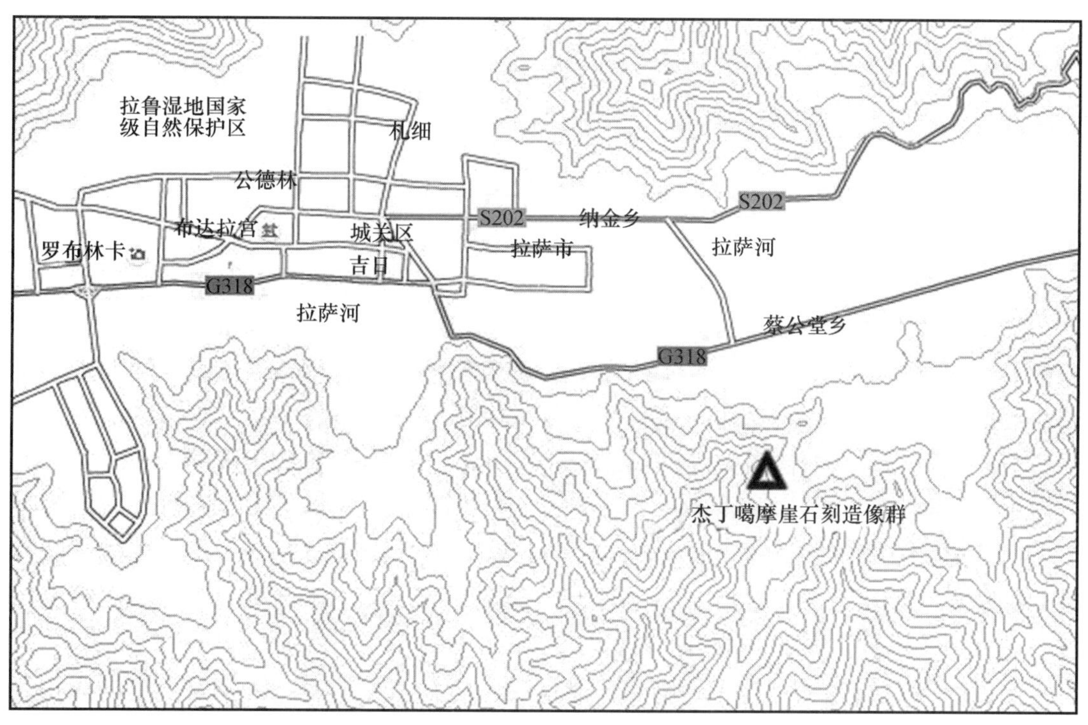

图一 杰丁噶摩崖石刻造像群位置示意图

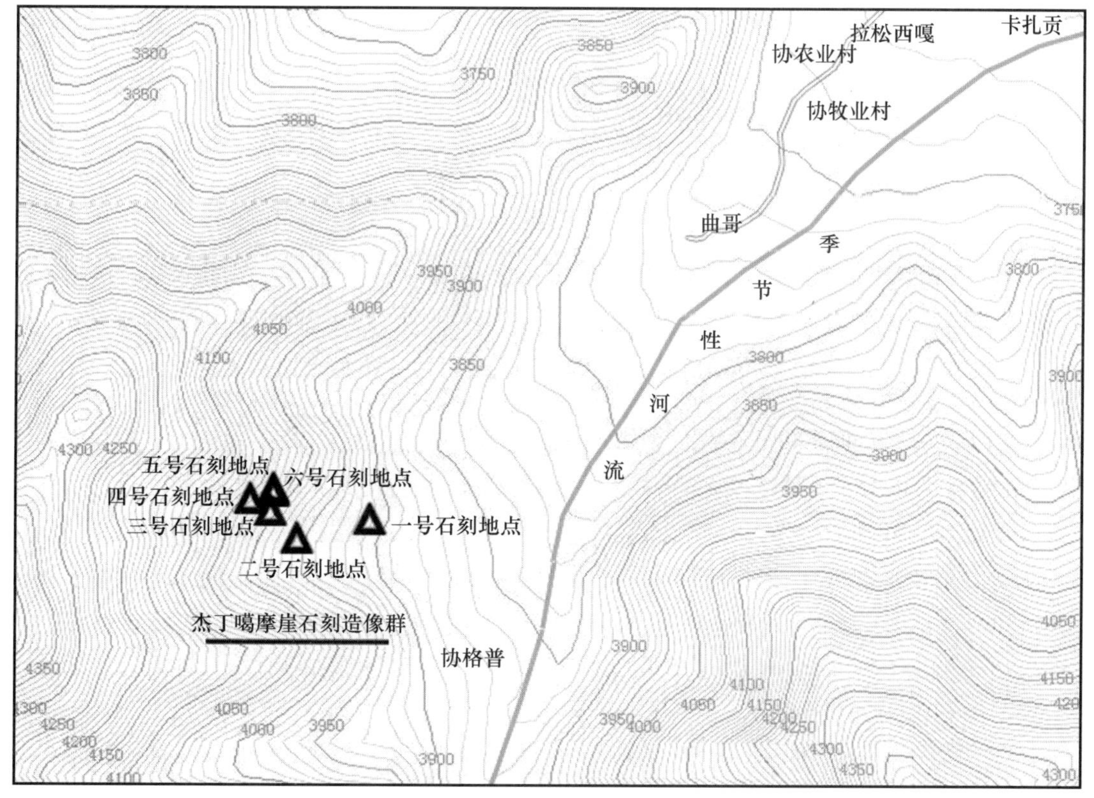

图二 杰丁噶摩崖石刻造像群分布示意图

二、分布与内容

（一）一号摩崖石刻点

一号摩崖石刻点位于整个石刻群最东侧，地理坐标为东经91°12′45.43″，北纬29°36′51.91″，海拔3880米。造像所在崖面为一独立的大岩石，平面呈五边形。崖面朝东南，方向160°。整个岩体东西长8.1、高出地表3.1米。早期因地质变化，岩石从山脊滑落至此，崖面底部部分造像画幅埋于地表。造像所在崖面靠中略上有一条东西走向的裂痕。由于当地放牧者在此生火烧茶，造像所在的崖面被不均匀熏黑，加之岩石南侧紧邻山谷处有小溪流过，导致崖面受潮，存在苔藓等生物病害。摩崖造像画幅东西长3.9米，暴露的画幅高2.48～1.05米。共有三尊佛像，自西向东分布，画幅体量逐次增大。造像皆为阴刻，线条清晰、技法流畅，保存完好。从三尊佛像手印及藏文题记判断，题材为三世佛（图三、图四；图版九，2）。

崖面靠西南端为燃灯佛，即中间释迦牟尼佛的右侧（本文对图像的“左”“右”为图像面对读者而言的“左”“右”）。燃灯佛为一坐佛，腰部以下埋于地下，地表以上画幅高0.85、宽1.25、肩宽0.63、背光宽1.02米。高肉髻顶部有很小的圆形珠宝顶

0　1米

图三　一号摩崖石刻正射影像图

图四　一号摩崖石刻线图

饰，面部圆润微垂，大耳未垂于肩部，颈有三道。肩部圆滑略宽，右臂袒露，呈禅定印。结跏趺坐。莲座以下被埋于地下。右肩外侧有“མར་མེ་མཛད།”的乌坚体藏文题刻，译为“燃灯佛”。略呈椭圆的桃尖形头光套于半圆形背光内（图版九，3）。

释迦牟尼像位居正中，造像底部右侧莲座局部埋于地下，地表以上画幅高1.3、宽1.35、肩宽0.63、背光宽1.08米。结跏趺坐于仰覆莲座上，略呈椭圆的桃尖形头光套于半圆形背光正上方，高肉髻顶部有很小的圆形珠宝顶饰。面部圆润微垂，大耳未垂于肩部，颈有三道。肩部略宽圆滑，身穿贴体通肩袈裟。双手于腹部，呈禅定印。右侧背光线与右肩平线略上间题刻有藏文字样，为乌坚体“ཤག་ཐུ་མུ་ནེ”（译为“释迦牟尼”）（图版九，4）。

崖面东北侧为强巴佛，完整地展现于崖面上，未被掩埋，为一号石刻点规模最大的石刻造像，像高2.4、肩宽1.51、背光宽1.38米。略呈椭圆的桃尖形头光套于半圆形背光正上方，高肉髻顶部有小圆形珠宝顶饰。宽额，面部方圆，特征清晰可辨。大耳，未垂于肩部，刻画有耳孔线，未见耳饰。颈部粗短，颈下有三道。肩部圆滑宽大。上身未披袈裟。右手当胸施说法印，掌心刻花。结跏趺坐于莲座上，莲座宽1.5、高0.3米。右侧背光线与右肩线略下间题刻有乌坚体藏文字样“མི་ཏ་”（译为“强巴佛”的缩写）（图版九，5）。

（二）二号摩崖石刻点

位于杰丁噶石刻群最南面。东北距一号石刻点约200米，地理坐标为东经91°12′37.93″，北纬29°36′50.14″，海拔3940米；二号石刻点共由九组摩崖石刻构成，自东向西编号为2-1～2-9。

1. 2-1摩崖石刻

2-1摩崖石刻位于二号摩崖石刻点最东端，散落于早期建筑遗址堆砌的一处石墙内，残墙高0.7～0.8米。石刻位于墙内东北一角，为一独立块石，残损，平面呈不规则五边形，残高0.82、宽0.9米。块石的五个侧面均刻绘大小不等的上座佛塔，编号为2-1-T1～2-1-T5。

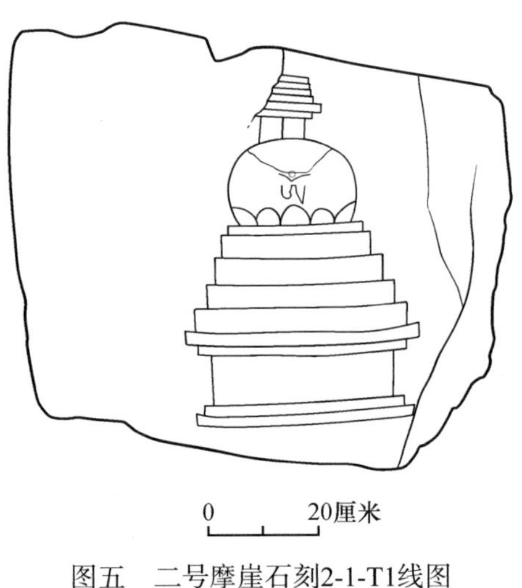

图五　二号摩崖石刻2-1-T1线图

2-1-T1由塔刹、塔瓶、塔阶和塔座组成，塔残高0.68米。塔座为须弥座，高0.17、宽0.33～0.42米；塔阶四级，通高0.17、最下级宽0.38、最上级0.27米；塔瓶（包含塔瓶座）高0.18、宽0.23米，塔瓶下饰五个莲瓣；塔瓶正中刻有“ཨ”的藏文字体，方高0.05米；相轮残存6轮，高0.11米（图五；图版一〇，1）。

2-1-T2由塔刹、塔瓶、塔阶和塔座组成。塔残高0.67米；塔座为须弥座，高0.19、宽0.31米；塔阶四级，通高0.18、最下级宽0.285、最上级0.2米；塔瓶（包含塔瓶座）高0.16、宽0.185米；相轮残存8轮，高0.15米（图六；图版一〇，2）。

2-1-T3由塔刹、塔瓶、塔阶和塔座组成。塔残高0.59米；塔座为须弥座，高0.2、宽0.3～0.4米；塔阶四级，通高0.14、最下级宽0.35、最上级0.25米；塔瓶（包含塔瓶座）高0.16、宽0.175米；相轮残存4轮，高0.06米（图七；图版一〇，3）。

2-1-T4由塔瓶、塔阶、塔座构成，无塔刹。塔残高0.275米；塔座为须弥座，高0.1、宽0.16米；塔阶四级，通高0.085、最下级宽0.16、最上级0.1米；塔瓶（包含塔瓶座）高0.09、宽0.08米（图八；图版一〇，4）。

2-1-T5由塔刹、塔瓶、塔阶构成，原塔应还有塔座，现无存。残高0.23米；现仅存三级塔阶，高0.06、最上级宽0.12、下级0.17米；塔瓶高0.11、宽0.14米。方高0.03、宽0.024米。相轮仅存2层，高0.03米（图九；图版一〇，5）。

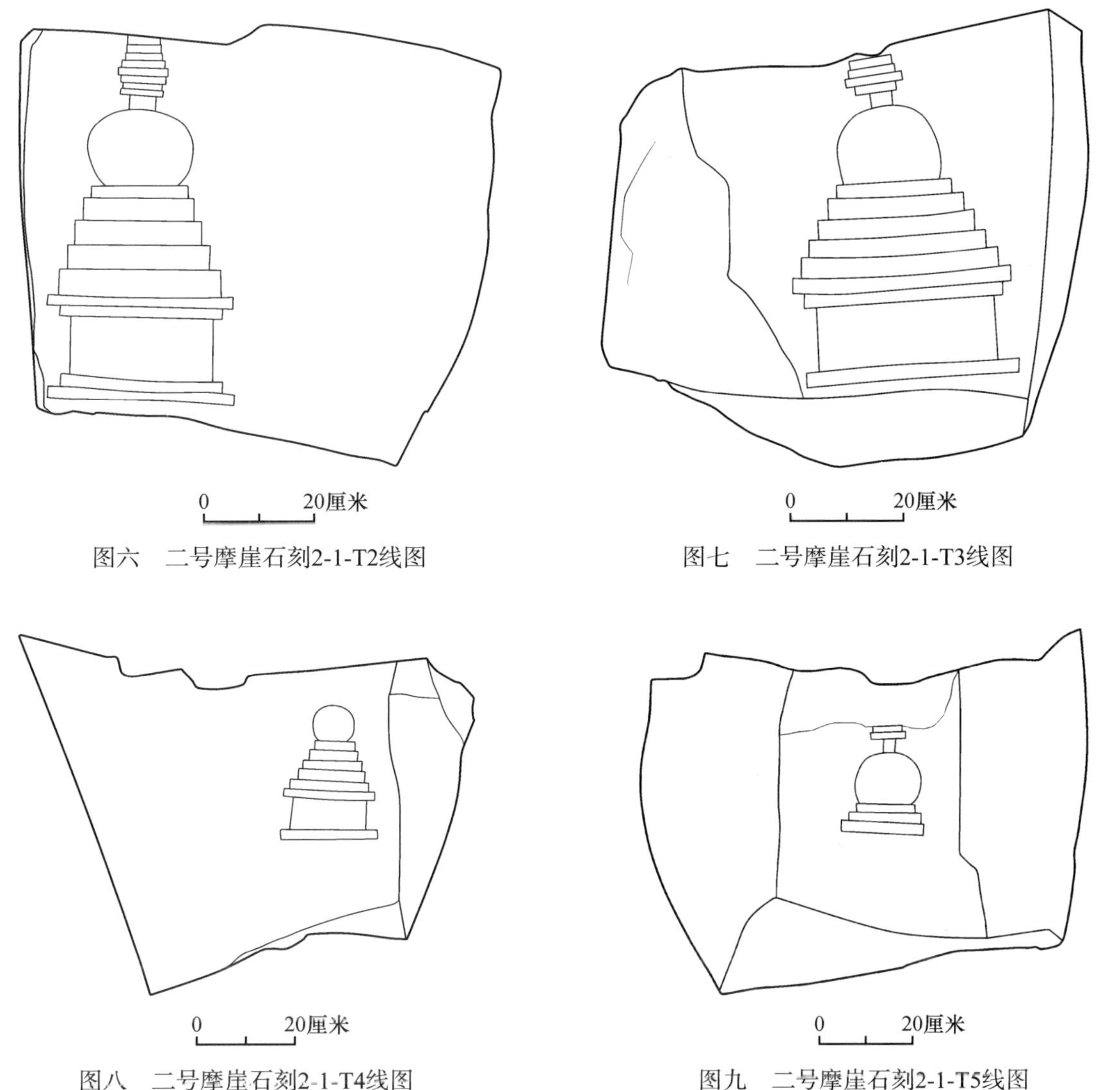

图六　二号摩崖石刻2-1-T2线图

图七　二号摩崖石刻2-1-T3线图

图八　二号摩崖石刻2-1-T4线图

图九　二号摩崖石刻2-1-T5线图

2. 2-2摩崖石刻

位于岩体东、南两崖面， 2-2摩崖石刻位于崖体东面，面朝东，为阴刻，线条清晰流畅，保存完好，题材为一尊佛（图一〇；图版一〇，6）。

佛结跏趺坐于带根茎的仰覆莲座上，造像通高1.18、背光宽0.93、肩宽0.54米。略呈椭圆的桃尖形头光套于半圆形背光正上方，高肉髻顶部有很小的圆形珠宝顶饰。面额方圆，面部圆润微垂。大耳，未垂于肩部。颈部有三道。肩部圆滑挺立，右臂袒露，右手结触地印，左手于腹部结禅定印，双腿结跏趺坐于莲座上。莲座底部正中由根茎托举，莲花座宽0.86、高0.623米。

造像靠中左侧题刻有藏文乌坚体“ཨོཾ་པད་མ་དྷ་རི་ཧཱུྃ།”（om padmadari hūṃ），音译为

"唵，白玛达日，吽。"正确的文字拼法应该是"ཨོཾ་པད་མ་དྷ་རེ་ཧཱུྃ།"（oṃ padmadhare hūṃ），padmadharā意思是持莲花（者），这里指的应该是观音，表达的是对其的呼召，意为"唵！持莲花（者）！吽！"

3. 2-3摩崖石刻

2-3摩崖石刻与2-2摩崖石刻刻于同一岩体，位于崖面南侧，面朝南，为阴刻，线条清晰流畅，保存完好，题材为虚空藏菩萨。造像距地表高出0.35、画幅通高2.1、宽0.81米（图一一；图版一一，1）。

虚空藏菩萨双脚外撇，立于覆莲座上，像高1.84、肩宽0.54米。略呈椭圆的桃尖形头光套于舟形背光上，头戴三叶冠，冠沿两侧有圆形花饰。头发自然垂于肩部两侧。面额方圆。双耳肥大，戴圆形耳饰，垂于肩内侧。颈部粗短，有两道，戴项饰。肩部圆滑，袒露上身，左右手臂佩戴臂钏。右臂向外伸展略弯曲，右手紧握宝剑，左手胸前施无畏印。下身着贴体紧身长裙。腰间系带，裆前用环钩将裙裤固定。裙裤左右两侧装饰斜线，呈上下并排的人字形纹样。莲座高0.7、宽0.86米。

造像右侧靠下题记"ཨོཾ་ཨ་ཀ་བ་ཡ་སྭ་ཧ།"（oṃ argarbaya sbwa ha），从造像特征看，应当为早期流行的虚空藏菩萨。所以，正确的拼法应该是"ཨོཾ་ཨཱ་ཀ་ཤ་ག་རྦྷཱ་ཡ་སྭཱ་ཧཱ།"（oṃ ākaśagarbhāya svāhā），译为"唵！向虚空藏（顶礼）！莎诃！"或者是"ཨོཾ་ཨཱ་རྱ་ག་རྦྷཱ་ཡ་སྭཱ་ཧཱ།"（oṃ āryagarbhāya svāhā），译为"唵！向圣（虚空）藏（顶礼）！莎诃！"

图一〇　二号摩崖石刻2-2石刻造像线图

图一一　二号摩崖石刻2-3虚空藏菩萨线图

4. 2-4摩崖石刻

位于二号摩崖石刻点最南端，整个崖面朝东南。因常年受风吹日晒和雨水侵蚀，崖面多处生长苔藓。画像主要刻于壁面靠东北侧，由八吉祥徽、七政宝、五妙欲三组画幅内容构成（图一二；图版一一，3）。

八吉祥徽和七政宝位于岩面东北靠底部，五妙欲及供养人画幅靠西南侧。八吉祥徽、七政宝上下两排横向规整分布。上部为八吉祥徽，自左（东北）向右（西南）分别为法轮、宝伞、金鱼、莲花、白海螺、宝瓶、胜利幢、吉祥结，为阴刻，刻法简洁熟练。画幅通长2.55、高0.25～0.5米。

八吉祥徽下略偏东北侧为七政宝，自左（东北）向右（西南）分别为大象宝、绀马宝、妃子宝（玉女宝）、大臣宝、将军宝、神珠宝（摩尼宝）、金轮宝，为阴刻，刻法简洁流畅。画幅通长3.2、高0.32～0.9米。

八吉祥徽西南侧0.4米处的崖面上雕凿的可能是五妙欲及供养人物，自左（东北）向右（西南）推测为果实（shing-tog）、丝绸（dar）、海螺中香水（dung-chu）、乐器（？），供养人左手持金刚铃、右手执物似是曲柄香炉。画幅通长1.2、高0.62米。

值得注意的是，若这个画幅为五妙欲题材，完整的图像应当是与色、声、香、味、触五个感官对应的象征物，即铜镜、琵琶、海螺中香水、果实、丝绸5件，但在石刻造像中似乎缺了一件。另外，无法准确判定其中铜镜、琵琶和丝绸分别是哪幅图像。

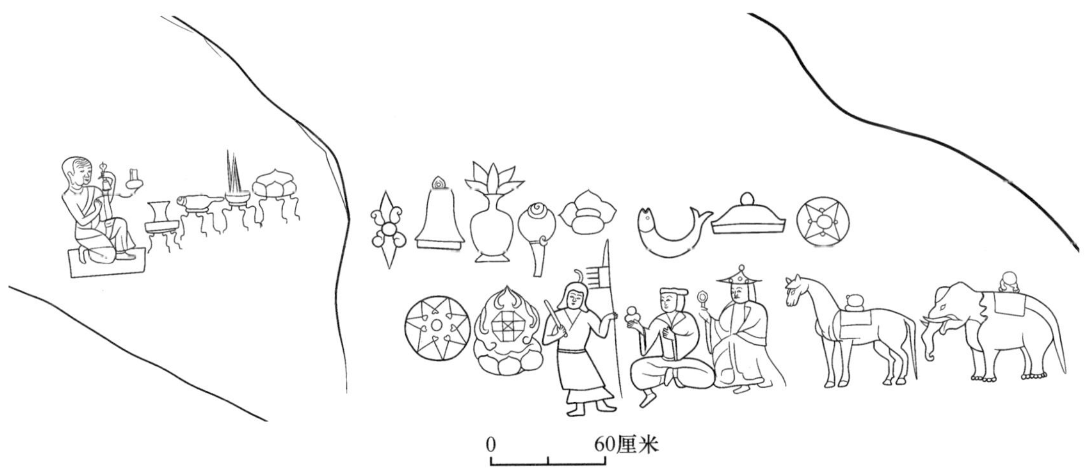

图一二　二号摩崖石刻2-4八吉祥徽、七政宝、五妙欲线图

图一三　二号摩崖石刻2-5猕猴献蜜正视线图

5. 2-5摩崖石刻

距2-4摩崖石刻西约1.95米，题材为猕猴献蜜。画幅刻于岩体靠底部，岩面与地面呈钝角。佛陀站立于中间，右侧为随从弟子，佛左侧为一猕猴。画幅通高1.14、宽1.3米（图一三；图版一一，2）。

佛向左侧身站立，呈出行状，高1.14、宽0.4米。身着通肩袈裟，有内外两层，内裳底部有衣褶，脚穿圆头靴。佛头背后为舟形头光，高肉髻顶部有很小的圆形珠宝顶饰。面部较宽，圆角方形，双目注视左前方的猕猴。仅见右侧大耳，未垂于肩部。颈部可见两道。左手托钵，右手握锡杖。桃形轮杖首，轮顶有宝珠，锡杖似是单轮四环。

佛陀右侧为随从弟子像。高0.83、肩宽0.41米，紧跟佛身后，无头光，无发髻，面部较宽，呈圆角方形，双目与上师一同注视左前方猕猴。颈部可见二道。僧人所穿衣物除了袒右肩的袈裟外，与佛一致，有内外两层，内裳底部有衣褶，脚穿圆头靴。右手握锡杖，其形制基本与佛手持的锡杖一致，左手托钵。

佛陀左侧前方为猕猴，侧身半蹲，虔诚瞻仰世尊，双手托钵给佛献蜜。

6. 2-6摩崖石刻

位于2-5摩崖石刻西北约4.8米一独立岩石上，为青灰色砂岩，平面呈不规则圆形，岩石通高2.4、宽2.85米。岩石顶部下0.85米处有一道东西向自然裂隙贯通摩崖造像。岩石上东西分布有两尊造像，为不空成就佛和手持金刚。其中靠东下侧为金刚手，靠西上部为不空成就佛，自东向西编号为2-6-1、2-6-2（图一四；图版一二，1）。

2-6-1　金刚手像，面朝南，方向178°，画幅1.34米。岩体泛黑，靠顶部生长各类苔藓。呈交脚坐姿，坐于仰莲座上。像高1.04、肩宽0.29、背光宽0.73米。马蹄形头光套于椭圆形身光顶部正中。头戴三叶冠，仅见左侧和中间的两个冠叶，冠叶呈三角形。叶冠左侧可见花饰。冠后无明显的束髻痕迹。大耳，佩戴聚轮式耳饰。面部较宽，近圆角方形，眉目等细节清晰，双目微下斜视。颈部有三道，佩戴璎珞。上身袒露。双臂佩戴臂钏。右臂外屈置于右膝盖上，右手向内弯曲，食指指向面部。一件金刚杵竖向悬于右手前侧。左臂自然下垂，置于左腿之上。坐于双层仰莲座上，莲花座长0.64、高0.13米。

图一四　二号摩崖石刻2-6不空成就佛、金刚手菩萨线图

2-6-2　不空成就佛像位于金刚菩萨像西侧0.77米处，面向南，方向200°，画面高2.06米。

像高1.53、肩宽0.68米，背光最宽1.27米，略呈椭圆的桃尖形头光套于椭圆形背光上，高肉髻顶部有小圆形珠宝顶饰。大耳，未垂于双肩。宽额，面部呈方圆。双眉弯曲，眼部、鼻子、嘴部轮廓线条清晰。颈部有三道。右肩袒露，右手于胸前施与愿印。左手于腹部，掌心向上，呈禅定印。结跏趺坐于仰覆莲座上，双腿之下可见袈裟的衣褶。上部仰莲座为双层莲瓣，莲花座宽1.43、高0.3米，可见八瓣，圆润饱满，瓣尖明显；下层覆莲为侧视的扁平莲瓣，仅见四瓣。

7. 2-7摩崖石刻

2-6石刻点西侧约3米。整个岩体宽4.8、高4.3米。造像刻绘于大岩石的转折面，其南面由大日如来与左右两尊弟子组成，东面为一尊持铁锤的黄财神像，均为阴刻（图一五；图版一二，2）。

大日如来像，通高3.15、宽2.25米。略呈椭圆的桃尖形头光套于半椭圆形背光正上方。大日如来双手施法界禅定印，结跏趺坐于仰莲座上。正中佛陀面部方圆，头戴三叶冠，冠叶上面装饰珠宝，底部两侧装饰花朵。颈部有三道蚕茧，项上佩戴璎珞与宝盒。大耳，未垂于肩部，左耳佩戴耳环。胸部正中有“ཨོཾ་བེ་རོ་ཙ་ན་ཧཱུྃ།”（oṃ verocana hūṃ）的藏

图一五　二号摩崖石刻2-7大日如来及弟子线图

文题款，为大日如来的明咒。佛像上身袒露，肩部圆滑略宽，发丝垂于双肩。双臂佩戴臂钏。双手呈禅定印。结跏趺坐于仰覆莲座上，莲座左侧见三层仰覆莲瓣。

右弟子像紧挨主尊右侧，呈左侧立姿于覆莲座上。像高1.8、宽0.83米。略呈椭圆的桃尖形头光套于半圆形身光。高肉髻顶部有很小的圆形珠宝顶饰，身着袒右肩袈裟。面部慈祥，微向左下倾斜视。左手持莲花，右手呈护法印或施依印。左手袍袖几近落到莲花座上，与小腿高低齐平。

左弟子像西南距主尊1.2米，在另一断裂的岩体上。呈右侧立姿。残高1.28米，宽0.83米。桃尖形头光，身光漫漶不清。高肉髻，顶部圆形小珠宝不清晰，身着袒右肩袈裟。面部慈祥，微向右下倾斜视。右手自然下垂，掌心向内，因岩体部分结构受损无法辨识其手印。左手呈说法印，掌心刻绘十字图样。左手袍袖几近落到莲花座上，由于岩面受损，脚部和莲座结构脱落无存。

黄财神像位于左弟子像左侧0.4米。面朝东南，方向146°。像高0.99、宽0.84、肩宽0.42米。头戴三叶冠，叶冠中有圆形刻绘图案，且中叶冠顶部结构部分受损。面部呆板，略呈方形。大耳未垂于肩部，佩戴圆形耳饰。上身袒露，身线微垂，颈部佩戴瓔珞。右手于胸前持铁锤，左手微屈放于腹部，手握吐财兽，吐财兽口吐宝物。双腿呈转轮王座。系腰带，腰带衣纹下垂裆前（图一六；图版一三，1）。

8. 2-8摩崖石刻

位于2-7西北约8.7米处一独立岩石之上。其岩面呈不规则五边形，面朝南，方向207°。岩体通长1.6、高1.37米。藏文题记所在的岩面微上仰，字样刻于崖面靠中略西侧，内容为“阿修罗”藏文“ཨ་ཤི་ལེ་ཙུ་”，为乌坚体，字体高0.1、宽0.25米（图一七；图版一三，2）。

图一六 二号摩崖石刻2-7黄财神像线图

图一七 二号摩崖石刻2-8藏文题记线图

9. 2-9摩崖石刻

位于二号摩崖石刻点最西南侧，岩体宽2.3、高1.8米。面朝西南，方向207°。崖面东侧下方有一条自然裂缝。造像一尊，通高1.4、宽0.7米。长椭圆形头光套于圆形身光正上方。头部微向左倾，戴三叶冠，叶冠中有圆形图案装饰。面部方圆。冠沿两侧有圆形花饰。冠后发髻垂肩上。大耳垂于肩部，佩戴耳饰，左耳戴聚轮耳饰，右耳佩戴环形耳饰，其耳饰左右和下方有圆形配饰。颈部较短，有二道。肩部圆滑挺立，右臂袒露，右手于胸前，施说法印。左臂外屈，掌心向上，无名指与拇指间夹有三叶草根茎。右腿盘坐于莲座之上，左腿下垂于莲座前。右大腿下刻绘部分曲线，皆为衣纹。仰覆莲座，上部仰莲座为双层莲瓣，上下各可见六个花瓣，圆润饱满，瓣尖明显。下层覆莲为侧视的扁平莲瓣。莲座靠左侧的莲瓣轮廓线漫漶不清。莲座底部正中刻绘两条根茎托举莲座，其两侧各见对称的枝干（图一八）。

造像右上方有藏文题刻“ཨོཾ་སྭ་ཧཱ་རི་ཛོ་ཡ་སྭ་ཧ།”（oṃ svahā rijaya sba ha）。估计原文可能是“ཨོཾ་མཻ་ཏྲི་རཱ་ཛོ་ཡ་སྭཱ་ཧཱ།”（oṃ maitrirājāya hūṃ），译为“唵！向弥勒王（顶礼）！莎诃！”

图一八　二号摩崖石刻2-9造像线图

（三）三号摩崖石刻点

位于整个石刻群中部，东南距二号摩崖石刻点约110米，地理坐标为东经91°12′35.02″，北纬29°36′52.70″，海拔3979米。共发现三尊石刻造像。均为阴刻，分别为文殊菩萨像（3-1）、观音像（3-2）、地藏菩萨像（3-3）。

1. 3-1文殊菩萨像

位于三号摩崖石刻点靠南侧下方，造像凿刻于近三角形的岩面上，面朝东南，方向154°。青灰砂岩。岩面泛红黄色，较为平整。造像通高1.03、宽0.78米（图一九；图版一三，3）。

略呈椭圆的头光套于半圆形身光上。头戴三叶冠，三角叶片共四层，冠沿两侧有圆形花饰。面部圆角方形。后发垂于双肩。小耳，佩戴双环耳饰。上身袒露，双肩圆滑。颈部较短，有三道蚕茧。颈部佩戴璎珞。胸部正中略下刻绘有“ཧཱུྃ”（“吽”）字样。右手于胸前持智慧剑。左手下垂到膝盖，手拈花茎，花上放置经书。双腿呈转轮王坐，坐于覆莲上。

图一九 三号摩崖石刻3-1文殊菩萨像线图

2. 3-2观音像

位于三号摩崖石刻点靠北侧上方。画幅所在的岩面泛黄。为一立姿观音像，保存完整。面朝南，方向140°，像高1.3、宽1.68米（图二〇；图版一三，4）。

图二〇 三号摩崖石刻3-2观音像线图

椭圆形头光套于椭圆形身光上。头部向左倾斜。头光左侧刻有“ཨོཾ་མ་ཎི་པད་མ་ཧཱུྃ།”。头戴冠叶，冠沿较窄。头戴椭圆形三层叶片冠，面部呈圆角方形，面部细节清晰。双耳较小，佩戴单环耳饰。颈部略长，有一道，另佩戴璎珞。上身袒露，肩部圆滑。右臂微弯下垂，掌心向外。左手于胸前，掌心向内持一花。下身穿着贴体紧身裙裤，腰间系带，裆前腰带下垂至脚部。裙裤左右两侧装饰斜线，呈上下并排的人字形纹样。两脚呈外八字形，赤足站立。

图二一　三号摩崖石刻3-3地藏菩萨线图

3. 3-3地藏菩萨像

位于观音像东侧，面朝西。青灰砂岩。保存完整。像高0.96、宽0.65米（图二一；图版一三，5）。左上方刻有藏文题记“ཨོཾ་ཀྴེ་ཏ་ཧེ་ར་ཛ་སྦ།”（oṃ kśetaheraja sba），正确的拼法应该是“ཨོཾ་ཀྵི་ཏི་ག་རྦྷ་ར་ཛ་སྭཱ་ཧཱ།”（oṃ kṣitigarbharāja svāhā），译为“唵！地藏王！莎诃！”

长椭圆形头光套于略圆形身光上。头部微向右倾，戴五叶冠，前方三叶，后方两叶，发丝自然向双肩下垂。冠沿两侧有花装饰。面部圆角方形，眉眼细节清晰。大耳，佩戴聚轮式耳饰，右耳及聚轮式耳饰垂于右肩上。颈部较短，有二道。双肩圆润。上身袒露，左肩斜挎帛带。左手于胸前持一根花茎，花形似火焰，右手支撑在地。腹中刻绘肚脐。右大腿上刻绘有两组重线，与腰带处四道竖线同为衣纹。双腿半结跏趺坐于仰覆莲座，上部仰莲座为双层莲瓣，可见七瓣，圆润饱满，瓣尖明显。下层覆莲为侧视的扁平莲瓣，轮廓线不是很清楚。

（四）四号摩崖石刻点

位于整个石刻点最西端，东南距三号摩崖石刻点约60米，地理坐标为东经91°12′32.85″，北纬29°36′53.70″，海拔4018米。岩石崖面呈不规则椭圆形，岩面微上仰，因自然原因，岩石断裂成几大块。西向东共分布两个画幅，岩面靠西面上方为弥勒佛，靠东面下方为除盖障菩萨。其中弥勒佛刻在较为平整的岩面上，除盖障菩萨像部分结构因岩体表面脱落而受损外，整体保存较好（图二二；图版一四）。

西侧弥勒佛位于石刻点靠西面上方，面朝南。通高4.1、宽1.7米。弥勒佛像头顶正上方为伞盖，伞盖下方两飞天左右相对。伞盖上方靠两端、正中刻绘火焰纹，其下方刻绘四道弧形纹，为布纱。伞盖中心柱底连于主尊桃形头光尖部。柱杖两侧各有一铃铛。

主尊像是一座倚坐式弥勒佛。桃形头光套于圆形身光上部正中。高肉髻顶部有小圆形珠宝顶饰，面部圆润微垂，大耳下垂，颈有三道。肩部较圆润。身着通肩袈裟贴

图二二　四号摩崖石刻弥勒佛、除盖障菩萨线图

于身体可见薄纱之下的肚脐及腰线。右手于胸前施无畏印。左手施禅定印。挺身坐于须弥座正中，双腿自然下垂，双脚置于莲座上方两侧。莲座是带花蕊的覆莲双层，共见七瓣。

圆形背光内侧及右臂外侧间刻绘上下两行藏文字，分别为“ཨོཾ་མྱེ་ཧ་ར་ན་སྭ་ཧ། ”（oṃ myeharana svaha）和“བྷུ་དྷ་མེ་ཏྲི”（būdhametri）。第1行正确的拼法可能是“ཨོཾ་མ་ཧཱ་ར་ཏྣ་སྭཱ་ཧཱ། ”（oṃ mahāratna svāhā），译为：“唵！大宝！莎诃！”，第2行正确的拼法可能是“སྒྲིབ་པ་རྣམ་སེལ་”（buddhamaitri），译为：“弥勒佛。”

除盖障菩萨位于弥勒佛东侧下方，面朝南，通高1.25、宽0.9米。桃形头光套于圆形身光顶部正中。呈交脚坐姿。头戴三叶冠，由于面向右侧，仅可见左侧和中间的冠叶，冠叶呈三角形，尖部明显。叶冠应有花饰，不明显。冠后有明显的束髻，发丝与肩部平行下垂。大耳未垂于肩部。面部微胖，近圆角方形，圆润，眉目等细节清晰。颈部较短，有三道。胸部佩戴璎珞。上身袒露。双臂佩戴双环臂钏。双手于胸前合掌持五瓣花，与肩部齐平的左右两侧背后各刻有一个火焰。双腿交脚坐于双覆莲座，可见八瓣。由于岩石表层剥落，造像背光和左身下部、右脚及莲座部分结构受损无存。

造像右侧靠中部有上下两行藏文题款，其中部分字体已剥落无存。上面一行题记是用“ཨོཾ་ནི་སྭོ་ར······སྭ་ཧ།”（oṃ nisora······svaha），中间估计有缩略的情况，完整正确的拼法应该是“ཨོཾ་ནི་བ་ར་ཎ་བི་ཥྐཾ་བྷི་ནི་སྭཱ་ཧཱ།”（oṃ nivaraṇaviṣkaṃbhini svāhā），译为“唵！除盖障！莎诃！”，下一行的题记是“སྒྲིབ་པ་རྣམ་སེལ་”，即除盖障之意（图二三）。

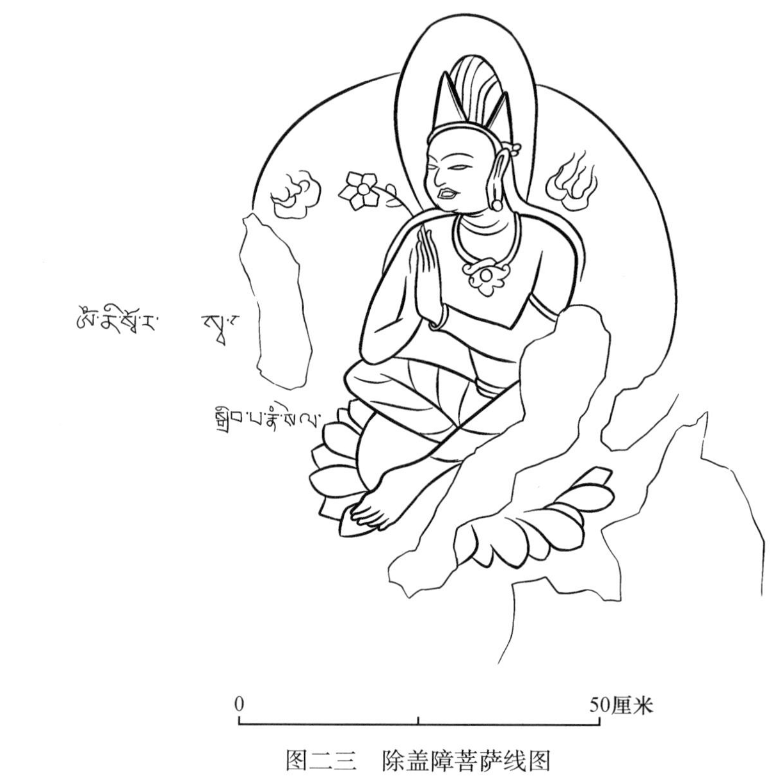

图二三　除盖障菩萨线图

图二四　五号摩崖石刻造像线图

（五）五号摩崖石刻点

位于整个石刻群的最北端，西南距四号摩崖石刻点约60米，南距六号石刻点5米。地理坐标为东经91°12′35.32″，北纬29°36′54.63″，海拔4040米（图二四；图版一五，1）。

造像所在的岩面朝向东南，方向164°。岩面呈不规则三角形。岩面上方生长有泛黑色的苔藓。造像位于岩面中部靠下，除面部结构略模糊外，其余清晰可辨，保存完整。画幅通高1.6、像高1.21、最宽1.36、肩宽0.56米。莲花座高宽0.19、宽1.2米。

画像为椭圆形头光，较扁平的圆形身光。高肉髻顶部有小圆形珠宝顶饰。面部细节较模糊。大耳未垂于双肩。颈部有三道。身着通肩袈裟，贴于身体可见薄纱之下的肚脐，形成三道，衣领呈U形。双肩圆挺。右手置于胸前，单掌向内。左手施禅定印。呈结跏趺坐于仰覆莲座正中。莲座上部为双层仰莲，共见八瓣，莲瓣圆润，瓣尖很小，下层覆莲为侧视的扁平莲瓣，共见八瓣。

造像右侧靠中略下侧刻有藏文题记“ཧྲུ་ཏ་ཀླུའི་དབང་ཕྱུག་རྒྱལ་པོ།”，为龙自在王佛（Nāgeśvararāja）或龙尊王佛之意。

（六）六号摩崖石刻点

位于五号摩崖石刻点东南约15米，地理坐标为东经91°12′35.35″，北纬29°36′54.42″，海拔4007米。岩面呈不规则三角形，面朝东南，方向136°。为独立画幅，位于岩体东面正中，画幅通高1.14、宽0.95米。像高0.85米。莲花座高0.15、宽0.77米（图二五；图版一五，2）。

图二五　六号摩崖石刻造像线图

画像有椭圆形头光，较扁平的圆形身光。高肉髻顶部有很小的圆形珠宝顶饰。面部细节漫漶不清。大耳未垂于双肩。颈部有三道。身着通肩袈裟，贴于身体可见薄纱之下的肚脐，胸前有两道衣领，呈U形。双肩圆挺。右手置于胸前施说法印，左手施禅定印。结跏趺坐于莲座正中。双层覆莲座，上层见六瓣，下层五瓣。莲瓣圆润，瓣尖较小。

背光与左臂之间刻有藏文题记“སྨན་གྱི་བླ་”，为药师佛之意。

三、造像题材与时代

经调查，杰丁噶摩崖石刻造像群有6处地点，共由22个画幅组合构成。6处地点造像均采用连贯的阴线刻技法，雕工技术娴熟，线条流畅。除部分石刻造像因岩面风化、脱落等自然因素受损外，其余基本保存完好。从石刻群的造像题材、风格特征看，应属不同时期的代表作品。值得注意的是其中部分石刻造像有典型的早期特征。

1. 七政宝

七政宝题材的图像出现于北朝晚期（386 ~ 581年）的北方佛教遗存[1]。“七政宝”与“转轮王”的观念息息相关，其观念源于毗湿奴教“大圣贤”陀提吉的理念：转轮王出生时，七政宝也同时出现，金轮和神珠是转轮王世俗和精神尊严的象征，也是获得圆满的神奇工具；绀马和白象是其坐骑，象征着不知疲倦的速度和力量；玉女、大臣（主藏臣）和将军是体现其爱、智慧和权力的三位一体，他们的忠诚得到他的恩泽[2]。杰丁噶地点的七政宝图像排列中，自左侧（此处左右是按照面对石刻方向来区分的）向右依次为金轮、神珠、将军、大臣、妃子、绀马、大象。在佛教传统中，转轮王的七政宝代表“大圆满七觉支”，是克服通往大圆满之路上的“惑”或“障”的“觉悟”[3]。

除了这个地点外，9世纪修建的位于拉萨河下游吾香拉康的一座残碑碑体上，也可以看到疑似七政宝的图像，尽管从图像风格看可能不一定是吐蕃的。

2. 药师佛

关于药师佛，在藏传佛教早期的传承中，有一支被认为是传承于吐蕃王室。沃松（842 ~ 905年）从拉龙白多大师处听受继承了《药师七佛》及《药师七佛供养经》[4]。根据五世达赖喇嘛阿旺·罗桑嘉措《药师七佛供养法汇》（sMan bla bdun gyi mchod paiv cho sgrig）的内容，沃松继承的这一药师佛谱系属于吐蕃王室传承，由寂护经赤松德赞（755年继位）传承下来[5]。根据该地点药师佛形象、藏文题记字体具有的早期特征，另从区位看，这里的药师佛题材也许传自寂护的这一支。

3. 龙自在王佛

根据萨尔吉的研究认为，龙自在王佛（Nāgeśvararāja），一般译为龙尊王佛。《丹珠尔》（བསྟན་འགྱུར）中就保留了一部题名为龙树所造、阿底峡和仁钦桑波翻译的《龙自在王佛成就法》（Nāgeśvararājasādhana）。他认为尤其是龙尊王佛和药师佛都与疗病相关，结合《龙自在王佛成就法》，他推测这些石刻或许与该成就法相关，年代可能是11世纪或以后。同时，萨尔吉强调，尽管《龙自在王佛成就法》中出现的除盖障菩萨和弥勒菩萨与龙自在王佛的关系不是特别清楚，但这几尊同时出现于一处地点，值得特别关注[6]。

4. 弥勒倚坐像与除盖障菩萨

经典中关于弥勒倚坐像的记载见于5世纪，中原北方地区早期弥勒倚坐像，见于5世纪北凉时期的敦煌莫高窟第 272 窟。莫高窟第 272 窟弥勒倚坐像被认为是受到了秣菟罗造像的影响，随后在北朝晚期和隋、唐时期的中国北方地区频繁可见[7]。一般认为，弥勒倚坐像是源于西北印度的秣菟罗和犍陀罗。大约2世纪以来西北印度的雕塑中就出现了倚坐形象的国王，自此之后佛教造像中陆续出现弥勒倚坐像[8]。青藏高原早期石刻中倚坐像并不多见，该地点的弥勒倚坐像与除盖障菩萨像具有较为强烈的唐代吐蕃遗风。

5. 猕猴献蜜

作为佛传故事，猕猴献蜜的图像最早出现于青藏高原东部的青海玉树勒巴沟吾娜桑嘎佛教摩崖石刻中[9]。此处图像由上下两个部分组成，上部分是说法印佛陀与两个交脚菩萨；下部分两个菩萨之间上面是正在献蜜的猕猴，下面是猕猴献蜜欢喜之后坠入水井的场景。杰丁噶地点的猕猴献蜜图像为一只蹲坐猕猴向站立姿态的佛陀世尊献蜜的形象。尽管同样是青藏高原早期猕猴献蜜的图像，玉树勒巴沟吾娜桑嘎地点的图像更加接近佛传文本描述的内容。

6. 八吉祥徽

八吉祥徽图案的出现能否早到吐蕃时期，目前尚无明确的图像证据。但9世纪初立于拉萨河上游的夏拉康南、北两通碑座正面（均朝向东南）镌刻有雍仲符号（万字符），南碑碑座北侧面镌刻有一个瓶子，瓶子置于莲座之上，瓶子顶部两侧装饰花枝；北碑南侧面雕刻一宝珠，宝珠置于莲座，其顶部有火焰纹装饰[10]。这里的八吉祥徽中，吉祥结、法轮、胜利幢与后期的图像有很大区别，且金鱼仅有一条，而后期是双鱼。

7. 供养人

供养人蹲坐，手持弯柄香炉的形象，最早见于玉树勒巴沟吾娜桑嘎摩崖石刻中[11]。杰丁噶摩崖石刻中的供养人也是蹲坐、手持弯柄香炉或供灯的形象，而且左手握金刚铃，正前方有三角支架上摆放的不同供品。

除此之外，杰丁噶地点的黄财神像具有较为明显的元代黄财神像特点。2-7大日如来像，尽管石刻造像反映出的是“三面”大日如来，但实际上这尊大日如来像应当为四面大日如来像。从现存佛教造像艺术的线索看，10世纪末期的西部阿里的佛寺中同样也可见到四面大日如来，也许这种造型的出现应当与金刚界和胎藏界的大日如来有所区别，四面代表四种智慧，此法由恶趣清净但特罗的仪轨生成[12]。

结合造像题材、风格特征及藏文题记，可初步将石刻群划分为早、晚两个时期。早期大致为9～11世纪，晚期为11～13世纪。除二号地点的5幅佛塔和2-7黄财神造像可能属于11～13世纪外（黄财神反映的元代特征较为明显），其余地点的石刻造像推测属于9～11世纪时期。二号摩崖石刻2-4画幅中的七政宝、八吉祥徽、供养人等形象，2-5画幅中的猕猴献蜜，四号石刻点的弥勒倚坐像与除盖障菩萨像等，均具有吐蕃晚期或吐蕃分裂不久后的吐蕃遗风。

四、结　语

通过对杰丁噶摩崖石刻造像群调查分析可以判断出，整个石刻群（从造像特征、题材和组合等看）应当为不同时期的作品，6处地点造像技法无一例外皆为阴线刻，雕工技术娴熟，线条流畅。二号石刻群区域不仅造像分布最为集中，而且在其周围可见到地面石砌建筑遗址，推测此处之所以有石刻群的出现，应当是与早期佛教的修行场地密切相关。也许此地可能从吐蕃末期开始就作为佛教修行场地而存在。

尽管该地点没发现明确的纪年材料以及能推断年代的题记，但从石刻的风格、题材、藏文题记特征基本可将这群石刻初步推定为两个时期的作品。综合以往在西藏中部发现的早期石刻的信息，可认为杰丁噶石刻群是目前所知拉萨河谷发现的年代最早、雕工水平最高、规模最大的早期石刻群。这为西藏腹心区域的佛教思想、艺术史和社会历史的研究，提供了极其珍贵的实物资料。鉴于杰丁噶摩崖石刻造像群的重要发现，在西藏自治区、拉萨市等文物部门的高度重视和推荐下，其于2017年初被发现后，于当年9月被公布为第七批西藏自治区文物保护单位，这为石刻群下一步的保护工作提供了保障。

附记：藏文经咒文的辨识解读得到了北京大学外国语学院萨尔吉教授的大力支持，他还结合经咒文内容为图像的断代提出了宝贵的意见，在此表示诚挚谢意。对该石刻群第一学术发现者永中久美表示衷心的感谢，没有他及时提供的线索，我们不能迅速掌握新发现石刻群地点的信息。同时，感谢西藏自治区文物局及西藏自治区文物保护研究所领导，能够及时地推荐该石刻群并使其在发现当年的2017年9月被公布为第七批西藏自治区文物保护单位。

调查：夏格旺堆　罗布扎西　永中久美　巴桑罗布
明加　次仁　罗央
绘图：罗布扎西　陕西十月文物保护有限公司
照相：罗布扎西　陕西十月文物保护有限公司
执笔：罗布扎西　夏格旺堆

注　释

[1]　郭露妍：《修定寺塔“七政宝”砖雕图案探源》，《装饰》2006年总第164期，第87、88页。

[2]　〔英〕罗布特·比尔著，向红茄译：《藏传佛教象征符号与器物图解》，中国藏学出版社，2014年，第41页。

[3] 同[2]。该页解释七觉支为：①择法觉支；②舍觉支；③精进觉支；④喜觉支；⑤念觉支；⑥定觉支；⑦轻安觉支。

[4] 参见西藏社会科学院：《西藏简明通史·松石宝串》（藏文）上册，西藏古籍出版社，1989年，第436～438页。

[5] 参见王瑞雷：《托林寺迦萨配殿药师图像重构——兼议13～15世纪西藏阿里地区药师如来信仰与图像配置》，《敦煌研究》2018年第2期，第103～115页。

[6] 参见萨尔吉：《西藏山南地区达隆寺壁画题记的初步考察》，《藏学学刊》（第9辑），中国藏学出版社，2014年，第85～107页。同时，笔者求教于萨尔吉该地点藏文题记并面谈时如是说。

[7] 刘慧：《中原北方早期弥勒造像研究》，上海大学博士学位论文，2010年，第110～119页。

[8] 同[7]，第119、120页。

[9] 青海省文物考古研究所、四川大学中国藏学研究所、四川大学考古系：《青海玉树勒巴沟吾娜桑嘎佛教摩崖石刻调查简报》，《藏学学刊》（第16辑），中国藏学出版社，2017年，第99～107页。

[10] 笔者实地调查获得的资料。

[11] 同[9]，第69页。

[12] 平措多吉、张莉：《一幅古老而珍贵的唐卡——十六世纪末普明大日如来曼陀罗唐卡》，《佛教文化》2006年第6期，第101、111页。

吉隆县青噶石窟调查报告

西藏自治区文物保护研究所　吉隆县文物局

一、石窟概况

青噶石窟位于吉隆县东南的加木村界内。吉隆县处于西藏西南部，南与尼泊尔接壤，西与阿里接壤，被称为下部阿里。喜马拉雅山主山脉将吉隆县分隔为南坡和北坡，北坡平均海拔4800米，地形平缓开阔，南坡平均海拔4000米，均为高山峡谷，最低海拔1800米（图一）。

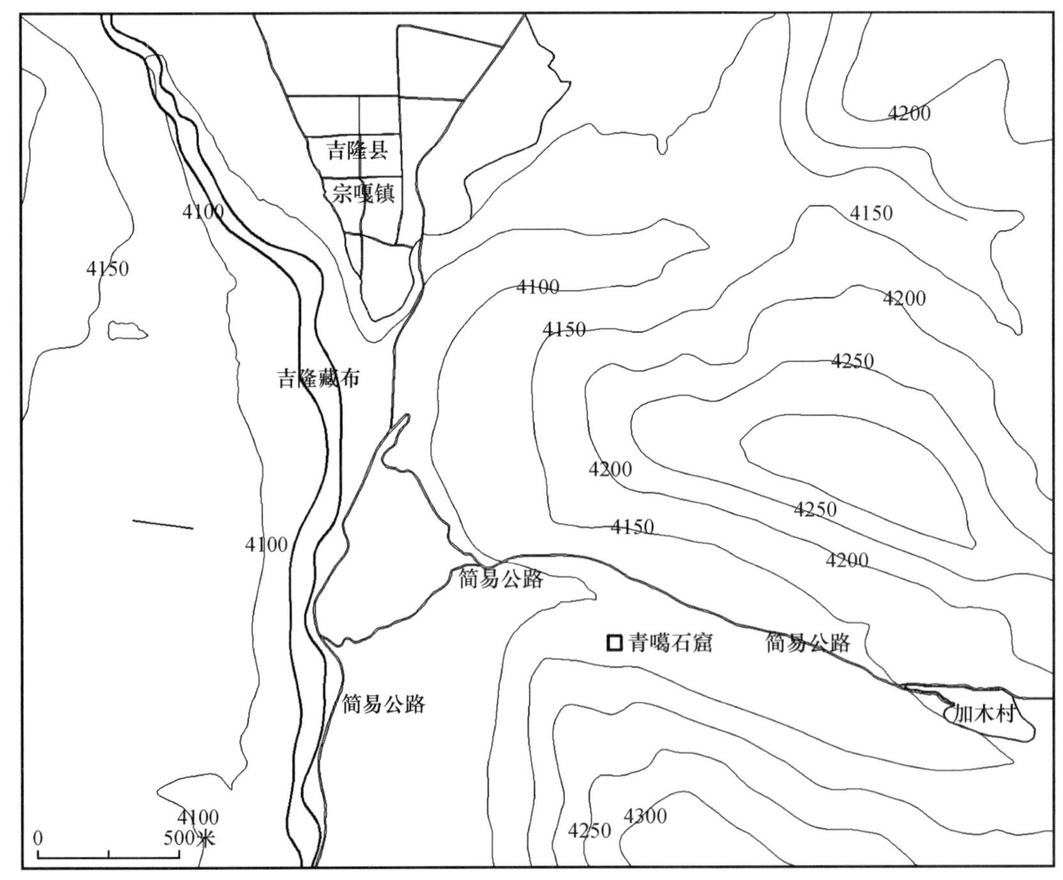

图一　青噶石窟位置示意图

石窟开凿在加木村以西1.5千米的青噶山南麓，因此被当地居民取名为青噶石窟。青噶山以南1千米是钦普普曲，钦普普曲由东向西流入吉隆藏布。钦普普曲与青噶山之间是宽阔的坡地，坡地有一土坯砖砌筑的方形擦康，钦普普曲北岸有少量农田。青噶石窟地理坐标为东经85°18′15.09″，北纬28°50′24.50″，海拔4128米。

二、洞窟形制

青噶石窟所处崖壁陡峭，洞窟可分上、中、下三层，部分洞窟已无法进入，此次仅对其中12处尚能进入的洞窟做了调查。洞窟开凿于山崖南面，依山势走向而建，窟口均朝南。以从西到东、从上至下的顺序对12处洞窟进行编号，上层有3处、中层有4处、下层有5处洞窟可进入。上层洞窟编号为K1～K3，中层洞窟编号为K4～K7，下层洞窟编号为K8～K12（图二）。

图二　青噶石窟航拍图（南向北）

1. K1

K1位于崖壁上层西侧，窟门开于K1-8南壁，由8小室组成，自西向东进行编号（图三）。

K1-1位于最西侧，平面为不规则方形，宽2.85、深2.77、高1.85米，平顶，直壁，西壁中部的土坯砖墙已塌损，南壁开一方窗，东壁正中有门与K1-3相连。

K1-2平面呈长方形，宽2.96、深1.72、高1.7米，平顶，直壁，北壁正中贴塑泥质佛塔，下部砖砌两层台基，南壁正中开门与K1-3相连（图版二〇）。

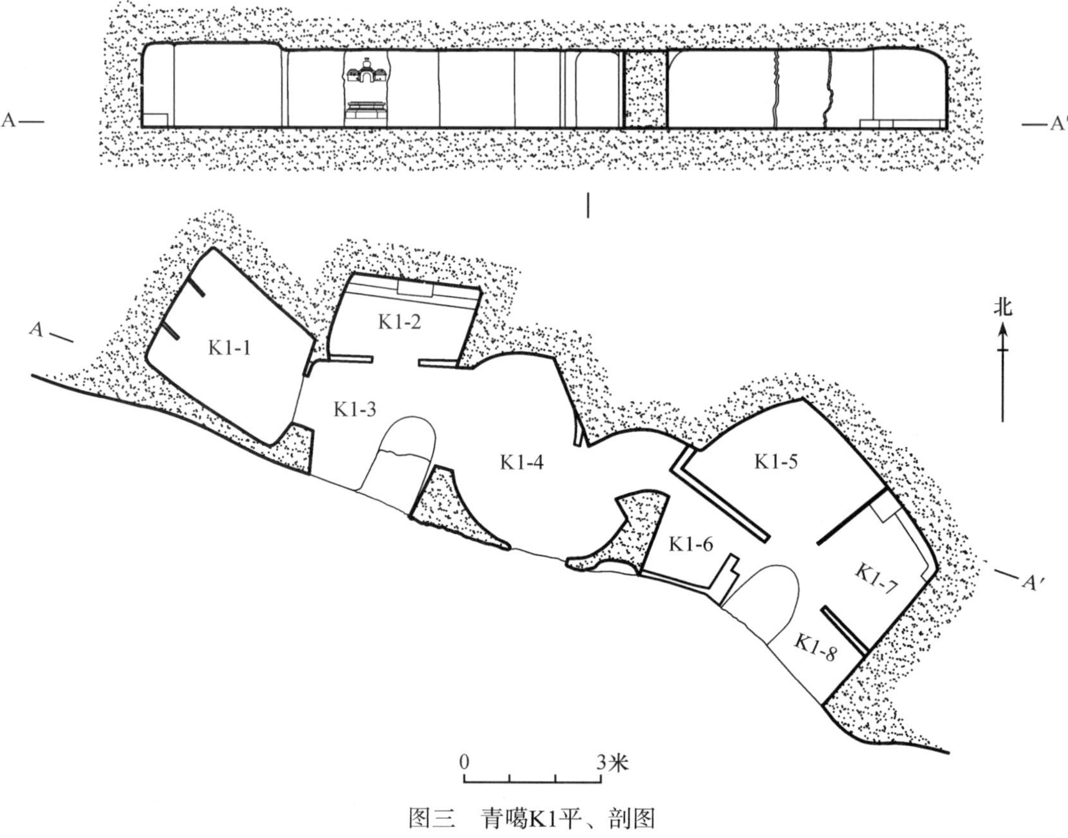

图三　青噶K1平、剖图

K1-3平面呈长方形，宽5.55、深7.3、高1.6米，平顶，直壁，西、北、东三面各有一门，分别与K1-1、K1-2、K1-4相连接，南壁被凿空，又用土坯砖砌墙封堵，但砖墙残损严重。

K1-4平面呈半圆形，宽3.8、深1.3、高1.6米，平顶，直壁，南壁被凿空，又用土坯砖砌墙封堵，但砖墙残损严重；东壁有一弧形门道，与K1-6连接；K1-4内发现一石雕灶台。

K1-5平面呈不规则长方形，宽5.67、深3.1、高1.7米，平顶，直壁，南、东墙为土坯砖墙，门开于东南角。

K1-6平面呈不规则长方形，宽2.05、深1.65、高1.75米，平顶，直壁，西北角、东北角各开一门，分别与K1-4、K1-8相连。

K1-7平面呈方形，宽3.6、深2.85、高1.76米，西墙与K1-5东墙共用一堵土坯砖墙，南墙亦为土坯砖砌筑，北壁原有彩绘，现已剥落殆尽，紧靠北壁下部有一东高西低的砖砌平台，疑似拱台，西南角开门，与K1-8相连。

K1-8平面呈方形，宽4、深1.7、高1.75米，平顶，直壁，南壁被凿空，后又用土坯砖砌墙封堵，现砖墙残损严重，北墙与K1-7南墙共用一堵土坯砖墙，北墙与东墙原有壁画，北壁壁画已模糊不可辨。西南角开门与K1-7相连，且为K1洞窟主入口。

2. K2

K2位于崖壁上层、K1东侧，单室窟，平面呈方形，长4.04、宽4.93、高1.86米，窟门开于东南角，北壁下方有一方坛，平顶，四壁斜直，且绘有壁画（图八，5）。

3. K3

K3位于崖壁上层、K2东侧，由4小室组成，自西向东编号，窟门开于K3-2南壁（图四）。

K3-1平面呈不规则曲尺形，宽4.67、深4.4、高1.94米，平顶，壁斜直，靠北壁有三处土坯砖垒砌的佛塔（图四，2），塔内残留擦擦、经书等，门开于东南角，与K3-2连接。

K3-2平面为长方形，宽4.84、深1.35、高1.95米，平顶，壁斜直，西南角开一方形窗，窗下有灶台（图四，3），西、东壁为土坯砖墙，北壁绘壁画，西北角与东北角各有一门，分别与K3-1、K3-3相连。南壁被凿空，后又用土坯砖砌墙封堵，现砖墙残损严重，且门亦开于南壁，为K3洞窟的主入口。

K3-3平面为不规则曲尺形，宽4.8、深5.4、高1.98米，平顶，壁斜直，门开于西侧中部转角处。

K3-4平面为不规则梯形，宽2.88、深5.24、高1.92米，平顶，壁斜直，门开于西侧。

4. K4

K4位于崖壁中层、西侧，由2小室组成，自西向东编号，窟门开于K4-2南壁（图五，1）。

K4-1平面呈不规则圆形，宽3.2、深5.14、高2.21米，窟门开于东南角，平顶，窟壁斜直，窟内正中砌砖墙，墙残高1.28米，南壁开一方窗，东侧开门，与K4-2相连。

K4-2平面呈不规则圆形，宽2.4、深1.86、高2.21米，平顶，壁略向外弧，窟内正中有一方形佛塔，塔基宽1.1米，塔内残存擦擦和经书。西侧开一门，与K4-1相连；南侧开一门，为K4洞窟主入口，且南壁被凿空，后又用土坯砖砌墙封堵，现砖墙残损严重。

5. K5

K5位于崖壁中层、K4东侧，由5小室组成，自西至东编号，窟门开于K5-3南壁（图六，1）。

K5-1平面呈南北向长方形，宽7.1、深10.38、高3.5米，平顶，壁斜直。东南角用土坯砖砌长方形储藏间，南壁被凿空，后又用土坯砖砌墙封堵，现砖墙残损严重。紧

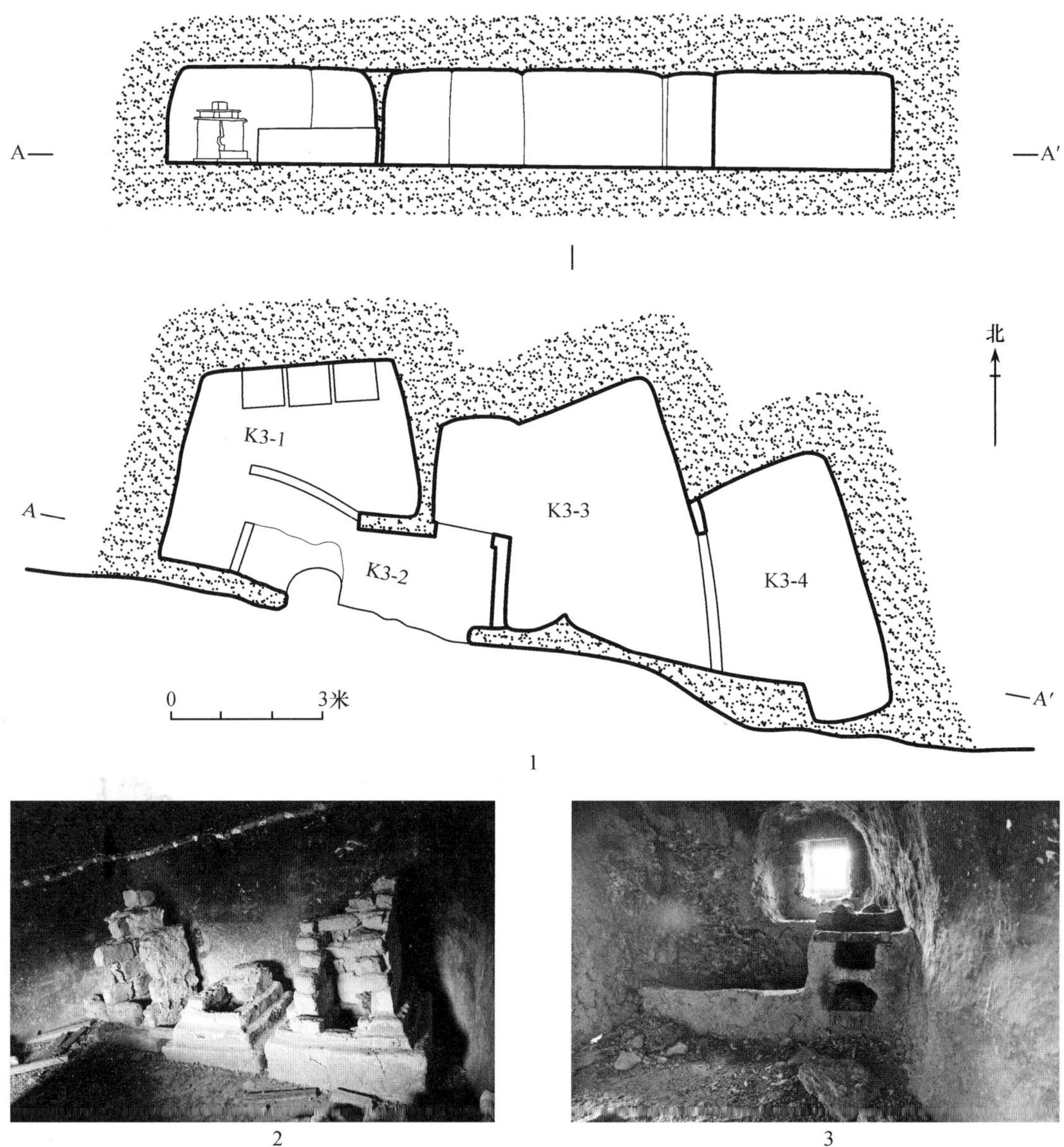

图四　青噶K3

1. K3平、剖图　2. K3-1佛塔（东南—西北）　3. K3-2灶台（北—南）

靠南墙砌东西长6.41、南北宽1.66米的塌，东壁开宽1.44米的长方形门道，并凿阶梯与K5-2相连。

K5-2平面呈不规则圆形，宽7.03、深7、高3.1米，东北角有一不规则形储物间，平顶，壁斜直，南壁被凿空，后又用土坯砖砌墙封堵；西、东壁各开一门并凿阶梯，分别与K5-1、K5-3相连。

K5-3平面呈不规则圆形，宽4.55、深4.54、高3.5米，平顶，窟壁略向外弧。北壁

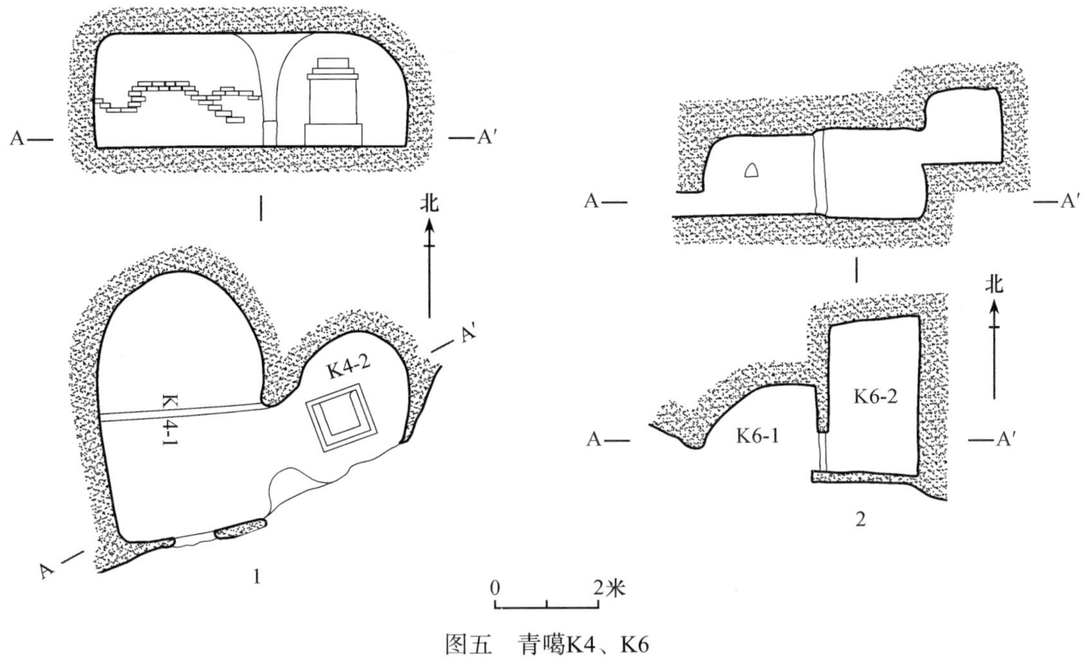

图五　青噶K4、K6
1. K4平、剖图　2. K6平、剖图

下方为土坯砖砌长方形平台，北壁之上开大、小两处拱形龛；南壁开一窄门，亦为K5洞窟主入口，西、东壁各开一门并凿阶梯，分别与K5-2、K5-4相连。

K5-4平面呈梯形，宽6.12、深6.36、高2.04米，平顶，窟壁略向外弧，紧靠北壁有一组砖砌灶台，灶台最宽处2.18米（图六，2），西南角有土坯砖砌的长方形平台，南壁被凿空，后又用土坯砖砌墙封堵。西、东壁各开一门，分别与K5-3、K5-5相连，且西壁门道有一级台阶。

K5-5平面呈不规则曲尺形，宽9.8、深9.75、高3.26米，平顶，窟壁略向外弧；西壁、北壁西段、北壁东段有土坯砖砌筑的长方形平台，平台宽1米；洞室中间有圆形火塘，火塘外径1.5米（图六，3）；南壁被凿空，后又用土坯砖砌墙封堵，且在砖墙上留一方窗。

6. K6

K6位于崖壁中层、K5东侧，多室，由2小室组成，从西至东编号（图五，2）。

K6-1平面呈不规则形，宽3.23、深2.88、高2.8米，平顶，南壁与西壁南段已不存，北壁略向外弧，正中凿一拱形小龛，东壁系用土坯砖砌筑的墙体，且东壁南段留一门道与K6-2相连。

K6-2平面呈南北长方形，宽4.94、深2.86、高2.8米，平顶，西壁北段、北壁、东壁略向外弧，且东壁凿一拱形龛，南壁为土坯砖墙。东壁小龛内存经书残卷和残损佛教造像。

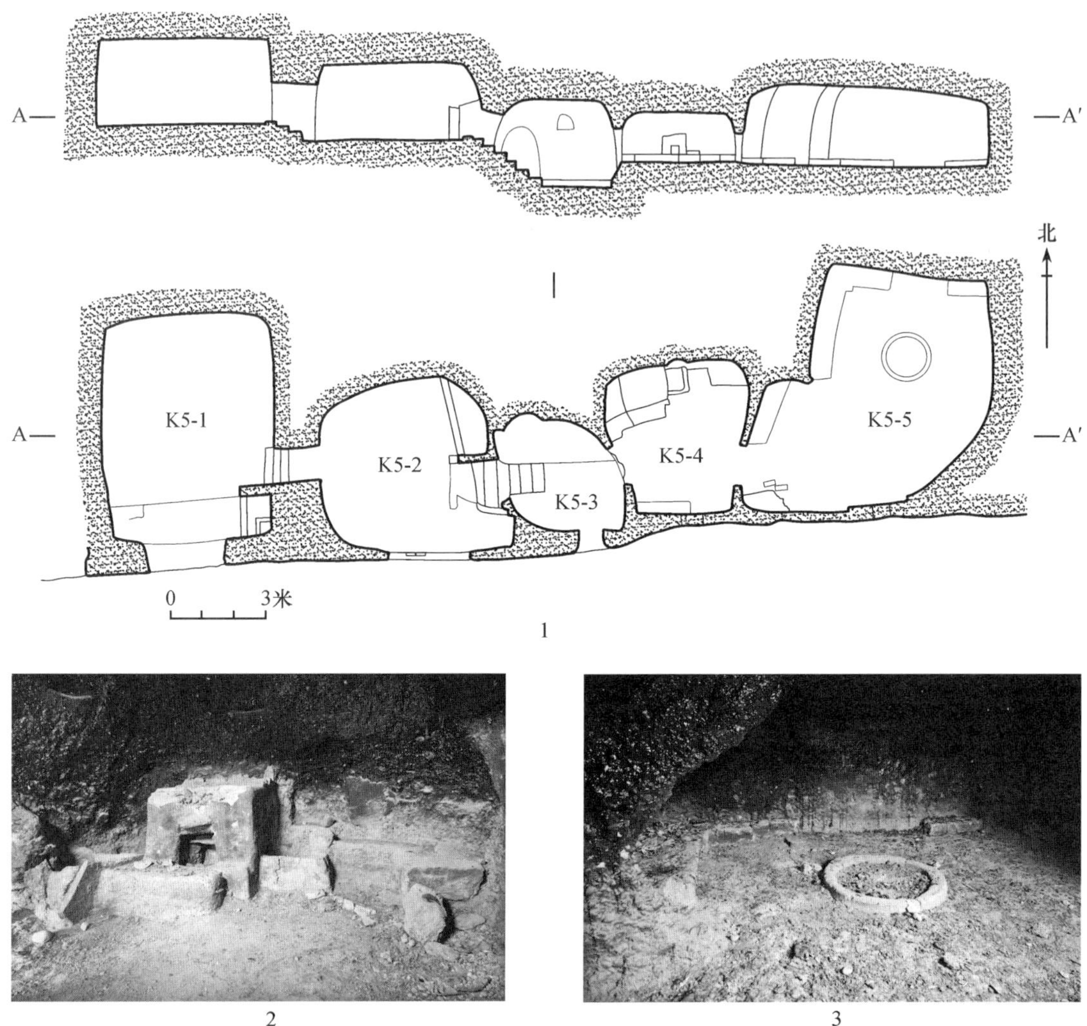

图六　青噶K5

1. K5平、剖图　2. K5-4灶台（南—北）　3. K5-5火塘、床榻（南—北）

7. K7

K7位于崖壁中层、K6东侧，双层，窟门开于一层。一层有4小室，二层有3小室，自西向东、由下至上编号。K7二层的实际高度与上层洞窟相同（图七）。

K7-1位于一层西侧，平面呈长方形，宽3.63、深3.96、高1.81米，直壁，平顶。西墙开门，与K7-2相接，且此门通向二层，与K11-5相连，南墙开形门，且后期用土坯砖封堵。

K7-2平面呈不规则长方形，宽3、深3.88、高1.73米，直壁，平顶；南墙开门，西、东侧各开一门，分别与K7-1、K7-3相连。

K7-3平面呈不规则方形，宽3.45、深4.18、高1.86米，直壁，平顶；东墙系用土坯

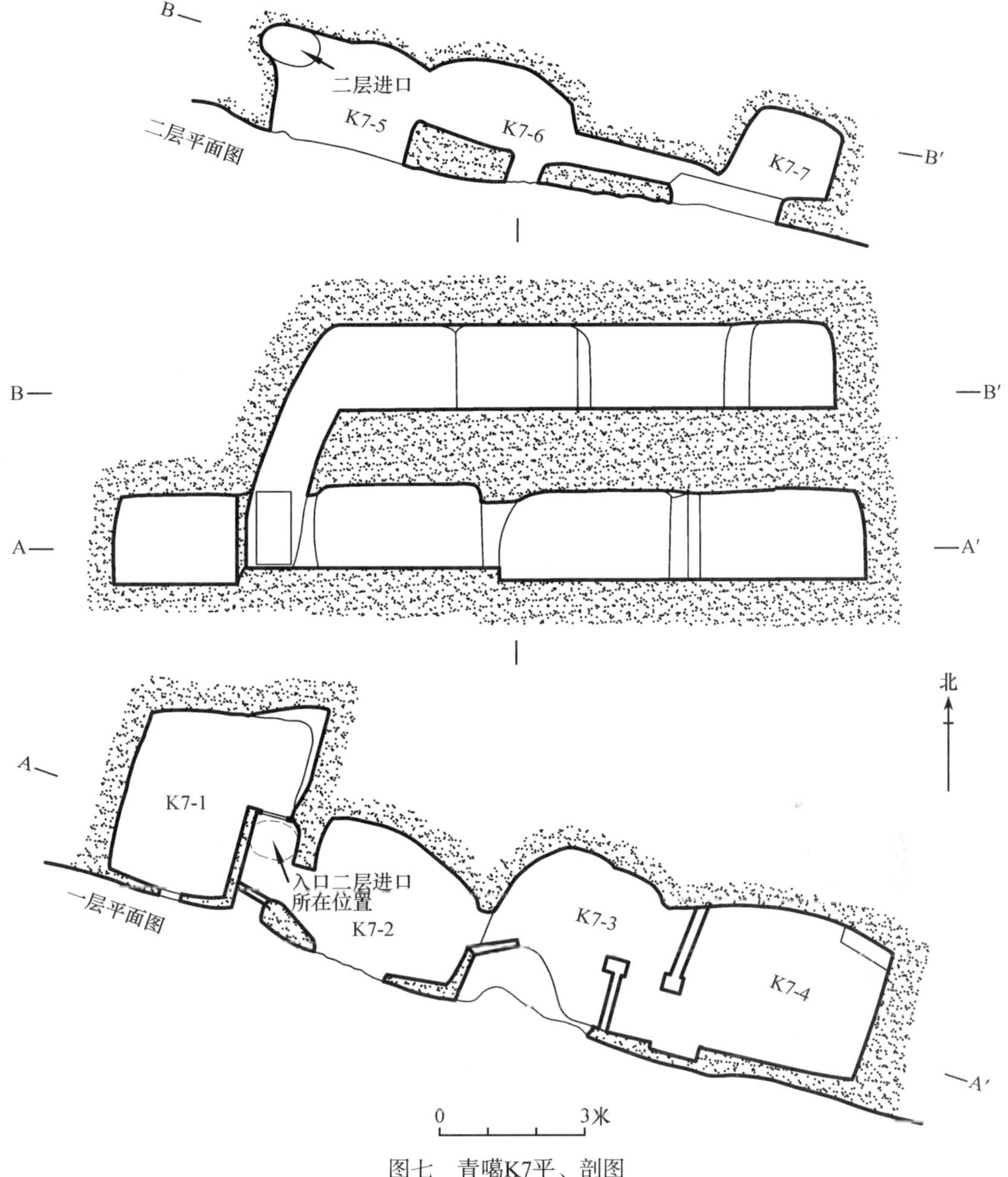

图七　青噶K7平、剖图

砖砌筑，西、东侧各开一门，分别与K7-2、K7-4相连；南壁被凿空，后又用土坯砖砌墙封堵，并在南墙开门，此门亦是K7洞窟的主入口。

K7-4平面呈不规则方形，宽3.27、深4.43、高1.9米，直壁，平顶；东北角有一长方形平台，西墙与K7-3共用一堵土坯砖墙。西南角开门与K7-3相连。

K7-5位于二层西层，不规则方形，宽2.57、深3.74、高1.79米，直壁，平顶；南壁被凿空，后又用土坯砖砌墙封堵，东侧开一门，与K7-6相连。

K7-6平面呈不规则形，宽1.8、深3.33、高1.79米，平顶，直壁；南壁被凿空，后又用土坯砖砌墙封堵，西、东侧各有一门与K7-5、K7-7相连形。

K7-7平面呈不规则方形，宽2.3、深2.6、高1.81米，直壁，平顶；南壁被凿空，后又用土坯砖砌墙封堵，西侧开门与K7-6相连。

8. K8

K8位于崖壁下层西侧，单室。平面呈圆形，宽3.6、深2.68、高1.78米，平顶略弧，窟壁向外略弧，南壁无存。窟内存有造像残件（图八，1）。

9. K9

K9位于崖壁下层、K7东侧，单室。平面呈不规则长方形，宽6.9、深3.24、高1.72米，平顶，壁斜直；南壁东段为砖砌墙体，入口开于东南角，北壁西、东段各有一方形灶台（图八，2）。

10. K10

K10位于崖壁下层、K8东侧，单室。K10 外围建有一土坯砖砌房，平面呈不规则方形，窟宽3.9、深3.18、高1.9米，平顶，壁斜直；南壁被凿空，后又用土坯砖砌墙封堵，并在南墙正中开门（图八，6）。

11. K11

K11位于崖壁下层、K9东侧，单室。平面呈不规则方形，宽4.58、深3.02、高1.53米，平顶，壁斜直；西北角、东南角各有一方形火塘，西北角火塘西侧，有砖砌墙体；南壁被凿空，后又用土坯砖砌墙封堵；西南角塌损，窟门开于东南角（图八，3）。

12. K12

K12位于崖壁下层、K10下侧，单室。平面呈方形，宽5.14、深3.93、高2.11米，平顶，壁斜直；紧靠南壁，建有一长方形平台，入口开于南墙正中（图八，4）。

三、采集遗物

青噶石窟各洞室内，存留不同种类的遗物，其中K4、K6、K7内存留遗物最为丰富，包括擦擦、泥塑造像残件、木雕造像残件、木骨泥塑造像残件、皮质造像残件、经书等遗物。简介如下。

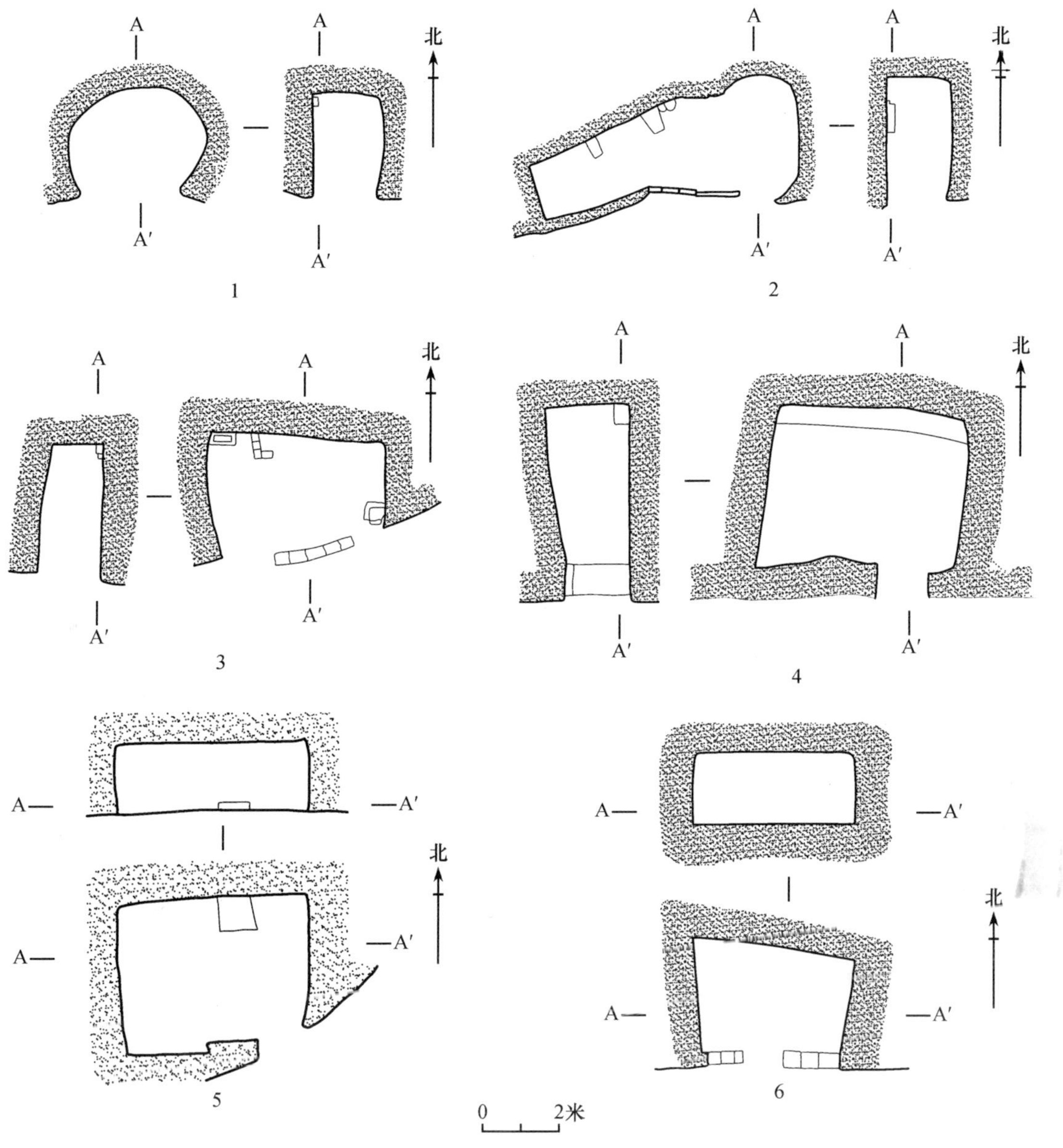

图八 青噶K2、K8～K12

1. K8平、剖图 2. K9平、剖图 3. K11平、剖图 4. K12平、剖图 5. K2平、剖图 6. K10平、剖图

（一）擦　擦

1. 释迦牟尼

圆拱形，泥质，脱模。背光分两层，外为莲瓣纹，内为连珠纹。释迦牟尼结跏趺坐于覆莲座上，右手施触地印，左手施禅定印，高螺髻，大耳垂肩，着坦右肩袈裟。

两侧各有一菩萨相向而立，头戴冠，外侧手臂叉腰，内侧手臂上举。K4：18，宽4.8、高1.5、厚5.8厘米（图九，1）。

2. 十一面八臂观音

泥质，脱模，敷彩，残。十一头分五层，八臂左右各四，主臂双手合十于胸前，左上臂上举宝相花，左中臂平举弓、左下臂下垂持法器，右上臂上举，右中臂平举托法轮，右下臂已残。K4：6，宽11.8、高16.8、厚2厘米（图九，2）。

3. 莲花手观音

圆拱形，泥质，脱模。头戴冠，耳戴环，颈挂璎珞，身披帛，下着裙，右臂下垂持莲花，左臂于胸前持莲花，左右肩各一莲花。K4：4，宽2.5、高6、厚1.2厘米（图九，3）。

1

2

3

图九　擦擦（一）

1. 释迦牟尼（K4：18）　2. 十一面八臂观音（K4：6）　3. 莲花手观音（K4：4）

4. 文殊

桃尖形，泥质，脱模。背光分两层，外为莲瓣纹，内为连珠纹，结跏趺坐于仰覆莲上，头戴冠，耳戴环，颈挂璎珞，右臂上举持宝剑，左手于胸前持经书，左侧有莲花。K4：3，宽5、高7、厚1.5厘米（图一〇，1）。

5. 白度母

圆形，泥质，脱模。背光分两层，外为莲瓣纹，内为连珠纹，头戴冠，耳戴环，颈挂璎珞，度母舒坐于仰莲连珠座上，右手结予愿印，左手持乌巴拉花蔓于胸前。K4：2，直径4.1 、厚1厘米（图一〇，2）。

1

2

3

图一〇 擦擦（二）

1. 文殊（K4∶3） 2. 白度母（K4∶2） 3. 胜乐金刚与菩提塔（K4∶11）

6. 胜乐金刚与菩提塔

桃形，陶质，脱模。八面，十六臂，呈左弓步立于仰莲座上，主臂抱明妃。造像右侧有一尊胜塔。K4∶11，宽5.2、高4、厚1.3厘米（图一〇，3）。

7. 金刚手

桃形，泥质，脱模。背光为火焰纹，发上扬，头戴冠，耳戴环，圆眼，阔鼻，大嘴，颈挂璎珞，着裙，右手持金刚杵上举，左手于胸前施说法印，呈右弓步站于覆莲座上。K4∶5，宽4.8、高5.5、厚1厘米（图一一，1）。

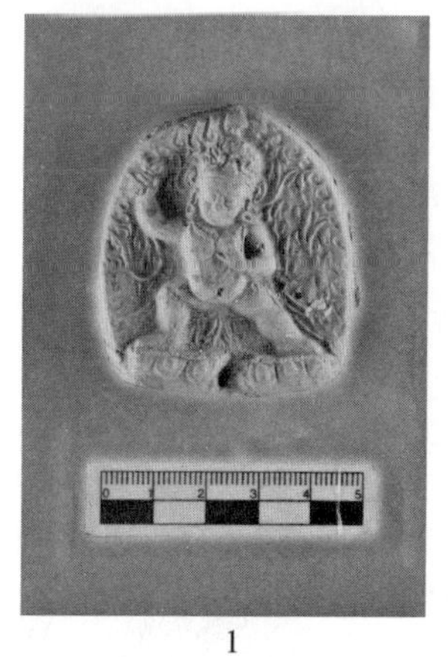
1

2

3

图一一 擦擦（三）

1. 金刚手（K4∶5） 2. 大威德金刚（K4∶8） 3. 不动明王（K4∶21）

8. 大威德金刚

桃形，陶质，脱模。背光为火焰纹，九面，三十四臂，牛首，耳戴环，腰挂头骨链，身抱明妃，右主臂持钺刀，左手主臂持嘎巴拉碗，脚踩恶鬼，右弓步站姿，立于仰莲座上。K4：8，宽6.8、高8.2、厚1.7厘米（图一一，2）。

9. 不动明王

桃形，泥质，脱模，敷彩。背光为莲瓣纹，内圈有咒文，尊像朝右蹲跪于双层仰莲连珠座上，右手向上举剑，左手持索羂于胸前，耳戴环，身披帛，手臂、手腕、脚腕处戴钏。该擦擦本应为嵌在墙体里的。K4：21，宽9.5、高8.5、厚1厘米（图一一，3）。

10. 上师

根据不同尊像手印不同，可分为五型。

A型　莲花生。桃形，泥质，脱模。背光分两层，外为莲瓣纹，内为连珠纹，莲花生结跏趺坐于仰莲座上，身着交领袈裟，头戴三冠帽，右手于胸前持金刚杵，左手于腹前捧嘎巴拉碗，右臂之下夹一嘎巴拉杖。K4：6，宽2.7、高3.5、厚1厘米（图一二，1）。

B型　桃形，泥质，脱模。背光分两层，外为莲瓣纹，内为连珠纹。头戴班智达帽，结跏趺坐于双层仰莲座上，右手施触地印，左手施禅定印，左右肩各有一植物。K4：9，宽1.8、高2.2、厚0.7厘米（图一二，2）。

C型　圆形，泥质，脱模。戴班智达帽，交脚坐于单层仰莲座上，着交领袈裟，右手于胸前执莲花，左手置膝施予愿印。K4：16，直径2.1、厚0.7厘米（图一二，3）。

D型　圆拱形，石质。结跏趺坐，头戴冠，手势模糊不清。K6：13，宽6.1、高8.3、厚1.7厘米（图一三，1）。

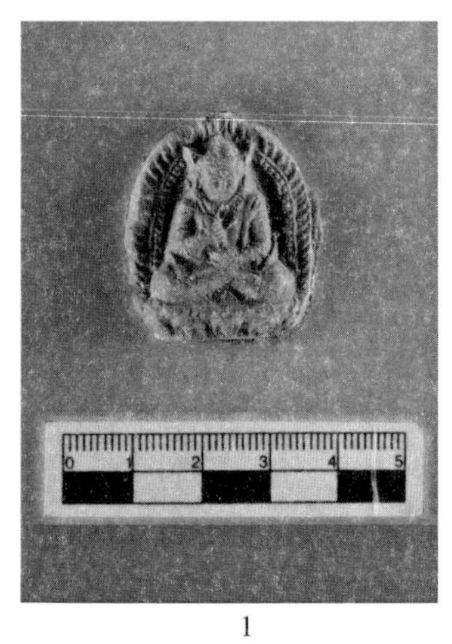
1

2

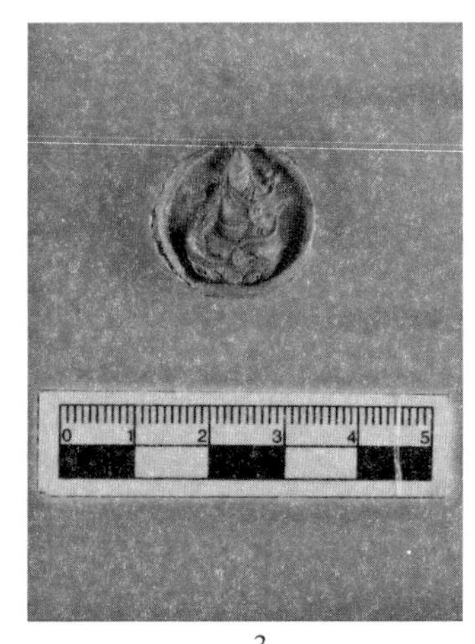
3

图一二　上师

1. A型（K4：6）　2. B型（K4：9）　3. C型（K4：16）

E型　桃形，泥质，脱模。结跏趺坐于仰莲座上，圆形头光，拱形背光，右手于胸前所执手印已模糊，左手置于腹前。K4：15，宽5.8、高6.3、厚 1.2厘米（图一三，2）。

1

2

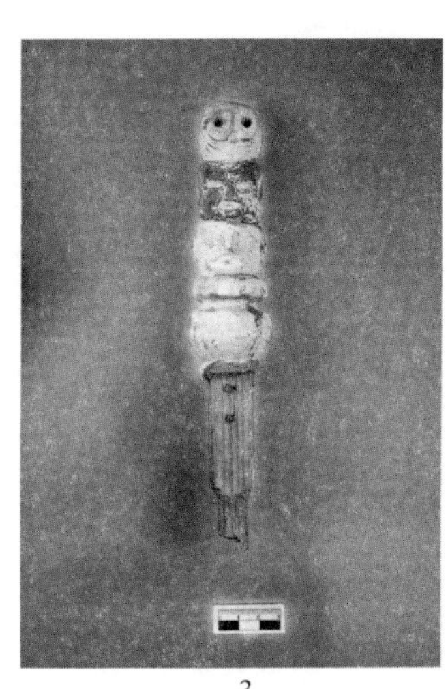
3

图一三　上师与嘎巴拉杖

1. D型上师（K6：13）　2. E型上师（K4：15）　3. 嘎巴拉杖（K7：7）

（二）造像残件

在青噶石窟中发现的造像残损严重，尚存的有头、背光、头像、身像、佛座、嘎巴拉杖等。根据造像的不同材质，可将其分为泥塑和木雕两类。

1. 泥塑

泥塑造像残件，是在青噶石窟采集遗物最多的一类，按其形态可分为头光残件、背光残件、头像残件、身像残件和木骨泥塑。

头光残件　桃尖形，用纺织物作底衬，泥塑卷草纹。K4：19，宽18.5、高12、厚4.3厘米（图一四，1）。

背光残件　圆形，用竹作骨，用纺织物作底衬，泥塑卷草纹，其上敷彩。K4：20，宽27.5、高29、厚6.5厘米（图一四，2）。

头像残件　青噶石窟发现的泥塑头像，以护法神头像和上师头像为主。

护法神头像　已残，泥质，敷蓝彩。发上扬，大眼圆睁，双唇紧闭，阔鼻，大耳。K7：2，宽6.8、高9.5、厚6.4厘米（图一五，1）。

上师头像　根据面部特征可分为二型。

A型　残，泥质，敷彩，用纺织物作底称，短发，细眉，长眼微睁，高鼻，嘴角上扬，留有胡须，大耳。K7：8，宽13.4、高15.8、厚11.8厘米（图一五，2）。

1

2

图一四　泥塑残件
1. 头光残件（K4：19）　2. 背光残件（K4：20）

B型　残，泥质，敷白彩，用纺织物作底称，面部轮廓已模糊不清。K7：4，宽10.8、高16.2、厚8.3厘米（图一五，3）。

身像残件　根据服饰，可分成佛身像和上师身像。

佛身像　残，泥质，敷彩。结跏趺坐于仰莲金刚座上，着坦右肩袈裟，右手施触地印，左手施禅定印，头部已残。K6：1，13.2、高14.2、厚9.1厘米。

上师身像　根据服饰不同可分五型。

A型，头部已残，泥质，敷彩。结跏趺坐于方座上，着僧装，右手于胸前持印，左手于腹前捧宝瓶。K6：2，宽12.3、高11.6、厚9.3厘米。

B型　头部已残，泥质，敷彩。结跏趺坐于方座上，着僧装，右手施触地印，左手于腹前捧宝瓶。K6：3，宽10.3、高14.2、厚8.9厘米（图版一六，2）。

C型　头部已残，泥质，敷彩。结跏趺坐于方座上，着僧装，右手于胸前持说法印，左手于腹前持经书。K6：4，宽10.5、高8.9、厚9.1厘米（图版一六，3）。

D型　头部已残，泥质，敷彩。结跏趺坐于仰覆莲座上，着僧装，右手于胸前持金刚杵，左手于腹前捧嘎巴拉碗，推测为莲花生。K6：6，宽7、高7.6、厚1.3厘米（图版

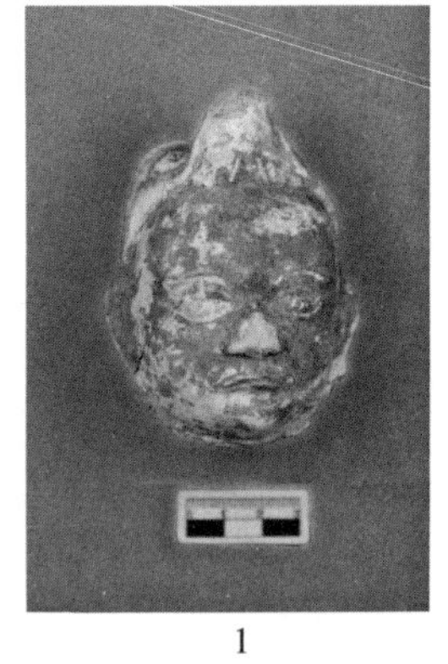
1

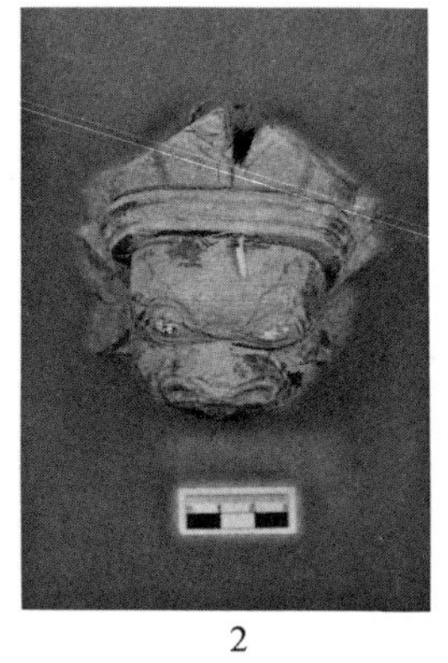
2

3

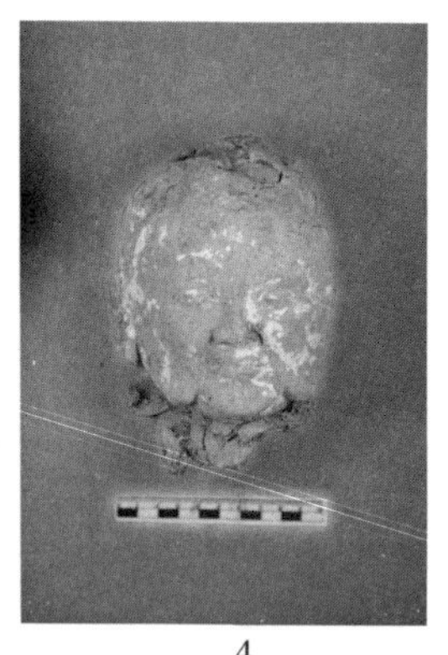
4

图一五　头像
1、4. 护法神头像（K7：2、K7：3）　2、3. 上师头像（K7：8、K7：4）

一六，4）。

E型　头部已残，泥质，敷彩。右舒坐，身体敷绿彩，着白色外衣，坦右肩，长发披肩。推测为米拉日巴身像。K7：16，宽11.7、高11.1、厚3.6厘米。

木骨泥塑　嘎巴拉杖，木条作骨，泥塑人头骨。K7：7，宽3.7、高21.8、厚3.5厘米（图一三，3）。

从泥塑造像残件的断面可看出泥塑造像制作方法大致可分为三类：一是完全由泥土塑造出形状；二是由皮或布等织物做底，然后在其上塑泥像；三是以木作骨，围绕木骨塑泥像。

2. 木雕

按残存的木雕造像残件形态，可分为头光、背光、头像、身像、莲座。

头光、背光，根据形状差异，可分三型。

A型　整体呈桃尖形，木质，仅存右侧一半。头、背光为一体，其上雕卷草纹，敷金彩。K7：10，宽5.5、高21.5、厚1.2厘米（图一六，1）。

B型　圆拱形，木质，仅存右侧一半，其上雕卷草纹。K7：11，宽3.2、高18.1、厚1.2厘米（图一六，2）。

C型　圆拱形，木质，仅存右侧一半，其上彩绘图案已模糊不清。K7：12，宽3.3、高11.5、厚0.8厘米（图一六，3）。

头像　护法，木质圆雕，头戴冠，大眼圆睁，阔鼻，大耳。K7：3，宽9.2、高9.7、厚5.2厘米（图一五，4）。

身像　已残，木质圆雕，护法，敷蓝彩。身挂璎珞，臂戴钏，腰缠蛇。K7：1，宽17、高17.2、厚12.8厘米（图版一六，1）。

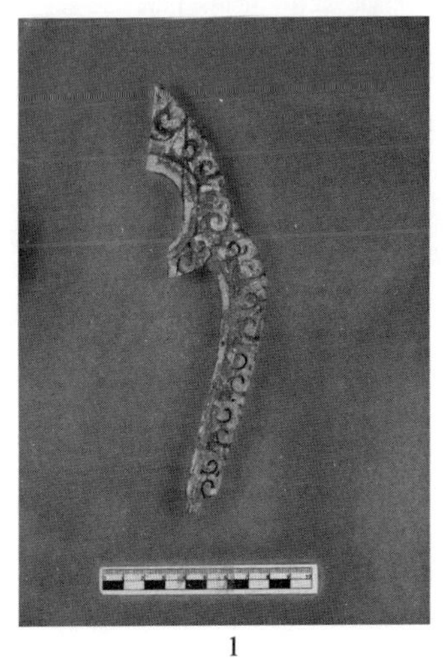
1

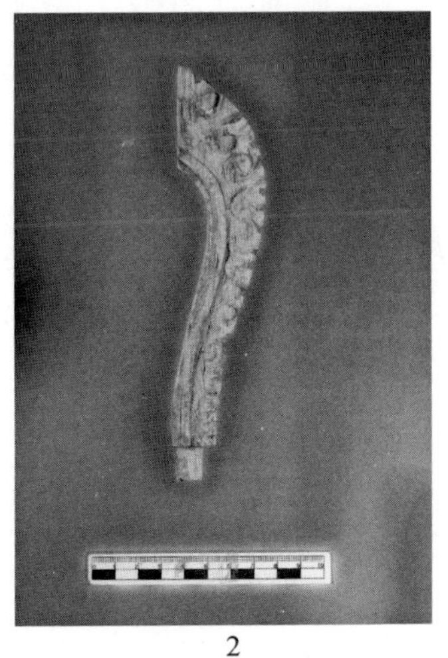
2

3

图一六　头光、背光

1. A型（K7：10）　2. B型（K7：11）　3. C型（K7：12）

莲座　根据莲瓣纹饰差异，可分二型。

A型　残，仰莲座，木质，莲瓣上有一周连珠纹。K6：7，宽17.8、高4、厚9.2厘米（图一七，1）。

B型　残，仰覆莲座，木质，莲座中部束腰。K6：14，宽27.2、高8.1、厚17厘米（图一七，2）。

1

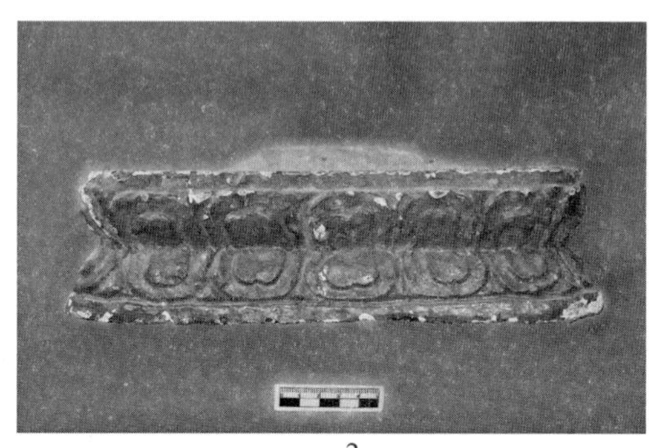
2

图一七　莲座

1. 仰莲座（K6：7）　2. 仰覆莲座（K6：14）

（三）印　经　板

1. 莲花生印经板

长方形，木质，双面。K4：22，长39.5、宽27、厚2厘米（图版一六，5）。

A面，图像为阳刻，主尊为莲花生，椭圆形头、背光，戴帽，留胡，右手捧嘎巴拉碗于腹前，右臂夹嘎巴拉杖，左手于胸前持金刚杵，结跏趺坐于锯齿仰莲座上。

莲花生两侧各有一供养天女。右侧供养天女，椭圆形头光、背光，面向莲花生，舒坐于锯齿仰莲座上，头戴冠，身缠帛带，袒胸露乳，右手前举嘎巴拉碗，左手于胸前施说法印。右侧供养天女，椭圆形头光、背光，面向莲花生，舒坐于锯齿仰莲座上，披发，穿交领长衣，袒胸露乳，右手于胸前施说法印，左手前举嘎巴拉碗。

右上角为四臂观音，椭圆形头光，圆形背光，结跏趺坐于覆莲座上，头戴冠，耳戴环，颈挂念珠，身披帛带，前双臂合十于胸，左后臂持莲花，右后臂持念珠，身披帛带。

左上角为无量寿佛，椭圆形头光，圆形背光，结跏趺坐于双层覆莲座上，双手于腹前施禅定印捧寿瓶，着通肩袈裟，高肉髻，大耳垂肩。

五尊像之间以莲花、卷草纹填白。

B面，共有三幅图像。左上图像为阳刻，上部为结跏趺坐于仰莲之上的帕丹巴桑杰，双手于胸前合十，长发垂肩，耳戴大环，着交领袈裟，头顶有一伞盖，周边有卷草纹。帕丹巴桑杰之下为经文（图版一六，6）。

右侧中部图像为阳刻，上部是结跏趺坐的上师像，圆形头光，方形靠背，戴格鲁派僧帽，着通肩袈裟、交领僧祇支，双手放于膝前。上师像下为经咒文。

右下图像为阴刻，推测是未雕刻完成的多玛供图像。

2. 曼陀罗印经板

长方形，木质，单面，阳刻图像。曼陀罗居中，圆形，可分为十层，最外围系火焰纹，由外向内，第1圈为佛八宝，第2圈为金刚杵与咒文，第3～5圈为咒文，第6圈为分隔成26莲花瓣的梵文咒语，第7圈为分隔呈8瓣莲花瓣的咒文，第8～10圈为咒文。K4：23，长39.5、宽42、厚3.5厘米（图版一七，1）。

3. 菩萨印经板

方形，木质，双面。K4：24，长39、宽41、厚2.5厘米（图版一七，2）。

A面，阳刻图像。正中为一尊结跏趺坐于仰莲座上的菩萨，圆形头、背光，头戴冠，耳戴环，眉心有白毫，脸方圆，身披帛，菩萨头顶左右各一太阳，怀抱圆形曼陀罗。曼陀罗共6层，由外向内，第1圈为金刚杵，第2、3圈为经咒文，第4圈为8瓣莲瓣经文，第5、6圈为经咒文。

B面，阳刻图像。四周刻方框，正中为圆形曼陀罗，四角各有一小曼陀罗。四小曼陀罗之间雕刻吉祥八宝。

（四）其他遗物

1. 石灶台

平面呈梯形，一端已残，中间凿两圆形火塘，侧面凿圆形漩涡纹，如标本K1：1（图一八，1、2）。

1

2

图一八　石灶台（K1：1）

1. 俯视　2. 正视

2. 经书

青噶石窟K4内遗留大量经书残卷，共有200余页，其内容主要为佛教经典（图一九）。

1

2

图一九　K4遗留的经书残卷

四、壁　画

青噶K1～K3内存有壁画。其中K1、K3壁画面积小，内容少，残损严重，难以辨识；K2壁画则分布于四壁，以尊像为主。

（一）K1 壁 画

K1壁画位于窟门北壁和东壁，内容已模糊不清。刷绛红彩打底，用白、绿、黄彩绘像。依稀可辨出西壁有三尊像，可能为“三怙主”，北壁图像完全不可辨（图二〇，1）。

1

2

图二〇　青噶K1、K3壁画
1. K1壁画　2. K3壁画

（二）K2 壁 画

K2四壁均绘有壁画（图版一九），但因受鸟粪腐蚀、风力剥蚀的影响，受损严重，壁画外层部分起皮脱落（图二一、图二二）。K2壁画以佛教造像为主，北、西、东壁底端及部分图像之侧有藏文题记。经初步辨识，壁画中尊像身份如图二三～图二六所示。

1. 北壁题记

北壁第1处 མཁན་ཆེན་བཀྲིས་རྒྱ་མཚོའི་སྦྱིན་བདག་གནང༎（图二七，1）。
北壁第2处 སྦྱིན་པའི་བདག་པོ་དཔལྡན་སྐྱི་སོའི་མཛད།（图二七，2）。
北壁第3处 ༄༅ཇེ་བཙུན་གཙོང་ཁ་པ་ཡི་ཞིང་ཁམས་འདི།（图二七，3）。
北壁第4处 མཁན་ཆེན་བཀྲིས་ མཚོའ་སྦྱིན་བདག་གནང༎（图二七，4）。
北壁第5处 ཞིང་ཁམས་དཔོན་སློབ་བཀྲིས་རྒྱ་མཚོའི་གནང་（图二七，5）。

意为：此堪钦扎西加措之像，由白丹吉索施造；此至尊宗喀巴之像，由堪钦扎西措施造。……像，由规范师扎西加措……

2. 东壁题记

东壁第1处 ཚེ་རིང་ཕུན་ཚོགས་ནང་ཚང་སྦྱིན་བདག་ཞུས༎（图版一八，1）。
东壁第2处 ༄༅།།ན་མོ་གུ་རུ་བྷེ།（图一八，2）。
东壁第3处 བླ་མ་མཆོག་གསུམ་ལྷ་པའི་ཞལ་སྐྱིན་སོགས།（图版一八，2）。
东壁第4处 པའི་ལྷ་ཁང་མཐོང་བ་དོན་ལྡན་འདི།（图版一八，3）。
东壁第5处 རྒྱལ་བསྟན་ ………དང་（图版一八，4）。
东壁第6处 ཁྱད་པར་དཔལ་ལྡན་བླ་མའི་ཞབས་བརྟན་ཕྱིར།（图版一八，5）。
东壁第7处 སྟོམ་བརྩོན་བློ་བཟང་ཆོས་གྲགས་པས་སྒྲུབས།（图版一八，6）。
东壁第8处 འདི་ལྟར་བསྐྲུན་དགེ་ཚོགས་ཕུང་པོའི་མཐོས།（图版一八，7）。
东壁第9处 སངས་རྒྱས་བསྟན་དར་བསྟན་འཛིན་སྐུ་ཚེ་འཕེལ།（图版一八，8）。
东壁第10处 འདིས་ཕྱོགས་སུ་ལུས་ངག་ཡིད་གསུམ་གྱིས།（图版一八，9）。
东壁第11处 རྣམས་དཀར་འབྲེལ་བ་མཛད་པའི་སྦྱིན་བདག་སོགས།（图版一八，10）。
东壁第12处 རང་གཞན་ཕ་མ་རིགས་དྲུག་སེམས་ཅན་ཀུན།（图版一八，11）。
东壁第13处 གནས་སྐབས་བདེ་སྐྱིད་དཔལ་ལ་ལོངས་སྤྱོད་ཅིང་།（图版一八，12）。
东壁第14处 མཐར་ཐུག་བླ་མེད་བྱང་ཆུབ་སྒྲུར་ཐོབ་ཤོག༎（图版一八，14）。
东壁第15处 རི་མོའི་འདུ་བྱེད་སྟོམ་བརྩོན་ཕྱིར་ཐོགས་དབང་།（图版一八，13）。
东壁第16处 མཁས་པ་ལྷ་དབང་སོར་རྟེས་བསྐྲུན་པ་དགེ༎（图版一八，15）。
东壁第17处 ལེགས་སོལ༎（图版一八，15）。

1

2

图二一　青噶K2壁画

1. 北壁壁画　2. 东壁壁画

1

2

图二二　青噶K2壁画

1. 东壁壁画　2. 南壁壁画

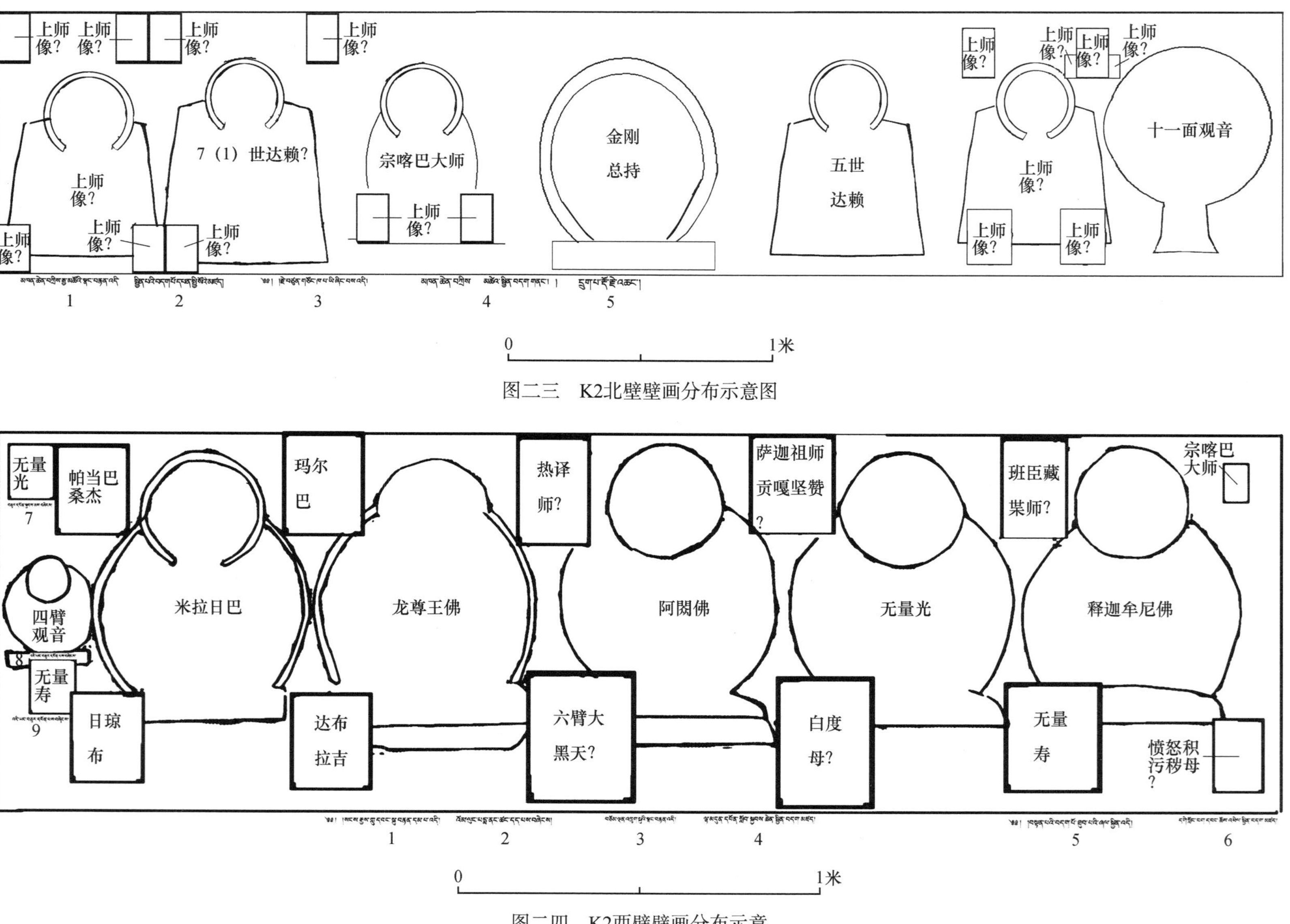

图二三 K2北壁壁画分布示意图

图二四 K2西壁壁画分布示意

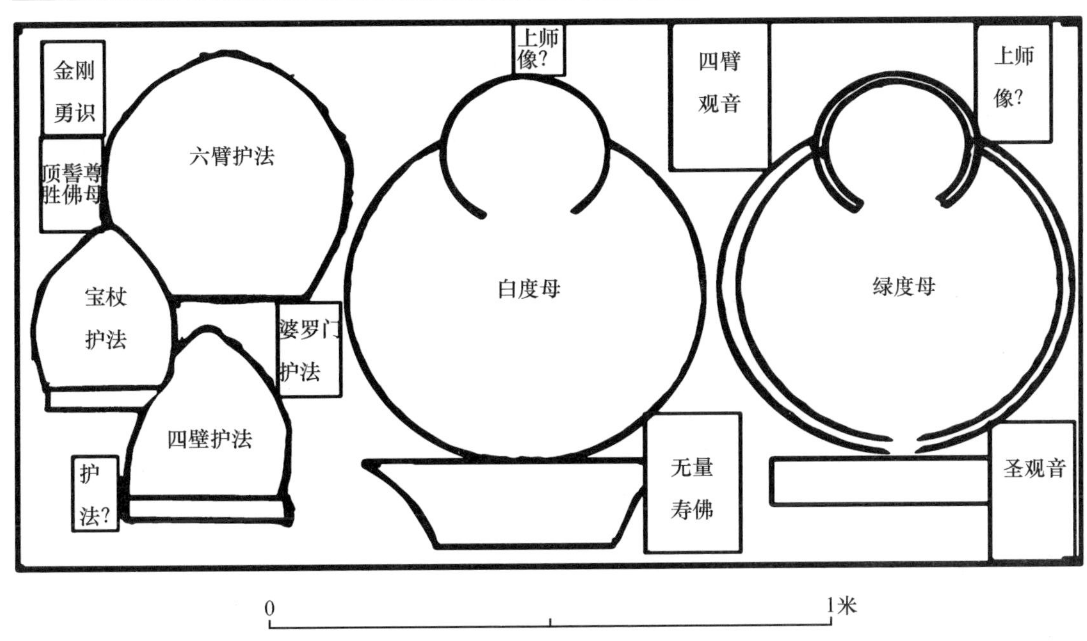

图二五　K2南壁壁画分布示意图

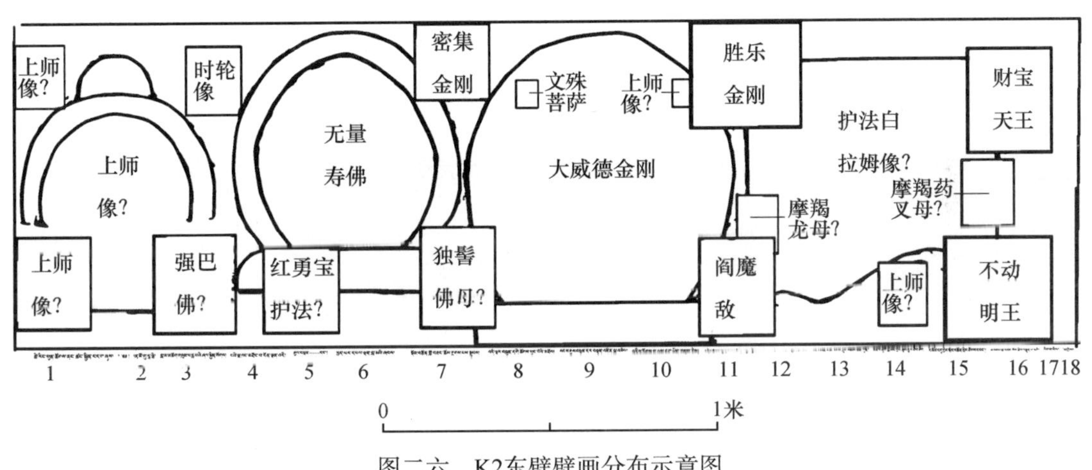

图二六　K2东壁壁画分布示意图

东壁第18处 བཀྲིས་（图版一八，16）。

意为：次仁平措一家施造。稽首，上师三宝等圣像。此利建佛，以弘传佛法，尤其是诸吉祥上师增寿，僧人洛桑曲扎虔诚施造。如此善力所聚集功德，祈愿佛法昌盛，僧众长寿；众施主以此回向身语意施造的无数诸佛圣像。祈愿自己他人及父母，所有六道有情众生暂时福乐，并最终速成菩提。画像由智者拉旺绘制，增长善力。吉祥。

3. 西壁题记

西壁第1处 ༄༅།།སངས་རྒྱས་སྐུ་དཔང་སྐུ་བརྙན་དམ་པ་འདི།（图二八，1）。

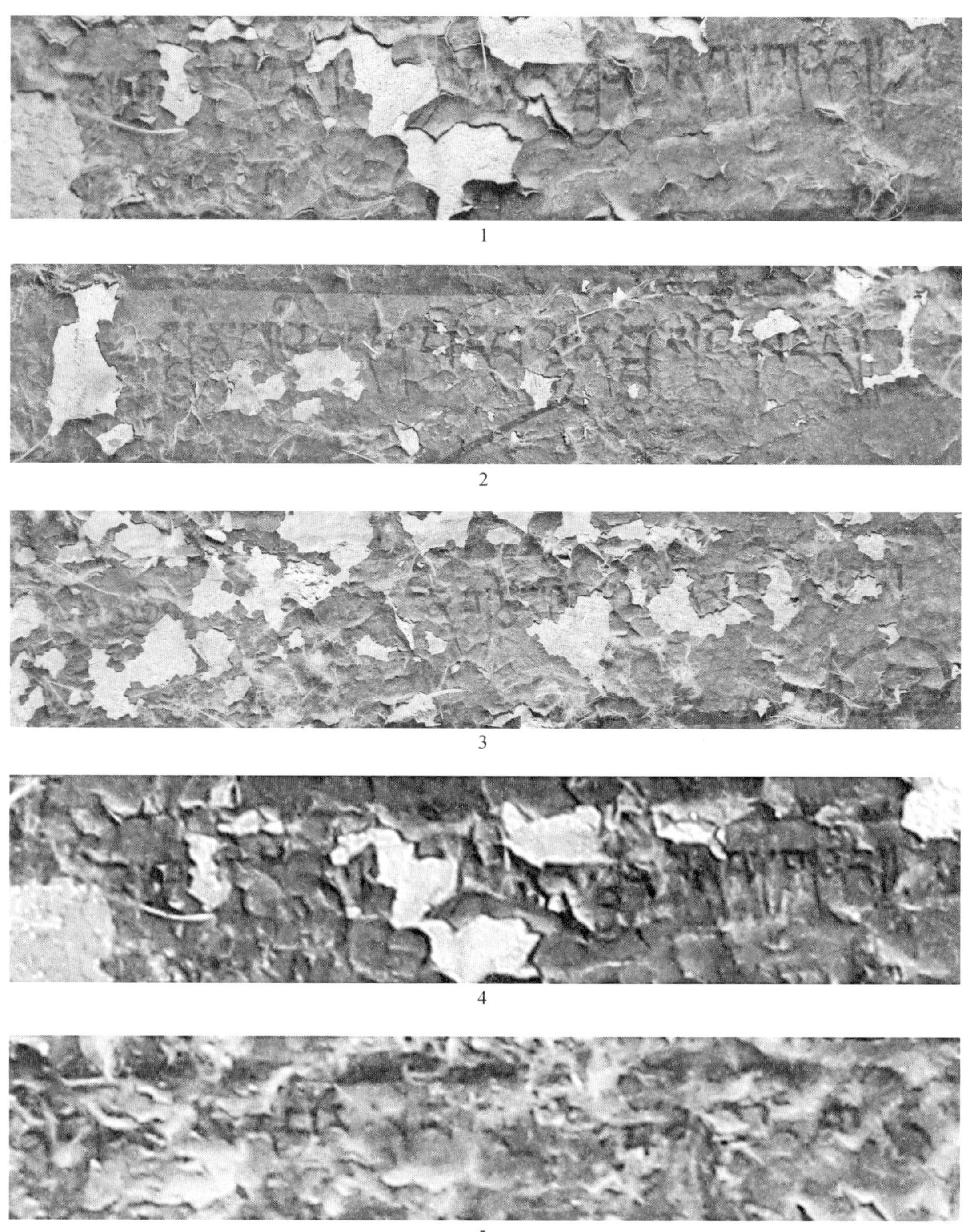

图二七　青噶K2北壁题记

1. 北壁第1处　2. 北壁第2处　3. 北壁第3处　4. 北壁第4处　5. 北壁第5处

西壁第2处 འོམ་ལུང་པདྨ་ནང་ཚང་དང་པས་བཞེངས།།（图二八，2）。

西壁第3处 བཙོམ་ལྡན་འབྲུག་སྐུའི་སྣང་བརྟན་འདི།（图二八，3）。

西壁第4处 ལྷ་མདུན་དཔོན་སློབ་སྐྱབས་ཆེན་སྦྱིན་བདག་མཛད།（图二八，4）。

西壁第5处 ༄༅།།བསྟན་པའི་བདག་པོ་ཐུབ་པའི་ཞལ་སྐྱིན་འདི་（图二八，5）。

西壁第6处 དགེ་སློང་ངག་དབང་ཆོས་འཕེལ་སྦྱིན་་བདག་མཛད་（图二八，6）。

意为：此龙尊王佛圣像，由旺龙白玛一家造。阿弥佛之像，由拉顿规范师嘉布钦施造。此尊释迦牟尼佛像，由比丘阿旺群培施造。

西壁第7处 བཅུར་དཔོན་སྐྱབས་མས་བཞེངས་（图二八，7）。

意为：十户长嘉布玛造。

西壁第8处 འདི་ཡང་བཅུར་དཔོན་པས་（图二八，8）。

意为：此亦十户长造。

西壁第9处 འདི་ཡང་བཅུར་དཔོན་པས་（图二六，9）。

意为：此亦十户长造。

图二八　青噶K2西壁题记

1. 西壁第1处　2. 西壁第2处　3. 西壁第3处　4. 西壁第4处　5. 西壁第5处　6. 西壁第6处　7. 西壁第7处　8. 西壁第8处　9. 西壁第9处

（三）K3　壁　画

K3壁画位于窟门北壁：顶端绘帷幔装饰；其下绘人物，即老者与儿童；人物左侧绘石、竹；人物右侧绘莲花，莲花之上顶经书，经书之上竖宝剑；莲花右侧绘梅花；再以祥云填白。K3壁画有明显的汉地绘画特点（见图二〇，2）。

五、小　结

（一）形制组合与功能作用

此次调查的青噶12处洞窟中，单室窟和多室窟各6处。单室窟为K2、K8～K12；多室窟为K1、K3～K7。根据各小窟室内的遗迹现象，可对其进行更细致的类别分析。

窟内有佛塔的窟室为佛塔窟，包括K1-2、K3-1、K4-2；窟内有供台或造像的为佛堂窟，包括K1-1、K1-3、K1-7、K1-8、K2、K3-3、K3-4、K4、K6、K8；有灶台或火塘的窟室为僧房窟[1]，包括K1-4、K3-2、K5、K7、K9～K12。窟内根据不同类型的小窟组合关系，可分四类。

A类：佛塔窟+佛堂窟+僧房窟，以K1、K3为代表，是以宗教活动为主，同时有可供简单生活活动的洞窟。

K1共有8间小室，其中4间可以明确判断出用途，即K1-3北壁贴塑泥质佛塔，为佛塔窟；K1-7紧靠北壁有砖砌供台、K1-8东壁有“三怙主”壁画，可判断为佛堂窟；K1-4内存有石凿灶台（K1：1），为僧房窟。另外4间，即K1-1、K1-2、K1-5、K1-6，从这4间小室墙体绛红色彩绘，初步判断其亦为佛堂窟。表明K1是需要进行宗教活动，也会进行简单生活活动的窟室。

K3共有4间小室，功能特征清晰。K3-1有3座残损佛塔，为佛塔窟；K3-2西南角有灶台，为僧房窟；K3-3、K3-4内残存石莲座和造像残件，应为佛堂窟。K3窟室的功能与K1相同，是一座有宗教活动和简单生活活动的窟室。

B类：佛塔窟+佛堂窟，以K4为代表，是以宗教活动为主的洞窟。

K4共有2间小室，K4-1内有擦擦、印经板、经书等，是为佛堂窟；K4-2内有一佛塔，为佛塔窟。这是一处主要进行宗教活动的洞窟。

C类：佛堂窟中单室窟的代表为K2、K8，多室窟中的代表为K6。这是以宗教活动为主的洞窟。

K2平面为方形，四壁有壁画，紧靠北壁有一方台。K4平面为圆形，窟内存有造像残件和擦擦。K6共有2间小室，K6-1残损，初步判断为佛堂窟； K6-2内有擦擦和造像残件，是佛堂窟。这是一处主要进行宗教活动的洞窟。

D类：僧房窟中的单室窟以K9～K12为代表；多室窟以K5、K7为代表，是生活居住用窟。

K9、K11内有灶台，K12有床榻，均说明为居住生活用窟。K10窟内四壁的油渍也说明洞窟为生活之用。

K5共有5间小室，均为僧房窟。K5-1东南角、K5-2东北角各有一小储藏间；K5-3北壁有小龛；K5-4紧靠北壁有一灶台，K5-5正中有一圆形火塘；K5-5北壁与西壁有床榻。K7共有2层、7间小室，均为僧房窟。

（二）石窟开凿的统筹性

通过对青噶12处洞窟进行初步分析，发现青噶各窟室的构建方式有相似性。

青噶石窟的窟门位置以及洞窟墙体的建造方式有相似性。从窟门开凿位置看，单室窟K2、K8、K10、K12的窟门开于洞窟东南角；多室窟K3、K4、K5的窟门位于窟门所在小洞室的东南角；单室窟K9窟门位于南墙正中；其余K6、K7、K1-6、K11-4的南壁不存或损坏，难以判断窟门位置所在。因此可总结出，青噶石窟除K9外，其余洞窟的窟门均开于洞窟东南角。青噶多室窟内多砌筑砖墙分隔成小室，且多数洞窟南壁山体均被凿掉，后期再用砖块砌墙进行封堵，在墙上开门及窗。

不同类型的窟室在分布上有类聚性，这体现了开凿窟群时的统筹性。

除建造方式的类似性以外，青噶多室窟、单室窟的位置分布有区域之分，6处多室窟均位于上层和中层，5处单室窟均位于下层。K2是唯一位于上层的单室窟，也是唯一一处四壁有尊像壁画。这体现了青噶石窟的分布具有类聚性。

同时，在装饰方面，也体现出洞窟的区域类聚性。崖壁上层的K1～K3和崖壁中层的K5，以及K7的上层墙体均修整找平，并刷颜料装饰，地表与窟顶亦加工平整。崖壁中层K4、K6，以及崖壁下层的K8～K12的壁面、窟顶与地面，均未经过找平处理、涂刷颜色及彩绘图像。而下层洞窟的窟壁、窟顶均未经过整修。崖壁上、中两层的洞窟开凿明显精细于洞窟下层。

（三）年代初探

关于青噶石窟的年代，根据K2壁画中出现的宗喀巴大师，可初步判断石窟年代不超过15世纪中叶，继而考虑K1、K3两处壁画，均呈现出明显的17世纪初期特征，因此，判断青噶石窟应为17世纪初开凿的洞窟。

附记：此次调查与资料整理得到国家社科基金青年项目“西藏中部石窟寺考古调查与研究”（16CKG014）的资金支持。

调查：何伟　李亚忠　扎西曲珍　旦增罗布

摄影：李亚忠

绘图：李亚忠　何伟　扎西曲珍

执笔：扎西曲珍

注　释

［1］ a. 何伟、芦佳洁、朱芸芸：《西藏石窟寺研究综述》，《西藏文物考古研究》（第2辑），科学出版社，2016年。

b. 何伟：《略论西藏石窟寺平面型制》，《藏学学刊》2013年第9期。

西藏旧石器考古综述

谭韵瑶

（西藏自治区文物保护研究所）

史前时代的广袤人类历史中，“人类起源与演化”为研究重点之一，这亦是旧石器考古的研究重点。基于世界范围内人类化石及旧石器遗址的不断发现与研究，关于古人类起源与演化的假说推论，从非洲起源说到多地区起源说，再到连续进化附带杂交学说，一直在更新与修正。

早期直立人到晚期智人再到现代人的演化，历经了数百万年的漫长过程。当下利用考古学、古生物学、地质学等学科对其推演的过程同样充满荆棘，而在平均海拔4000米的青藏高原，古人类的生产生活则更是扑朔迷离、迷雾重重。

众所周知，青藏高原自第三纪开始剧烈上升，而到第四纪则是青藏高原的主要上升期。第四纪是一个地质学概念，包括更新世与全新世，更新世距今250万～1万年，又细分为早更新世（距今250万～78万年）、中更新世（距今78万～12.8万年）以及晚更新世（距今12.8万～1万年），整个更新世与旧石器文化的延续时间、与世界各地早期人类活动与迁徙的历史大致相当。早在更新世之初，青藏高原的高原面隆起高度已达海拔2000米，使中国大陆成为独立于旧大陆西方的地理单元。

目前在中国北方与南方地区发现的旧石器时代考古材料，已能让人们窥见区域性的旧石器时代考古文化特征、人类适应及演化过程之一隅。而特殊的高寒缺氧气候等原因，致使青藏高原的旧石器考古研究起步及发展过程一直十分缓慢，也使得青藏高原的旧石器研究成为国内外学者的难点及焦点。

一、青藏高原腹地的旧石器研究历史

对青藏高原旧石器的研究，首先需要明确青藏高原的地理范围，而青藏高原的范围界定在国际上仍然存在争议，目前郑度、张镱锂的研究成果是广大学者参考的重要标准，“青藏高原在中国境内部分西起帕米尔高原，东至横断山脉，南自喜马拉雅山脉南缘，北迄昆仑山—祁连山北侧”[1]，整个青藏高原属于一个巨地貌单元，也是一个独特的自然地理单元，区域内的自然环境差异，也间接导致了早期人类生存与迁徙活动的差异。

对这个世界上面积最大的新生隆起高原，大家倍加关注。一直以来，多学科团队都在青藏高原地区开展各项研究，许多国内、国际考古学家以及科研机构将目光投到这片在今时、今日仍较为贫瘠的土地上来。人类何时、从何方登上青藏高原，沿何路线进入高原，又是如何在高原腹地定居的，这都是近年围绕青藏高原展开的研究热点问题。

西藏处于青藏高原腹地，对青藏高原腹地的旧石器研究，是整个青藏高原旧石器考古研究的最核心内容。以往虽有学者在该区域内不间断地进行考古调查，但长久以来在西藏发现的旧石器遗址均缺少地层依据。关于古人类如何最终定居在高海拔的青藏高原腹地这个问题，扎根于西藏的史前考古工作者一直没有停止追问，也一直积极在青藏高原腹地寻找史前人类迁徙定居的证据。

高原腹地的西藏旧石器考古研究到目前已经有不短的历史。以往在西藏境内发现的石器地点大多处于海拔4000米以上，在这些遗址或者地点中，被研究者认为可能属于旧石器时代的不足20处，更多的石器地点表现出新石器时代及早期金属时代的文化特征。

自1956年在藏北那曲发现细石器以来，考古工作者对高原腹地的石器文明研究已逾60年，经数十年资料积累，在藏北、藏南等地发现不少石器地点，但这些地点大多缺乏原生地层或伴生的动物遗骸，而且西藏自然地理环境的独特性，对这些石器地点时代的判定增加了难度。考古工作者更多时候是将石制品与华北、华南地区的石器工艺类型进行类比，从而推测地点的相对年代，因此西藏地区史前考古的年代概念也无法与中原地区类比，各地点的年代下限可能要比华北或华南地区的石器时代晚得多。

西藏石器工艺传统总体来说与华北石器传统比较接近，但也呈现一定的多样性区域性特点，一些地点采集的石制品表明西藏旧石器与中国南方甚至南亚、中亚旧石器文化存在一定的交流和联系。

目前学术界普遍认为属于旧石器时代且有明确资料记载的石器地点包括定日苏热地点、申扎珠洛勒与多格则地点、班戈各听地点、日土扎布地点、夏达错地点等。可见，目前除藏东地区外，藏南、藏北及藏西均发现了旧石器时代石器地点。

苏热地点位于西藏西南定日县，区域内发现的石制品共40件，主要为小石片及刮削器、尖状器等石片工具。石制品原料多为片麻岩，因长期暴露，石制品表面均风化严重；石片打击痕迹均较模糊，但观察可确定其应为锤击法产生；采集到的一件心形尖状器是旧石器中晚期尖状器中较为常见的类型，石制品的组合特征表现出一定的旧石器中晚期特点，因此学术界普遍认为苏热地点属于旧石器时代。但由于石制品发现于地表，该地点缺乏原生地层及年代学的证据，而目前该地区亦无更多的发现可进行年代判断[2]。

珠洛勒地点位于藏北高原腹地的申扎县，该地点常与处于藏北高原同一区域的申扎8地点相提并论。申扎8地点采集的石制品均为以角页岩为原料的石片石器，体积较大，器形规整，一般为正向锤击加工，局部交互加工，工具类型包括长刮器、圆头刮器、双边刮器以及尖状器。该地点与苏热地点的石制品有相同之处，与华北旧石器时代晚期遗存也有密切联系，时代应属于旧石器时代晚期[3]。

多格则地点位于藏北申扎县，区域内采集的数十件石制品多以燧石做原料，石制品组合包括石核、石片与石片石器，其中有一件较特殊的船底形石核。石器工具类型以刮削器、尖状器与砍砸器为主，多为单面反向修理，少部分石器可见软锤加工痕迹。该地点石制品组合具有中国旧石器文化所有的特点，石器工具中砍砸器数量比较少，石器加工技术已相当进步，这可能同石器文化已发展到后期有关系[4]。

各听地点位于藏北高原色林错东南岸，石制品多以黑色硅质岩为原料，石制品组合为石核、石片和石器。采集的石制品人工打制痕迹清晰，可见以锤击法为主要剥片方法。石器工具类型包括边刮器、凹缺刮器与端刮器，石片毛坯较多，大部分石器经过简单粗糙的修整。该地点采集的石制品在工艺特征上与珠洛勒地点较为相似，可认为是同一工业的产品[5]。

扎布地点位于阿里日土县。该地点采集的石器以黑色燧石作为原料，石制品组合包括占多数的石片石器、一件石核以及一件石片。石器工具包括大部分的刮削器及少数的尖状器，工具器型规整，反向及错向修理为主。石制品工艺特征与申扎8地点的石制品较为相似，应属于同一时代[6]。

夏达措地点位于阿里日土县以西的夏达措东北岸，采集的石制品包括石核、石片以及带有明显加工痕迹的工具，石制品原料多为黑灰色硅质岩，表面风化十分严重，并未发现水流搬运冲磨的痕迹。石器工具有较常见的刮削器、尖状器、砍砸器以及较特殊的半月形切割器及手斧等，工具类型丰富，毛坯以石片为主，砾石和石核毛坯占一定比例。夏达措地点具有明显地域特点，与西藏区域内其他的石器采集点存在一定差别[7]。

二、近年西藏旧石器研究瓶颈的突破

长久以来，分子生物学、古环境学、考古学等多个学科都对西藏人群的来源、形成过程、登陆时间以及早期人群开发、征服高原的时间与过程进行过不同的推导与假设，然而学科领域之间不免存在一些矛盾，导致不时陷入循环论证的误区。

人类在更新世时期是否曾深入高原腹地、如何深入高原腹地一直是各学科研究与议论的焦点，随着藏北那曲申扎县尼阿底遗址的发现，这个问题似乎有了一个初步的答案：在更新世晚期，古人类就已经在青藏高原腹地出现及活动。

尼阿底遗址[8]位于青藏高原腹地的核心区域藏北高原湖泊区，海拔4600米，是一处规模宏大、石制品分布密集、地层堆积连续的原地埋藏的旧石器时代旷野遗址。遗址范围内散落于地表的石制品随处可见、不计其数，石制品从山麓一直绵延分布到山前的琼俄藏布。2016年起，西藏自治区文物保护研究所联合中国科学院古脊椎动物与古人类研究所，对该遗址进行了系统的考古发掘，其间采集了四千余件遗物，包括大量石核、石叶、石片及石器工具。尼阿底遗址以石叶技术为主要文化特征，棱柱、扁平状石叶石核和长薄、规范的石叶较多，独具特色。石叶技术仅在我国新疆、宁夏、黑龙江等地有零星发现，甚至在东亚旧石器文化传统中也并不发达，尼阿底遗址发现的丰富而典型的石叶产品，对石叶技术体系的传播以及其代表的特定人群的迁徙，建立中国旧石器时代晚期文化与西伯利亚及旧大陆西部同期文化的关联，追踪丹尼索瓦人群南迁之路，探讨西藏古人类起源及其对高原的生存适应都具有重大意义。

与以往发现的青藏高原石器地点不同，尼阿底遗址有确切的连续的地层堆积，在地层剖面上进行详细年代学、环境古地磁学、孢粉、植硅体及有机碳同位素采样，提取的年代学和古环境学样品对古人类生活的环境研究提供了重要的材料。尼阿底遗址的光释光年代数据最终测定为至少距今4万年，结合地层分析与年代测定，尼阿底遗址初步建立了一个较为可信的地层和年代框架，可以推断形成于4万～3万年前的第3层是原生文化层，而其上两层是经扰动、搬运后在此地埋藏形成的。而通过对地层剖面上提取的年代学和古环境学样品进行分析与研究后，可以推测尼阿底遗址的古人群在末次盛冰期中一个相对温暖湿润的时段多次季节性开发利用当地资源，依靠便利的滨湖环境、较好的石料和食物资源，留下了丰富的物质遗存。

尼阿底遗址是青藏高原腹地首次发现的具有确切地层和年代学依据的旧石器时代考古遗址，书写了史前人类探索、挑战与征服高海拔极端环境的最高、最早记录，是目前青藏高原最早的人类生存证据，填补了西藏地区长久以来缺乏确切年代的旧石器遗址的空白；其大量的文化遗物、石制品独特的文化特征、遗址的大面积分布，丰富了西藏地区史前文化面貌，为我们研究早期人群进驻适应高原的时间、过程与方式，探讨人类适应与开发高海拔地区极端环境以及高原族群形成过程等问题提供了重要材料和信息，也为高原腹地的旧石器研究提供了新的线索和思路。但同时，一个更大的问题摆在我们面前：因尼阿底遗址缺乏伴生的人骨与动物化石遗存，我们很难确定尼阿底遗址的这支人群只是昙花一现，抑或是在高原腹地的土地上得到延续和演化；他们又是如何、从哪里到达藏北高原的腹地，这是青藏高原古人类研究与旧石器课题研究漫漫长路上的一个重要问题。

三、关于西藏细石器的一点认识

继尼阿底以后，目前已知距离尼阿底年代最近的、有可靠地层依据的史前遗址是文化面貌截然不同的西藏东部卡若、西藏中部曲贡等新石器时代遗址，高原腹地的史前时期似乎出现了断层，在距今4万～5000年的晚更新世晚期存在了一段漫长的空白。

作为与旧石器时代晚期文化相关的石器工艺技术，细石器遗存在西藏分布较为普遍，是西藏史前文化的一个重要组成部分。目前发现的许多石器地点都包含细石器遗存，绝大部分为地表采集标本，无确切年代证据，童恩正先生曾指出西藏地区细石器发现面广、数量多、延续时间长，似乎是当地旧石器时代晚期至新石器时代过渡主要的文化因素之一。

西藏地区旧、新石器时代的交替一直是学术界关注却难以定论的问题，西藏地区因其地理环境的独特性，旧、新石器时代的变化似乎是一蹴而就的，对细石器文化传统的研究也许是一个突破口。针对青藏高原的细石器研究此前已有不少学者涉猎，不外乎围绕细石器的起源、与细石器伴生的多样文化面貌、细石器工艺延续的时间等诸多问题展开。

西藏境内细石器地点的分布大致可以分为三个大区域：一是以昌都卡若遗址为代表的藏东高山峡谷地区；二是藏北草原宽谷地区；三是雅鲁藏布江中、上游流域的河谷山地。根据其伴生的文化面貌，细石器遗存又可分为以藏东卡若遗址为典型的与磨制石器、打制石器、陶器及骨器等遗物共存、只见典型的细石器（包括原料相同、工艺相同的小石片石器）、典型的细石器与石片石器共存及典型的细石器与大型打制石器共存等情况[9]。

细石器的起源问题是青藏高原史前考古研究的又一重要方向，“华北起源说”是以往的主流观点。但根据目前掌握的西藏区域内数十处细石器地点的细石器工艺特征来看，藏东卡若遗址细石器所代表的工艺类型最为进步和成熟；藏北细石器与卡若遗址细石器较为接近，但保留一定的原始因素；雅鲁藏布江流域的细石器则具有较多的原始因素，与藏北尤其是藏东的细石器有较大差别，在工艺特征上的相对早晚关系为雅鲁藏布江流域早于藏北地区，藏北地区早于藏东卡若遗址[10]。这一发展序列并不符合华北细石器由东向西、再向南的传播路径。

观察不同区域细石器的工艺特征可发现，藏北细石器与华北细石器工业特征更为相似，雅鲁藏布江流域的细石器工艺特征及器物类型则更可能源自华南、西南地区。藏北与雅鲁藏布江流域两个区域类型之间并未发现明显年代关系特征，单一起源理论显然不能解释两个区域间的差异。有可能存在多地起源或本地起源，存在比细石器更为原始的石器技术、具有更原始的器形。

2018年，西藏自治区文物保护研究所与中国科学院古脊椎动物与古人类研究所共同在藏西革吉县发现了西藏首个史前洞穴遗址——梅龙达普洞穴遗址，对洞口堆积进行发掘后出土了大量石制品、陶片、动物骨骼等遗物。遗址中石制品多为打制石器，其中包含不少具有细石器工艺特点的细石核及细石叶，此遗址也是继昌都卡若遗址、拉萨曲贡遗址、当雄加日塘遗址与申扎尼阿底遗址后发现的有确切原生层位的石器遗存。梅龙达普遗址出土的细石器与打制石器、陶片、骨器等遗物伴生；目前洞口堆积的年代尚未突破5000年。遗址虽未能为细石器技术在高原上存续的路径提供更详细的解释，但其发现弥补了藏西区域古人类在全新世早期活动的空白，也为该地区开展史前考古工作、复原史前人地关系提供了线索脉络。

四、近年西藏史前考古的新发现与研究

无论是史前考古还是历史时期考古，关于人类生存模式、定居过程以及迁徙演化等问题，各学科一直都不懈地寻求答案。近年对古人类在青藏高原地区的迁徙定居过程的研究取得了不少成果。针对人类何时、何地拓殖高原以及现在西藏人群的源头，学术界并未有统一定论。分子人类学、古DNA研究、现代考古学、古环境研究等学科为我们提供了多方位视角及多种研究手段，科技考古与传统考古交叉应用，新尝试、新视点给西藏史前考古带来新内容与新研究成果。

中国科学院古脊椎动物与古人类研究所与西藏自治区文物保护研究所共同组成的研究团队发表的关于尼阿底遗址的文章[11]表示，距今3万～1万年的晚更新世，早期人群可能来自西南方南亚次大陆一带的人群，而在此之前，学术界普遍认为原始人群来自高原的东、北及东南面，也就是中国北方旧石器文化圈内的一支人群。从新近的研究成果来看，晚更新世的旧石器文化似乎更可能是通过喜马拉雅山脉和冈底斯山脉、冈底斯山脉和昆仑山脉之间的两条通道，由南亚次大陆自西南向东北方向传播。早期人群与随后来自高原东、北、东南三个方向扩张而来的中原地区早期主体人群之间发生冲撞，开始基因交流与融合，并最终形成了今天高原原居民的祖先。

陈发虎院士研究团队发表的关于甘肃夏河人[12]的研究，继尼阿底遗址之后再次刷新了青藏高原史前人类活动记录，人类活动时间上限刷新至16万年以前，比较可惜的是发现的人骨原生层位缺失，缺乏伴生的动物遗骸。但该团队2018年在白石崖洞穴进行的考古发掘，发现了连续的旧石器文化层以及丰富的旧石器考古遗存，并在地层里发现了丹尼索瓦人的线粒体DNA。夏河人的发现表明了青藏高原早期人类活动史的研究具有巨大的潜力，同时也给我们提供了一个可供思考的方向：丹尼索瓦人与青藏高原腹地早期占领者是否存在联系；如果有，又是如何联系起来的。

付巧妹研究员研究团队[13]发布的一项最新研究则是关于距今5200～300年青藏高原及周边先民的线粒体研究，目前的研究结果表明青藏高原高海拔地区与东北缘低海拔地区人群具有直接的母系遗传联系；现代西藏人与古代人群也有较近的母系遗传联系；同时在青铜时代农业传播发展的影响下，可以发现低海拔地区向高海拔地区有少量的人群流动。古DNA研究是新近的并不断应用到考古学上的科技手段，该领域的研究将对揭示西藏地区人类族群的迁徙及演化有重要指引作用。

近些年西藏史前考古工作者在青藏高原腹地开展的古人类起源、迁徙、生产和生活等重要课题，取得了不少阶段性成果。在高原腹地已相继发现洞穴与旷野两种类型的遗址以及多处新的石器地点。由于藏西、藏北与藏东南各个区域的史前文化面貌不

尽相同，将藏西与藏北、藏东南整体串联起来，将是未来史前考古工作的重中之重，也是整体全面科学地复原西藏地区史前人地关系的重要指引。

注　释

［1］ 张镱锂、李炳元、郑度：《论青藏高原范围与面积》，《地理研究》2002年第1期，第1～8页。

［2］ 张森水：《西藏定日新发现的旧石器》，《珠穆朗玛峰地区科学考察报告（1966～1968）第四纪地质》，科学出版社，1976年，第105～109页。

［3］ 安志敏、尹泽生、李炳元：《藏北申扎、双湖的旧石器和细石器》，《考古》1979年第6期，第481～491、494、577、578页。

［4］ 刘泽纯、王富葆、蒋赞初等：《西藏高原多格则与扎布地点的旧石器——兼论高原古环境对石器文化分布的影响》，《考古》1986年第4期，第289、299、384～388页。

［5］ 钱方、吴锡浩、黄慰文：《藏北高原各听石器初步观察》，《人类学学报》1988年第1期，第75～83、104页。

［6］ 同［4］。

［7］ a. 霍巍：《阿里夏达错湖滨旧石器的发现》，《中国西藏》1994年第6期，第27～28页。

b. 吕红亮：《西藏旧石器时代的再认识——以阿里日土县夏达错东北岸地点为中心》，《考古》2011年第3期，第59～68页。

［8］ 张晓凌：《西藏尼阿木底旧石器遗址考古获重要发现》，《中国文物报》2017年3月14日第八版。

［9］ 李永宪：《略论西藏的细石器遗存》，《西藏研究》1992年第1期，第126～132页。

［10］ 同［10］。

［11］ 王社江、张晓凌、陈祖军等：《藏北尼阿木底遗址发现的似阿舍利石器——兼论晚更新世人类向青藏高原的扩张》，《人类学学报》2018年第2期，第253～269页。

［12］ a. Fahu Chen, et al. A late Middle Pleistocene Denisovan mandible from the Tibetan Plateau. *Nature*, 2019, 569 (7756): 409-412.

b. Dongju Zhang, et al. Denisovan DNA in Late Pleistocene sediments from Baishiya Karst Cave on the Tibetan Plateau. *Science*, 2020 (370): 584-587.

［13］ Manyu Ding, Tianyi Wang, Albert Min-Shan, Qiaomei Fu, et al. Ancient mitogenomes show plateau populations from last 5200 years partially contributed to present-day Tibetans. *Proceedings Biologucal Sciences*, 2020, 1923 (287).

浅谈卡若原始文化不存在食鱼禁忌的原因

索朗曲珍

（日喀则市第三高级中学）

“昌都卡若遗址是西藏第一个进行科学发掘的新石器时代遗址，同时也是目前西藏已发现的新石器时代遗址中年代最早、文化层堆积最厚的遗址。”[1]

关于卡若遗址，到目前为止有很多人进行分析和研究，内容多有关卡若房屋、陶器、石器、物种、气候和经济作物等，但对卡若原始先民是否存在“食鱼禁忌”的现象研究较少，本文结合考古调查数据资料与文献资料试图对此现象进行分析，以此来论证卡若原始先民不存在食鱼禁忌。

一、卡若原始文化

（一）卡若遗址

昌都卡若遗址发现于1977年，“卡若遗址位于西藏昌都市东南的卡若区，约东经97°2′，北纬31°1′”[2]，遗址位于澜沧江西岸的二级台地上，海拔3100米，遗址总面积约1万平方米。经1978年和1979年两次科学发掘，发掘面积共1800平方米。在已发掘的范围内，共发现房屋基址28座及烧灶、灰坑、道路、石墙等各类遗迹，出土了7000多件打制石器、细石器、磨制石器，366件骨器，以及2万多件陶片。此外，遗址中还发现一些装饰品以及炭化的农作物（粟米）和14种动物骨骼。对动物骨骼的鉴定发现，被饲养的动物品种有猪，属于狩猎的动物品种有鼠、牛、马、兔、鹿、羊、狍等[3]。发掘者在卡若发掘报告中指出，根据文化堆积层和放射性碳素测量数据中包含物的变化，把卡若遗址相对年代分为两期三段，即早期前段、早期后段和晚期[4]。发掘者将卡若遗址的绝对年代定为距今5000～4000年[5]。这意味着卡若遗址至少延续了1000年，使用时间相当长。

2002年为制定卡若遗址保护规划，西藏自治区文物局与四川大学考古学系联合对遗址进行再次发掘，“发掘面积230平方米”[6]，在此范围内，发现了23处各类遗迹，出土了共7000多件遗物。除此外，还提取了少量炭化的农作物颗粒[7]。“发掘中提取的6个木炭样品经检测，其年代比较集中在距今4000年前后”[8]。由此得知，其年代相当于原先卡若遗址的晚期遗存[9]。

（二）卡若文化

卡若文化是西藏新石器时代一个大型的打制石器、细石器和磨制石器、陶器等共存的文化，卡若遗址出土的遗迹和遗物，是研究卡若原始先民社会生产生活和经济活动的很好资料，同时也为研究西藏史前史打下良好的基础。卡若原始文化具有浓厚的地方色彩，其具体表现如下。

（1）石器是卡若遗址中出土数量最多、种类最复杂的生产工具，“石器占整个生产工具95.6%”[10]。而石器又分打制、磨制、细石器三大类，其中数量最多的是打制石器。使用大量打制石器作为生产工具是卡若文化的一大特点。卡若出土的大量打制石器中大都有适合握手的手柄[11]，说明当时的卡若原始先民在利用石器时，大部分是直接用手来操作使用的。除打制石器外，“细石器占全部石器的10.8%左右”[12]，在细石器中，除了细石叶和细石核为初加工外，第二次加工的柱状石核和锥状石核等也有很强的地方性。而磨制石器是石器生产工具中占比例最小的石器，细而精，“占全部石器的6.4%”[13]，磨制石器的主要器形有石锛、石凿、石刀、研磨器等，其中出土数量最多的是石刀，“共出土73件”[14]，其主要功能是收割农作物，由此我们可以肯定，当时的卡若原始先民已步入了定居生活。磨制石器中以穿孔石刀和半月形石刀为典型。

（2）骨器是卡若遗址生产工具中另一个重要组成部分。“共出土366件，占生产工具全部的4.4%”[15]，骨器有骨锥、骨针、骨斧等多个种类，“骨器中除骨针、骨锥等是缝纫工具外，其余骨器均是制陶工具”[16]。由此推测出，卡若原始先民已经掌握了防寒保暖手段，装饰品的出现也说明卡若原始先民已产生了审美观。

（3）陶器均为手制，并以泥条盘筑法为主，材质都为夹砂陶，以黑陶和红陶为主，另有少量的彩陶。陶器的器形主要以碗、罐、盆为基本组合，均小平底，器耳和流有发现，但欠发达，纹饰以刻划纹、附加堆纹、锥刺纹为主，而彩陶纹饰以几何纹为主。罐是陶器中最主要的器形，“占全部陶器的72%”[17]，罐以小口深腹最为典型。由此说明当时的卡若原始先民显然掌握了食物的熟加工和储藏，因为罐的用途较广（可煮食物、汲水、储藏粮食等）。

（4）在建筑中，以大量的石块作为原料，如石墙房屋、石砌道路、石围圈等。卡若原始先民的房屋以圜底房屋和半地穴式房屋为主，在半地穴房屋中出现木结构的“井干式”，以及可能存在着擎檐柱楼层建筑[18]，说明卡若原始先民居住条件的逐渐改善和建房技能的不断提高。

总的来说，卡若文化是一支具有较强地方特点的文化，这主要体现在石器中以打制石器为主，并以独特类的肩砍砸器、石凿及半月形石刀等为典型，陶器以盆、钵、罐为基本组合，均小平底，不见三足器和圈足器；建筑上，以大量石块作为原料等，以上都说明卡若文化是西藏高原东部地区新石器时代一种具有代表性的文化。有别于同时期的曲贡文化，也不同于新石器时代我国已发现的其他文化遗址。虽然卡若遗址与黄河上游甘肃、青海地区的马家窑文化、半山文化、马厂文化及四川西南部、云南北部地区的一些原始文化在文化内涵上有一定的相似性，可能是互相影响的结果，或者是有着共同的渊源，但卡若文化还具有很强的地方色彩，因此考古发掘者将其命名为“卡若文化”。

二、卡若原始居民不存在食鱼禁忌的原因

2002年，西藏自治区文物局和四川大学考古学系联合对卡若遗址进行了再次发掘，在此次发掘中，特别引人注目的是，出土动物骨骼中，经鉴定出土了“疑为黄河裸鲤类骨骼”[19]，这就对以前学者认为卡若原始先民存在“食鱼禁忌”的观点提出了挑战。那么卡若原始先民究竟是否存在“食鱼禁忌”？不存在食鱼禁忌又是什么原因导致？

发掘者根据卡若遗址的遗存特征和地层关系把卡若文化分为早、晚二期。遗存中出土的生产生活工具、建筑物、动物骨骼和花粉孢子等，是了解卡若原始先民经济生活、自然环境、思想意识形态的基础，也是破解卡若文化晚期出现“疑为黄河裸鲤类骨骼”[20]的根源。对卡若文化晚期出现疑为裸鲤骨的原因，笔者从以下几个方面进行初步探讨。

（一）卡若原始先民的自然环境

卡若发掘报告指出卡若遗址位于横断山脉西北部、地势南低北高，并由于第四纪的构造运动，地貌表现为强烈的阶段性上升，一方面引起河床强烈下蚀，另一方面使河谷两岸发育着多级台地，东西呈高山峡谷相间，而河谷两岸较平缓的台地成为人们理想的生息劳动之所。又因卡若遗址处在卡若水和澜沧江两河的交界处，水资源较丰富，但由于高山峡谷[21]的地势，水流比较湍急。对于卡若原始先民的自然环境，从卡若发掘报告得知，在距今5000～4000年前，卡若的山坡地带有茂密的森林，阳坡上发育着栎林，阴坡上发育着松林，林下生长着各种草本植物和蕨类，而沟谷地带生长着各种耐寒的植物。独特的地形地貌，丰富的水资源以及丰富的植物为动物多样性的出现奠定了基础。黄万波从卡若遗址出土动物骨骼的鉴定和分析得出：“獐、青羊等多出没山间灌丛地带；马鹿、鬣羚常在阔叶混交林或山间多草的地面，有时也活动于潮湿地。”[22]不同物种的出现与当时卡若原始先民自然环境的复杂性、丰富性密切相关。而现今昌都卡若区的地形沟壑纵横，复杂多样，又因卡若区属中纬度地区，受地

形和气候的影响，呈现“一山有四季，十里不同天”的情况，山顶终年白雪茫茫，山腰层林叠翠，山脚绿草如茵，夏季温和多雨，冬季日照充足，无霜期多[23]。对卡若距今5000～4000年前的自然环境和现今自然环境比较看，地质地貌是一样的高山峡谷，植被垂直分布明显，说明自然环境变化不大；但也不是没有变化，由于板块构造运动，海拔有一定的上升，“海拔高气温低”，从而可知原始气候比现今要温暖湿润得多。通过对自然地理环境的分析，可知丰富的水资源和温暖湿润的气候环境等具备了卡若文化晚期出现疑似裸鲤骨的条件。

（二）卡若居民的生产工具与经济生活

早期卡若文化的经济以农业为主，这从石器是生产工具中占比重最大的工具这方面得到证实。我们大致可以将石器生产工具划分为两类：以锄耕农业为主的生产工具，以及以狩猎或畜养为目的的生产工具。卡若文化早期以农业经济为主体，兼有狩猎经济的成分。出现这种生产生活方式与当时的自然环境密切相关。而到了卡若文化晚期，石器生产工具中打制石器和细石器不断增多，并主要用于狩猎，而磨制石器不断减少。说明晚期卡若文化从早期的农业转而发展为狩猎和采集，这与自然环境的改变有关，自然环境影响着经济生活，经济生活的变化又表现在生产工具上。

除了石器生产工具的变化以外，陶器制作和纹饰也发生了变化。从陶器的器形和纹饰上观察，晚期陶器制作趋于简单化，不见早期器形中的单耳罐、带流罐等，以及纹饰中的贝纹、涡纹、连弧纹等。“在晚期已被简单的‘八’字形纹、平等线和不规则的方格纹所替代”[24]，且彩陶在晚期，似呈现出退化的趋势。陶器从早期繁杂到晚期简单，可以看出当时卡若原始先民的经济生活发生了变化，早期从事农耕，农耕是有规律地种植作物，可能除了播种和收割外有更多的闲暇时间来从事陶器的制作，而到了晚期自然环境变化，致使农作物产量减少，卡若原始先民被迫发展狩猎和畜牧业，而狩猎的不确定性和畜牧的迁徙性，阻碍了卡若原始先民利用更多时间来制作陶器，从而使陶器形式和纹饰趋于简单化，另外，获取食物的不稳定，促使卡若原始先民扩大食物来源，这可能是卡若晚期出现捕捞现象的原因之一。

经济生活的变化必定会反映在文化上，而文化上的变化会体现在思想意识形态上。

早期卡若原始先民的房屋建筑种类和形式多种多样，到了晚期则出现了大量的石砌建筑，说明当时卡若原始先民的经济生活出现了一定的发展和变化，也表明当时的先民们已经掌握了一定程度的以石头建造房屋的技术；石砌建筑有冬暖夏凉的作用，卡若晚期出现大量石砌建筑，可能是先民们抵御寒冷所采取的方法。这证明卡若晚期自然环境发生变化。

综上所述，自然地理环境改变影响着生产生活方式的变化，从而导致卡若文化早、晚期经济的突变。经济方式的不同，也是致使晚期出现捕捞现象的原因之一。

（三）卡若出土的动物骨骸

物种的丰富与自然环境息息相关，良好的自然环境，有利于食物种类的丰富，食物种类的丰富有利于动物的生存和繁衍，这从卡若遗址出土的动物种群可以得到证明，反过来“哺乳动物和其他动物的骨骼为考古学家恢复该遗址的社会形态和当时自然环境等，提供重要的科学依据”[25]。在《昌都卡若》中，附有1978、1979年遗址出土动物骨骼的鉴定结果，此次发掘中“共发现有14种哺乳动物”[26]。这14种哺乳动物又可依据新石器时代哺乳动物群分析的原理分为两大类。

（1）饲养的动物，根据卡若发掘报告，只提到了猪，像猪这样的家畜是一个杂食性动物，跟人类的食物冲突，没有比较丰富的食物种类及资源饲养猪就比较困难，正是有了比较丰富的食物种类和资源，才能够饲养像猪这样的家畜。由此我们可以得知早期卡若原始先民们的食物来源是较富足的。

（2）猎获的动物，有獐、狐、青羊和鬣羚等，还有藏原羊、麞、鼠兔等较为耐寒的动物[27]。这类动物，“可肉类，骨料和毛皮原料之用”[28]。

两类动物中，以猎获类的比例最大，说明当时人们的狩猎活动在经济生活中占有很大比重。

而2002年的发掘，共出土了16种动物的骨骼，而这16种动物骨骼中并未发现猪的骨骼，均为狩猎动物。其中值得注意的是发现有“疑为黄河裸鲤类骨骼”[29]。这表明除狩猎之外可能还存在渔猎的经济方式。

通过以上内容，我们可以从发掘所出动物骨骼鉴定的结果，发现两个种群之间存在一定的差异。从中我们可以分析得知早期出土动物的种群特征具有农业兼狩猎和畜养性质，而晚期所出土的动物种群特征具有明显的狩猎和渔猎对象的性质。值得关注的是，晚期出土的动物遗存中有疑为黄河裸鲤类骨骼，所以两者间的差异还应具有时段早晚不同的意义。两次遗址出土的动物均为现生种，从中我们可知5000～4000年前的昌都卡若遗址的自然环境跟今日的昌都卡若的自然环境情况差不多，但“气候比今日偏暖；高山上偏凉、偏干”[30]。

三、结　　语

卡若原始先民是否存在“食鱼禁忌”一直未能得到肯定，卡若发掘报告载：“遗址靠近澜沧江，至今物产丰富，但在遗址中并未发现捕捞工具和鱼骨，这与西南其他新石器时代遗址不同。由此推测，卡若原始居民可能存在食鱼上的禁忌。”[31]侯石柱先生也针对未出现捕捞工具，推测卡若原始居民可能以鱼为氏族图腾或有不食鱼的习俗，而格勒先生对卡若原始先民群体处于渔产丰富的澜沧江畔却没有渔业的情况，认为很可能有文化方面的原因，即与他们的原始信仰或巫术有关[32]。而笔者认为，卡若早期未能发现捕捞工具及鱼骨，可能与当时的自然环境有关或未掌握渔猎技术所致，而非以前学者认为的那样，卡若原始先民可能存在“食鱼禁忌”。这点我们可以从2002年第三次发掘中出土的“疑似黄河裸鲤类骨骼”加以说明。卡若原始先民不存在食鱼禁忌，也可以从卡若早晚自然环境的不同、生产生活的改变、出土动物骨骼的差异、经济的突变等得以证明，同时为晚期出现捕捞经济提供了证据。此外，遗址地处澜沧江和卡若水汇合处，二水提供了丰富的水产资源，从而丰富了原始先民们的食物来源，捕捞很有可能是卡若原始先民晚期食物的重要来源之一。又因原始社会人们对大自然认识不够，对大自然的利用缺乏及生产工具落后等，单靠狩猎、饲养和农耕可能还不够，再加上晚期自然环境的变化导致农作物的产量受影响，为了扩大食物来源和经济收入，晚期出现捕捞是很有可能的，从这点也证明了卡若原始先民不存在食鱼禁忌的现象。

总之，卡若文化早期未发现捕捞工具和鱼骨，并不代表卡若文化存在食鱼禁忌与不食鱼习俗。反之，存在食鱼现象。

注　释

［1］ 张云、石硕：《西藏通史（早期卷）》，中国藏学出版社，2016年，第75页。

［2］ 西藏自治区文物管理委员会、四川大学历史系：《昌都卡若》，文物出版社，1985年，第1页。

［3］ 同［2］，第1页。

［4］ 同［2］，第150页载：“卡若遗址年代分两期三段，即早期前段、早期后段和晚期，早期前段的年代距今为4955年±100年（树轮校正5555年±125年）；早期后段的年代距今为4280年±100年（树轮校正4750年±145年）；晚期的年代距今为3930年±80年（树轮校正4315年±135年）。”

［5］ 同［2］，第150页。

［6］ 李永宪：《卡若遗址动物遗存与生业模式分析——横断山区史前农业观察之一》，《四川文物》2007年第5期，第50页。

［7］ 同［6］，第50页。

［8］ 同［6］，第50页。

［9］ 同［2］，第150页载：“根据放射性碳素测定数据和文化堆积层中包含物的变化，卡若遗址晚期的年代距今为3930年±80年（树轮校正4315年±135年）。”

［10］ 同［1］，第76页。

［11］ 同［1］，第76页载：“从卡若遗址出土的打制石器器形中，大多加工有适合手握的部位即柄部，在卡若遗址的生产工具中，修整出有柄部的石器占全部石器的80%左右。”

［12］ 石硕：《西藏新石器时代人群面貌及其与周边文化的联系》，《藏学学刊》（第7辑），四

川大学出版社，2012年，第11页。

[13] 侯石柱：《西藏考古大纲》，西藏人民出版社，1991年，第39页。

[14] 同[1]，第76页。

[15] 童恩正、冷健：《西藏昌都卡若新石器时代遗址的发掘及其相关问题》，《民族研究》1983年第1期，第54页。

[16] 同[1]，第77页。

[17] 同[1]，第81页。

[18] 江道元：《西藏卡若文化的居住建筑初探》，《西藏研究》1982年第3期，第115、116页。

[19] 霍巍：《西藏高原史前农业的考古学探索》，《民族研究》2013年第2期，第121页。

[20] 霍巍：《昌都卡若：西藏史前社会研究的新起点——纪念昌都卡若遗址科学考古发掘30周年》，《中国藏学》2010年第3期，第25页。

[21] 吴玉书、于浅黎、孔昭宸：《卡若遗址的孢粉分析与栽培作物的研究》，《昌都卡若》附录二，文物出版社，1985年，第172～174页。

[22] 黄万波：《西藏昌都卡若新石器时代遗址动物群》，《古脊椎动物与古人类》1980年第2期，第166页。

[23] 昌都地区官网，今日西藏昌都，卡若区简介[引用日期2019年12月7日]（网址：wap.tcmap.com.cn）。

[24] 霍巍：《论卡若遗址经济文化类型的发展演变》，《中国藏学》1993年第3期，第94页。

[25] 同[24]，第165页。

[26] 同[6]，第52页。

[27] 同[22]，第165～167页。

[28] 黄万波、冷键：《卡若遗址兽骨鉴定与高原气候的研究》，《昌都卡若》附录一，文物出版社，1985年，第160～166页。

[29] 同[19]，第121页。

[30] 同[19]，第163页。

[31] 同[2]，第154页。

[32] 次旦扎西：《西藏地方古代史》，西藏人民出版社，2018年，第15页。

（原载《魅力中国》2020年第16期）

青藏高原东部新石器时代的狩猎生业
——西藏昌都小恩达遗址2012年出土动物遗存分析

张正为[1, 4]　陈祖军[2]　扎西旺加[3]　泽巴多吉[3]　徐海伦[1]
刘梦凝（Ximena Lemoine）[4]　吕红亮[1]　刘歆益[4]
［1. 四川大学考古学系；2. 西藏自治区文物保护研究所；3. 昌都市文物保护研究所；
4. 圣路易斯华盛顿大学（Washington University in St. Louis）人类学系］

一、引　　言

考古学界研究青藏高原古人生业策略已逾卅载，近十年相关成果尤丰。目前，青藏高原已知的现代人活动的最早证据来自青藏高原的北部、东北部和中部，可追溯至距今40000～30000年[1]。考古学家长期认为，这些早期遗址的使用者是季节性地生活在海拔超过3000米的小群猎人/觅食者[2]。亦有学者推测，距今8000～6000年前，狩猎者一年四季都在高原的高海拔地区居住[3]。然而，迄今相关讨论主要集中在器物传统和植物考古方面，关于青藏高原史前先民生业策略中对动物资源利用的研究相对较少。

在本文重点关注的高原东部地区，此前的研究着眼于包括粟、黍、小麦在内的农业经济及其所受环境限制[4]。自20世纪80年代以来，学界还注意到青藏高原东部早期人群生业模式的广谱性，以及野生动物在史前生业中的作用[5]。但西藏东部目前只有少数遗址的少量动物遗存经过分析研究，且已发表的定量数据极少，未能全面揭示各遗址先民的动物生业策略，尤其是先民生活中分别对野生动物与家养动物的依赖程度。西藏自治区昌都市的卡若遗址（距今5600～2900年，海拔3100米）是高原东部已知最古老、研究最深入的新石器时代遗址之一。植物考古分析显示，该遗址至少存在包括粟和黍在内的谷类作物。早前对卡若遗址出土器物的研究揭示，卡若先民可能与中国西北地区低地的农业人群有交流并受到其影响。20世纪80年代对卡若遗址动物遗存的初次分析报告了家猪（*Sus scrofa domesticus*）[6]和至少包括马鹿（*Cervus elaphus*）、斑羚（*Naemorhedus goral*）、藏原羚（*Procapra picticaudata*）、狍（*Capreolus capreolus*）、狐（*Vulpes* sp.）、猕猴（*Macaca* sp.）及喜马拉雅旱獭（*Marmota himalayana*）在内的各种野生动物[7]。卡若遗址在2002年及2012年又开展过两次考古发掘。两位生物学家郭琦和刘少英鉴定了2002年卡若遗址发掘的动物遗存[8]，本文第一作者（张正为）分析了2012年发掘的动物遗存[9]。这两项较近的研究都验证了卡若遗址野生动物的存在，但都没有发现明确的家猪遗存。20世纪70年代和2002年的发掘所得的动物遗存的定量数据有限，而2012年发掘的动物群的样本量也很小。我们目前对青藏高原东部史前先民的动物生业策略的了解仍不全面。要更全面地了解高原东部新石器时代先民的动物生业策略中对家养动物和野生动物的依赖程度，显然需要对卡若遗址以外的其他遗址开展系统的动物考古学研究。西藏自治区昌都市的小恩达遗址，同属卡若文化，年代也与卡若遗址接近。西藏自治区文物保护研究所与昌都市文物保护研究所于2012年对该遗址开展了细致的科学考古发掘，收集到大量保存状况极好的动物遗存，为我们理解距今5000～4000年前青藏高原东部先民的动物生业模式提供了宝贵的机会。本文报道对小恩达遗址2012年出土哺乳动物遗存的整理结果，并结合青藏高原及周边区域已发表的动物考古数据与民族志记录，讨论新石器时代高原东部先民的狩猎生业策略。

二、遗址背景信息

小恩达遗址地处今西藏自治区昌都市（图一），位于澜沧江重要源流——昂曲的东岸，海拔3140米。小恩达遗址东南约14千米即为卡若遗址。遗址所在地为典型的西藏东部高山峡谷型地貌，气候较为温暖湿润。在植被和可利用的动植物资源方面呈现出显著的垂直多样性。自3400米往上，由灌丛和草甸草原过渡到高山温带针叶林[10]。受这种垂直地带性的影响，超过91种哺乳动物和240种鸟类栖息在该遗址附近的不同生态区[11]。该地区的古气候数据表明，在小恩达遗址所处时期，环境与植被与现今相似，可能略为温暖和潮湿[12]。

通过20世纪90年代的发掘，研究者认为，从发现遗迹和出土物来看，小恩达遗址和与其一江之隔的卡若遗址在文化特征上基本一致。该遗址出现的建筑遗存为木骨泥墙，早期为凹底形，晚期出现地面建筑。其F3的形制与卡若遗址中F17房屋基本结构非常类似。遗址中出土的陶片也均系夹砂陶，未见泥质陶，器形以罐、碗、盆为基本组合，多为平底器与圈足器，不见三足器，非常类同于卡若遗址所出陶器[13]。为了确定遗址的绝对年代，我们选送了8个中等大小的哺乳动物长骨碎片至北京大学AMS实验室测定^{14}C年代。测年样品来自遗址的不同遗迹及地层，其中发掘Ⅰ区6个，Ⅲ区2个。根据表一所示的校正后的年代，我们认为，小恩达遗址的年代范围在距今4900～4200年。

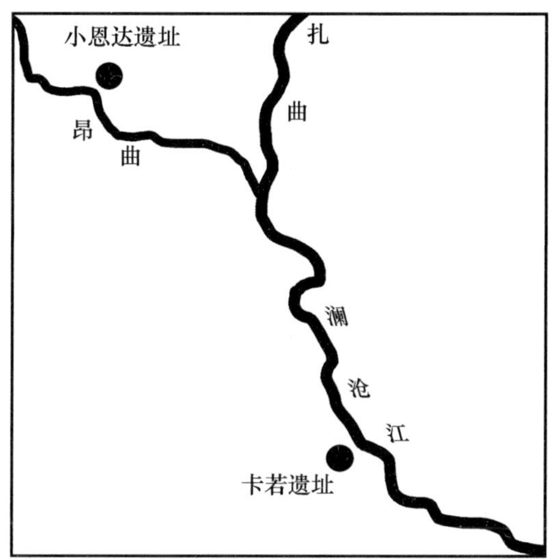

图一　小恩达遗址地理位置示意图

表一　小恩达遗址^{14}C测年结果，采用IntCal13校正曲线

实验室编号	样品编号	^{14}C age BP（±1σ）	校正年代（cal. BP）	
			1σ（68.2%）	2σ（95.4%）
BA171542	2012CXIT0101②c：1	4025 ± 40	4527（68.2%）4433	4783（2.3%）4767
				4612（1.6%）4595
				4586（91.5%）4416
BA171543	2012CXIT0101③c：1	3870 ± 25	4402（17.2%）4368	4412（93.1%）4233
			4355（16.5%）4326	4197（2.3%）4183
			4299（34.5%）4243	
BA171544	2012CXIT0101④：1	4000 ± 25	4515（48.6%）4473	4522（95.4%）4420
			4446（19.6%）4428	
BA171545	2012CXIT0101⑤c：1	4150 ± 25	4815（14.3%）4786	4824（18.6%）4780
			4764（5.2%）4753	4770（76.8%）4580
			4725（48.7%）4621	
BA171546	2012CXIT0101⑥c：1	4195 ± 25	4830（17.3%）4812	4840（24.7%）4797
			4756（45.5%）4708	4763（70.7%）4628
			4666（5.5%）4659	
BA171547	2012CXIT0101⑥UD12c：1	4175 ± 25	4825（12.2%）4807	4831（20.1%）4785
			4759（41.5%）4700	4765（75.3%）4619
			4671（14.4%）4650	

续表

实验室编号	样品编号	^{14}C age BP（±1σ）	校正年代（cal. BP）	
BA171548	2012CXⅢT0205②c：1	3825 ± 25	4246（68.2%）4155	4381（0.8%）4372
				4352（2.9%）4329
				4298（90.1%）4146
				4115（1.6%）4100
BA171549	2012CXⅢT0206③c：1	4245 ± 35	4857（56.3%）4820	4867（65.8%）4807
			4750（11.9%）4729	4760（24.9%）4700
				4672（4.7%）4649

三、方法与材料

（一）材料收集

2012年小恩达遗址出土动物遗存为发掘过程中按照最小堆积单位筛选所获。筛网共两层，孔径分别为5毫米及3毫米。此外，2010年昌都市文物保护研究所曾抢救性清理了遗址范围内局部意外暴露的文化堆积，采集到一定数量的动物遗存。但由于缺乏地层信息，2010年采集的动物标本暂未纳入本文分析。

（二）种属鉴定

对小恩达遗址2012年出土动物遗存的种属鉴定主要依据出土标本的形态学特征。形态学比对标本主要为四川大学考古文博学院考古学实验教学中心所藏现生动物骨骼标本。同时也参考了出版的图谱资料，主要包括《哺乳动物大型管状骨检索表》[14]、《虎、豹及其类似动物骨骼比较解剖图志》[15]、《动物骨骼图谱》[16]、《哺乳动物骨骼与牙齿》[17]、《鸟类骨学》[18]、《考古遗址出土的哺乳动物遗存》[19]、《考古遗址出土的鱼类、两栖类及爬行类动物遗存》[20]、《考古学家骨学手册》[21]、《比较骨学》[22]、《苏联哺乳动物肢骨图谱：主要跗骨图谱》[23]、《人类及非人类动物骨骼鉴定彩色图谱》[24]。此外，张正为及刘梦凝于2017年初系统观察、研究了美国国立自然历史博物馆（National Museum of Natural History，Smithsonian Institution）馆藏的岩羊、斑羚、盘羊、喜马拉雅塔尔羊牙齿与骨骼比较解剖学特征，研究的初步结果也用于小恩达遗址出土小型牛科动物的种属鉴定。

（三）定量统计

我们将遗址出土动物遗存按照种属鉴定的精细程度分为三类统计。第一类为最大限度可鉴定标本（Max ID），即能识别出骨骼部位并能至少鉴定到目阶元的标本，此类统计数即为"可鉴定标本数"（the number of identified specimens，NISP）。第二类为最低限度可鉴定标本（Min ID），即识别出骨骼部位，但种属信息无法鉴定到目一级的标本。第三类为不可鉴定标本（NID），即既无法识别骨骼部位，也无法鉴定到目一级的标本。对于不可鉴定标本，我们按标本长度分为5厘米以下、5～10厘米以及10厘米以上三类分别统计。对于最小限度可鉴定标本，我们按照标本对应动物的体型，分小型、中小型、中型、大型哺乳动物四类分别统计（表二）。此外，由于最大限度可鉴定标本中，大量标本仅能鉴定为偶蹄目标本，对于这些目前仅能鉴定到偶蹄目这一阶元的标本，我们也按照标本对应动物的体型，分小型、中型、大型偶蹄目动物分类统计（表三）。我们观察、记录出土的所有标本的表面痕迹与重量，并按照《考古遗址出土动物骨骼测量指南》[25]测量最大限度可鉴定标本中保存有较完整测量点的成年动物标本[26]。

表二　各体型哺乳动物代表性物种

体型	代表性物种
大型哺乳动物	马鹿（*Cervus elaphus*）、白唇鹿（*Cervus albirostris*）、水鹿（*Rusa unicolor*）、黄牛（*Bos taurus*）、马（*Equus ferus caballus*）
中型哺乳动物	梅花鹿（*Cervus nippon*）、猪（*Sus scrofa*）
中小型哺乳动物	山羊（*Capra hircus*）、麝（*Moschus*）、狍（*Capreolus capreolus*）、狼（*Canis lupus*）
小型哺乳动物	旱獭（*Marmota*）、野兔（*Lepus*）、鼠兔（*Ochotona*）

表三　各体型偶蹄目动物代表性物种

体型	代表性物种
大型偶蹄目动物	马鹿、白唇鹿、水鹿、黄牛
中型偶蹄目动物	梅花鹿、猪
小型偶蹄目动物	山羊、麝、狍

（四）动物死亡年龄估算

由于遗址出土的保存有较完整牙齿的下颌骨标本较少，我们主要依据颅后骨骼的骨干与骨骺愈合情况估算动物的死亡年龄（表四）。本文中食肉目动物标本以赤狐（*Vulpes vulpes*）的数据为标准，中型鹿参考梅花鹿（*Cervus nippon*）的数据，小型牛科动物以山瞪羚（*Gazella gazella*）的数据为标准。对于部分目前缺乏较详细颅后骨骼发育时间数据的动物，我们只能暂时参考其他动物的数据。本文中麝科动物的死亡年龄估算参考了狍（*Capreolus capreolus*）的相关数据，大型鹿科动物参考了白尾鹿（*Odocoileus virginianus*）的数据。由于麝与狍以及白尾鹿与大型鹿科动物之间体型差异较大，相关结果可能并不准确，有待今后查验。

表四　各类动物颅后骨骼骨骺骨干愈合时间

赤狐[27]			梅花鹿[28]		
年龄级别	愈合时间/月	部位	年龄级别	愈合时间/月	部位
Ⅰ	3.75 ~ 4.5	肱骨远端	Ⅰ	0 ~ 24	肩胛骨
	4 ~ 5	指（趾）骨近端		0 ~ 24	肱骨远端
	4 ~ 4.5	尺骨近端		0 ~ 24	桡骨近端
	5	桡骨近端	Ⅱ	24 ~ 48	尺骨近端
	4.75 ~ 5.5	掌、跖骨远端	Ⅲ	48 ~ 60	肱骨近端
Ⅱ	5.75 ~ 6.25	胫骨远端		48 ~ 60	股骨近端
	5.75 ~ 6.25	腓骨远端		48 ~ 60	股骨远端
	6.25 ~ 6.75	股骨远端	Ⅳ	60 ~ 72	桡骨远端
Ⅲ	7	桡骨远端	60 ~ 72		胫骨近端
	7	尺骨远端	60 ~ 72		掌、跖骨远端
	7	股骨近端			
	7	胫骨近端			
	7	腓骨近端			
	7.25	肱骨近端			
狍[29]			山瞪羚[30]		
年龄级别	愈合时间/月	部位	年龄级别	愈合时间/月	部位
Ⅰ	4 ~ 6	肩胛骨	Ⅰ	3 ~ 7	桡骨近端
	4 ~ 6	桡骨近端	Ⅱ	3 ~ 18	第一指（趾）骨近端
	5 ~ 7	髋骨		3 ~ 18	第二指（趾）骨近端
	5 ~ 7	第一指（趾）骨近端		3 ~ 18	肱骨远端
	4 ~ 9	肱骨远端		3 ~ 18	髋骨
Ⅱ	11 ~ 15	股骨近端		3 ~ 18	肩胛骨
	12 ~ 15	胫骨远端		7 ~ 18	胫骨远端
	12 ~ 15	跟骨近端	Ⅲ	18+	股骨近端
	12 ~ 16	第二指（趾）骨近端		18+	掌、跖骨远端
	13 ~ 15	掌、跖骨远端		18+	股骨远端
	14 ~ 15	股骨远端		18+	尺骨近端
	14 ~ 16	尺骨近端		18+	肱骨近端

续表

狍[29]			山瞪羚[30]		
年龄级别	愈合时间/月	部位	年龄级别	愈合时间/月	部位
Ⅲ	15	胫骨近端	Ⅲ	18+	桡骨远端
	15～16	肱骨近端		18+	胫骨近端
	15～16	桡骨远端		18+	尺骨远端
	16～17	尺骨远端			
白尾鹿[31]					
年龄级别	愈合时间/月	部位			
Ⅰ	5～8	桡骨近端			
	11	髋骨			
Ⅱ	11～17	第一指（趾）骨近端			
	12～20	肱骨远端			
	17～20	第二指（趾）骨近端			
	20～23	胫骨远端			
Ⅲ	29	跟骨			
	29	掌、跖骨远端			
	29～38	尺骨近端			
	32～38	股骨近端			
	29～38	桡骨远端			
	29～38	股骨远端			
	29～38	胫骨近端			
	29～35	尺骨远端			
	38	肱骨近端			

四、结　　果

2012年的发掘共收集到哺乳动物标本7306件，总重量21803.8克。其中大部分为部位不详的不可鉴定标本，数量共5176件。

不可鉴定标本中，4517件（3426.4克）长度低于5厘米，627件（3451克）长5～10厘米，32件（762.8克）长10厘米以上。

可鉴定标本中有1400件可鉴定出身体部位，为最小可鉴定标本。由于过于残损，这些标本目前暂只能鉴定到哺乳纲一级。这些标本包括33件（13.8克）牙齿碎片，1367件（6583.4克）骨骼碎片。

能鉴定至目一级的可鉴定标本有730件（7565.5克），为最大可鉴定标本。其中479

件（6011.3克）至少可鉴定到科一级。

此外，在2012年的发掘中还收集到60件鸟类遗存（37.8克），5件（0.8克）为鱼类遗存，以及少量贝类遗存。本文主要介绍哺乳纲动物标本，鸟与鱼类遗存将另文报告。

（一）最大可鉴定哺乳动物遗存种属构成

730件最大可鉴定哺乳动物样本中，偶蹄目标本占多数（共688件），参照现代偶蹄目动物体型，其中447件（64.9%）为小型偶蹄目动物（至少包含麝、狍和小型牛科动物），139件（20.2%）为大型偶蹄目动物（至少包括大型鹿科、大型牛科动物），80件（11.6%）为中型偶蹄目动物（至少包括中型鹿科动物与猪），另外还有23件无法判断体型。灵长目、食肉目、兔形目以及啮齿目标本数量很少（表五）。

表五　小恩达遗址可鉴定标本种属分布

种属	NISP	种属	NISP
猴科（Cercopithecidae）	1	大型牛科（Large Bovidae）	5
狐属（*Vulpes* sp.）	8	小型牛科（Small Bovidae）	43
其他犬科（Other Canidae）	8	其他大型偶蹄目（Other large Artiodactyla）	66
其他食肉目（Other Carnivora）	13	其他中型偶蹄目（Other medium Artiodactyla）	30
猪科（Suidae）	5	其他小型偶蹄目（Other small Artiodactyla）	135
麝科（Moschidae）	185	喜马拉雅旱獭（*Marmota himalayana*）	7
大型鹿（Large Cervidae）	68	其他松鼠科（Other Sciuridae）	1
中型鹿（Medium Cervidae）	45	其他啮齿目（Other Rodentia）	7
狍（*Capreolus capreolus*）	82	鼠兔科（Ochotonidae）	6
其他鹿科（Other Cervidae）	11	高原兔（*Lepus oiostolus*）	4

最小可鉴定标本也以中小型动物为主，可能包括小型偶蹄目和食肉目。小型动物（如兔形目、啮齿目）、大型动物（如大型偶蹄目）以及中型动物（如中型偶蹄目）数量依次递减，均不占优势。此外，遗址中还发现了人骨，其中大部分来自墓葬，但有两件人骨出自灰坑和房屋。非墓葬遗迹中发现人骨属于个例，因此极可能是早期墓葬被遗址晚期居民或动物扰动的结果。

标本具体信息详述于下。

1. 灵长目（Order Primates）

除了两例人骨外，小恩达遗址仅发现1件灵长目动物标本，出土于F1。为猴科动物的右侧下颌骨，牙齿保留第三前臼齿至第三臼齿。下颌骨颊侧表面有切割和骨膜炎的痕迹（图二；图版二一，1）。

西藏高原有5种猴科动物的记录，分别是属于猕猴亚科的猕猴（*Macaca mulatta*）、熊猴（*M. assamensis*）及藏酋猴（*M. thibetana*），以及疣猴亚科的长尾叶猴（*Presbytis entellus*）和滇金丝猴（*Rhinopithecus bieti*）[32]。由于目前缺乏上述猴科动物的比对标本，小恩达遗址出土猴科标本的具体种属有待今后进一步分析确定。

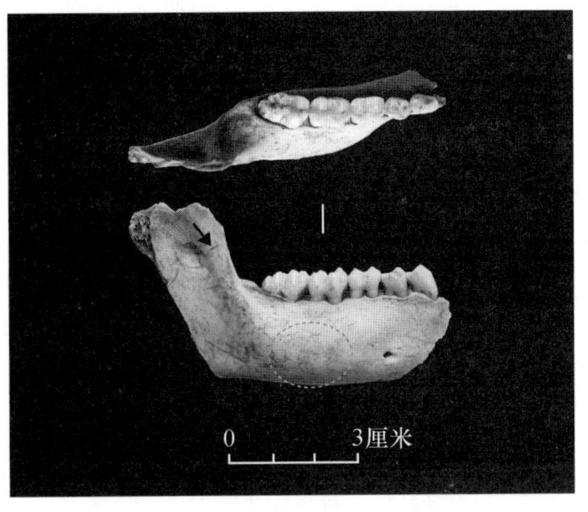

图二　小恩达遗址灵长目动物标本
（箭头示切割痕，虚线圈示骨膜炎区域）

2. 食肉目（Order Carnivora）

2012年发掘中共收集到29件食肉目动物标本（表六；图版二一，2）。其中19件（65.5%）为中轴骨及上肢骨，9件（31%）为掌跖骨及趾（指）骨，仅有1件（3.5%）为后肢骨（图三）。2件食肉目动物标本上见有火烧痕迹。这些食肉目动物标本中，有16件来自犬科动物，其中8件为狐属动物。其余食肉目标本种属信息目前仅能鉴定到目一级。

表六　食肉目标本出土单位分布

堆积单位 / 所属层位	地层	H1	H2	M4F	F1	F1F	M2F	H4	D21
Ⅰ①下遗迹		1	5	3					
Ⅰ②	5								
Ⅰ②下遗迹					5	1	1		
Ⅰ③下遗迹								1	
Ⅰ⑥	5								
Ⅲ③	1								
Ⅲ③下遗迹									1

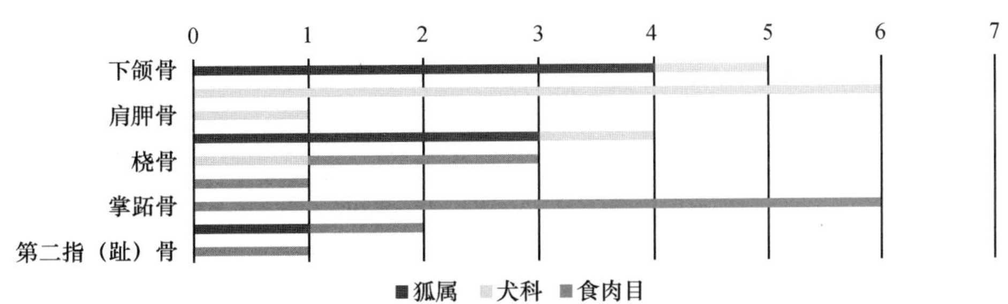

图三　食肉目标本身体部位分布

西藏高原东部目前分布2种狐属动物，分别为赤狐和藏狐（*Vulpes ferrilata*）[33]。由于缺乏比对标本，目前无法判断小恩达遗址的狐属动物标本来自哪一种。

3. 偶蹄目（Order Artiodactyla）

2012年发掘中共收集到690件偶蹄目动物标本，至少包含有猪科、麝科、鹿科和牛科动物。

猪科　共5件标本。1件为下颌骨，1件为肱骨，其余3件为趾（指）骨（表七）[34]。这些猪科标本未见人工痕迹。野猪（*Sus scrofa*）和家猪（*Sus scrofa domesticus*）的骨骼形态与尺寸范围多有重合，凭借零星的标本无法区别，故我们不能排除小恩达存在家猪的可能性。今后的研究有必要针对当地的猪科动物群体，大量记录当地野猪以及现代家猪种群的形态变化，以便比较。

表七　小恩达猪科标本信息

标本号	身体部位	保存部位	左右	重量/克
ⅠT0202①：4	下颌骨	P4-M2	右	44.7
ⅠT0102②UF1F：7	第三指（趾）骨			0.2
ⅠT0101⑥：26	第三指（趾）骨			0.3
ⅠT0101⑥：59	第三指（趾）骨			0.2
ⅢT0205②：1	肱骨	远端	左	28.3

麝科　185件标本鉴定为麝科动物（表八；图版二二）。185件标本中33%为前肢骨。中轴骨、后肢骨、掌跖骨及指（趾）骨标本数量相对平均，分别占25%、22%和20%（图四）。29件麝科动物标本发现病理和人工痕迹，包括火烧、切割、劈砍、雕刻、磨光及肉食目动物的咬痕。

表八　小恩达麝科标本出土单位分布

堆积单位 所属层位	地层	H1	D1	H2	M4F	M5F	F1	F1F	M2F	H4	D12	D1	D10	D21	D27	D46
Ⅰ①	1															
Ⅰ①下遗迹		12	1	17	9	2										
Ⅰ②	33															
Ⅰ②下遗迹							11	6	1							
Ⅰ③	8															
Ⅰ③下遗迹										11						
Ⅰ④	10															
Ⅰ⑤	3															

续表

堆积单位 所属层位	地层	H1	D1	H2	M4F	M5F	F1	F1F	M2F	H4	D12	D1	D10	D21	D27	D46
Ⅰ⑥	16															
Ⅰ⑥下遗迹											3					
Ⅲ②	4															
Ⅲ③	28															
Ⅲ③下遗迹	1											1	1	1	1	4

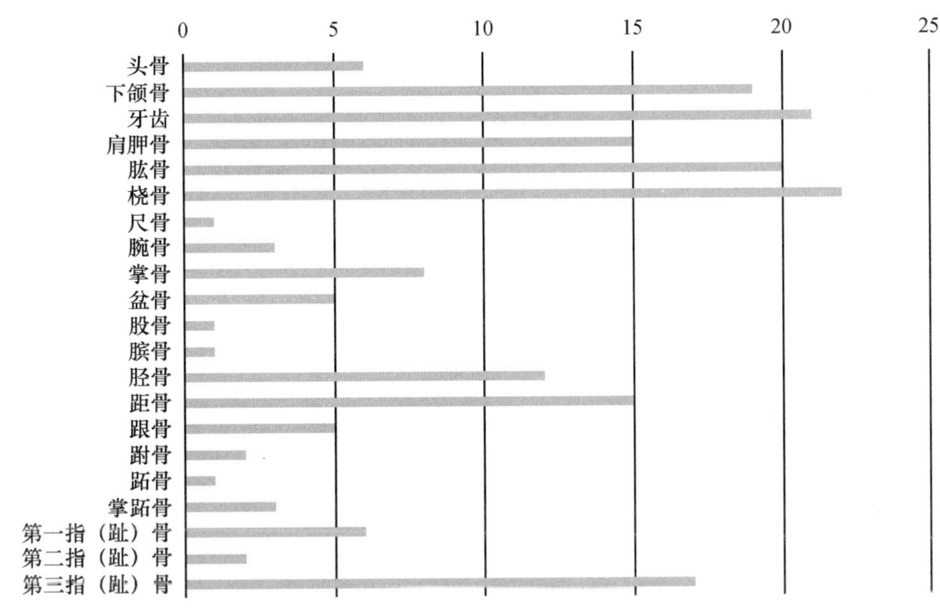

图四　麝科标本身体部位分布

目前西藏高原有4种麝科动物，分别为林麝（*Moschus berezovskii*）、马麝（*M. sifanicus*）、黑麝（*M. fuscus*）以及喜马拉雅麝（*M. chrysogaster*）。除了喜马拉雅麝仅分布于喜马拉雅山脉南坡外，其余3种均在西藏高原东部有记录[35]。对比已发表的麝科动物下颌骨颊齿齿列长度的测量数据[36]，小恩达出土麝科动物下颌骨标本的颊齿齿列长度明显长于林麝及黑麝的，而更接近马麝的颊齿齿列长度（图五）。这说明小恩达遗址出土麝科标本可能至少有一部分来自马麝。

鹿科　小恩达遗址有206件动物标本被鉴定为鹿科。其中68件为大型鹿科动物，45件为中型鹿科动物，82件为中小型鹿科动物狍，其余11件为中型或大型鹿角残片。

大型鹿科　68件大型鹿科动物标本中（表九；图版二三），26件（38.24%）为指（趾）骨，20件（29.41%）为中轴骨，13件（19.12%）为后肢骨，仅1件（13.24%）为前肢骨（图六）。12件标本上发现切割、磨光以及病理痕迹。

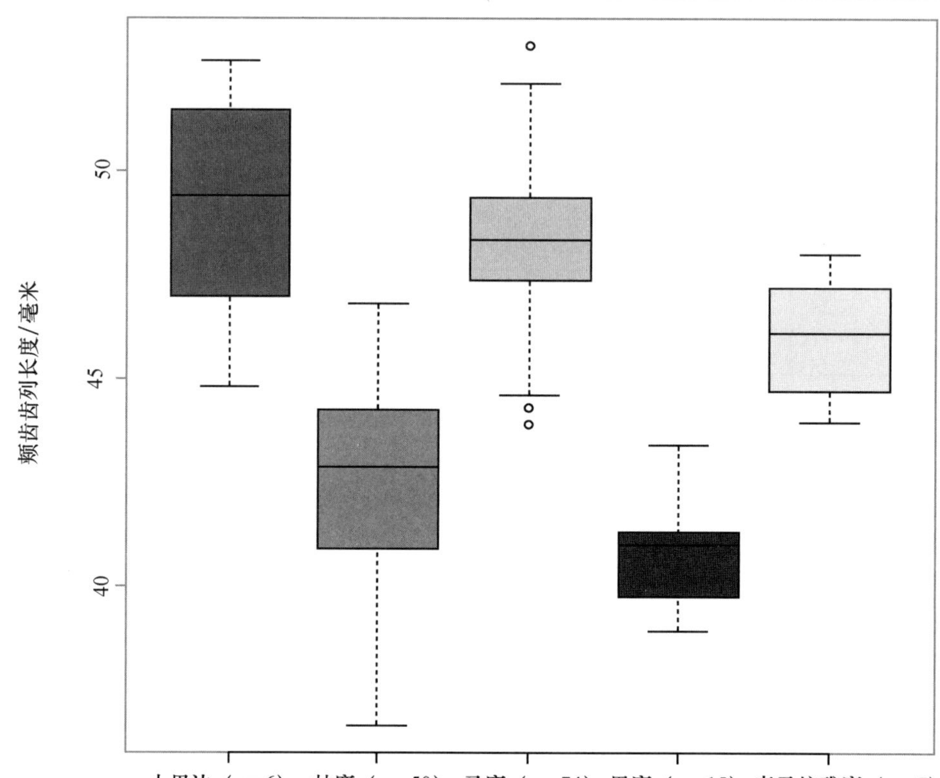

图五　小恩达麝科下颌骨标本颊齿齿列长度与四种麝科动物测量数据比较

表九　小恩达大型鹿科动物标本出土单位分布

堆积单位 / 所属层位	地层	H1	H2	M4f	M5F	F1	M2F	H4	D30
Ⅰ①	3								
Ⅰ①下遗迹		9	4	1	3				
Ⅰ②	16								
Ⅰ②下遗迹						1	4		
Ⅰ③	6								
Ⅰ③下遗迹								1	
Ⅰ④	7								
Ⅰ⑥	4								
Ⅲ①	1								
Ⅲ②	2								
Ⅲ③	3								
Ⅲ③下遗迹	1								2

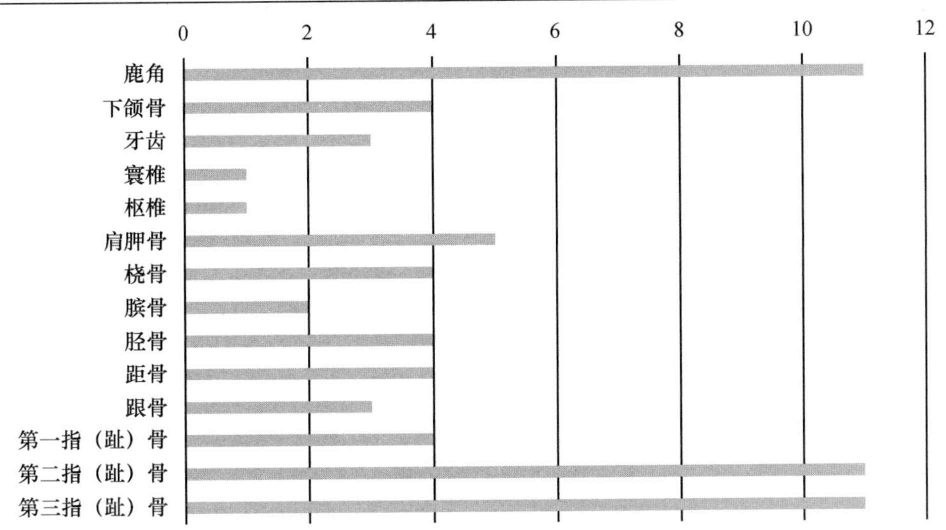

图六　大型鹿科动物标本身体部位分布

西藏高原东部分布3种大型鹿科动物，分别是马鹿、白唇鹿及水鹿[37]。由于这几类大型鹿科动物的体型较接近，目前我们缺乏比对标本，暂时无法判断小恩达遗址鹿科动物标本的具体种属。

中型鹿科　45件中型鹿科动物标本中（表一〇；图版二四），17件（37.78%）为后肢骨，10件（22.22%）为前肢骨，10件（22.22%）为指（趾）骨，仅8件（17.78%）为中轴骨（图七）。4件标本上发现火烧、劈砍、肉食动物咬痕以及病理痕迹。

表一〇　小恩达中型鹿科动物标本出土单位分布

堆积单位 / 所属层位	地层	H1	H2	F1	F1F	M2F	H4	M5F
Ⅰ①	2							
Ⅰ①下遗迹		2	7					2
Ⅰ②	8							
Ⅰ②下遗迹				2	1	1		
Ⅰ③	2							
Ⅰ③下遗迹							2	
Ⅰ④	1							
Ⅰ⑥	1							
Ⅲ②	4							
Ⅲ③	10							

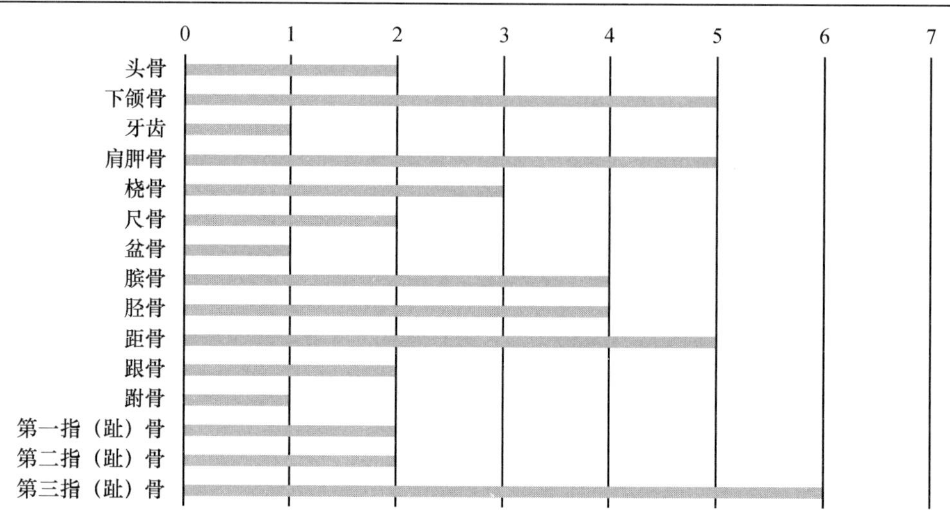

图七　中型鹿科动物标本身体部位分布

西藏高原东部可能分布的中型鹿科动物仅梅花鹿一种[38]。因此，小恩达遗址的中型鹿科动物标本可能来自梅花鹿。

狍　与中型鹿科动物标本的情况类似（图八，表一一；图版二五，1），狍标本中数量最多的为后肢骨，有28件（39%），另有25件（35%）前肢骨、8件（11%）中轴骨、11件（15%）掌跖骨及指（趾）骨。

牛科　48件牛科动物标本中，5件属于大型牛科动物、43件属于小型牛科动物（图版二五，2）。

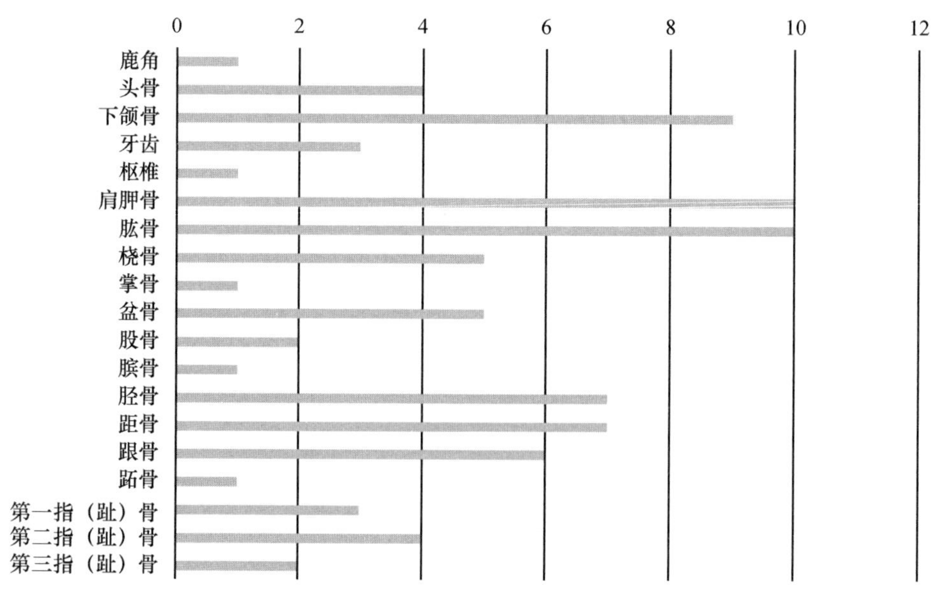

图八　狍标本身体部位分布

表一一　小恩达狍标本出土单位分布

所属层位＼堆积单位	地层	H1	H2	M4f	M5F	F1	F1F	H4	D2	D88
Ⅰ①	4									
Ⅰ①下遗迹		1	7	5	3					
Ⅰ②	18									
Ⅰ②下遗迹						9	3			
Ⅰ③	5									
Ⅰ③下遗迹								4		
Ⅰ④	6									
Ⅰ⑥	7									
Ⅰ⑥U									2	
Ⅲ①	1									
Ⅲ②	2									
Ⅲ③	4									
Ⅲ③下遗迹										1

大型牛科　5件大型牛科动物标本中有4件为前肢骨，1件为第一指/趾骨（表一二）。其中的肱骨上发现劈砍痕迹。

表一二　大型牛科动物标本信息统计表

标本号	身体部位	保存部位	左右	痕迹	重量/克
ⅠT0203①：10	肩胛骨	近端	左		54.1
ⅠT0101②：19	第一指（趾）骨	近端			12.6
ⅠT0203③：5	桡骨	近端	右		34.1
ⅢT0206③：16	肱骨	远端	右	劈砍	53.9
ⅢT0206③：19	肩胛骨	近端	右		80.2

羚牛（*Budorcas taxicolor*）是现在唯一栖息在西藏高原东部横断山区高海拔区域的野生大型牛科动物[39]。小恩达遗址出土的大型牛科动物标本都较破碎，仅两件肩胛骨标本保存有较完整的近端关节，可供形态学比较。从近端看，这两件肩胛骨肩胛盂轮廓均接近椭圆形，与牛属（*Bos*）及水牛属（*Bubalus*）肩胛盂轮廓类似，而与羚牛近似圆形的肩胛盂轮廓明显有别（图版二五，2-1）。鉴于野牦牛（*Bos mutus*）、野生水牛（*Bubalus arnee*）、印度野牛（*Bos gaurus*）在藏东附近也有分布，而家牦牛（*Bos grunniens*）、黄牛、犏牛（*Bos taurus x Bos grunniens*）现在也是藏东人民饲养的家畜，可知家水牛（*Bubalus bubalis*）也在横断山区低海拔地区有分布[40]。小恩达遗址

大型牛科动物遗存的具体种属尚待今后进一步分析。

小型牛科　43件小型牛科动物标本中（表一三），11件为中轴骨，13件为前肢骨，15件为后肢骨，仅4件为指（趾）骨（图九）。7件标本上见火烧、切割、食肉目动物咬痕等人工和病理痕迹。

表一三　小型牛科动物标本出土单位分布

所属层位＼堆积单位	地层	H1	H2	M4F	M5F	F1	F1F	M2F
Ⅰ①	2							
Ⅰ①下遗迹		2	2	4	2			
Ⅰ②	7							
Ⅰ②下遗迹						7	1	2
Ⅰ③	6							
Ⅰ④	2							
Ⅰ⑤	1							
Ⅲ②	2							
Ⅲ③	3							

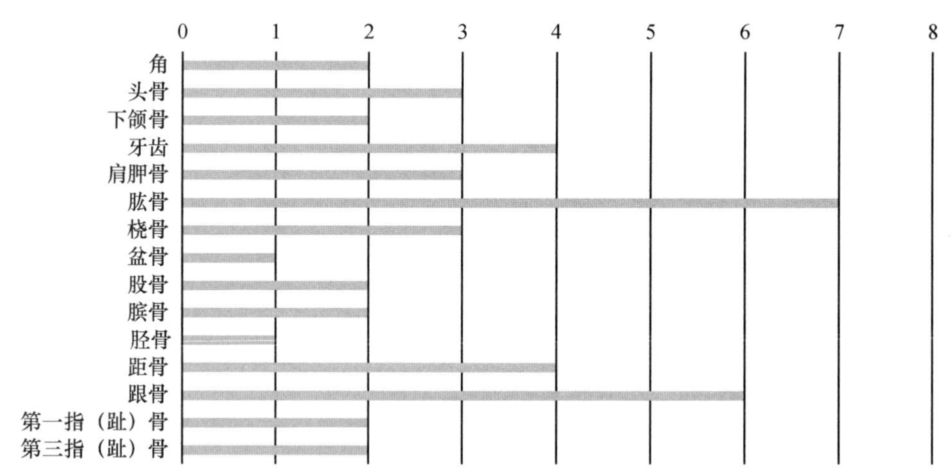

图九　小恩达小型牛科动物标本身体部位分布

西藏高原东部至少分布8种野生小型牛科动物[41]。目前尚无法将小恩达所有小型牛科动物鉴定到属或种一级，根据初步观察，标本中3件可能为岩羊（*Pseudois nayaur*）。2012CXIVT0101②：6，左侧肱骨远端，肱骨小头近端及远端缘较平行向外侧延伸，从前面看，肱骨小头轮廓接近圆柱形，类似岩羊肱骨形态（图版二五，2-2）；2012CXIT0203①下H1：32，右侧距骨，从外侧面看，标本近端-后面角较圆，远端接跟骨小面轮廓接近半圆形，且在远端接跟骨小面近端-后面缘之上有一个较浅的滑膜沟（synovia groove），这些特征均与岩羊的距骨形态类似（图版二五，2-3）；2012CXIT0202②：3，角心，长65毫米，弯度小，角心基部横切面轮廓基本为椭圆形，接近雌性岩羊角心形态（图版二五，2-4）。1件标本可能为喜马拉雅塔尔羊（*Hemitragus jemlahicus*），2012CXI②下M2填土：1，右侧肱骨远端，从前面看，远端滑车近端缘在中部形成一个明显的转折，靠内侧部分向近端凸起，靠外侧部分平缓地向外侧延伸，同时肱骨外上髁与肱骨小头之间的桡骨窝有一条明显的脊，这些都是喜马拉雅塔尔羊的特征（图版二五，2-5）。

4. 其他偶蹄目标本

240件标本目前只能鉴定到偶蹄目一级。其中66件属大型偶蹄目，可能包括大型鹿科、大型牛科动物。30件属中型偶蹄目，可能包括中型鹿科或猪科动物。135件属小型偶蹄目，可能包括狍、麝及小型牛科动物。其余9件标本为牙齿残块，无法判断动物体型（表一四 ~ 表一六）。各体型偶蹄目动物标本所属身体部位的分布情况类似（图一〇）。掌跖骨和指（趾）骨在三种体型动物标本中都占比最多（大、中、小型分别是62%、47%、50%）。中轴骨较少，分别仅占12%、10%、12%。

表一四　大型偶蹄目动物标本出土单位分布

所属层位＼堆积单位	地层	H1	H2	M4F	M5F	F1	F1F	H4	D30	D1
Ⅰ①	4									
Ⅰ①下遗迹		6	9	2	1					
Ⅰ②	9									
Ⅰ②下遗迹						7	1			
Ⅰ③	2									
Ⅰ③下遗迹								6		
Ⅰ④	2									
Ⅰ⑥	5									
Ⅰ⑥下遗迹									1	
Ⅲ①	2									
Ⅲ②	4									
Ⅲ③	4									
Ⅲ③下遗迹										1

表一五　中型偶蹄目动物标本出土单位分布

堆积单位 / 所属层位	地层	M5F	F1	M2F	H4	D22
Ⅰ①	2					
Ⅰ①下遗迹		4				
Ⅰ②	2					
Ⅰ②下遗迹			3	1		
Ⅰ③	1					
Ⅰ③下遗迹					2	
Ⅰ④	3					
Ⅰ⑤	1					
Ⅰ⑥	1					
Ⅲ①	1					
Ⅲ②	3					
Ⅲ③	5					
Ⅲ③下遗迹						1

表一六　小型偶蹄目动物标本出土单位分布

堆积单位 / 所属层位	地层	H1	H2	M4F	M5F	F1	M2F	F1F	H4	D6	D10	D12	D30	D16	D2	D1
Ⅰ①	5															
Ⅰ①下遗迹		3	9	3	2											
Ⅰ②	16															
Ⅰ②下遗迹						24	1	5								
Ⅰ③	4															
Ⅰ③下遗迹									3							
Ⅰ④	11															
Ⅰ⑤	4															
Ⅰ⑥	18															
Ⅰ⑥下遗迹										2		1	1	1	1	
Ⅲ②	7															
Ⅲ③	7															
Ⅲ③下遗迹	2										1	3				1

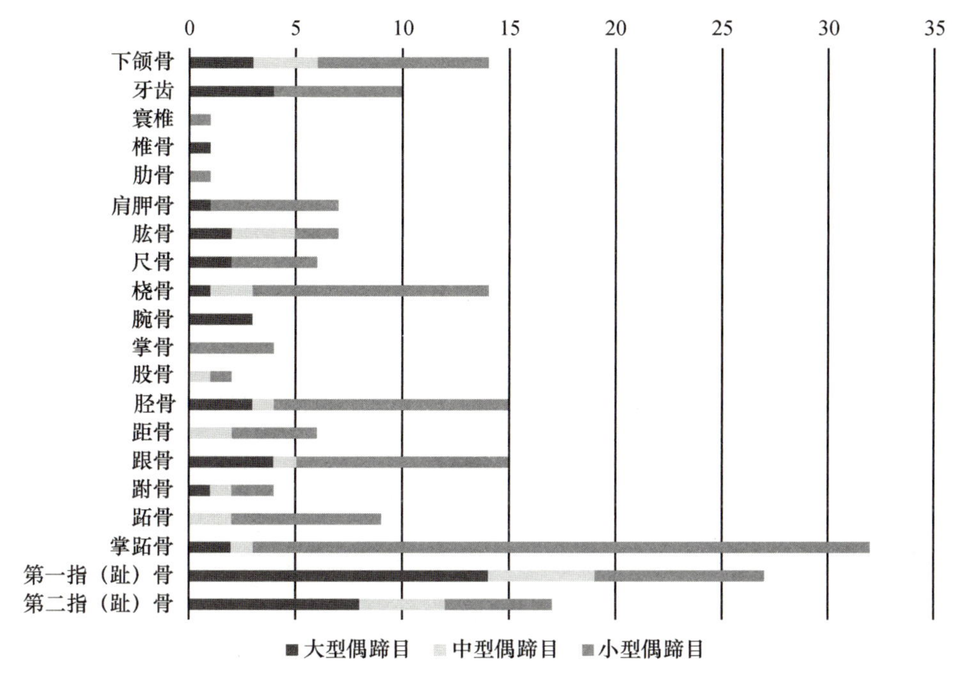

图一〇　小恩达偶蹄目动物标本身体部位分布

5. 啮齿目（Order Rodentia）

小恩达遗址共鉴定出15件啮齿目动物标本（表一七）。有8件被鉴定为松鼠科，其中7件属于喜马拉雅旱獭（*Marmota himalayana*）（图版二六，1）。啮齿目动物标本中，6件（40%）为头骨，3件（20%）为前肢骨，3件（20%）为后肢骨，1件（7%）为掌跖骨，另外还有2件无法鉴定身体部位的长骨（图一一）。1件喜马拉雅旱獭下颌骨上发现切割痕迹。

表一七　啮齿目标本出土单位分布

所属层位＼堆积单位	地层	H1	H2	M4F	M5F	F1	D12
Ⅰ①下遗迹		1	1	1	2		
Ⅰ②	1						
Ⅰ②下遗迹						1	
Ⅰ③	2						
Ⅰ④	1						
Ⅰ⑤	2						
Ⅰ⑥下遗迹							3

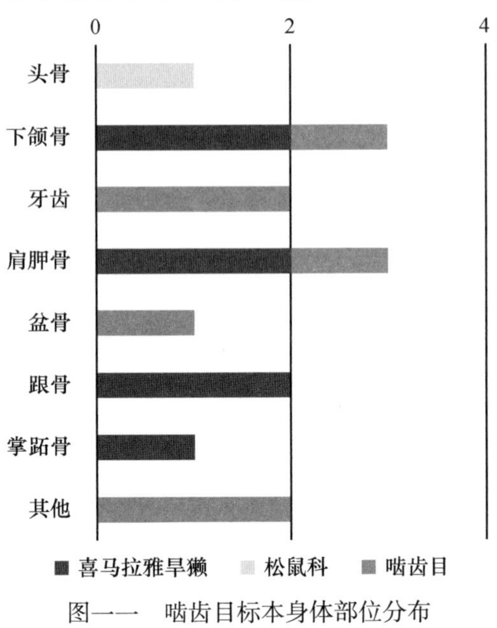

图一一　啮齿目标本身体部位分布

6. 兔形目（Order Lagomorpha）

小恩达遗址共收集到兔形目动物标本10件。其中4件为兔科动物，6件为鼠兔科动物。

鼠兔科　6件鼠兔科标本中，4件为下颌骨，1件为前肢骨，1件为后肢骨（表一八）。这些标本中均未发现人工或病理痕迹。

西藏高原东部至少分布10种鼠兔科动物[42]。由于缺乏比对标本，目前无法判断小恩达遗址的鼠兔科动物的具体种属。

表一八　鼠兔科标本信息统计表

标本号	身体部位	保存部位	左右	重量/克
ⅠT0102②UF1：78	下颌骨		右	0.2
ⅠT0101⑤：24	股骨	近端	左	0.1
ⅠT0101⑥：82	下颌骨		右	0.2
ⅠT0101⑥：83	下颌骨		左	0.2
ⅠT0101⑥UD12：4	下颌骨		右	0.4
ⅠT0101⑥UD12：11	胫骨	骨干	右	0.2

兔科（Leporidae）　4件兔科动物标本中，1件为门齿，2件为前肢骨，1件为后肢骨（表一九）。均未发现人工或病理痕迹。

鉴于西藏高原东部已知的兔科动物仅高原兔1种[43]，故小恩达遗址的兔科动物标本或为高原兔。

表一九　兔科标本信息统计表

标本号	身体部位	保存部位	左右	重量/克
I T0101①UM5F：33	肱骨	近端		1.5
I T0101②：31	盆骨			3.6
I T0102②UF1F：23	牙齿	门齿		0.1
I T0101⑥UD2：1	肩胛骨	近端	右	1.1

（二）最低限度可鉴定哺乳动物标本

目前有1400件标本仅能鉴定到哺乳纲。其中124件属于大型哺乳动物，89件属于中型哺乳动物，575件属于中小型哺乳动物，27件属于小型哺乳动物，其余585件标本无法判断所属动物体型（表二〇）。最小可鉴定标本中，大部分为头骨和中轴骨，其他身体部位的标本很少（图一二）。

表二〇　最小可鉴定标本出土单位统计表　　　　（单位：件）

出土单位		大型哺乳动物	中型哺乳动物	中小型哺乳动物	小型哺乳动物	其他	总计
I①		7	4	10		2	23
I①U	D1		1	4		4	9
	H1	22	4	52	2	20	100
	H2	6	6	59	1	47	119
	M4F	1	3	52	2	33	91
	M5F	2	1	23		21	47
I②		23	24	75	4	77	203
I②U	F1	10	4	46	1	37	98
	F1F	1	1	2		31	35
	M2F	5	6	15		4	30
I③		9	4	22	1	38	74
I③U	H4	1		32	3	17	53
I④		5	8	29	2	57	101
I⑤		1	3	16		18	38
I⑥		6	4	52	2	62	126

续表

出土单位		大型哺乳动物	中型哺乳动物	中小型哺乳动物	小型哺乳动物	其他	总计
Ⅰ⑥U	D1					1	1
	D2					1	1
	D12			2	2	1	5
	D16	2		3	1		6
	D30			2			2
	D6			5	1		6
Ⅲ①		3	1	2		1	7
Ⅲ②		5	5	25		10	45
Ⅲ③		9	9	32		97	147
Ⅲ③U	其他			1			1
	D1	2					2
	D10			2			2
	D18			1		1	2
	D21			1			1
	D22	1	1	1		1	4
	D26				1		1
	D27				1		1
	D46	1		3	2	2	8
	D69			1	1		2
	D84	2					2
	D85			1			1
	D88			3		2	5
	D59			1			1
总计		124	89	575	27	585	1400

（三）年龄结构

我们根据标本骨骺愈合情况分析了小恩达食肉目、麝、大型鹿、中型鹿、狍以及小型牛科动物的死亡年龄。

1. 食肉目

根据小恩达遗址出土的13件食肉目动物颅后骨骼标本提供的死亡年龄信息（表二一），结果显示仅有16.7%（*n*=2）的食肉目动物在23周之前被宰杀，其余被宰杀的

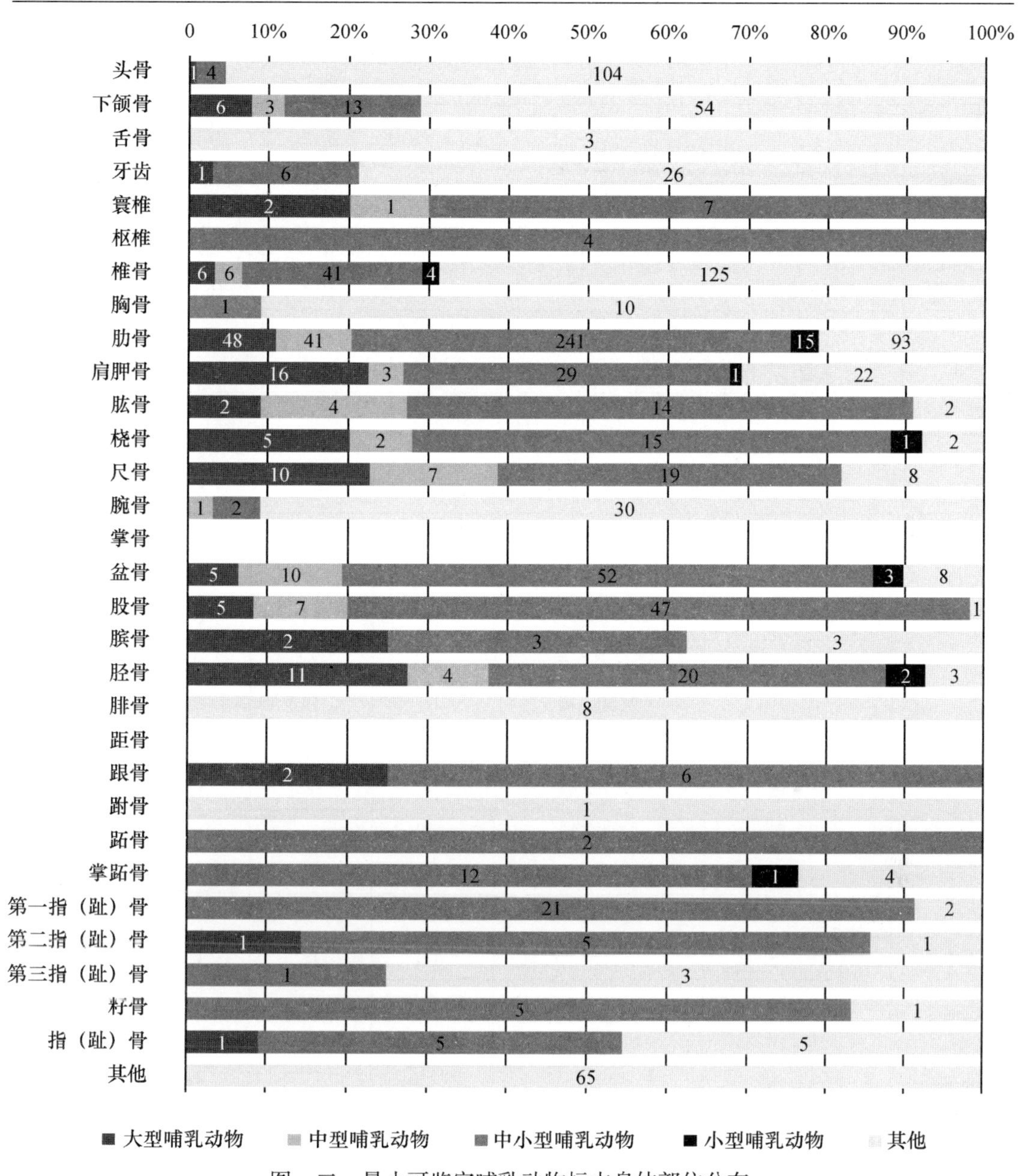

图一二　最小可鉴定哺乳动物标本身体部位分布

食肉目动物死亡年龄都在29周之上，表明小恩达出土的食肉目动物遗存绝大多数可能来自成年个体。

2. 麝

根据77件小恩达麝标本提供的死亡年龄信息（表二二），结果表明，没有麝在9个月龄之前被宰杀，仅有25%（n=3）在16个月龄之前被宰杀，表明小恩达出土的麝科动物遗存绝大多数可能来自成年个体。

表二一　小恩达食肉目动物死亡年龄结构统计表

年龄级别	死亡年龄/月	标本部位	未愈合	已愈合	未愈合率	存活率
Ⅰ	3.75 ~ 4.5	肱骨远端	0	2	0%	100%
	4 ~ 5	指（趾）骨近端	0	3	0%	100%
	5	桡骨近端	1	1	50%	50%
	4.75 ~ 5.5	掌跖骨远端	1	4	20%	80%
Ⅰ小计	3.75 ~ 5.5		2	10	16.7%	83.3%
Ⅱ	5.75 ~ 6.75		0	0	-	-
Ⅲ	7.25	肱骨近端	0	3	0%	100%
Ⅲ小计	7 ~ 7.25		0	3	0%	100%

表二二　小恩达麝死亡年龄结构统计表

年龄级别	死亡年龄/月	标本部位	未愈合	已愈合	未愈合率	存活率
Ⅰ	4 ~ 6	桡骨近端	0	10	0%	100%
	4 ~ 6	肩胛骨	0	15	0%	100%
	5 ~ 7	第一指（趾）骨近端	0	6	0%	100%
	4 ~ 9	肱骨远端	0	19	0%	100%
Ⅰ小计	4 ~ 9		0	50	0%	100%
Ⅱ	11 ~ 15	股骨近端	0	1	0%	100%
	12 ~ 15	胫骨远端	0	12	0%	100%
	12 ~ 16	第二指（趾）骨近端	0	2	0%	100%
	13 ~ 15	掌跖骨远端	0	3	0%	100%
Ⅱ小计	11 ~ 16		0	18	0%	100%
Ⅲ	15 ~ 16	肱骨近端	0	1	0%	100%
	15 ~ 16	桡骨远端	3	8	27.3%	72.7%
Ⅲ小计	15 ~ 16		3	9	25%	75%

3. 大型鹿

根据23件小恩达大型鹿标本提供的死亡年龄信息（表二三），结果显示，除个别死亡年龄在23月龄之前以及29月龄之前外，小恩达的大型鹿科动物遗存绝大多数可能来自成年个体。

表二三　大型鹿年龄结构统计表

年龄级别	死亡年龄/月	标本部位	未愈合	已愈合	未愈合率	存活率
Ⅰ	5～8	桡骨近端	0	2	0%	100%
Ⅰ小计	5～8		0	2	0%	100%
Ⅱ	11～17	第一指（趾）骨	0	4	0%	100%
	17～20	第二指（趾）骨	1	9	10%	90%
	20～23	胫骨远端	0	3	0%	100%
Ⅱ小计	11～23		1	16	6%	94%
Ⅲ	29	跟骨	1	2	33.3%	66.7%
	29～38	胫骨近端	0	1	0%	100%
Ⅲ小计	29～38		1	3	25%	75%

4. 中型鹿

根据9件小恩达中型鹿标本提供的死亡年龄信息（表二四），结果表明小恩达出土的中型鹿科动物遗存绝大多数可能来自成年个体。

表二四　中型鹿死亡年龄结构统计表

年龄级别	死亡年龄/月	标本部位	未愈合	已愈合	未愈合率	存活率
Ⅰ	0～24	肩胛骨近端	0	5	0.0%	100%
Ⅱ	24～48	尺骨近端	0	1	0.0%	100%
Ⅲ	60～72	桡骨远端	1	2	33.3%	66.70%

5. 狍

根据75件小恩达狍标本提供的死亡年龄信息（表二五），结果表明小恩达出土的狍遗存可能全部来自成年个体。

表二五　狍死亡年龄结构统计表

年龄级别	死亡年龄/月	标本部位	未愈合	已愈合	未愈合率	存活率
Ⅰ	4～6	肩胛骨近端	0	9	0%	100%
	4～6	桡骨近端	0	4	0%	100%
	5～7	髋骨	0	5	0%	100%
	5～7	第一指（趾）骨近端	0	3	0%	100%
	4～9	肱骨远端	0	7	0%	100%
Ⅰ小计	4～9		0	28	0%	100%

续表

年龄级别	死亡年龄/月	标本部位	未愈合	已愈合	未愈合率	存活率
Ⅱ	12 ~ 15	胫骨远端	0	7	0%	100%
	12 ~ 16	第二指（趾）骨近端	0	4	0%	100%
	13 ~ 15	掌跖骨远端	0	2	0%	100%
	14 ~ 15	股骨远端	0	2	0%	100%
Ⅱ小计	11 ~ 15		0	15	0%	100%
Ⅲ	15 ~ 16	肱骨近端	0	1	0%	100%
	15 ~ 16	桡骨远端	0	3	0%	100%
Ⅲ小计	15 ~ 17		0	4	0%	100%

6. 小型牛科动物

根据20件小恩达小型牛科动物标本提供的死亡年龄信息（表二六），结果显示除极个别在18个月前被宰杀的小型牛科动物，小恩达出土的小型牛科动物遗存绝大多数可能来自成年个体。

表二六　小型牛科动物死亡年龄结构统计表

年龄级别	死亡年龄/月	标本部位	未愈合	已愈合	未愈合率	存活率
Ⅰ	3 ~ 7	桡骨近端	0	2	0%	100%
Ⅰ小计	3 ~ 7		0	2	0%	100%
Ⅱ	3 ~ 18	第一指（趾）骨近端	1	1	50%	50%
	3 ~ 18	肱骨远端	0	8	0%	100%
	3 ~ 18	髋骨	0	1	0%	100%
	3 ~ 18	肩胛骨近端	0	5	0%	100%
	7 ~ 18	胫骨远端	1	0	100%	0%
Ⅱ小计	3 ~ 18		2	15	11.8%	88.2%
Ⅲ	18+	股骨近端	0	1	0%	100%
	18+	股骨远端	0	1	0%	100%
	18+	桡骨远端	0	1	0%	100%
Ⅲ小计	18+		0	3	0%	100%

（四）骨骼表面痕迹

在802件动物骨骼（包括797件哺乳动物骨骼，4件贝壳和1件鸟）的表面发现了人工及非人工因素造成的痕迹，其中带表面痕迹的哺乳动物遗存占小恩达遗址出土哺乳动物标本总数的11%（n=7314）（表二七；图一三）。在这802件动物骨骼中，其中782件只带一种痕迹，其余20件标本带两种类型的痕迹。大多数具有两种痕迹的标本都是被人工加工过的骨骼。它们可能是骨器或装饰品。其他6件具有两种痕迹的动物标本包括1件带有火烧和切割痕迹的标本，1件带有火烧和砍砸痕迹的标本，2件带有切割以及砍砸痕迹的标本，1件标本带有切割以及食肉动物啃咬痕迹，1件标本带有砍砸和食肉动物啃咬的痕迹（表二八）。现将这些带表面痕迹的标本信息详细报道于下。

表二七　小恩达带表面痕迹标本信息统计表

痕迹类型 / 出土单位	火烧	切割	劈砍	磨光	雕刻	钻孔	锯切	食肉动物啃咬	啮齿动物啃咬	总计
Ⅰ①		1	1						2	4
Ⅰ①U	79	15	2	7	6			3	1	113
Ⅰ②	81	12	2	8	5			4		112
Ⅰ②U	327	11	3	18	2	4		4		369
Ⅰ③	1	4	1	4				1		11
Ⅰ③U	14	2	1	3	1	1		2		24
Ⅰ④	29	2	3	5	3			1		43
Ⅰ⑤		1		2	1			3		7
Ⅰ⑥	41	1		6	4		1	4		57
Ⅰ⑥U	3	1	1	4						9
Ⅲ①	1	2	2							5
Ⅲ②		2		1	1					4
Ⅲ③	24	2	2	4		1		2		35
Ⅲ③U	15	5		1						21
总计	615	61	18	63	23	6	1	24	3	814

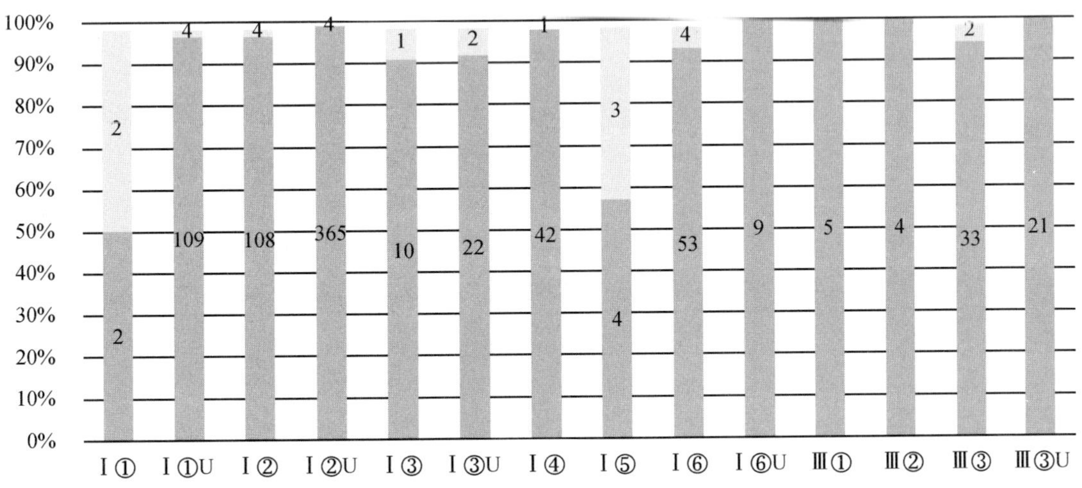

图一三　带痕迹标本出土单位分布

表二八　小恩达所出部分带两种类型痕迹标本信息统计表

标本号	种属	身体部位	左右	痕迹	重量/克
I T0102②UF1：9	小型牛科动物	距骨	右	火烧，切割	8.9
I T0102②UF1：21	狍	胫骨	右	火烧，劈砍	8.9
I T0102②：25	大型哺乳动物	肩胛骨	右	切割，食肉动物啃咬	73.9
I T0101③UH4：33	中小型哺乳动物	腰椎		切割，劈砍	2.6
I T0101④：100	中小型哺乳动物	肋骨		切割，劈砍	2.1
I ②UM2F：12	中型哺乳动物	肋骨		劈砍，食肉动物啃咬	5.5

1. 人工痕迹

在787件标本上共发现了七种类型的人工痕迹，包括火烧、切割、劈砍、磨光、雕刻、钻孔和锯切的痕迹。其中火烧、切割和劈砍的痕迹可能与屠宰或烹饪活动有关（图一四）。磨光、雕刻、钻孔和锯切的痕迹可能与工具或装饰品制造有关（图一五）。

火烧　小恩达遗址中615件动物标本有被火烧的痕迹，均属哺乳动物。其中，439件（71%）来自遗址中15个不同遗迹，包括3个灰坑、8个柱洞、3座墓葬的填土以及F1内部。479件（78%）有火烧痕迹的骨骼是无法鉴定的碎片，其余44件（7%）是最大可鉴定的标本，92件（15%）是最小可鉴定标本。

在44件最大可鉴定标本中，80%来自小偶蹄目，包括狍、麝和小型牛科动物。大型偶蹄目、中型偶蹄目和食肉目动物标本则分别占带火烧痕迹最大可鉴定标本的9%、4.5%和4.5%。不同体型的具有火烧痕迹的最小可鉴定哺乳动物标本的分布频率显示

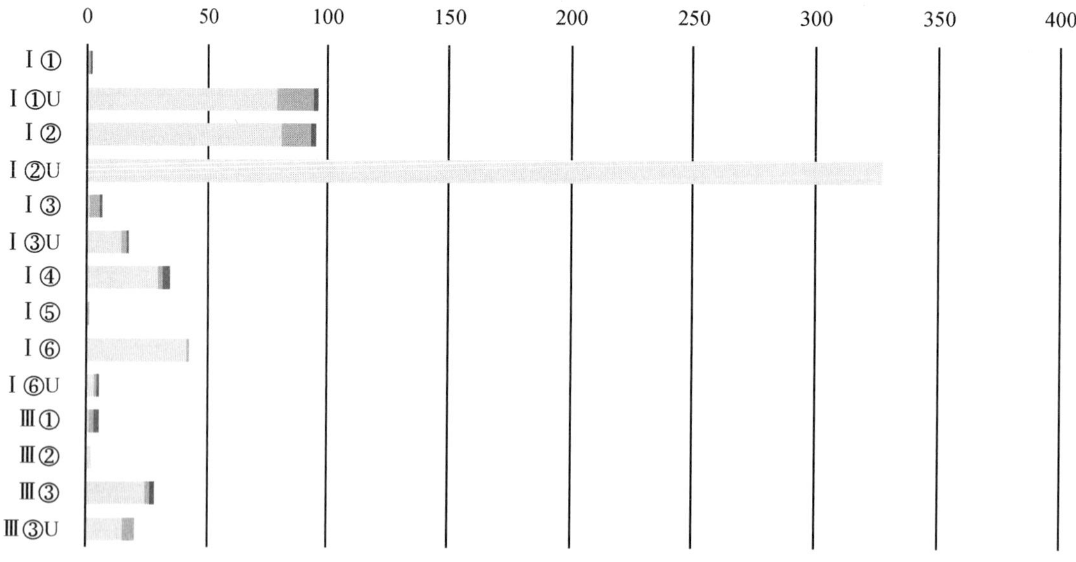

图一四　小恩达带屠宰或烹饪有关痕迹标本出土单位分布

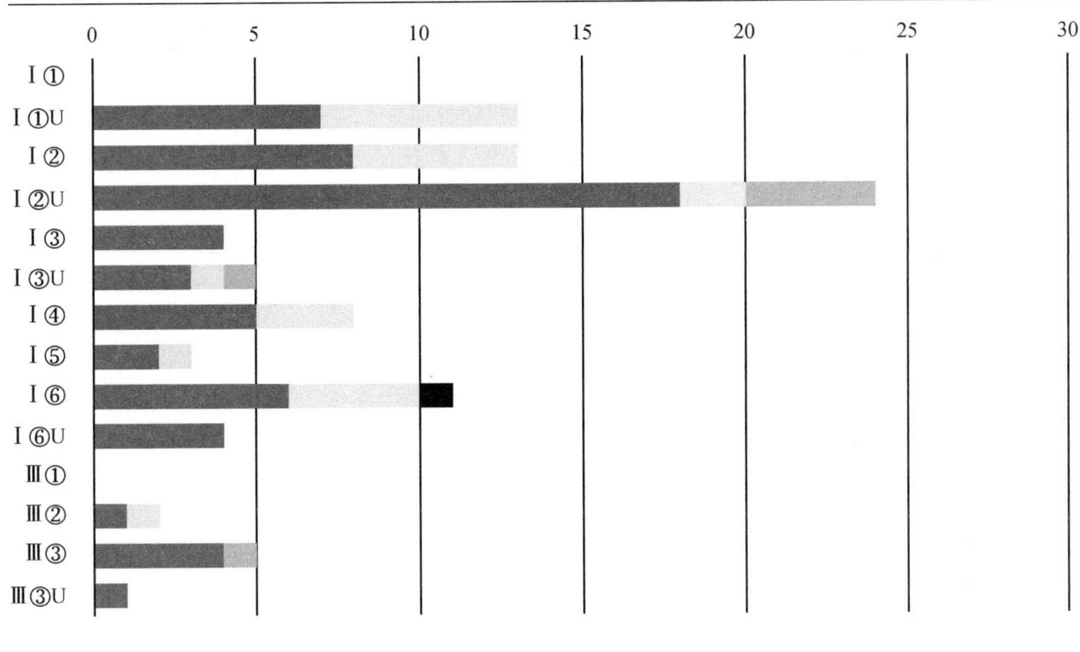

图一五　小恩达带人工加工痕迹标本出土单位分布

出类似的模式。除目前尚未确定体型的41件哺乳动物骨骼外，其余65%具有火烧痕迹可鉴定的哺乳动物骨骼均来自中小型哺乳动物。来自大中型哺乳动物的骨骼则分别占23%和8%。来自小型哺乳动物的骨骼仅占4%（表二九）。

切割　在60件哺乳动物骨骼上发现了切割痕迹。在这61件动物骨骼中，32（52%）件是从遗址中8个不同类型的遗迹中收集的，包括3个灰坑、2个柱洞、2座墓葬的填土以及F1内部。有23件为最大可鉴定标本，24件为最小可鉴定标本，另外14件则为无法鉴定的碎片。

带切割痕迹标本的种属分布与带火烧痕迹标本较为类似，但也具有一些差异（表三〇）。与带火烧痕迹标本类似，大部分带切割痕迹的标本来自小型偶蹄目动物以及中小型哺乳动物。但是属于大型偶蹄目动物和哺乳动物标本在带切割痕迹标本中占有更大比例。中型偶蹄目动物和食肉目动物标本上未发现切割痕迹。此外，在啮齿动物和灵长目标本上发现了切割痕迹，但在这几类动物标本上未观察到火烧痕迹。

劈砍　小恩达遗址所出的18件动物标本上带有劈砍痕迹。与带火烧和切割痕迹的标本不同，大多数带劈砍痕迹的标本（61%）出自地层而非遗迹中。在这18件带劈砍痕迹的标本中，有5件（28%）是最大可鉴定标本，9件（50%）是最小可鉴定标本，4件（22%）是不可鉴定的碎片。多数可鉴定标本来自小型偶蹄目动物和中小型哺乳动物（50%）。大型偶蹄目动物和哺乳动物的标本数量占到了36%。中型偶蹄目和哺乳动物的标本数量占到了其余的14%（图一六）。

表二九　带火烧痕迹标本出土单位及种属分布

种属 出土单位	中型鹿	狍	麝	小型牛科动物	食肉目	大型偶蹄目	中型偶蹄目	小型偶蹄目	偶蹄目	大型哺乳动物	中型哺乳动物	中小型哺乳动物	小型哺乳动物	哺乳动物	碎骨（＜5厘米）	碎骨（5～10厘米）
Ⅰ①下遗迹			2			2		1			2	11		1	59	1
Ⅰ②			3					1		2					72	3
Ⅰ②下遗迹		3	4	2	2	2	1	10	1	2	1	11		35	248	5
Ⅰ③																1
Ⅰ③下遗迹		1										3	1		8	1
Ⅰ④												1	1	1	26	
Ⅰ⑥			3					1			1	6		3	27	
Ⅰ⑥下遗迹										1		1			1	
Ⅲ①																1
Ⅲ③	1		2	1										1	19	
Ⅲ③下遗迹								1		7					7	

表三〇　带切割痕迹标本出土单位及种属分布

种属 出土单位	啮齿目	灵长目	大型鹿	狍	麝	小型牛科动物	大型偶蹄目	小型偶蹄目	偶蹄目	大型哺乳动物	中型哺乳动物	中小型哺乳动物	小型哺乳动物	哺乳动物	碎骨（<5厘米）	碎骨（5～10厘米）	碎骨（>10厘米）
Ⅰ①								1									
Ⅰ①U					3		1			3		2	1		3	1	
Ⅰ②			1	1	1	1		1		2		2			2	1	
Ⅰ②U	1	1				1		1		1	1	3			1	1	
Ⅰ③						1		1			2						
Ⅰ③U												1		1			
Ⅰ④						1						1					
Ⅰ⑤															1		
Ⅰ⑥									1								
Ⅰ⑥U												1					
Ⅲ①							1			1							
Ⅲ②												1			1		
Ⅲ③										1						1	
Ⅲ③U			2					1									2

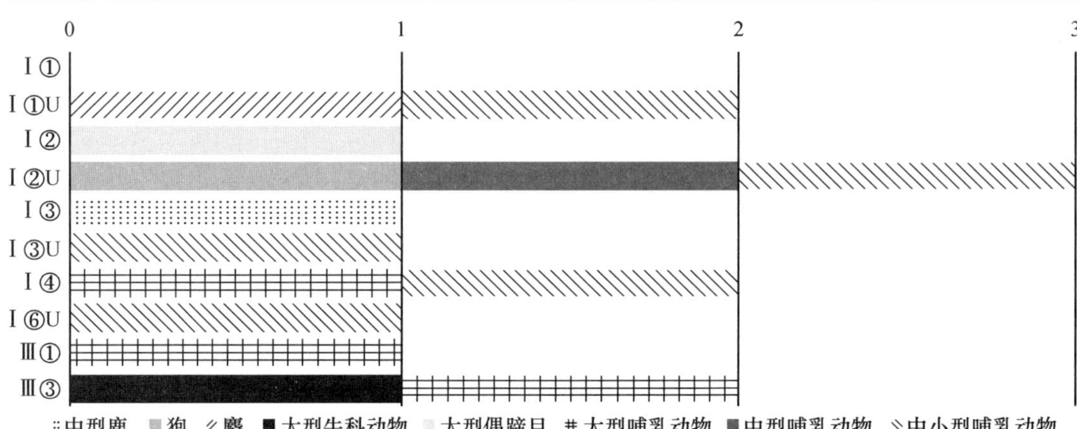

图一六　小恩达带劈砍痕迹标本出土单位及种属分布

2. 非人工痕迹

我们在27件标本上观察到食肉目动物或啮齿动物啃咬的痕迹。所有3件带有啮齿动物啃咬痕迹的标本都出自第1层及其下遗迹中。但第1层标本中未见带有食肉目动物啃咬痕迹者。

食肉目动物啃咬痕迹　小恩达遗址的24件动物标本上带有食肉目动物啃咬痕迹。与带有劈砍痕迹标本相似，带有食肉动物啃咬痕迹的标本主要出自地层中（62.5%）。在这24件标本中，16件为可鉴定标本，其中8件（50%）为小型偶蹄目动物和中小型哺乳动物，4件（25%）为中型偶蹄目动物和哺乳动物，2件（12.5%）为大型偶蹄目动物和哺乳动物（图一七）。

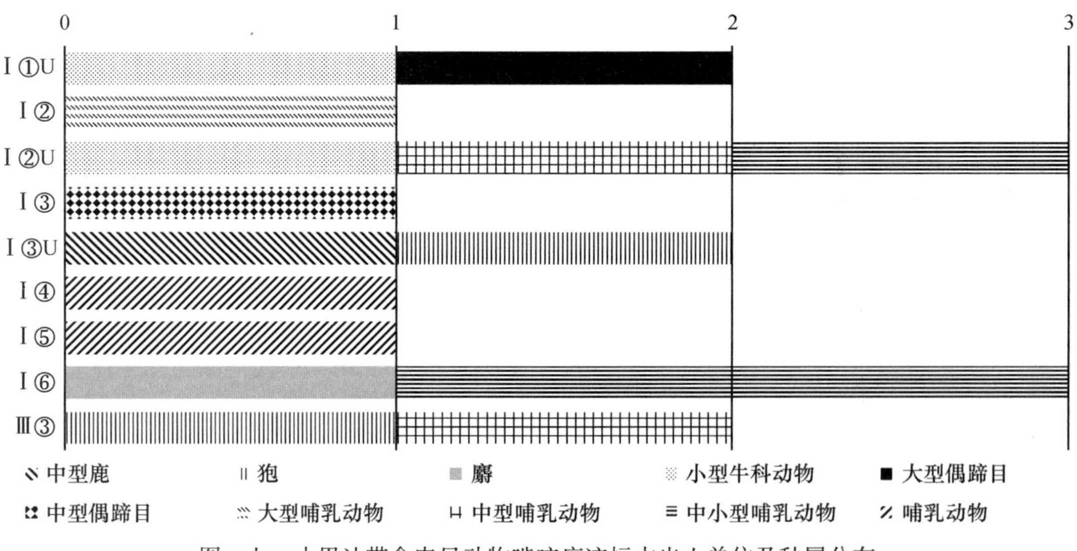

图一七　小恩达带食肉目动物啃咬痕迹标本出土单位及种属分布

啮齿动物的啃咬　目前仅在3件标本上观察到啮齿动物啃咬痕迹。其中2件出自第1层，1件从开口于第1层下的H2中收集。其中只有1件标本是可鉴定标本，为大型哺乳动物左侧尺骨的近端，其他2件是不可鉴定的碎骨（图版二六，2）。

3. 带人工加工痕迹的标本

2012年的发掘共收集到77件加工过的骨、鹿角、牙齿等，其中工具40件，装饰品24件，初加工但未成型的原料6件，有锯切或打磨痕迹的骨片7件。

这些带加工痕迹标本存在一定的空间分布模式（图一八）。在房屋中收集到大量骨锥和骨针等工具，但未见原材料。这一现象表明，遗址先民并不在屋内制备原材料。不过房屋内发现有几件骨针半成品，可以推断至少部分制作过程是在屋内完成的。此外，大多骨器出土自房屋内，可能表明这些工具主要在屋内使用。

下文详述骨器及装饰品的具体情况。

骨器　在40件骨器中，可以辨别出四种不同的类型，包括20件骨锥、3件骨凿、2件刻槽骨器和15枚骨针。

小恩达遗址所出的骨锥主要由鹿角和哺乳动物的长骨制成。骨片或鹿角片的一端被磨尖，其他部分也被通体或部分磨光（表三一；图版二六，3）。

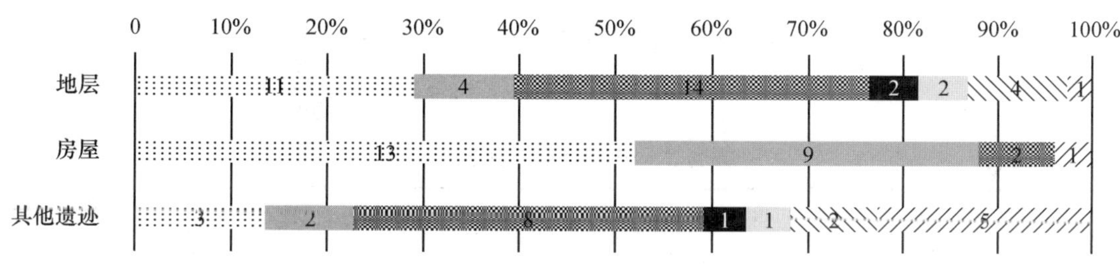

图一八　小恩达带人工加工痕迹的标本空间分布

表三一　小恩达骨锥测量数据

出土单位	编号	重量/克	残长/毫米	尖部长/毫米	宽/毫米	厚度/毫米	备注
2012CXⅠT0101⑥	B13	0.8	31.54	13.76	4.9	3.36	
2012CXⅢT0206③	B7	2.8	80	53.5	75	75	
2012CXⅠT0101⑥	B31	1.6	79.5	46.5	5	5	
2012CXⅠT0102②下F1	B6	1.3	46	32	60	60	
2012CXⅠT0101②	B25	2.2	49.6	44.2	10.2	10.2	
2012CXⅠT0102②下F1	B11	1.9	69.8	49.1	9.5		
2012CXⅠT0101④	B99	0.6	51.9	16.8	4.1		

续表

出土单位	编号	重量/克	残长/毫米	尖部长/毫米	宽/毫米	厚度/毫米	备注
2012CXⅢT0206③	B25	2.4	80.9	47.4	9		
2012CXⅠ②下M2F	B3	<0.3	31.6	8	4.5		
2012CXⅠT0101⑥	B143	0.7	47.2	17.2	16.1		
2012CXⅠT0101③下H4	B14	1.3	39.5		8		
2012CXⅠT0102②下F1	B76	0.9	53	18.9	6		
2012CXⅠT0202②	B23	2	16.1	18.6	7		
2012CXⅠT0102②下F1	B43	0.3	30.5	3.8	7		
2012CXⅠT0102②下F1	B13	6.6	80	26.1	7.4		
2012CXⅠT0102②下F1	B102	2.7	59.9	16.7	12.6		
2012CXⅠT0102②下F1	B37	10.8	103	7.62	15	5	鹿角
2012CXⅠ①下H2	B1	9.9	67.86				鹿角
2012CXⅠT0101⑥下D2	B2	0.9	72	2.78	5	1	骨针原料（？）
2012CXⅢT0405③下D22	B4	5.3	56.82	17.46	26.04	4.54	

小恩达遗址的骨凿与骨锥形状相似但尺寸较宽，并且末端仅被磨圆，未被磨尖（表三二）。

表三二　小恩达骨凿测量数据

出土单位	编号	重量/克	残长/毫米	尖部长/毫米	宽/毫米	厚度/毫米
2012CXⅠT0101④	B145	8.6	79.1	13.8	14	9.4
2012CXⅠ②下M2F	B2	1.5	55.1	9	7.7	0
2012CXⅠT0101④	B6	2.9	34		16	5

小恩达2012年出土刻槽骨器是在长边上具有V形凹槽的细骨条（表三三）。2件标本都不完整，原始形状不清。1件刻槽骨器的表面未见纹饰，1件见有较复杂的纹饰（图版二七，1）。其两面纹饰相似，每面见有四条相对水平的平行长线，两条垂直的平行的短线与长线相交，还见有2个圆形钻孔（未钻透）。与凹槽相对的边上还刻有数条纵向短线。这类形制的骨器在我国新石器时代遗址中较常见，小恩达遗址附近的卡若遗址也发现有同类器物[44]。其一般被认定为骨刀梗，使用时需将细石器黏胶嵌入骨器V形凹槽内，作切割器使用[45]。

表三三　小恩达刻槽骨器测量数据

出土单位	编号	重量/克	残宽/毫米	高/毫米	厚/毫米	槽口深度/毫米
2012CXⅠT0101⑥	B70	3.7	58.1	12.4	5	2.04
2012CXⅠT0101④	B5	1.5	41	12	4	3

15件小恩达骨针中，5件为成品，4件是半成品，而另外6件是缺针鼻部的碎片，暂难判断它们是否为成品（表三四；图版二七，2）。由这5件成品标本可以看出，小恩达骨针的长度为3～6厘米，但均具有形状和尺寸相近的圆形针眼，直径都在1毫米左右，与卡若遗址出土骨针形制一致[46]。虽然标本量很小，但遗址出土的4件半成品标本恰好展现了骨针的整个制作过程：①用原材料制作出细长的骨条，这一步可能是通过使用石片锯切哺乳动物长骨来得到骨条[47]；②用粗糙坚硬的材料（如粗糙的磨石）抛光骨条以使其变薄。在这个步骤中可以在标本上观察到致密的平行和倾斜的抛光划痕（图版二七，2-1）；③将骨条一端制为针尖，另一端基本保持不变且平整。在此步骤中，致密的抛光划痕逐渐消失，这表明使用了更细的磨石或动物皮毛（图版二七，2-2、2-3）；④在骨条扁平的一端钻出针鼻。由于遗址所出的成品骨针在针鼻两面都可以观察到螺旋形磨纹，可知针鼻是由双面穿孔（图版二七，2-4）；⑤将针鼻一端磨圆使其与骨针的其他部分粗细大致相同（图版二七，2-5）。

表三四　小恩达骨针测量数据

出土单位	编号	重量/克	长度/残长/毫米	最宽处宽/毫米	针鼻孔径/毫米	备注
2012CXⅢ③下F2②	B92	<0.3	38	2		残缺，完成度不详
2012CXⅠT0102②下F1	B46	<0.3	27	2.5		残缺，完成度不详
2012CXⅠT0202②	B5	<0.3	18	3		残缺，完成度不详
2012CXⅢ③下F2②	B15	<0.3	11.5	2		残缺，完成度不详
2012CXⅠT0101③下H4	B4	<0.3	31	2	1.2	残缺成品
2012CXⅠT0101⑥	B15	<0.3	29.2	2		残缺，完成度不详
2012CXⅠT0101⑥下D1	B20	<0.3	21.5	1.8	1.2	残缺，完成度不详
2012CXⅠT0102②下F1F	B15	0.4	77	4.3	0.9	半成品
2012CXⅠT0102②下F1	B22	<0.3	30.9	1.8	0.9	成品
2012CXⅢT0205③	B3	<0.3	36.2	2	0.8	成品
2012CXⅠT0102②下F1	B21	<0.3	57	2.6	1	成品
2012CXⅠT0101⑤	B10	0.8	63.6	5		半成品
2012CXⅠT0102②下F1	B20	<0.3	29.1	2.2	1	残缺成品
2012CXⅠT0101③下H4	B8	<0.3	48	3		半成品
2012CXⅠT0101⑥下D12	B9	<0.3	31	3.5		半成品

装饰品　小恩达遗址的24件装饰品主要是由麝的犬齿、大中型鹿的角、贝壳和哺乳动物的长骨制成的。可分为五类（图版二八）。

A类　经雕刻、打磨的麝犬齿，包括5件标本。部分麝犬齿齿尖及齿根两端都有V形刻槽（表三五）。这些经加工的牙齿可能与其他物体捆绑使用。

表三五　小恩达A类骨制装饰品数据

出土单位	编号	重量/克	刻槽位置及数量	备注
2012CXⅠT0203①下H1	B1	3.1	共三个：远中面齿尖及齿根各一个，近中面齿根端一个	
2012CXⅠT0203①下H1	B3	3.6	共四个：远中面及近中面齿尖及齿根各一个	
2012CXⅠT0203①下H1	B2	2.4	共四个：远中面及近中面齿尖及齿根各一个	
2012CXⅠT0101⑥	B26	＜0.3		残，表面有较密集磨痕
2012CXⅠT0101③下H4	B9	0.5		残

B类　穿孔的贝壳或牙齿，包括3件标本。其中2件为环状，具体材质不详，2012CXⅠT0101①下M5F：B3，椭圆环状，长轴11.78、短轴10.82、内孔径5.08毫米，重量小于0.3克。2012CXⅠT0101④：B4，残，重量小于0.3克。2012CXⅠT0102⑤：B9，残，近椭圆形，原料为淡水蚌类[48]，残长27、最大宽16毫米，上钻两孔，孔径分别为2.5、4毫米，标本重1.2克。

C类　带锯齿状边缘的骨条。包括9件标本，形状基本为四边形，但尺寸有所差异（表三六）。

表三六　小恩达C类骨制装饰品测量数据

出土单位	编号	重量/克	长/残长/毫米	宽/毫米	
2012CXⅠT0101⑥	BT54	＜0.3	8	6	残，单侧锯齿
2012CXⅠT0202②	BT55	＜0.3	9	5	残，单侧锯齿
2012CXⅠT0103②	BT56	＜0.3	10	7	残，单侧锯齿
2012CXⅠT0101⑥	BT57	＜0.3	10	6	残，双侧锯齿
2012CXⅠT0101⑤	BT58	＜0.3	11	5	残，双侧锯齿
2012CXⅠT0102②下F1F	BT59	＜0.3	8	5	残，双侧锯齿
2012CXⅠT0102④	BT20	3.7	44	24	残，单侧锯齿
2012CXⅠT0101④	BT21	5.5	短边36、长边50	27	完整，双侧锯齿
2012CXⅠT0202②	BT22	1.1	30	14	残，双侧锯齿

D类　镯形器，包括3件标本。其中两件残甚。2012CXⅠT0202②：B1残长29、宽16、厚4毫米，重3.2克，标本表面中心刻有水平凹槽，通体抛光，具体材质暂不详。

E类　骨簪。2012年只收集到这种类型的1件标本。2012CXⅢT0306②：B1，残长19.02、头部长3.48、宽3.78、颈部宽2.88毫米，重0.2克。

（五）病理学现象

我们在小恩达25件动物标本上观察到4种病理现象（图一九），包括骨膜炎、骨质增生、骨瘤和骨溶蚀。目前造成这些病理现象的病因尚不清楚。

14件标本表面存在骨膜炎的病理现象，主要分布在骨干部分（图版二九，1）。标本大多数为鹿骨。其中5件为下颌骨，4件为上肢骨，2件为后肢骨，1件为寰椎，1件为不可鉴定的碎骨（表三七）。

在7件标本的一端观察到骨质增生的病理现象。与具有骨膜炎病理现象标本的种属分布相同，这7件标本大部分为鹿类动物。5件是第三指（趾）骨，2件是髌骨和跟骨（表三八；图版二九，2）。

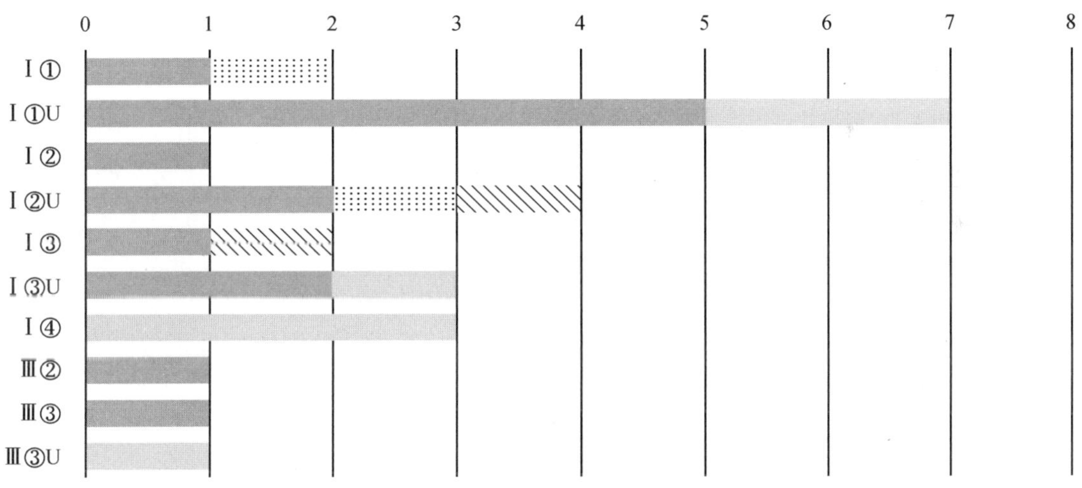

图一九　小恩达遗址带病理现象动物标本出土单位分布

表三七　带骨膜炎病理现象标本信息统计表

标本号	种属	身体部位	保存部位	左右	其他痕迹	重量/克
ⅠT0203①	NID-B				啮齿动物啃咬	14.5
ⅠT0101①UH2：7	麝	下颌骨		右		8.3
ⅠT0101①UH2：18	哺乳动物	胸骨				2.2
ⅠT0101①UH2：15	狍	肱骨	远端	左		24.5

续表

标本号	种属	身体部位	保存部位	左右	其他痕迹	重量/克
Ⅰ T0101①UM5F：23	狍	下颌骨		右		4.3
Ⅰ T0101①UM4F：20	大型鹿	寰椎				38.5
Ⅰ T0202②：6	麝	肱骨	远端	左		9.1
Ⅰ T0102②UF1：170	灵长目	下颌骨	P3-M3	右	切割	14.7
Ⅰ T0102②UF1：50	中小型哺乳动物	盆骨		右		9.8
Ⅰ T0203③：7	大型鹿	下颌骨		左		38.2
Ⅰ T0101③UH4：28	中型鹿	下颌骨	dP2-M3	右	食肉动物啃咬	64.3
Ⅰ T0101③UH4：25	大型偶蹄目	桡骨	近端	左		34.3
ⅣT0101②：1	中型鹿	胫骨	远端	左		63.7
ⅢT0206③：47	中型哺乳动物	尺骨	近端	右		8.7

表三八　带骨质增生病理现象标本信息统计表

标本号	种属	身体部位	左右	重量/克
Ⅰ T0101①UM4F：6	哺乳动物	髌骨	右	4.2
Ⅰ T0101③UH4：13	哺乳动物	第三指（趾）骨		2.2
Ⅰ T0101①UH2：17	大型鹿	第三指（趾）骨		14.0
Ⅰ T0101④：3	大型鹿	第三指（趾）骨		17.5
Ⅰ T0101④：4	大型鹿	第三指（趾）骨		16.2
Ⅰ T0101④：5	大型鹿	第三指（趾）骨		16.7
ⅢT0206③UD46：7	麝	跟骨		7.0

我们在2件标本的表面观察到半球状骨质凸起，可能是骨瘤的病理现象。其中1件标本是中型哺乳动物的肋骨，1件是同时带有砍砸和火烧的痕迹的狍的右侧胫骨（图版二七，3）。

2件小型牛科动物标本的表面带有骨溶蚀的病理现象。1件在右侧肱骨的桡窝区域，1件在右侧距骨的远端。这些区域的表面骨皮溶蚀不存。暴露出的内部骨小梁也呈现出异常结构。

（六）骨骼部位完整度

小恩达各体型哺乳动物标本都呈现出较高的骨骼部位完整度（表三九；图二〇）。需要特别说明，本文分析骨骼部位完整度时，将所有可鉴定的哺乳动物标本重新整合，再按体型重新分为四类：大型哺乳动物（大型鹿、大型牛科等），中型哺乳动物（中型鹿、猪等），中小型哺乳动物 （狍、麝、小型牛科、食肉目动物等）和小型哺乳动物（兔、啮齿动物等）。这样做是为了避免两个可能造成误差的因素：一是某些特定部位的骨骼（如肋骨及椎骨）相较其他部位的长骨更难鉴定到更细的种属级别；二是现阶段由于缺乏比对标本，尚有大量动物标本不能鉴定到目以下的分类学阶元。

表三九　骨骼部位分布统计表

	大型哺乳动物	中型哺乳动物	中小型哺乳动物	小型哺乳动物
头部				
角	11		3	
头骨	1	2	17	1
下颌骨	13	12	56	7
游离齿	8	1	46	3
中轴骨骼				
寰椎	3	1	8	
枢椎	1		5	
其他椎骨	7	6	41	4
胸骨			1	
肋骨	48	41	242	15
前肢骨				
肩胛骨	24	8	63	5
肱骨	5	8	57	1
桡骨	11	7	59	1
尺骨	12	9	24	
后肢骨				
盆骨	5	11	63	5
股骨	5	8	53	1
髌骨	4	4	6	
胫骨	18	9	51	3
掌足部				
腕骨	3	1	5	
掌骨			13	
距骨	4	7	30	
跟骨	9	3	34	2
跗骨	1	1	4	
跖骨		2	11	
掌跖骨	2	1	50	2

续表

	大型哺乳动物	中型哺乳动物	中小型哺乳动物	小型哺乳动物
第一指（趾）骨	19	7	42	
第二指（趾）骨	20	6	17	
第三指（趾）骨	14	11	23	
籽骨			14	
指（趾）骨	15	1	10	

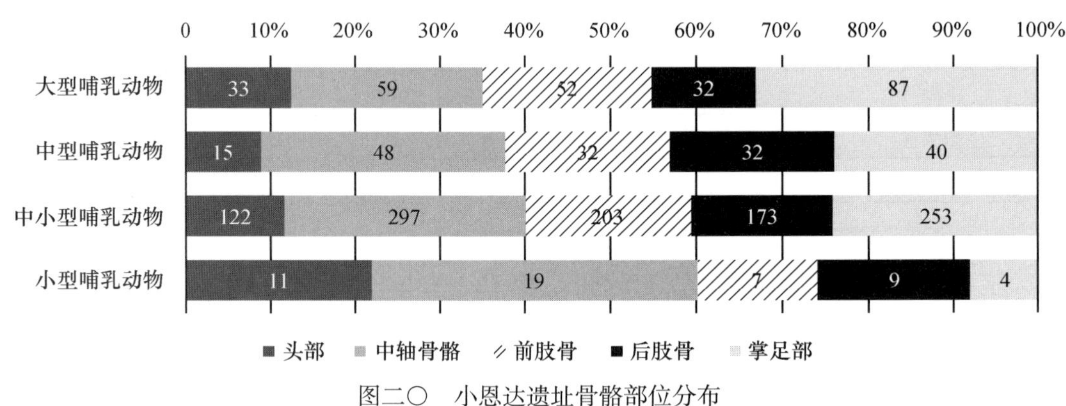

图二〇　小恩达遗址骨骼部位分布

五、讨　论

（一）小恩达遗址先民的动物生业策略

小恩达出土的动物遗存数据显示，狩猎是小恩达先民获取野生动物资源的主要策略。遗址先民捕获包括麝、狍子、野生羊类等在内的各种偶蹄目动物，以及少量的食肉动物、灵长目动物、兔形目及啮齿目动物。

小恩达遗址出土动物遗存的种属结构以及遗址发现的骨角牙制品表明，遗址先民狩猎的主要目的应是获取肉类，同时兼及获取用于制作衣物、工具与饰品的原材料。小恩达动物标本主要来自体重在15～200千克的大、小型鹿类动物，这些鹿类动物足以提供大量的肉食资源，骨骼中所含的骨髓等也是可利用的营养物质。啮齿目及兔形目等小型哺乳动物遗存在小恩达并不多见，说明这些小型哺乳动物并不是重要的食物资源。另一方面，小恩达各类动物的死亡年龄数据表明（表二一～表二六），除极个别的个体外，小恩达出土动物遗存代表个体绝大部分都已成年（或达到性成熟阶段，体型接近最大值）。这表明，小恩达先民并未因为肉食短缺的压力而不分年龄地捕猎各体型动物，相反，他们偏好捕猎较大体型的成年动物。

此外，大、小型鹿类动物也可提供大量的皮毛用以制作衣物。小恩达遗址还有5件饰品是用麝的犬齿制作的，说明小恩达先民对麝的犬齿有审美偏好，这种文化偏好也会促使小恩达先民更倾向于猎取麝这类小型鹿类动物。小恩达遗址的食肉动物标本数量不多，说明食肉动物不是主要的食物来源。鉴于部分食肉动物（如狐属动物）以皮毛厚重而闻名，小恩达先民狩猎这些食肉动物可能是为获取皮毛。小恩达遗址2012年发掘还出土了1件猴科动物遗存，为下颌骨，标本上见有清晰的切割痕迹。由于头部可利用的肉食资源不多，该部位的切割痕迹可能是该遗址先民剥皮留下的。故小恩达的猴科动物可能是先民为了皮毛而猎杀的。

目前没有证据表明家养动物在小恩达先民的生活中发挥了重要作用。小恩达遗址出土有16件犬科动物标本，这些标本中包含家犬的可能性较小。原因有二：一是这些犬科遗存中目前能鉴定到属一级的全部来自狐属，未见有犬属（*Canis*）标本；二是遗址出土动物遗存表面带有食肉动物啃咬痕迹的标本仅有24件，在遗址全部7314件哺乳动物遗存中仅占0.3%，这从侧面表明小恩达遗址没有常年生活在聚落中的食肉动物。同时，小恩达遗址出土猪科动物与牛科动物标本（共计53件）仅占可鉴定标本数（共计730件）的极小部分（7%），尽管这些标本目前无法全部鉴定到属或种一级，但它们在遗址可鉴定标本中所占的比例已足够说明，即便这些猪科动物与牛科动物标本中存在家猪、黄牛、牦牛、山羊、绵羊等家养动物，它们在小恩达先民的生活中重要性也极低。

（二）小恩达遗址先民获取动物资源的地点

结合小恩达遗址出土动物种属的生活环境信息和标本的身体部位分布数据，可以合理推断小恩达先民的狩猎区域主要在遗址附近。

小恩达遗址海拔3140米，地处具有多样化资源的过渡地带。当地的典型高山垂直性植物分布，使小恩达先民能较便捷地进入海拔2500～5000米的高山草甸、灌木、阔叶和针叶混交林区[49]。小恩达遗址出土动物遗存代表动物的主要栖息地都是灌木和森林。例如，麝喜好海拔1900米以上的高山草甸、灌木和森林边缘，而狍喜好海拔4000米以下的阔叶林或阔叶针叶混交林[50]。灌木如今广泛分布在遗址区，小恩达遗址东侧的山丘上也有森林分布。古环境分析表明，在小恩达遗址被使用的时期，该地区的古气候与现在的气候相近，但可能略显温暖湿润[51]。因此，小恩达遗址周围全新世中期的植被类型和现在的也应该是相似的，这使得小恩达先民能够在遗址附近找到大部分的猎物。

小恩达遗址动物遗存身体部位分布也提供了本地狩猎策略的证据。如图二〇所示，小恩达遗址出土的从大型到小型的各体型哺乳动物标本，都呈现出高度的身体部位完整性。大量现代民族志研究表明，如果猎人在距居址较远的地点捕猎，往往会将猎物就地分解，只选择猎物肉食或经济利用价值较高部分携带回居址。这种情况下，遗址内发现的动物标本会呈现较低的骨骼部位完整度[52]。小恩达遗址的数据表明，遗址先民是在遗址附近捕获猎物，并将猎物完整地运回聚落。

小恩达出土的动物遗存绝大部分可能是先民在遗址附近猎获的，但不能排除遗址出土的个别动物标本来自距离遗址较远的地域，特别是遗址出土的动物材质的装饰品。尽管小恩达出土的一件贝类饰品经鉴定原材料为淡水蚌类，但此前卡若遗址曾出土一枚非昌都地区所产的贝类（宝贝）[53]，表明在当时可能存在长距离的跨区域交流。除了原材料为淡水蚌类的贝类饰品及个别鹿角制品外，小恩达遗址出土的绝大多数动物制品的原材料来源物种暂时无法通过肉眼观察识别，今后通过分子生物学方法进一步分析小恩达出土动物制品的原材料来源物种，无疑有助于全面考察小恩达先民与外部人群的交流状况。

（三）小恩达遗址先民可能的狩猎技术

仔细考虑先民狩猎技术将有助于我们了解早期东部高原居民的日常生活，尤其是他们的时间安排与劳动分工。鉴于目前关于小恩达先民狩猎技术的直接证据很少，在此我们主要通过分析后期的岩画和现代民族志材料，来探讨青藏高原东部史前先民可能的狩猎技术。青藏高原不少岩画和民族志的记录为我们提供了关于狩猎技术的重要线索，可以用来建构合理类比[54]和解释性假设，以供将来检验。在岩画及民族志材料中，晚近的青藏高原猎人既采取主动狩猎（如追猎，或用箭、长矛等武器主动出击），也采取被动狩猎（如设置陷阱）的技术。

在青藏高原的西部、北部和中部，有大量记录高原先民狩猎活动的岩画。这些岩画制作时间的绝对年代并不明确，但根据其题材和风格，部分岩画的历史可能可以追溯到吐蕃以前[55]。岩画的描绘往往较简单、抽象，但仍有大量岩画描绘弓箭是早期高原猎人最常用的狩猎工具。描绘其他类型狩猎工具的图画很少，仅在左用湖和盐湖等个别呈现狩猎场景的岩画中，猎人使用了长矛或长刀。岩画上的猎物包括大型哺乳动物，如野牦牛（*Bos mutus*）、大型鹿，甚至藏野驴（*Equus kiang*），以及中小型哺乳动物，如藏羚羊（*Pantholops hodgsoni*）和岩羊（*Pseudois nayaur*）[56]。此外，扎西岛的岩画显示，早期的高原猎人也可能用绳索或网捕鸟[57]。这些图画也表明，有时狩猎可以由单个猎人完成，但面对大体型猎物时，也需要团队合作。当早期高原猎人追逐猎物时，猎犬和马也发挥了重要的作用。

对青藏高原北部和喜马拉雅地区现代猎人的调查研究表明，他们狩猎对象种类丰富，从大型鹿到蝙蝠和鸟类都是他们的狩猎对象。他们的狩猎方式也较为多样化。喜马拉雅山脉南部和东部地区的现代猎人仍然使用竹/石箭和石/金属矛作为狩猎工具。铁斧和当地麻纤维（Girardinia zeylanica）制成的网也是喜马拉雅南部猎人常用的狩猎工具。在藏北高原和东部喜马拉雅地区，还记录有使用被动狩猎技术，设置小型（如黄羊夹子）和大型陷阱。有毒的植物有时也被用在狩猎中，调查显示，喜马拉雅山脉南部和东部的猎人在狩猎过程中，广泛使用豆科、芸香科、蓼科、蜡梅科等植物制作的毒药[58]。

考虑到小恩达遗址的海拔以及遗址先民猎物的高度多样性，我们推测小恩达先民可能同时使用主动和被动狩猎技术。小恩达遗址虽未发现石镞类的器物，但在1986年的发掘中出土1件矛形石器和6件斧形石器[59]。未来对这些石器进行微观使用磨损和残留分析，或可验证它们是否为狩猎工具。对遗址开展系统的植物考古研究，也可以检验小恩达先民是否有利用有毒植物。另外，小恩达遗址处于氧气稀缺的高海拔山地环境，周边植被茂盛。在这样的环境中凭人力追逐野生动物十分困难，目前没有证据表明小恩达先民饲养家犬或马，遗址也未大量出土箭镞或其他可能的远距离攻击武器，故小恩达先民可能也采取了被动狩猎技术，在遗址周围布设陷阱。要更好地理解史前青藏高原猎人的狩猎技术，尚需未来对喜马拉雅森林地带与藏北草原现代猎人的狩猎行为开展更有针对性的民族考古学调查，以深入阐释考古发现的物质遗存。

（四）青藏高原早期人群的狩猎生业

以上对小恩达遗址2012年出土动物遗存的分析，是迄今对距今5000～4000年前青藏高原东南地区先民对野生动物的利用策略的最全面分析。但要想从更广阔的视角理解青藏高原各地区早期人群的狩猎生业，还需要进一步的区域间对比。目前青藏高原已发表有动物考古数据的遗址中，年代与卡若和小恩达接近，或早于这两者的还包括拉乙亥[60]、山那树扎[61]、宗日[62]、151[63]、江西沟2号[64]，以及哈休遗址[65]。其中，拉乙亥、151以及江西沟2号遗址目前发表的动物考古数据样本量太小，难以定量比较。我们此处主要比较分析小恩达、卡若、山那树扎、宗日以及哈休遗址的数据。各遗址的动物遗存数据见表四〇及图二一。由于各遗址出土动物遗存大部分都未鉴定到种或属一级，未避免由于鉴定精度不同造成的重复统计，比较时我们将各遗址动物遗存数据回归到目一级，并按体型差异细分为大中小三类（如麝科、羚羊亚科及羊亚科标本都计为小型偶蹄目，梅花鹿等中型鹿科动物、猪科计为中型偶蹄目，水鹿、马鹿、大型牛科计为大型偶蹄目）。

表四〇　按目阶元统计青藏高原早期遗址动物考古数据

遗址	山那树扎	宗日	哈休	卡若	小恩达
海拔/米	2323	2800～3000	2840	3100	3140
年代（距今）/年	5280～5050	5600～4000	5350～4850	5500～3000	4900～4200
分类	可鉴定标本数（NISP）				
大型偶蹄目	2036	181	110	182	139
中型偶蹄目	4397	190	43	32	80

续表

遗址	山那树扎	宗日	哈休	卡若	小恩达
小型偶蹄目	1131	1132	232	243	445
灵长目	254		1	3	1
啮齿目	386	213	2	3	15
奇蹄目	38				
食肉目	169	50	19	1	29
兔形目	5	9		2	10

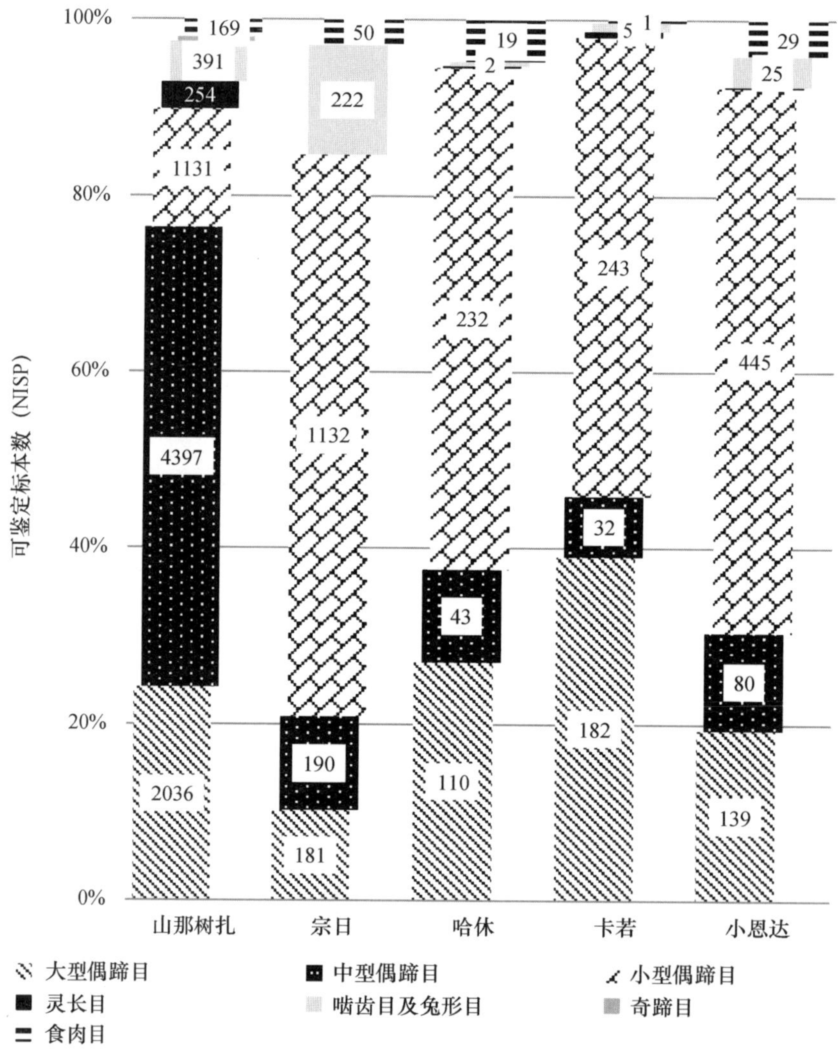

图二一　青藏高原早期遗址动物考古数据对比

从表四一及图二一中我们还可以清晰地观察到，宗日、哈休、卡若以及小恩达这几个遗址的先民在猎物选择上有着强烈的共性，均以小型鹿类动物及小型牛科野生动物为主。山那树扎遗址的动物遗存种属构成与其他遗址形成鲜明对比。山那树扎遗址先民的狩猎对象侧重梅花鹿等中型偶蹄目动物，同时遗址还出土有较多数量的家猪遗存（共1879件，占遗址可鉴定标本的22%）。目前山那树扎遗址尚无能供深入理解山那树扎先民狩猎偏好的相关证据发表，我们推测，鉴于山那树扎遗址的海拔是这些遗址中最低的，遗址周边的野生动物种类可能异于其他遗址，这可能是山那树扎先民狩猎对象异于其他遗址先民的原因之一。另外，山那树扎还出土的大量家猪遗存，表明遗址先民有相对稳定的动物蛋白来源，他们狩猎可能出于其他目的（如获取供贸易使用的皮毛等）。这可能也导致了山那树扎先民狩猎对象异于其他遗址先民。

尽管这些遗址的动物遗存的具体种属结构存在差异，但都以野生哺乳动物为主，尤其是中型及小型鹿类动物的数量最为丰富，而猪科动物（野猪或家猪）标本偏少。这样的动物利用策略与同时期甘肃和四川西部等低海拔地区的大地湾[66]、西山坪、师赵村[67]、大李家坪[68]以及营盘山[69]等遗址史前先民依赖家猪的动物生业模式完全不同（图二二）。小恩达、卡若、哈休、宗日以及山那树扎的动物考古证据凸显了野生动物资源对全新世中期人群长期定居青藏高原较高海拔地区的重要性。据民族学调查，青藏高原南部及喜马拉雅山区的现代猎人的狩猎偏好与小恩达等遗址先民的高度类似。据郭光普报道，西藏东南部墨脱县当代猎人主要狩猎对象包括羚牛、麝、赤麂、黑麂、赤斑羚、鬣羚、猴，以及黑熊[70]。羚牛与麝等偶蹄目动物在全年捕获的猎物的数量中占63%以上，猴及黑熊仅占约37%。Jana Fortier在对喜马拉雅山南麓现代尼泊尔猎人的调查中也记录了相似的模式[71]。当地猎人的捕猎的哺乳动物按偏好程度排列为野猪、斑鹿、麝、斑羚、麂。这些全为中小型偶蹄目动物。小恩达等遗址与现代青藏高原及喜马拉雅山区猎人动物生业策略的相似性，也说明这种生业策略在适应青

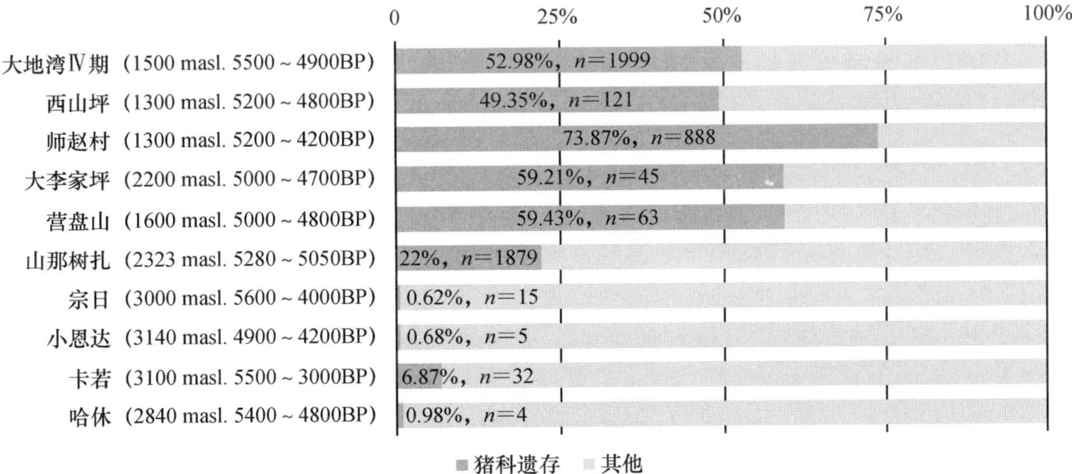

图二二　猪科遗存标本数占各遗址可鉴定标本数比例[70]

藏高原极端环境中的有效与稳定性。今后在青藏高原其他区域开展更系统的考古发掘与动物考古研究，极有可能发现更多类似的材料，为我们全面理解早期人群适应青藏高原的策略提供证据。此外，我们应认识到，目前虽然有不少高原早期狩猎者遗址动物考古数据发表，但多局限于种属信息，缺乏系统的动物考古分析。同时目前已有动物考古数据发表的遗址在区域上集中在青藏高原东北部及东部，且年代均较晚，难以反映晚更新世到全新世早期活跃在青藏高原的狩猎-采集者的生业策略。现有考古资料表明至迟在更新世晚期-全新世中期高原西部、北部、中部及南部已有人类活动[72]，这些区域早期狩猎者的生业策略亟待今后动物考古研究探索。

六、结　语

我们的研究结果表明，距今5000～4000年前，生活在青藏高原东部的人群依赖本地野生动物资源作为重要生业模式，与包括谷物种植在内的植物资源互为补充。小恩达遗址出土动物遗存的种属结构，以麝、狍及小型牛科动物为主，揭示了生活在这一地区的人们主要侧重于猎杀小型偶蹄目动物。根据小恩达遗址动物种属的生活环境偏好与遗存的身体部位分布情况分析，遗址先民应是在遗址附近猎取各类野生物种。而遗址位于一个过渡性的生态区域，周边动植物资源丰富且多样，在跨欧亚农业技术传播与交换的背景下，一种依赖本地多样的动物资源进行狩猎的策略得以延续。

结合此前发表的动物考古数据，我们的研究显示，在全新世中期，当人类在青藏高原的不同地区长期定居时，他们为应对高原不同地区的极端生态条件的挑战尝试了各种生存策略。然而，迄今对高原其他地区的各重要遗址和墓葬的动物遗存的系统分析仍然相当少。为了进一步探讨人类如何利用动物资源在青藏高原的东北部、中部和西部地区生存的问题，今后有必要对这些地区各时期的动物遗存开展更系统的研究。

附记：本文原稿成稿于2018年初，部分数据曾以“The importance of localized hunting of diverse animals to early inhabitants of the Eastern Tibetan Plateau at the Neolithic site of Xiaoenda”为题于2019年发表于*Quaternary International*期刊第529卷。2018年以来，又有大量关于青藏高原各地区史前人群生业策略的重要研究发表，本文尽力吸纳近年来的新研究成果，对原稿作了修订，若有疏漏，恳请读者指正！

致谢：感谢王恬怡、周懋、张晓雯、杨国兵、高璇、魏欣雨及邓雅琳在标本整理及本文写作中提供的帮助。感谢王娟博士鉴定遗址出土的贝类遗存。感谢Fiona Marshall教授对本文写作的指导及对初稿的仔细修改。本研究得到中国科学院战略重点研究项目（XDA2004010104）、教育部人文社科基地重大项目（16JJD780011）基金支持。

注　释

[1] a. Aldenderfer, M., Zhang, Y. The prehistory of the Tibetan Plateau to the seventh century AD: perspectives and research from China and the West since 1950. *Journal of World Prehistory*, 2004, 18 (1): 1-55.

b. Brantingham, P. J., Gao, X. Peopling of the northern Tibetan Plateau. *World Archaeology*, 2006, 38 (3): 387-414.

c. Zhang, X., Ha, B., Wang, S., et al. The earliest human occupation of the high-altitude Tibetan Plateau 40 thousand to 30 thousand years ago. *Science*, 2018, 362 (6418): 1049-1051.

[2] 如：a. Brantingham, P. J., Gao, X., Olsen, J. W., et al. A short chronology for the peopling of the Tibetan Plateau. *Developments in Quaternary Sciences*, 2007, 9: 129-150.

b. 吕红亮：《更新世晚期至全新世早期青藏高原的狩猎采集者》，《藏学学刊》（第11辑），中国藏学出版社，2014年，第1～27页。

[3] Meyer, M., Aldenderfer, M., Wang, Z., et al. Permanent human occupation of the central Tibetan Plateau in the early Holocene. *Science*, 2017, 355 (6320): 64-67.

[4] 见：a. 吴玉书、于浅黎、孔昭宸：《卡若遗址的孢粉分析与栽培作物的研究》，《昌都卡若》，文物出版社，1985年，第167～169页。

b. d'Alpoim Guedes, J. Rethinking the spread of agriculture to the Tibetan Plateau. *Holocene*, 2015, 25: 1498-1510.

c. d'Alpoim Guedes, J. Did foragers adopt farming? A perspective from the margins of the Tibetan Plateau. *Quat. Int.*, 2018, 489: 91-100.

d. d'Alpoim Guedes, J. Butler, E. E. Modeling constraints on the spread of agriculture to Southwest China with thermal niche models. *Quat. Int.*, 2014, 349: 29-41.

e. d'Alpoim Guedes, J., Lu, H., Li, Y., et al. Moving agriculture onto the Tibetan plateau: the archaeobotanical evidence. *Archaeol. Anthropol.* Sci., 2014, 6: 255-269.

f. Song, Jixiang, et al. Farming and multi-resource subsistence in the third and second millennium BC: archaeobotanical evidence from Karuo. *Archaeological and Anthropological Sciences*, 2021, 13.3: 1-16.

[5] a. 李永宪：《卡若遗址动物遗存与生业模式分析——横断山区史前农业观察之一》，《四川文物》，2007年第5期，第50～56页。

b. d'Alpoim Guedes, J. Did foragers adopt farming? A perspective from the margins of the Tibetan Plateau. *Quat. Int.*, 2018, 489: 91-100.

[6] 《卡若遗址兽骨鉴定与高原气候的研究》（文献信息见［ 7 ］）文中将卡若遗址猪类遗存拉丁学名定为Sus sp.。鉴于文中将这些猪类遗存推测为家猪，我们此处将卡若猪科遗存拉丁学名记为*Sus scrofa domesticus*。

[7] 黄万波、冷键：《卡若遗址兽骨鉴定与高原气候的研究》，《昌都卡若》，文物出版社，1985年，第160～166页。

[8] 李永宪：《卡若遗址动物遗存与生业模式分析——横断山区史前农业观察之一》，《四川文物》2007年第5期，第50～56页。

[9] 张正为：《青藏高原史前动物资源的利用》，四川大学硕士学位论文，2016年。

[10] 中国科学院青藏高原综合科学考察队：《西藏植被》，科学出版社，1988年，第288、289页。

[11] a. 中国科学院青藏高原综合科学考察队：《西藏哺乳类》，科学出版社，1986年。
b. 张荣祖：《中国动物地理》，科学出版社，2011年。

[12] 唐领余、沈才明、廖淦标等：《末次盛冰期以来西藏东南部的气候变化——西藏东南部的花粉记录》，《中国科学：D辑》2004年第5期，第436～442页。

[13] 西藏文管会文物普查队：《西藏小恩达新石器时代遗址试掘简报》，《考古与文物》1990年第1期。

[14] B. 格罗莫娃著，刘后贻等译：《哺乳动物大型管状骨检索表》，科学出版社，1960年。

[15] 陈代贤：《虎、豹及其类似动物骨骼比较解剖图志》，中国医药科技出版社，1995年。

[16] 伊丽莎白·施密德著，李天元译：《动物骨骼图谱》，中国地质大学出版社，1992年。

[17] Hillson, S. *Mammal Bones & Teeth: An Introductory Guide to Methods of Identification*. New York: Left Coast Press, 1992.

[18] Gilbert, B. M., et al. *Avian Osteology*. Columbia: Missouri Archaeological Society, Inc., 1996.

[19] Olsen, S. J. *Mammal Remains from Archaeological Sites*. Cambridge, Mass.: Peabody Museum, 1964.

[20] Olsen, S. J. *Fish, Amphibian, and Reptile Remains from Archaeological Sites*. Cambridge, Mass.: Peabody Museum, 1968.

[21] Olsen, S. J. *Osteology for the Archaeologist*. Cambridge, Mass.: Peabody Museum, 1979.

[22] Adams, B., Crabtree, P. *Comparative Osteology*. Boston: Academic Press, 2012.

[23] Громова, В. *Определитель млекопитающих СССР по костям скелета: Определительно крупным костям заплюсны*. Москва: Издательства Академии Наук СССР, 1960.

[24] France, D. L. *Human and Nonhuman Bone Identification: A color Atlas*. CRC Press, 2008.

[25] 安格拉·冯登德里施著，马萧林等译：《考古遗址出土动物骨骼测量指南》，科学出版社，2007年。

[26] 测量数据将另文刊布。

[27] Harris, S. Age determination in the red fox (Vulpes vulpes)–an evaluation of technique efficiency as applied to a sample of suburban foxes. *Journal of Zoology*, 1978, 184 (1): 91-117.

[28] Carden, R. F. *Putting Flesh on Bones: The Life and Death of the Giant Irish Deer* (Megaloceros giganteus, Blumenbach, 1803). Unpublished Ph.D. thesis. National University of Ireland, 2006. 引自：Wang, H. *Animal subsistence of the Yangshao period in the Wei river valley: a case-study*

from the site of Wayaogou in Shaanxi Province, China. Doctoral dissertation, University College London, 2011.

[29] Tomé, C., Vigne, J.-D. Roe deer (Capreolus capreolus) age at death estimates: new methods and modern reference data for tooth eruption and wear, and for epiphyseal fusion. *Archaeofauna*, 2017 (12).

[30] Munro, N. D., Bar-Oz, G., Stutz, A. J. Aging mountain gazelle (Gazella gazella): refining methods of tooth eruption and wear and bone fusion. *Journal of Archaeological Science*, 2009, 36 (3): 752-763.

[31] Purdue, J. R. Epiphyseal closure in white-tailed deer. *The Journal of Wildlife Management*, 1983, 47 (4): 1207-1213.

[32] a. 中国科学院青藏高原综合科学考察队：《西藏哺乳类》，科学出版社，1986年，第114～124页。

b. 王应祥：《中国哺乳动物种和亚种分类名录与分布大全》，中国林业出版社，2003年，第61～66页。

[33] 中国科学院青藏高原综合科学考察队：《西藏哺乳类》，科学出版社，1986年，第128～134页。

[34] 小恩达遗址2012年出土猪科动物遗存照片见：Zhang, Z., Chen, Z., Marshall, F., et al. The importance of localized hunting of diverse animals to early inhabitants of the Eastern Tibetan Plateau at the Neolithic site of Xiaoenda. *Quaternary International*, 2019, 529: 38-46.

[35] 中国科学院青藏高原综合科学考察队：《西藏哺乳类》，科学出版社，1986年，第199～209页。

[36] a. 中国科学院青藏高原综合科学考察队：《西藏哺乳类》，科学出版社，1986年，第199～209页。

b. 盛和林等：《中国鹿类动物》，华东师范大学出版社，1992年，第45～88页。

c. 李致祥：《中国麝一新种的记述》，《动物学研究》1981年第2期。

[37] a. 中国科学院青藏高原综合科学考察队：《西藏哺乳类》，科学出版社，1986年。

b. 盛和林等：《中国鹿类动物》，华东师范大学出版社，1992年。

[38] 盛和林等：《中国鹿类动物》，华东师范大学出版社，1992年，第202～212页。

[39] 中国科学院青藏高原综合科学考察队：《西藏哺乳类》，科学出版社，1986年，第231～234页。

[40] Castelló, J. R. *Bovids of the World: Antelopes, Gazelles, Cattle, Goats, Sheep, and Relatives*. N. J.: Princeton University Press, 2016.

[41] a. 中国科学院青藏高原综合科学考察队：《西藏哺乳类》，科学出版社，1986年，第234～254页。

b. Castelló, J. R. *Bovids of the World: Antelopes, Gazelles, Cattle, Goats, Sheep, and Relatives*. N. J.:

Princeton University Press, 2016.

［42］ 中国科学院青藏高原综合科学考察队：《西藏哺乳类》，科学出版社，1986年，第255～286页。

［43］ 中国科学院青藏高原综合科学考察队：《西藏哺乳类》，科学出版社，1986年，第286～294页。

［44］ 西藏自治区文物管理委员会、四川大学历史系：《昌都卡若》，文物出版社，1985年，第116～120页。

［45］ Yi, M., Barton, L., Morgan, C., et al. Microblade technology and the rise of serial specialists in north-central China. *Journal of Anthropological Archaeology*, 2013, 32 (2): 212-223.

［46］ 西藏自治区文物管理委员会、四川大学历史系：《昌都卡若》，文物出版社，1985年，第116～120页。

［47］ 黄蕴平：《小孤山骨针的制作和使用研究》，《考古》1993年第3期，第260～268页。

［48］ 该标本种属由中国科学技术大学科技史与科技考古系特任副研究员王娟博士鉴定。

［49］ 中国科学院青藏高原综合科学考察队：《西藏植被》，科学出版社，1988年，第277～295页。

［50］ a. 中国科学院青藏高原综合科学考察队：《西藏哺乳类》，科学出版社，1986年。

b. 盛和林等：《中国鹿类动物》，华东师范大学出版社，1992年。

［51］ 唐领余、沈才明、廖淦标等：《末次盛冰期以来西藏东南部的气候变化——西藏东南部的花粉记录》，《中国科学：D辑》2004年第5期，第436～442页。

［52］ Reitz, E. J., Wing, E. S. *Zooarchaeology*. New York: Cambridge University Press, 2008: 213-216.

［53］ 黄万波、冷键：《卡若遗址兽骨鉴定与高原气候的研究》，《昌都卡若》，文物出版社，1985年，第160 ～166页。

［54］ Wylie, A. The reaction against analogy. *Advances in Archaeological Method and Theory*, 1985, 8: 63-111.

［55］ 李永宪：《西藏原始艺术》，河北教育出版社，2001年。

［56］ 西藏自治区文物管理委员会：《西藏岩画艺术》，四川人民出版社，1994年。

［57］ 西藏自治区文管会文物普查队：《西藏纳木错扎西岛洞穴岩壁画调查简报》，《考古》1994年第7期，第607～618页。

［58］ 见：a. Aiyadurai, A. Hunting in a Biodiversity Hotspot: A survey on hunting practices by indigenous communities in Arunachal Pradesh, North-east India. *Report submitted to UK: Rufford Small Grants Foundation, Mysore: Nature Conservation Foundation*, 2007.

b. Fortier, J. *Kings of the Forest: The Cultural Resilience of Himalayan Hunter-gatherers*. Hawaii: University of Hawaii Press, 2009.

c. Fox, J. L., Dorji, T. Traditional hunting of Tibetan antelope, its relation to antelope migration, and its rapid transformation in the western Chang Tang Nature Reserve. *Arctic, Antarctic, and Alpine Research*, 2009, 41 (2): 204-211.

d. Huber, T. Antelope hunting in northern Tibet: cultural adaptations to wildlife behaviour. *Memorie della SocietaItaliana di Scienze Naturali e del Museo Civico di Storia Naturale di Milano*. 2005, 23: 5-17.

e. Jackson, R. Aboriginal hunting in West Nepal with reference to musk deer Moschus moschiferus moschiferus and snow leopard Panthera uncia. *Biological Conservation*, 1979, 16 (1): 63-72.

f. Yumnam, J., Tripathi, O. *Ethnobotany: Plants Use in Fishing and Hunting by Adi Tribe of Arunachal Pradesh*. 2013.

[59] 西藏文管会文物普查队：《西藏小恩达新石器时代遗址试掘简报》，《考古与文物》1990年第1期。

[60] 盖培、王国道：《黄河上游拉乙亥中石器时代遗址发掘报告》，《人类学学报》1983年第1期，第49～59页。

[61] Chen, N., Ren, L. Du, L., et al. Ancient genomes reveal tropical bovid species in the Tibetan Plateau contributed to the prevalence of hunting game until the late Neolithic. *Proceedings of the National Academy of Sciences*, 2020, 117 (45): 28150-28159.

[62] a. 安家瑗、陈洪海：《宗日文化遗址动物骨骼的研究》，《动物考古》（第1辑），文物出版社，2010年，第232～240页。

b. Ren, L., Dong, G., Liu, F., et al. Foraging and farming: archaeobotanical and zooarchaeological evidence for Neolithic exchange on the Tibetan Plateau. *Antiquity*, 2020, 1: 1-6.

[63] Wang, J., Xia, H., Yao, J., et al. Subsistence strategies of prehistoric hunter-gatherers on the Tibetan Plateau during the Last Deglaciation. *Science China Earth Sciences*, 2020, 63 (3): 395-404.

[64] 侯光良等：《青藏高原东北缘全新世人类活动与环境变化——以青海湖江西沟2号遗迹为例》，《地理学报》2013年第3期，第380～388页。

[65] 何锟宇、陈剑：《马尔康哈休遗址出土动物骨骼鉴定报告》，《成都考古发现（2006）》，科学出版社，2008年。

[66] 祁国琴、林钟丽、安家瑗：《大地湾遗址动物遗存鉴定报告》，《秦安大地湾》，文物出版社，2006年，第861～910页。

[67] 周本雄：《师赵村与西山坪遗址的动物遗存》，《师赵村与西山坪》，中国大百科全书出版社，1999年，第333～339页。

[68] 北京大学考古学系、甘肃省文物考古研究所：《甘肃武都县大李家坪新石器时代遗址发掘报告》，《考古学集刊》（13），中国大百科全书出版社，2000年，第1～40页。

[69] 何锟宇等：《营盘山遗址出土动物骨骼研究》，《成都文物》2014年第2期，第11～15页。大李家坪及营盘山遗址原始数据为最小个体数（MNI），其余遗址为可鉴定标本数（NISP）。

[70] 郭光普：《西藏墨脱县野生动物和当地居民之间的关系研究》，华东师范大学博士学位论文，2004年。

[71] Fortier, Jana. *Kings of the Forest: The Cultural Resilience of Himalayan Hunter-gatherers*. Hawaii:

University of Hawaii Press, 2009.

[72] 见：a. Meyer, M., Aldenderfer, M., Wang, Z., et al. Permanent human occupation of the central Tibetan Plateau in the early Holocene. *Science*, 2017, 355 (6320): 64-67.

b. Zhang, X., Ha, B., Wang, S., et al. The earliest human occupation of the high-altitude Tibetan Plateau 40 thousand to 30 thousand years ago. *Science*, 2018, 362 (6418): 1049-1051.

c. 吕红亮：《更新世晚期至全新世早期青藏高原的狩猎采集者》，《藏学学刊》（第11辑），中国藏学出版社，2014年，第1～27页。

川、滇、青藏高原出土双圆饼形首短剑的初步研究

毕　洋

（四川大学考古文博学院考古系）

双圆饼形首短剑是我国东周时期以来一种非常典型的少数民族文化遗物，主要分布于我国的川西、滇西、青藏高原地区，具有鲜明的民族与区域特色。其基本形制为无格或三叉格，其中，三叉格较薄短且不甚明显；茎一般呈椭圆形柱状，首部作双圆饼形状，剑身多呈叶形或锐角三角形。另有形制较为特殊者，如“螳螂”形茎、交织辫索纹茎或首端铸三圆形饼等。大多为铜制，极少为铜铁合制（铜柄铁刃），不见铁制；一般通长26～30厘米，学界多以双圆饼形首短剑称之。相关研究表明，双圆饼形首短剑与川滇青藏民族走廊、北方地区青铜剑群之间乃至与北方草原文化的南下与西进有着密切关系[1]。因此，本文在利用已发表资料的基础上，对川西、滇西、青藏高原出土的双圆饼形首短剑进行较为系统的个案研究，不仅有助于了解双圆饼形首短剑与“西南夷”青铜剑群之间的关系，也有益于深入理解川滇青藏民族走廊地区的古代文化。

一、类型划分

目前，从已发表的材料来看，川西、滇西、青藏高原出土双圆饼形首短剑的遗址及墓葬共计7处，地点有剑川鳌凤山[2]、德钦纳古[3]、永胜金官龙潭[4]、宁蒗大兴[5]、盐源[6]、干海[7]、格林塘[8]等。这些遗址及墓葬出土双圆饼形首短剑总计69件[9]（含采集）。首先，我们根据制作材料、剑格、剑首与剑茎的不同将其分型；其次，综合考虑剑格、剑茎及剑身平面形状的差异进一步划分出亚型，详情如下。

A型　仅1件。无格椭圆柱状茎双圆饼形首叶形刃铜剑。盐源C：194，茎呈椭圆柱状，剑身呈叶形。剑茎与剑身基部交接处折弧肩明显，双圆饼形首上无纹饰。通长27.5厘米（图一，1）。

B型　42件。三叉格柱状茎双圆饼形首铜剑。据剑格与剑身平面形状差异分为四亚型。

Ba型　2件。茎呈扁柱状，三叉格不甚明显，剑身略呈三角形。德钦纳古采2，茎饰羽状纹饰，茎与剑身基部交接处饰三角形纹饰，剑身中起圆柱状脊，通长26.7厘米（图一，2）。鳌凤山M76：1，茎较扁平，饰圆圈纹、回形纹。通长27厘米（图一，3）。

Bb型　27件。茎呈椭圆柱状，剑身平面略呈叶形。皮央PGM6：7，茎前端有一穿，三叉格与剑身基部交接处较圆弧，格部饰鎏金三角形纹和小点纹，通长30厘米（图一，4）。永胜金官龙潭图2ⅡA2[10]，三叉格两端较圆弧，剑身平面略呈尖叶形，格部饰三角形纹和小点纹，茎、首饰同心圆纹、点纹等。尺寸不详（图一，5）。

Bc型　1件。茎呈椭圆柱状，弧刃。盐源C：428，剑身后部至中部内收呈浅弧状，再微外弧至剑身前端聚锋。茎前端有一长条形穿孔，格部饰连珠纹和弧边三角形纹饰。通长26厘米（图一，6）。

Bd型　12件。茎呈椭圆柱状，剑身呈锐三角形。盐源C：512，茎下部残存细绳缠绕痕迹，茎上端有一长条形孔，格部饰堆点纹和三角形纹。通长26.4厘米（图一，7）。盐源C：86，格上饰弧边三角形纹。通长26厘米（图一，8）。

C型　仅1件。三叉形格螳螂形茎双圆饼形首铜剑。盐源C：227，茎作双柄相连状，两柄间有二梁相连，三叉形格明显，剑身呈锐三角形，剑身扁平，无明显脊。残长24.8厘米（图一，9）。

D型　仅1件。三叉格扁长条茎三圆饼形首铜剑。盐源C：1019，茎呈空心扁长条状，上饰同心圆纹状乳钉和三角纹装饰，上端有两个小方形穿，下端有一个方形孔，用于排砂。首端三圆饼饰同心圆纹。格部饰锥点纹和三角形纹。剑身呈锐角三角形。通长26.2厘米（图一，10）。

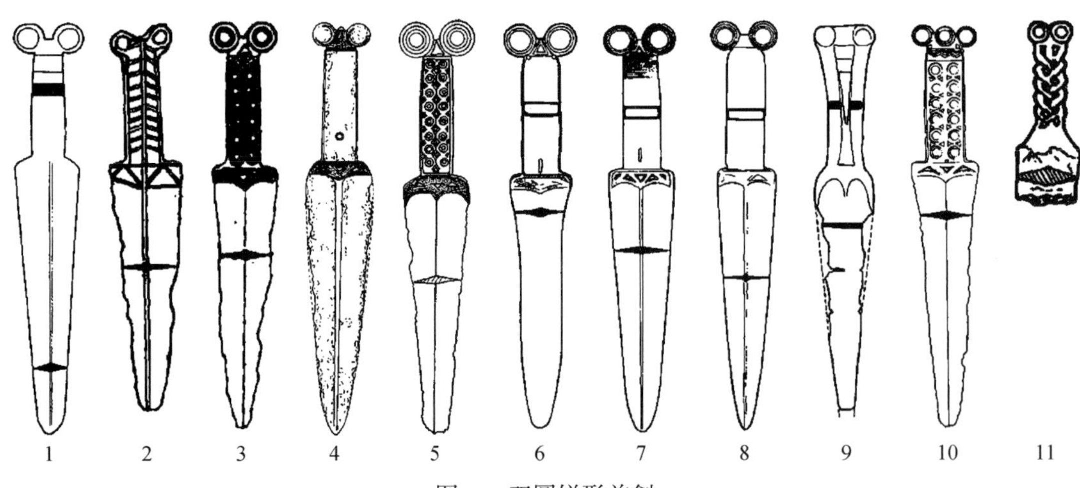

图一　双圆饼形首剑

1. A型（盐源C：194）　2、3. Ba型（德钦纳古采2、鳌凤山M76：1）　4、5. Bb型（皮央PGM6：7、永胜金官龙潭图2ⅡA2）　6. Bc型（盐源C：428）　7、8. Bd型（盐源C：512、盐源C：86）　9. C型（盐源C：227）　10. D型（盐源C：1019）　11. E型（宁蒗大兴采01）

E型　仅1件。无格镂孔交织辫索纹茎双圆饼形首铜柄铁剑。宁蒗大兴采01，铁刃大部锈蚀，中起脊，残长13.6厘米（图一，11）。

二、年代与分期

关于各型双圆饼形首短剑的年代，我们主要依据其所出墓葬和遗址的年代判定。滇西德钦纳古石棺墓采集有1件，简报认为其形制与云南丽江永胜、内蒙古和林格尔范家堡子、河北怀来北辛堡发现的同类短剑相似。发掘者结合纳古石棺墓与李家山、万家坝所出的相似青铜器和^{14}C测年推断，这批石棺葬的年代为春秋早中期，其上限或可早到西周晚期。云南剑川鳌凤山M76土坑墓出土有1件该类铜剑，简报根据墓葬中的伴出器物及^{14}C测年判定该墓的年代为春秋中期至战国初期。滇西洱海永胜金官龙潭出土的双圆饼形首短剑由于没有直接的证据和明确的层位关系，发掘者根据该地区已有的考古成果推测这批器物的年代下限在西汉中期或稍早。宁蒗大兴采集的双圆饼形首铜柄铁剑因出自M5近棺顶处的填土中，故原简报认为其年代应晚于楚雄万家坝，而较大理鹿鹅山等地、岷江上游和喜德拉克的墓葬年代早，约与大波那墓葬的年代相当，即“上限不早于春秋晚期，下限晚不到西汉，约为战国中期”。

对于上述墓葬及遗址的年代推测，徐学书先生曾有过不同的意见。他在分别分析各滇西青铜文化墓葬中所伴出器物群的总体形制与时代特征并与周邻文化墓葬中所出同类器比较后，认为“滇西青铜文化的年代应为西汉早期至西汉晚期，而不是多年来依据碳十四测定年代推定的商末周初至西汉”。具体来说，他认为鳌凤山M76所出的双圆饼形首剑应与德钦纳古采集的西汉同类剑近似，年代当为西汉早期。宁蒗大兴木椁墓M5近棺顶填土中出土的双圆饼形首铁剑形制也与德钦纳古石棺墓所出同类器近似，时代应相当或略晚，年代也当为西汉早期。永胜金官龙潭出土的大量青铜兵器大多与川西南、滇西地区发现的西汉早期石棺葬文化，以及滇西和滇池区域已发现的同类青铜器相同和相近，故其年代也应当在西汉早期[11]。

由于滇西青铜文化各墓地、遗址的^{14}C测定年代皆明显偏早，且问题较多，往往同一墓葬中的同一棺木或同一层位的标本测得^{14}C的年代相差有数百年之大，故我们认为，徐学书先生的意见是很有见地的。但从我们前文对滇西地区出土的双圆饼形首短剑的形制分析来看，如Ba型，德钦纳古采2和鳌凤山M76：1，其三叉格不甚明显，为扁柱或扁平状茎，并无如盐源地区出土的该类型剑的形制较为规整和先进，其年代可能比盐源地区出土的Bd型稍早。而Bb型如皮央PGM6：7、永胜金官龙潭图2ⅡA2，其叶形刃明显具有滇西青铜叶形短剑的特征，比Ba型稍为先进，故我们认为其年代可能稍晚于Ba型而早于Bd型。Bc型如盐源C：428，其剑刃则明显受到滇文化曲刃剑的影响，故我们认为其年代可能与Bb型同时。E型剑由于其交织辫索纹茎明显与当地辫索纹茎三叉格剑联系较为密切，且该剑为铜炳铁刃剑，考虑到当地铜铁合制器的年代，我们赞同徐学书先生的观点，其年代为西汉早期。

四川凉山盐源地区发现的双圆饼形首青铜短剑因系采集品，且无出土地点，因此对该地所出双圆饼首短剑的年代推测只能根据与周邻其他文化有相似特征的器物推断其大致年代范围。据《老龙头墓地与盐源青铜器》，盐源地区征集的青铜器及相关文物大部分具有当地大石墓、昆明羊甫头第四期墓葬、茂县城关石棺墓出土器物的特点[12]。这些器物的年代范围大致在西汉时期，但双圆饼形首短剑不见于目前该地区已发掘的墓葬中，故发掘者认为其年代可能会早一些，推测其年代上限可能会早到战国时期。我们认为，盐源地区征集的这批双圆饼形首短剑A型剑的年代可能最早，如盐源C：194，不仅为无格剑，与北方系无格双圆饼形首青铜短剑的继承关系可能更为清楚，而且这种叶形剑身与西南各地区文化墓葬中出土的铜剑剑身也大为不同。C型剑的三叉格已经较为明显，明显受到当地青铜文化中三叉格剑的影响，故其年代也可能大致与Bd型相当。D型则为该类剑的改装剑，其剑身虽也有锐三角形剑的特点，但其形制更为接近Ba型的叶形刃，故我们认为D型剑的年代当早于Bd型。

西藏皮央格林塘遗址M6出土有1件，霍巍先生根据M6有^{14}C测定数据为距今2730年±80年，另有DVM6也有一个^{14}C测定数据为距今2370年±80年，综合这两个^{14}C测定年代加以考察，认为其年代大体相当于中原秦汉时期，年代与西南地区同类器物应大致同时[13]。我们根据该墓出土铜剑的形制认为，霍巍先生的意见是非常恰当的。

综上所述，我们可以将双圆饼形首短剑大致分成三个大的时期。

第一期：战国中晚期。该期是双圆饼形首短剑的传播期，这一时期主要有A型剑，并开始出现Ba型剑。

第二期：战国末期至秦汉之际。该期是双圆饼形首短剑的发展期，主要流行Bb型、Bc型，并开始出现D型剑。

第三期：西汉前期。该期是双圆饼形首短剑的成熟期，主要流行Bd型，并开始出现E型剑。

以上分期还只是粗略的，有待新资料的出土做进一步的补充和修订，尤其是战国中晚期的资料还比较薄弱，但总的线索还是比较清楚的。

三、渊源及其演变

现有考古发现表明，川西、滇西、青藏高原地区所出土的这类双圆饼形首短剑，是可以从北方地区的青铜剑群中去追溯其渊源关系的。从前文对双圆饼形首剑的年代分期中可以看出，A型剑的年代最早，其形制也较为原始，且目前仅发现于四川凉山盐源地区并得到了独立的发展，由此可以说明，川西、滇西、青藏高原地区所出土的双圆饼形首短剑均可能是在A型剑的系统上逐渐发展演变的。而关于A型剑的祖形，根据其形制特征，我们发现与内蒙古和林格尔范家堡子[14]（图二，1）、河北怀来北辛堡[15]（图二，2）出土的青铜短剑相类似，且后两者的年代也比前者的年代较早；也就是说，A型剑渊源最早可以追溯到属于“鄂尔多斯式青铜短剑”[16]系统中的“双环式柄剑”[17]，可能与北方“斯基泰文化”有密切关系。

川西、滇西、青藏高原地区出土的双圆饼形首短剑，大都均为三叉格椭圆柱状形茎，而少部分则保留了扁柱状形茎较为原始的特征，且三叉格不甚明显，如Ba型。该亚型双圆饼形首短剑一方面保留了北方系青铜短剑剑茎的特征，另一方面在剑首上则直接承袭于A型；再一方面，其剑格与剑刃则直接受到了滇西青铜短剑的影响，如德钦永芝012[18]（图二，3），其剑刃略呈三角形，与Ba型剑刃相同。

Bb型剑均为椭圆柱状茎，其剑身已与早期的A型和Ba型剑较为不同，具有明显的滇西青铜阔叶形短剑的特征，如德钦永芝02（图二，4）、德钦永芝07（图二，5）。张增祺先生曾对滇西地区出土的青铜剑进行过较为系统的讨论，认为滇西青铜剑是在当地新石器文化的基础上发展起来的，形成于春秋后期，至西汉中期时均演变为铜柄铁剑，在其起源、发展、消失的演变过程自成体系[19]。故我们认为，Bb型剑是在Ba型剑传入滇西地区后，主要受滇西青铜短剑的影响发展而成的。

Bc型剑发现极少，虽也仅在四川盐源地区出土，但根据其曲刃剑身，我们发现与滇文化的曲刃剑相类似，如石寨山M71：84②[20]（图二，6）、李家山M57：93[21]（图二，7）、安龙兴义村[22]（图二，8）。由此可见，Bc型剑除剑茎与剑首保留原有形制特征外，其剑身已明显受滇文化的影响。

Bd型剑的数量仅次于Bb型，根据其形制特征，我们发现该型剑的剑茎、剑刃在所有的双圆饼形首短剑中最为“规整”。该型剑已发展为具有稳定的时代与区域特色，不仅集中于四川盐源地区，而且在形制排序上时代也稍晚；其最突出的特征在于锐三

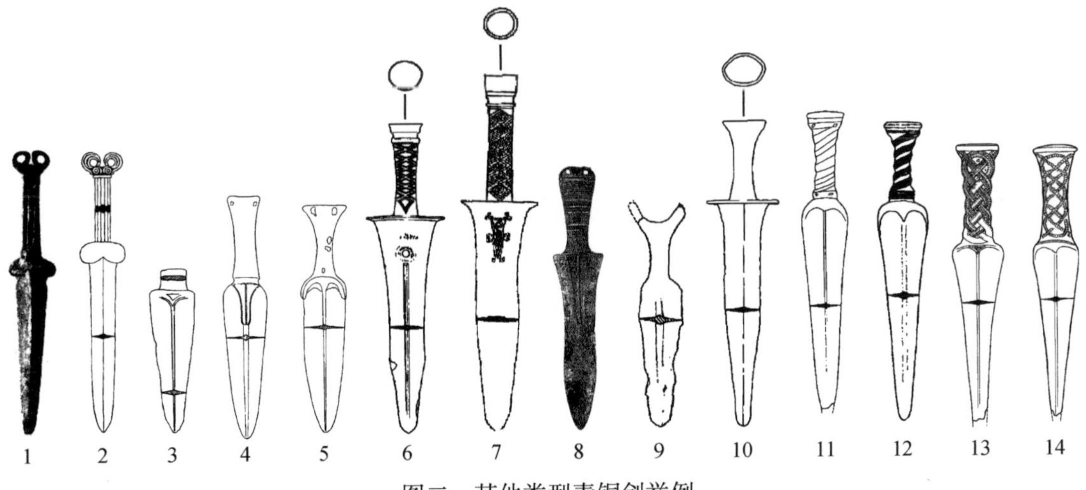

图二 其他类型青铜剑举例

1. 内蒙古和林格尔范家堡子 2. 河北怀来北辛堡 3. 德钦永芝012 4. 德钦永芝02 5. 德钦永芝07 6. 石寨山M71：84② 7. 李家山M57：93 8. 安龙兴义村 9. 西昌河西M1：5 10. 大逸圃M11：3 11. 老龙头M4：3 12. 盐源XC：3 13. 盐源C：85 14. 盐源C：447

角形剑身。故我们推测，Bd型剑为西汉前期双圆饼形首短剑的“标准”形制。

C型剑茎为“螳螂形”，在西南地区的青铜剑群中，此种类型的剑茎极少，唯一较为相似的是西昌河西大石墓群M1：5马鞍形剑[23]（图二，9）或大逸圃M11：3一字格束腰椭圆柱状茎喇叭形首剑[24]（图二，10）。但从C型剑的三叉形剑格来看，该型剑格已经完全演变为较为规整的三叉格式样，与我国西南地区三叉形格青铜短剑的三叉格形制完全相同，如老龙头M4：3[25]（图二，11）、盐源XC：3[26]（图二，12）。加之该型剑也仅在盐源地区出土，因此我们推测，C型剑可能主要是受盐源青铜文化的影响发展而成的。

D型剑剑茎具有扁柱状茎的特征，其三叉格与剑刃也同Bd型，唯有首不同，多铸一圆饼，我们认为，该型剑为在Bd型基础之上的改装剑。

E型剑为无格铜柄铁剑，极其稀少。根据其交织辫索纹茎，我们认为可能与由三叉格辫索纹茎剑发展而来的三叉格交织辫索纹茎剑有密切关系[27]，如盐源C：85[28]（图二，13）、盐源C：447[29]（图二，14）。

综上所述，川西、滇西、青藏高原地区出土的双圆饼形首短剑应与北方地区青铜文化的南下有密切关系，并且是在青藏、川西高原地区进行自身演变和发展后进而再传至滇西高原地区的。

四、余　　论

相关研究表明，从我国东北至西南的边地有一条“半月形文化传播带”，即从青藏高原东北不断向东延伸的青海的祁连山脉、宁夏的贺兰山脉、内蒙古的阴山山脉，直至辽宁、吉林的大兴安岭，从青藏高原的西南部，由四川西部通向云南西北部的横断山脉，由东北至西南呈一半月形的区域[30]。这一文化传播带的存在，为北方青铜文化的南下提供了可能。

在云南地区的青铜文化中，就发现过许多较明显的具有北方草原文化色彩的遗物，如动物纹铜牌饰、曲茎剑、弧背铜刀、带柄铜镜、双耳陶罐、蚀花肉红石髓珠等。张增祺先生认为，这些遗物与我国北方的草原文化有着密切的关系[31]；林沄先生也认为，三叉格铜剑和铜柄铁剑也为北方草原青铜文化的南下提供了重要线索[32]。

不仅如此，我国的古籍文献中对北方草原文化的南下也有过相关记载，《后汉书·西羌传》载：

> 至爰剑曾孙忍时，秦献公初立，欲复穆公之迹，兵临渭首，灭狄獂戎。忍季父卬畏秦之威，将其种人附落而南，出赐支河曲数千里，与众羌绝远，不复交通。其后子孙分别，各自为种，任随所之。或为牦牛种，越巂羌是

也；或为白马种，广汉羌是也；或为参狼种，武都羌是也……忍生九子为九种，舞生十七子为十七种……[33]

可见，约当公元前4世纪时，属北方氐羌族系的民族曾有过大规模的西进与南下；因此我们认为，双圆饼形首短剑在川西、滇西、青藏高原地区的使用和传播是有其相关历史背景依据的。

川、滇、青藏高原地区出土的双圆饼形首短剑多出自滇西高原和四川西昌凉山一带，这个地带地处横断山脉南端，根据其出土地点与年代特征，我们可以看出，双圆饼形首短剑的传播路径大致是由青藏、川、滇高原由北向南的“民族走廊”传播的。

在战国秦汉时期的川西、滇高原的“民族走廊”地区，生活着以滇、巂、昆明为主的“西南夷”。《史记·西南夷列传》载：

……其西靡莫之属以什数，滇最大；自滇以北君长以什数，邛都最大；此皆魋结，耕田，有邑聚。其外西自同师以东，北至楪榆，名为巂、昆明，皆编发，随畜迁徙，毋常处，毋君长，地方可数千里。自巂以东北，君长以什数，徙、筰都最大……[34]

因此我们认为，双圆饼形首短剑除在一定程度上保留其典型的形制特征外（如双圆饼形首），其剑格、剑刃的发展与演变进程明显受到川西、滇西地区土著青铜文化的影响，这无疑与战国秦汉时期川西、滇西高原的西南各族群之间的文化交流与传播有着必然的联系。

注 释

［1］霍巍：《试论西藏及西南地区出土的双圆饼形首青铜短剑》，《庆祝张忠培先生七十岁论文集》，科学出版社，2004年，第437～447页。

［2］云南省文物考古研究所：《剑川鳌凤山古墓发掘报告》，《考古学报》1990年第2期，第239～265页。

［3］云南省博物馆文物工作队：《云南德钦县纳古石棺墓》，《考古》1983年第3期，第220～225页。

［4］云南省博物馆保管部：《云南永胜金官龙潭出土青铜器》，《中国西南地区石棺葬文化调查与发现（1938～2008）》，四川大学出版社，2009年，第535～547页。

［5］云南省博物馆文物工作队：《云南宁蒗县大兴镇古墓葬》，《考古》1983年第3期，第226～232页。

［6］a. 成都市文物考古研究所、凉山彝族自治州博物馆：《老龙头墓地与盐源青铜器》，文物出版社，2009年，第69～71、172页。

b. 成都文物考古研究所、凉山州博物馆、盐源县文物管理所、西昌市文物管理所：《盐源地区近年新出土青铜器及相关遗物报告》，《成都考古发现（2009）》，科学出版社，2011年，第236～279页。

［7］现收藏于凉山彝族自治州博物馆，编号A135，转引自霍巍：《西南考古与中华文明》，巴蜀书社，2011年，第341页。

［8］四川大学中国藏学研究所、四川大学考古学系、西藏自治区文物局：《西藏札达县皮央·东嘎遗址古墓群试掘简报》，《考古》2001年第6期，第14～31页。

［9］注：仅按有发掘简报和报告数据统计。其中，鳌凤山1件、德钦纳古1件、永胜金官龙潭25件、宁蒗大兴1件、盐源16件、干海1件、格林塘1件，总计46件。

［10］注：因简报中无编号，故暂将简报中图下所标型式号作为编号。

［11］徐学书：《关于滇文化和滇西青铜文化年代的再探讨》，《考古》1999年第5期，第75～84页。

［12］成都市文物考古研究所、凉山彝族自治州博物馆：《老龙头墓地与盐源青铜器》，文物出版社，2009年，第185页。

［13］霍巍：《试论西藏及西南地区出土的双圆饼形首青铜短剑》，《庆祝张忠培先生七十岁论文集》，科学出版社，2004年，第437～447页。

［14］李逸友：《内蒙古和林格尔县出土的铜器》，《文物》1959年第6期，第79页。

［15］河北省文化局文物工作队：《河北怀来北辛堡战国墓》，《考古》1966年第5期，第231～242页。

［16］田广金、郭素新：《鄂尔多斯式青铜器》，文物出版社，1986年，第259、260页。

［17］翟德芳：《中国北方地区青铜短剑分群研究》，《考古学报》1988年第3期，第277～301页。

［18］云南省博物馆文物队：《云南德钦永芝发现的古墓葬》，《考古》1975年第4期，第244～248页。

［19］张增祺：《略论滇西地区的青铜剑》，《考古》1983年第7期，第641～645页。

［20］云南省文物考古研究所、昆明市博物馆、晋宁县文物管理所：《晋宁石寨山——第五次发掘报告》，文物出版社，2009年，第54页。

［21］云南省文物考古研究所、玉溪市文物管理局、江川县文化局：《江川李家山——第二次发掘报告》，文物出版社，2007年，第74页。

［22］贵州省文化厅、贵州省博物馆：《贵州文物精华》，贵州人民出版社，2006年，第39页。

［23］西昌地区博物馆：《西昌河西大石墓群》，《考古》1978年第2期，第91～96页。

［24］云南省文物考古研究所、中共泸西县委、泸西县人民政府等：《泸西石洞村、大逸圃墓地》，云南科技出版社，2009年，第49页。

［25］成都市文物考古研究所、凉山彝族自治州博物馆：《老龙头墓地与盐源青铜器》，文物出版社，2009年，第71页。

［26］成都文物考古研究所、凉山州博物馆、盐源县文物管理所、西昌市文物管理所：《盐源地区近年新出土青铜器及相关遗物报告》，《成都考古发现（2009）》，科学出版社，2011年，

第236～279页。

[27] 毕洋：《云贵高原战国秦汉时期的青铜剑研究》，贵州大学硕士学位论文，2017年，第125页。

[28] 成都文物考古研究所、凉山彝族自治州博物馆：《老龙头墓地与盐源青铜器》，文物出版社，2009年，第71页。

[29] 成都文物考古研究所、凉山彝族自治州博物馆：《老龙头墓地与盐源青铜器》，文物出版社，2009年，第71页。

[30] 童恩正：《试论我国从东北至西南边地半月形文化传播带》，《文物与考古论集》，文物出版社，1986年，第17～43页。

[31] 张增祺：《云南青铜时代的“动物纹”牌饰及北方草原文化遗物》，《考古》1987年第9期，第808～820页。

[32] 林沄：《关于中国的对匈奴族源的考古学研究》，《林沄学术文集》，中国大百科全书出版社，1998年，第368～386页。

[33] （宋）范晔撰，（唐）李贤等注：《后汉书》，中华书局，1965年，第2875、2876页。

[34] （汉）司马迁撰，（宋）裴骃集解，（唐）张守节正义：《史记》，中华书局，2013年，第3601页。

西藏山南市结萨石室墓M2颅骨种系研究

傅家钰[1]　罗布扎西[2]　陈　靓[1]

（1. 西北大学文化遗产学院，西北大学文化遗产研究与保护技术教育部重点实验室；
2. 西藏自治区文物保护研究所）

一、引　　言

结萨石室墓地位于西藏自治区山南市乃东区泽当镇结萨村一组居委会，省道101线南约120米处。墓地地处佳瓦日苏山口东麓冲积扇前缘，雅鲁藏布江南岸，北距江边约1.7千米。2016年7～8月，西藏自治区文物保护研究所、山南市文物局联合对墓地进行了考古发掘，共发掘清理了10座石室墓，人骨保存较差，仅在M2墓底发现一具保存相对较好的30岁左右的男性个体[1]。M2为石室墓，四壁石砌体及顶部盖石均保存完整，墓主人头向西，面朝南，为右侧屈肢葬，^{14}C测年结果为距今2210年±30年。山南市位于冈底斯山至念青唐古拉山以南，雅鲁藏布江中下游，是西藏古文明的发祥地。结萨墓地所在的泽当镇附近的萨热村是传说中西藏的第一块良田。对结萨墓地M2头骨种系特征的研究，将为我们了解西藏高原雅砻河流域古代人群的交流、融合提供有价值的信息。

二、颅骨形态观察与测量

结萨石室墓M2颅骨及下颌骨左侧破损，右侧保存较好。颅骨左侧顶骨、颞骨及枕骨残破，下颌骨左侧下颌支残破。全部牙齿均保留，第三臼齿全部萌出（图一；图版三〇）。

依据《人体测量手册》[2]和《人体测量方法》[3]，M2颅骨形态观察特征如下：卵圆形颅；眉弓突度显著，眉弓范围达到眶上缘中点，眉间突度中等；前额倾斜；乳突大；眶形为方形，眶口平面呈前倾型；梨形梨状孔，其下缘为鼻前窝形；鼻前棘稍显；犬齿窝中等；鼻根凹陷深；翼区为额颞型；额鼻缝方凸型；鼻梁凹凸型，鼻骨为上窄型；颧骨高且宽，下缘方折明显；矢状嵴显著；无额中缝；腭形为V形；腭圆枕瘤

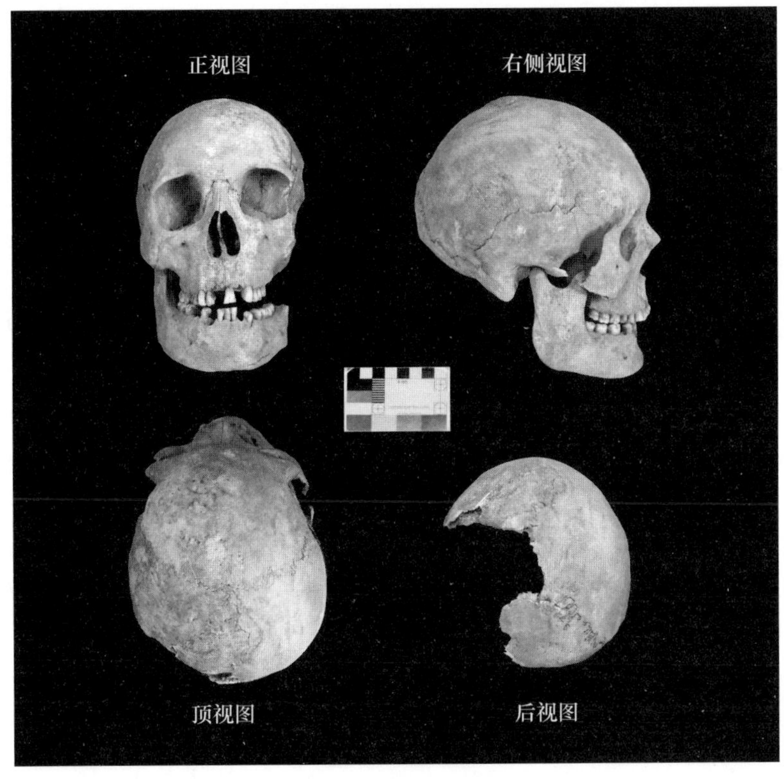

图一　结萨M2颅骨

状；颏型为方形，下颌角区为直型，颏孔位于P2位，无下颌圆枕，为非摇椅型下颌。

M2的测量特征如下：从颅长高指数（72.65）来看，属于正颅型；从眶指数（85.94）看，属于高眶型；从鼻指数（41.03）看，属于狭鼻型；面突指数（97.98）处于正颌型上限，中颌型的下限水平；齿槽弓指数（138.65）属于短颌型；腭指数（78.71）属于狭腭型；鼻根部突起程度略大（41.67），垂直颅面指数（60.66）显示拥有非常大的垂直颅面比例，鼻颧角（145.29）显示其上面部扁平程度较大。

总体来说，结萨M2具有不太明显的犬齿窝、鼻前窝型梨状孔下缘、稍显的鼻前棘、高且宽的颧骨、方折明显的颧颌下缘转折、显著的矢状嵴等，表现出亚洲蒙古人种的特点；但方形的眶形、前倾型的眶口平面、较深的鼻根凹陷、方凸型额鼻缝、上翘的鼻尖、较大的鼻骨隆起程度等则显示出欧亚人种因素。同时，M2个体的上下颌第三臼齿全部萌出，下颌第二臼齿为四尖型。蒙古人种下颌第二臼齿五尖型出现率及第三臼齿先天缺失率较高[4]，也说明了M2可能带有欧亚人种成分。

三、种系类型分析

（一）与三大主干人种比较

由于结萨M2的颅骨形态特征同时具有蒙古人种和欧罗巴人种的特征，需要先确定其在三大主干人种中的位置。将结萨M2的面部测量观察项目与三大人种的变异范围进行比较[5]，比较项目见表一。

表一　结萨M2与三大人种的比较

马丁号	比较项目	结萨M2	赤道人种	欧亚人种	亚美人种
54：55	鼻指数	41.03	51～60	43～49	43～53
SR：O3	鼻尖点指数	41.41	20～35	40～48	30～39
SS：SC	鼻根指数	41.67	20～45	46～53	31～49
77	鼻颧角	145.29	140～142	约135	145～149
48	上面高n-sd	82.20	62～71	66～74	70～80
52	眶高R	38.50	30～34	33～34	34～37
61：60	齿槽弓指数	138.65	109～116	116～118	116～126
48：17	垂直颅面指数	60.66	47～53	50～54	52～60
	犬齿窝	中等	深	深	浅

结萨M2在赤道人种和欧亚人种的变异范围中各落入一项，鼻尖点指数落入欧亚人种范围，鼻根指数落入赤道人种的变异范围。与亚美人种比较，M2鼻根指数与鼻颧角的数值落入其变异范围。虽然结萨M2在表一比较项目上与三大人种均有较大出入，但观察三大人种各项目的变异范围可以发现，M2的鼻指数较接近欧亚人种和亚美人种的下限，上面高、眶高和垂直颅面指数也很接近亚美人种的上限，因此结萨M2仍然表现出与亚美人种具有更多的共性。

（二）与现代亚洲蒙古人种四大类型的比较

与三大人种的比较显示，结萨M2与亚美人种较为相似，下面将其与亚洲蒙古人种的4个区域类型[6]进行比较，进一步确定其次一级的种系类型，比较项目见表二。

表二 结萨M2与现代亚洲蒙古人种的比较

马丁号	比较项目	结萨M2	现代亚洲蒙古人种			
			北亚类型	东北亚类型	东亚类型	南亚类型
1	颅长	186.50	174.90 ~ 192.70	180.70 ~ 192.40	175.00 ~ 182.20	169.90 ~ 181.30
17	颅高	135.50	127.10 ~ 132.40	132.90 ~ 141.10	135.30 ~ 140.20	134.40 ~ 137.80
9	最小额宽	85.50	90.60 ~ 95.30	94.20 ~ 96.90	89.00 ~ 93.70	89.70 ~ 95.40
48	上面高n-sd	82.20	72.10 ~ 77.60	74.00 ~ 79.40	70.20 ~ 76.60	66.10 ~ 71.50
77	鼻颧角	145.29	147.00 ~ 151.40	149.00 ~ 152.00	145.00 ~ 146.60	142.10 ~ 146.00
17：1	颅长高指数	72.65	67.40 ~ 73.50	72.60 ~ 75.20	74.30 ~ 80.10	76.50 ~ 79.50
48：17	垂直颅面指数	60.66	55.80 ~ 59.20	53.00 ~ 58.40	52.00 ~ 54.90	48.00 ~ 52.50
52：51	眶指数R	85.94	79.30 ~ 85.70	81.40 ~ 84.90	80.70 ~ 85.00	78.20 ~ 81.00
54：55	鼻指数	41.03	45.00 ~ 50.70	42.60 ~ 47.60	45.20 ~ 50.20	50.30 ~ 55.50
SS：SC	鼻根指数	41.67	26.90 ~ 38.50	34.70 ~ 42.50	31.00 ~ 35.00	26.10 ~ 36.10

与北亚类型比较，结萨M2的颅长和颅长高指数落入其变异范围，垂直颅面指数和眶指数较接近其上限。与东亚类型和南亚类型比较，结萨M2仅有颅高和鼻颧角落入其变异范围，眶指数较接近东亚类型的上限值。与东北亚类型比较，结萨M2的颅长、颅高、颅长高指数和鼻根指数均落入其变异范围。根据以上对比，结萨M2个体各项数据落入东北亚类型变异范围的项目数最多，同时该个体落入北亚类型变异范围的颅长和颅长高指数，以及落入东亚、南亚类型范围的颅高值也都在东北亚类型的波动范围内。因此，结萨M2与东北亚蒙古人种存在较多共性，而与南亚蒙古人种存在较为明显的差异。

（三）与近代组比较

本文选择了华北组[7]、华南组[8]、印尼组[9]、西藏A组、西藏B组[10]、爱斯基摩东南组、楚克奇河滨组、楚克奇驯鹿组、蒙古组和通古斯驯鹿组[11]这10个近代蒙古人种对比组与结萨M2数据进行比较，比较项目见表三。利用表三的测量数据，分别计算各组之间的欧氏距离系数，结果见表四。利用SPSS21中文版软件处理数据，生成树状聚类图，见图二。

表三 结萨M2与近代蒙古人种的比较

组别	1	2	3	4	5	6	7	8	9	10	11
颅长	186.50	178.50	179.90	174.90	174.80	185.50	181.80	182.90	184.40	182.20	185.50
颅高	135.50	137.20	137.80	135.60	131.20	134.10	135.00	133.80	136.90	131.40	126.30

续表

组别	1	2	3	4	5	6	7	8	9	10	11
最小额宽	85.50	89.40	91.50	92.80	92.60	94.30	94.90	95.70	94.80	94.30	90.60
上面高sd	82.20	75.30	73.80	66.60	69.40	75.60	77.50	78.00	78.90	78.00	75.40
鼻宽	24.00	25.00	25.20	26.80	25.70	27.10	24.40	24.60	24.90	27.40	27.10
鼻高	58.50	55.30	52.60	50.60	51.00	54.90	54.60	55.70	56.10	56.50	55.30
眶宽R	44.80	44.00	42.10	41.70	41.50	43.40	43.40	44.10	43.60	43.20	43.00
眶高R	38.50	35.50	34.60	34.20	35.00	36.70	35.90	36.30	36.90	35.80	35.00
颅长高指数	72.65	77.02	77.02	77.50	75.10	72.10	74.26	73.15	74.24	72.12	68.09
鼻指数	41.03	45.23	48.50	51.50	50.40	49.40	44.80	44.70	44.50	48.60	49.40
眶指数	85.94	80.66	84.90	80.20	84.20	84.60	83.00	82.40	84.50	82.90	81.50

注：1. 结萨M2；2. 华北组；3. 华南组；4. 印尼组；5. 西藏A组；6. 西藏B组；7. 爱斯基摩东南组；8. 楚克奇河滨组；9. 楚克奇驯鹿组；10. 蒙古组；11. 通古斯驯鹿组

表四　结萨M2与近代各组之间的Euclidean距离

	1	2	3	4	5	6	7	8	9	10	11
1	0.000										
2	14.670	0.000									
3	17.033	7.029	0.000								
4	26.375	13.223	11.026	0.000							
5	23.425	12.774	10.063	7.230	0.000						
6	14.963	12.091	9.810	16.689	14.073	0.000					
7	13.503	8.091	8.345	16.185	13.672	7.408	0.000				
8	13.316	9.857	10.621	17.794	15.074	7.081	2.654	0.000			
9	11.444	10.139	10.086	19.238	17.031	7.426	4.269	4.470	0.000		
10	14.920	11.267	11.066	16.964	13.496	5.565	6.739	5.854	8.234	0.000	
11	17.430	16.515	16.461	20.007	16.082	10.172	13.510	12.393	14.958	8.854	0.000

注：1. 结萨M2；2. 华北组；3. 华南组；4. 印尼组；5. 西藏A组；6. 西藏B组；7. 爱斯基摩东南组；8. 楚克奇河滨组；9. 楚克奇驯鹿组；10. 蒙古组；11. 通古斯驯鹿组

从表四可以看出，结萨M2与楚克奇驯鹿组、楚克奇河滨组和爱斯基摩东南组这三组东北亚人群欧氏距离最小，而与印尼组和西藏A组欧氏距离最大。在聚类图中，结萨M2仍然与印尼组和西藏A组差距最大，但并未与东北亚对比组聚类在一起。虽然结萨M2与东北亚各组的欧氏距离较小，但在最小额宽的数值上二者差异显著，且M2的鼻型较窄，可能是造成其与东北亚各组聚类松散的原因。印尼组为南亚类型蒙古人种，西藏A组颅骨较纤细，头型较短，面部较低较狭窄，中鼻型，较接近南亚蒙古人种，该组类型人群主要分布在西藏南部地区。无论是欧氏距离系数还是聚类图，结萨M2都与

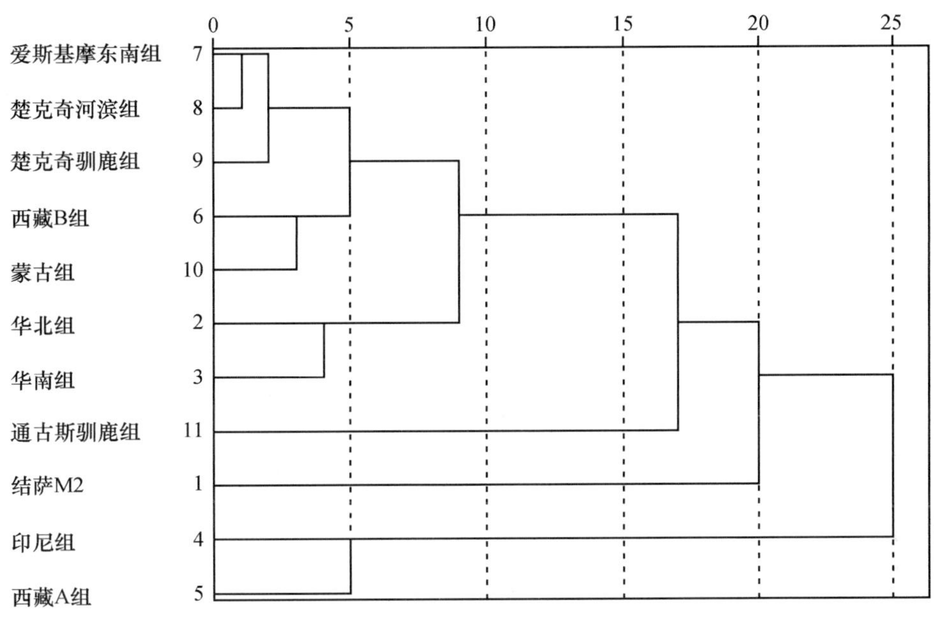

图二 结萨M2与近代各组之间的聚类图

印尼组和西藏A组差异最大，表明结萨M2与南亚蒙古人种存在明显差异。相较于西藏A组，M2与西藏B组表现出了更多的相似性，颅骨较粗壮，头型偏长，高面狭鼻。西藏B组多来自与云南、四川毗邻的藏东昌都地区，与我国西北地区古代居民联系较为紧密，接近大陆蒙古人种[12]。由此看来，结萨M2的种系来源来自北方地区的可能性更大。

（四）与古代组比较

为了进一步分析结萨M2的种族类型及青藏高原地区古代居民的交流、融合，我们选择了布塔雄曲组[13]、故如甲木组[14]、察秀塘组[15]、关马山组[16]、白庙Ⅱ期组[17]、姜家梁组[18]、庙子沟组[19]、后套木嘎一期组[20]、仰韶合并组[21]、殷墟中小墓B组[22]、忻州窑子A组[23]、阳畔组[24]、阳山组[25]、阿哈特拉山组[26]、李家山组[27]、川西高原组[28]、堆子组[29]、磨盘山组[30]、多岗组[31]、察吾呼四号墓地组[32]、古墓沟组[33]、楼兰组[34]、流水组[35]这23个古代对比组与结萨M2进行比较，比较项目见表五。根据表五中的数据计算欧氏距离系数，结果见表六。同样利用SPSS21中文版软件处理数据，生成树状聚类图，见图三。

表五　结萨M2与各古代组的比较

组别	结萨M2	布塔雄曲组	故如甲木组	察秀塘组	关马山组	白庙Ⅱ期组	姜家梁组	庙子沟组	后套木嘎一期组	仰韶合并组	殷墟中小墓B组	忻州窑子A组
颅长	186.50	183.00	187.00	178.00	181.30	181.13	178.27	177.63	183.70	180.70	183.66	178.50
颅高	135.50	131.00	129.60	134.00	141.79	140.00	138.10	140.93	138.30	142.53	139.72	127.90
上面高sd	82.20	70.00	66.43	70.20	74.50	76.38	75.53	73.50	81.96	73.38	73.61	78.10
鼻宽	24.00	29.00	24.45	23.30	26.50	26.85	27.04	26.23	28.93	27.56	26.98	26.80
鼻高	58.50	59.50	50.19	53.50	54.11	54.50	55.58	52.63	61.40	53.36	53.03	56.60
眶宽R	44.80	41.50	41.46	38.20	42.94	44.25	44.41	43.93	42.75	43.41	43.05	42.80
眶高R	38.50	34.50	33.08	35.00	31.92	33.15	33.39	32.93	36.74	33.48	33.54	32.40
颅长高指数	72.65	71.58	69.23	75.28	78.60	77.31	78.74	79.57	75.29	78.62	75.93	71.80
垂直颅面指数	60.66	53.44	[51.26]	52.39	53.18	[54.56]	54.58	52.05	59.26	51.60	53.17	61.40
鼻指数	41.03	48.74	50.62	43.55	48.67	49.23	49.00	49.90	47.12	52.08	51.21	47.40
眶指数	85.94	83.13	79.85	91.62	74.43	77.47	77.39	74.94	85.94	77.18	77.62	75.90

组别	阳畔组	阳山组	阿哈特拉山组	李家山组	川西高原组	堆子组	磨盘山组	多岗组	察吾呼四号墓地组	古墓沟组	楼兰组	流水组
颅长	176.00	181.80	182.90	182.20	185.50	185.00	184.00	178.40	183.40	184.25	193.75	183.30
颅高	129.50	133.90	138.20	136.50	134.30	132.50	132.00	132.20	135.80	137.54	145.25	129.20
上面高sd	72.00	75.60	74.80	77.30	74.30	67.50	64.70	68.40	70.70	68.68	79.65	74.20
鼻宽	25.10	25.90	26.10	26.70	26.10	26.00	27.30	26.20	24.80	26.16	25.50	24.00
鼻高	55.20	54.80	55.20	57.00	52.10	48.50	50.80	51.20	51.30	50.87	56.20	52.90
眶宽R	42.10	42.20	42.80	43.20	40.90	41.75	41.00	40.50	42.20	43.58	41.40	40.00
眶高R	33.00	33.30	35.20	35.40	45.00	33.00	33.20	31.60	31.80	31.50	34.80	34.90
颅长高指数	73.30	73.76	75.60	74.96	72.10	71.71	71.73	74.30	74.20	74.50	74.91	70.30
垂直颅面指数	[55.60]	56.29	54.30	56.99	[55.32]	46.14	49.02	51.90	51.90	50.27	54.98	57.60
鼻指数	45.46	47.25	47.40	47.01	49.80	53.43	53.74	51.50	48.70	51.48	45.22	45.60
眶指数	78.46	79.29	82.30	82.02	83.20	79.28	80.97	78.00	75.30	72.29	84.05	88.00

注：[ ] 内数值为根据平均数计算出的近似值。

表六　结萨M2与各古代组之间的Euclidean距离

	1. 结萨M2	2. 布塔雄曲组	3. 故如甲木组	4. 察秀塘组	5. 关马山组	6. 白庙Ⅱ期组	7. 姜家梁组	8. 庙子沟组	9. 后套木嘎一期组	10. 仰韶合并组	11. 殷墟中小墓B组	12. 忻州窑子A组
1. 结萨M2	0.000	18.837	24.953	20.340	21.917	18.273	19.331	24.016	10.088	23.316	20.145	18.272
2. 布塔雄曲组	18.837	0.000	12.832	15.082	17.568	15.185	14.760	18.361	16.284	17.135	13.937	15.241
3. 故如甲木组	24.953	12.832	0.000	19.172	19.849	18.908	19.646	20.336	25.271	19.401	15.368	19.890
4. 察秀塘组	20.340	15.082	19.172	0.000	21.587	19.466	18.808	21.037	19.983	20.757	19.274	22.470
5. 关马山组	21.917	17.568	19.849	21.587	0.000	4.837	6.441	4.844	18.404	5.309	6.200	18.381
6. 白庙Ⅱ期组	18.273	15.185	18.908	19.466	4.837	0.000	3.988	6.611	14.494	6.074	5.070	15.695
7. 姜家梁组	19.331	14.760	19.646	18.808	6.441	3.988	0.000	6.020	15.256	7.402	7.653	14.657
8. 庙子沟组	24.016	18.361	20.336	21.037	4.844	6.611	6.020	0.000	20.359	5.074	7.944	19.087
9. 后套木嘎一期组	10.088	16.284	25.271	19.983	18.404	14.494	15.256	20.359	0.000	18.687	16.715	17.724
10. 仰韶合并组	23.316	17.135	19.401	20.757	5.309	6.074	7.402	5.074	18.687	0.000	5.286	20.491
11. 殷墟中小墓B组	20.145	13.937	15.368	19.274	6.200	5.070	7.653	7.944	16.715	5.286	0.000	17.404
12. 忻州窑子A组	18.272	15.241	19.890	22.470	18.381	15.695	14.657	19.087	17.724	20.491	17.404	0.000
13. 阳畔组	20.038	11.478	15.554	15.617	15.840	14.011	12.053	15.192	19.481	17.173	14.891	9.896
14. 阳山组	14.918	10.231	14.523	15.943	11.213	8.143	8.444	12.524	13.554	12.662	8.904	9.991
15. 阿哈特拉山组	14.428	11.107	16.159	14.148	10.073	6.775	8.092	11.455	11.780	9.949	7.100	15.888
16. 李家山组	11.625	11.299	18.223	15.769	12.055	7.984	8.618	13.603	8.613	12.778	9.898	12.832
17. 川西高原组	16.761	14.640	16.482	17.858	19.449	16.576	17.532	19.911	16.866	18.225	14.941	19.586
18. 堆子组	27.941	15.328	7.713	20.227	18.070	17.783	18.532	17.642	26.524	16.325	13.771	22.894
19. 磨盘山组	27.569	12.643	6.981	18.597	18.686	18.098	18.364	18.239	25.580	16.759	14.177	21.990
20. 多岗组	25.363	12.450	11.050	16.944	13.895	13.466	12.552	12.574	23.011	13.232	11.405	16.302

续表

	1. 结萨M2	2. 布塔雄曲组	3. 故如甲木组	4. 察秀塘组	5. 关马山组	6. 白庙Ⅱ期组	7. 姜家梁组	8. 庙子沟组	9. 后套木嘎一期组	10. 仰韶合并组	11. 殷墟中小墓B组	12. 忻州窑子A组
21. 察吾呼四号墓地组	22.299	13.671	11.076	18.980	9.372	9.862	10.860	10.294	21.165	10.512	7.189	16.494
22. 古墓沟组	26.689	16.898	13.141	23.491	10.469	12.251	13.376	11.055	24.713	10.711	8.839	20.254
23. 楼兰组	15.666	21.487	24.461	23.522	18.189	16.685	19.875	21.788	14.989	18.830	16.339	25.838
24. 流水组	14.876	12.019	14.838	11.852	21.676	18.449	18.679	22.369	16.879	21.816	17.937	15.553

	13. 阳畔组	14. 阳山组	15. 阿哈特拉山组	16. 李家山组	17. 川西高原组	18. 堆子组	19. 磨盘山组	20. 多岗组	21. 察吾呼四号墓地组	22. 古墓沟组	23. 楼兰组	24. 流水组
1. 结萨M2	20.038	14.918	14.428	11.625	16.761	27.941	27.569	25.363	22.299	26.689	15.666	14.876
2. 布塔雄曲组	11.478	10.231	11.107	11.299	14.640	15.328	12.643	12.450	13.671	16.898	21.487	12.019
3. 故如甲木组	15.554	14.528	16.159	18.223	16.482	7.713	6.981	11.050	11.076	13.141	24.461	14.838
4. 察秀塘组	15.617	15.943	14.148	15.769	17.858	20.227	18.597	16.944	18.980	23.491	23.522	11.852
5. 关马山组	15.840	11.213	10.073	12.055	19.449	18.070	18.686	13.895	9.372	10.469	18.189	21.676
6. 白庙Ⅱ期组	14.011	8.143	6.775	7.984	16.576	17.783	18.098	13.466	9.862	12.251	16.685	18.449
7. 姜家梁组	12.053	8.444	8.092	8.618	17.532	18.532	18.364	12.552	10.860	13.376	19.875	18.679
8. 庙子沟组	15.192	12.524	11.455	13.603	19.911	17.642	18.239	12.574	10.294	11.055	21.788	22.369
9. 后套木嘎一期组	19.481	13.554	11.780	8.613	16.866	26.524	25.580	23.011	21.165	24.713	14.989	16.879
10. 仰韶合并组	17.173	12.662	9.949	12.778	18.225	16.325	16.759	13.232	10.512	10.711	18.830	21.816
11. 殷墟中小墓B组	14.891	8.904	7.100	9.898	14.941	13.771	14.177	11.405	7.189	8.839	16.339	17.937
12. 忻州窑子A组	9.896	9.991	15.888	12.832	19.586	22.894	21.990	16.302	16.494	20.254	25.838	15.553
13. 阳畔组	0.000	8.452	12.766	12.168	17.817	17.672	16.420	9.956	12.160	16.498	25.706	13.296

续表

	13. 阳畔组	14. 阳山组	15. 阿哈特拉山组	16. 李家山组	17. 川西高原组	18. 堆子组	19. 磨盘山组	20. 多岗组	21. 察吾呼四号墓地组	22. 古墓沟组	23. 楼兰组	24. 流水组
14. 阳山组	8.452	0.000	6.398	5.490	13.672	16.224	15.767	11.154	9.131	13.837	17.968	11.541
15. 阿哈特拉山组	12.766	6.398	0.000	4.616	12.302	16.378	15.954	13.199	10.490	14.390	14.254	13.186
16. 李家山组	12.168	5.490	4.616	0.000	12.911	19.429	18.737	15.180	13.040	17.112	15.249	12.591
17. 川西高原组	17.817	13.672	12.302	12.911	0.000	17.899	17.390	17.794	16.662	19.690	19.177	13.706
18. 堆子组	17.672	16.224	16.378	19.429	17.899	0.000	5.284	10.028	10.593	10.775	25.064	18.957
19. 磨盘山组	16.420	15.767	15.954	18.737	17.390	5.284	0.000	8.832	11.517	12.130	25.631	17.582
20. 多岗组	9.956	11.154	13.199	15.180	17.794	10.028	8.832	0.000	7.956	10.379	25.592	16.396
21. 察吾呼四号墓地组	12.160	9.131	10.490	13.040	16.662	10.593	11.517	7.956	0.000	5.603	20.232	17.090
22. 古墓沟组	16.498	13.837	14.390	17.112	19.690	10.775	12.130	10.379	5.603	0.000	22.679	22.064
23. 楼兰组	25.706	17.968	14.254	15.249	19.177	25.064	25.631	25.592	20.232	22.679	0.000	21.342
24. 流水组	13.296	11.541	13.185	12.591	13.706	18.957	17.582	16.396	17.090	22.064	21.342	0.000

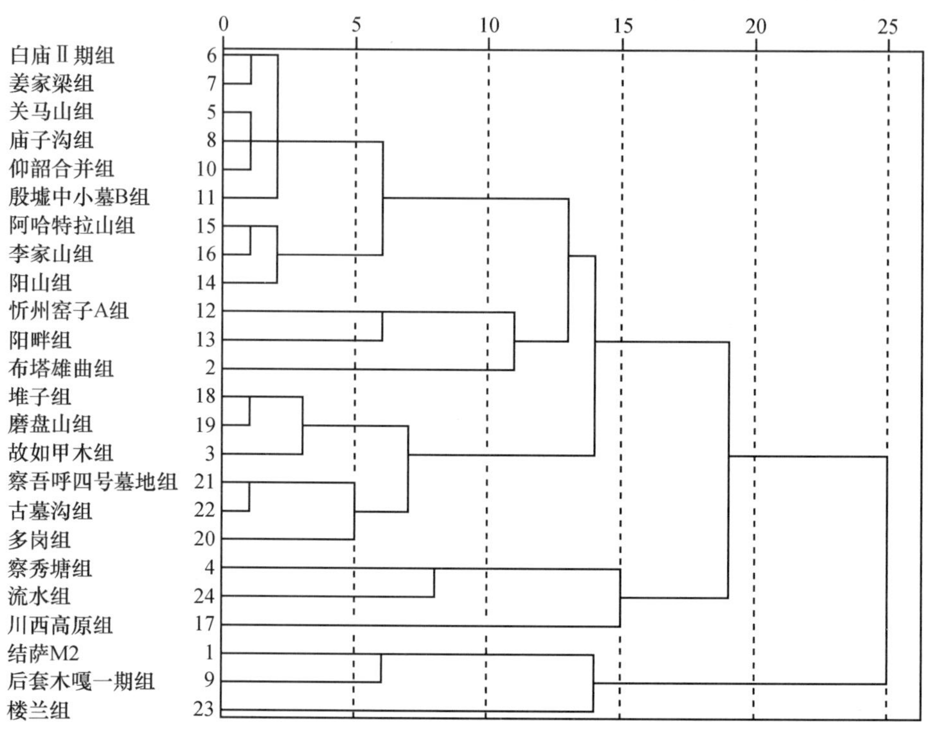

图三　结萨M2与各古代组之间的聚类图

根据表六的数据，结萨M2与后套木嘎一期组间的差异最小，其次是李家山组和阿哈特拉山组，但与来自云南的堆子组和磨盘山组差异较大。在聚类图中，结萨M2与后套木嘎一期组和楼兰组聚为一类，并且仍然与后套木嘎一期组距离最近，但却与李家山组和阿哈特拉山组距离较远。上述结果和结萨M2与近代组比较所得结果相符合，结萨M2头骨表现出了与南方人群的差异，而与北方人群更相似。李家山组和阿哈特拉山组人群属于“古西北类型”，其特征为偏长、偏狭的高颅型，中等偏狭的面宽，高而狭的面型，中等的面部扁平度，中眶狭鼻，正颌型。结萨M2在较大的颅长、很高的面型和狭鼻特征上与其相似，但在较低的颅高、较高的眼眶方面存在差异。后套木嘎一期组与东北亚蒙古人种最为接近，其特征表现为长颅、高颅、狭颅型，偏狭的中鼻型，高眶狭额，面部偏狭，上面部较为扁平，齿槽面角表现为突颌型。结萨M2与后套木嘎一期组的共同点在于较长的颅长、较狭的鼻型、高眶高面，但二者在颅高和面部扁平度方面存在差异。楼兰组主要为欧洲人种，接近长颅型的地中海东支类型（印度-阿富汗类型），特征为长、狭、高的颅型，上面很高，狭面，眉弓和眉间突度发达，鼻部和面部突起强烈，偏高的眶型，偏弱的犬齿窝。结萨M2与楼兰组在偏长的颅长、很高的上面高绝对值、高眶、发达的眉弓、眉间突度和突起的鼻部上比较接近，但二者之间聚类松散，仍然存在较大的差异性。

为了进一步分析结萨M2与各古代组之间的关系，对表五的数据进行了因子分析，分析结果见表七。为了更清晰地得到比较结果，表七中的数据为旋转后的成分矩阵。第一主成分得分较高的因子包括上面高、鼻高和垂直颅面指数，代表的是颅鼻面部特征。第二主成分得分较高的因子包括颅高、眶宽和颅长高指数。第三主成分得分较高的因子包括颅长、眶高和眶指数，代表的是颅长和眶部特征。第四主成分得分较高的因子包括鼻宽和鼻指数，代表的是鼻部特征。第一主成分的方差贡献率为33.87%，第二主成分为27.26%，第三主成分为12.57%，第四主成分为10.40%，这四项主成分的累积贡献率达到84.11%，可以反映绝大部分变量的信息。

表七　因子分析结果

	第一主成分	第二主成分	第三主成分	第四主成分
颅长	−0.101	0.059	0.886	−0.006
颅高	−0.005	0.945	0.251	0.056
上面高sd	0.860	0.396	0.189	0.023
鼻宽	0.069	0.139	−0.011	0.938
鼻高	0.897	0.080	0.073	0.257
眶高R	0.396	−0.153	0.664	−0.040
眶宽R	0.255	0.624	−0.196	0.434
垂直颅面指数	0.946	−0.073	−0.001	−0.014
颅长高指数	0.053	0.875	−0.302	0.064
鼻指数	−0.794	0.017	−0.069	0.561
眶指数	0.420	−0.388	0.507	−0.415

图四是利用因子得分绘制的第一、二、三主成分散点图，图五是第一、二、四主成分散点图。虽然两图中各个对比组的位置略有差异，但总体上并未出现大的变化。在图四中，结萨M2与后套木嘎一期组、阳山组、李家山组距离最近。在图五中，结萨M2与察秀塘组距离最近，与其他各古代组间的距离较大，在其他各古代组中仅李家山组、后套木噶一期组和阳山组距离稍近。从两张散点图可以看到，结萨M2与后套木嘎一期组和代表“古西北类型”的李家山组、阳山组始终保持着相对接近的距离。察秀塘组颅长和眶指数与结萨M2存在明显差异，这两个项目作为第三主成分的主要得分因子使察秀塘组在图四中与结萨M2存在一定距离，但将第三主成分换为第四主成分后，由于察秀塘组与结萨M2在鼻指数上较后套木嘎一期组、李家山组和阳山组明显接近，因此在图五中察秀塘组成为最接近结萨M2的对比组。但第三主成分的贡献率比第四主成分稍高，且在图五中，除了察秀塘组，后套木嘎一期组、李家山组和阳山组仍然是与结萨M2距离最近的对比组，因此结萨M2与上述三组人群可能存在更近的亲缘关系。同时，在图四和图五中，结萨M2始终与处于西南地区的川西高原组、堆子组、磨盘山组，属于“古中原类型”的仰韶合并组、殷墟中小墓B组以及共同来自西藏地区的布塔

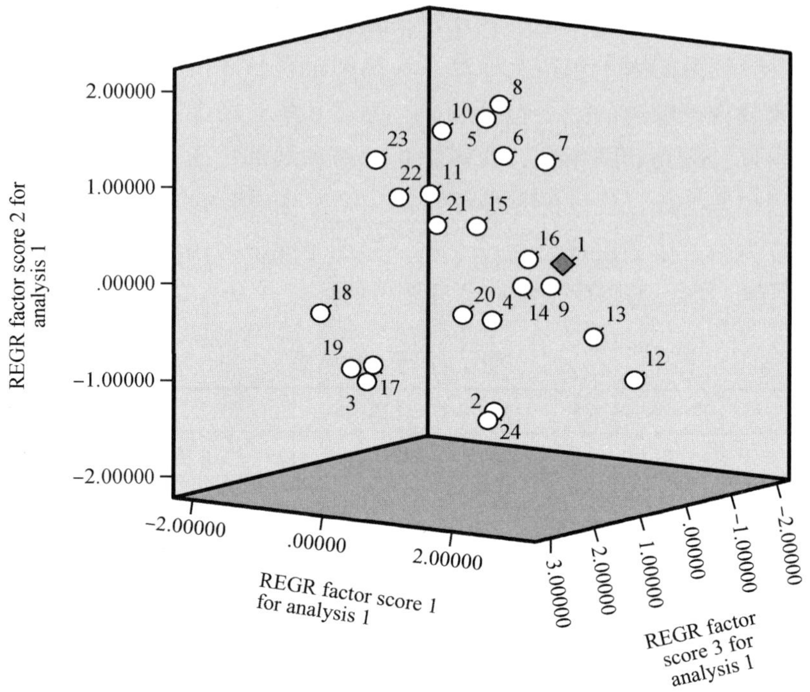

图四　第一、二、三主成分散点图

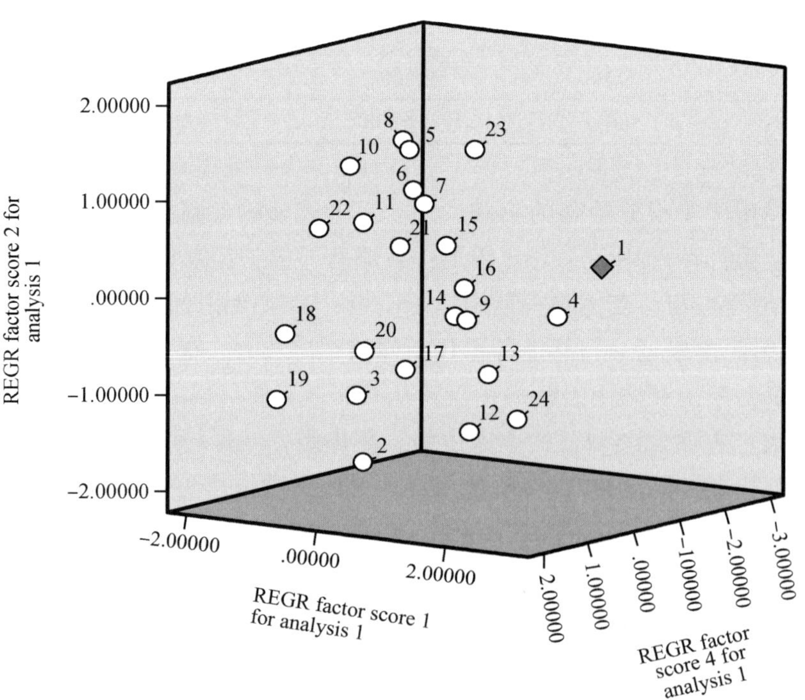

图五　第一、二、四主成分散点图

雄曲组和故如甲木组差距很大，结萨M2与这些人群可能存在不同的种系来源。

综合聚类分析和因子分析的结果来看，结萨M2与最接近东北亚蒙古人种但却具有狭面倾向的后套木嘎一期组以及代表“古西北类型”的李家山组、阳山组、阿哈特拉山组具有较接近的种系特征，同时还存在一定程度的欧亚人种因素，而与来自西南地区的人群存在较大差异。但是由于M2头骨部分残缺，缺少颅宽、颧宽、鼻颧角等测量项目，使得他与不同组的比较受到限制。从倾斜的额部、颌型和上面部扁平程度来看，结萨M2与“古西北类型”人群更为接近，与后套木嘎代表的“古东北类型”“古华北类型”人群表现出一定的差异性。后套木嘎一期组在高颅和突颌方面与结萨M2差异明显，二者之间的接近关系更可能是结萨M2能够参与比较的测量项目偏少导致的结果。

四、西藏高原古代人群的种族特征讨论

目前，西藏地区做过体质人类学研究并且资料已发表的遗址共有5处，除林芝村发现的人骨年代不详外[36]，其余四处遗址按年代顺序分别为曲贡遗址（公元前17～前15世纪）、布塔雄曲墓地（公元前8～前5世纪）、故如甲木墓地（公元3～4世纪）和察秀塘祭祀遗迹（公元9～11世纪）。

曲贡遗址位于拉萨市北郊曲贡村以北，保存一例可供测量观察的女性颅骨。该个体表现为颅长宽指数的中颅型、颅长耳高指数的高颅型和颅宽耳高指数的中颅型，狭额阔鼻，中眶，总面角和鼻面角的平颌型，齿槽面角的中颌型，中等上面型以及颇为扁平的上面部特点，显示出明显的蒙古人种特征，且与东亚类型更接近，与藏族A型和藏族B型均有相似之处[37]。

布塔雄曲墓地位于安多县强玛镇一村东南，出土一例男性个体。该个体颅型偏阔，中眶中鼻，阔额，阔上面型，正颌型，上面部形态较为扁平，总面角呈平颌型，齿槽面角呈略突的突颌型。属于亚洲蒙古人种，且与北亚蒙古人种最相似。与古代组比较，布塔雄曲组与“古蒙古高原类型”人群最相似，并且与甘青地区的马家窑文化、卡约文化等“古西北类型”人群存在明显差异，可能来自青藏高原以北地区[38]。

故如甲木墓地位于噶尔县门士乡故如甲木寺庙附近。故如甲木人群的特征为偏圆偏低的阔颅型，狭额，高眶阔鼻，低狭面，突颌，较大的上面部扁平度。总体上表现出蒙古人种的主要特点，低狭面、阔鼻的特征更近似南亚蒙古人种。与近现代人群比较，较接近广西壮族和藏族 A 型。与古代组比较，接近四川卡莎湖和新疆察吾呼四号墓地及多岗的古代人群。线粒体DNA分析显示，故如甲木人群的母系遗传主要来自欧亚东部，但也有少量来自欧亚西部[39]。

察秀塘祭祀遗迹位于那曲县罗马乡十七村辖地，仅发现一例无下颌的男性头骨。该例个体表现出圆、高颅结合中颅型的颅型，狭鼻高眶，偏窄的上面型及较大的上面

部扁平度，与蒙古人种基本一致。相较于藏族B型，察秀塘组更接近藏族A型[40]。

年代最早的曲贡人群可能代表了西藏高原地区比较原始的特征，狭额阔鼻，中眶型，中等的上面高和较扁平的上面部。青铜时代以后，更多来自北方的因素开始介入青藏高原地区人群的体质特征，短颅、阔颅、狭鼻高眶的倾向开始更多地出现。

较低的颅型和较扁平的上面部形态一般被认为是北亚蒙古人种或来自北方民族的种族特征，但自新石器时代以来，西藏地区的古代人群始终维持着较低的颅高和较扁平的上面部扁平度，且这种特征在川西地区和金沙江流域也较为常见[41]，可能是青藏高原地区较为原始的特征。结萨M2颅型偏低，其颅长高指数数值（72.65）落入北亚蒙古人种和东北亚蒙古人种的变异范围，并临近东北亚蒙古人种的下限值，跟古代组比较，与忻州窑子A组和阳畔组代表的“古蒙古高原类型”，以及来自西南地区的川西高原组、堆子组和磨盘山组较为接近。但是从颅骨走向来看，结萨M2个体属于中长颅而不是圆颅，与北亚蒙古人种和“古蒙古高原类型”人群存在明显差异。从上面部形态来看，结萨M2鼻颧角数值（145.29）落入东亚和南亚蒙古人种的变异范围，与古代组比较，虽然结萨M2的上面部扁平程度较大，但小于来自北方的“古蒙古高原类型”“古东北类型”“古华北类型”人群和西南地区人群，而与“古中原类型”以及“古西北类型”人群更为接近。与同样位于西藏高原的古代组比较，布塔雄曲组（71.58）和故如甲木组（69.23）的颅长高指数也较低，但西藏各古代组的鼻颧角数值却都明显大于结萨M2个体。综合来看，结萨M2个体的低颅倾向应来自青藏高原地区人群原始特征的遗留，他稍小的上面部扁平度可能来自欧亚人种成分的介入。

在与西藏古代人群的比较过程中，虽然结萨M2与各对比组均存在较大的差异性，但相对来说与布塔雄曲组更为相似，二者都表现出了明显的北方人群的体质特征。同时无论是在年代上还是在地理位置上，结萨M2与布塔雄曲组都较为接近，这可能暗示着青铜时代藏南谷地人群的体质特征中存在着相当程度的北方因素。

五、总　　结

结萨M2头骨的主要种系特征为卵圆形颅，眉弓发育显著，前额倾斜，眶形为方形，眶口平面为前倾型，梨形梨状孔，下缘为鼻前窝形，鼻前棘稍显，犬齿窝中等，鼻根凹陷深，额颞型翼区，额鼻缝方凸型，鼻梁凹凸型，鼻骨上窄型，颧骨高且宽，下缘方折明显，矢状脊显著，腭形为V形，腭圆枕瘤状，方颏型，下颌角区直型，颏孔位于P2位，无下颌圆枕和摇椅型下颌。颅形长高指数为正颅型，面突指数为正颌型，眶指数为高眶型，鼻指数属于狭鼻型，腭指数为狭腭型，很大的上面高绝对值，较为扁平的上面部形态和较大的鼻根隆起程度。结萨M2主要表现出亚洲蒙古人种特征的同时，也不排除欧亚人种因素的混入。

结萨M2与亚洲蒙古人种四大类型比较，更接近东北亚类型，与南亚类型差异明显。与近代人种比较，结萨M2与北方人群表现出更多的相似性，而与印尼组和藏族A组差异较大。与古代组比较，结萨M2与后套木嘎一期组和代表“古西北类型”的李家山组、阳山组、阿哈特拉山组有较接近的种系特征，同时存在一定程度的欧亚人种特征的影响，与来自西南地区的人群差异较大。

通过比较青藏高原地区古代人群的体质特征，结萨M2偏低、偏阔的颅型可能是青藏高原地区人群原始特征的遗留。M2发达的眉弓发育可能受到了欧亚人种因素的影响，但也不排除是南方地区古代人类所遗留的原始形态。

西藏高原特殊的地理环境和人文环境使得该地区古代人群体质特征的研究显得尤为重要。但这一地区气候环境恶劣，氧气稀薄，较难开展考古工作，发现、报道的遗址和进行的研究较少。本文的研究材料仅有一例头骨，且周边地区可供比较分析的材料也较缺乏，由此得出的结论可能是管中窥豹，对西藏地区古代人群种系特征的研究仍有待今后更多材料的补充与验证。结萨M2个体填补了西藏地区人骨材料在公元前后年代的缺环，对于揭示藏南谷地青铜时代人群的交流与融合具有重要的价值。

附记：本文为国家哲学社会科学一般项目“西藏象泉河流域古代人群的骨骼考古学综合研究”（20BKG038）的阶段性成果。

注 释

[1] 罗布扎西：《山南市结萨石室墓》，《中国考古学年鉴2017》，中国社会科学出版社，2018年，第439、440页。

[2] 邵象清：《人体测量手册》，上海辞书出版社，1985年。

[3] 吴汝康、吴新智、张振标：《人体测量方法》，科学出版社，1984年。

[4] 韩康信、陆庆伍、张振标：《江苏邳县大墩子新石器时代人骨的研究》，《考古学报》1974年第2期，第125～141、192～195页。

[5] 韩康信、谭婧泽、张帆：《青海大通上孙家寨古墓地人骨的研究》，《中国西北地区古代居民种族研究》，复旦大学出版社，2005年，第1～190页。

[6] 潘其风、韩康信：《东汉北方草原游牧民族人骨的研究》，《考古学报》1982年第1期，第117～136页。

[7] Black D. A Study of Kansu and Honan Aeneolithic Skulls and Specimens from Later Kansu Prehistoric Sites in Comparison with North China and Other Recent Crania. *Palaeontologia Sinica*, 1928, 6: 1-83.

[8] Harrower G. A Study of the Crania of the Hylam Chinese. Biometrika, 1928, 20B(3/40): 245-278.

[9] 陈靓：《第十章 人骨特征与病理分析》，《清凉寺史前墓地》，文物出版社，2016年，第394～559页。

［10］ Morant G M. A First Study of the Tibetan Skull. *Biometrika*, 1923, 14(3/4): 193-260.

［11］ 韩康信、潘其风：《安阳殷墟中小墓人骨的研究》，《安阳殷墟头骨研究》，文物出版社，1985年，第50～81页。

［12］ 韩康信、张君：《藏族体质人类学特征及其种族源》，《文博》1991年第6期，第6～15、24页。

［13］ 原海兵、索朗・秋吉尼玛、吕红亮等：《西藏那曲布塔雄曲青铜时代石室墓出土人骨研究》，《藏学学刊》（第16辑），中国藏学出版社，2017年，第273～300页。

［14］ 张雅军、张旭、赵欣等：《从头骨形态学和古DNA探究公元3～4世纪西藏阿里地区人群的来源》，《人类学学报》2020年第3期，第435～449页。

［15］ 张雅军：《青藏铁路西藏段田野考古报告》附录三，科学出版社，2005年，第199～207页。

［16］ 朱泓、贾莹：《九台关马山石棺墓颅骨的人种学研究》，《考古》1991年第2期，第147～156、198～199页。

［17］ 易振华：《河北宣化白庙墓地青铜时代居民的人种学研究》，《北方文物》1998年第4期，第8～17页。

［18］ 李法军：《河北阳原姜家梁新石器时代人骨研究》，吉林大学博士学位论文，2004年。

［19］ 朱泓：《内蒙古察右前旗庙子沟新石器时代颅骨的人类学特征》，《人类学学报》1994年第2期，第126～133、299～300页。

［20］ 肖晓鸣：《吉林大安后套木嘎遗址人骨研究》，吉林大学博士学位论文，2014年。

［21］ 潘其风、韩康信：《青海柳湾》附录一，文物出版社，1984年，第261～303页。

［22］ 原海兵：《殷墟中小墓人骨的综合研究》，吉林大学博士学位论文，2010年。

［23］ 张全超、韩涛、张群等：《内蒙古凉城县忻州窑子墓地东周时期的人骨》，《人类学学报》2016年第2期，第198～211页。

［24］ 张全超：《内蒙古和林格尔县新店子墓地人骨研究》，吉林大学博士学位论文，2005年。

［25］ 韩康信：《民和阳山》附录一，文物出版社，1990年，第160～173页。

［26］ 韩康信：《青海循化阿哈特拉山古墓地人骨研究》，《考古学报》2000年第3期，第395～420、422～440页。

［27］ 张君：《青海李家山卡约文化墓地人骨种系研究》，《考古学报》1993年第3期，第381～413、430～433页。

［28］ 中桥孝博、冈崎健治、高椋浩史：《川西高原青铜时代的人》，《西南地区北方谱系青铜器及石棺葬文化研究》，科学出版社，2013年，第164～191页。

［29］ 朱泓、赵东月、刘旭：《云南永胜堆子遗址战国秦汉时期人骨研究》，《边疆考古研究》（第6辑），科学出版社，2014年，第315～327页。

［30］ 周亚威、赵东月、王艳杰：《磨盘山遗址新石器时代人骨研究》，《人类学学报》2017年第2期，第216～226页。

［31］ 张君：《新疆拜城县多岗墓地人骨的种系研究》，《边疆考古研究》（第12辑），科学出版社，2012年，第397～422、477页。

［32］ 韩康信：《新疆察吾呼——大型氏族墓地发掘报告》第一〇章，东方出版社，1999年，第299～337页。

［33］ 韩康信：《新疆孔雀河古墓沟墓地人骨研究》，《考古学报》1986年第3期，第361～384、401～404页。

［34］ 韩康信：《新疆楼兰城郊古墓人骨人类学特征的研究》，《人类学学报》1986年第3期，第227～242、307～308页。

［35］ 张建波：《新疆于田流水墓地青铜时代人骨的体质人类学研究》，复旦大学硕士学位论文，2010年。

［36］ 林一璞：《西藏塔工林芝村发现的古代人类遗骸》，《古脊椎动物与古人类》1961年第3期，第241～244页。

［37］ 潘其风：《拉萨曲贡》附录一，中国大百科全书出版社，1999年，第234～236页。

［38］ 同［13］。

［39］ 同［14］。

［40］ 同［15］。

［41］ 赵东月、张谷甲、闵锐：《云南祥云红土坡墓地出土人骨颅面特征研究——兼谈“昆明”族属问题》，《第四纪研究》2021年第1期，第255～266页。

都兰热水M23出土的胛骨古藏文试读

阿顿·华多太

（青海省互联网新闻中心）

纵观藏族古代传播工具史，除众所周知的木简和草纸之外，羊胛骨也算是一种比较普遍的书写材质。早在吐蕃时期，在羊胛骨上书写占卜吉凶文字已非常流行。行文于吐蕃王朝时期的敦煌出土法藏PT1047号《吐蕃羊骨卜辞》和英藏ITJ763号《羊胛骨卜》古藏文写本作为成系统的羊胛骨占卜文书，具有吐蕃官方已经规范化的公文特征。诸如此类书写有古藏文的羊胛骨，在新疆若羌以及都兰县科肖图等地也出土过。其中在新疆若羌县米兰吐蕃戍堡出土的古藏文胛骨较为完整，上面的古藏文内容被考证为卜辞文（该胛骨现藏于新疆维吾尔自治区文物考古研究所）。都兰县科肖图出土的古藏文胛骨在瑞士藏学家阿米·海勒《青海都兰的吐蕃时期墓葬》（霍川译，刊载于《青海民族学院学报》2003年第3期）一文中有所提及，并附有实物图片资料。

一、古藏文胛骨背景介绍

此次在都兰热水M23出土的羊胛骨，是这个墓葬中保存最完整、最有研究价值的实物资料（图版三一）。该古藏文胛骨长15.6、宽3.3～10.3厘米，整块胛骨除腹骨的五处炙灼烧穿的小洞之外，其他地方较为完整。该胛骨正、背、骨峰两侧三个面上均写满古藏文，是一份难得的文史资料。据《青海都兰县哇沿水库古代墓葬2014年发掘简报》记载："M23墓规格相较于周边的墓葬等级较高，墓葬整体由圆形石圈、墓圹、夯土台、椁室四部分组成……该墓虽被盗严重，但在扰土中出土随葬品较多，共出土了564件，其中包括陶片475片、灰陶罐1件、陶杯1件、陶纺轮15件、陶灯14件、陶碗2件、圆形陶片10件、木簪1件、木器残件1件、木简3件、骨梗刀1件、卜骨15件、钻孔骨条4件、骨片1件、骨刻1件、角器2件、方形石器2件、涂红石块4件、皮革残片10件和漆皮1件。"[1]其中，本文所研究的古藏文胛骨是15件卜骨当中的第12号。

笔者曾多次前往青海省文物考古研究所，亲眼观察、研究该胛骨上的文字，通过反复辨认对比分析，发现胛骨上虽然有炙灼占卜的痕迹，但其背面的古藏文文字内容完全与卜辞无关，而是一份契约文书。从藏文的书写格式看，契约文书起始于胛骨正面，包括骨峰两侧，有首有尾，除遭受磨损而难以辨认的几个字外，可以算得上是一份基本完整的文本，笔者遂将其命名为《购马赔偿契文》。而背面的古藏文受损较为严重，除开头几行之外，余下的部分很难连贯释读。从可辨认的文字信息分析，虽然具有卜辞的特征，但是文字模糊不清，具体内容无法准确判定。由于大部分文字辨识也非常困难，笔者只能做到辨别临摹和抄录，以供方家学者参考研究。从胛骨骨扇左右边沿以及胛柄两侧的磨损来看，该胛骨明显有长期使用过的痕迹。从骨面的文字看，还发现在之前的文字上有再次添墨的印迹，说明这个胛骨文书在当时具有较长的有效期。

该胛骨上的古藏文字体的书写风格为楷体与草体的混合体，字音的点符和句符以及书头符号均等同于敦煌文书最常见的书写风格，其中的其他特殊符号也能在敦煌文书中找到相同的例证。内容上语言古朴、简练，字体与当地M4出土的石碑、M10和血渭一号出土的木简上的古藏文别无二致。除此之外，该古藏文胛骨文书也有着一个鲜为人知的特点：将藏文后加字“ག”替为前加字“ག”来用，这在其他古藏文资料当中是罕见的。因此，这一发现为研究藏文的发展演变史提供了另外一种可能性，值得引起注意。

二、古藏文胛骨释读汉译与临摹

（一）胛骨正面内容

正面内容录入如下：

（1）༄ཿབྱི་བའི་(ལོའི)དཔྱིད་སླ་ར་བ་ཚེས་གསུམ་གྱིས་ག(དུགས་ལ)།

鼠年季春三日昼，

（2）ཤྭ་ཁྲ་སྣ་གྱིས་རྟ་ཅིག་ངོམ་ལྷ་སྐྱེས་གྱི་མ ×

夏·查那向翁·拉杰赔偿一匹马，

（3）ཐལ་ཏེ་རྟའི་སྤུར་རྟགས་དང་མདོ་རིས

马的毛色与体纹，

（4）× ཁྲ་བོ་ལ་རྐང་པ་གཡས་ལྷག་སྐ་མན

花斑，右后腿肘部

（5）× ད་དཀར་པ་ལྷག་གཡས་ལ་ཚོལ་ཟའི་ཞྭ་ཅན ×

×白色，右前腿有观察使冠（形）

（6）× ◌ིས་གཅིག་ཏེ་རིན་དམར་སྲང་བཅུ་ལོ་འདི་

一匹，费用为十两赤币，此年

（7）དཔྱིད་ཟླ་འབྲིང་པ་ཉ་ལ་ཁྲ་སྣ་གྱིས་སྐོར

仲春十五日，查那

（8）འབུལ་བ་གཅིག་ས་དུས་དེར་མ་ཕུལ་བ།

未按时兑现，

（9）་ལ་(ག) ཉིས་བསྒྱུར་རྒྱ་འདི་རིང་ལུགས་བགྱི་སེ × ×

罚一成倍，此契约由仲裁官

（10）ཁོ་ན་འཕར་ཕྱི◌ྀ་གིས་གས(?) དང་×དོན་ལས

亲自执掌××，事宜，

（11）རྡོགས་གྱི་ས་ཡུལ་མྱི་ལས་ཇ་ག་མྱིས × ×

助理，当地人××

（12）་དཔང་ལ་ཅོག་རོ་སྦ་བརྩན་རས(?)

作证者有属庐·巴赞热

（13）དང་ཁུ་ནམ་གཟིགས་དང་འབྲོམ ×

和曲·南森和翁·

（14）×(ལྷ)་སྐྱེས་དང་ཤ་ཁྲ(སྣ)་གཅིག ×

×（拉）杰与夏·查（那）一人×

（15）ལ་སོ་སྦའི་དཔང་རྒྱས་པ

等证明人

（16）ཁོ་ནའི་སུག་རྒྱས་བཏབ་

亲自摁手印

（17）པ讫

（二）胛骨背面内容

背面内容录入如下：

（1）༄།།ཁ་བོ་ཀར་སང་ཡང་ཐང་ཀར་སྔོངས་གྱི་ × ×

（2）ཁྲའི་གིས་ནི་གཅིག་སྐར་ན་ཡང་མི་ཏོག་ལྷ ×

（3）རེཙ་ལུག་ནི་ཚོངས་གྱི་ས་གཙིགས་ནི་ག × ×

（4）× × སྤུར་ན་ཏོང་བུ་ནི་ན་གུ་ཡང་ཐུགས × ×

（5）རྟུལ་བོ་ དཀར་གཅིག་སྐར་ན(?)× ×

（6）× × ངས་སྤྱིང་དག་བུ(?)་ཡང་སྐར་གྱི(?)

（7）× × ཚམ་གཙག་ཀཅིག་(?)× ×

（8）× × གཅིག་པ་པིར་ན་འགྱུ × ×

（9）× × གཞི(?) ནི ་སམ་སོན་ན་སམ × ×

（10）འགོ་རེ་རྟུལ × ×

（11）× × སཾ་གྱིས་ནི་འགྱུར(?)× ×

（12）× × སྣར་ན་འགྱུར × ×

（13）× × ཉེ་ས × ×

（14）× × སེང(ཁ)་ཐྲུའི་ ×

（15）སྲུན་

三、古藏文胛骨出处年代分析

从该古藏文胛骨的具体行文方式和字体以及构词特点等方面分析，与敦煌出土的藏文文书P.T1297号《购马契文》和南疆出土的契书木简同属一种行文方式。其中的诸如“སྲུར་ཏགས་”“མདོ་རིས”“དམར་སྔང་”“རིང་ལུགས”“དཔང་རྒྱས་པ”“ཕྱག་རྒྱས་བཏབ་པ”等都具有被统一化的公文术语特点，尤其是里面对马的毛色的描述以及赔偿的货币单位。加之与敦煌古藏文雷同的书写笔迹，足以说明该胛骨契文应该产生在吐蕃王朝行文制度以及契约法律相当完善的鼎盛时期。从内容分析，该胛骨上至少出现了五个人物，其中正面有“夏・查那（ཤ་ཁྲ་སྣ）”“翁・拉杰（ངོམ་ལྷ་སྐྱེས）”“属庐・巴赞热（ཅོག་རོ་སྤ་བརྩན་རས）”“曲・南森（ཁུ་ནམ་གཟིགས）”四个人名。背面有“董氏子（ཏོང་ཟ）”这样一个人物。而这几个姓名，为查找这个古藏文胛骨的年代出处提供了非常重要的线索。

（1）“查那（ཁྲ་སྣ）”这个名字，在敦煌出土的P.T1288《吐蕃大事记年》中有这样的记载：及至兔年（691年），赞普驻于碾噶尔，夏季议会在赛乌秀举行，赞普驾临，乃迁至“查那”，清理土地赋税及统计绝户数字。冬季议会在扎玛塘召集，乃依红册征集兵丁，是为一年（ཡོས་བུའི་ལོ་ལ་བབ་སྟེ། བཙན་པོ་ཉེན་ཀར་ན་བཞུགས་ཤིང་། དབྱར་འདུན་སེ་ཨུ་གཞུག་དུ་འདུས་པ་ལས། ལྷ་གཤེགས་ནས། ཁྲ་སྣར་འཕོས྄ྟེ། ཞིང་རིལད་དང་རབས་ཆད་ཀྱི་རྩིས་བགྱིས། དགུན་སྐྱི་ཟྲ་མ་ཐང་དུ་འདུས྄ྟེ། ཤུགས་ཤོང་དམར་པོ་ཀང་རྟན་བགྱིས་པར་ལོ་གཅིག）[2]。此文中的“查那”虽然显示是地名或者部落名，但由于藏族之人在吐蕃时期很多姓名都源于部落名和地名，就像“噶氏”。因此胛骨文当中的“夏・查那（ཤ་ཁྲ་སྣ）”或“查那（ཁྲ་སྣ）”，与该大事记中的记载不无关系。

（2）“翁・拉杰（ངོམ་ལྷ་སྐྱེས）”这个名字中，翁这个姓氏也在敦煌出土古藏文P.T1101《欠账清单》中出现，如翁・朵朵（ངོམ་ཏོ་ཏོ）[3]。特别需要注意的是此文的叙述方式与敦煌古藏文文书P.T1297《购马契文》[4]的内容如出一辙，尤其是里面对马的毛色的描述以及赔偿的货币单位。

（3）“属庐・巴赞热（ཅོག་རོ་སྤ་བརྩན་རས）”这个人物在甲骨契文中担当主持人的角色，排列第一，这个名字当中的“属庐（ཅོག་རོ）”之姓是吐蕃王朝的一个大姓，这个姓氏的人物从松赞干布时期到赤祖德赞时期，一直担任吐蕃王朝的重臣，尤其在赤德松赞执政时期出现了很多要员，如“属庐・拉贡（ཅོག་རོ་བློན་ལྷ་གོང）、属庐・贡葛（ཅོག་རོ་བློན་གོང་ཀ）、属庐・旦贡（ཅོག་རོ་བརྟན་གོང）、属庐・曲赞（ཅོག་རོ་ཁྲི་བཙན）”[5]。在赤德祖赞时期赫赫有名的“噶觉项三贤”当中的“属庐·鲁耶坚赞（ཅོག་རོ་ཀླུའི་རྒྱལ་མཚན）”即来自这个姓氏。后来还有朗达玛时期的大相属庐拉洛（ཅོག་རོ་ལྷ་ལོད）[6]。

（4）“曲·南森（ཁུ་ནམ་གཟིགས）”这个人物在甲骨契文中担当主持人的角色，排列第二，“曲（ཁུ་）”这个家族也在吐蕃王朝时期曾担任过很多要职，诸如赤松德赞时期的内相“曲·嘉赞（ཁུ་རྒྱ་བཙན）”和“曲·玉赞（ཁུ་གཡུ་བཙན）”，内务司长（སྣམ་ཕྱི་པ）“曲·达策（ཁུ་སྟག་ཚབ）”[7]等。赤德松赞时期的内务司长“曲·梅森（ཁུ་སྨེ་གཟིགས）”，外相“曲·陀赞（ཁུ་ཐོག་བཙན）”[8]。

（5）胛骨背面的“董氏子（ཏོང་ཙ）”这个人物，显然来自“董（ཏོང）”这个家族，这个姓氏在吐蕃时期也算是一个名门贵族，据《贤者喜宴》记载：在赤德松赞时期的内相中就有一位该姓氏的大臣“董臣·达勒（ཏོང་བློན་སྟག་སླེབས）”[9]。这位大臣曾因力倡佛法而载入史册。而且在敦煌出土古藏文书P.T1079号《比丘万更刚女奴案起诉文书》（དགེ་སློང་བམ་ཀེམ་ཀོང་ཟེར་བའི་བྲན་མོའི་སྐྱོད་དོན་མཆིད་གསོལ་བའི་གཏུག་བཤེར་གྱི་ཡི་ག）中记载有“比丘董·希（བན་དེ་ཏོང་ཞི）”[10]这样一个董（ཏོང）姓僧人，这个姓名出现于一个僧人之间起诉的文书当中。这几个历史资料显示，该古藏文胛骨中的“董氏子（ཏོང་ཙ）”在吐蕃时期为贵族身份。

（6）青海省考古研究所和陕西省考古研究院在《青海都兰县哇沿水库古代墓葬2014年发掘简报》一文中，初步对包括M23在内的墓葬这样做了推定：“这些墓葬的形制、葬俗、殉牲方式及随葬品均明显体现了吐蕃时期特点，为研究这一时期都兰地区的历史、吐蕃王国疆域变迁及唐、蕃文化的交流提供了重要的实物资料。”[11]

综上所述，M23出土的古藏文胛骨当属吐蕃王朝鼎盛时期的遗存，M23墓主人的吐蕃人身份也是毋庸置疑的。在此基础之上，可进一步分析其具体的所属年代，也就是文中出现的“鼠年”具体指的是哪一年。笔者发现胛骨文正面出现的“曲·南森（ཁུ་ནམ་གཟིགས）”这个人名给我们提供了推理的可能。据《贤者喜宴》记载：赞普赤德松赞在位时期有一位被称为“曲·梅森（ཁུ་སྨེ་གཟིགས）”的大臣，此人与该胛骨文案中的人名“曲·南森（ཁུ་ནམ་གཟིགས）”只是一字之差，这种不谋而合的相似性不能以“巧合”二字解释清楚。因为在很多古藏文史料当中，对于人物姓名的记载，根据不同的史书文本常常有一些细微的差别，像学界所周知的“མུན་ཆང་ཀོང་ཅོ”与“ཁུན་ཤིང་ཀོང་ཇོ”、“སྟག་སྒྲ་ཁོང་ལོད”与“ཏ་ར་ཁོང་ལོད”、“བཙན་སྣ་སྟོམ་བུ”与“བཙན་སྣ་སྟོང་བུ”、“ད་རྒྱལ་མང་པོ་རྗེ”与“དར་རྒྱལ་མང་པོ་རྗེ”等，有一字之差别实则同属一人之名再正常不过，无须一一类举。因此，从这个角度推理，我们就能确定该古藏文胛骨应该出自吐蕃王朝第37任赞普赤松德赞在位时期。赞普赤松德赞执政是在755～797年，总共经历了760、772、784和796年四个鼠年，该古藏文胛骨中所指的鼠年，必然出自其中的一个年份。这个发现对于进一步研究细化这一区域吐蕃墓葬的具体所属年代具有重要的意义。

注　释

［1］ 青海省文物考古研究所、陕西省考古研究院：《青海都兰县哇沿水库古代墓葬2014年发掘简报》，《考古与文物》2018年第6期。

［2］ 王尧、陈践：《敦煌本吐蕃历史文书》，民族出版社，1992年。

［3］ 陈践、王尧：《敦煌本藏文文献》，民族出版社，1983年。

［4］ 陈践、王尧：《敦煌本藏文文献》，民族出版社，1983年。

［5］ 巴俄·祖拉陈瓦：《智者喜宴》，民族出版社，2006年。

［6］ 巴俄·祖拉陈瓦：《智者喜宴》，民族出版社，2006年。

［7］ 巴俄·祖拉陈瓦：《智者喜宴》，民族出版社，2006年。

［8］ 巴俄·祖拉陈瓦：《智者喜宴》，民族出版社，2006年。

［9］ 巴俄·祖拉陈瓦：《智者喜宴》，民族出版社，2006年。

［10］ 陈践、王尧：《敦煌本藏文文献》，民族出版社，1983年。

［11］ 青海省文物考古研究所、陕西省考古研究院：《青海都兰县哇沿水库古代墓葬2014年发掘简报》，《考古与文物》2018年第6期。

（原载《西北民族大学学报》2019年第1期）

西藏阿里札达县曲龙遗址卡尔恩地点南区四号佛塔初步研究

席　琳[1]　宋　瑞[2]

（1. 陕西省考古研究院；2. 北京大学考古文博学院）

曲龙遗址位于西藏自治区阿里地区札达县达巴乡曲龙村（图一），是一处由曲米色布、布让曲拉、萨扎、卡尔恩、塞拉钦波普、琼隆、嘎尊等遗存地点构成的综合性遗址群（图二），各类型遗迹以相对集中、整体交叉的特点分布在以曲龙村为中心的象泉河上游干流两岸的缓坡、台地、土林、高山宽谷上。

卡尔恩地点位于象泉河左岸、曲龙村驻地所在范围以东的土林地貌上（图版三二，1），是一处综合性聚落遗址，根据自然地形可分为南、中、北三区（图三）。

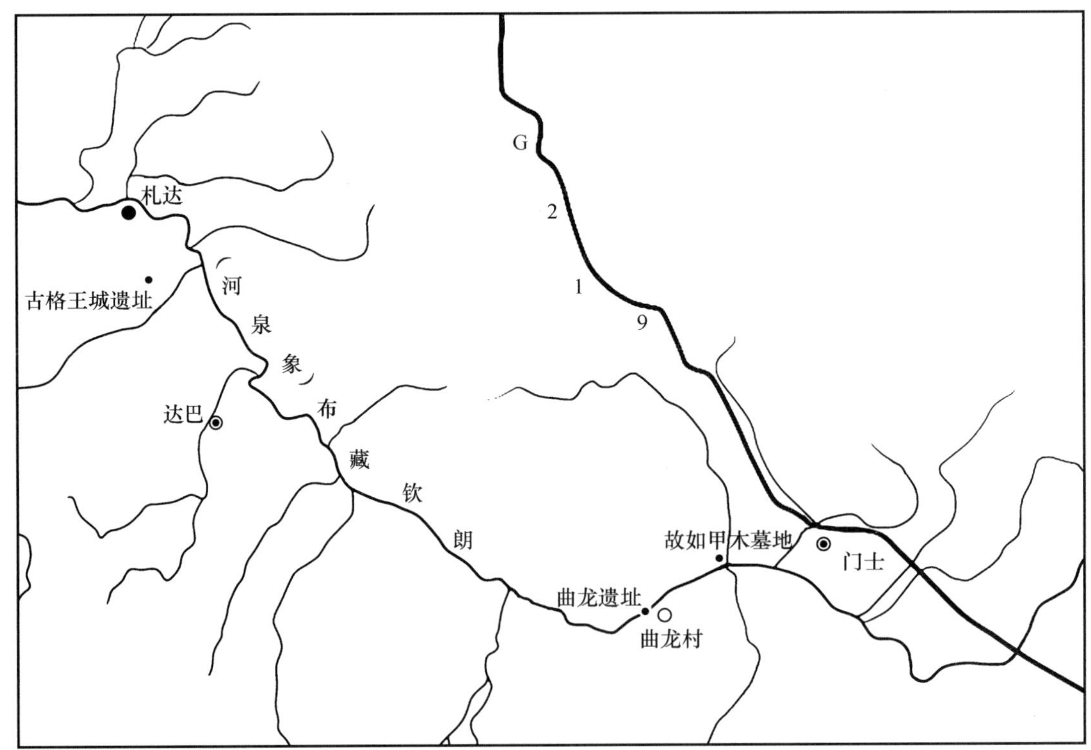

图一　曲龙遗址位置示意图

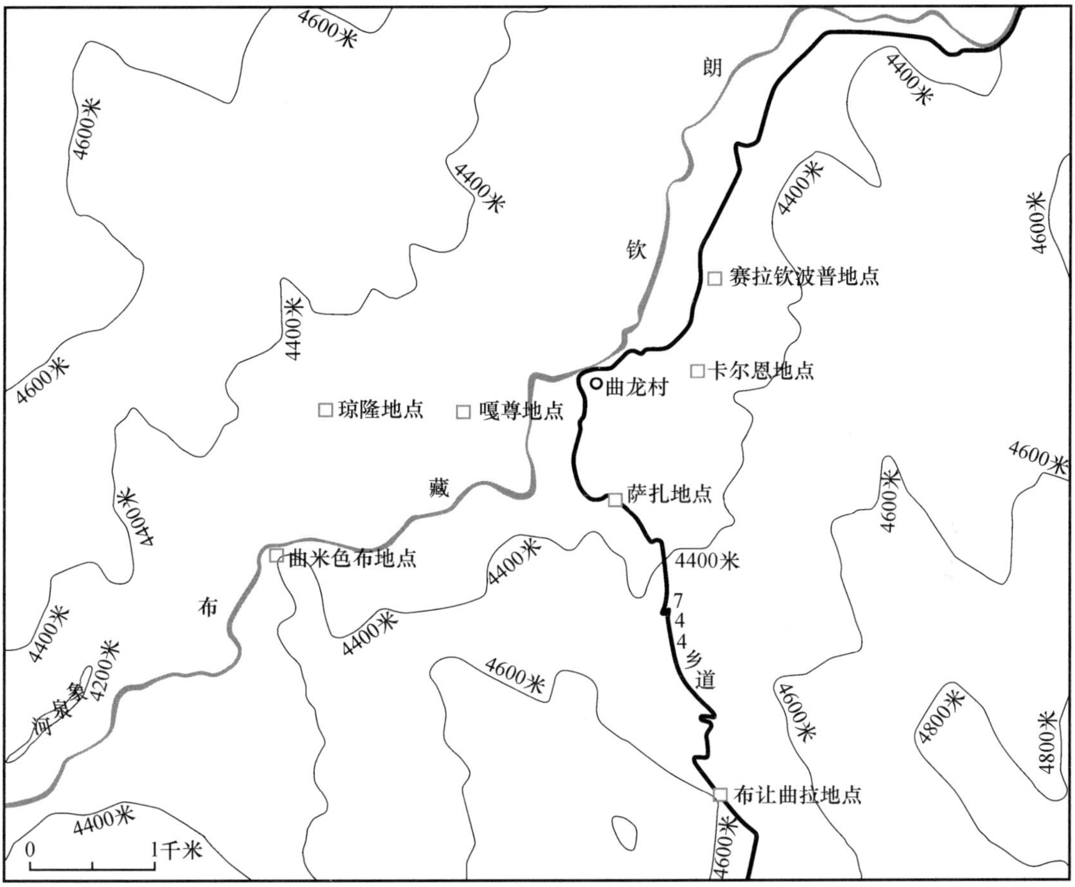

朗
钦
藏
布
象泉河
4600米
4400米
4200米
4800米
赛拉钦波普地点
卡尔恩地点
曲龙村
琼隆地点
嘎尊地点
萨扎地点
曲米色布地点
744乡道
布让曲拉地点
0
1千米

图二　曲龙遗址遗存地点分布示意图

象
泉
河
曲龙村
北
北
区
中　区
T4
南　区

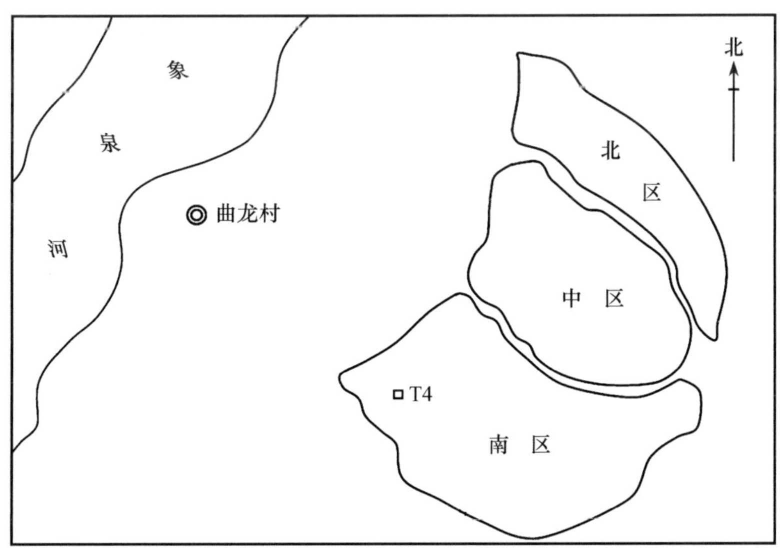

图三　卡尔恩地点遗迹分区与四号塔位置示意图

2019～2020年，陕西省考古研究院联合西藏自治区文物保护研究所、西北大学文化遗产学院、阿里地区文物保护研究所等科研机构对该地点进行了全面调查，共计发现各类遗迹367座，以南区分布最为集中。遗迹类型多样，包括石构遗迹6座、洞室218座、院落8座、房址12座、残墙51段、道路1条、坝址1座、高台1座、佛塔67座、佛寺1座、佛窟1座。四号塔位于南区西南部的缓坡台地上，编号为QKST4（以下省略QKS），是该地点中规模较大、与其他塔组合分布、采集擦擦标本较多的一座佛塔，本文就该塔的相关问题进行了初步研究。

一、四号塔塔群的性质

T4西南和东面分别为T2、T3与T5～T11，距离很近。这10座佛塔大小各异，构成了一组相对独立的塔群（图四）。各塔均塌毁严重，多仅存局部塔基，T4、T8塔身局部尚存（图版三二，2、3）。这种大小形制不一、分布集中但无规律的特点可能反映了无统一规划、由不同地位与身份的信众在不同时间修建的还愿类塔的特征。2018年9月15日～10月9日，由北京大学外国语学院、巴基斯坦驻华大使馆主办，北京大学人文社会科学研究院协办的“犍陀罗的微笑——巴基斯坦古迹文物巡礼”展第一部分“遗迹 · 古代犍陀罗的城市与建筑”中展示了一张巴基斯坦塔克西拉焦利安佛寺遗址

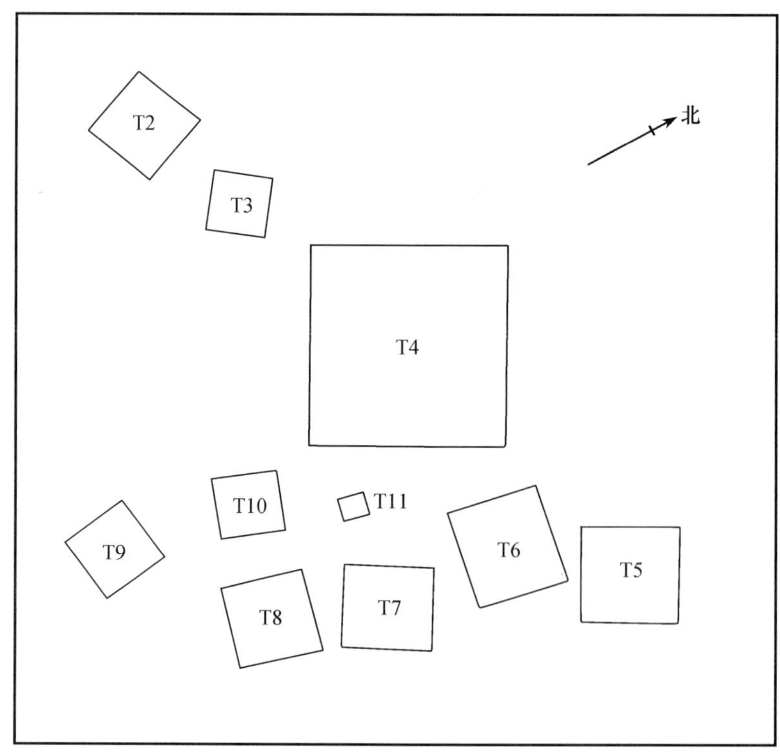

图四　T4塔群各塔位置示意图

（2～5世纪）1座主塔周围分布近30座规模较小的佛塔的图片，这些小塔被认为是“还愿塔”（图五）。同样位于塔克西拉的法王塔遗址损毁严重的覆钵大塔周边也分布着后世修建的一些规模较小的佛塔的遗迹[1]。巴基斯坦学者认为，贵霜时期（2～5世纪）的佛塔结构发生了显著变化，方形佛塔取代圆形佛塔开始流行，小佛塔取代了大佛塔成为主流，且主塔周围是还愿塔，如莫赫拉莫拉杜（MohraMoradu）等建筑遗址的佛塔[2]。

由此可见，还愿塔的传统来自早期印度佛教建塔传统，西藏地区所见的大塔周围建造的数量不等、体量较主塔小、形制结构不完全一致的小塔群可能都属于还愿塔组合。作为该组塔群中规模最大、位置居中的一座，T4很可能为该组中修建年代最早的主塔。

西藏西部，尤其是象泉河流域保存有较多后弘初期的佛寺遗址，围绕遗址分布有较多塔，以成排小塔为主，如托林寺、麦隆沟（图版三二，4）等佛寺遗址的排塔遗存，其应是有规划地统一修建，可能与表现一百零八塔有关。托林寺T45及周边规律分布的8座小塔共用一个塔基，构成了一座“金刚宝座”式塔群（图六）。而曲龙遗址卡尔恩地点后弘初期佛寺遗址周围的佛塔中少见排塔，而是以单塔或大小不一、分布集中但无规律的成组塔群为主，反映了后弘初期西藏西部佛塔组合与功能的多样性及来自印度早期佛教造塔传统的影响。

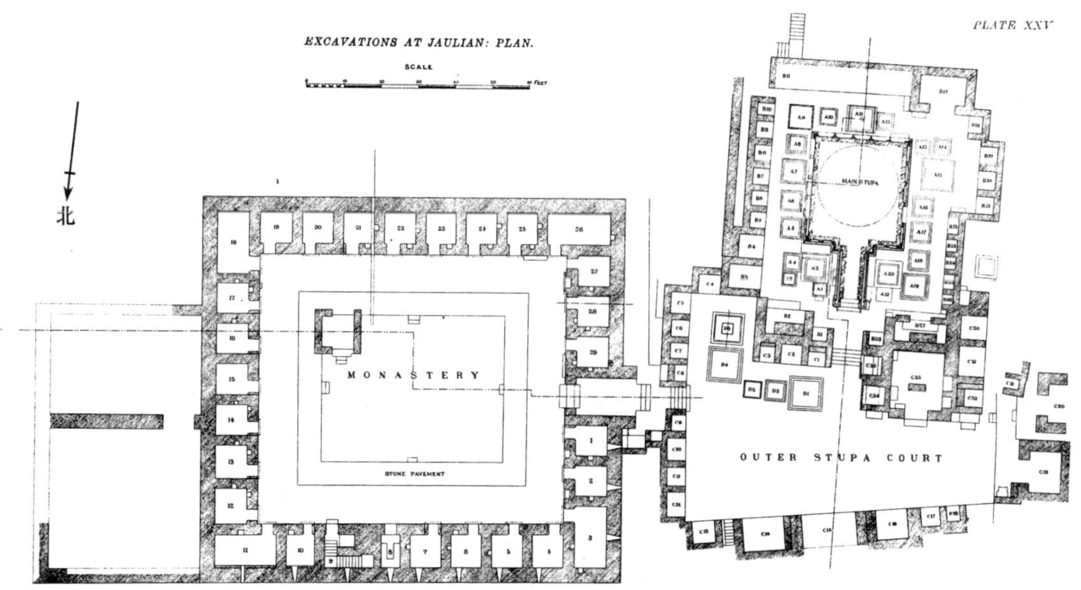

图五　巴基斯坦塔克西拉Jaulian佛寺遗址还愿塔群

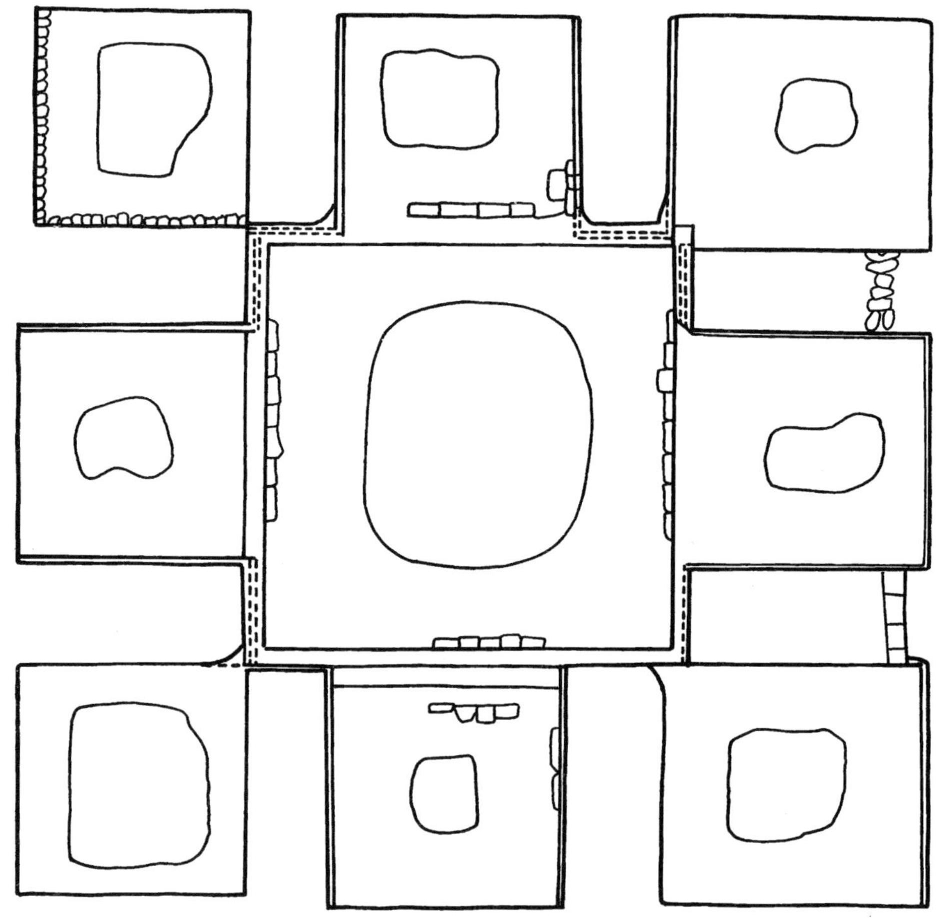

图六　托林寺T45金刚宝座塔

二、四号塔形制与结构

T4现存部分由塔基与塔身两部分构成。塔基砌石构筑，大部被塌落堆积掩埋，仅局部可辨，平面原应为近方形，现存部分略呈不规则四边形，东边长约6.8、西边长约5.5、南边长约6.2、北边长约7.5、地表暴露部分最大残高3.5米。塔身坍塌严重，周围的倒塌堆积中可见红、黄、白色土，可能为塔身上剥落的涂彩。现存部分西南高、东北低，以泥砖为主构筑，夹有片石。东面中南部可见晚期石砌护墙，东面下部南端和南面下部东端分别有一晚期盗洞，均已填护。

塔内部结构因塌落堆积覆盖严重，无法根据表面迹象确定。2019年填护东面南端盗洞时，从盗洞向内观察，发现塔身内有泥砖墙体，从走向判断，可能为内部的近方形墙体，据此推测，该塔整体结构可能为回廊式，至少有一重回廊。该墙以内情况不明，是否有内回廊和中心塔芯无法确定。不过，在盗洞北侧和西侧的内、外墙之间分别可以观察到隔墙，据此推测回廊一周又用隔墙分割为不同空间（图七）。

目前所知的西藏佛塔，地表调查中可辨识的塔基外轮廓以近方形为主，还有“亚”字形；内部结构以“十”字形封闭式为主，还有“十”字形四面开口、回廊式、“米”字形、“日”字形、方形单面开口殿堂式、“亚”字形单面开口殿堂式等，类型较为丰富。卡尔恩地点佛塔以平面方形、内部“十”字形封闭式为主，还有平面“亚”字形和内部“日”字形、内部方形单面开口等几种类型。2018年发掘的曲龙遗址琼隆地点Ⅱ区T6为一座平面方形、内部空芯双回廊式结构的佛塔[3]（图八）。托林寺考古发掘中清理的T44为方形塔基、“十”字形内部结构，T7[4]、T50、T55等为方形塔基、一侧开门、内部有壁画和龛像的佛堂式塔（图九）。卡尔恩地点T4未经科学发掘和全面揭露，根据现存迹象观察，其近方形的平面与带隔墙的回廊式内部结构属于回廊式佛塔中较为特殊的类型。

三、四号塔擦擦的类型与特征

2019年调查中，于东面南端盗洞的盗扰堆积中采集到擦擦标本18件，可分为按印塔擦、脱模塔擦、菩萨像擦、金刚像擦、佛母像擦五种类型。

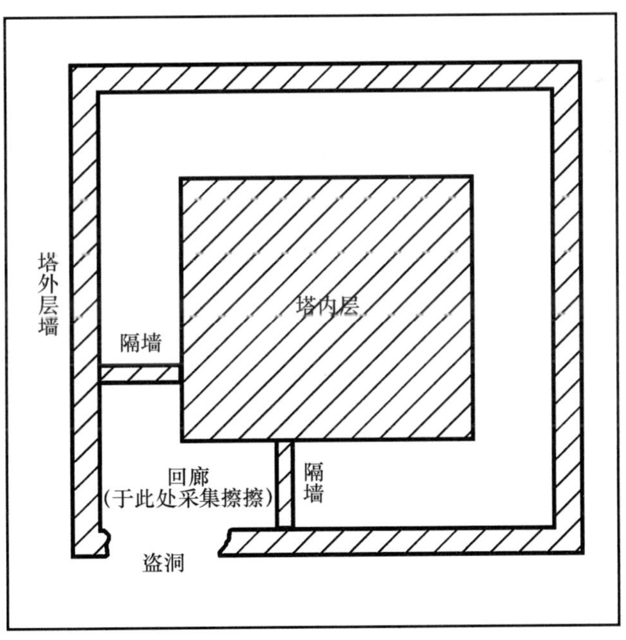

图七　T4平面结构示意图

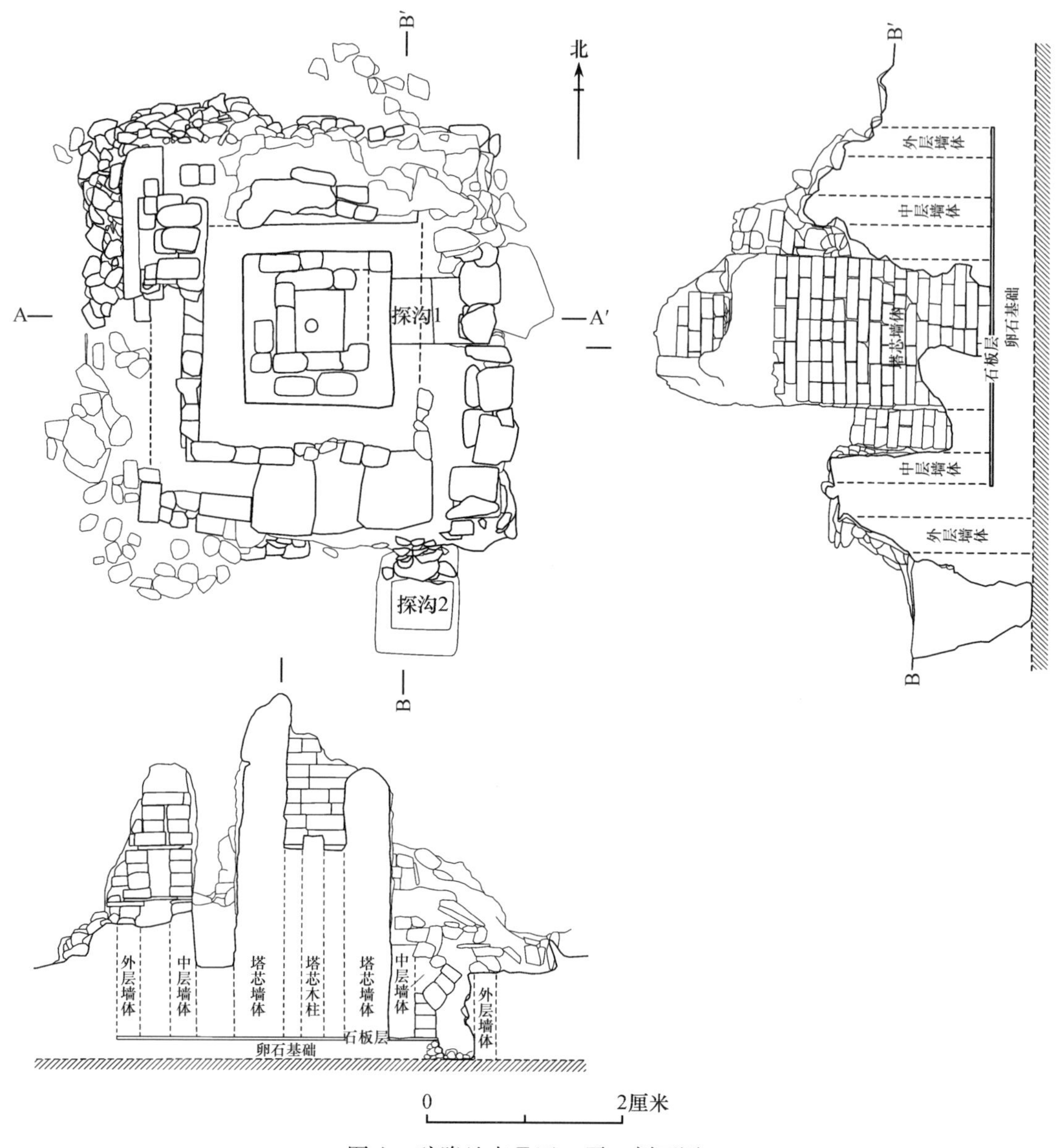

图八　琼隆地点Ⅱ区T6平、剖面图

（一）按印塔擦

10件，均为灰白泥模印而成，浮雕。单塔5件，多塔5件。

T4：1，整体高3.7、宽3.7、厚1.2厘米。正面涂红彩，略呈圆形，周缘有挤出的泥沿。单塔，位于模印面中部，为体量相对较大的天降塔，以仰莲为基，塔座四层，带阶梯道，塔瓶略呈柱状，塔刹尖锥状，顶部有日月装饰与飘幡。两侧为藏文，5行。自上而下第1～4行为缘起偈[5]，第5行为“唵啊吽”三字总持咒。背面弧凸，有按印掌纹（图一〇，1；图版三三，1）。

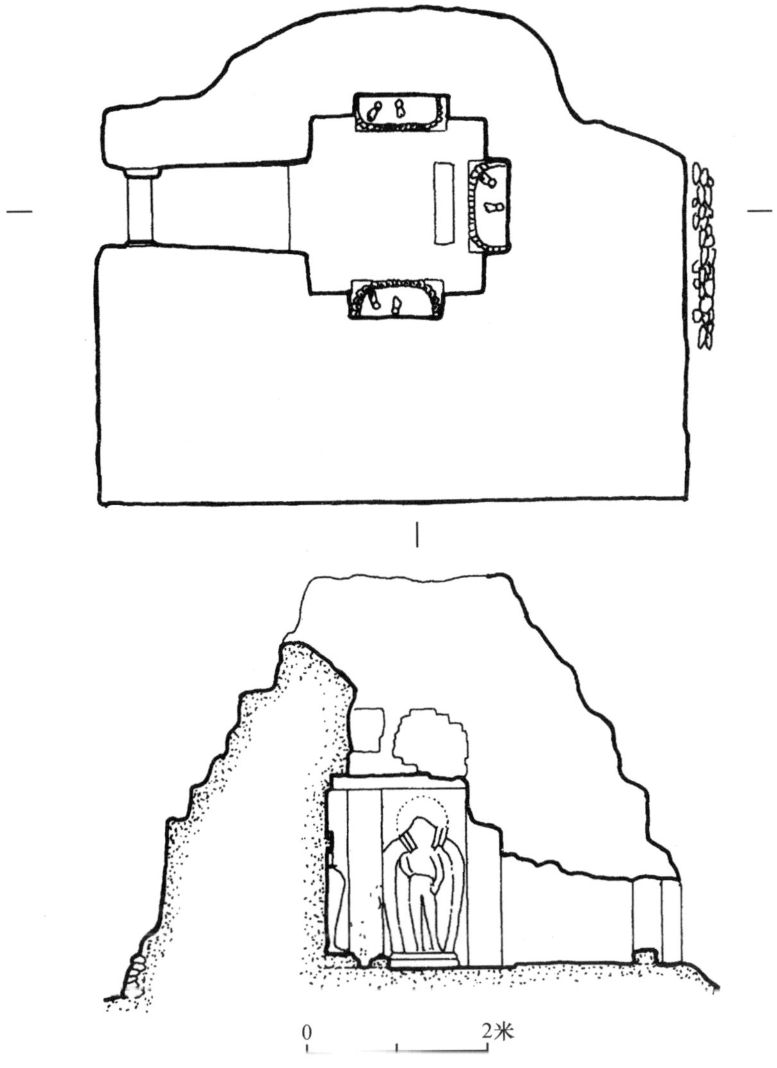

图九　托林寺迦萨殿西南角塔T7平、剖面图

T4：2，整体高7.8、宽8、厚3.2厘米。正面涂红彩，印面呈圆形，周缘挤出的泥沿较宽较高，表面一周可见刻划线痕。单塔，位于模印面中部，为体量相对较大的菩提塔，以仰莲为基，塔座呈四层阶梯状，塔瓶覆钵状，塔刹尖锥状，顶部有飘幡。两侧为梵文，字形不规范，右侧字多数可辨识，左侧字大多不可辨，共5行，为缘起偈。背面弧凸，有按印的掌纹（图一〇，2；图版三三，2）。

T4：3，整体高8.3、宽8.2、厚2.7厘米。正面涂红彩，略呈圆形，上方有挤出的泥沿。单塔，位于模印面下部正中，为体量较小的天降塔，由带阶梯的塔座、覆钵式塔瓶、尖锥状塔刹与飘幡组成。其余部分均为梵文，22行，部分字可辨，推测内容可能为佛顶无垢大陀罗尼。背面弧凸，有手指按压纹与烧灼的痕迹（图一〇，3）。

T4：4，整体高11.5、宽11.1、厚3.3厘米。正面涂红彩，略呈圆形，周缘有挤出的

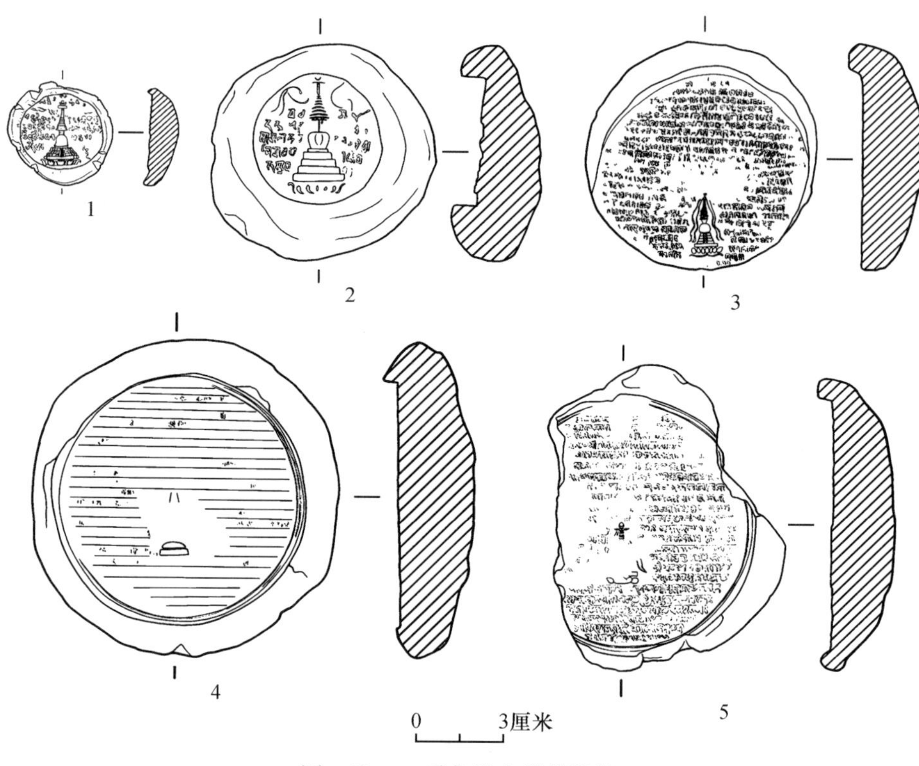

图一〇　T4采集按印单塔擦擦

1. T4∶1　2. T4∶2　3. T4∶3　4. T4∶4　5. T4∶5

泥沿。单塔，位于模印面中部偏下处，为体量相对较小的塔。磨损较严重，仅见模糊的塔基与塔座。其余部分均为梵文经咒，磨损严重，字迹不可辨，约24行，内容无法确定。背面弧凸，有按印的掌纹（图一〇，4）。

T4∶5，整体残高11、残宽8.4、厚2.8厘米。残损较多，现存约二分之一有余。原应略呈圆形，周缘有挤出的泥沿。单塔，位于模印面中部偏下处，为体量相对较小的塔。磨损较严重，仅见模糊的塔基、塔座及塔顶的日月装饰与飘幡，其余部分均为梵文，24行。自上而下第1～20行内容可能为佛顶无垢大陀罗尼。背面弧凸，有按印的掌纹（图一〇，5）。

T4∶6，整体高8.5、残宽7.8、厚3.2厘米。略呈圆形，左下部残，周缘有挤出的泥沿。多塔，3座，左右排列。印面正中为一座体量相对较大的天降塔，由莲瓣塔基、带阶梯的塔座、覆钵式塔瓶、尖锥状塔刹及塔顶的日月装饰与飘幡组成。大塔左右两侧各有一座小塔，均为4层塔基、覆钵状塔瓶，无塔刹，应属菩提塔。两座小塔塔瓶两侧及上部有文字，似为藏文，难以辨识，无法确认其内容。背面弧凸，有按印的掌纹（图一一，1）。

T4∶7，整体高11、宽11、厚3.9厘米。正面涂红彩，略呈圆形，周缘有挤出的泥沿。多塔，共计12座，上下排列。印面中部仰覆莲台上托两层小塔，每层5座。下层5

座小塔均由4层塔基、覆钵状塔瓶、尖锥状塔刹及飘幡组成；上层5座小塔同样有4层塔基、覆钵状塔瓶，但中央小塔有尖锥塔刹、日月装饰及飘幡，其余4塔则无。两排塔顶端为一伞盖。两排小塔间外侧印面左右两端又各有1座小塔。12座塔均应为菩提塔。上排小塔两侧有文字，似为范围，但字形不规范，笔划不清楚，内容无法确认。下排小塔右侧有不完整的层阶状模印图像，性质不确定。背面弧凸，有按印的掌纹（图一一，2；图版三三，3）。

T4：8，整体高8.8、残宽8.1、厚2.6厘米。左半部略残，原应呈圆形，周缘有挤出的泥沿。多塔，现存部分可辨58座塔。印面以“十”字形分布的4座天降塔为中心，上、下两塔体量相对较大，左、右两塔体量相对较小，均由莲花塔基、带阶梯的塔座、覆钵塔瓶、尖锥塔刹与飘幡组成。最上方1座天降塔细节较清楚，可见基座的覆莲瓣与顶部的日月装饰。印面其他部分围绕4座天降塔分布有7排数量不一的小塔，特征整体较为简约，仅有塔座、塔瓶及顶部的一圆点，可能为菩提塔。自上而下第一、二排塔基上部天降塔周围似有字母，可能为梵文，无法辨识，内容不确定。背面弧凸，有按印的掌纹（图一一，3）。

T4：9，整体残高7.5、残宽8.1、厚3.2厘米。左、上部残，原应呈圆形，周缘有挤出的泥沿。多塔，模印面底部有两行梵文，但字形不规范，笔划不清楚，内容无法确认。经咒上为一层仰莲瓣，莲瓣以上为成排佛塔，现残存63座，多数轮廓完整，个别残缺不全。中央为1座体量相对较大的天降塔，塔基模糊，塔座带阶梯，覆钵塔瓶、尖

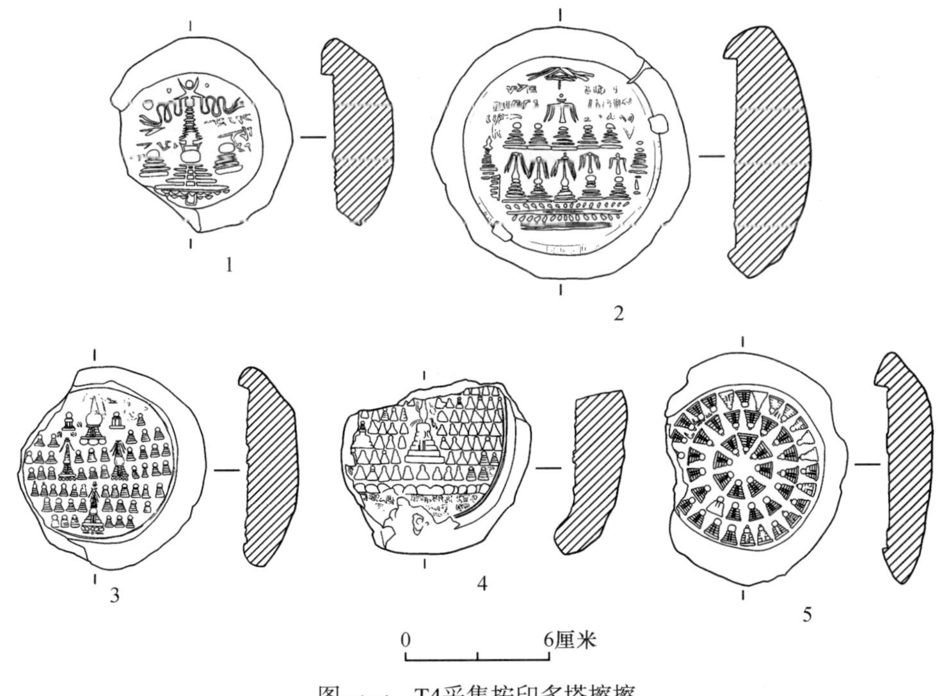

图一一　T4采集按印多塔擦擦

1. T4：6　2. T4：7　3. T4：8　4. T4：9　5. T4：10

锥塔刹，塔顶残。天降塔上下及两侧为7行形象简略的小塔，应为菩提塔，仅有塔座、塔瓶，自上而下第3～5排左侧为1座体量较天降塔小、较小塔大的塔，覆钵状，可能为涅槃塔。背面弧凸，有按印的掌纹（图一一，4）。

T4：10，整体高10、残宽7.9、厚2.5厘米。边缘略残，原应呈圆形，周缘有挤出的泥沿。多塔，印面为三圈向心排列的小塔，共计50座。其中，内圈8座塔、中圈16座塔、外圈应有26座塔，可辨认者均为天降塔。小塔由带阶梯的塔座、覆钵塔瓶及塔顶的圆点组成。塔间缝隙局部可见一些模糊不清的字母，疑似藏文，无法辨识，内容不确定。背面弧凸，有按印的掌纹印（图一一，5）。

（二）脱模塔擦

3件，均为灰白泥脱模制成，圆雕。四面天降塔2件，环绕一百零八塔1件。

T4：11，整体高7.2、底径最大9.1厘米。塔刹残。四面天降塔。下部为捏制的扁圆柱状台，边缘较高。台上为覆莲塔基，塔基上为塔身。塔身底部圆形，一周为铭文，似为梵文，难以辨识，内容不确定；中部为上、下两层“亚”字形塔身，四面四塔，上、下两层阶梯。八边形塔瓶，塔刹残。底部有按印的掌纹（图一二，1）。

T4：12，整体残高6.8、底径最大9.2厘米。塔刹残。四面天降塔。下部为捏制的扁圆柱状台，边缘较低平；台上为覆莲塔基；塔基上为塔身。塔身底部圆形，一周为梵

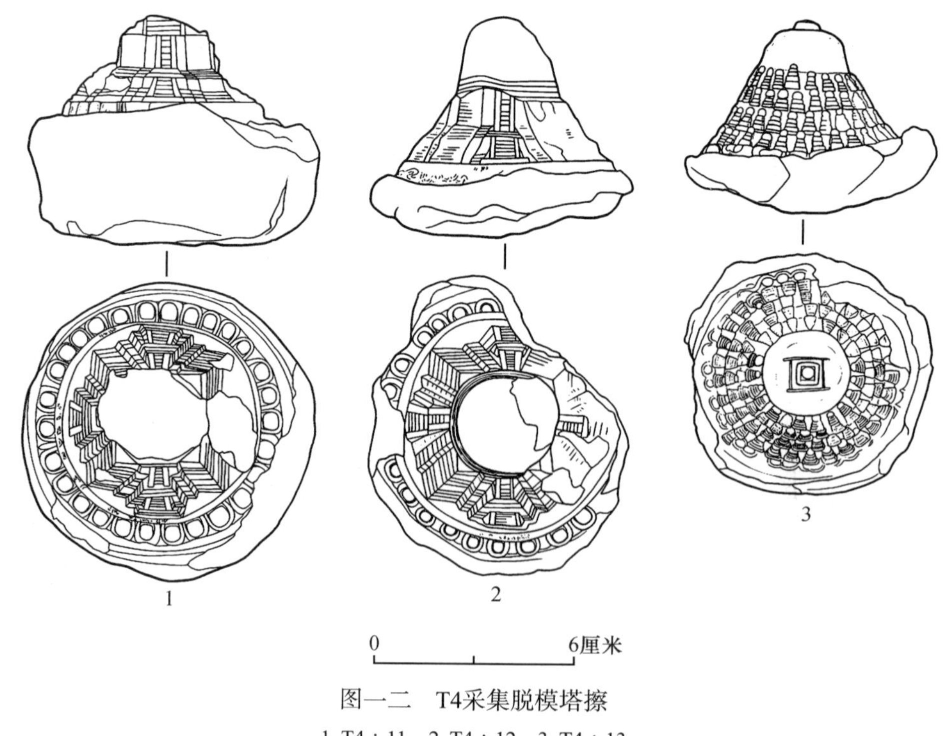

图一二　T4采集脱模塔擦

1. T4：11　2. T4：12　3. T4：13

文，大多模糊不清，内容无法确定；中部为上、下两层“亚”字形塔身，四面四塔，上、下两层阶梯。圆形塔瓶。底部有按印的掌纹（图一二，2）。

T4：13，整体高5.8、底径最大7.9厘米。底部有红彩，挤压出少许泥沿。一百零八塔，覆莲瓣塔基，圆锥状塔座，覆钵塔身，方形塔刹。塔座一周自上而下环绕4层小塔，部分小塔有残损，总数约为108座。小塔均由较瘦高的方形台阶状塔基、覆钵状塔瓶组成。底部有按印的掌纹（图一二，3）。

（三）菩萨像擦

3件，均为灰白泥模印而成，浮雕。

T4：14，整体高9.6、残宽7.9、厚3.9厘米。边缘略残，呈椭圆形，周缘有较多挤出的高泥沿。观音，单面六臂，坐姿。头戴花冠并有宝缯垂肩，戴花状耳饰，佩项圈，上身袒裸，下身着裙。两主臂左手施禅定印、右手施慈悲印；中间两臂左手持净瓶，右手无持物；后面两臂左手持莲花，右手持物不明。左腿屈膝内折垂下，右腿内屈平置。部分细节磨损严重，无法辨识。头光呈尖拱状，内饰连珠纹。造像及头光后有大身光，略呈纵长椭圆形，边缘整体凸出于外侧，应为模印按压所致，中上部一周环绕梵文。从左膝开始逆时针环绕，字头向内，前面10个字内容与缘起偈接近，后面字内容与缘起偈不符，因此整体内容仍无法确定。背面弧凸，有按印的掌纹（图一三）。值得注意的是，根据廖旸研究员观察分析，在不空绢索真言对应的图像中，有与该图像相近者[6]。不过，该像上左手持莲花、下左手持净瓶均较为明确，但中间主臂左手是否有持物，持物是否为绢索无法辨识，其环绕真言与观音类型真言也均不相符。

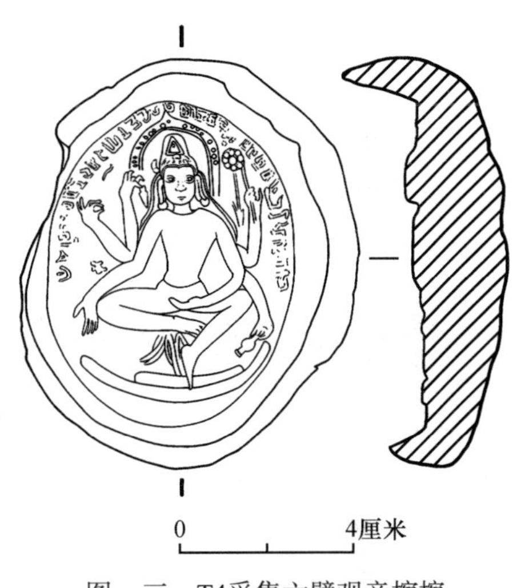

图一三　T4采集六臂观音擦擦

T4：15，整体残高6.4、残宽5.9、厚3.9厘米。边缘略残，近圆形，周缘有较多挤出的高泥沿。金刚持，单面双臂，坐姿。眉间有白毫，上身赤裸，佩戴项圈、臂钏、手镯，下身着花状装饰的长裙，右腿外侧下部有一朵花饰。右手于胸前托金刚杵，左手撑于莲台上。头戴三叶冠，冠叶呈三角形，上缘一周连珠纹。左腿内屈平置，右腿向内屈起。头光为较小的圆拱形，边缘为连珠纹。头光与造像后的大身光为纵椭圆形，边缘凸起。头冠至右膝右侧为7行字，字形不规范，似为梵文，可能为金刚持的对应的真言，但无法确认。左侧为与造像台座相接的莲茎托塔，塔为嘎当塔。背面弧凸，有按印的掌纹（图一四，1）。

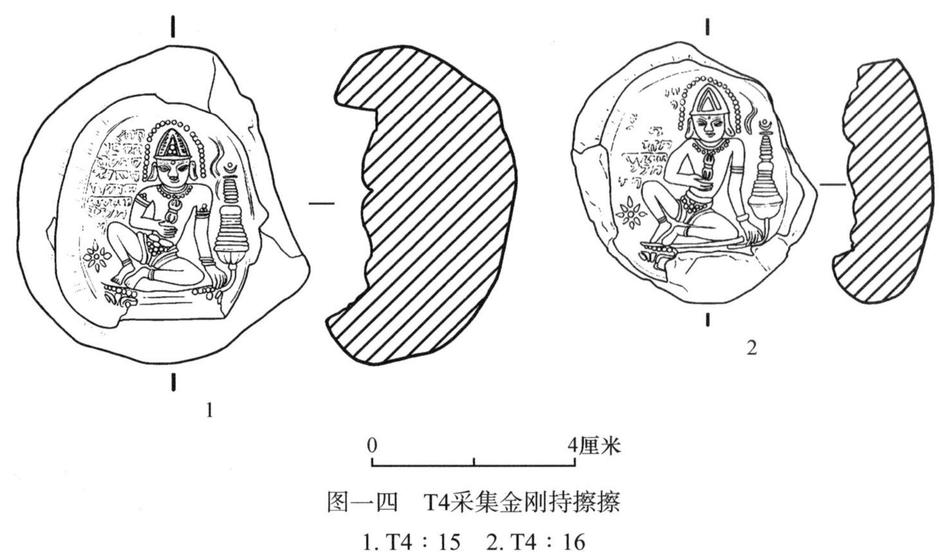

图一四　T4采集金刚持擦擦
1. T4：15　2. T4：16

T4：16，整体高5.2、残宽4.9、厚1.9厘米。金刚持，形制与T4：15基本相同，应为同模制作，但泥块较小、较薄。背面较平整（图一四，2）。

（四）金刚像擦

1件，灰白泥模印而成，浮雕。

T4：17，整体残高7.9、残宽7.7、厚3.3厘米。正面涂红彩，下部微残，略呈圆形，周缘有挤出的泥沿。单身胜乐金刚像，四面十二臂，忿怒相，立姿。颈戴项圈，上身赤裸，下身着短裤。主臂双手交叉于胸前，持金刚杵、金刚铃，另外五双手臂在身侧扬起，手持物磨损严重，难以辨认。左腿向外屈膝，右腿外蹬伸直，双脚下分别踩踏二外道。背面弧凸，有明显的手指按压痕迹（图一五；图版三三，4）。

（五）佛母像擦

1件，灰白泥模印而成，浮雕。

T4：18，整体高9.2、残宽7.5、厚3.3厘米。正面有少量红彩，左缘略残，呈椭圆形，周边有挤出的泥沿。般若佛母，单面四臂，坐姿。主臂双手于身前施说法印，另一双臂左手托经书、右手持金刚杵。双腿结跏趺坐。头戴花冠，正面可见一个呈三角形的冠叶，冠带呈圆轮状，佩戴耳饰、项圈、臂钏、手镯、帔帛。上身赤裸，下身着裙。台座为仰莲座，单层大莲瓣。双弦纹头光，单弦纹身光。背面弧凸，有按印的掌纹（图一六）。

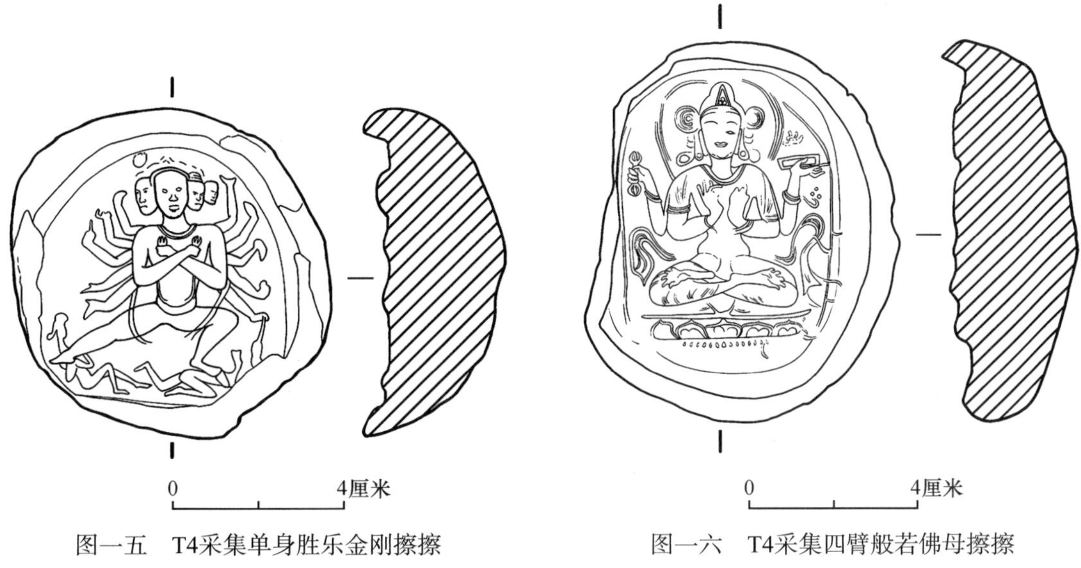

图一五 T4采集单身胜乐金刚擦擦　　图一六 T4采集四臂般若佛母擦擦

四、四号塔擦擦的时代与风格

四号塔出土的这18件擦擦标本从题材来看，以塔擦为主，像擦次之。

13件塔擦中，浮雕经咒塔擦居多，共10件，脱模圆雕塔擦次之，共3件。塔的数量组合多样，包括单塔、三塔、四塔、十二塔、五十塔、五十八塔、六十三塔、一百零八塔等。塔的排列亦横向成排或错排为主，还有圆形多层环绕式。塔的种类以天降塔、菩提塔为主。塔与经咒的空间布局上，或以塔为主体，填充藏文、梵文，或以行列整齐的梵文为主，配以小体量单塔。

像擦数量整体较少，共5件，题材以菩萨类造像为主，金刚类和佛母类造像较少。造像特征的共性为肢体修长舒展、宽肩窄腰、线条流畅；面部眼形、嘴形具有南亚人特征；服装轻薄贴体，衣纹简洁；均为单尊像，未见双身及组合像。个性亦十分明显：姿态上，三尊菩萨像坐姿随意舒展，金刚强健有力，佛母娴静慈祥；背光上，六臂观音头光出尖，金刚持和佛母头光为卵圆形，金刚持头光直接以连珠串成，胜乐金刚则无头光；台座上，六臂观音台座特征不明显，金刚持台座大部未按印下凹、一侧露出部分为双层小莲瓣，佛母莲座仰莲莲瓣大而简洁。这些表明上述个性化特征尚未形成统一样式。

从制作技法来看，以按印法制作的经咒塔擦居多，塔和经咒文字均浮雕较浅；按印造像浮雕略高。正面周缘泥沿均较高，像擦泥沿均高出造像。泥岩表面多数进行了修整，留有明显的手掌印纹，表明其制作较为细致。

整体来看，四号塔出土擦擦与西藏西部佛寺、佛塔中出土的后弘初期按印塔擦、脱模塔擦和像擦在制作技法和特征上均基本相同[7]，如札达县托林寺后弘初期佛寺佛塔、麦隆沟佛寺佛塔、柏东坡佛寺佛塔等出土的同类擦擦（图版三三，5、6）[8]，是典型古格早期擦擦的重要组成部分。由此可知，四号塔出土擦擦的时代集中于11～12世纪，未见更早特征或更晚特征的擦擦出现。据此，可以基本确定四号塔的建造与使用年代均为后弘初期。

公元10世纪末，古格王益西沃派遣仁钦桑布等前往印度学习佛法，拉开了藏传佛教后弘期上路弘法的序幕。仁钦桑布大师曾带领32位克什米尔艺术家回到古格[9]，使克什米尔造像风格在古格产生深远影响。11世纪中叶，阿底峡大师入藏弘法，先至古格，后至卫藏。大师率领僧团来到古格以及尼泊尔西部迦斯亚-末罗王朝对藏西部分地区的兼并也使得已经在西藏西部有所发展的波罗艺术更加流行，并与其他风格相杂糅[10]。四号塔出土的这批擦擦，尤其是像擦的艺术风格的最初源头应为克什米尔及东印度，直接源头应为古格王朝腹地的象泉河中下游、孔雀河中下游一带。

五、曲龙遗址后弘初期佛教遗存的价值

卡尔恩地点聚落遗存全称“琼隆卡尔恩玛”，意为“前期城堡”。根据目前的考古工作可知，卡尔恩地点各类佛教遗存的年代主要集中在11～13世纪，以有绝对年代的佛寺遗址QSFS1（图版三三，7）、礼佛窟QMD31、佛塔T10等为代表。同时，该地点中还存在以D105为代表的后弘初期建造或使用的窑洞。与之相对的，位于象泉河右岸的琼隆地点中，存在以Ⅱ区T6出土T6：26号按印浅浮雕塔擦[11]，以及Ⅱ区D446（图版三三，8）未完工、四壁修整较规范、顶部凿出套斗样式、尚未涂抹泥皮和绘制壁画、后期被用作生活的佛窟等为代表的少量后弘初期佛教遗存。从遗存分布来看，曲龙遗址后弘初期的核心区域位于象泉河左岸的卡尔恩地点。

卡尔恩地点内，佛寺遗址位置相对居中，为回廊式布局，保留悬塑塑像的椽孔；佛窟“觉莫拉康”内绘制有千佛、供养人和曼荼罗壁画，还保留有悬塑塑像的椽孔；T4等佛塔装藏以按印塔擦擦为主，这些特征等都表明这是一组后弘初期具有共存关系的佛教遗存。综合来看，卡尔恩地点的后弘初期的佛寺、佛窟、佛塔共同构成了一处组合完备的石窟寺，为西藏西部后弘初期石窟寺考古研究提供了重要资料。

此外，卡尔恩地点佛塔出土有较多后弘初期的文书。其中有一件历史文书，为后弘初期对吐蕃时期盟约文书的抄录，内容为吐蕃赞普赤松德赞（8世纪中叶）颁赐给当时该地方具有重要政治、军事影响力的古格结欣（rGye shin）家族的盟约文书（图版三四）。从文末提示可知，文书本身是根据赤松德赞时期颁赐的文告而抄录的；从字体特征看，这份文书本身的抄录时间最早可能在10～11世纪。文书内容中提到，结欣家族曾为吐蕃王朝的好几代赞普效力，为平定和治理古代西部西藏的社会、政治、军事等做出过突出的贡献，因此吐蕃赞普赤松德赞特发敕令，一方面追述其家族对吐蕃

所做的贡献，另一方面给予其家族及后代特殊待遇。根据文书内容及敦煌文献有关的记载可知，这个家族在以今日古格区域为主的古代西部西藏是一个相当有名望和地位的地方力量，同时也是一个相当有势力的地方军事力量，不排除这个家族与吐蕃征服之前的象雄小邦王族相关，被吐蕃征服后，成为吐蕃统治西部西藏的一支重要和主要力量[12]，这表明吐蕃曾将琼隆地方作为其管辖西部阿里的中心之一，也从侧面印证了琼隆地方作为象雄故都的可能性。

附记：本文为2019年国家社科基金重大项目“西藏阿里后弘期初的佛教遗存与多民族交融研究（项目号19ZDA177）”的阶段性成果。

注　释

［1］ 常洋铭、任超：《犍陀罗的微笑——巴基斯坦古迹文物巡展》展品选萃①，北京大学人文社会科学研究院官方微信公众号，2018年10月13日。

［2］ 〔巴基斯坦〕穆罕默德·阿什拉夫·汗（Muhammad Ashraf Khan）、萨迪德·阿里夫萨迪德·阿里夫（Sadeed Arif）：《丝路上的犍陀罗佛教建筑和艺术》，《光明日报》2019年5月7日第12版。

［3］ 陕西省考古研究院、西藏自治区文物局等：《西藏阿里札达县曲龙遗址琼隆地点2018年度考古发掘简报》，《考古与文物》2019年第6期，第58～59页。

［4］ 西藏自治区文物局：《西藏阿里地区文物抢救保护工程报告》，科学出版社，2002年，第34页。

［5］ 四号塔采集擦擦上可辨识铭文的初步释读由中国社会科学院民族学与人类学研究所廖旸博士完成。

［6］ 廖旸：《西藏西部擦擦铭文探索》，《西藏古格擦擦艺术》，中国藏学出版社，2016年，第40、41页。

［7］ 张建林：《藏传佛教后弘期早期擦擦的特征——兼谈吐蕃擦擦》，《中国藏学》2010年第S1期，第28页。

［8］ a. 李逸之：《古格擦擦艺术及时代特征》，《西藏古格擦擦艺术》，中国藏学出版社，2016年，第236页图版249，第223页图版227，第192页图版166，第199页图版179。

b. 张建林：《中国藏传佛教雕塑全集·擦擦卷》，北京美术摄影出版社，2002年，第17页图二五，第34页图五四，第28页图四三。

［9］ 图齐著，魏正中、萨吉尔主编：《梵天佛地》（第二卷），上海古籍出版社，2009年，第64页。

［10］ 同［6］，第65、66页。

［11］ 同［3］，第62、63页。

［12］ 该文书的初步释读工作由西藏自治区文物保护研究所夏格旺堆研究员完成。

西藏石窟寺近十年调查与研究综述

西藏自治区文物保护研究所

佛教自吐蕃王朝引入西藏后，历经朗达玛灭佛及后弘期复兴，逐渐成为西藏境内信众最多的宗教。因此对西藏境内佛教遗迹、遗物的研究，是西藏考古的重要组成部分。而石窟则是西藏境内重要的佛教遗迹类别之一。

西藏石窟大多分布在临近喜马拉雅山脉北麓的位置，如阿里札达县、普兰县和日喀则的吉隆沟，以及山南的洛扎沟附近。西藏境内有关西藏石窟寺的研究，在二十世纪八九十年代，国内掀起一批调查、研究新高潮[1]。经过全国第三次文物普查工作（下简称“三普”），对西藏石窟寺的数量和分布范围有了一个系统地掌握，并对其中部分石窟的性质有了初步认识。近十年，西藏自治区本土考古力量在国家文物局的关心下，在自治区文物局的部署、支持下有了快速成长。2017～2020年西藏自治区文物保护研究所主持的国家社科基金项目“西藏中部地区石窟寺调查与研究”工作和2020～2021年完成的“西藏石窟寺专项调查”工作，为西藏石窟寺再增新资料。

2021年最新数据统计显示，通过石窟寺专项调查工作，共确定西藏自治区石窟寺70处（表一）。从行政区域分布看，拉萨市分布有石窟寺7处；山南市分布有石窟寺5处；阿里地区分布有石窟寺39处；昌都市分布有石窟寺4处；日喀则市分布石窟寺14处。从行政区域划分上看，西藏石窟寺，除那曲、林芝以外，在拉萨、山南、日喀则、阿里、昌都均有分布，其中又以阿里发现的石窟数量最多，且研究也最多；而拉萨、山南、日喀则的石窟分布数量较少、基础研究薄弱；昌都的石窟仅有“三普”数据登录，并无公开资料和研究论文发布。

表一　西藏石窟寺名录

序号	名称	地址	年代
1	查拉路甫（查拉鲁普）	拉萨市城关区吉崩岗街道药王山-鲁普岩寺	7～15世纪
2	查耶巴（查叶巴）石窟	拉萨市达孜县帮堆乡叶巴村一组拉强果自然村北约1000米名为查叶巴山上	7～17世纪
3	热卡查日追	拉萨市城关区夺底乡欧巴村巴热森康自然村（一组）西北约500米	不详
4	比如上、下寺	拉萨市尼木县塔荣镇巴古村1组东约300米处的达日山西侧山腰	不详

续表

序号	名称	地址	年代
5	卓玛普日追	拉萨市尼木县尼木乡聂玉村6组南约500米处的日布熊日山东侧山脚处	不详
6	奎宫拉康	拉萨市尼木县塔荣镇东松村西北约80米处的岗日久松日山山腰处	不详
7	拉日石窟	山南市曲松县邱多江乡色吾村委会加日贡村北约800米	11～13世纪
8	洛村石窟	山南市曲松县堆随乡洛村洛曲德寺西北约50米处崖面上	11～14世纪
9	卡久寺洞窟	山南市曲松县邱多江乡洛村，村西为色曲，石窟位于村庄山谷南北两侧山坡上	17世纪
10	宗喀石窟	山南市隆子县隆子镇色吉雪村委会鲁堆自然村东北断崖上	不详
11	浦拉康石窟	山南市桑日县绒乡冲达村南面约1千米处山沟北面山坡上	不详
12	拉孜石窟	日喀则地区拉孜县拉孜镇拉孜村拉孜宗山半山腰处	8～10世纪
13	恰姆石窟寺	日喀则地区定结县琼孜乡恰姆村委会南约3千米	10～16世纪
14	乃甲切木石窟	日喀则地区岗巴县昌龙乡乃加村东南约40米处	11～12世纪
15	增桑石窟寺	日喀则市亚东县堆纳乡古汝村西5千米的古汝霞古山山腰	17世纪
16	青噶石窟	日喀则市吉隆县东南的加木村	16～17世纪
17	薛思日追	谢通门县仁钦则乡伦珠孜村	不详
18	多尔玛石窟	日喀则市岗巴县直克乡乃村	12～15世纪
19	朗普石窟	日喀则市定结县琼孜乡	13～14世纪
20	岗祖普石窟	日喀则市宗嘎镇杂龙村南侧2.3千米	19世纪
21	唯色普石窟	日喀则市宗嘎镇杂龙村东侧1.3千米	14世纪
22	拉阿普石窟	日喀则市吉隆县吉隆镇冲堆村北侧600米山脚	不详
23	芒普石窟	日喀则市吉隆县城东北3千米	18世纪
24	萨瓦普石窟	日喀则市吉隆县城东10千米，洞窟沿曲嘎玛贡日拉山而建	16～17世纪
25	普日石窟	日喀则市吉隆县城东北2千米	16～17世纪
26	东嘎石窟	阿里地区札达县托林镇东嘎村东嘎组西北400米处山崖壁上	11～16世纪
27	皮央石窟	阿里地区札达县托林镇东嘎村皮央组驻地	11～16世纪
28	古格遗址洞窟	阿里地区札达县托林镇札布让村西南约1千米处，朗钦藏布（象泉河）南岸谷坡的札不让山上	14～15世纪
29	玛那遗址石窟	阿里地区札达县托林镇托林村玛郎组居民点南约1.25千米处的土林顶部	11～13世纪
30	吉日石窟	阿里地区札达县托林镇波林村卡孜柏林组象泉河北岸约800米处	11～13世纪
31	帕尔嘎尔布石窟	阿里地区札达县托林镇	13～14世纪
32	帕尔宗坛城石窟	阿里地区札达县托林镇波林村卡孜组帕尔牧场东北1千米处	11～16世纪
33	卡俄普石窟	阿里地区札达县香孜乡香巴村	13世纪之前
34	西林桂（西林衮）石窟	阿里地区札达县香孜乡香孜村香巴组西700米处	14～17世纪

续表

序号	名称	地址	年代
35	镇萨（增撒）石窟	阿里地区札达县托林镇东嘎村白东波组西北约2.74千米处	11～13世纪
36	酿洞窟（聂拉康）	阿里地区札达县托林镇波林村卡孜组，冬季点酿地方	11世纪前半叶
37	查宗贡巴石窟	阿里地区札达县托林镇波林村卡孜组帕尔牧场东北1千米处	15～16世纪
38	桑丹达吉林	阿里札达县香孜乡强丁村	不详
39	琼隆石窟	阿里地区札达县达巴乡曲龙村一组西北面约3千米处的象泉河北岸	不详
40	芒扎石窟	阿里地区札达县托林镇波林村卡孜柏林组西面约7千米处	11～13世纪
41	萨冈洞窟	阿里地区札达县托林镇札布让村西北约7千米，地处象泉河北岸阶地	不详
42	夏沟石窟	阿里地区札达县托林镇托林村白东布组东约4千米处一南北向沟谷的西侧山崖	不详
43	阿钦沟（阿青）石窟	阿里地区札达县达巴乡达巴村三组的阿钦沟内	不详
44	纳曲宗普石窟	阿里地区普兰县普兰镇吉让村长杰组驻地所的东北约3千米贡嘎隆巴河北侧	不详
45	古宫寺石窟	阿里地区普兰县普兰镇吉让村西北500米，马甲藏布（孔雀河）西北岸崖面上	15世纪
46	丁穹拉康石窟	阿里地区日土县多玛乡乌江村东北约7千米处	12～13世纪
47	江落坚石窟	阿里地区札达县托林镇波林村卡孜组冬季点江落坚，地处卡孜沟东端	11～13世纪
48	恩尼曲桑佛窟	阿里地区札达县萨让乡日巴村嘎布热组北约260米处的罗瓦山山腰上	11～13世纪
49	扎衮巴石窟	阿里地区札达县托林镇波林村卡孜组旧驻地西北约500米处的崖面上	11世纪
50	尼旺石窟	阿里地区札达县底雅乡鲁巴村鲁巴组南约2.5千米的尼旺地方一处呈东西走向的冲沟北边崖壁上	13～14世纪
51	江衮巴石窟	阿里地区札达县托林镇波林村波林组境内一处称为江的地方	11～14世纪
52	措吉石窟	阿里地区札达县托林镇波林村波林组措吉自然组（为冬季点）驻地	16～17世纪
53	喜尔石窟	阿里地区札达县达巴乡达巴村三组冬季点一处称为喜尔的地方	11世纪
54	樟木洞窟	阿里地区札达县达巴乡达巴村三组北面，南距达巴乡政府所在地约27千米	11～13世纪
55	珠仓石窟	阿里地区札达县萨让乡日巴村西北3千米处的山谷中	不详
56	鲁普石窟	阿里地区普兰县普兰镇西德村鲁普组南约10千米处	13～15世纪
57	香孜石窟	阿里地区札达县香孜乡香孜村北面约530米处	15～16世纪
58	夏朗贡康石窟	阿里地区札达县香孜乡热布加林村夏朗组西北一座山坡上	不详
59	乌江千佛洞	阿里地区日土县多玛乡乌江村东1.2千米	13～15世纪

续表

序号	名称	地址	年代
60	色日宁大威德护法石窟	阿里地区札达县托林镇东嘎村东嘎组东南约1.8千米处色日宁沟内的崖壁上	15～16世纪
61	久姆拉康石窟	阿里地区札达县达巴乡曲龙村曲龙组驻地约北约300米一处山沟东侧	13世纪
62	邦扎石窟	阿里地区札达县达巴乡曲龙村三组嘎地曲河与帮扎曲河两河交汇处东北山崖	14世纪
63	夏朗朗扎石窟	阿里地区札达县香孜乡热布加林村夏朗组东北460米	12～17世纪
64	朗果古瓦石窟	阿里地区普兰县普兰镇赤德村北约1千米处的休林山之上	14世纪
65	桑普石窟	阿里地区普兰县普兰镇仁贡村沙朗组东南3千米处	17世纪
66	衮朗洞窟	阿里地区札达县香孜乡香孜村西约5千米	11～13世纪
67	俄加郎玛石窟	昌都地区察雅县王卡乡曲卓村北面约5千米处的饿班山半山腰处	不详
68	普巴神山石窟	昌都市察雅县香堆镇仁达村西南约1千米的普巴神山上	16～17世纪
69	吉姆查久石窟	昌都地区察雅县肯通乡孜中村北面约3千米处的吉姆查久山山顶上崖面上	不详
70	扎庆哪石窟	昌都市江达县邓柯乡直巴村西面的山谷里	13～14世纪
71	卡孜（石窟）寺	卡孜河河谷内卡孜河近沟口处	11～17世纪

一、已公布的西藏石窟资料

截至2020年共有32处石窟寺资料被公布（表二）。

表二 石窟资料信息表

序号	名称	位置	时间	资料来源	
1	查拉路甫石窟	拉萨市药王山东麓	第一期为7世纪中叶～9世纪中叶；第二期为12～13世纪；第三期为14～15世纪	西藏文管会文物普查队：《拉萨查拉路甫石窟调查简报》，《文物》1985年第9期	单个洞窟
2	布达拉宫法王洞	拉萨市红山	7世纪	西藏布达拉宫维修工程施工办公室、中国文物研究所：《中国古代建筑·西藏布达拉宫》，文物出版社，1996年，第17、45、52、173、194、429～440页	单个洞窟
3	查耶巴石窟	拉萨达孜县邦堆乡叶巴村	7～9世纪	国家文物局：《中国文物地图集·西藏自治区分册》，文物出版社，2010年，第221页	
4	拉日石窟	山南曲松县堆随乡甲日贡村	11～13世纪	西藏自治区文物局：《拉日石窟》，《错那、隆子、加查、曲松县文物志》，西藏人民出版社，1993年，第215页	

续表

序号	名称	位置	时间	资料来源	
5	洛村石窟	山南曲松县堆随乡洛村	11～14世纪	西藏自治区文物局：《洛村石窟》，《错那、隆子、加查、曲松县文物志》，西藏人民出版社，1993年，第208页	
6	卡久寺洞窟	山南洛扎县拉康镇	16世纪（塑像）	国家文物局：《中国文物地图集·西藏自治区分册》，文物出版社，2010年，第305页	
7	乃甲切木石窟	日喀则岗巴县昌龙乡乃村	11世纪中晚期～12世纪初期	何强：《西藏岗巴县乃甲切木石窟》，《南方民族考古》1991年第4期，第179～186页	
8	增桑石窟	日喀则亚东县堆纳乡古如村	19世纪	国家文物局：《中国文物地图集·西藏自治区分册》，文物出版社，2010年，第343页	
9	恰姆石窟	日喀则定结县琼孜乡恰姆村	10～12世纪	西藏自治区文物保护研究所、中国藏学研究中心西藏文化博物馆：《西藏定结县恰姆石窟》，《考古》2012年第7期	
10	青噶石窟	日喀则吉隆县	17世纪	西藏自治区文物保护研究所：《吉隆县青噶石窟调查报告》，《西藏研究》2019年第4期	
11	东噶石窟	阿里札达县东噶乡东噶村	早期为11～12世纪，晚期为13～16世纪	教育部人文社会科学重点研究基地四川大学中国藏学研究所、四川大学历史文化学院考古学系等：《皮央、东噶遗址考古报告》，四川出版集团、四川人民出版社，2008年，第21～85页	
12	皮央石窟	阿里札达县东噶乡皮央村	分为早、晚两期，早期为11～12世纪，晚期为13～16世纪	教育部人文社会科学重点研究基地四川大学中国藏学研究所、四川大学历史文化学院考古学系等：《皮央、东噶遗址考古报告》，四川出版集团、四川人民出版社，2008年，第21～85页	
13	古格遗址洞窟	阿里札达县托林镇札布让村	14～15世纪	西藏自治区文物管理委员会：《古格故城》，文物出版社，1991年，第63～70页	
14	玛那寺及玛那遗址石窟	阿里札达县托林镇波林村多香组	11～13世纪	国家文物局：《中国文物地图集·西藏自治区分册》，文物出版社，2010年，第360页	
15	吉日石窟	阿里札达县托林镇波林村	11～13世纪	四川大学中国藏学研究所、四川大学历史文化学院考古系、西藏自治区文物事业管理局：《西藏阿里札达县象泉河流域发现的两座佛教石窟》，《文物》2002年第8期	
16	帕尔嘎尔布石窟	阿里札达县托林镇波林村	13～14世纪	四川大学中国藏学研究所、四川大学历史文化学院考古系、西藏自治区文物局等：《西藏阿里札达县帕尔嘎尔布石窟遗址》，《文物》2003年第9期	
17	帕尔嘎尔宗坛城窟	阿里札达县卡孜乡帕尔村	11～16世纪	四川大学中国藏学研究所、四川大学历史文化学院考古系、西藏自治区文物局等：《西藏阿里札达县帕尔宗遗址坛城窟的初步调查》，《文物》2003年第9期	

续表

序号	名称	位置	时间	资料来源
18	卡俄普石窟	阿里札达县香孜乡乡巴村	13世纪之前	四川大学中国藏学研究所、四川大学历史文化学院考古系、西藏自治区文物局：《西藏阿里札达县象泉河流域卡俄普与西林衮石窟地点的初步调查》，《文物》2007年第6期
19	西林衮石窟	阿里札达县香孜乡乡巴村	14～15世纪，15～17世纪	四川大学中国藏学研究所、四川大学历史文化学院考古系、西藏自治区文物局：《西藏阿里札达县象泉河流域卡俄普与西林衮石窟地点的初步调查》，《文物》2007年第6期
20	增撒石窟	阿里札达县东嘎乡白东布村	11～13世纪	四川大学中国藏学研究所、四川大学历史文化学院考古系、西藏自治区文物局：《西藏阿里札达县象泉河流域白东波村早期佛教遗存的考古调查》，《文物》2007年第6期
21	聂拉康石窟	阿里札达县波林乡波林村	11世纪前半叶	四川大学中国藏学研究所：《西藏阿里象泉河流域卡孜河谷佛教遗存的考古调查与研究》，《考古学报》2009年第4期
22	查宗贡巴石窟	阿里札达县波林乡波林村	15～16世纪前半叶	四川大学中国藏学研究所：《西藏阿里象泉河流域卡孜河谷佛教遗存的考古调查与研究》，《考古学报》2009年第4期
23	卡孜（石窟）寺	阿里札达县	11世纪至清	四川大学中国藏学研究所：《西藏阿里象泉河流域卡孜河谷佛教遗存的考古调查与研究》，《考古学报》2009年第4期
24	桑丹达吉林石窟	阿里札达县香孜乡强丁村		国家文物局：《中国文物地图集·西藏自治区分册》，文物出版社，2010年，第364页
25	琼隆石窟	阿里札达县达巴乡曲龙村		国家文物局：《中国文物地图集·西藏自治区分册》，文物出版社，2010年，第364页；李阳：《西藏阿里琼隆遗址初步研究》，西北大学考古学硕士学位论文，2016年；陕西省考古研究院、西藏自治区文物局、阿里地区文物局等：《西藏阿里札达县曲龙遗址琼隆地点2018年考古发掘简报》，《考古与文物》2019年第6期
26	芒扎石窟	阿里札达县托林镇波林村		国家文物局：《中国文物地图集·西藏自治区分册》，文物出版社，2010年，第364页
27	萨冈石窟	阿里札达县托林镇札布让村		国家文物局：《中国文物地图集·西藏自治区分册》，文物出版社，2010年，第364页
28	夏沟石窟	阿里札达县林镇托林村		国家文物局：《中国文物地图集·西藏自治区分册》，文物出版社，2010年，第364页
29	纳曲宗普石窟	阿里普兰县普兰镇吉让村		国家文物局：《第三次全国文物普查重要发现》，科学出版社，2009年，第97页
30	古宫寺	阿里普兰县普兰镇吉让村		国家文物局：《中国文物地图集·西藏自治区分册》，文物出版社，2010年，第356页

续表

序号	名称	位置	时间	资料来源	
31	丁穹拉康石窟	阿里日土县多玛乡乌江农场	12～13世纪	陕西省考古研究院、西藏自治区文物保护研究所：《西藏日土县丁穹拉康石窟群考古调查简报》，《考古与文物》2014年第6期	
32	阿钦沟石窟	阿里札达县	11～13世纪	张建林：《阿钦沟石窟的佛传壁画——兼谈古格王国早中期佛传壁画的不同版本》，《西部西藏的文化历史》，中国藏学出版社，2008年，第3～19页	

分布于拉萨的石窟，资料已公布的有3处。

查拉路甫石窟位于拉萨市药王山东麓[2]。布达拉宫法王洞位于拉萨市红山[3]，有最新研究成果[4]表明法王洞不是真正意义上的石窟，时代在14世纪以后。查耶巴石窟位于拉萨达孜县[5]，年代为7～9世纪。

分布于山南的石窟，已公布资料的有3处。

拉日石窟位于山南曲松县[6]，年代为11～13世纪。洛村石窟位于山南曲松县[7]，年代为11～14世纪。卡久寺洞窟位于山南洛扎县[8]，年代为11～13世纪。

分布于日喀则的石窟，已公布资料的6处。

拉孜石窟位于日喀则拉孜县[9]，年代为8世纪。恰姆石窟位于日喀则定结县[10]，年代应为10～12世纪。乃甲切木石窟位于日喀则岗巴县[11]，年代为11世纪中晚期～12世纪初期。增桑石窟位于日喀则亚东县，年代为19世纪[12]。青噶石窟[13]位于日喀则吉隆县，年代为17世纪。

分布于阿里的石窟，已公布资料的有20处。

东噶石窟[14]位于阿里札达县，石窟早期为11～12世纪，晚期为13～16世纪。皮央石窟[15]位于阿里札达县，早期石窟为11～12世纪，晚期石窟为13～16世纪。古格遗址洞窟[16]位于阿里札达县，年代为14～15世纪。玛那遗址石窟[17]位于阿里札达县，年代为11～13世纪。吉日石窟[18]位于阿里札达县，年代为11～13世纪。帕尔嘎尔布石窟[19]位于阿里札达县，石窟中留有13～14世纪的遗存。帕尔嘎尔宗坛城石窟[20]位于阿里札达县，窟内有11～16世纪不同时间段的遗存。卡俄普石窟[21]位于阿里札达县，年代为13世纪之前。西林衮石窟[22]位于阿里札达县，K1年代为15～17世纪，K2年代为14～15世纪。增撒石窟[23]位于阿里札达县，年代为11～13世纪。聂拉康石窟[24]位于阿里札达县，年代为11世纪前半叶。查宗贡巴石窟[25]位于阿里札达县，年代为15～16世纪前半叶。卡孜寺[26]位于阿里札达县，年代为11～17世纪。桑丹达吉林石窟、琼隆石窟[27]、芒扎石窟、萨冈石窟、夏沟石窟均位于阿里札达县[28]。阿钦沟石窟位于阿里札达县[29]，年代为11～13世纪。纳曲宗普石窟和古宫寺石窟位于阿里普兰县[30]。丁穹拉康石窟位于阿里日土县[31]，年代为12～13世纪。

二、“三普”数据中尚未公布资料的石窟

经过2007～2012年的“三普”，我们掌握了更多的西藏石窟寺线索，并做了初步调查，其中也不乏专题专项的调查工作。但是“三普”登记的西藏石窟数据中有28处尚未公开发表。

拉萨市分布石窟中未公布资料的有4处。

（1）热卡查日追，位于拉萨城关区夺底乡欧巴村巴热森康村西北约500米的热卡查日追寺内，共有4处洞窟，均为利用自然大岩石的夹缝修建而成。

（2）比如上、下寺，位于尼木县塔荣镇巴古村东约300米处的达日山西侧山腰，上寺由三间修行洞组成，最大的为莲花洞（图一）。

（3）卓玛普日追，位于尼木县尼木乡聂玉村6组南约500米处的日布熊日山东侧山脚处，有三处修行洞，后期在修行洞的前方建起了大殿、僧舍等建筑。

（4）奎宫拉康，位于尼木县塔荣镇东松村西北约80米处的岗日久松日山山腰处，有一处修行洞，后期在修行洞的前方修建了大殿、僧舍等建筑。

山南市分布石窟中未公布资料的有2处。

（1）宗喀石窟，位于西藏自治区山南市隆子县隆子镇色吉雪村委会东北1500米，共有3处洞窟，窟外修建了一小佛殿及僧舍（图版三五，1）。

（2）浦拉康石窟，位于西藏自治区山南地区桑日县绒乡冲达村南面约1千米处山沟北面山坡上，有2处修行洞窟，后期在窟内绘有壁画和塑像。

图一　比如上、下寺（西向东）

日喀则市分布石窟中未公布资料的有1处。

薛思日追位于日喀则市谢通门县仁钦则乡北约15千米的霞思山南半石岩上，有2个洞窟，洞窟总体亦为不规则长方形，是一处修行窟，无早期壁画和塑像。

昌都市分布石窟中“三普”资料中未公布的有4处。

（1）俄加郎玛石窟，位于昌都市察雅县王卡乡曲卓村北面约5千米处的俄班山半山腰处，坐西朝东，利用山体自然形成的天然岩洞建有2处修行洞（图二，1）。K2北壁上浮雕有燃灯佛造像，造像高1.05、宽0.31米，站姿，双臂弯曲，放于胸前，造像风化严重，面部模糊不清。开凿年代不详。

（2）普巴神山石窟，位于昌都市察雅县香堆镇仁达村西南约1千米的汪布曲河右岸普巴神山崖壁上（图二，3），坐北朝南，利用山顶自然形成的天然岩洞修建寺庙及修行洞，共计分布10处洞窟，以从东向西、从下往上的顺序，分别编号为K1～K10。其中K5面积最大，其内建有土坯建筑作为寺庙之用，部分残墙上存

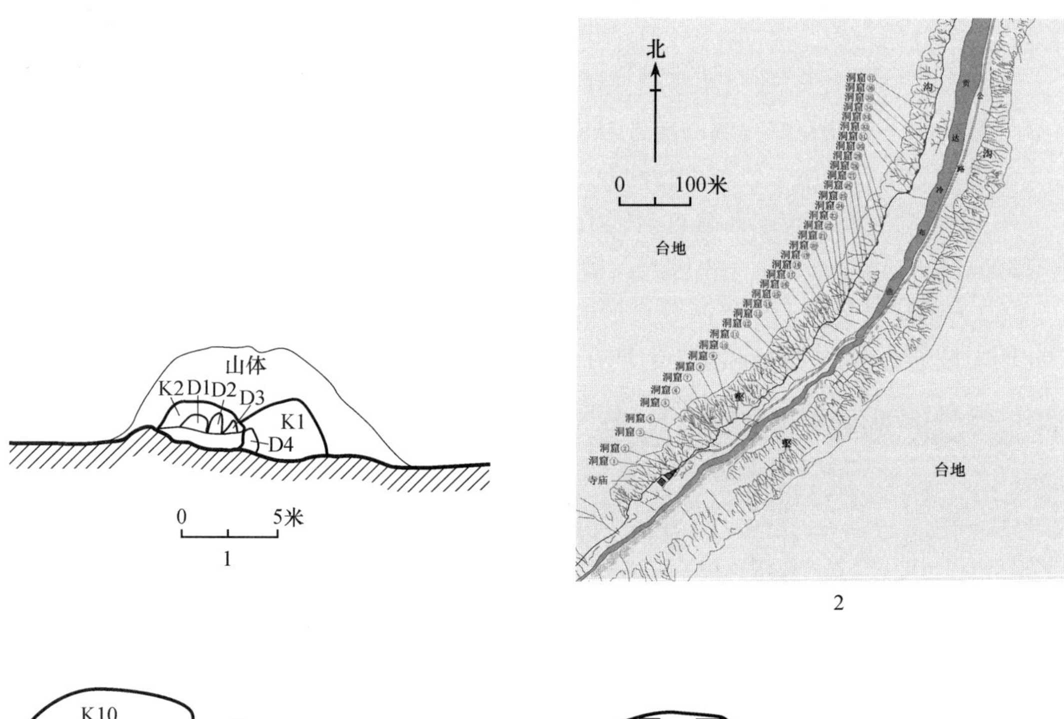

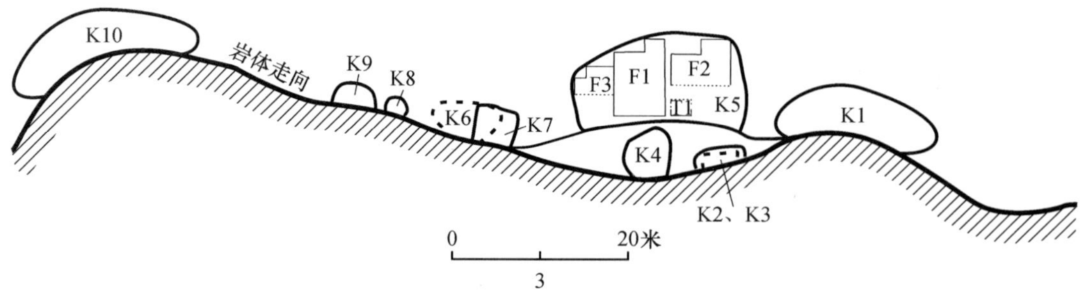

图二　昌都、日喀则市境部分石窟平面图

1. 俄加郎玛石窟总平图　2. 朗普石窟分布平面图　3. 普巴神山石窟总平图

有壁画，壁画颜色鲜艳，内容主要为噶举派祖师传承像，具有16、17世纪壁画的特征（图版三五，2）。

（3）吉姆查久石窟，位于昌都市察雅县肯通乡吉孜村孜中自然村北面约3千米处的吉姆查久山山顶上，南连白夏寺，北接吉姆查久山，西为让嘎沟。石窟坐北朝南，原有20余处洞窟及建筑组成，现仅剩11处。窟内没有早期塑像与壁画，开凿年代不详。

（4）扎庆哪石窟，位于西藏自治区昌都市江达县邓柯乡直巴村西面的山谷里，坐北朝南，利用天然岩体缝隙，围建了2处洞窟，上部为K1，下部为K2。1号窟内分布两幅彩绘壁画。K1宽2、深2、高4米；北壁残存2幅壁画，但已模糊不清，仅能大致辨识出为一尊护法像和一尊佛像。初步判断其年代为13～14世纪。

阿里地区分布石窟中“三普”资料中未公布的有17处。

（1）江落坚石窟，位于阿里札达县托林镇波林村卡孜组冬季点江落坚，地处卡孜沟东端，东北面的山崖上，共有两个洞窟，高出地表约30米。西侧洞窟内绘有壁画为K1，东侧洞窟内存置擦擦。K1，坐东朝西，平面呈方形，宽2、深1.7、高1.75米，平顶，四壁及顶部皆绘壁画，佛像脸部均被凿掉，西壁绘宝幢依怙、四臂依怙、六臂依怙等，其他三壁主要绘坛城及宗喀巴、仁青桑布、胜乐金刚、古格王室僧像、喜金刚等，尊像均有藏文题记。初步判断年代为11～13世纪。

（2）恩尼曲桑佛窟，位于札达县萨让乡日巴村嘎布热组北约260米处的罗瓦山山腰上，共有4处洞窟，其中仅K1内有壁画。K1长3.1、宽3米，窟内绘忏悔三十五佛以及蛇形水神等。初步判断年代为11～13世纪。

（3）扎衮巴石窟，位于阿里札达县托林镇波林村卡孜组旧驻地西北约500米处的崖面之上。石窟处于一座呈东西走向的崖壁上，平面呈长方形，为平顶。窟内绘有萨迦祖师、龙树菩萨、无量寿佛、尊胜佛母、欢喜佛及其他诸佛菩萨像。壁面顶部绘一周垂帘纹，壁面底部绘七政宝。初步判断年代为11世纪。

（4）尼旺石窟，位于阿里札达县底雅乡鲁巴村南2.5千米的一处东西走向的冲沟北侧崖壁上，洞窟位置高出冲沟约15米，共有14个洞窟组成。其中仅有K1内有壁画，K1坐北朝南，宽3.69、深2.95米，窟北壁、东壁、顶部存有壁画。北壁西端为一圆形坛城，其外围绕12尊佛像，北壁东端应是一方形坛城，其内部佛像和高僧像仅存轮廓；东壁上部残存有若干尊小佛像；四壁上部绘垂曼纹；窟顶绘龙、凤、大象、狮子、鹿、羚羊、水鸟等瑞兽和团花纹图案。初步判断年代为13～14世纪。

（5）江衮巴石窟，位于阿里札达县托林镇波林村波林组，石窟所在小地名被称为“江”（图三）。石窟群分布于东西走向的山崖，有50多处洞窟，仅有位于崖面东侧的K1绘有壁画。K1坐北向南，平面呈方形，平顶，宽3.1、深2.5、高2.4米。四壁皆绘壁画，顶部无壁画，北壁为八大药师佛，东壁为无量寿佛、文殊菩萨、四壁观音等六尊像。初步判断年代为11～14世纪（图四）。

图三　江衮巴石窟（东南向西北）

（6）措吉石窟，位于阿里札达县托林镇波林村波林组措吉自然组，石窟所处山体呈东西走向，共有20余处洞窟，其中仅K1残存壁画。K1平面略呈长方形，宽5、深4.1高3.3米，穹隆顶，四壁原均有壁画，现已脱落殆尽，仅窟顶所绘坛城尚存，其周边绕以八吉祥。初步判断年代为16～17世纪。

（7）喜尔石窟，位于阿里札达县达巴乡达巴村三组冬季点，石窟所在地的小地名叫作“喜尔”。石窟分布于河流西面崖面上，高出河面约30米，崖面呈东北向西南分布，现存有20余处洞窟，其中仅K1内绘有壁画。K1坐西朝东，平面呈方形，平顶，宽6.1、深5.4、高2.3米。四壁及顶部原本均有绘壁画，但窟顶壁画已全部脱落；西壁南、北两端上部绘上师像、下部绘佛传故事，共有37幅画面，中部原有一泥塑坐像主尊，两边分别泥塑一立像；南壁绘6座坛城，北壁绘5座坛城；四壁上层绘悬铃垂幔纹。初步判断年代为11世纪。

（8）樟木石窟，位于阿里札达县达巴乡达巴村三组北面，南距达巴乡政府所在地约27千米，石窟分布在沟谷东北侧坡崖面上，现存洞窟18处，其中仅K1内有壁画。K1由内、外室构成，内室平面呈方形，长3.12米，四壁均有壁画残迹，内容多已不可辨识。初步判断年代为11～13世纪。

图四　江衮巴石窟北壁壁画

（9）珠仓石窟，位于阿里札达县萨让乡日巴村西北3千米处的山谷中，共发现5处洞窟，山坡有2处洞窟，北侧山坡的K1内残留壁画，但壁画内容已难以辨识，仅能看见部分建筑图像。

（10）鲁普石窟，位丁阿里普兰县普兰镇西德村鲁普组南约10千米处的山坡半腰的西北侧，共发现15处洞窟（图五），仅发现K1内残存壁画。K1坐西朝东（图二，1），平面呈不规则马蹄形，西、南、北三壁以及窟顶均绘有壁画，因残损严重，多数壁画仅能看出轮廓，西壁残存有白度母、胜乐金刚和绿度母；北壁原绘有两尊主尊，现已模糊不清，仅能看清两尊佛像均为结跏趺坐，圆形头、背光，着通肩袈裟，左手施禅定印；西侧主尊右手施予愿印，东侧主尊右手手印不明。初步判断年代为13～15世纪。

（11）香孜石窟，位于阿里札达县香孜乡香孜村北面约530米处，东面为堆古龙沟，南面为香孜河，西为麦古龙沟，北为土林状的山丘（图六）。整座遗址呈东西长条形分布在山腰、山顶，大体分为东西两大群落，洞窟顺着山势，一直向上绵延。共784处洞窟，其中仅1处洞窟有壁画，当地居民称为强巴佛殿，编号为K1。K1坐北朝南，平面呈方形，东西长4.4、南北宽5.2、高3.5米，四壁绘释迦牟尼、仁青桑布、八大药师佛、绿度母、四臂和六臂依怙等尊像（图版三六，1）。初步判断年代为15～16世纪。

图五　鲁普石窟（东向西）

图六　香孜石窟（南向北）

（12）夏朗贡康石窟，位于阿里札达县香孜乡热布加林村夏朗组西北一座山坡上，洞窟所在的山体呈东西走向，东为扎其山、南面朝热布加林河，北为日那山。石窟坐南朝北，窟内无早期壁画和塑像。洞窟开凿年代不详。

（13）乌江千佛洞，位于阿里日土县多玛乡乌江村东南800米处的吉宗山山腰，坐西朝东，平面呈长方形，东西长6.5、南北宽5.5、高2米，西壁主尊为释迦牟尼，结跏趺坐于仰莲上，着袒右肩袈裟，左手施禅定印，右手施触地印，主尊周围绘千佛；南壁绘有5幅圆形坛城；北壁壁画模糊不清，似是4幅坛城。初步判断年代为13～15世纪。

（14）色日宁大威德护法石窟，位于阿里札达县托林镇东嘎村东嘎组东南约1.8千米色日宁沟内。石窟坐东朝西，平面为方形，平顶，东西长4.5、南北宽2.3、高3.16米，东壁开一壁龛，北壁残留有火焰背光、莲花座，应为大威德金刚，初步判断为15～16世纪。

（15）久姆拉康石窟，位于阿里札达县达巴乡曲龙村曲龙组以北约300米一处山沟北侧，石窟坐北朝南，分前室和后室，前室面积东西长3.8、南北宽3.4米，无早期壁画和塑像；后室平面略呈正方形，后室东西长4.9、南北宽4.8米，东壁原有三尊泥塑像，现仅剩圆形头光，三主尊之间绘千佛；北壁绘千佛；西壁南北两端原本可能也有泥塑尊像；窟顶正中绘方形坛城，四周填以团花纹。初步判断年为13世纪。

（16）邦扎石窟，位于阿里札达县达巴乡曲龙村三组嘎地曲河与邦扎曲河两河交汇处东北山崖，洞窟所在崖体呈东北西南走向，有130余处洞窟（图七），其中仅K1内残存壁画。K1坐东朝西，平面略呈方形、平顶，东西长3.8、南北宽3.6、高2米，紧靠东壁堆砌有一方形佛坛，四壁有壁画。

图七　邦扎石窟（西向东）

东壁共绘18尊主像，上排九尊为神像，居中为褐身四臂观音，结跏趺坐于仰覆莲之上，拱形头，背光，头戴五叶冠，耳戴铛，臂戴钏，披帛带，挂瓔珞，主臂于腹前施坛城印，右上臂执金刚杵，左上臂执物不明，背光两侧各有五尊小像。北一尊结跏趺坐于仰覆莲之上，莲座之下为须弥座，须弥座两端是一对相背的卧狮，拱形头，背光，高螺髻，白身像，有白毫，着袒右肩袈裟，右手施护法印，左手施禅定印，手心、脚心涂红，北侧胁侍为褐色身像，南侧胁侍为白色身像。北二尊结跏趺坐于仰覆莲之上，莲座之下为须弥座，须弥座两端是一对相背的卧狮，拱形头，背光，高螺髻，褐身像，着袒右肩袈裟，右手施触地印，左手禅定印，北侧胁侍为肉色身像，南侧胁侍为褐色身像。北三尊结跏趺坐于仰覆莲之上，莲座之下为须弥座，拱形头、背光，高螺髻，褐身像，着袒右肩袈裟，双手于胸前施转法轮印，两侧胁侍均为白色身像。北四尊释迦牟尼，结跏趺坐于仰覆莲之上，莲座之下为须弥座，须弥座两端是一对相背的卧狮，拱形头，背光，高螺髻，肉色身像，着袒右肩袈裟，双手施禅定印，两侧胁侍均为白色身像。南四尊，结跏趺坐于仰覆莲之上，莲座之下为须弥座，须弥座两端是一对相背的卧狮，拱形头，背光，高螺髻，有白毫，黄色身像，着袒右肩袈裟，双手于胸前施转法轮印，手心、脚心涂红，两侧胁侍均为白色身像。南三尊，结跏趺坐于仰覆莲之上，莲座之下为须弥座，须弥座两端是一对相背的卧狮，拱形头，背光，高螺髻，白色身像，着袒右肩袈裟，右手于胸前施护法印，左手施禅定印，手心、脚心涂红，两侧胁侍均为白色身像。南二尊药师佛，结跏趺坐于仰覆莲之上，莲座之下为须弥座，须弥座两端是一对相背的卧狮，拱形头，背光，高螺髻，蓝色身像，着袒右肩袈裟，右手于膝前施说法印，左手于腹前捧钵，手心、脚心涂红，北侧胁侍为褐色身像、南侧胁侍为白色身像。南一尊结跏趺坐于仰莲之上，莲座之下为须弥座，须弥座两端是一对相背的卧狮，拱形头，背光，高螺髻，褐色身像，着袒右肩袈裟，右手施禅定印，左手施禅定印，手心、脚心涂红，北侧胁侍为褐色身像、南侧胁侍为褐色身像。

下排九尊为菩萨、护法像。中部尊像，结跏趺坐于仰覆莲上，拱形背光，白色身像，两胁侍也为白色身像。北四尊，结跏趺坐于仰覆莲上，莲座之下为须弥座，拱形头、背光，灰色身像。北一尊为六臂护法，结跏趺坐于仰覆莲上，拱形头，背光，褐色身像。北二尊为八臂三面菩萨，结跏趺坐于须弥座上，须弥座上绘有5只小鬼，拱形背光，白色身像，两胁侍也为白色身像。北三尊，结跏趺坐于仰覆莲上，莲座之下为须弥座，须弥座两端是一对相背的卧狮，拱形头，背光，蓝色身像，头戴三层三叶冠，披帛带，挂瓔珞，右手施禅定印，左手施触地印。南四尊为阿弥陀佛，结跏趺坐于仰覆莲上，莲座之下为须弥座，须弥座两端是一对相背的孔雀，拱形头，背光，金黄色身像，头戴五叶冠，披帛带，挂瓔珞，臂戴钏，双手于腹前施禅定印。南三尊，结跏趺坐于仰覆莲上，莲座之下为须弥座，拱形头，背光，黄色身像，头戴三叶冠，披帛带，挂瓔珞，臂戴钏，右手施说法印，左手施禅定印。南二尊为四臂观音，结跏趺坐于仰覆莲上，拱形头，背光，白色身像，头戴三叶冠，披帛带，挂璎珞，臂戴钏，主臂于胸前合十，左、右两臂各上举持物，北侧胁侍为褐色身像，南侧胁侍为白色身像。南一尊为金刚手，右弓步立于仰莲之上，拱形火焰背光，赤发上扬，披帛带，挂璎珞，耳带铛，臂戴钏，腕戴环，右手持金刚铃上举，左手于胸前持说法印。下层的九尊主像最北侧有一八臂十一面观音立像。东壁上部与北端绘千佛小像，南端绘高僧大德小像，底部绘佛传故事（图版三六，2）。

北壁正中绘无量寿主尊，红色身像，舒坐于仰覆莲上，莲座之下为须弥座，高螺髻，着袒右肩袈裟，双手捧宝瓶于腹前，东侧胁侍为褐色身像，西侧胁侍为白色身像；主尊周围绘千佛像（图八）。

南壁正中绘绿度母，绿色身像，结跏趺坐于仰覆莲上，莲座之下为须弥座，头戴五叶冠，披帛带，挂璎珞，右手施予愿印，左手施说法印，西侧胁侍为褐色身像，东侧胁侍为白色身像；主尊周围绘千佛像。

西壁绘两尊主尊。南侧主尊为四臂护法神，火焰性背光，褐色身像，右弓步立于仰覆莲上，主臂合十于胸前。北侧主尊保怙护法，火焰性背光，白色身像，右弓步立于仰覆莲上，披帛带，挂璎珞，右臂向上举剑，左手于胸前执带。两主尊周围绘千佛像，西壁底部绘一排菩萨、护法、度母像。

窟壁上部绘垂幔纹。推测石窟壁画年代可能为14世纪。

图八　邦扎石窟北壁壁画

（17）夏朗朗扎石窟，位于阿里札达县香孜乡热布加林村夏朗组东北460米，石窟所在山体呈南北走向，崖面山有19余处洞窟，其中仅K1内有壁画。K1坐北朝南，深3、宽2.5、高2.2米，壁画尊像题材包括释迦牟尼、胜乐金刚、喜金刚、金刚持、萨迦派高僧、印度大成就者、依怙等尊像，壁画中的尊像头部均在“文革”期间受到破坏，后在20世纪90年代重描过（图九）。佛像下有题记。初步判断石窟开凿和沿用时间为12～17世纪。

图九　夏朗朗扎石窟东壁壁画

三、西藏近十年新发现石窟寺

以“三普”时的数据为参考时间点，自2010年至今，西藏新发现11处石窟寺，分别为朗果古瓦石窟、桑普石窟、朗普石窟、多尔玛石窟、萨瓦普石窟、青噶石窟、普日石窟、拉阿普石窟、芒普石窟、岗祖普石窟、唯色普石窟。

这11处新发现的石窟全部分布在阿里与日喀则，这在地理位置上再次强调了喜马拉雅山脉与西藏石窟之间的密集分布关系。其中吉隆县的青嘎石窟[32]、萨瓦普石窟和普日石窟[33]，已经有过详细调查，相关调查简报已发表或将陆续发表。下面对其他8处尚没有详细资料公布的新发现点做以简单介绍。

（一）阿里地区近十年新发现石窟

（1）朗果古瓦石窟，位于阿里普兰县普兰镇赤德村北约1千米处的休林山崖面中部，山脚下淌过赤德河。朗果古瓦石窟周边为高原山地地形，山高谷深，西南200米为西德河，地势西高东低。石窟所在山体上分布着几十余处洞窟，洞窟分布大致可四层。

K2坐北朝南，平面为长方形，是目前发现的唯一一座有壁画的洞窟，窟内壁画脱落严重，仅能大致辨析轮廓。

北壁共有三尊主尊。西侧主尊为大日如来，结跏趺坐于仰莲之上，肉螺髻，双耳垂肩，着通肩袈裟，双手于胸结转法轮印，桃尖头光，圆形背光，两侧各立一胁侍菩萨，周围围绕12尊小像，题材有菩萨、度母、高僧等。中间主尊为不动如来，高肉髻，双耳垂肩，着通肩袈裟，左手于腹前执金刚杵，右手施触地印，结跏趺坐于仰覆莲之上，桃尖头光，拱形背光，两侧各立一弟子，周围环绕十六罗汉。东侧主尊脱落严重，已无法辨认，隐约可见佛像双手置于胸前，结跏趺坐于仰莲之上，右侧有一胁侍菩萨，周围亦有小像，但已无法看清。

西壁有两尊主尊。北侧主尊为宗喀巴大师，头戴班智达帽，外着通肩袈裟，内着僧祇支，双手于胸前持转法轮印，其顶部有4尊护法像分立左右，左右两侧共12尊高僧像。南侧主尊为一佛像，高肉髻，双耳垂肩，头部以下大面积脱落，周围有菩萨及高僧像围绕。

南壁东侧主尊为一护法像，游戏坐于仰莲之上，火焰型背光，护法面部已毁，身挂瓔珞，左手于腹前捧嘎巴拉碗，右手抬至耳侧，执物不明，火焰状背光，四周围以各护法神像。南壁西侧亦为一尊护法像，头戴骷髅冠，怒目圆睁，阔嘴大张，身挂瓔珞，左手于胸前捧嘎巴拉碗，右手亦置于胸前，执物与手印不明，周围有护法及菩萨小像围绕。

东壁的两大主尊，因雨水侵蚀，也仅能辨其轮廓。南侧主尊从青蓝色身像，结跏趺坐于覆莲之上，左手于腹前托钵，右手施触地印，两侧各一名菩萨胁侍。北侧主尊已不完整，结跏趺坐于覆莲之上，隐约可见格鲁派僧帽，双手于胸前转法轮法印，桃尖头光、拱形背光。两主尊之间排列着诸神像。

初步判断石窟开凿于14世纪。

（2）桑普石窟，位于阿里普兰县普兰镇仁贡村沙朗组东南3千米处。石窟所在位置山高谷深（图一〇）。桑普石窟位于普曲河西岸的一处台地之上，山体大致呈南北走向，崖面笔直陡峭，该台地之上分布着16个大小不一洞窟，大致上分三层，各窟之间并不相通，其中有壁画的窟仅1处，编号为K1。

K1开凿于距地表约4米处崖面之上，其下搭建了一南北走向的石梯以便通行，石梯外侧砌筑石墙。洞窟坐西北朝东南，四壁均绘有壁画。西壁壁画残损严重，已不能分

图一〇　桑普石窟（东向西）

清尊像。

北壁共绘五尊主尊，最西侧主尊为金刚不动佛，结跏趺坐，圆形头、背光，高螺髻，着通肩袈裟，左手平端金刚杵，右手施触地印。西侧二尊仅能看出着菩萨装，结跏趺坐于仰莲上，头戴宝冠，无法辨清手势与执物。中间一尊为四臂观音，结跏趺坐，圆形头、背光，头戴五叶冠，披帛带，挂璎珞，戴臂钏，主臂双手于胸前合十，左上臂手持八瓣莲花，右上臂手捻珠。东二尊为白度母，结跏趺坐于莲座之上，圆形头、背光，头戴五叶冠，披帛带，挂璎珞，戴臂钏，右手于膝前施愿印，掌心开慧眼，左手于胸前捻乌巴拉花。最东侧一尊为金刚手，双足右屈左伸，脚踩小鬼，立于仰莲上，火焰背光，头戴骷髅冠，赤发上扬，双目圆睁，右手持金刚杵，左手当胸持金刚钩绳。五个主尊肩头各有一尊小像，主尊下方也有一排小像，或是菩萨，或是金刚护法，或是度母。北壁顶部，主尊之上有14尊不动如来像。

东壁绘有两个主尊。南侧主尊，结跏趺坐于仰莲之上，圆形头、背光，高螺髻，着通肩袈裟，左手于胸施说法印，右手置膝前施予愿印。北侧主尊为莲花生大师像，耳戴铛，头戴莲花帽，着交领式长袍，左手置于膝上捧钵，右手于胸前施说法印，结跏趺坐于仰莲之上，圆形头、背光，两侧各立一胁侍。两主尊之间及周围绘制菩萨、护法、度母等小尊像。

南壁与北壁绘图布局相似，共绘五尊主尊，均为结跏趺坐于仰莲之上，圆形头光、背光，高螺髻，双耳垂肩，着通肩袈裟。但各尊像手势不一，最西侧尊像右手为说法印，左手手印不清；西二尊左手于腹前施禅定印，右手于膝前施予愿印；中间主尊双手于胸前施转法轮印；东二尊双手于腹前施禅定印；最东侧尊像左手于腹前施禅定印，右手于胸前施说法印。五个主尊肩头各有一尊小像，主尊下方也有一排小像，或是菩萨，或是金刚护法，或是度母。南壁顶部，主尊之上有15尊不动如来像（图一一）。

初步判断桑普石窟开凿于17世纪。

图一一　桑普石窟南壁壁画

（二）日喀则近十年新发现的石窟

（1）多尔玛石窟，位于岗巴县直克乡乃村诺布山中段，石窟所在崖壁陡峭垂直，几近直角，距离表11米，崖壁陡峭。多尔玛石窟为于自然岩石上开凿的单体单室石窟，目前尚未发现石窟群，属于比较特殊的一处石窟遗址。石窟坐北朝南，单室，呈不规则圆形（图一二，2），窟门为椭圆形，窟顶为穹隆顶，入口处凿有台阶，距窟顶高2.85米。窟四壁及窟顶抹草拌泥，并在其上绘制壁画，且局部有脱落；窟内泥塑已毁，仅剩背光残迹（图版三七，1），地面堆积鸽子粪便。

（2）朗普石窟，位于日喀则定吉县琼孜乡朗玛村南2.5千米处，朗普石窟共有37处洞窟，洞窟开凿于贡达冷布曲西北侧，依山势走向而建，从西南向东北对石窟分别编

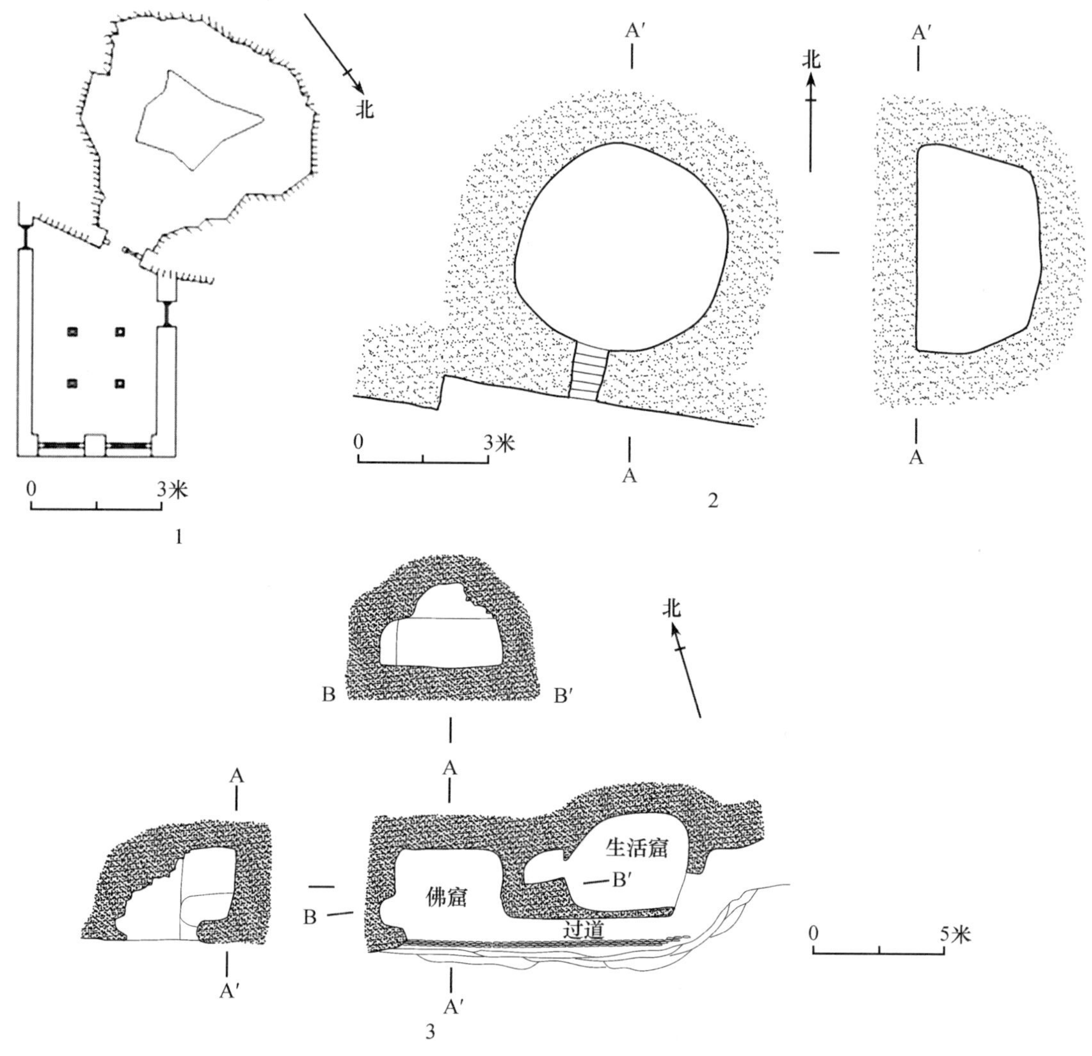

图一二　日喀则、阿里部分石窟平、剖面图

1. 鲁普石窟平面图　2. 多尔玛石窟平、剖面图　3. 唯色普石窟平、剖面图

号为K1～K37。朗普石窟崖面滑落严重，崖体冲沟较多，石窟残损严重，多数洞窟形制已被损毁，只有少量洞窟基本保存完好。

其中主要洞窟内存有壁画，多数洞窟内存有擦擦。

K28局部坍塌，窟内佛塔一座，窟顶绘有彩绘。

K30局部坍塌，窟内佛塔两座，窟顶绘有彩绘。

K33为绘有壁画的主要洞窟，共三层，第二层平面由南、北两个小室组成（图三，2）。北侧小室为方形，正中立长方形中心柱。南侧小室的西南侧坍塌严重，其平面大致呈曲尺形，南侧曲尺部分残留壁画及造像底座，且窟内有大量擦擦。K33南侧小室窟壁绘有壁画，但已毁坏殆尽，现在仅能依稀看见有序围绕于主尊周围的诸神尊像，有护法神、上师、度母、神兽等。根据主尊佛座上所绘大象，初步推测可能原供佛像为五方佛。根据主洞窟中的壁画风格初步判断朗普石窟开凿于13～14世纪。

（3）岗祖普石窟，位于日喀则吉隆县杂龙村，西距吉隆县城18千米，紧靠杂龙村的老村庄。岗祖普石窟依山而建，石窟所在区域东北部地势狭窄、山体险峻；石窟所在区域的西南部略为开阔，为农田，山体坡度较缓。仅发现一处洞窟，窟内无塑像、有壁画。

石窟平面为不规则方形，坐东北朝西南，四周绘有壁画，壁画上有题记，窟内无造像。北壁正中主尊为释迦牟尼，圆形头、背光，结跏趺坐于仰莲上，右手施降魔印，左手施禅定印，着通肩袈裟，坐下左右两侧分立二弟子。东壁正中主尊为米拉日巴，圆形头、背光，结跏趺坐于覆莲上，双手结禅定印，穿白色长袍，留长发，瘦骨嶙峋。南壁壁画风化严重，已无法辨识。西壁绘有三尊主尊，但壁画受损严重，无法辨识尊像。初步判断岗祖普石窟开凿于19世纪并沿用至今。

（4）唯色普石窟，位于日喀则吉隆县城以东13千米处，洞窟沿日朋巴山而建。钦普曲从洞窟南侧由东向西流，石窟所在区域北部山势高而陡峻、陡转直下，西部地势开阔，为农田。

唯色普石窟，坐北朝南（图一二，3），仅发现1处洞窟，洞窟可分为两个小室，西室四壁绘有壁画，东室为生活用窟。“唯色普”意为“光明洞”，洞窟平面为长方形，南壁已坍塌，北、西、东面绘有壁画，窟内无造像。北壁西侧主尊已无法辨识，右侧主尊为十一面观音，两侧各一胁侍菩萨，菩萨像均为上身赤裸，下身着裙（图版三七，2）。西壁主尊初步推测为绿度母，游戏坐于覆莲上，右手于膝前施予愿印，左手于胸前捻莲花茎。东壁绘三幅主尊，由北向南分别为四壁观音、释迦牟尼、不空成就佛。初步判断石窟开凿于14世纪并沿用至今。

（5）拉阿普石窟，位于吉隆镇冲堆村北侧600米山脚。洞窟沿尼玛落萨山而建，南侧为梅朵当仟河水，洞窟南侧由东向西流，石窟所在区域东北山体较坡；西、南面地势略为开阔，山体坡度较缓。

拉阿普石窟修建于一堵巨大石崖的东南之下，石崖从西南向东北呈30°倾斜，拉阿普藏语意为五尊佛之洞。石窟寺坐西北朝东南，内部结构呈方形，室内东北面二级台阶上修建五个佛塔，佛塔背后堆积大小不等的擦擦。

（6）芒普石窟，位于吉隆县城东北3千米处，处于芒普山之上南麓、距地表面约80米的崖体之上，山体被季节性流水冲刷侵蚀，石窟残损严重，无法进入石窟深入调查。芒普石窟集中分布在山坳崖面，部分洞窟塌陷，裸露在外。现能观察到的有大小23处洞窟，其中11处水漫严重，已看不见窟底。最北侧崖面有连续佛龛造型的小型洞窟，距陡坡顶部5米多，佛龛下有建筑构造痕迹，现仅剩部分残缺土坯砖墙体及木构件椽洞。石窟内未发现造像和壁画，存放有少量擦擦，窟壁残存有佛龛。初步判断开凿是时间为18世纪。

四、小　结

公元7～9世纪，石窟主要集中在拉萨，这时佛教初入西藏，根基未稳，尚没有形成完整的寺院体系，仅是作为体现统治阶级为扶持佛教的象征性建筑。

经过朗达玛灭佛，在上、下路弘法之路的开通之后，公元11世纪后西藏中、南部地区逐渐又出现新凿的石窟，但后弘初期佛教重回西藏，受制于地方势力、经济来源等因素，其规模依然较小。直至14世纪，佛教在西藏已成为全民信仰的宗教，具有稳固的经济基础，且在重视“实修、密修”的教理引导下，僧房窟大量出现，暗示了石窟作为僧人静修之地的功能划分。同时从这一时期的僧房窟开凿数量巨大，不仅在同一时期开凿的石窟群中，生活类用窟的数量占绝大比例，而且体现了一个具有稳定的经济生活方式的稳定社会群体对佛教信仰的需求。

附记：感谢为这篇文章写作提供帮助的西藏各地市、区县文物部门，以及参与调查的各位同志——李林辉、夏格旺堆、李亚忠、班旦、旦增白云、扎西次仁、旦增罗布、多吉旺姆、陈祖军、赤列次仁、拥措、边巴顿珠、扎西旺加、洛桑、洛丹。

执笔：何伟
绘图：李亚忠　图旦次郎　泽曲　张娜　多吉旺姆
拍照：李亚忠　图旦次郎　边巴顿珠　多吉旺姆　旦增白云
德吉央宗　拥措　班旦　旦增罗布　洛桑　洛丹

注　释

[1] 何伟：《西藏石窟寺综述》，《西藏文物考古研究》（第2辑），科学出版社，2016年。

[2] a. 西藏自治区文物管理委员会：《拉萨文物志》，1985年，第97～103页。

b. 西藏文管会文物普查队：《拉萨查拉路甫石窟调查简报》，《文物》1985年第9期，第53～66、103～104页。

c. 宿白：《记西藏拉萨札拉鲁浦石窟寺》，《中国石窟寺研究》，文物出版社，1996年，第311页。

[3] 西藏布达拉宫维修工程施工办公室、中国文物研究所、姜怀英等：《中国古代建筑·西藏布达拉宫》，文物出版社，1996年，第17、45、52、173、194、429～440页。

[4] 多吉平措：《布达拉宫法王洞建筑演变及艺术风格考察》，《藏学学刊》2021年第22辑，第175～191页。

[5] 国家文物局：《中国文物地图集·西藏自治区分册》，文物出版社，2010年，221页。

[6] 索朗旺堆主编，霍巍、李永宪、更堆编写：《错那、隆子、加查、曲松县文物志》，西藏人民出版社，1993年，第215页。

[7] 索朗旺堆主编，霍巍、李永宪、更堆编写：《错那、隆子、加查、曲松县文物志》，西藏人民出版社，1993年，第208页。

[8] 国家文物局：《中国文物地图集·西藏自治区分册》，文物出版社，2010年，第305页。

[9] 郭周虎：《后藏新发现的格艺达热石窟》，《文物天地》，1992年，第3页。

[10] 西藏自治区文物保护研究所、中国藏学研究中心西藏文化博物馆：《西藏定结县恰姆石窟》，《考古》2012年第7期，第68～82页。

[11] a. 何强：《西藏岗巴县乃甲切木石窟》，《南方民族考古》（第四辑），四川科学技术出版社，1992年，第179～186页。

b. 索朗旺堆主编，何强、朱建中、达嘎编写：《亚东、康马、岗巴、定结县文物志》，西藏人民出版社，1993年，第99～104页。

[12] 国家文物局：《中国文物地图集·西藏自治区分册》，文物出版社，2010年，第343页。

[13] 西藏自治区文物保护研究所：《吉隆县青噶石窟调查报告》，《西藏研究》2019年第4期。

[14] 教育部人文社会科学重点研究基地、四川大学中国藏学研究所、四川大学历史文化学院考古学系等：《皮央·东嘎遗址考古报告》，四川出版集团、四川人民出版社，2008年，第21～85页。

[15] 教育部人文社会科学重点研究基地、四川大学中国藏学研究所、四川大学历史文化学院考古学系等：《皮央·东嘎遗址考古报告》，四川出版集团、四川人民出版社，2008年，第21～85页。

[16] 国家文物局：《中国文物地图集·西藏自治区分册》，文物出版社，2010年，第358页。

[17] 国家文物局：《中国文物地图集·西藏自治区分册》，文物出版社，2010年，第360页。

[18] 四川大学中国藏学研究所、四川大学历史文化学院考古系、西藏自治区文物事业管理局：《西藏阿里札达县象泉河流域发现的两座佛教石窟》，《文物》2002年第8期。

[19] 四川大学中国藏学研究所、四川大学历史文化学院考古系、西藏自治区文物局等：《西藏阿里札达县帕尔嘎尔布石窟遗址》，《文物》2003年第9期，第42～59页。

[20] 四川大学中国藏学研究所、四川大学历史文化学院考古系、西藏自治区文物局等：《西藏阿里札达县帕尔嘎尔宗遗址坛城窟的初步调查》，《文物》2003年第9期，第60～73页。

[21] 四川大学中国藏学研究所、四川大学历史文化学院考古系、西藏自治区文物局：《西藏阿里札达县象泉河流域卡俄普与西林衮石窟地点的初步调查》，《文物》2007年第6期，第49～68页。

[22] 四川大学中国藏学研究所、四川大学历史文化学院考古系、西藏自治区文物局：《西藏阿里札达县象泉河流域卡俄普与西林衮石窟地点的初步调查》，《文物》2007年第6期，第49～68页。

[23] 四川大学中国藏学研究所、四川大学历史文化学院考古系、西藏自治区文物局：《西藏

阿里札达县象泉河流域白东波村早期佛教遗存的考古调查》，《文物》2007年第6期，第69～83页。

[24] 四川大学中国藏学研究所：《西藏阿里象泉河流域卡孜河谷佛教遗存的考古调查与研究》，《考古学报》2009年第4期，第547～577页。

[25] 四川大学中国藏学研究所：《西藏阿里象泉河流域卡孜河谷佛教遗存的考古调查与研究》，《考古学报》2009年第4期，第547～577页。

[26] 四川大学中国藏学研究所：《西藏阿里象泉河流域卡孜河谷佛教遗存的考古调查与研究》，《考古学报》2009年第4期，第547～577页。

[27] 陕西省考古研究院、西藏自治区文物局、阿里地区文物局等：《西藏阿里札达县曲龙遗址琼隆地点2018年考古发掘简报》，《考古与文物》2019年第6期。

[28] 国家文物局：《中国文物地图集·西藏自治区分册》，文物出版社，2010年，第364页。

[29] 张建林：《阿钦沟石窟的佛传壁画——兼谈古格王国早中期佛传壁画的不同版本》，《西部西藏的文化历史》，中国藏学出版社，2008年，第3～19页。

[30] 国家文物局：《中国文物地图集·西藏自治区分册》，文物出版社，2010年，第356页。

[31] 索朗旺堆主编，李永宪、霍巍、更堆编写：《阿里地区文物志》，西藏人民出版社，1993年，第134～136页。

[32] a. 西藏自治区文物保护研究所：《青噶石窟调查报告》，《西藏研究》2019年第4期。
b. 陕西省考古研究院、西藏自治区文物保护研究所：《西藏日土县丁穹拉康石窟群考古调查简报》，《考古与文物》2014年第6期。

[33] 西藏自治区文物保护研究所：《吉隆普日石窟、萨瓦普石窟调查报告》（待刊）。

佛像“纵广相称”学说的理论渊源、主要经典及两种造像量度

当增扎西

（中国藏学研究中心）

一、佛像“纵广相称”学说的概念与理论渊源

（一）纵广相称：源自古印度审美传统，以自然物象比喻佛像造型

“纵广相称”是一种在佛像绘造过程中遵循的法度原则，根据这一原则，艺术家在绘造佛像的艺术的创作实践中运用量度学的方法，使所造佛像从脚底到顶髻的纵高与两手左右伸展的横广量度完全相等，无论是平面画像，还是立体塑像都要按照这一方法绘造，概莫能外。纵广相称的造像法度源自佛教经典，大乘佛教认为，纵广相称或身纵广相，是诸佛及获大乘道地的菩萨身体显现出的多种庄严法相之一。而在古代造像量度经典中把纵广相称作为造像量度学重要理论概念，认为佛像纵广相称是由释迦牟尼亲口宣说的造像基本法度，并在长期佛像艺术创作实践中积累总结了一套被称为造像量度学的知识体系，将其纳入工巧明学[1]范畴。佛像“纵广相称”理论学说源自古代印度，随佛教传入西藏，历代藏族艺术家按照佛像纵广相称法度原则绘塑佛像，并创作出论述纵广相称的造像量度的大量文献，形成于15世纪的藏文原创造像量度经典《如来佛身量如意宝珠》提出“佛像纵广相称，犹如尼拘陀罗树”（སྐུ་ཡི་སྲིད་ཞེང་མཉམ་པ་ལ།།ཉྱ་གྲོ་དྷ་ལྟར་ཆུ་ཞེང་གབ།།）[2]学说，并对于纵广相称的概念和实践方法进行了系统阐释。

纵广相称，又称身纵广相，头足之高与张两手之长相齐。换句话说，就是从脚底到头顶身高与两手张开手掌后两掌加两臂之长度相齐而且对称。佛教认为，佛身体具有纵广相称之相，叫作身纵广相，就是身仪端正，竖纵横广，完全相称。

纵广相称，藏文作ཆུ་ཞེང་གབ་པ།[3]，读音“曲辛噶巴”，有ཆུ་ཞེང་གབ།[4]、ཆུ་ཞེང་ཡོངས་སུ་གབ་པ།[5]、མཆུ་ཞེང་གབ་པ།[6]、འཆུ་ཞེང་གབ་པ། མཆུ་ཞེང་གད་པ། ཆུ་ཞེང་མཉམ་པ།等多种写法。“曲辛”（ཆུ་ཞེང་།）意为纵横、高宽；“噶巴”（གབ་པ།）意为匀称、调匀之意[7]；

“曲辛噶巴”，意为高度和宽度相等（འཕྱེད་གཞུང་མཉམ་པ།）。简言之，图一藏文中出现མཆུ་ཞེང་།和འཆུ་ཞེང་།是藏文异体字，汉文经典翻译为身纵广相、身广长等、身纵广等，如尼拘树相、圆身相、尼俱卢陀身相。

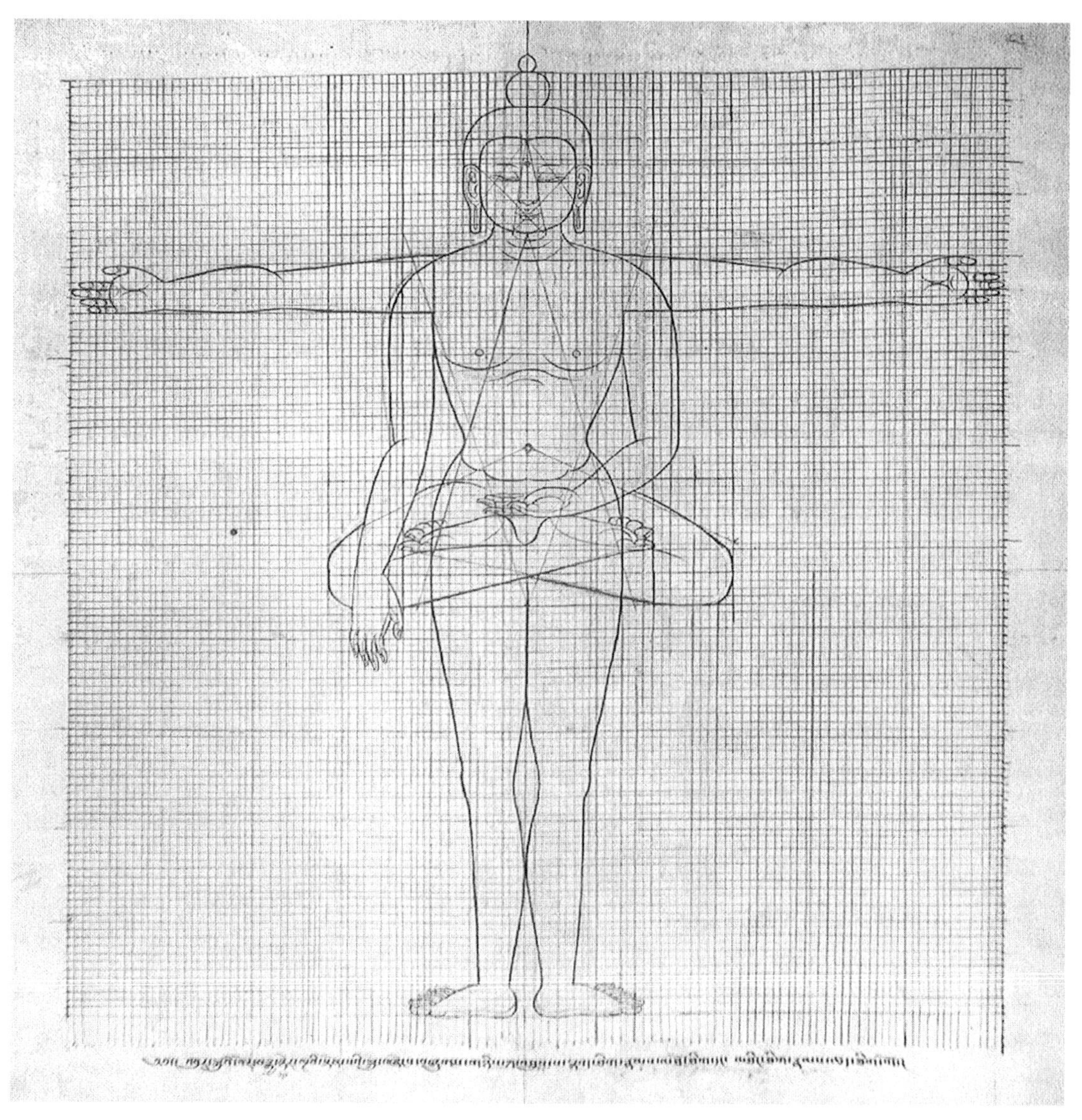

图一　佛像纵广相称量度125指图样
（洛扎珠古·嘉央旺波绘，17世纪）

古代经典论述佛身纵广相称时，用尼拘陀罗树进行比喻，以便使这一抽象概念更加具体和形象化。《造像量度经疏》（རྫོགས་པའི་སངས་རྒྱས་ཀྱིས་གསུངས་པའི་སྐུ་གཟུགས་ཀྱི་ཚད་ཀྱི་རྣམ་འགྲེལ་ཞེས་བྱ་བ།）指出：“所谓世尊身量如尼拘卢陀纵广相称，一说言佛之光轮状貌，另一说言佛身量。尼拘卢陀，树名。纵广，犹言竖横。此树，株身之高分，与其周围垂梢彼此间里向竖横相等。”[8]（བཅོམ་ལྡན་འདས་ཀྱི་སྐུ་ཆ་ཤས་ཀྱི་མཚན་ཉིད་ནྱ་གྲོ་དྷ་ལྟར་མཆུ་ཞེང་ཡོངས་སུ་གབ་པ་ཞེས་པ་ནི་ནྱ་གྲོ་དྷ་ནི་ཤིང་སྡོན་པ་སྟེ། དེའི་ཡལ་ག་མཆུ་ཞེང་གབ་པ་ལྟ་བུའོ། །འདི་འོད་ཀྱི་དཀྱིལ་འཁོར་ལ་གསུངས་སོ་ཞེས་པ་ནི་ཁ་ཅིག་གོ །གཞན་ནི་འདི་སྐུ་ཁྱད་པ་ལ་གསུངས་པའི་ཕྱིར་ན་ཕྱག་གཉིས་ལོགས་སུ་བརྐྱང་པ་ནི་འདོམ་གང་སྟེ། ཇི་སྲིད་སྐུའི་ཚད་དེ་སྲིད་འདོམ་གྱི་སྲིད་དུ་ཡང་གསུངས་སོ། །[9]）汉文经典《大智度论》卷四载：“身广长等相，又作身纵广等如尼拘树相、圆身相、尼俱卢陀身相。指佛身纵广左右上下，其量全等，周匝圆满，如尼拘律树。”[10]佛经中关于佛像纵广相称如尼拘陀罗树这一说法，汉藏文献均有记载。所谓，尼拘陀罗树，藏文作ཤིང་ནྱ་གྲོ་དྷ།，梵文为Nyagrodha，巴利文是nigrodha，汉文经典中有“尼拘屡陀树”“尼拘尼陀树”“尼俱卢陀树”“诺瞿陀树”等多种译法。据《佛学大辞典》解释：“尼拘陀罗树，学名Ficus indica，属桑科，形状类似榕树，纵广多根，产于印度、锡兰等地；通常可生长至10米至15米高；果实似无花果，大如拇指头，内含无数的小种子；木质坚硬耐老，多用于建筑物的支柱或各种器具的横木等。”[11]由于尼拘陀罗树的树叶呈长椭圆形，叶端尖，由枝生出下垂气根，根部达地复生根，枝叶繁茂向四方蔓生，整个树体成四方形。在佛教经典中，常常以生长在南亚次大陆的这种树木高大而树荫遮蔽广阔区域来比喻佛菩萨以广大智慧为众生作庇荫；以其种子甚小而树木高大广阔，来比喻由小因而得大果报，阐述以净信心供养佛，其因虽小，而能得大果报的道理。而且，佛教经典还说，过去七佛中第六迦叶佛曾以此树为道场树。

总之，尼拘陀罗树在佛教文化中具有一种神圣的象征意义，而这正是古代印度艺术家创作佛像的灵感源泉。造像量度经典用尼拘陀罗树比喻佛像纵广相称，显然是从两者外在的形状进行比喻，反映了“感大自然之物象而后取其‘真’是古代印度绘画艺术的审美思维方式”[12]。这是古代印度的艺术审美，即通过模仿自然物象外在的曲线、造型和神态来表现形象的美学传统。

（二）纵广相称：既是佛教教义，又是造像量度

1. 纵广相称是佛身庄严法相：《现观庄严论》

对于纵广相称的概念，佛教教义经典和造像量度经典都进行了解释。佛教教义经典对纵广相称理论概念进行了宗教哲学层面的阐释。纵广相称，又称身纵广相，是指佛身头足之高与两手张开手掌后两掌加两臂之长度相齐，佛的圆满受用身（ཐུབ་པའི་ལོངས་སྤྱོད་རྫོགས་སྐུ།）[13]显示的庄严法相。大乘佛教认为，佛身有四身[14]，即本性身（ངོ་བོ་ཉིད་སྐུ།）、智慧法身（ཡེ་ཤེས་ཆོས་སྐུ།）、受用身（ལོངས་སྤྱོད་རྫོགས་སྐུ）和化身（སྤྲུལ་སྐུ།），其中受用身和化身为色身（གཟུགས་སྐུ།）。所谓色身就是佛具体身相，在不同层次受众和境界显现不同的形象，佛圆满受用身在色究竟天密严净土（འོག་མིན་སྟུག་པོ་བཀོད་པ།）显现，如大日如来佛；佛化身在秽土（མ་དག་པའི་ཞིང་།）人间显现，如释迦牟尼佛。佛受用身有诸多特征，佛教称之为法相或者庄严法相。概括起来有“三十二相”（མཚན་བཟང་གཉིས།）与

“八十随好”（དཔེ་བྱད་བཟང་པོ་བརྒྱད་ཅུ།）两种，统称为“相好”（མཚན་དཔེ།）。其中三十二相是比较明显或者一目了然的特征，如手掌心有吉祥纹饰、眉间有白毫、上身如狮子般健硕等。八十随好则是一些细微难见和不易察觉的特征，因此也叫微妙之相，但是这些细微特征也能使人生起欣喜爱乐之心，如舌头柔软微薄赤红、声音如发雷般洪亮、牙齿锋利白平齐等。

关于三十二相与八十随好的名称和具体内容，佛教经典《现观庄严论》（བསྟན་བཅོས་མངོན་པར་རྟོགས་པའི་རྒྱན།）[15]第八品法身品中做了详细阐释：“许三十二相，八十随好性；受用大乘故，名佛受用身。”（མཚན་ནི་སུམ་ཅུ་རྩ་གཉིས་དང་། །དཔེ་བྱད་བརྒྱད་ཅུའི་བདག་ཉིད་ནི།།ཐེག་ཆེན་ཉེ་བར་སྤྱོད་པའི་ལོངས་སྤྱོད་ཕྱིར།།ཐུབ་པའི་ལོངས་སྤྱོད་རྫོགས་སྐུ་ཡིན།།[16]）经典指出，是佛菩萨获大乘道地者圆满修行时身体显示三十二相与八十随好；当修行达到一定境界后，其身体便会示这些法相。纵广相称是三十二种法相中的第二十二相，经典指出：“眉间毫相严，上身如狮子；髆圆实项丰，非胜现胜味；身量纵横等，譬诺瞿陀树。”（ཞལ་མཛོད་སྤུས་བརྒྱན་རོ་བསྟོད་སེང་གེ་འདྲ།།འདི་ཡི་དཔུང་པའི་མགོ་ཟླུམ་ཐལ་གོང་རྒྱས།།འདི་ལ་རོ་མི་ཞིམ་པ་རོ་མཆོག་ལྡན།།སྐུ་ནི་ཉ་གྲོ་དྷ་ལྟར་ཆུ་ཞེང་གབ།།[17]）佛面部有白毫庄严，上身如狮子一般，肩头圆而胸部发达；身体散发香味，身体如尼拘陀罗树一般纵广相称。

佛教经典还解释了佛身每一种庄严法相的形成原因，佛身庄严法相是内相外现，它与其在前世或成佛之路上的修行相关，因修行正业而获得诸种相好，释迦牟尼佛在过去人生中精勤修集无边相好之业，此世才得到三十二相和八十随好庄严法相。佛足心的肉纹现一千辐轮宝之相，纹路分明，辋、毂等悉皆圆满，是因为佛时常以如法之财布施供给父母、师长、善友乃至旁生所感得的妙相；佛脸部眉间以细腻柔软之白毫相严饰是因为往昔如理承事诸应恭敬处；佛上身犹如狮子般强壮是由于往昔未曾以蛮横之词轻毁众故；佛身呈纵广相称之法相如尼拘陀罗树般六合停匀、纵横匀称是“因为，往昔建造花园、园林等等，并令他众建造或接受故，感得能仁身量如尼枸卢树般六合停匀、纵横匀称”[18]。

《现观庄严论》是大乘佛教重要经典，作为《慈氏五论》[19]之一，它形成于4世纪前后，相传由弥勒传授与无著师论[20]。印度班智达和西藏学者对《现观庄严论》撰写有众多注疏，它还是藏传佛教寺院学修般若课程的教材，要求学僧对经典内容要熟记于心。《现观庄严论》把纵广相称作为佛教教义的概念进行阐释，认为纵广相称是佛修行圆满之后显示的三十二种庄严法相之一，这是从哲学和宗教理论层面的阐释，是对纵广相称抽象概念的哲学阐释和美学论述。对于在绘造佛像的艺术创作过程中实现佛像纵广相称的具体方法，《现观庄严论》并没有论述。

2. 纵广相称是绘造佛像的法度原则：四部造像量度经典

纵广相称作为绘造佛像的量度法则，造像量度经典也对纵广相称概念进行解释，同时也阐述了在绘造佛像艺术创作实践中如何应用造像量度法则，使佛像真正达到纵广相称的法度要求的具体方法。《佛说造像量度经》（སྐུ་གསུང་ཐུགས་ཀྱི་ཚད། སངས་རྒྱས་ཀྱི་སྐུའི་གཟུགས་བརྙན་གྱི་མཚན་ཉིད་མཐོ་བཅུ་བ་ཤིང་ནྱ་གྲོ་དྷ་ལྟར་ཆུ་ཞེང་གབ་པ་ཞེས་བྱ་བ། ）、《造像量度经疏》（རྫོགས་པའི་སངས་རྒྱས་ཀྱིས་གསུངས་པའི་སྐུ་གཟུགས་ཀྱི་ཚད་ཀྱི་རྣམས་འགྲེལ་ཞེས་བྱ་བ། ）、《画相量度经》（རི་མོའི་མཚན་ཉིད། ）和《造像量度经》等四部译自梵文的造像量度经典，被称为“三经一疏”[21]，是诸多藏文造像量度经典文献中影响较大的代表作，大约在13世纪前后翻译成藏文。后来，这四部经典均被编入藏文《丹珠尔·工巧明部》中，其中三部经典，对于佛像纵广相称进行了论述。

（1）《佛说造像量度经》关于佛像纵广相称的论述

《佛说造像量度经》一译《佛像如尼拘落陀罗树纵广相称十拃度量》。从这部经典的藏文名称中可以看出，经典论述的主题就是佛像纵广相称如尼拘陀罗树概念及其的具体度量。据经典记载，纵广相称作为佛教造像理论思想和基本法度，由佛祖释迦牟尼提出。经典在开篇中开宗明义地对佛像纵广相称概念进行了简要论述：“佛说，舍利弗……如来佛身的量度是纵高和横广相称，就像尼拘陀罗树一样；身体高度等于两臂伸展的长度，两臂伸展长度就等于身体高度；今天我如实讲述身体纵高、横广、肢体、分支、关节，以及顶髻等其他各部的量度，仔细听好！”[22]（སྐུའི་གཟུགས་བརྙན་ཤིང་ནྱ་གྲོ་དྷ་ལྟར་སྐུ་ཇི་ཙམ་པར་འདོམ་ཡང་དེ་ཙམ་ལ། འདོམ་ཅི་ཙམ་པར་སྐུ་ཡང་དེ་ ཙམ་བྱེད་དུ་གཞུག་སྟེ། ཡན་ལག་དང་། ཉིང་ལག་དང་། ཆ་ཤས་དང་། མཆུ་ཞེང་དང་། ཚིགས་བཅས་པ་དང་། འབྱུང་པ་ཐམས་ཅད་ཀྱི་གཙུག་ཏོར་ལ་སོགས་པའི་ཚད་ཇི་ལྟ་བ་བཞིན་བཤད་ཀྱིས་ཉོན་ཅིག[23]）这段论述，首先解释了佛像纵广相称ཁ་ཅིག་གོ །གཞན་ནི་འདི་སྐུ་ཁྱད་པ་ལ་གསུངས་པའི་ཕྱིར་ན་ཡུག་ག拘啰陀树，满自一寻。”（སྐུའི་གཟུགས་བརྙན་ཤིང་ནྱ་གྲོ་དྷ་ལྟར་སྐུ་ཇི་ཙམ་པར་འདོམ་ཡང་དེ་ཙམ་ལ། འདོམ་ཅི་ཙམ་པར་སྐུ་ཡང་དེ་ཙམ་བྱེད་དུ་གཞུག་སྟེ། ）然后具体论述了佛身、四肢以及关节各部的量度，以及在造像过程中使所造佛像达到纵广相称实物法度要求的方法。强调了绘塑佛像时遵循纵广相称造像量度法则的重要性，以及绘塑用于供养观瞻的佛像所遵循造像量度。

《佛说造像量度经》[24]是造像量度经典中比较重要的一部著作。因为它“是一部以释迦牟尼佛为典范、论述人体绘画基本比例的佛经典籍，为藏传佛教传统造像艺术的理论依据”[25]。作为造像量度经典，《佛说造像量度经》的佛像纵广相称理论学说，深刻影响了造像量度理论的形成发展，以及造像艺术实践，纵广相称因此成为佛教造像量度学的第一法度。

据《佛说造像量度经》记载，这部经典是在佛陀成佛后前往忉利天为母说法之前，在舍利佛的请问之宣说。指出：“佛说，舍利弗，等我升天国，不在人间，或是等涅槃之后，如果有人想念我。”（བཅོམ་ལྡན་འདས་ཀྱིས་བཀའ་སྩལ་བ། ཤཱ་རིའི་བུར་མི་བཞུགས་སམ། ང་ཡོངས་སུ་མྱ་ངན་ལས་འདས་པའི་དུས་སུ། མཆོད་པ་དང་སྙིང་སྣང་དུ་བྱ་བའི་ཆེད་དུ། ）。由此，这部经也被译成《舍利佛问经》[26]（ཤཱ་རིའི་བུས་ཞུས་པའི་མདོ། ）然而，学界对于《佛说造像量度经》这部经典是否由佛陀宣说问题，一直以来争论不休，悬而未决。但可以确定的是，经典把佛像纵广相称作为重要造像学概念和理论思想进行阐述，并将佛像纵广相称如尼拘陀罗树这一概念作为经文题目，足以显示这一学说的重要性。

（2）《造像量度经疏》关于佛先纵广相称的论述

《造像量度经疏》[27]是另一部对佛像纵广相称理论学说进行阐释的重要经典，对于佛像纵广相称概念以及量度等相关问题进行阐释，指出：“所谓世尊身量如尼拘卢陀纵广相称，一说言佛之光轮状貌，另一说言佛身量。尼拘卢陀，树名。纵广，犹言竖横。此树，株身之高分，与其周围垂梢彼此间里向竖横相等。佛身亦如是，从头顶至脚底之纵分，与其平伸两臂，二中指尖相去间广分，无不相称，各满自己一庹。”[28]（བཅོམ་ལྡན་འདས་ཀྱི་སྐུ་ཆ་ཤས་ཀྱི་མཚན་ཉིད་ནྱ་གྲོ་དྷ་ལྟར་མཆུ་ཞེང་ཡོངས་སུ་གབ་པ་ཞེས་པ་ནི་ནྱ་གྲོ་དྷ་ནི་ཤིང་ལྡོན་པ་སྟེ། དེའི་ཡལ་ག་མཆུ་ཞེང་གབ་པ་ལྟ་བུའོ། །འདི་འོད་ཀྱི་དཀྱིལ་འཁོར་ལ་གསུངས་སོ་ཞེས་པ་ནི་ཁ་ཅིག་གོ །གཞན་ནི་འདི་སྐུ་ཁྱད་པ་ལ་གསུངས་པའི་ཕྱིར་ན་ཕྱག་གཉིས་ལོགས་སུ་བརྐྱང་པ་ནི་འདོམ་གང་སྟེ། ཇི་སྲིད་སྐུའི་ཚད་དེ་སྲིད་འདོམ་གྱི་སྲིད་དུ་ཡང་གསུངས་སོ།།）世尊之身相如尼拘陀罗一样纵广相称，所谓尼拘陀罗就是一种树，这种树的枝叶纵广相称。有人认为此处的纵广相称指的是背光，这只是一家之言；因为此处特指佛身，其两手向两侧伸展开的距离为一庹，佛身高度与两手伸展时距离相等。经典除了对于佛像纵广相称的概念进行解释以外，对于有些人把佛像的背光也纳入佛像纵广相称的量度范畴的错误观点进行了纠正。经典对于造像量度经的具体内容也加以论述，有学者认为，《造像量度经疏》是《佛说造像量度经》的注疏[29]。根据经典的后记，《造像量度经疏》是由古印度艾智布仙人（དྲང་སྲོང་ཆེན་པོ་ཨ་ཏྲ་ཡུས་མཛད།）[30]所著，大约12世纪前后翻译成藏文。

（3）《画像量度经》关于纵广相称的论述

《画相量度经》[31]是三经一疏中对纵广相称概念和相关造像量度进行全面阐释的一部经典。全文分三个部分，分别论述画像的起源、画像的功用其重要性，以及画像量度等。与前两部经典相较，它的论述更为全面和系统，尤其是经典对于绘造佛像的量度、计算单位、计算方法、佛像的功用以及佛像符合造像法度的功德和不符合法度要求的危害等方面进行了系统全面论述。

与《佛说造像量度经》《造像量度经疏》不同，《画相量度经》中所指纵广相称不是佛像，而是转轮王像。经典认为，转轮王的身体纵广相称像尼拘陀罗树一样。经典指出：“转轮王身体的纵广是如何，仔细叙来请听好；身体纵广要相等，尼拘陀罗树一般。”[32]（འཁོར་ལོ་བསྒྱུར་བའི་ཆུ་ཞེང་ནི། །ཇི་ལྟར་ཡིན་པ་བཤད་ཀྱིས་ཉོན། །མཆུ་དང་ཞེང་ནི་གབ་པ་སྟེ། །ནྱ་གྲོ་དྷ་དང་འདྲ་བ་ཡིན།།）文献指出，转轮王像纵广相称，但是转轮王像纵广相称其量度为一百零八指。转轮王身体量度是用自己的手指进行测量。“转轮王身高，用造像自身的手指测量，共有一百零八指；不是用其他人的手指测量；以上所讲为转轮王的身体长度。”[33]（འཁོར་ལོ་བསྒྱུར་བའི་སྲིད་དུ་ནི། །རང་གི་སོར་གྱི་གཅལ་བ་ཡིས། །བརྒྱ་དང་རྩ་ནི་བརྒྱད་ཡིན་ཏེ། །གང་དུའང་གཞན་གྱིས(གྱི)སོར་གྱིས་མིན། །རྒྱལ་པོ་གོང་དུ་སྨོས་པ་ཡི། །འཁོར་ལོས་བསྒྱུར་བའི་རྒྱལ་པོ་ཡི། །སྲིད་ཀྱི་ཚད་དུ་བྱ་བདག །འདིར་ནི་དངོས་སུ་བཤད་པར་བྱ། །）

通过对文献内容的研究发现，虽然经典所述的造像量度是转轮王，而非佛。但是其实《画相量度经》中关于纵广相称基本理论和美学思想，与上述《佛说造像量度经》基本相同，不同的是具体量度，前者说的是佛，其量度是一百二十五指；后者说的转轮王，其量度是一百零八指。而更有趣的是，《画相量度经》中所论述的转轮王一百零八指的造像量度，与三经一疏中的另一部造像量度文献《造像量度经》[34]中菩萨一百零八指造像量度的内容基本相同。佛像造像艺术家在绘造菩萨像时，就是遵照纵广相称量度为一百零八指的量度进的。

论述绘画起源时《画相量度经》指出，绘画技艺最初由梵界天神传授予转轮之王。因此有人认为《画相量度经》并非佛教经典，而是佛教对其他宗教经典进行改头换面而成佛教经典[35]。事实上，古代印度社会虽然教派林立，但那时人们对于传统文化很包容，人们把因明学、声明学、医方明、工巧明、修辞学、辞藻学、韵律学、戏剧学和星象学等传统学科知识称为“共同明处”[36]（ཐུན་མོང་རིག་གནས།），无论信仰哪个教派的人都要学习掌握。作为工巧明学范畴的造像量度学，被古印度各个宗教，包括印度教、婆罗门教以及佛教等共同学习，相互借鉴和广泛应用就不足为奇。因此，纵广相称的造像理论学说，在印度教和佛教绘塑艺术中普遍使用就不足为奇了。

《画相量度经》是藏族翻译师扎巴坚参翻译，不久被编入藏文大藏经《丹珠尔·工巧明部》，后来西藏历史上掀起数次补编、抄写、刊刻大藏经热潮，《画相量度经》和其他几部造像量度经典也随之传播。笔者通过对不同版本的《丹珠尔》中的文本进行比较后发现，各版本对于这部经典的内容，除了个别异体字的不同以外基本一致，没有做过任何的改动。因此，我们认为这部藏文经典的内容依旧保留了《画相量度经》梵文原文的风貌，换句话说，经典在翻译成藏文之前就已经“改头换面”。毋庸置疑，这部经典对于藏族造像量度理论发展和艺术创作实践同样形成了影响。

研究表明《佛说造像量度经》《造像量度经疏》《画相量度经》的梵文原典，有的大约形成于笈多时期，即6世纪或稍早[37]，有的文献形成于8～9世纪。其中有两部经典由藏族翻译师雅隆扎巴坚参和阿阇黎达玛多罗，在贡塘王城（今西藏自治区吉隆县）译成藏文。有研究者根据扎巴坚参生活的年代推断出文献被翻译成藏文的大概年代：“可以推论扎巴坚赞最迟也是12世纪的人。因此，《量度经》在10世纪至12世纪间被译成藏文的可能性极大。”[38]14世纪布顿仁钦珠将三经一疏编入藏文大藏经《丹珠尔》后，随着藏文大藏经的写造和刊刻以及传播，造像量度理论文献在西藏得到广泛传播，到了清代中期传播到其他地区，影响很大。

二、佛造像纵广相称的两种量度

关于佛像纵广相称的具体量度以及如何划分和计算等艺术创作实践细节问题上，“三经一疏”以及早期经典观点有不同，说法不一。归纳起来有两派，即佛像纵广相称125指说和佛像纵广相称120指说。通过对藏文文献解读发现，以勉拉顿珠著作《如来佛身量如意宝珠》代表的早期藏文原创造像量度经典，在解释佛像纵广相称的概念和具体方法时，除了依据《佛说造像量度经》等早期造像量度经典之外，还依据了《时轮摄略经》和《吉祥胜乐根本续》等密宗经典。尤其在论述佛像125指量度和120指两种量度时，几乎历代造像量度理论著作依据《时轮摄略经》和《吉祥胜乐根本续》的论述点。下面以《时轮摄略经》和《吉祥胜乐根本续》为基础，介绍佛像纵广相称125指与120指量度。

（一）佛像纵广相称125指量度

1. 佛像纵广相称量度125指的主要论述出处及其内容

佛像纵广相称量度为125指，就是指佛像从脚底到顶髻的纵向高度与两手张开手掌后两掌加两臂之长度相齐，其量度是125指。藏文原创造像量度经典通常引用藏文大藏经《甘珠尔》的《时轮摄略经》[39]中的论述。经典指出：“如来佛主顶髻到白毫中间的量度是十二指半，白毫到颈部莲花之间、颈部到心间、心间到肚脐、肚脐到私处莲花等的量度相同，均为是十二指半；脚掌、小腿、大腿、胯部等量度分别是：十四指、二十五指、二十五指和四指；胸部中线到肩部为十二指半、上臂、小臂和手部的量度分别是：二十指、十六指和十二指；共一百又二十五指；九六指为人的标准量度。四指半、四指、四指、四指半、四指、四指，依次为佛像顶髻、发髻、额头、鼻子、下颌、颈部的量度。之后是心间、肚脐、私处依次是十二指半；私处莲花中央根部金刚等能仁头顶之顶髻。”[40]原文如下：“རྒྱལ་བའི་བདག་པོའི་གཙུག་ཏོར་ནས་ནི་མཛོད་སྤུའི་དབུས་སུ་ཕྱེད་དང་བཅས་པའི་ཉི་མའི་སོར་དུ་འགྱུར།།དེ་ནས་མགྲིན་པའི་ཆུ་སྐྱེས་དེ་བཞིན་སྙིང་ག་དང་ནི་དེ་ནས་ལྟེ་གསང་ཆུ་སྐྱེས་དེ་བཞིན་ནོ།།ཞབས་ཀྱི་མཐིལ་དང་རྗེ་ངར་བརླ་དང་དཔྱི་ཡང་མ་ནུ་དེ་ཉིད་དེ་ཉིད་རིག་བྱེད་རྣམས་ཀྱིས་ཏེ།།བྲང་ཕྱེད་ཕྱེད་བཅས་ཉི་མའི་རང་དཔུང་ལག་རྣམས་ནི་མཁའ་མིག་རྒྱལ་པོ་ཉི་མའི་ཚད་ཀྱིས་སོ།།ཉི་ཤུ་རྩ་ལྔ་ལྷག་པའི་བརྒྱ་ཕྲག་གང་ཞིག་དུས་དང་དགུ་ཡི་མི་རྣམས་ཀྱི་ནི་འཇིག་རྟེན་ཚད།།རིག་བྱེད་ཕྱེད་དང་བཅས་པའི་བཞི་དང་ཆུ་གཏེར་ཆུ་གཏེར་ཕྱེད་དང་བཅས་པའི་རིག་བྱེད་རིག་བྱེད་ཀྱི།།གཙུག་ཏོར་མགོ་བོའི་འོག་ཏུ་འགྱུར་ཏེ་རྒྱལ་བའི་བདག་པོའི་དཔལ་ལྡན་དཔྲལ་བ་དག་དང་ཤངས་དང་ནི།།ཤངས་ཀྱི་འོག་ཏུ་ཀོ་ཀོའི་མཐའ་དང་དེ་ནས་མགྲིན་པ་དག་སྟེ་མགྲིན་པ་རྩ་བའི་ཆུ་སྐྱེས་དབུས།།དེ་ནས་སྙིང་ག་ལྟེ་བར་གསང་བར་མི་ཡི་བདག་པོ་ཕྱེད་བཅས་ཉི་མ་རྣམས་ཀྱི་རིམ་པས་སོ།།གསང་བའི་ཆུ་སྐྱེས་ལྟེ་བའི་རྩ་བར་རྡོ་རྗེ་དག་ཀྱང་ཐུབ་པ་ཡི་ནི་སྤྱིང་གི་གཙུག་ཏོར་ཉིད།།。”

从上述藏文可以看出，《甘珠尔·时轮摄略经》中论述佛像纵广相称的内容不是长篇大论，只有九句诗行，非常简明扼要。但是要准确理解其内容，需要掌握一些诗学、历算学和辞藻学方面的知识。主要原因有二，一是因为论述文体采用了格律诗，句子结构比较复杂，解读时既要考虑语法，又要兼顾前后文逻辑关系以及量度的准确性；二是行文中论述具体量度时没有用数字，而是使用了数字辞藻，一种用特定的名词代替数字的方法。例如，“天空”代替数字1、“火”代替数字3、“大海”代替数字4等；说大腿量度数字时，文中用了“玛努” 而不是25指，说顶髻的量度时用了“吠陀 ”而不是4指；颈部至心间的量度采用了太阳而不是12指。所以没有老师的指点或者相关的藏学积累很难解读这些文字。按照藏文写作传统，用格律体进行论述时，作者为了文体对仗工整、隐喻等修辞学或保密等需要，往往采用以词藻代替数字的方法进行写作。阅读这种文体时，读者就不能按字面意思理解关键词，而是要仔细查阅字典中这个词的其他义项，或者直接得到老师的指点，否则不能准确地理解原义。

《甘珠尔·时轮摄略经》关于佛像纵广相称量度为125指的学说，对西藏佛教艺术理论的影响也很大，以至于人们通常把它称作“时轮派”，在形成于15世纪中后期藏文原创著作经典《如来佛身量的宝析轮》中进行全文引述，并做了详细解释。文献解释道：“十拓度佛像，按每拓分成十二指半计算，顶髻四指，下至发际四指半，白毫和鼻子各四指，下颌四指半，颈部四指，心间、肚脐和私处各算一协；以上共六十二指半。胯骨和膝关节均为四指，大腿和小腿均为两面度，脚厚为四指半，以上共六十二指半；佛像纵高一百二十五指。佛像横广量度为；胸部两协，上臂二十指，小臂十六指，从中指尖至掌心十二指，肘关节和手腕关节各一指；总计一百二十五指，（高宽）呈四方形，脚掌长十四指。”[41]（图一）（དེ་ཡང་སྐུ་གཟུགས་མཐོ་བཅུ་པར་བྱས་པའི་མཐོ་རེ་ལ་ཕྱེད་དང་བཅས་པའི་སོར་བཅུ་གཉིས་སུ་བྱས་ནས། གཙུག་ཏོར་སོར་བཞི། དེ་ནས་སྐྲ་མཚམས་བར་ལ་སོར་ཕྱེད་དང་ལྔ། མཛོད་སྤུ་དང་ཤངས་རྩེ་སོར་བཞི་རེ། ཀོ་ཀོའི་རྩེའི་གྲལ་སོར་ཕྱེད་དང་ལྔ། མགྲིན་པ་སོར་བཞི། ཐུགས་ཀ་ལྟེ་བ་གསང་གནས་རྣམས་སུ་ཞལ་རེ་རེ་རྣམས་ལ་སོར་མོ་ཕྱེད་དང་བཅས་ཏེ་རེ་གཉིས་དང་། དེ་བཞིན་དུ་དཔྱི་དང་པུས་ཚིགས་སོར་བཞི་རེ། བརླ་དང་རྗེ་ངར་ཞལ་དོ་རེ། ཞབས་དཔངས་སོར་ཕྱེད་དང་ལྔ་རྣམས་ལ་ཕྱེད་བཅས་རེ་གཉིས་ཏེ། རྒྱ་སོར་བརྒྱ་ཉེར་ལྔ་དང་། ཞེང་དུ་བྲང་ཞལ་དོ།། དཔུང་པ་སོར་ཉི་ཤུ་རེ། ཉེ་བའི་དཔུང་པ་དག་ལ་བཅུ་དྲུག་རེ། གུང་མོའི་རྩེའི་མཐར་ཐུག་པའི་ལག་མཐིལ་དག་ལ་བཅུ་གཉིས་རེ། གྲུ་མོ་དང་མཁྲིག་མའི་མཚམས་དག་ལ་སོར་རེ་རེ་སྟེ་དྲིལ་བས་སོར་བརྒྱ་ཉེར་ལྔ་སྟེ་གྲུ་བཞི་པ་ཉིད་དང་།ཞབས་མཐིལ་གྱི་སྲིད་དུ་སོར་བཅུ་བཞིའོ།།ཞེས་འགྲེལ་པས་རགས་པ་ཙམ་ཞིག་བཀྲལ་བ་ལྟར་ཡིན་ནོ།།[42]）《如来佛身量的宝析轮》是著名艺术家勉拉顿珠创作，他在著作中还提出了，藏族造像量度经典的理论依据来自显宗和密宗类经典的观点。所谓密宗经典就是指被列入大藏经密宗续部的经典。按照藏族传统文献分类方法，《时轮摄略经》被划分为密宗典籍，这部经典大约在11世纪由著名藏族翻译家卓·西热扎巴与克什米尔班智达·娑玛纳塔从梵文翻译成藏文，后经匈顿·多吉坚参大译师根据梵文原典重新校订，收编在藏文大藏经《甘珠尔》续部类。

2. 佛像125指量度的划分与计算

虽然《甘珠尔·时轮摄略经》关于佛像纵广相称量度为125指的论述十分简短，但完整论述了佛像纵高和横广都划分成几个部分的量度，并逐一分别论述，指出了具体的量度数据。在论述佛像纵高量度时采用自上而下依次介绍上身各部分量度，之后自下而上介绍下身各部分量度的论述顺序。在介绍佛像横广量度时，采用从中心线向两侧介绍各部分量度的论述方法。

根据《甘珠尔·时轮摄略经》论述，我们归纳出佛像纵广相称125指的具体量度。125指佛像纵高量度如下：顶髻4指，发际4.5指，白毫4指，鼻子4指，下颌4.5指，颈部4指，胸部、肚脐和私处各1协，共计37.5指，胯部4指，大腿2协计25指，膝盖4指，小腿2协计25指，脚厚4.5指（表一）。

表一　125指佛像纵高各部量度一览表

	头部					下颌至私处				下身					合计
部位	顶髻	发际	白毫	鼻子	下颌	颈部	胸部	肚脐	私处	胯部	大腿	膝盖	小腿	脚厚	
量度/指	4	4.5	4	4	4.5	4	12.5	12.5	12.5	4	25	4	25	4.5	
合计/指	上半身62.5									下半身62.5					125

佛像横广量度是双手向左右两侧伸展，从一侧中指尖到另一侧中指尖的距离。根据《甘珠尔·时轮摄略经》，佛像纵广相称125指的横广的各个量度为：中心线一侧胸部12.5指、上臂20指、下臂16指、手掌12.5指、肘关节和腕关节各加1指，共计62.5指，中心线两侧相加得125指（表二）。

表二　125指佛像横广各部量度一览表

	左侧						右侧						合计
部位	手掌	腕关节	下臂	肘关节	上臂	左胸	右胸	上臂	肘关节	下臂	腕关节	手掌	
量度/指	12.5	1	16	1	20	12.5	12.5	20	1	16	1	12.5	
合计/指	62.5						62.5						125

对于学习绘造佛像藏族艺术家来说，《时轮摄略经》中关于纵广相称125指的论述，几乎是口耳相传和耳熟能详经典口诀，在相关造像量度著作中做了广泛引用和解释。八世噶玛巴·弥觉多吉著作中论述《时轮根本续》125指佛像时指出，如此高和宽均为100指再加25指的量度，四肘五指佛像，纵广相称呈四方形（དེ་ལྟར་དཔང་དང་ཞེང་གཉིས་ཀར་སོར་ནི་ཉི་ཤུ་རྩ་ལྔ་ལྷག་པའི་བརྒྱ་ཕྲག་ཅིག་གིས་ཚད་དེ། ཁྲུ་བཞི་དང་སོར་ལྔ་གང་ཞིག་ནི་སྐུ་ཚད་ཆུ་ཞེང་གབ་པ་གྲུབ་བཞིའོ།།）[43]。

勉拉顿珠指出，佛像纵广相称125指的学说和造像方法广泛应用于各类造像，这一理论学说依据是时轮派续部经典："如来佛像，应由智慧深广、技师精湛的工匠来绘画、铸造、雕塑、泥等；无论哪一种，其身量一百二十五指者，依据《时轮根本续》和菩萨注疏等经典。未在其中阐明的详细细节等，按照《胜乐源续注释》进行补充，忿怒神明应具有九种姿态。"（དེ་ལ་བདེ་བར་གཤེགས་པའི་སྐུ་གཟུགས་མཁན་པོ་རྣམ་དཔྱོད་ཀྱི་ཤེས་རབ་རྩེ་ཞིང་ཡངས་ལ་སྦྱིན་ཅིང་བཟོ་བ་དག་གིས་རིས་སུ་འབྲི་བ་དང་། ལུགས་སུ་བླུག་པ་དང་། རྐོས་སུ་བྱ་བ་དང་། འཛིམ་པ་ལས་བཟོ་བ་ལ་སོགས་པའི་སྐུ་གཟུགས་གང་དང་གང་བྱ་བར་འདོད་པ་དེ་དང་དེའི་ཚད་སོར་མོ་བརྒྱ་ཉེར་ལྔ་པའི་ཕྱོགས་དུས་ཀྱི་འཁོར་ལོའི་རྒྱུད། བྱང་ཆུབ་སེམས་དཔའི་འགྲེལ་བས་བཀྲལ་བ་དག་གཞིར་བྱས་ནས། དེར་མ་བཤད་པའི་ཕྲ་ཞིབ་རྣམས་སྡོམ་འབྱུང་འགྲེལ་བར་ཞིབ་ཏུ་མཤད་པ་དག་གིས་ཁ་བསྐངས་ཏེ། ཁྲོ་བོའི་ཉམས་དགུ་དང་ལྡན་པར་བྱའོ།།）[44]。勉拉顿珠的关于佛像纵广相称量度125指的理论学说内容和渊源的这段论述，似乎对于15世纪以后佛像量度的理论学说和绘造佛像的艺术实践产生了很大影响。

（二）佛像纵广相称为120指量度

1. 佛像纵广相称量度120指的主要论述出处及其内容

通过藏文古代文献释读发现，阐述佛像纵广相称量度为120指的观点和具体量度内容时，所依据的经典是《吉祥胜乐根本续》[45]（སྡོམ་པ་འབྱུང་བའི་རྒྱུད་ལེའུ་སོ་བཞི་པ།），因此，被称为胜乐派（སྡོམ་འབྱུང་ལུགས།）。《吉祥胜乐根本续》经典主张佛像量度为120指。经典关于佛像量度120指的论述较为简短。基本内容如下：“རྒྱུད་ཀྱི་རྒྱལ་པོ་སྡོམ་པ་འབྱུང་བའི་རིམ་པར་ཕྱེ་བ་སུམ་ཅུ་པ་ལས། སྲིད་ཞེང་སོར་བརྒྱ་ཉི་ཤུར་གསུངས་པ་ལ་སྲིད་ཚད་ནི། དེ་ཉིད་ལས། ཞལ་ནི་བཅུ་གཉིས་ཆ་ཡིན་ནོ། །མགྲིན་པ་སོར་ནི་བཞི་པ་སྟེ། །ཁབས་པས་དཔྲལ་མཚམས་དབུ་དང་ནི། སྙན་ཉིད་ལ་ཡང་དེ་ཉིད་སྦྱར། ཞེས་པས་ཞལ་དོ། །ཐམས་ཐད་དུ་ནི་ཐུགས་ཀ་དང་། ལྟེ་བ་གནས་ཀྱི་ཚད་གཅིག་གོ །ཞེས་པས་ཞལ་གསུམ། འབྲས་བུའི་རྩ་བ་ནས་པུས་མོའི་བར་བརླ་ཞལ་དོ། བརླ་དང་བྱིན་པའི་མཚམས་སུ་ཡི། །སོར་བཞི་པ་དང་ཡང་དག་ལྡན། །ཞེས་པས་པུས་མོའི་ལྷ་ང་སོར་གསུམ། དེའི་སྟེང་དང་འོག་ཏུ་བརླ་དང་བྱིན་པའི་མཚམས་ལ་སོར་གཉིས་གཉིས། དེའི་འོག་ཏུ་བྱིན་པ་ཞལ་དོ། །ཞབས་ཀྱི་རྟོལ་ཀྱང་དེ་ཉིད་དོ། །ཞེས་པས་སོར་བཞི། དེའི་སྟེང་དུ་འགྲིལ་པས་པུས་མོ་ནས་སོར་གཅིག་བསྣན་ནོ། །དེའི་ཕྱེད་འབྲས་བུའི་རྩ་བ་ན་རྟེང་པའི་བར་སྐུ་སྨད་སོར་དྲུག་ཅུ་ཐམ་པའོ། །འབྲས་བུའི་རྩ་བ་ནས་ཇི་སྲིད་གཙུག་ཏོར་གྱི་རྩེ་མོའི་བར་སྐུ་སྟོད་སོར་དྲུག་ཅུ་ཐམ་པའོ། །དྲིལ་བུས་སོར་བརྒྱ་ཉི་ཤུ་ཐམ་པ་སྟེ། དེས་སྲིད་ཚད་རྫོགས་པར་བྱའོ། །ཞེང་གི་ཚད་ནི། དབུས་ཀྱི་མགྲིན་པ་ཐལ་མོ་གཉིས། ཞེས་པ། དབུས་ནི་ཚངས་པའི་ཐིག་གོ། །ཚངས་ཐིག་གི་ཡོགས་ནས་མཆན་ཁུང་བར་ཞལ་གང་། ཕྱག་ནི་ཐལ་མོ་གསུམ་པ་སྟེ། ཐལ་མོ་དེའི་ཕྱག་མགོ་གཉིས། ཞེས་པར་དཔུང་པ་སོར་ཉི་ཤུ། ཕྱག་ངར་སོར་བཅུ་དྲུག ཕྱག་མགོ་སོར་བཅུ་གཉིས་ཏེ། སོར་དྲུག་ཅུ་ཐམ་པའི་དེ་ཚད་དོ། །དེ་བཞིན་དུ་ཕྱོགས་གཞན་ལ་ཡང་སྟེ། དྲིལ་བས་སོར་བརྒྱ་ཉི་ཤུའོ། དེ་ལྟར་རྒྱ་ཞེང་གས་པ་ཞིག་དགོས་པ་ཡིན་ཏེ། རྗེ་བཙུན་བྱམས་པའི་མངོན་རྟོགས་རྒྱན་ལས། སྐུ་ནི་ནྱ་གྲོ་དྷ་ལྟར་རྒྱ་ཞེང་གབ།།[46]”。“佛像量度纵高横广相同，均为一百二十指。纵高量度，面部为十二指，颈部四指。额头、发际、头顶和耳际的量度相同。胸膛、脐孔和私处均为一面度，共计三面度。从阴根往下至膝盖为二面度，膝盖三指，大腿与小腿之上和之下各加二指，大腿为二面度，脚板厚度四指，膝盖加一指，脚底至阴根下半身共六十指，从阴根以上至顶顶髻顶端上半身共六十指，相加为一百二十指。横广量度是，中间颈部为二面度，亦即，从中线至两侧腋窝十二指，手臂量度为三特莫[47]，上臂二十指，小臂十六指，手掌十二指，总共六十指；另一侧的量度与此相（同也是六十指），两侧相加得一百二十指，这样才是纵广相称之像（图二）。至尊弥勒在《现观庄严论》中指出，佛身如尼拘陀罗树，纵广相称。”[48]

《吉祥胜乐根本续》是藏文大藏经《甘珠尔》中的一部密宗经典，又名《吉祥胜乐根本续三十四品》，是一部大部头经典，其中第三十品专门论述了120指佛像量度内容，因此，有些人称这部分内容为《吉祥胜乐根本续三十品》。这部经典于11世纪中期由藏族翻译师居莫兰扎巴初次译成藏文，后经著名翻译家和史学家贵·循努拜（1392～1481年）校订。显然，这部经典关于佛像120指量度的学说和理论观点，对藏传佛教艺术理论产生了重要影响。从初次翻译时间看，这部经典比“三经一疏”等造像量度经典文献要早二百多年，也就是说，在11世纪中期西藏就有了关于造像量度的藏文经典。

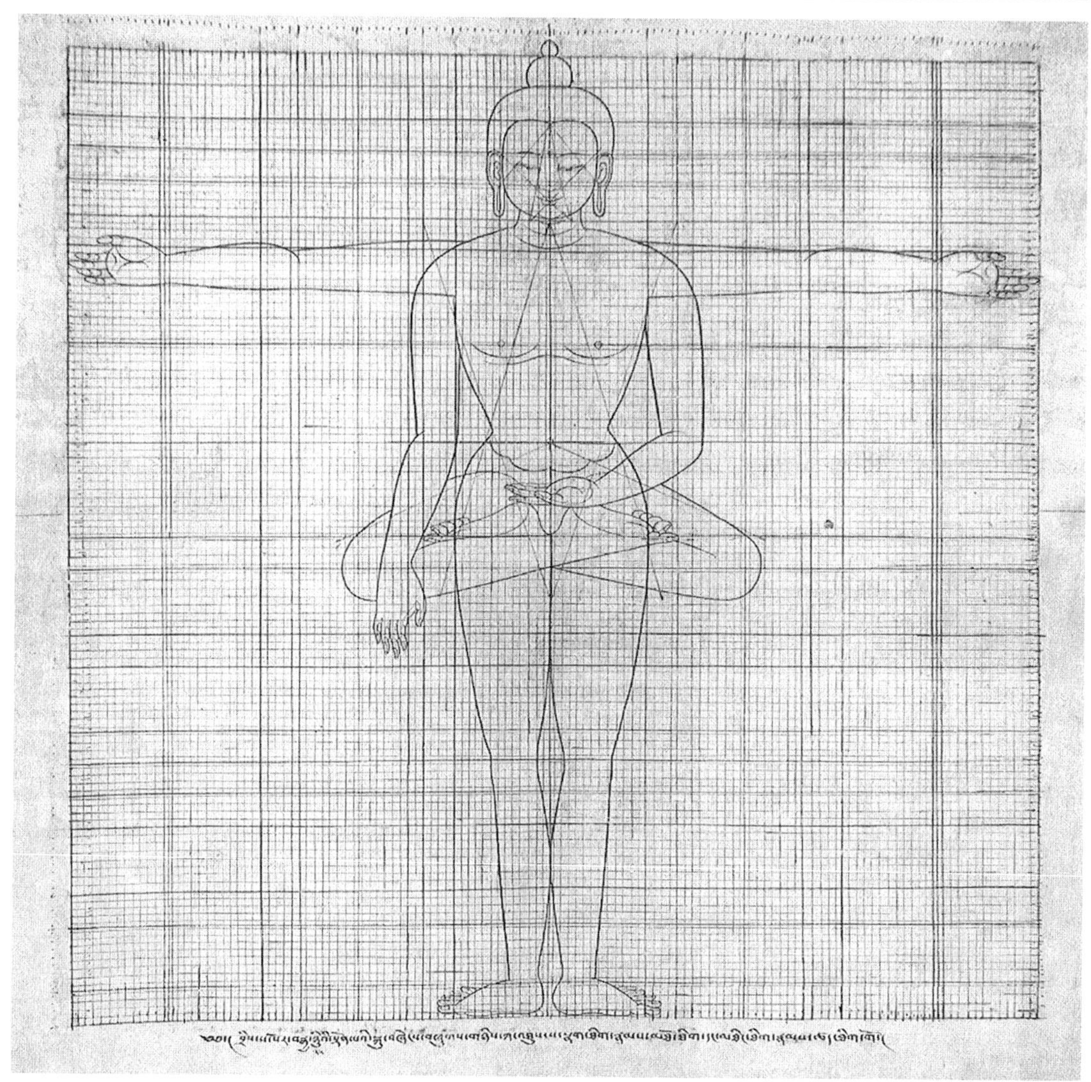

图二　佛像纵广相称量度120指图样

（洛扎珠古·嘉央旺波绘，17世纪）

2. 120指的具体划分与计算

从以上释文可以看出，《吉祥胜乐根本续》在论述120指佛像量度时，也是将量度划分为纵高和横广两部分，然后分别进行论述。

按照经典，论述佛像纵高各部的量度分别为：顶髻4指，发际4指，面部12指，颈部4指，心间12指，肚脐12指，私处12指，胯部4指，大腿24指，膝盖4指（膝盖上下各2指），小腿24指，脚厚4指（表三）。

表三　120指佛像纵高各部量度一览表

	头部					下颌至私处				下身					合计
部位	顶髻	发际	白毫	鼻子	下颌	颈部	胸部	肚脐	私处	胯部	大腿	膝盖	小腿	脚厚	
量度/指	4	4	4	4	4	4	12	12	12	4	24	4	24	4	120
合计/指	上身60									下身60					120

佛像横广各部量度分别为：中心线至腋下为12指，手总长为三个协共计36指（其中上臂20指、小臂16指）、手掌12指。共计60指。纵高横广均为120指（表四）。

表四　120指佛像横宽各部量度一览表

	左侧				右侧				合计
部位	手掌	下臂	上臂	左胸	右胸	上臂	下臂	手掌	
量度/指	12	16	20	12	12	20	16	12	120
合计/指	60				60				120

藏文原创文献在论述造像量度理论渊源时，通常说认为藏传造像的理论源于显宗、密宗两种经典，所谓显宗经典指的是《佛说造像量度经》等经典，而密宗经典指的是《甘珠尔·时轮摄略经》《甘珠尔·吉祥胜乐根本续》《黑阎摩敌续十三品》（གཤིན་རྗེ་ནག་པོའི་རྒྱུད་ཀྱི་རིམ་པ་བཅུ་བཞི་པར།）三本经典。

通过分析我们发现，藏文原创的造像量度经典，在论述佛像纵广相称量度125指和120指的造像量度计算方法时，很多经典依据了《甘珠尔·时轮摄略经》与《甘珠尔·吉祥胜乐根本续》中的理论观点。15世纪的著名艺术家勉拉顿珠在他的著作《如来佛身量如意宝》中，对于《甘珠尔·时轮摄略经》和《甘珠尔·吉祥胜乐根本续》中关于绘造佛像具体量度部分内容进行了详细解释，并将这两部经典作为佛像量度重要经典。噶玛巴·弥觉多吉在其著作《大日明镜》（རྡོ་རྗེ་ཐེག་པ་ཡང་དག་པར་རྫོགས་པའི་ཕྱག་རྒྱ་ཆེན་པོའི་ཉེ་བར་སྤྱོད་པའི་གནས་དང་སྤྱོད་ཡུལ་གསལ་བར་བྱེད་པའི་ཉི་མ་ཆེན་པོའི་མེ་ལོང་བཞུགས་སོ།།）中，阐释造像量度来源及如何应用时论述道：“量度主要来自《胜乐源流续三十四品》《时轮摄略经》和《舍利佛文造像量度》。”[49]（ཆ་ཚད་དེ་དག་གང་ལ་བྱུང་བ་དང་། དེ་དག་ལག་ཏུ་ལེན་པའི་རིམ་པའོ།། དང་པོ་ལ་དུས་ཀྱི་འཁོར་ལོ་ལས་འབྱུང་བ་དང་། བདེ་མཆོག་སྡོམ་པ་འབྱུང་བ་ལས་འབྱུང་བ་དང་། ཤྭ་རིའི་བུས་ཞུས་པའི་ཐིག་ལས་འབྱུང་བའི་ཚུལ་ལོ།།）第司桑杰加措在论述佛像量度时指出：“佛像量度主要依据是《吉祥胜乐根本续》《时轮摄略经》这两大经典及其注疏，同时结合了《集行论》（བྱ་བ་ཀུན་ཏུ་བཏུས་པ།）和《五黑色阎魔敌续》（གཤིན་རྗེ་ནག་པོའི་རྒྱུད།）等其他一些典籍，而不仅仅是尽人皆知的、专门讨论造像量度的‘三经一疏’。”[50]19世纪著名学者工珠元旦嘉措指出：“（佛像量度）理论主要源自《时轮根本续释》《吉祥胜乐根本续注释》《舍利弗问经》以及《智雅萨姆杂》《佛塔量度分别》《八千颂广注》《乔萨罗庄严》等梵文经典；另外，有勉拉顿珠、钦孜黔莫、布顿仁钦珠、八世噶玛巴弥觉多吉的《大日明镜》，还有后来广为流传的第司桑结嘉措的《白琉璃·除锈》等藏文经典。”[51]显然，《甘珠尔·时轮摄略经》与《甘珠尔·吉祥胜乐根本续》对于藏传佛教造像的理论和实践产生了重要影响。

从对文献的梳理中可知，佛像纵广相称的量度理论学说，只是对于佛像而言，适用于以释迦牟尼佛为代表的诸佛，包括三世佛、五方佛、十方佛、三十五忏悔佛、贤劫千佛等类型佛像进行描述时使用，对于菩萨类造像是不是都是要做到纵广相称的问题，《甘珠尔·时轮摄略经》和《甘珠尔·吉祥胜乐根本续》似乎没有明确论述。有文献认为，120指佛像量度指的是平面的绘画佛像的量度，125指佛像量度指的是立体的塑造佛像量度，“（佛像）量度，按时轮经典论述为125指，按胜乐经典论述则是120指，此虽存疑，但仔细分析时轮所述125指为塑像量度，胜乐120指为画像量度，这似乎也是勉塘巴（勉拉顿珠）观点。”[52]（ཆ་ཚད་འདི་དུས་འཁོར་ནས་སོར་བརྒྱ་དང་ཉེར་ལྔ་དང་། སྡོམ་འབྱུང་ནས་བརྒྱ་ཉི་ཤུ་གསུངས་པ་སོ་སོར་མི་འདྲ་བར་དོགས་པ་ཞིག་འདུག་ཀྱང་། ཞིབ་ཏུ་དཔྱད་ན་དུས་འཁོར་གྱི་བརྒྱ་ཉེར་ལྔ་འབུར་གྱི་དབང་དང་། སྡོམ་འབྱུང་ནས་བརྒྱ་ཉི་ཤུ་བྲིས་ཀྱི་དབང་ཡིན་པ་སྨན་ཐང་བའི་ཆ་ཚད་ཀྱི་དགོངས་པར་གནས་པ་འདྲ་ཞིག་དང་།）

总之，佛像纵广相称量度为125指与120指的理论学说，以及阐释这一学说的经典《甘珠尔·时轮摄略经》和《甘珠尔·吉祥胜乐根本续》对藏族佛教艺术理论影响深远，在藏族美术上也是占有重要的地位，但是学界对此关注不多，进行研究分析的很少。究其原因，一方面是由于此类经典深藏在浩瀚的佛教典籍之中，不同版本中采用不同经目[53]，检索查找不便；另一方面佛教经典文献本身复杂难懂，人们会敬而远之。有些人会简单地将古籍文献盖以“佛经”名称束之高阁供养起来，不求甚解。而事实上，藏文造像量度文献可谓典籍浩瀚，内容深邃，是了解西藏佛教文化艺术的重要材料，研究价值很高。作为古老工巧明知识范畴的造像量度学，在复兴传统文化、繁荣文化创意产业、发扬工匠精神以及实现文化强国梦的当下，其研究价值显得格外重要。本文只是抛砖引玉，关于造像量度经典内容诸多方面，有待于进一步研究探讨。

三、结　　语

西藏佛教艺术有别于其他地域的佛教造像艺术而自成一体，有其独特艺术特质和文化内涵，是因为它有一套被称为造像量度学的知识体系，它包括了一套完整理论体系和实践经验。佛像纵广相称是造像量度学的基本法则，“度”这一概念源自古印度，对西藏佛教造像艺术实践产生了重要影响。佛教经典阐释了纵广相称的造像学说中抽象的概念和宗教哲学，以及美学层面的意义，认为纵广相称是佛身显示的一种相好庄严，强调佛菩萨通过践行六度万行，累世积善修行，最终其身体显现出纵广相称如尼拘陀罗树般无比神圣和庄严的三十二种相和八十随好；阐释了内心的修养境界与其外在具体形象之间有密切相关，修行高深外相自然殊胜的逻辑关系，强调了内心修养的重要性以及相由心生的佛教哲学思想。而造像量度的几部经典对于纵广相称的概念的解释，主要是在实践意义的层面上，解释在造像艺术实践中，将佛身纵高和横广相等这一抽象概念表现在所绘造佛像上的具体方法，强调了艺术家在艺术创作过程掌握和使用造像量度这一方法的重要性，以及始终坚守纵广相称的造像法则对于佛教艺术的意义。本文认为，在绘塑佛像的艺术创作中严格遵循造像量度经典的规定量度，所绘造的佛像艺术才符合法度，入理如法。

对佛像纵广相称的具体量度与计算方式上存在着差异，《甘珠尔·时轮摄略经》主张佛像纵广量度为125指，《甘珠尔·吉祥胜乐根本续》则主张佛像纵广量度为120指。两种量度相差5指（索寞），从精确的量度学和数学计算来看，似是有点差之毫厘谬以千里。然而，从美学角度看，无论是主张125指的《甘珠尔·时轮摄略经》，还是主张120指的《甘珠尔·吉祥胜乐根本续》，两者只是量度计算方法上的差异，按照两种量度所造的佛像最终都能做到纵高和横广量度完全相等，美学上能达到如尼拘陀罗树的效果[54]。

注　释

[1] 工巧明（བཟོ་རིག་པ།），又名工艺学，指工业技艺的学问。工巧明是大五明学之一（大五明：工巧明、声明学、医方明、外明学和内明）。

[2] 根秋登子整理：《藏族工艺学经典汇编》，中国藏学出版社，2011年，第35页。

[3] 《佛说造像量度经》，又译《佛像如尼拘落陀树纵广相对称十拃量度经》（སྐུ་གསུང་ཐུགས་ཀྱི་ཚད། སངས་རྒྱས་ཀྱི་སྐུའི་གཟུགས་བརྙན་གྱི་མཚན་ཉིད་ མཐོ་བཅུ་བ་ཤིང་ཉ་གྲོ་དྷ་ལྟར་ཆུ་ཞེང་གབ་པ་ཞེས་བྱ་བ།），《丹珠尔》，天津古籍出版社，1988年，第212函（གོ）第3叶（藏义编码第5页下）。

[4] 〔印度〕慈氏著，班智达·郭弥其麦与比丘尼·罗丹西饶译定：《般若波罗密多秘诀现观庄严论》（ཤེས་རབ་ཀྱི་ཕ་རོལ་ཏུ་ཕྱིན་པའི་མན་ངག་གི་བསྟན་བཅོས་མངོན་པར་རྟོགས་པའི་རྒྱན་ཞེས་བྱ་བ་བཞུགས་སོ།།），《现观庄严论注疏》（上）（རྒྱན་འགྲེལ་སྤྱི་དོན་རོལ་མཚོ། སྟོད།），中国藏学出版社，1989年，第4页。

[5] 《造像量度经疏》，《丹珠尔》，天津古籍出版社，1988年，第212函（གོ）第3叶（藏文编码第5页下）。

[6] 《佛说造像量度经》，又译《佛像如尼拘落陀树纵广相对称十拃量度经》（རྫོགས་པའི་སངས་རྒྱས་ཀྱིས་གསུངས་པའི་སྐུ་གཟུགས་ཀྱི་ཚད་ཀྱི་རྣམ་འགྲེལ་ཞེས་བྱ་བ།），《丹珠尔》，天津古籍出版社，1988年，第212函（གོ）第4叶（藏文编码第6页下）。

[7] 张怡荪：《藏汉大辞典》，民族出版社，1993年，第349页。

[8] 张天锁译：《造像量度经疏》（རྫོགས་པའི་སངས་རྒྱས་ཀྱིས་གསུངས་པའི་སྐུ་གཟུགས་ཀྱི་ཚད་ཀྱི་རྣམ་འགྲེལ་ཞེས་བྱ་བ།）（又译《十搩手造像量度经疏》），《中国少数民族古代美学思想资料初编》，四川民族出版社，1989年，第341页。

[9] 中国民族图书馆整理：《佛说造像量度经》（རྫོགས་པའི་སངས་རྒྱས་ཀྱིས་གསུངས་པའི་སྐུ་གཟུགས་ཀྱི་ཚད་ཀྱི་རྣམ་འགྲེལ་ཞེ

ས་བྱ་བ།），《丹珠尔》，天津古籍出版社，1988年，第212函，第4叶。

［10］ http://www.360doc.com/content/17/0416/17/41111174_646067003.shtml。

［11］ 参考出处：在线《佛学大辞典》查询，https://foxue.supfree.net/

［12］ 蔡枫：《印度画论〈梵天尺度〉的美学思想》，《湖南科技学院学报》2015年第1期，第47页。

［13］ 〔印度〕慈氏著，班智达·郭弥其麦与比丘尼·罗丹西饶译定：《般若波罗密多秘诀现观庄严论》（ཤེས་རབ་ཀྱི་ཕ་རོལ་ཏུ་ཕྱིན་པའི་མན་ངག་གི་བསྟན་བཅོས་མངོན་པར་རྟོགས་པའི་རྒྱན་ཞེས་བྱ་བ་བཞུགས་སོ།།），《现观庄严论注疏》（上）（རྒྱན་འགྲེལ་སྤྱི་དོན་རོལ་མཚོ། སྟོད།），中国藏学出版社，1989年，第18页。

［14］ 〔印度〕慈氏著，印度班智达·郭弥其麦与比丘尼·罗丹西饶译定：《般若波罗密多秘诀现观庄严论》（ཤེས་རབ་ཀྱི་ཕ་རོལ་ཏུ་ཕྱིན་པའི་ གི་བསྟན་བཅོས་མངོན་པར་རྟོགས་པའི་རྒྱན་ཞེས་བྱ་བ་བཞུགས་སོ།།），《现观庄严论注疏》（上）（རྒྱན་འགྲེལ་སྤྱི་དོན་རོལ་མཚོ། སྟོད།），中国藏学出版社，1989年，第18页。

［15］ 〔印度〕慈氏著，印度班智达郭弥其麦与比丘尼罗丹西饶译定：《般若波罗密多秘诀现观庄严论》（ཤེས་རབ་ཀྱི་ཕ་རོལ་ཏུ་ཕྱིན་པའི་མན་དང་གི་བསྟན་བཅོས་མངོན་པར་རྟོགས་པའི་རྒྱན་ཞེས་བྱ་བ་བཞུགས་སོ།།），《现观庄严论注疏》（上）（རྒྱན་འགྲེལ་སྤྱི་དོན་རོལ་མཚོ། སྟོད།），中国藏学出版社，1989年，第4～20页。

［16］ 〔印度〕慈氏著，印度班智达郭弥其麦与比丘尼罗丹西饶译定：《般若波罗密多秘诀现观庄严论》（ཤེས་རབ་ཀྱི་ཕ་རོལ་ཏུ་ཕྱིན་པའི་མན་དང་གི་བསྟན་བཅོས་མངོན་པར་རྟོགས་པའི་རྒྱན་ཞེས་བྱ་བ་བཞུགས་སོ།།），《现观庄严论注疏》（上）（རྒྱན་འགྲེལ་སྤྱི་དོན་རོལ་མཚོ། སྟོད།），中国藏学出版社，1989年，第18页。

［17］ 〔印度〕慈氏著，印度班智达郭弥其麦与比丘尼罗丹西饶译定：《般若波罗密多秘诀现观庄严论》（ཤེས་རབ་ཀྱི་ཕ་རོལ་ཏུ་ཕྱིན་པའི་མན་དང་གི་བསྟན་བཅོས་མངོན་པར་རྟོགས་པའི་རྒྱན་ཞེས་བྱ་བ་བཞུགས་སོ།།），《现观庄严论注疏》（上）（རྒྱན་འགྲེལ་སྤྱི་དོན་རོལ་མཚོ། སྟོད།），中国藏学出版社，1989年，第18页。

［18］ 内容来源http://www.zhibeifw.com/cmsc/bencandy.php?fid=797&id=7761）。

［19］ 《慈氏五论》：《现观庄严论》（མངོན་རྟོགས་རྒྱན།）、《庄严经论》（མདོ་སྡེ་རྒྱན།）、《宝性论》（རྒྱུད་བླ་མ）、《辩法法性论》（ཆོས་དང་ཆོས་ཉིད་རྣམ་འབྱེད）和《辩中边论》（དབུས་མཐའ་རྣམ་འབྱེད།）。

［20］ 无著，佛教广行派开宗大师，古印度六圣二庄严之一。4世纪出生于印度北部一个婆罗门家族。相传他前往鸡足山修行，亲见弥勒，并传授了《慈氏五论》。

［21］ 三经一疏：四部佛教造像典籍的总称，即指《佛说造像量度经》《造像量度经》《绘画量度经》《佛说造像量度经疏》，收编在藏文大藏经《丹珠尔》工巧明部。

［22］ 《佛说造像量度经》（སྐུ་གསུང་ཐུགས་ཀྱི་ཚད།སངས་རྒྱས་ཀྱི་སྐུའི་གཟུགས་བརྙན་གྱི་མཚན་ཉིད་མཐོ་བཅུ་བ་ཤིང་ཏུ་གྲོདྷ་ལྟར་ཀུ་ཞེང་གབ་པ་ཞེས་བྱ་བ།），《丹珠尔》，天津古籍出版社，1988年，第212函（ཀོ）第3叶，笔者翻译。

［23］ 《佛说造像量度经》（སྐུ་གསུང་ཐུགས་ཀྱི་ཚད།སངས་རྒྱས་ཀྱི་སྐུའི་གཟུགས་བརྙན་གྱི་མཚན་ཉིད་མཐོ་བཅུ་བ་ཤིང་ཏུ་གྲོདྷ་ལྟར་ཀུ་ཞེང་གབ་པ་ཞེས་བྱ་བ།），《丹珠尔》，天津古籍出版社，1988年，第212函（ཀོ）第3叶。

［24］ 《佛说造像量度经》（སྐུ་གསུང་ཐུགས་ཀྱི་ཚད།སངས་རྒྱས་ཀྱི་སྐུའི་གཟུགས་བརྙན་གྱི་མཚན་ཉིད་མཐོ་བཅུ་བ་ཤིང་ཏུ་གྲོདྷ་ལྟར་ཀུ་ཞེང་གབ་པ་ཞེས་བྱ་བ།），全文共172 句， 除首句是梵、藏文书名及释迦牟尼佛和弟子舍利弗的对话共18句用散文体外，其余均用偈文体写成。引自马学仁：《藏传佛教画论典籍〈佛身影像相〉》，《西北民族学院学报（哲学社会科学版）》1997年第1期，第57～61页。

［25］ 马学仁：《藏传佛教画论典籍〈佛身影像相〉》，《西北民族学院学报（哲学社会科学版）》1997年第1期，第57～61页。

［26］ 《佛说造像量度经》（སྐུ་གསུང་ཐུགས་ཀྱི་ཚད།སངས་རྒྱས་ཀྱི་སྐུའི་གཟུགས་བརྙན་གྱི་མཚན་ཉིད་མཐོ་བཅུ་བ་ཤིང་ཏུ་གྲོ་དྷ་ལྟར་ཆུ་ཞེང་གབ་པ་ཞེས་བྱ་བ།），《丹珠尔》，天津古籍出版社，1988年，第212函（ཁོ）第3叶。

［27］ 《造像量度经疏》（སྐུ་གསུང་ཐུགས་ཀྱི་ཚད།སངས་རྒྱས་ཀྱི་སྐུའི་གཟུགས་བརྙན་གྱི་མཚན་ཉིད་མཐོ་བཅུ་བ་ཤིང་ཏུ་གྲོ་དྷ་ལྟར་ཆུ་ཞེང་གབ་པ་ཞེས་བྱ་བ།）（又译《十拃手造像量度经疏》《等觉佛所说身影量释》，张天锁翻译为《十拃手造像量度经疏》），《中国少数民族古代美学思想资料初编》，四川民族出版社，1989年，第341页。

［28］ 张天锁翻译：《十拃手造像量度经疏》，《中国少数民族古代美学思想资料初编》，四川民族出版社，1989年，第341页。

［29］ 〔比利时〕魏查理著，罗文华译：《〈造像量度经〉研究综述》，《故宫博物院院刊》2004年第2期。

［30］ 根秋登子整理：《藏族工艺学经典汇编》，中国藏学出版社，2011年，第1页。

［31］ 《画相量度经》（རི་མོའི་མཚན་ཉིད།）又译为《梵天尺度》《画相》等。

［32］ 《画相量度经》（རི་མོའི་མཚན་ཉིད།），《丹珠尔》，天津古籍出版社，1988年，第212函（ཁོ）第7叶，藏文编码第7页下。

［33］ 《画相量度经》（རི་མོའི་མཚན་ཉིད།），《丹珠尔》，天津古籍出版社，1988年，第212函（ཁོ）第8叶，藏文编码第8页下。

［34］ 《造像量度经》（སྐུ་གཟུགས་ཀྱི་ཚད་ཀྱི་མཚན་ཉིད་ཅེས་བྱ་བ།），《丹珠尔》，天津古籍出版社，1988年，第212函（ཁོ）第9叶，藏文编码第9页下。

［35］ 〔比利时〕魏查理著，罗文华翻译：《〈造像量度经〉研究综述》，《故宫博物院院刊》2004年第2期，第60页。

［36］ 共同明处，“十明”中除内明（佛学）外，其余学科为内外道共同所学处。张怡荪：《藏汉大辞典》，民族出版社，1993年，第1173页。

［37］ 〔比利时〕魏查理著，罗文华翻译：《〈造像量度经〉研究综述》，《故宫博物院院刊》2004年第2期，第62页。

［38］ 马学仁：《〈造像量度经〉的基本内容以及译入年代》，《中国藏学》1997年第3期，第101页。

［39］ 《吉祥时轮根本续》（མཆོག་གི་དང་པོའི་སངས་རྒྱས་ལས་ཕྱུང་བ་རྒྱུད་ཀྱི་རྒྱལ་པོ་དཔལ་དུས་ཀྱི་འཁོར་ལོ་ཞེས་བྱ་བ།）在不同《大藏经》中采用了不同经名，据统计至少三种不同名称，理塘版：མཆོག་གི་དང་པོའི་སངས་རྒྱས་ལས་ཕྱུང་བ་རྒྱུད་ཀྱི་རྒྱལ་，卓尼版：དུས་འཁོར་བསྡུས་རྒྱུད་བཞུགས།，纳塘版：དུས་འཁོར་ཙ་རྒྱུད་ཀྱི་དབང་མདོར་བསྟན།。

［40］ 理塘版藏文大藏经《甘珠尔》，第77卷，影印版，中国藏学研究中心图书馆藏。

［41］ 门拉顿珠、杜马・丹增彭措著，罗秉芬译著：《西藏佛教彩绘彩塑艺术：如来身量的析宝论、彩绘工序明鉴》，中国藏学出版社，2005年，第160页。

［42］ 勉拉顿珠：《如来佛身量的宝析轮》，《藏传佛教唐卡绘画明鉴》，民族出版社，1993年，第16页。

［43］ 八世嘎玛巴弥觉多吉：《大日明镜》，《嘎玛嘎赤派唐卡画册》，中国藏学出版社，2014年，第157页。

［44］ 勉拉顿珠著，笔者翻译：《如来佛身量的宝析轮》，《藏传佛教唐卡绘画明鉴》，民族出版社，1993年，第16、17页。

［45］ 拉萨版《甘珠尔》，木刻版，拉萨，第81函，第123～127页。

［46］ 勉拉顿珠：《如来佛身量的宝析轮》，《藏传佛教唐卡绘画明鉴》，民族出版社，1993年，第16、17页。

［47］ 特莫，掌，量度单位，与协相同，为十二指。

［48］ 勉拉顿珠著，笔者翻译：《如来佛身量的宝析轮》，《藏传佛教唐卡绘画明鉴》，民族出版社，1993年，第16、17页。

［49］ 八世嘎玛巴弥觉多吉：《大日明镜》，《嘎玛嘎赤唐卡画册》，中国藏学出版社，2014年，第156页。

［50］ 熊文彬、一西平措：《白琉璃·造像量度画本》，《中国藏学》2010年第1期增刊，第32～45页。

［51］ 工珠元旦嘉措著，多吉杰博、土登尼玛编：《知识总汇》（下），民族出版社，1982年，第578页。

［52］ 第司桑杰加措：《白琉璃·除锈》（བསྟན་བཅོས་བཻ་ཌཱུར་དཀར་པོ་ལས་དྲིས་ལན་འཁྲུལ་སྣང་གཡའ་སེལ་དོན་གྱི་བཞིན་རས་སྟོན་བྱེད་ལས་བཟོ་ཡི་སྐོར་བཞུགས་སོ།།），《藏族工艺学经典汇编》，中国藏学出版社，2011年，第139页。

［53］ 《胜乐源流续三十四品》在不同藏文《大藏经》版本中采用三种不同的经名，拉萨版《大藏经》中的经名为སྡོམ་པ་འབྱུང་བའི་ རྒྱུད་ལེའུ་སོ་གསུམ་པ།；理塘版《大藏经》中的经名为རྒྱུད་ཀྱི་རྒྱལ་པོ་སྡོམ་པ་འབྱུང་བའི་རིམ་པར་ཕྱེ་བ་སུམ་ཅུ་པ།；理塘版《大藏经》中的经名为 དཔལ་བདེ་མཆོག་འབྱུང་བ་ཞེས་བྱ་བའི་རྒྱུད་ཀྱི་རྒྱལ་པོ་རིམ་པ་སོ་གསུམ་པ།。学界对这部文献内容了解并不多，有学者将其译成《戒律源流经》或《吉祥律仪源续》等，可能是按照藏文“敦迥” 直译成律仪。事实上“敦迥”是 “敦巴迥瓦”的简称；“敦巴”，即廓洛敦巴，意为胜乐，“迥瓦”意思是起源或出生。因此汉文翻译成“胜乐源续”更接近原文的意思。

［54］ a. Cuppers, Leonard van der Kuijp, Ulrich Pagel. *Handbook of Tibetan Iconometry: a Guide to the Arts of the 17th Century*. 2012.

b. 克里斯托夫·库珀斯、伦纳德·范德、尤里希·佩格尔：《藏传佛教绘画艺术》，又译《藏传佛教绘画量度经》，2012年，第30页。

（原载《中国藏学》2020年第1期）

藏传佛教希解派的发展与衰落

图旦次朗

（西藏自治区文物保护研究所）

9世纪末，吐蕃王朝土崩瓦解，吐蕃社会陷入各个势力割据一方的分裂状态，佛教随之在卫藏地区几近消失一百余年。978年，佛教分别从青海和阿里两路传入卫藏，在西藏再度复燃兴起（史称“下路弘传”和“上路弘传”），并获得地方势力及民众的支持，由此便开始了西藏佛教的后弘期。这一时期，藏族社会虽然在政治上处于分散割据的状态，但是在经济、文化以及民众的思想自由上有了较大的发展，并且完成了佛苯融合西藏化的过程，与此同时，帕·丹巴桑结（？～1117年）等古印度佛学家先后带着各自的佛学思想体系来西藏弘扬佛法，最终形成了具有西藏地方特色的藏传佛教，并陆续形成了宁玛派、噶当派、萨迦派、噶举派、觉囊派、希解派、布鲁派、格鲁派等不同的教派。然而由于政治、佛学思想、修行方式等种种原因，希解、布鲁等教派先后被迫融于其他教派或者改宗其他教派，最终消失在历史的长河中。

一、希解派的形成与发展

“希解”的汉语意思是“能寂”，便是能止息。修行者依靠对般若性空义和一整套的苦行修法，能够停止生死流转，息灭一切苦恼及其根源[1]。

希解派渊源于帕·丹巴桑结，他出生于印度白达那所属扎若悉噶地。其家族以采珠宝为业。而帕·丹巴桑结自幼脱离家传采宝业，改习佛家经论，从超岩寺堪布格尾拉出家。后在金刚座、寂多林等地，前后向显密佛学家金刚法称（即色林巴，阿底峡之师）、麦特里巴（玛尔巴之师）等54人拜师学习，进修显、密教法[2]。恩格斯在《布鲁·诺鲍威尔和早期基督教》中指出：“古代一切宗教都是自发的部落宗教和后来的民族宗教，他们从各民族的社会和政治条件中产生，并和他们一起生长。”[3]所以，一种宗教想要在其他的国家或民族立足并发展必须要适应该地方的社会、经济、文化等环境从而找到自己宗教思想体系的信仰者并逐步发展，而在这过程中所遇到的艰难困阻我们可想而知。

相传帕·丹巴桑结先后5次从不同地方进藏弘法，其中前两次只接触了个别人，活动范围小而影响也小[4]。初次他从郑汤勒廓来到咱日，在热玛底座前求得神足悉地（日行千里）后，转道公裕和松裕之间，未经步行而到了麦康三区。那时，由于没有他可传法的合器者（合格人），他授记（预言说）：“以后这些地区佛法将兴。”第二次是从克什米尔启程来到阿里，对相熊岭喀哇和苯波察昌珠喇传授了一些教授。第三次是从尼泊尔同商人结伴来藏，他与雅隆·芒惹色波相会，遂结伴而去到后藏，对觉·索南喇嘛（福师）和芒惹色波二人传授了“决”的一些教授。由此产生了希解派的旁支觉域派，此派后还发展为男传派“普觉”和女传派“姆觉”，后文将专门对其做番介绍。第四次他来到侠峨达阁，住在凌区为明妃净治业障后，去到前藏对玛、索等作利他事业。第五次是丹巴桑结去往中原住了将近12年，之后又来到定日（位于后藏地区）[5]。尤其是第五次入藏时（1097年）在阿里古格王朝后裔拉喇嘛曲降沃的侄子孜德的资助下，于日喀则定日县创建了朗果寺（位于今西藏日喀则定日县岗嘎镇朗果村）。帕·丹巴桑结在此摄授徒众，逐渐形成希解派。

帕·丹巴桑结先后五次来藏地传佛法的过程中，传授了无数门徒，其中最著名的是希解派初期、中期和后期三大传承，以及若干小的传承支系。初期传承的主要人物有克什米尔杂聂那古哈亚、香雄朗卡巴和苯波昌仓珠拉，主要经典为《息解教授明矩三类》《大威德修行法》《经义亲传十六》等。中期传承分三大支系和若干小支系，三大支系的代表人物有雅隆·玛贡确吉希饶、雅隆巴索琼·葛邓贝尔和澎域干贡·益西坚赞。雅隆·玛贡确吉希绕传承的主要教法经典是《大手印耳传》《窍门六十四石子导释》等；索琼格登贝尔传承的主要教法经典是《明智显见之教授》《成就男女五十四之教授》等；冈·贡益西坚赞传承的主要教法为《转分别为道用随波罗蜜多》《四谛》等。小支系的代表人物为格西扎巴、格西杰巴和江噶丹巴等。格西扎巴传承的教法主要为《希解明炬九类》等；格西杰巴传承的教法经典有《共同和不共波罗蜜多》《共同和不共密宗》等各种不同教授一百零八类；江噶丹巴传承的主要经典是《波罗蜜多无字教授》等。后期传承或支系的主要人物是帕·丹巴桑结的四位心传弟子，乃瑜伽四门之称的东门恰钦，南门巴蔗卓达、西门恰琼和北门降曲桑化贡嘎等，主要经典有共同教授《显密经续实践》《亲训耳传》《无垢》《精髓》等；不共教法主要有《密续总纲》《五灌顶道引》《三密库》《八手册》等[6]。希解派从11世纪末创立以来，以其独树一帜的教法理论和修行方式成为一个藏传佛教中具有鲜明特色的宗派，并在其中期及后期的传承中达到顶峰，风靡整个藏区。

二、希解派的教法特点

（1）《土观宗派源流》指出：“即依于正法能息灭由往昔业力感召以致在此生中得下劣身，多诸疾苦，贫穷空乏，乃至为非人所损害的种种苦恼，使其成为堪修瑜伽之行，所以名为正法能息苦恼。且尚不止此，谓由修习波罗蜜多，能令三有涅盘一切苦恼皆得寂灭，而此教授的精要，亦是在修习波罗蜜多行。”[7]因此，修行此教法的主要方法是断除或修行感知，主要内容是断除以我为主的私心，遇到任何困苦或疾病时把一切众生的困苦理当自己的困难，用慈悲的心引难面对，进而断除“我为中心”的私心[8]。另值得一提的是希解派“断法”，后因为自身发展成为一个完整的体系，因此虽然其他各派都有此法，但仍然有“断派”的称呼，它也被看作最能断无执、最快断自利心的强力法门，主要与般若法、大手印有关，并依慈悲及菩提之心而修，以断除生死后的苦恼根源。断法分别有父系和母系两个传承体系，父系来自帕·丹巴桑结，母系来自玛基拉卓，在宁玛、噶举、格鲁、觉囊，甚至苯教都有不同的断法传承。也有一说，虽其来源于帕·丹巴桑结，但具体成型是在玛基拉卓开始的。

（2）所依经典：希解派的根本经典是《般若波罗蜜多经》，其他首要经典有前传的《希解三炬论》《阎曼德加法》，中传的《当巴桑吉胜土颂文》，后传的《三宝密传》。

（3）传授方式：在授徒方面，注重弟子的思想根器的高低而因人施教，思想根器较低者不能继承法钵，也得不到全部教授。传教过程中，采取徒问师答，或师问徒答的形式，往往通过吟唱道歌的方式表达其意，以启示使弟子悟解而得道，故要求弟子有相对较高的佛法基础、思辨能力、识法悟心和慧根，否则很难理解和接受教授[9]。

（4）修行场所：希解派僧人大都周游各地，四海为家，他们的宗教活动的修炼场地大都在山洞、岩洞之中。没有建什么寺庙。由于受其他教派的影响，后期希解派僧人帕当巴桑吉在西藏定日建有小庙，吉乔桑登贝也建有类似佛塔的小寺。

总之，希解派在学经、传教方式、修行方法和教法、僧人组成等方面，沿袭了古印度瑜伽士的生活方式和习惯，绝大多数僧人没有固定的活动场所，生活简朴，不讲究衣食穿着，宗教生活显得十分单调，多数有家室，以游学为主。

三、希解派逐渐衰落

（1）宗教是上层建筑，是由其经济基础所决定的，因此任何一种宗教或者教派想要长期发展，必须要有良好的经济基础作为保障，而希解派沿袭了古印度瑜伽士的生活方式和习惯，又以修法为主，弟子们生活简朴，不讲究衣食穿着，并且长期在荒山老林坟墓葬场等人迹罕至的地方长期修行，何谈为教派发展而建立经济基础。

（2）“宗教本身不具有阶级性，但在阶级社会中，某些宗教上层是统治阶级的一部分，广大信教群众是被统治阶级，宗教常被不同的阶级利用，成为阶级斗争的‘神圣’外衣，被打上了阶级的烙印。”[10]而对于某个宗教或者教派来说，有一个强有力的政治力量作为后盾，将会对他的存在与发展起到至关重要的作用，然而“希解派不仅和内地帝室没有联系，在西藏地方也从来没有掌握或参与过地方政权”[11]。

（3）“宗教现象之所以能伴着人类历史长期地存在着，并还将继续地生存下去，就在于宗教自身有其为人们所需要的特定功能及其社会作用。”[12]而希解派因其特殊的教义，长期在荒山老林坟墓葬场等人迹罕至的地方长期修行，与普通民众的距离渐行渐远，因此很难在民众当中实现其神圣化的基本功能、世俗化的一般功能、实体化的具体功能。

综上所述，希解派因政治、经济、社会等多方面的因素，最终在14世纪末走向衰落，虽然其部分教义及修行仪轨被其他藏传佛教宗派所吸收，但希解派作为一个独立的宗派已成为历史。

四、希解派旁支觉域派

觉域派是在帕·丹巴桑结第三次来藏时，将觉域教法传给觉·索南喇嘛（福师）和芒惹色波二人而产生的，属于帕·丹巴桑结中期传承体系，并且其教法起初只以单传或密传形式传承。觉域的意义，便是依教授之作用而立的名[13]。“觉”就是断，意味着能够断人生的一切烦恼苦闷，也能够直接斩断一切社会世俗和生死的根源，可以说是源于其根本希解派的教义。觉域的“域”，字面意思是“地方”，而在觉域一词中，可以理解为与“境界”有关。如上文所说，希解派在发展中衍生出来旁支觉域派，此派后来发展为男传“普觉”和女传“姆觉”两大派系。

由芒惹色波传出的称为男传“普觉”，其传承系统为芒惹色波传给他的侍者尼巴色绒，尼巴色绒传给孜顿和松顿二人，孜顿后传给年顿，松顿传给格丹衮奢摩，格丹衮奢摩传藏敦，藏顿传宁顿等。

由觉·索南喇嘛传出的称为女传“姆觉”，由帕·丹巴桑结将“觉”教法传授给觉·索南喇嘛，后索南喇嘛传给玛基拉卓。而关于觉域女传“姆觉”，不得不提的一人就是这位玛基拉卓，当“女觉派”由觉·索南喇嘛传至玛基拉卓时，觉域派可以说迎来鼎盛时期。玛基拉卓是觉域派教法广为传播的至关重要的人物，其弟子众多，部分传承经久未衰。下面就玛基拉卓作扼要介绍。

玛基拉卓是藏传佛教历史上有名的女密宗师。她于第二饶迥水羊年在山南曲松出生，父亲叫曲拉，母亲叫拉莫本。玛基拉卓最早师从巴扎安布、夏玛瓦、牙塘坝、觉·索南喇嘛等，从他们处习得众多密法。由于玛基拉卓精通辩法，总是在辩经中获胜，无人能敌，因此她在西藏、印度、尼泊尔等地声名鹊起，向她请教的人亦络绎不绝。玛基拉卓一生所收弟子难以计数，其中大部分弟子为女性，最著名的门生有八名心传者（四位是女门生）、八名等同者、二十一位大成就者（十八位为尼众）。玛基拉卓的这些著名女弟子在修持和传扬觉域派教法的过程当中，又产生了本身的传承支系。例如，玛基拉卓的心传女门生紫答尔玛，产生了自身的传承体系，并培育了纳木措瓦木觉多吉、北喀久巴等有名的门生。

“女觉派”此名称的来源，一是因为玛基拉卓弟子中女性弟子占很大部分，二是因为这一派是从玛基拉卓这位女性密宗大师传承下来的，与“男觉派”相对应。在后期，玛基拉卓在一定程度上将男传和女传各种教法汇总兼并，从而创造出自己独有的觉域派教法体系。总之，在当时妇女地位低下的时代背景下，玛基拉卓克服了种种困难，最终大力弘扬了觉域派，可谓雪域高原上的一位杰出藏族妇女。《德隆寺与历世赛仓活佛》一书中提到，玛基拉卓曾到过甘肃夏河山中修行传法，她把自己撰写的经文埋在该地，后来被作为“伏藏”发掘出世。与希解派相似，觉域派的修行方式中也将苦行僧精神贯彻始终，强调勤修苦炼。他们的徒弟们在荒山野林或山洞岩穴岩洞中苦修，鲜少建造寺院庙宇。玛基拉卓不仅是藏族杰出的女密宗大师、女觉域派的创始人，而且还精通五明，平生所作论著有10多部，在藏族历史上，她是一位具备很高学识的女性高僧大德。

五、余　论

佛教自7世纪左右传入西藏后，在与西藏本土宗教苯教长期的诤辩和磨合中，逐渐形成了与西藏本土相适应的藏传佛教，并且基于对不同佛学思想、经典、教义的学习与传承，发展出了不同的教派。丹巴桑结在经历过种种艰难困阻后，创立了藏传佛教中独树一帜的希解派，成为以修持般若经义断除生死一切苦恼为旨义的佛教派系，释迦益西、玛却吉西绕、索根敦顿巴、玛基拉卓、岗益西坚赞等无数弟子在后来对该派的不断弘扬中，使其迎来鼎盛，并曾风靡一时，虽然如今希解派不再是一个独立的教派，但是不可否认它曾在丰富和发展藏传佛教的佛学理论、哲学思想以及文化内涵中所做的贡献。

注　释

[1] 王森：《西藏佛教发展史略》，中国社会科学出版社，1987年。

[2] 张志哲：《中华佛教人物大辞典》，黄山书社，2006年。

[3] 马克思：《马克思恩格斯全集》，人民出版社，1963年。

[4] 陈庆英：《西藏通史》，中国藏学出版社，2016年。

[5] 廓诺·迅鲁伯著，郭和卿译：《青史》，西藏人民出版社，2003年。

[6] 德吉卓玛：《藏传佛教觉域派通论一个藏族女性创立的宗派》，中国藏学出版社，2014年，第16页。

[7] 土观·罗桑却吉尼玛著，刘立千译注：《土观宗派源流》，民族出版社，2000年，第92页。

[8] 东嘎·洛桑赤列：《述藏传佛教教派的渊源（藏文）》，民族出版社，2016年，第1页。

[9] 陈庆英：《西藏通史》，中国藏学出版社，2016年，第269页。

[10] 宋明君：《浅析宗教与政治的关系》，https：//www. sohu. com/a/158837772_594109

[11] 王森：《西藏佛教发展史略》，中国藏学出版社，2010年，第155页。

［12］　陈麟书：《宗教学基本理论》，四川大学出版社，1994年，第71页。
［13］　土观·罗桑却吉尼玛著，刘立千译注：《土观宗派源流》，民族出版社，2000年。

（原载《西部学刊》2021年第13期）

新发现的13世纪擦绒·索南伟色《造像量度经》解析

班旦次仁

（布达拉宫管理处文物研究室）

一、引　　言

纵观世界美术史，会发现众多阐释画像或雕塑比例的文本。公元前5世纪的古希腊第一代雕塑家波利克里托斯（Polykleitos）据说曾写过一部叫Kanona的著作，翻译成《比例》或《韵律》，其中出现了以造像的手指尺寸为基本比例单位的记载，并且认为达·芬奇的人体画像就是依此理论绘制的[1]。古代印度造像艺术中，“《量度经》大概产生于公元4世纪以后的笈多朝（Gupta Dynasty）时期，笈多王朝时期是佛教在印度全盛期，被誉为印度古典主义艺术的黄金时代，佛教艺术臻于鼎盛，印度教艺术也蔚然勃兴，名作迭出，流派纷呈”[2]。如今众多的印度教诸神的造像源流中，仍然能看到相关的蛛丝马迹，如印度教中“比例理论（图像测量法）已发展到近乎完美。以《工巧明》（śilpaśastra）为代表的三百多种不同的文献，精确规定了神像的理想身体比例，甚至详细到了最琐碎的细节，例如对泪腺、眼宽、手指甲与脚指甲的边缘大小都做出了具体的规定”[3]。早期笈多艺术造像中，这一时期的艺术是在受到了希腊、罗马艺术影响的犍陀罗艺术的基础上，融入了印度民族的审美理念。此外，佛教文献中也有自己的量度学经典，这些经典实际上是“来源于一个见习婆罗门的传统”[4]。古印度佛教中心，如纳兰陀寺等学院，不仅是主导佛教绘画雕塑及铸造的作坊中心，同时负责编写有关技艺和造像制作的文献，这些文献被译成藏文后成为西藏绘画艺术金科玉律的经典理论“三经一疏”，即《佛造像量度经》《造像量度经》《画像》《佛说造像量度经疏》，并被收录于藏文大藏经。在西藏传统文化大小五明中，工巧明是涉及造像比例绘画技巧的学科。不可否认的是，这一学科被诸多藏地学者翻译后引入藏区。在漫长的实践过程中，形成“以述代著”的诸多美术理论。

回望西藏美术史，13世纪是承前启后的年代。正是在此期间，西藏与周邻地区之间产生了频繁的文化艺术交流，并催生了西藏艺术大繁荣的局面。此时，印度佛教濒临断绝，早期印度帕拉艺术在藏区的影响逐渐消退，而尼泊尔绘画艺术日益繁盛，开始了萨迦派政权统一了长达四百多年的西藏分裂割据时代，后藏成为藏区政治、文化、艺术中心。大量寺院的修建促使绘画、雕塑艺术需求大增，并涌现了大批以阿尼哥（1243～1306年）为主的尼泊尔艺术家。《绘画量度经》由雅隆扎巴坚参（1285～1378年）及印度人达摩多罗（Dharmadhara）在藏南尼泊尔边境的芒域贡唐地方从梵文译成藏文。绘画雕塑艺术趋向尼瓦尔峡谷的风格。以萨迦班智达为首的第一批藏族学者按照《时轮金刚续》等撰写注释量度经的文献，进一步规范和统一了造像尺寸，遗憾的是其著作未能保存下来。13～14世纪西藏有大量的艺术遗存，但是早期理论文献流传较少，尤其是缺乏理论与实物的对照研究。

笔者近些年在学习和工作中发现，西藏勉唐派鼻祖勉拉顿珠大师的《如来佛量度经如意宝论》中，引用了萨迦八思巴的弟子擦绒·索南伟色的一段文字，这一直是国内外藏传佛教艺术史家津津乐道的事情，却因罕见而未能正式探讨。笔者近些年来尽力打探有关该文献收藏的信息，得知在《萨迦寺藏文古籍文献目录》中收录三种版本，因此前往萨迦寺一探究竟，在寺院僧人的帮助下得以一窥。与此同时，有幸通过友人获得藏于不丹国家图书馆的电子版资料。本文以笔者获得的文献入手，深度解析擦绒索·南伟色所著的量度经。

二、擦绒·索南伟色《造像量度经》的研究现状

有关这部量度经的最早记载见于15世纪勉拉顿珠所著的《如来佛量度经如意宝论》。其中第六节“绘塑师及施主的必备的条件”讲道：དེ་ཡང་འགྲོ་བའི་མགོན་པོ་ཆོས་རྒྱལ་འཕགས་པའི་གསུང་གི་བདུད་རྩིའི་བློ་གྲོས་ཀྱིས་ལུས་རབ་ཏུ་རྒྱས་པའི་དགེ་སློང་རྡོ་རྗེ་འཛིན་པ་ཚ་མོ་རོང་པ་བསོད་ནམས་འོད་ཟེར་གྱིས་མཛད་པའི་རྟེན་གསུམ་བཞུགས་གནས་དང་བཅས་པའི་བཞེངས་ཚུལ་ཡོན་ཏན་འབྱུང་གནས་ཞེས་བྱ་བ་ལས།[5]，大意为“接受众生怙主八思巴（1235～1280年）甘露法语大增智慧的比丘金刚持擦木绒巴·索南伟色的《造像做法知识之源》。”这段文字给后人提供了非常重要的信息，对西藏美术史理论的重要性也毋庸置疑。然而由于时代更迭，对该经的研究仅停留在简短记载当中。经过核对发现，14世纪珀东班钦·确列南加（བོ་དོང་པཎ་ཆེན་ཕྱོགས་ལས་རྣམ་རྒྱལ།）的拉卜楞版本的著作《塑造三依处》（སྐུ་གསུང་ཐུགས་ཀྱི་རྟེན་བཞེངས་ཚུལ་བཞུགས་སོ།）中大篇幅内容与擦绒·索南伟色量度重合，这或许与珀东班钦文集被众弟子集结有一定的关系，也有可能出自当时常见的一些文献，不一定是直接引用的擦绒·索南伟色，而是这个领域的一些基础内容，故未注明出处。15世纪的萨迦派高僧达仓译师·西绕仁钦（1405～1477年）撰写的《如何塑造三所依饶富之海》（རྟེན་གསུམ་བཞུགས་གནས་དང་བཅས་པའི་སྒྲུབ་ཚུལ་དཔལ་འབྱོར་རྒྱ་མཚོ།）一书中，同样参考了擦绒·索南伟色的量度经[6]。除此之外，后期撰写的藏文量度经和相关工巧明著作中没看到任何《造像做法知识之源》的记载。甚至在17世纪著名的五世达赖喇嘛阿旺罗桑嘉措的（1617～1682年）《闻法录》（གསན་ཡིག་གངྒཱའི་ཆུ་རྒྱུན།）

中，罗列传统工巧明量度经传承上师名录时，上限也记载为14世纪的珀东班钦[7]。五世达赖喇嘛在当时可谓整个藏区文化传承最为全面的高僧大德之一，因此，并不应该是五世达赖喇嘛孤陋寡闻，而应该是当时擦绒·索南伟色的传承面临失传或五世达赖喇嘛本人根本没能接触到该文献。另外，同时代的第司·桑吉嘉措（1653～1705年）也是一名多产的学者，研究领域包括佛学在内的几乎所有传统大小五明，尤其是对工巧明方面具有独特的造诣，他主持策划了《藏传佛教绘画艺术》（又译《藏传佛教绘画量度经》[8]，ཚ་ཚད་ཀྱི་རིས་དཔེ། དཔྱོད་ལྡན་ཡིད་གསོས་ཞེས་བྱ་བ་བཞུགས་སོ།），再一次通过地方政府权威，对绘画进行了统一和规范化。虽然在这本著述中无任何关于《造像做法知识之源》的记载，但是，在他的另外一部著作《五世达赖喇嘛灵塔志》中发现引用了大量关于此文献的内容。在当代藏族勉唐派传承人丹巴绕旦的著作《西藏绘画》中的“藏族美术史概论”一节中，谈到13世纪的藏族美术家时，除了嘎玛拔希（ཀརྨ་པཀྴི，1204～1283年）及雅堆·久吴岗巴（ཡར་སྟོད་བྱིའུ་སྒང་པ་）画师[9]之外，未能涉及其他艺术家。贡确旦增（དཀོན་མཆོག་བསྟན་འཛིན།）的工巧明著作中“藏族绘画勉钦两大画派”一节中也仅提到：“（勉拉顿珠）撰写的《造像量度经如意宝》是关于藏族造像工巧明的第一部著作。”[10]通过以上文字可知，本土绘画大家对擦绒·索南伟色知之甚少。

随着藏学在西方的迅速发展，藏族传统绘画研究也得到西方人前所未有的关注，甚至可以说很多藏族美术史领域研究是由西方学者进行提倡和开拓，并带入世界美术史研究范畴的。早期研究者基本上是在藏学领域内进行藏族美术史的研究，如意大利藏学家杜齐、法国藏学家石泰安等。近代德国西藏美术史家大卫·杰克逊在《西藏绘画史》中专门讨论了擦绒·索南伟色：“藏人擦瓦绒巴·索南沃塞是最早撰写有关艺术的正式专论短文的人。他是萨迦班智达的侄子八思巴·洛珠坚赞的弟子，著有一部论述工巧明的专著《神佛像做法·智慧生处》，在近代这一部书在西藏也极为罕见。”[11]总而言之，国内外学者对关于这部量度经的研究，基本上都停留在15世纪的勉拉顿珠的记载。

三、文本内容解析

（一）作者与成书年代

笔者发现了两部擦绒·索南伟色造像学理论手抄本的文本。一部收藏于不丹国家图书馆，在萨迦俄派上师著作目录中，其首页上印有红色图书馆印章，藏纸手抄本梵夹装形式，每页7行字，藏文“簇仁”（ཚུགས་རིང་）字体，总共有49页（图一）。从字体书写和语法结构及纸墨等特点看，基本上属于13～14世纪的文献特点。另外一部收藏于西藏萨迦寺，编号0904，藏文“白簇”（དཔེ་ཚུགས་）体，手抄本梵夹装，每页有7

行字，总共有61页（图二）。从文献装帧、字体、纸张等特点来看，明显晚于不丹国家图书馆所藏。从文献鉴定学的角度看，符合17～18世纪藏文古籍文献特点。两部文献均由十大章节构成一个完整的理论体系。分别是：①如何寻找塑造三依处（佛像、佛经、佛塔）地点（གང་དུ་བཞེངས་པའི་ས་བརྩལ།），②前行仪轨（སྔོན་དུ་འགྲོ་བའི་ཆོ་ག），③如何建造寺院和克服缺点（བཞུགས་གནས་འཁོར་དང་བཅས་པའི་བསྐྲུབ་ཚུལ་སྐྱོན་སེལ་དང་བཅས་པ།），④三依处分类及类型（རྟེན་གསུམ་གྱི་དབྱེ་བ་དབྱིབས་དང་བཅས་པ།），⑤佛塔量度（མཆོད་རྟེན་གྱི་ཆག་ཚད།），⑥佛像量度（སྐུ་གཟུགས་ཀྱི་ཆག་ཚད།），⑦施主、绘塑师、材质的要求（ཡོན་བདག་ལྷ་བཟོ་རྒྱུ་རྐྱེན་གྱི་མཚན་ཉིད།），⑧塑造三依处及功德（རྟེན་གསུམ་ཇི་ལྟར་བསྐྲུབ་ཚུལ་ཕན་ཡོན་དང་བཅས་པ།），⑨如何对塑像开光（རབ་གནས་ཀྱི་སྐབས།），⑩对塑像开光的益处（རབ་གནས་ཀྱི་ཕན་ཡོན།）。

为考究此文献的作者与成书年代，笔者对其尾记内容进行了分析和确认。尾记记载：རྟེན་གསུམ་བཞུགས་གནས་དང་བཅས་པའི་བསྐྲུབ་ཚུལ་ཡོན་ཏན་འབྱུང་གནས་ཞེས་བྱ་བ་འདི། བླ་མ་དམ་པ་རྣམས་ཀྱིས་རྗེས་སུ་བཟུང་བས་སྡེ་སྣོད་དང་། རྒྱུད་སྡེ་མན་ངག་དང་བཅས་པ་འཛིན་ཅིང་། ཤེས་བྱ་ལ་བློ་གྲོས་ཀྱི་སྣང་བ་ཅུང་ཟད་ཐོབ་པ་དགེ་སློང་རྡོ་རྗེ་འཛིན་པ་བསོད་ནམས་འོད་ཟེར་ཞེས་བྱ་བ། མིང་གཞན་འཇམ་དབྱངས་སུ་གྲགས་པས་ཚ་མོ་རོང་གི་དབེན་གནས་སྐྱབས་རྫོང་ཞེས་བྱ་བར་ཆུ་མོ་སྦྲུལ་གྱི་ལོ། དབྱར་ཟླ་ར་བའི་ཡར་གྱི་ངོ་ལ་སྦྱར་བའོ།།འདིས་གཞན་ལ་ཕན་པ་རྒྱ་ཆེན་པོ་འབྱུང་བར་གྱུར་ཅིག། དགེ་ཞིང་བཀྲ་ཤིས་པ་དང་ལྡན་པར་གྱུར་ཅིག། དགེའོ།། དགའ་གོ། ཧེ་ཧེ་ཧེ།།།。大意为此《造像做法知识之源》，曾追随诸多上师，持经藏及续部教诫，获一丝知识智慧之光的比丘金刚持索南伟色，亦“嘉央”，在擦木绒地方的迦宗隐地水蛇年五月完稿，愿此对他人获得广阔的利益，善哉吉祥（图三）！

通过这一段记载可知，作者本名叫擦绒·索南伟色，亦“嘉央”，撰写时间为水

图一　不丹国家图书馆所藏首页

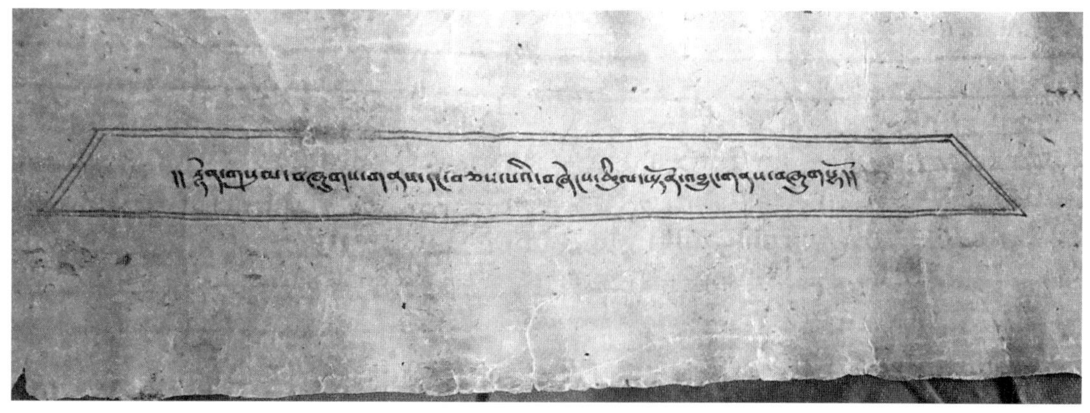

图二　西藏萨迦寺馆所藏首页

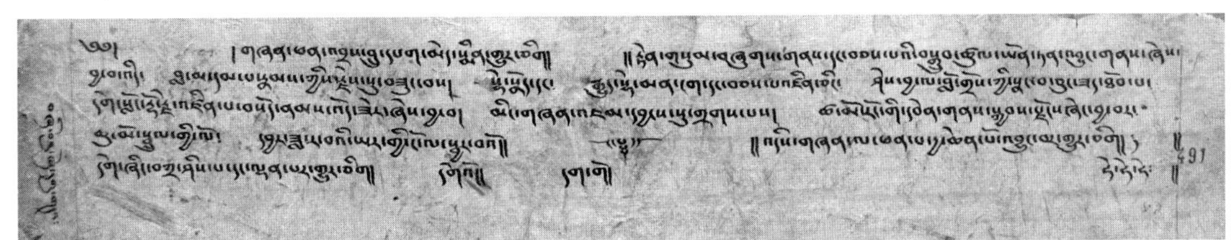

图三　《造像做法知识之源》尾记

蛇年。因未说明藏历“绕迴”[12]（རབ་བྱུང་，藏历六十周年单位）的年份，所以不能直接确定具体年代。而勉拉顿珠指出了作者是八思巴的弟子，按照八思巴生于藏历第四绕迴即1235年，卒于藏历第五绕迴即1280年[13]来推算，成书年代应该是藏历第四或第五绕迴的水蛇年。第四绕迴的水蛇年为1233年，那年八思巴还未诞生，因此可以确定为第五绕迴的水蛇年。藏历第一“绕迴”始于1027年，通过运算可得出此著作撰写具体年代为1293年。

此外，笔者在《萨迦文集之八思巴文集》第四部（ས་སྐྱ་བཀའ་འབུམ་ཆོས་རྒྱལ་འཕགས་པའི་གསུང་རབ་པོད་བཞི་པ།）中，又找到一份八思巴写给擦绒·索南伟色的书信《写给擦绒巴的书信》（图四）（ཚ་རོང་པ་ལ་སྤྲིང་པ་བཞུགས་སོ།）[14]，大致内容是擦绒·索南伟色为了证实两人之间的师徒关系请求八思巴写一份书信给他。在藏传佛教传统中，个人所受法脉传承的正统性及师徒传承的严谨性历来备受推崇，更何况是与著名的八思巴之间结下的法缘。尾记中还可得知他是一位接受佛教严格戒律的比丘僧。按照西藏早期传统，画师必备条件中，最上等为比丘，中等为居士，下等为俗人[15]。当然，这与当时所处的社会环境和艺术活动所服务对象及赞助人的诉求有直接关系。再谈谈擦木绒或擦绒（ཚ་མོ་རོང་ངམ་ཚ་རོང་）的称谓。这在当代藏语日常语境里，一般是指四川省甘孜州嘉绒藏族地区的名称，而嘉绒藏族地区显然并非擦绒·索南伟色名中“擦绒”所指。为了探寻“擦绒”的真实所指，笔者在2019年11月27日前往萨迦县。在萨迦寺寺管会副主任洛追托美和当地百姓的帮助下，找到距县城155千米左右的一座乡村，其行政村落名称为“擦绒乡”，在距离擦绒乡徒步两个小时的地方，找到一处隐修闭关的遗址。上述尾记中提到“迦宗隐地”，通过八思巴的书信也能够确认擦绒·索南伟色是在萨迦寺受戒修习的一位格西（大学者），与笔者现场调查的情况相验证，可推测“擦绒”所指为萨迦县擦绒乡。

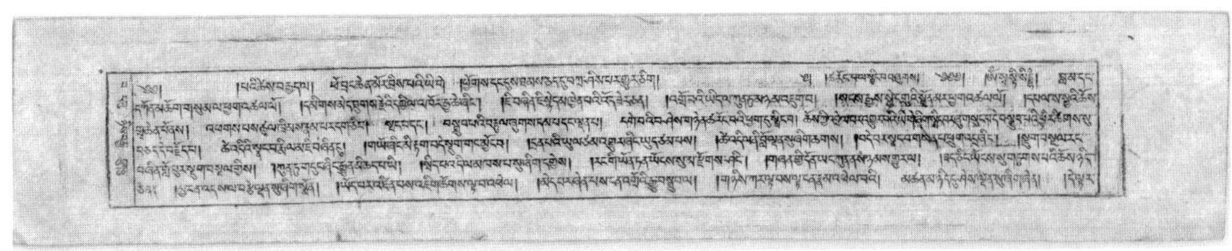

图四　八思巴《写给擦绒巴的书信》

（二）仪式和造像分类等内容

一般来说，藏族艺术家和学者的创新表现在梵文典籍的注疏上，因为他们很重视印度原著或被视为权威的藏族前辈著作，保持着或多或少的忠诚。“一部译经史，半部佛教史”的现象同样体现在西藏传统工巧明文化领域里。“以译代作”的现象屡见不鲜，由梵译藏的过程本身就带入了译者对原典的理解与再释。《造像量度经》传到藏区后，经过历代高僧的翻译、不断注释及补充完善后，已经很难看出它最早期的文化痕迹，而是成为藏族文化的一部分。

《造像量度经》第一章，作者根据堪舆学（ས་དཔྱད་）和《密部总续》（གསང་བ་སྤྱི་རྒྱུད་）及《曼荼罗仪轨宝焰》（དཀྱིལ་ཆོག་རིན་ཆེན་འབར་བ་）经典中所讲，阐述建造寺院、佛塔、宫殿时，如何通过方位、土地的颜色、山形等选择适宜的地址。堪舆学在藏区发展历史悠久，早在佛教传入之前，古代藏族人便为了选择建造宫殿、人们居住的房屋、“拉则”等的适宜地址举行相关仪式。7世纪汉地堪舆学传入藏区，8世纪又从藏区传入古印度西部，11世纪南亚孟加堪舆学传入藏区，直至17世纪藏区形成了以《白琉璃》[16]为主的综合性的独特的堪舆学。第二章中作者根据萨迦扎巴坚参（1147～1216年）（རྗེ་བཙུན་གྲགས་པ་རྒྱལ་མཚན་）的修法备忘录、梵典文献及根本上师的教言，讲述了塑造佛像和搬迁佛像时，需要举行的仪轨和注意事项。第三章中作者通过阐述宗教的神圣存在和吉凶祸福的预测方式，为如何选择合适建造地点赋予了宗教的解释。另外从侧面构建了寺院建筑装饰的要求和美学观念。第四章阐述了造像分类及类型，一是不共（或特殊）分类上认为身所依以寺院、佛塔来表示；语所依以念珠、铃、长腰鼓、海螺、唢呐等乐器来表示；意所依以金刚橛、钺刀、短矛、铁钩、羂索等手持物来表示。二是共同（或寻常）分类上身所依为佛像，语所依为承载佛语的佛经，意所依为佛塔，而且佛塔的分类非常细致深入。这种方式一直沿袭到17世纪，得到第司·桑杰嘉措等诸多历代学者的推崇[17]。第七章中阐述了绘塑师所应具备的条件。正是该章节中的部分内容被15世纪的勉拉顿珠引用后，我们才得以知晓这部著作的存在。第八章中讲述了塑造佛塔、书写经书典籍、铸造佛像的过程，包括制作蜡模、镀金、装镶嵌物、颜料的使用、塑造泥塑所需材料要求及雕刻顺序和材质等。第九章引据《引神安住续》（开光续）、大译师仁青桑布（958～1055年）汇集的相关开光文本、由杰尊扎巴坚赞（1147～1216年）注解的开光仪式，强调对佛像等的开光仪式重要性。一件造像或绘画作品因开光加持后变成一件圣物。第十章根据《开光续》及《时轮续》，阐述了对造像开光具有积德、获得转轮法王之身、除业障等功能。以上章节包含的内容较多，与量度本身没有太大的关系。

（三）量度标准

第五章和第六章分别涉及佛塔和造像的量度，进行了较为详细的解析。作者根据藏王赤松德赞时期迎请到西藏的印度佛学家寂藏（སློབ་དཔོན་ཞི་བ་སྙིང་པོ།）著作的佛塔量度来阐述，指出符合量度标准的佛塔如同白日星星般稀少，倘若画师对量度不熟悉，则谈不上美感的体现，并以菩提塔量度为例，尊胜塔为辅，楼阁式的塔为特例指出具体的量度标准，以及佛塔莲瓣、塔伞、十三法轮、塔盖等的象征含义。寂藏的这部论著目前虽然失佚，但是意大利藏学家杜齐的著作中讨论关于大乘佛教怎能以可见之相来表现其诸法无自性，即龙树所说的空的基本原则时，认为寂藏这部论著被收集在大藏经《甘珠尔》的“释怛特罗布”（རྒྱུད་འགྲེལ།）里[18]，无可辩驳地证明了有关佛塔与绘画量度的标准与术语完全师承于印度。

佛像量度分为静相、忿怒、静怒兼有三种量度。作者首先根据《吉祥胜乐根本续》对不符合量度规则的佛像的危害做出论述，如佛像下巴、颈部与胯部长了对修行人有怎么样的危害；耳朵、鼻子、手指短了阻碍成就证果；胯部、脸部、腮边画粗了会遭遇不测；腮边、胸膛、肋骨下陷了事业不兴盛；乳房、额头、鼻子偏向会使修行者面临辩手的困扰等，以近乎恐吓的方式对画师提出严苛的要求。藏族民间有一俗语：“想入地狱，学当画师。”从宗教的角度讲，画师的作品不符合宗教仪轨要求，如量度上出差错，佛像手持物不对，或者涂色不符合佛经中“生次第”要求，将会造成极大罪业。因此，没有坚定的信念，入学作画不是容易之事。

静相量度，以绘塑金刚萨埵的量度为例，“全身长度为9董巴（面长的单位གདོང་པ，即12指）”，指无论是绘塑大如山峰的佛像还是小如青稞的佛像，额宽、鼻子及下颚长度各为4指，因此脸部依旧是12指，以此可量一切尺寸，若不知晓这点，其他量度则无意义。发际以上为4指，颈部也为4指，并在锁部画三条横线来进行点缀，不匀称的2指（མགྲིན་པ་པའང་སོར་མོ་བཞི། རི་མོ་གསུམ་གྱིས་མཛེས་པ་གསུང་། གབ་ཏུ་མ་སོང་སོར་དོ་ཟེར།），心窝到肚脐1协（12指），大小腿各1协，踝骨以下4指，以此身量为9协（108指或106指），顶髻6指，宝饰2指，顶髻发辫或宝冠为6指，顶部半金刚杵2指。针对静相雕塑的量度，铸造的雕塑等量度也如此，脸宽等尺寸如上述量度，偏要去量的话，鼻尖到耳朵为10指，耳部为4指，上身胳肢窝粗大，大腿为10指，其余量度如绘画的尺寸。

怒相的量度：怒相脸部为6“董巴”，怒相诸庄严相，脸部大而广，身量粗而短，除了脸之外的长度为5协，此亦依旧12指，以此单位去衡量，发际以上为3指，颈部短无法测量，心窝到私处10指，但是腹部大而肚脐较低，上身为1协之余为腹部，肚脐到私处为10指，下巴到私处纵长为2.5协，大小腿为1协，脚踝以下3指，因此纵向长度为6协（72指）。

静怒兼有的量度，脸部为8“董巴”，其原因在于，比起静相更庄严，脸大又短，此亦12指的脸，可以身量一切尺寸。心窝到私处长度，由之前（静相）一协（ཞལ་གཅིག，脸的长度单位即12指）的长度变成9.5指，4指长的皆变3.5指。故总长度变成8协（96指）。

四、擦绒·索南伟色的量度经中造像“风格”与“美学”观点

归纳分析上述内容，得知静相的纵向总长为108指，这与众多量度经没有差别。在藏族人看来，这个数字本身是认为佛教修行达到第一地境界时身体标准长度[19]；在印度人看来，这些测量单位就是幸运数字[20]。值得注意的是，造像颈部为4指是几乎所有量度经的共识，然而此文本中强调，不匀称的造像颈部为2指。这是13世纪在萨迦寺出现的造像风格的一大特点，与如今在萨迦寺大殿的13世纪一体铸造的释迦牟尼佛像（图五）及佛塔遗址中出现大量“短颈佛”的擦擦（图六）样式完全吻合。近几年“短颈佛”成为国内外学者热议的话题。柏林自由学者康柏娜在其《再谈短颈佛》一文中指出，13世纪末杭州飞来峰出现的纪念性塑像中，有3尊金刚沙那（金刚座）短颈佛，这个特点还出现在黑水城的唐卡中。这种西夏时期（1227 年之前）的佛教艺术引起了普遍的注意，康柏娜认为是13世纪缅甸蒲甘风格的视觉特点，并将这种风格转移到中亚不同地方的原因解释为忽必烈可汗的扩张政策，蒲甘王朝于1287年臣服于蒙古。而杭州飞来峰塑像就是在不久之后雕刻的，并且金刚沙那佛很明显是缅甸视觉风格特点融合了纽瓦克藏族和中国其他传统风格的元素[21]。她的观点指出其艺术风格传播路线是从孟加拉国传到中原地区，这显然是忽视了西藏13世纪萨迦王朝时期萨迦寺的造像艺术及西藏各大寺院和宫殿收藏大量缅甸蒲甘王朝时期“短颈佛”造像的事实。如上述萨迦寺大殿的主尊释迦牟尼佛是萨迦寺第八任法嗣达玛巴拉（དྷ་མ་པ་ལ，1268～1287年）为八思巴圆寂而建立[22]，萨迦寺东面桑林寺的夏巴·仁钦坚赞（1258～1306年）建造的佛塔遗址出土的擦擦（图五），基本上符合“短颈佛”的样式；布达拉宫“合金造像殿”（ལི་མ་ལྷ་ཁང་།）也收藏了大量缅甸蒲甘王朝时期的造像（图七）。夏巴·仁钦坚赞是八思巴弟子夏巴·西绕迥乃出家前的第三子，三十岁时任萨迦寺第十任法嗣（ཁྲི་པ），四十五岁应元朝皇帝

图五　萨迦寺大殿13世纪释迦牟尼佛像

图六　萨迦桑林寺佛塔出土13世纪“短颈佛”擦擦

邀请任帝师，最终圆寂在帝都。13世纪，萨迦成为西藏政治文化中心后，印度及孟加拉、缅甸佛教艺术通过尼泊尔传入萨迦地方，萨迦八思巴成为忽必烈的帝师并结下施主与福田关系后，中原丝绸、瓷器、画像等随之传入萨迦；以阿尼哥为主的艺术家受邀到元朝皇宫，因此，萨迦流行的艺术风格传入中原合情合理。况且，此文本的发现和现存实物证实了“短颈佛”的风格特点在当时的萨迦已成气候。

从古至今，关于美学的探讨在世界各国的艺术家中从未间断。在喜马拉雅艺术中，不论是出于供养、教学、叙事、实用、纪念、商品、装饰等何种目的，有一种常见的普遍的说法是艺术是为积累功德。但是并没有客观地解释为何要创造具有艺术价值的物品。尤其是佛教量度经盛行之后，很多人曲解为其初衷是为程式化艺术创作。在擦绒·索南伟色的《造像做法知识之源》中讲མཁས་པས་བྱས་ན་གང་ཡང་མཛེས།། མཛེས་པ་ཀུན་དང་མི་ལྡན་ན།། ཚད་རྣམས་ཀུན་གྱིས་ཅི་བྱ་གསུངས།། ཆག་ཚད་དགོས་པའང་མཛེས་པ་ཉིད།།，大意为智者塑造皆优美，若无具备其美感，佛身量度有何用，量度目的是美感。在局部处理上规定量度标准，但同时强调尽善尽美的要求，如眼睛的宽度、耳部的长度、装饰花纹等。同时代的萨迦派另外一位高僧迥丹·若贝热赤（བཅོམ་ལྡན་རིག་པའི་རལ་གྲི་）（1227～1304年）的量度经《画像点缀之花》（སྐུ་གཟུགས་ཀྱི་མཚན་ཉིད་རྒྱན་གྱི་མེ་ཏོག，此文篇幅较短，成书年代不详），其中也谈到ཚད་བཞིན་བྱས་པས་མ་མཛེས་ན། ཇི་ལྟར་མཛེས་པ་བཞིན་དུ་བྱ།། ཚད་ལྡན་མཛེས་པ་ཡོན་ཏན་ལགས། ཚད་དང་མི་ལྡན་མི་མཛེས་ཤིང་། གྱེན་དུ་གཟུངས་ཤིང་དབུགས་བསྐྱོད་སོགས།། དེ་ལ་སྐྱོན་ནི་དུ་མ་བཤད།，大意为若依从量度而不美，让美的标准优先，量度与美感皆具更好，这两种都不具备，必将会有诸多过失（图九）。如此一来，从12～13世纪藏族人自己撰写的量度经中，我们清楚地知道量度经是为美感而诞生，而非限制美的发挥。

图七　布达拉宫藏缅甸蒲甘王朝时期石雕"短颈佛"

图八　缅甸蒲甘寺"短颈佛"

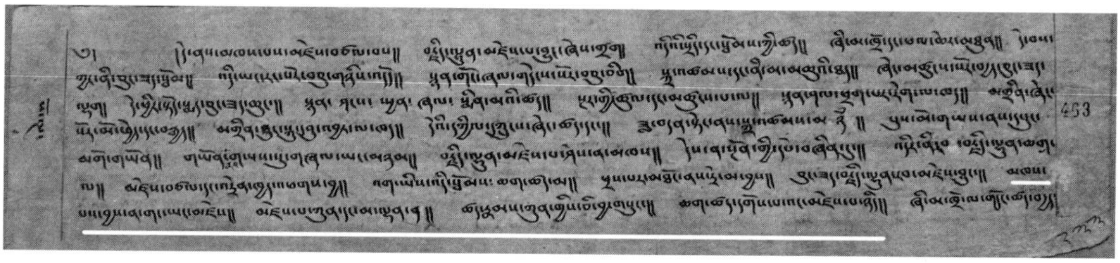

图九　擦绒·索南伟色《造像做法知识之源》中美学探讨

五、结　　语

首先，此量度经的发现，填补了13世纪末萨迦政权时期留下的体态雄浑、肌体壮硕的独特造像的文献记载和理论根源。其次，该文献说明了早在13世纪的造像量度经中便强调了不以美感为初衷的量度经如同空中楼阁的观点，有力驳斥了《造像量度经》为程式化服务的说法。再者，细读此文本，便能发现，堪舆学从中原汉地及东印度孟加拉两路传入藏区，而后形成独具特色的藏地堪舆学并流传至今日；而量度标准源自古印度笈多王朝时期，甚至可追溯到古希腊的传统。"短颈佛"及"萨迦造像风格"的量度标准，进一步说明缅甸蒲甘王朝造像艺术（图八）在藏区的影响，而尼泊尔因其独特的地理位置，成为南亚诸国文化艺术传入藏区的跳板。最后，值得继续探思和研究的问题是，为何擦绒·索南伟色造像量度理论和实践没有后人继承下来。

注　释

［1］ 李翎：《佛教造像量度与仪轨》，上海书店出版社，2019年，第134页。

［2］ 于小冬：《藏传佛教绘画史》，凤凰出版传媒集团、江苏美术出版社，2006年，第88页。

［3］ 〔德〕施勒伯格著，范晶晶译：《印度诸神的世界——印度教图像学手册》，上海世纪出版集团，2019年，第24页。

［4］ 〔比利时〕魏查理：《造像量度经研究综述》，《故宫博物院院刊》2004年第2期，第61页。

［5］ 勉拉顿珠：《如来佛量度经如意宝论》（藏文），民族出版社，2006年，第62页。

［6］ 达仓译师西绕仁钦：《达仓译师西绕仁钦文集》（一），西藏人民出版社，2018年，第25页。

［7］ 阿旺罗桑嘉措：《五世达赖喇嘛文集》（闻法录1）（藏文），中国藏学出版社，2009年，第20页。

［8］ Christoph Cüppers, Leonard van der Kuijp, Ulrich Pagel. *Handbook of Tibetan Iconometry: A Guide to the Arts of the 17th Century*. 2012: 7-8.《藏传佛教绘画艺术》，又译《藏传佛教绘画量度经》，本书是甘丹颇章政权出资，第司·桑杰嘉措策划，由洛扎活佛·洛布嘉措，江孜·嘉样旺波，昂仁桑结曲扎合著，原稿藏于西藏档案馆。

［9］ 丹巴饶旦著，阿旺晋美译：《西藏绘画》，中国藏学出版社，2006年，第108页。

［10］ 根秋登子：《藏族传统美术概论》，中国藏学出版社，2002年，第99页。

［11］ 〔德〕大卫·杰克逊著，向红茄、谢继生、熊文彬译：《西藏绘画史》，西藏人民出版社、明天出版社，2001年，第58页。

［12］ 藏语为“绕迥”རབ་བྱུང་藏历六十年周期之名。以1027年为起算点，倡始自གྱི་ཇོ་ཟླ་བའི་འོད་ཟེར་齐觉译师达伟伟色。

［13］ 堪布索朗加错：《历代萨迦赤巴传》（藏文），西藏人民出版社，2012年，第57、76页。

［14］ 萨迦八思巴：《萨迦文集之八思巴文集（4）》（藏文），中国藏学出版社，2007年，第316页。

［15］ 勉拉顿珠：《西藏佛教彩绘彩塑艺术——如来佛量度经如意宝论》，中国藏学出版社，1997年，第1页。

［16］ 索南航旦：《地相文汇编》（藏文），“莲花生撰写的密乘次第所出的堪舆学”（སློབ་དཔོན་པདྨའི་གསང་སྔགས་ལམ་རིམ་ལས་བྱུང་བའི་ས་དཔྱད་ཟོར་བུ།），“阿罗汉僧格林授予阿底峡的堪舆学宝珠之梯”（ས་དཔྱད་རིན་པོ་ཆེའི་ཐེམ་སྐས་ཞེས་བྱ་བ་ཇོ་བོ་རྗེ་དཔལ་ལྡན་ཨ་ཏི་ཤ་ལ་དགྲ་བཅོམ་པ་སེང་གླིང་པས་ཕུལ་བ།），《第司·桑杰嘉措　白琉璃所出堪舆学》（བཻཌཱུརྱ་དཀར་པོའི་དོ་ཤལ་ལས་བྱུང་བའི་ས་དཔྱད་བཞུགས་སོ།），甘肃民族出版社，1996年。

［17］ 第司·桑杰嘉措：《五世达赖喇嘛传记》（藏文），中国藏学出版社，2009年，第362页。

［18］ 〔德〕图齐著，魏正中、萨尔吉主编：《梵天佛地》，上海古籍出版社，2018年，第25页。

［19］ 勉拉顿珠：《西藏佛教彩绘彩塑艺术——如来佛量度经如意宝论》，中国藏学出版社，1997年，第10页。

［20］ 〔德〕施勒伯格：《印度诸神的世界——印度教图像学手册》，上海世纪出版集团，2016年，第24页。

［21］ 柏林自由学者康柏娜的《短颈佛再谈》，见杭州浙江大学艺术与考古博物馆召开的“9至13世纪西藏、于阗与敦煌佛教艺术交流——国际学术研讨会”的会议手册，2019年，第73页。

［22］ 同［12］。

［原载《西藏大学学报（社科版）》2020年第2期］

白居寺祖拉康内殿壁画图像考释
——兼述般若佛母与十方佛组合图像在藏地的播迁

杨鸿蛟　魏　文
（中国藏学研究中心、西藏文化博物馆）

一、研究缘起

本文的撰写主要缘于笔者对于后弘初期（11～13世纪）后藏（按以今西藏日喀则为核心的地区）般若佛母与十方佛图像问题一直以来的关注与研究[1]。般若佛母是大乘佛教重要经典《般若经》（Prajñāpāramitā Sūtra）人格化的体现，是体现佛教哲学概念般若（智慧）神格化的重要佛母，也是金刚乘神灵体系中重要的女性神，其图像和信仰在北传佛教体系中尤为兴盛。在西藏地区，主要流行四臂般若佛母图像，在后弘初期她常作为主供佛像，与十方佛组合出现于殿堂壁塑中而流行一时，已知的相关佛殿有11～12世纪后藏地区娘曲河沿岸夏鲁寺（Zhwa lu）般若佛母殿、孜乃萨寺（rTsis gnas gsar）般若佛母殿、江浦寺（rKyang phu）马头明王殿、西藏西部的拉达克地区拉隆寺（lHa lung）金殿、那科寺（Nako）译师殿和上殿[2]。就目前而言，虽未能找到与般若佛母和十方佛图像严密对应的仪轨文本，但从其图像配置来看，这些图像均具有较强的瑜伽续曼荼罗属性，常与大日如来、金刚界曼荼罗或其他瑜伽续曼荼罗图像搭配出现，这与般若佛母曼荼罗仪轨文本的瑜伽续部属性相符合；遗憾的是，上述后藏地区相关遗存多已损毁，对其图像和仪轨研究主要依赖于夏鲁寺现存部分壁画以及藏文历史典籍与20世纪中期以前学人的考察笔记和照片资料。而相对晚期的白居寺祖拉康一层内殿中的般若佛母与十方佛和大日如来壁画图像，则为笔者此前疑惑的诸多问题提供了至可宝贵的线索[3]。

二、白居寺祖拉康内殿壁画图像辨识

白居寺位于西藏自治区日喀则地区江孜县宗山脚下，建于1418～1436年，藏语意为“吉祥轮胜乐大寺”。该寺以其万神殿式吉祥多门大塔而闻名遐迩，被誉为具有纪念碑式意义的最为重要的藏族艺术杰作[4]。

祖拉康建于1418～1425年，是由江孜法王饶丹贡桑帕（Rab brtan kun bzang'phags, 1389～1442年）和一世班禅克主杰·格勒班桑（mKhas grub rje dge legs dpal bzang, 1385～1438年）共同主持兴建[5]，整体为三层，坐北向南，内殿位于一层北翼，是白居寺祖拉康整体建筑的首期工程。殿内主供三世佛与十六菩萨塑像，主尊系诸文献所记身量与印度大菩提像身量一致的释迦牟尼佛（C1），其左右为文殊和观音，两侧为与主尊构成纵三世佛的燃灯佛（C2）和弥勒（C3），左右两壁和门壁列十六菩萨[6]。殿内壁画主要分为两个时期：一是位于塑像上方、围绕殿堂一周的四臂般若佛母（A1）、十方佛（B1～B10）和大日如来（A2）以及十二尊眷属菩萨，共计24尊，风格与白居寺祖拉康和吉祥多门塔壁画时代风格一致，应为建寺之初即1418～1425年遗存；二是位于殿门两侧壁面，图像为千手千眼观音、千手千眼大白伞盖佛母、七政宝等，为晚近作品，本文不予讨论。内殿造像和壁画配置可参见图一。

就已有研究可知，西藏现存后弘期初期般若佛母与十方佛图像的配置暂时难以找到严格对应的仪轨文本。白居寺一例同样如此，故笔者将对每铺壁画进行一一解析和辨识。

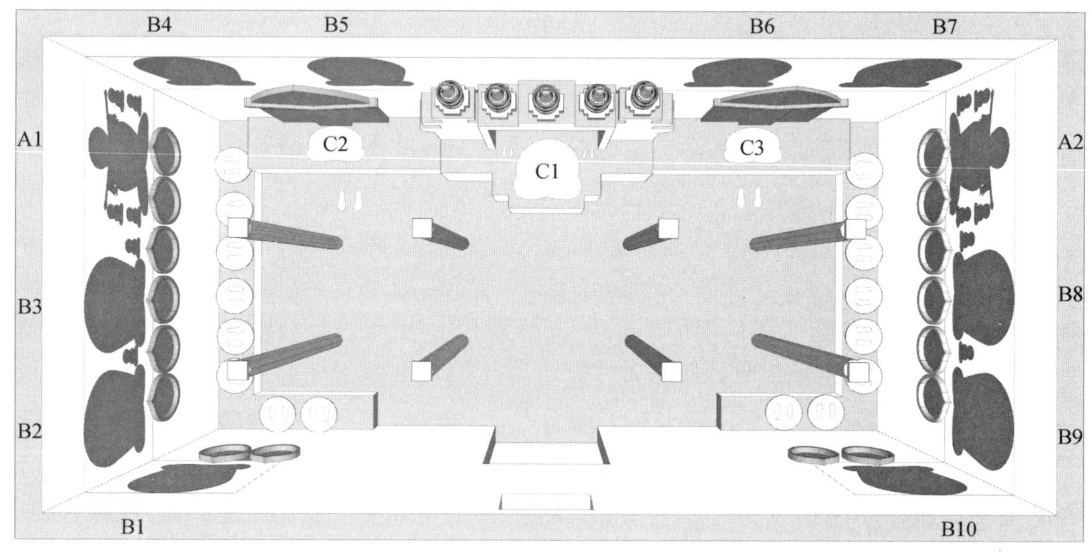

图一　白居寺祖拉康内殿尊像布局示意图（魏文制图）

（C1为释迦牟尼佛，C2为燃灯佛，C3为弥勒，B1～B10为十方佛，A1为般若佛母，A2为大日如来）

1. 般若佛母（A1）

此尊呈女身像，黄色身，右一主臂当胸说法印，左一主臂施禅定印，余臂举肩分别持握金刚杵和经书，双腿结金刚跏趺坐姿，从其法器持物和身相可以将其判定为般若佛母（图二）。通过比对，此尊图像志特征与传为11～12世纪玛吉拉尊（Ma gcig labs sgron, 1043/1055～1142/1149年）觉域密行耳传传承图像描述基本相符[7]：

图二 般若佛母（A1）

> 大佛母般若波罗蜜多，黄色身，一面四臂，主臂二手作说法印和禅定印，其次二臂分别持金质金刚杵并施无畏印和持《般若经》经策，饰丝衣和珠宝装饰，双足结金刚跏趺坐。

据此仪轨，此尊般若佛母前被冠以法身称号，即“大法身佛母般若波罗蜜多母/法身般若波罗蜜多母”（chos sku chen mo shes rab kyi pha rol tu phyin ma/ chos sku shes rab pha rol phyin ma）[8]。相对其他样式的般若佛母图像，这一样式在西藏地区遗存较多，多见于13～15世纪的《般若经》夹经板浮雕中，且常与其他尊神组合出现，其形式有多种，如三尊、五尊、七尊甚至多达几十尊。其中有两种组合类型值得注意，其一是与十方佛的组合，其二是在前者基础上再与释迦牟尼佛和大日如来组成的三尊样式（图三、图四），这种三尊组合形式在下文中将会展开分析。

2. 不空钩观音

此尊位于般若佛母之左，也即北侧上方，呈白色身，四面四臂，四面分两层排布，下层三面均为白色，顶上小面为绿色，每面三目，四臂分持钩、宝珠、索和三叉戟，作大王游戏坐，左垂足，右跏趺，上身斜系羚羊皮，羚羊头由左肩搭覆（图五）。在白居寺吉祥多门塔二层观音菩萨殿东壁有一尊题名为不空钩忿怒观音（spyan

图三　《般若经》夹经板

（西藏，14世纪，木质鎏金，28厘米×72.4厘米×4 厘米，英国伦敦Rossi & Rossi美术馆藏）

图四　《般若经》夹经板

（木质，约15世纪，白居寺藏）

ras gzigs khro bo don yod lcags kyu），与此尊图像特征相似，亦为白色身，四面四臂，每面三目，持物吻合，大王游戏坐，唯有面容特征有所差异，观音菩萨殿一尊左右二面虽亦呈白色，但是呈忿怒状，顶具焰发，顶面呈红色而非绿色，另在主面发冠上饰一尊蓝色身忿怒尊，一面二臂，左展立姿，双手各持剑和斧（图六），据壁画下方题记可知其尊格和所出仪轨文本："其东侧小壁善为庄严（之壁画）为《不空羂索仪轨细释》（Don zhags cho ga zhi［b］mo）所出不空钩观音九尊，以及欲界天多闻子。"[9]因此推定祖拉康一尊应是不空钩观音（梵Amoghāṅkuśa Avalokiteśvara，藏sPyan ras

图五　不空钩观音
（廖旸修图）

图六　白居寺吉祥多门塔二层观音菩萨殿东壁不空钩忿怒观音及其藏文题记

gzigs don yod lcags kyu），其图像特征与9世纪初的胎藏界曼荼罗中不空钩观音图像特征略似，后者身呈肉色，同具四面四臂，其左边二手持莲华上钩、羂索，右边二手执钩及金刚杵（图七）[10]。

不空钩观音在胎藏界曼荼罗中，其本誓为以大慈大悲之钩引摄众生，能钩召诸佛圣智入众生之心，并能钩召一切众生入诸佛境界，其意愿决定不空[11]。将其与般若佛母配置，应是有借由其钩召之力，引众生进入般若佛母解脱之道的意涵，图像中虽未见两者配置的其他案例，但由于不空钩与不空羂索观音关系密切，二者同体[12]，在《成就法集》（梵Sādhana-samuccaya，藏sGrub thabs kun btus）中见有两者转换的情形[13]，因此亦可以从不空羂索观音与般若佛母两尊的图像配置来窥见一斑。据《不空

图七　胎藏界曼荼罗中不空钩观音

羂索神变真言经》“最胜明王真言品”记述[14]：

> 乐令圆满六波罗蜜而相应者，作曼拏罗。以瞿摩夷和黄土泥，如法摩涂。以白栴檀香甘松香郁金香龙脑香麝香泥，调治涂饰画莲花鬘。中严其座置般若波罗蜜经，置不空羂索观世音像般若菩萨像。列诸幡花，献诸香花香水白食果子灯明，烧焯香王，净治身服护身结界。诵持最胜明王真言，称般若菩萨名，满一万遍，诵持奋怒王真言称般若菩萨名，满一万遍，则得般若菩萨现身赞叹，加与六波罗蜜相应圆满。

般若菩萨即是指般若佛母（bCom ldan ’das ma shes rab kyi pha rol tu phyin pa）[15]，该仪式以不空羂索心最胜明王真言成就般若智慧，图像表现即是在曼荼罗中央，将般若佛母与不空羂索观音并置于的《般若经》上，献诸供品，持诵真言，得六波罗蜜圆满成就和得般若菩萨现身赞叹。

藏传佛教图像中还流行释迦护（Śākyarakṣita，11世纪），系一面八臂立姿样式不空钩观音，身呈白色，面具三目，左右四臂分持四金刚钩和四羂索，全身无饰，无量光冠，汉地上衣，下身围系鹿皮[16]。

3. 四臂弥勒菩萨

壁画中共有两尊弥勒菩萨图像，均为三面四臂，分别伴于般若佛母（A1）右上方（图八）和大日如来（A2）左上方（图九）。般若佛母之右弥勒菩萨为红色身，结跏趺坐，右面蓝、主面红、左面白，发髻前饰佛塔，主臂作转法轮印，其余两臂均下垂施与愿印、持莲托净瓶。大日如来之左弥勒菩萨为黄色身，每面具三目，舒坐，发冠顶饰佛塔，主臂作转法轮印，其余两臂均下垂施与愿印，其中右侧外臂手持莲花托净瓶。主要从发冠佛塔与持物净瓶标识判断其尊格为弥勒菩萨。

三面四臂弥勒的梵藏文仪轨文献众多，仅从手印、持物来看，与般若佛母之右一尊弥勒菩萨相对接近的有巴曹·楚臣坚赞（Pa tshab Tshul khrims rgyal mtshan，11～12世纪）译师依据宝藏寂（Ratnākaraśānti，11世纪）和无畏作护的梵文版本藏译之《弥勒成就法》（Byams pa’i sgrub thabs）[17]：

> （弥勒）三面四臂，每面三目，右面黑，左面白，身呈金黄色，二手作说法印，其余右侧和左侧二手施与愿印并持花瓣盛开的龙华树枝……

身色和面色难以与壁画完全相符，相似图像特征的弥勒成就法还出现在1285年雅砻译师扎巴坚赞（Yar klung lo tsā ba grags pa rgyal mtshan, 1242～1346年）翻译的《成就法海》（梵Sādhanasāgara，藏sgrub thabs rgya mtsho）中[18]。

图八　般若佛母右上方四臂弥勒菩萨

图九　大日如来左上方四臂弥勒菩萨

与大日如来左侧一尊相对接近的仪轨是11世纪班底达不空金刚（梵Amoghavajra，藏Don yod rdo rje）作，巴哩译师仁钦扎（Ba ri lo tsā ba Rin chen grags，1040～1111年）翻译的《弥勒成就法》（Byams pa'i sgrub thabs）[19]：

> （弥勒）三面，每面饰三目，结半金刚跏趺坐于下方莲花之上，以四臂庄严其身，其中二手作说法印，极为庄严，另右侧第二手作护佑众生之与愿印，左侧第二手持天界宝物树枝，即龙华树花枝……

对于其身色和面色未作描述。此篇仪轨后于13世纪下半叶被收录于《纳塘百法》（sNar thang brgya rtsa）之中[20]，进而被收录于清代《五百佛像集》刻、绘本中[21]。在《五百佛像集》彩色绘本中，此尊题名"至尊弥勒菩萨（rJe btsun byams pa）"，三面四臂，散跏趺坐，橘黄色身，三面颜色一致，中间二手施说法印，右侧第二手施与愿印，左侧第二手持龙华树花枝并举于肩侧（图一〇），此处可以看出绘本对于仪轨文献中弥勒菩萨身色和面色的补充和理解，但与弥勒菩萨壁画明显不同的是外侧两臂手印和持物位置相反，因此从严格意义上来说，无法将其判定为巴哩译师仪轨传承。

图一〇 《五百佛像集》彩色绘本中的四臂弥勒菩萨

4. 权衡三界观世音

此尊位于大日如来右侧，也即北侧上方，为红色身菩萨，一面二臂，大王游戏坐，左垂足，左手持钩，右手当胸持捏绳索（图一一）。通过查找和比对，此尊图像特征与《成就法鬘》等成就法集中大成就者萨罗诃（Saraha，8世纪）所作[22]权衡三界观世音（Trailokya-vaśaṅkāya Lokeśvara）仪轨描述基本一致[23]，唯坐姿有所不同，《成就法鬘》等仪轨中描述为金刚跏趺坐姿。这种形象的观音源于密教中心乌仗那（Oḍḍiyāna）地区，因此也得名“乌仗那”“乌仗那观音”“乌仗那信奉观音”[24]。

除却上述几尊外，在白居寺祖拉康一层内殿壁画中还分布有十方佛、大日如来等尊神，图像志特征较为明显，故此本文未做详细考辨。大日如来（A2）则为典型的大日如来现证佛样式，即黄色身，一面二臂，双手当胸结智拳印（梵bhodyagrī，藏byang chub mchog）[25]，结金刚跏趺坐，身着菩萨装（图一二）[26]。十方佛（B1～B10）壁画东西对称环布于四壁，相互对应的佛尊在身色和手印上的图像特征基本一致（图一三）。通常所有的前行仪轨均需迎请十方佛来进行忏罪、除障，仪轨中一般不予具体的图像描述[27]。

三、壁画图像配置意蕴与源流

在藏传佛教后弘初期的图像传统中，般若佛母常与十方佛组合出现于佛殿壁塑和《般若经》夹经板浮雕和插图彩绘中，奥地利学者佩特拉·穆勒（Petra Müller）根据拉达克地区的11 世纪末或12世纪的拉隆寺和那科寺等遗存的般若佛母图像，将其配置分为般若佛母与十方佛组合、般若佛母与五方佛组合以及两种组合融合的类型[28]。而在般若佛母图像流行的另一地区——后藏地区，般若佛母出现的图像语境则更为复杂，除却上述三种类型外，还存有般若佛母+大日如来+十方佛、般若佛母+释迦牟尼佛+大日如来+十方佛等组合方式，白居寺祖拉康一层内殿壁画图像即集中反映了这种多重图像组合的形式。

图一一　权衡三界观世音

图一二　大日如来（A2）

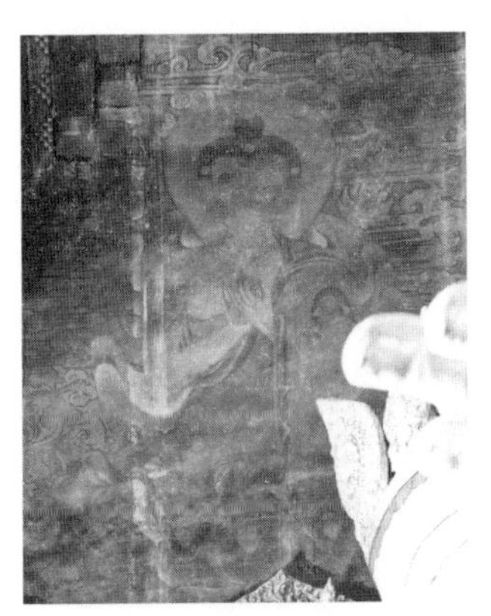

图一三　十方佛（B1～B10）部分

1. 四臂般若佛母+十方佛配置

作为组像，四臂般若佛母与十方佛在藏地常出现于佛殿之中，其塑像传统延续至15世纪左右[29]，而后渐趋没落。关于四臂般若佛母与十方佛图像寓意，朱塞佩·图齐（Giuseppe Tucci，1894～1984年）在其解释中认为其是对整个大乘佛教教义象征性地集中体现，即般若波罗蜜多不再是佛陀为救度众生而作的诸法皆空的开示，而是第一义谛，是“清净本识，诸佛由其而生，佛果融摄其中”，而十方佛是象征于无尽虚空恒常开示的教法，在此空际法流不断（’das ma’ong ’byung ba）[30]。唐一行（683～727年）《大毗卢遮那成佛经疏》中对般若和十方佛的观修次第和义理阐释较为清晰，为理解般若佛母与十方佛图像以及图齐的释义有所助益[31]：

> 私谓然大般若等中。具说洗涤观心之事。然须有本也。今行人先于缘起观。乃至具见十方佛会诸世界等种种境界。以为悉地。而后于般若洗涤净除。即成不思议大用。顿入佛果。

此段文字记述了修行之人般若之法的观想次第，即从缘起观想→见十方佛会诸世界等境（表成就）→于般若洗涤净除诸障→顿入佛果。

般若佛母被视为《般若经》及其信仰的人格化现，十方佛与《般若经》的联系也更为直接，十方佛图像成为藏地《般若经》信仰图像化的重要表现方式，《十万颂般若波罗蜜多经》（梵Śasāhasrikā-Prajñāpāramitā，藏Shes rab kyi pha rol tu phyin pa stong phrag brgya pa）即详细描绘了十方佛国世界，其“缘起品”（Nidāna-parivarta）中记载：释迦牟尼佛在王舍城鹫峰山顶，放光照十方佛土，一切世界上首菩萨各以千叶金色莲花来献，佛散花遍诸佛界，花台化佛演说《大般若经》。

据《娘氏教法史》（Chos ’byung me tog snying po sbrad tsi’i bcud）、《拔协》（sBa bzhed）等后弘初期文献记载，桑耶寺（bSam yas）中层的汉式建筑殿堂内壁画即是依《十万颂般若波罗蜜多经》“缘起品”绘制（表一）[32]。

表一　《娘氏教法史》等藏文史籍中关于桑耶寺中层壁画的记载

《底吾史记》（Chos ’byung men mo bstan pa’i rgyal mtshan lde’u jo sra kyi mdzad pa）	里面的画是以《十万颂般若波罗蜜多经》“缘起品”画就的（nang gi rgyus ris yum rgyas pa’i gli［e］ng bzhi’i rigs su bris/）
《底吾教法史》（mKhas pa lde’us mdzad pa’i rgya bod kyi chos ’byung rgyas pa）	壁画画的是《十万颂般若波罗蜜多经》“缘起品”（ri mo ’bum kyi gleng gzhi’i rgyud ris su bris/）
《娘氏教法史》	壁画则是《十万颂般若波罗蜜多经》“缘起品”（ri mo ni snying po ’bum gyi gleng gzhi’o/）
《拔协》	里面的壁画是按《十万颂般若波罗蜜多经》“缘起品”画的（nang gi rgyus ris yum rgyas pa’i gleng bzhi’i le’u rgyud ris bris/）[33]

在20世纪80年代，日本学者考察桑耶寺时中层佛殿依然保留十方佛题材壁画，但壁面中仅剩其中的六身佛[34]。据日本学者的记述，壁画下方题记明确了壁画是源自藏文本《十万颂般若波罗蜜多经》，与上述早期经典中关于壁画题材的记载完全吻合，由于未见到图片，无法判断壁画风格和绘制年代，不能排除后世后绘的可能，但亦提供了一种藏地与《般若经》相关的十方佛图像实例。

2. 四臂般若佛母+大日如来+十方佛配置

白居寺祖拉康内殿壁画图像，是在这一配置的基础上增加了金刚界大日如来，并且在位置排布上将其安置于东壁北端，与西壁北端的四臂般若佛母相对，四周为十方佛环绕，大日如来与四臂般若佛母对等的寓意被突显出来。伴以十方佛的四臂般若佛母与金刚界大日如来的组合在孜乃萨寺般若佛母殿中也曾出现，三世噶陀司徒确吉嘉措（Chos kyi rgya mtsho，1880～1923/1925年）于《雪域卫藏朝圣指南》（Gangs ljongs dbus gtsang gnas bskor lam yig nor bu zla shel gyi se mo do）中对其记载[35]：

> 六柱的木构般若佛母殿内，中央供奉四尊背对背大日如来像，其周围供奉汉式穿戴风格的十方佛，里边供奉般若佛母。

可知，该殿主供佛像即为四面大日如来和般若佛母与十方佛配置，但该书对于造像细节未做详细记述，因此对于图像特征暂不做进一步比对和讨论。

就其尊格而言，般若佛母被视为智慧和空性化现的众佛之母，在早期胎藏界曼荼罗仪轨中，即有将其与大日如来相对应的记载，在唐善无畏（Śubhakarasiṃha，637～735年）译《大毗卢遮那经广大仪轨》中，般若佛母被视为明妃，在曼荼罗观想中被置于大日如来面前，两者关系密切[36]：

> 次当大日前　般若波罗蜜　明妃契六臂　三目皆圆满　定羽掌梵夹　慧羽竖护印
>
> 次定仰脐轮　慧羽垂与愿　二羽定慧手　各结根本契　身被坚甲胄　是名诸佛母
>
> 六波罗蜜印
>
> 彼真言曰（真言玄如）
>
> 由印明力故　相应身无二　当知此明妃　三世诸佛母　圆满大般若

善无畏译本《大毗卢遮那经广大仪轨》是胎藏《大日经》四部仪轨之一，从其描述可知，般若佛母具一面六臂三目，不同于藏地习见的一面四臂三目样式。《大毗卢遮那经广大仪轨》等胎藏界一系的经典中，尊格与般若佛母相似的还有被称为大日如来佛母的虚空眼（亦称明妃）[37]，明妃意为如来的女性化身，与如来身等同[38]。

在部分藏译文献中，般若佛母也被视为金刚界曼荼罗大日如来的女性化身，被称为金刚界大自在母（Vajradhatviśvarī）[39]，与金刚界之主大日如来相对应，如止贡巴吉天颂恭（'jig rten mgon po, 1143～1217年）所作《帕木竹巴吉祥多门塔目录》（Phag mo gru pa'i gdung rten bkra shis sgo mang gi dkar chag）记载，以一面四臂般若佛母为中尊，四周围绕八佛母和八菩萨的十七尊组像被安置于帕木竹巴吉祥多门塔的第三层西面，四臂般若佛母的称谓中还冠以“金刚界自在母”称号[40]，以此可见在12～13世纪止贡噶举派对于四臂般若佛母之于金刚界神系中尊格和地位及其与金刚界之主大日如来对应关系的认识。值得一提的是，与四臂般若佛母组像相对的第三层东面安置的是金刚界曼荼罗（Vajradhātumaṇḍala）造像，这与般若佛母和十方佛图像常见于金刚界曼荼罗图像搭配出现的规律相符。

3. 四臂般若佛母+十方佛组像与金刚界曼荼罗图像配置

这一图像传统在藏地可以追溯至后弘初期，后藏三处般若佛母与十方佛塑像遗存中，江浦寺祖拉康二层，主供金刚界曼荼罗的普明殿即是与主供四臂般若佛母和十方佛的马头明王殿相对而建[41]（图一四、图一五），孜乃萨寺般若佛母殿亦是与供有金刚界曼荼罗的佛殿相对[42]。通过对夏鲁寺般若佛母殿壁塑图像及其相应的仪轨文本的研究可知，般若佛母与十方佛组合图像在特定语境下具有明确的般若佛母曼荼罗的寓意[43]。

图一四　江浦寺（rKyang phu dgon）般若佛母殿般若佛母与十方佛塑像

（1076年前建，1937年Fosco Maraini 拍摄，采自Ulrich von Schroeder. Buddhist Sculptures in Tibet. Vol.Ⅱ, Tibet&China, Hong Kong: Visual Dharma Publications Ltd, 2001, p. 844）

图一五　江浦寺大日如来殿金刚界曼荼罗塑像
（1076年前建，1937年Fosco Maraini 拍摄，采自Buddhist Sculptures in Tibet, Vol. Ⅱ, p. 846）

现存诸版藏文《丹珠尔》和成就法集中在主要的三则以般若佛母曼荼罗仪轨命名的仪轨中（表二）：

表二　以般若佛母曼荼罗仪轨命名的仪轨

译著者	仪轨名称
庆喜藏（Ānandagarbha）作	《般若波罗蜜多曼荼罗仪轨》 （梵Prajñāpāramitāmaṇḍalavidhi, 藏Shes rab kyi pha rol tu phyin pa'i dkyil 'khor gyi cho ga）[44]
宝称（Ratnakīrti）作 玛哈帕那（Mahāpāṇa）译	《般若波罗蜜多曼荼罗仪轨》 （梵Prajñāpāramitāmaṇḍalavidhi-nāma, 藏Shes rab kyi pha rol tu phyin pa'i dkyil 'khor gyi cho ga zhes bya ba）[45]
瑜伽友（Mitrayogin）作	《般若佛母与十方佛眷属曼荼罗五十九尊成就法》 （藏Yum chen mo shes rab kyi pa rol tu phyin pa la phyogs bcu'i sangs rgyas sras bcas kyis bskor pa'i dkyil 'khor lha nga dgu'i sgrub thabs）[46]

布顿仁钦珠在《布顿佛教史》中，按照四续将诸部经典加以分类，其中，《吉祥最胜般若波罗蜜多曼荼罗仪轨》和以四臂般若佛母与十方佛为主要尊神的11世纪宝称本《般若佛母曼荼罗仪轨》被归入瑜伽部密续释论[47]。另外，被布顿·仁钦珠（Bu ston rin chen grub，1290～1364年）誉为"瑜伽续部三贤"的9世纪重要瑜伽密续上师庆喜藏（Ānandagarbha）所造《般若佛母曼荼罗仪轨》也同样被归于瑜伽续经典，该仪

轨在曼荼罗观想法上也与金刚界曼荼罗和恶趣清净曼荼罗等其他五部瑜伽续曼荼罗仪轨一致[48]，这方面日本学者杉木恒彦有所研究。

从布顿仁钦珠厘定和设计的14世纪夏鲁寺佛殿壁画中也可以看到相似的构思，绘塑有般若佛母曼荼罗图像的般若佛母殿位于该寺东翼二层，修建于11世纪后弘期初期，14世纪布顿仁钦珠设计整体佛寺壁画，尤其是顶层四曼荼罗殿壁画时，应是顾及了这一殿堂主题。般若佛母殿上层为以法界语自在曼荼罗壁画为主体的东无量宫，相对地，西无量宫以金刚界曼荼罗为主题，南北无量宫壁绘主题分别为理趣曼荼罗和恶趣清净曼荼罗。这与布顿的瑜伽部密续释论经典归类相呼应（图一六）。

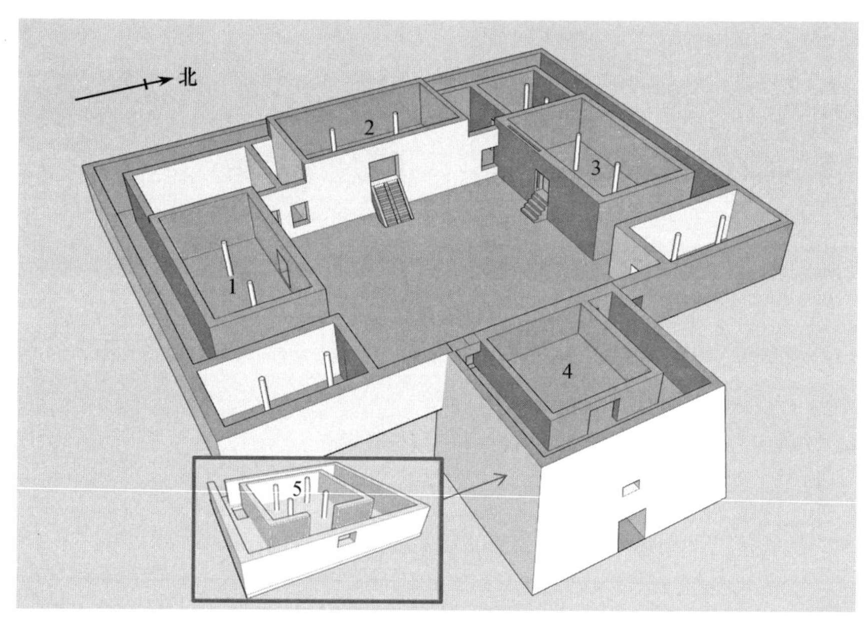

图一六　夏鲁寺二层、三层佛殿示意图

1. 南无量宫（《吉祥最胜续》《理趣经》等经典所出曼荼罗）　2. 西无量宫（金刚界曼荼罗）　3. 北无量宫（恶趣清净曼荼罗）　4. 东无量宫（法界语自在曼荼罗）　5. 般若佛母殿（般若佛母曼荼罗）

般若佛母与十方佛的壁塑图像传统在15世纪以后的后藏地区佛寺中逐渐中断，但在地理环境相对闭塞的康区和西藏西部等地仍相续不绝。四川木雅地区现存15～16世纪的明代藏传佛教经堂碉壁画遗存中即常见金刚界五方佛与四臂般若佛母并置一铺的图像配置，几处经堂碉壁画中的四臂般若佛母图像特征不一，唯有位于康定县沙德乡上赤吉西村经堂碉的一例与白居寺祖拉康般若佛母图像特征一致，从位置排布来看，四臂般若佛母地位均十分突出，不仅位列五方佛前面，毗邻主壁金刚持一尊（图一七）[49]，上赤吉西村经堂碉中的四臂般若佛母甚至跻身于主壁，紧邻大持金刚和三世佛[50]，可见其地位之高，同时也反映了与后弘初期后藏地区般若佛母壁塑图像传统的渊源关系。在这些经堂碉中，与般若佛母图像地位一样突出的是药师佛壁画，多置于殿堂主壁左右两壁的前端，毗邻主壁，与四臂般若母相对，甚至也出现于主壁中，与大持金

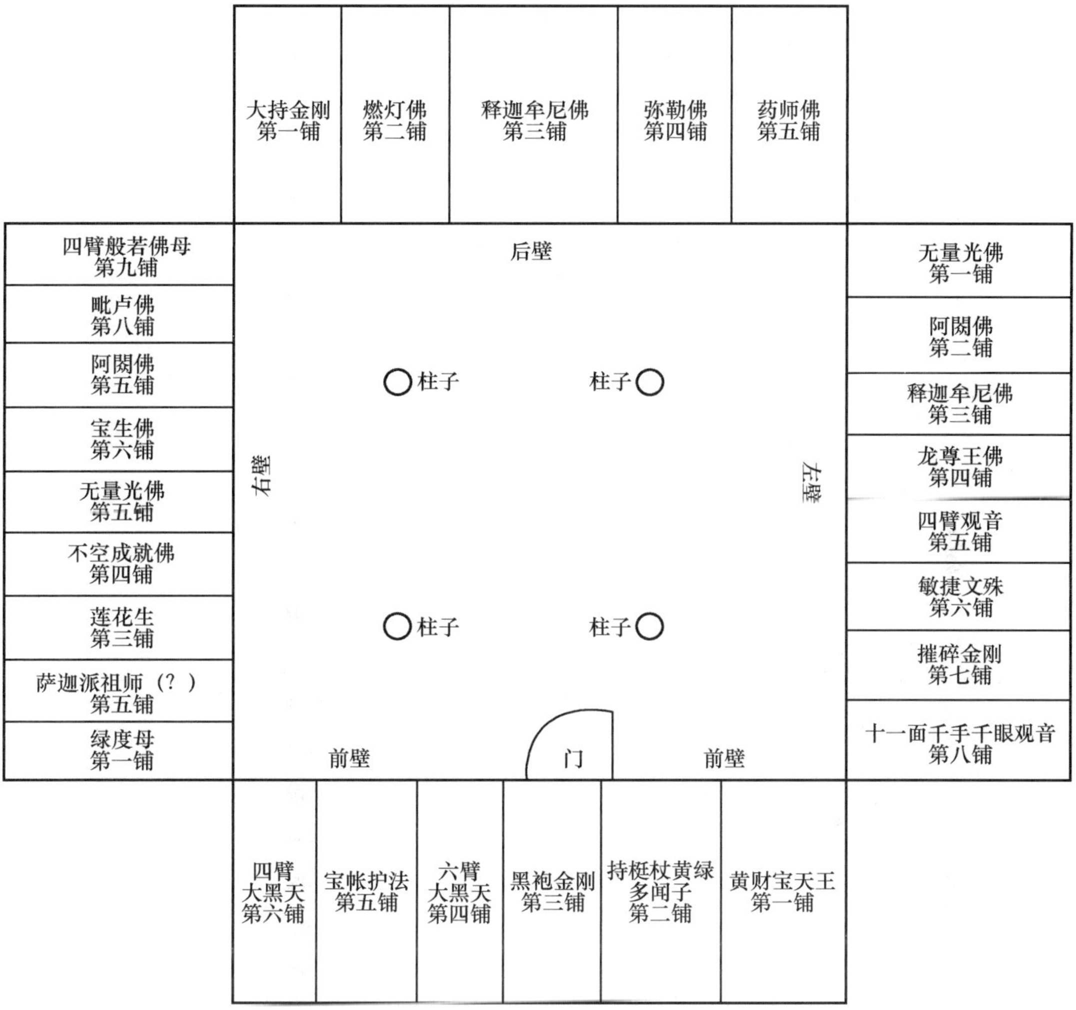

大持金刚 第一铺
燃灯佛 第二铺
释迦牟尼佛 第三铺
弥勒佛 第四铺
药师佛 第五铺

后壁

四臂般若佛母 第九铺
毗卢佛 第八铺
阿閦佛 第五铺
宝生佛 第六铺
无量光佛 第五铺
不空成就佛 第四铺
莲花生 第三铺
萨迦派祖师（？） 第五铺
绿度母 第一铺

右壁

柱子 柱子
柱子 柱子

左壁

无量光佛 第一铺
阿閦佛 第二铺
释迦牟尼佛 第三铺
龙尊王佛 第四铺
四臂观音 第五铺
敏捷文殊 第六铺
摧碎金刚 第七铺
十一面千手千眼观音 第八铺

前壁 门 前壁

四臂大黑天 第六铺
宝帐护法 第五铺
六臂大黑天 第四铺
黑袍金刚 第三铺
持梃杖黄绿多闻子 第二铺
黄财宝天王 第一铺

图一七　四川九龙县汤古乡汤古村中古二组经堂碉15～16世纪壁画布局示意图
（采自罗文华：《木雅地区明代藏传佛教经堂碉壁画》，故宫出版社，2012年，第443～460页）

刚和三世佛并列[51]。这一配置令人联想到13～14世纪西藏西部邦扎石窟（Pang gra phug）第Ⅰ窟中的药师佛曼荼罗壁画。

药师佛题材在13～14世纪西藏西部地区尤为流行[52]，而在札达县达巴乡的邦扎石窟第Ⅰ窟中可以看到药师佛题材是如何与传统的般若佛母与十方佛以及金刚界曼荼罗题材相互融合，并占据主导地位的。在该窟内，药师八佛横向排布于主壁上排，四臂般若佛母与十方佛图像居中，正下方为大日如来，左右依次排布的是五方佛的其他四尊以及四臂观音、金刚手、顶髻尊胜佛母和真实名文殊，作为药师佛曼荼罗[53]构成的十六菩萨作为胁侍菩萨伴于药师八佛的两侧，十护方、十二神将和四大天王则绘于窟门左右两壁下方，显然，药师佛曼荼罗图像是该窟最为重要的壁画题材，而这一图像配置也反映出般若佛母与十方佛图像在13～14世纪西藏西部地区的一种演进方式（图

一八、图一九），虽然仍然保留了藏传佛教后弘初期与以五方佛为代表的金刚界曼荼罗搭配出现的传统，但从该窟的图像配置可以看出，般若佛母和十方佛与金刚界曼荼罗题材正渐趋让位于这一时期新兴的药师佛曼荼罗题材，关于西藏西部般若佛母和十方佛与药师佛曼荼罗两种题材的交替与转换问题有待进一步的研究和分析。

图一八　西藏札达县邦扎石窟（Pang gra phug）正壁壁画

（13世纪，采自Helmut F. Neumann and Heidi A. Neumann, Wall Paintings of Pang gra phug: Augusto Gansser's Cave. Orientations, 2011, Fig. 12）

图一九　邦扎石窟般若佛母与十方佛壁画

（采自Helmut F. Neumann and Heidi A. Neumann, 2011, Fig. 15）

四、壁画与主塑金刚座释迦牟尼佛的图像关联与意蕴

1. 不空钩观音、权衡三界观音和三面四臂弥勒三尊菩萨释义

此外值得关注的是般若佛母和大日如来左右的四尊菩萨，尤其是图像特征相对清晰的上方的不空钩观音、权衡三界观音和三面四臂弥勒菩萨。中央和四隅的构图应是延续金刚界曼荼罗中五方佛每尊左右上下布置四菩萨的构图方式（图二〇[54]、图二一）。按照图像和仪轨传统，不空钩观音、权衡三界观音和三面四臂弥勒菩萨与四臂般若佛母和大日如来组合并不常见。而与其尊格相同的一面二臂观音与弥勒菩萨却见有在后弘初期唐卡中作为五方佛胁侍出现的存例[55]，但相较而言，观音与弥勒菩萨与释迦牟尼佛，尤其是金刚座释迦牟尼佛搭配更为常见[56]，最早见于玄奘的《大唐西域记》对于菩提伽耶释迦牟尼佛的描述[57]，《成就法鬘》（梵Sādhanamālā）中所收的《金刚座成就法》（梵Vajrāsanasādhana）即对三尊观想如下[58]：

> ……金刚座释迦牟尼佛右手作触地印，左手置于大腿之上，身着红色僧衣……右侧为金色身、二臂弥勒菩萨，发髻冠，右手持拂尘，左手持结果实的龙华树枝；左侧为白色身的观世音菩萨，右手持拂尘，左手持莲华。

金刚座释迦牟尼佛三尊图像至少在12世纪即已传入西藏，图像中即11世纪艾旺寺金刚座释迦牟尼佛塑像、约为12世纪的Zimmerman藏金刚座释迦牟尼佛唐卡、14世纪夏鲁寺般若佛母殿回廊内壁壁画等诸多遗迹，在15世纪的西藏应并不陌生，修建于1427～1436年、被记载是仿自白居寺祖拉康内殿金刚座释迦牟尼佛的白居寺吉祥多门塔南无量宫殿中的主供塑像（图二二）和制作于约1439年的一幅白居寺晒佛唐卡即是标准的金刚座释迦牟尼佛三尊题材（图二三）。后者现存祖拉康一层法王殿，体量和尺幅巨大，为白居寺三大晒佛唐卡之一[59]，画面是以金刚座释迦牟尼佛三尊，即释迦牟尼佛与胁侍弥勒和观音二菩萨为中尊，而且值得关注的是，四臂般若佛母和大日如来也被配置在主尊左右上方，大日如来为白色身、一面二臂、双手施禅定印形象，因循的是胎藏界大日如来图像传统，四臂般若佛母图像特征与祖拉康一层高内殿般若佛母壁画一致，是实为难得的一幅能够与内殿壁画题材相互呼应的同时代作品。

然而，具有意趣的是作为祖拉康内殿主尊、被誉为仿自菩提伽耶量度的释迦牟尼佛，其左右胁侍却并非《金刚座成就法》中的观音和弥勒，或习见的释迦牟尼佛胁侍——文殊与弥勒菩萨或观音与金刚手组合，而是观音与文殊菩萨（图二四）。这又是出于何种考虑呢？

在后弘初期唐卡中，观音与文殊菩萨作为胁侍主要出现在无量寿、五方佛等题材

图二〇　大日如来坛城（局部）
（西藏，11世纪。布画唐卡、不透明颜料。127厘米 × 124.5厘米。私人藏品。采自Steven Kossak, Jane Casey Singer, and Robert Bruce-Gardner: Sacred visions: Early Paintings from Central Tibet. Metropolitan museum of art, 1998, p. 28, fig. 13）

图二一　帕尔噶布石窟金刚界曼荼罗壁画局部
（13 ~ 14世纪）

图二二　白居寺吉祥多门塔五层塔瓶南无量宫金刚座释迦牟尼佛三尊塑像
（1427 ~ 1436年）

图二三　白居寺金刚座释迦牟尼佛三尊展佛唐卡
（约1439年，采自Michael Henss: The Cultural Monuments of Tibet : The Central Regions, vol. 2. London, New York: Prestel, 2014, p. 507, fig. 726）

的唐卡中[60]，却鲜见作为释迦牟尼佛题材的图像中。检阅文本，在布顿仁钦珠的新传弟子扎泽巴·仁钦南杰（sGra tshad pa rin chen rnam rgyal, 1318 ~ 1388年）1387年所做的《般若佛母成就法》的观想仪轨中，能够见到将释迦牟尼佛与二弟子的主从三尊像中的二弟子分别观想成为文殊和观音菩萨的文字[61]：

图二四　白居寺祖拉康一层内殿金刚座释迦牟尼佛

> 从法界引请释迦牟尼佛主从三尊至面前虚空，中央为世尊释迦牟尼佛，身如纯金色，具化身佛装束，以三十二相八十种好庄严，披赤黄色袈裟，右手触地印，左手禅定印，双足结金刚跏趺坐，放无量光，右侧为圣舍利弗，左侧为圣目犍连，二者亦光头跣足，披赤黄色袈裟，右手执锡杖，左手托钵，诸像建立并安住，如此观想。复次，从释迦牟尼佛心间放无量光，十方普照，迎请一切三宝，摄于主从三尊，以大乘之法如仪观想：舍利弗为集一切佛智慧的文殊菩萨，目犍连为集一切佛慈悲的观音菩萨，世尊则为集一切出世间所作断证事业之自性决断（ngo bor thag bcad），以一切自他有情身语意敬信顶礼诸尊……

考虑到壁画中的般若佛母与十方佛题材，以及其作为大日如来和般若佛母眷属的弥勒和观音菩萨，此则《般若佛母成就法》中的观想内容不失为一种思考角度。成就法虽名为《般若佛母成就法》，但实则观想的主要尊像为结金刚跏趺坐降魔触地印释迦牟尼佛和二弟子，应是与其遣除违碍的诉求有关，其篇首述及：此则成就法是在阿底峡入藏之时由度母作为除障之法向其传授的，而后经班底达施戒（Dānaśīla）、菩萨月幢（Byang sems Zla ba rgyal mtshan）等上师，经由布顿仁钦珠传给扎泽巴[62]。

2. 四臂般若佛母+大日如来+释迦牟尼佛配置

另外，虽然白居寺祖拉康内殿壁画中的观音和弥勒图像与《金刚座成就法》不同，但从尊格上相符，壁画中的不空钩观音、权衡三界观音和三面四臂弥勒菩萨更具有密教色彩，应是为了配合归属于瑜伽续部的四臂般若佛母和大日如来主尊所致。如果从这一角度来看，四臂般若佛母和大日如来与殿堂中央的菩提伽耶金刚座释迦牟尼佛联系起来，进而能与殿内中央三世佛与十六菩萨塑像题材以及十方佛壁画题材进一步结合，来寓意佛法“空际流转不断”、传承不断[63]。

般若佛母与十方佛与释迦牟尼佛和大日如来组合是般若佛母与十方佛图像中另一种常见的图像配置，主要见于13～15世纪卫藏地区的《般若经》木雕夹经板上[64]。这些夹经板上的三尊组合图像均是以四臂般若佛母为中尊，般若佛母图像样式与白居寺祖拉康内殿中般若佛母相同，其四周围绕十方佛，十方佛亦是左右对称布局，两侧相互对应的佛尊手印基本一致；般若佛母与十方佛的左右两侧分别为一面二臂、身着菩萨装、双手施转法轮印或作禅定印大日如来和着僧装、右手施触地印、左手施禅定印释迦牟尼佛，大日如来与释迦牟尼佛四周同时也伴有菩萨或佛尊等（图三、图四）。由于这种玛吉拉尊觉域密行耳传样式的般若佛母在仪轨中被冠以法身称号[65]，因此与释迦牟尼佛和大日如来相配，即具有明显的三身寓意，即释迦牟尼佛代表化身、大日如来代表报身。

另在夏鲁寺般若佛母殿内殿中，通过宿白先生早期的考察图档和记录来看，其殿堂中央佛台的主供佛即疑似大日如来、四臂般若佛母与释迦牟尼佛三尊塑像[66]。该殿坐西向东，根据宿白先生1959年拍摄的殿堂照片可知，主供佛台南端原供有一面二臂，双手施禅定印，身着交领团花长袍的宝冠佛，台座下方两侧蹲坐双狮，正中饰八幅法轮标识清晰可见，依此可判定其可能为大日如来（图二五），与吐蕃时期敦煌和川青藏交界流行的菩萨形胎藏界大日如来图像特征一致[67]，北端一尊虽不存图像，但通过宿白先生的记述为与十方佛同样尊格的“释迦”。四臂般若佛母则是主二臂作说法印，其余二臂一作无畏印，一持顶置经书的莲花形象[68]。

图二五　夏鲁寺般若佛母殿禅定印大日如来与十方佛塑像

（11世纪，1959年拍摄，采自宿白：《藏传佛教寺院考古》，文物出版社，1991年，图版31）

上述两例均是出现在以般若母或般若经为主题的语境中，因此三尊组合是以般若佛母为中尊，释迦牟尼佛和大日如来置于左右。而上述的15世纪白居寺金刚座释迦牟尼佛晒佛唐卡，则在构图上与白居寺祖拉康内殿图像配置意趣更为接近。

此外，在吉祥多门塔五层塔瓶的四个无量宫殿中，也可见到相近的图像配置。般若佛母与十方佛也被作为主供塑像出现，塔瓶的东南西北四方各设一座无量宫殿，壁绘瑜伽续所出曼荼罗。主供塑像分别为：东无量宫殿内塑一面二臂禅定印大日如来，南无量宫殿内塑金刚座释迦牟尼佛主从三尊和十方佛以及十八罗汉，西无量宫殿内塑释迦牟尼佛和金刚萨埵佛母与金刚宝佛母，北无量宫殿塑像为金色身一面四臂主臂说法余臂金刚杵和经书的般若佛母，左右配置胁侍佛，背龛饰一圈十方佛。从殿内中央主尊来看，依次为胎藏界大日如来、金刚座释迦牟尼佛、释迦牟尼佛和四臂般若佛母，题材上与白居寺晒佛唐卡图像组合相似[69]（图二六）。

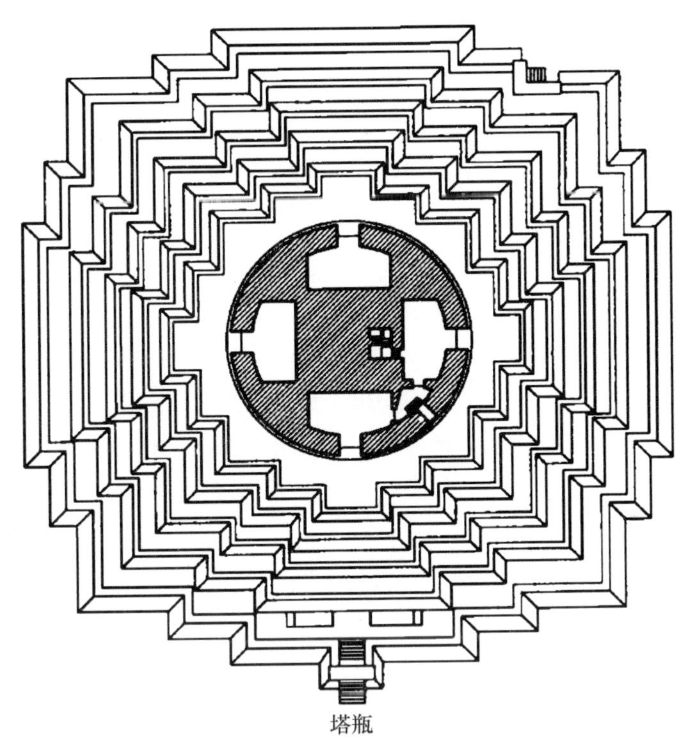

图二六　白居寺吉祥多门塔五层塔瓶四无量宫殿建筑结构示意图

（采自《梵天佛地》卷4 第1册，第234页，插图54）

五、结　　论

（1）在解析江孜白居寺祖拉康一层内殿壁塑图像时，设计者将般若佛母+大日如来+十方佛和三世佛（燃灯佛、释迦牟尼佛与弥勒佛）[70]两种11世纪以后后藏地区较为常见的壁塑题材融于一体，将壁画中的四臂般若佛母与大日如来二尊与主供金刚座释迦牟尼佛塑像结合起来，进而联系整座殿堂的壁塑题材，即十方佛和燃灯佛、弥勒佛三世佛以及十六菩萨，来寓意佛法“空际流转不断”、传承不断。

（2）白居寺祖拉康内殿壁画图像的研究意义在于它是般若佛母与十方佛壁塑图像传续的重要遗存，一方面它继承与延续了后弘初期后藏地区早期佛寺壁塑传统，同时它也是这一图像在后藏地区传播的辉煌的结点，它位于主殿，但被置于塑像上方幽暗的壁面中，若无充足的光线，一般朝拜信徒很难发现。

（3）白居寺祖拉康内殿中，般若佛母与大日如来相对布置，从图像表现上明确了她与金刚界之主相对应的金刚界大自在母尊格和地位，弥补了此前相关研究中图像缺失的遗憾，而面对与此具有同样意趣的一系列图像，如白居寺吉祥多门塔五层塔瓶北无量宫四臂般若佛母与十方佛塑像、白居寺藏金刚座释迦牟尼佛唐卡、帕尔噶布石窟中以般若佛母为中心的药师佛曼荼罗与金刚界五方佛壁画以及四川木雅地区的四臂般若佛母与五方佛壁画，对于般若佛母在早期传统中的尊格认识会更为清晰。伴随15世纪之后瑜伽续部经典与图像传播高潮在藏传佛教信仰中的逐步消退，作为佛殿主要图像题材的般若佛母与十方佛以及金刚界曼荼罗等瑜伽续部的曼荼罗图像也逐渐减少，甚至传统中断。而白居寺是保留这一图像传统的珍贵宝库，使我们得以窥见卫藏地区以般若佛母与十方佛以及金刚界曼荼罗为代表的瑜伽续部图像传统近于尾声之时的璀璨华光。

附记：本文为2014年国家社科基金青年项目“11～14世纪汉藏印佛教互动背景中的夏鲁寺艺术遗存研究”（项目号14CZJ004）和2015年国家社科基金重大项目“文物遗存、图像、文本与西藏艺术史构建”（项目号15ZDB120）阶段性研究成果。感谢中国社会科学院民族学与人类学研究所廖旸研究员对本文给予的诸多批评和指正。

注　释

［1］ 参见a. 杨鸿蛟：《夏鲁寺般若佛母殿画塑图像研究——以相关仪轨文献为中心》，《西藏宗谱：纪念古格·次仁加布藏学研究文集》，中国藏学出版社，2018年，第351～382页。

b. 杨鸿蛟：《11至14世纪夏鲁寺般若佛母殿绘塑研究》，首都师范大学博士论文，2012年，第11～80页。

［2］ a. Petra Müller. Representing Prajñāpāramitā in Tibet and the Indian Himalayas. The iconographic concept in the Temples of Nako, rKyang bu and Zha lu. Retrieved January 1, 2017, from https://www.asianart.com/articles/mueller/index.html.

b. 克里斯汀·卢扎尼兹著，熊文彬、赵敏熙译：《喜马拉雅西部早期佛教泥塑：10世纪末至13世纪初》，中国藏学出版社，2018年，第92～127页。

c. Idem. The 12th Century Buddhist Monuments of Nako. *Orientations*, 2004 (5): 46-53.

［3］ 2017年7月笔者有幸跟随故宫博物院宫廷部研究馆员罗文华老师率领的夏鲁寺壁画艺术风格相关遗迹考察组在白居寺（dPal 'khor chos sde）祖拉康内殿中发现了绘制于15世纪上半叶的般若佛母与十方佛以及大日如来壁画图像。

［4］ a. Giuseppe Tucci. *Tibetan Painted Scrolls*, vol. 1. Kyoto: Rinsen Book Co., Ltd, 1980.

b. 朱塞佩·图齐著，魏正中、萨尔吉编译：《梵天佛地》（第四卷第一册），上海古籍出版社，2009年，第100～243页。

c. Heather Karmay. *Early Sino-Tibetan Art*. Aris and Phillips, 1975.

d. Franco Ricca, Erberto F. Lo Bue. *The Great Stupa of Gyantse*: *A Complete Tibetan Pantheon of the Fifteenth Century*. Serindia, 1993.

e. 熊文彬：《早期汉藏艺术》，中国藏学出版社，1994年。

［5］ 熊文彬：《中世纪藏传佛教艺术——白居寺壁画艺术研究》，中国藏学出版社，1996年，第23、24页。

［6］ 前揭朱塞佩·图齐著，魏正中、萨尔吉编译：《梵天佛地》（第四卷第一册），第101页。据《后藏志》记载，系出自《文殊根本续》，即分别为文殊、月光、善财、除盖障、虚空库、地藏、离垢、妙眼、弥勒、普贤、观音、金刚手、大慧、寂慧、遍照藏、灭罪。觉囊达那热特：《后藏志》，西藏人民出版社，2002年，第29页。

［7］ 藏文转写如下：

yum chen shir［sher］ phyin sku mdog ser mo zhal gcig phyag bzhi'i dang po gnyis chos 'chad dang mnyam bzhag / 'og ma gnyis gser gyi rdo rje dang bcas pa'i skyabs sbyin gyi phyag rgya dang / sher phyin gyi po ti 'dzin pa dar gyi na bza' dang rin po che'i rgyan gyis brgyan pa/ zhabs rdo rje'i skyil krung gis bzhugs pa/

mKhas btsun bstan pa'i rgyal mtshan dpal bzang po, "Yum chen sher phyin gyi sgrub thabs las tshogs dang bcas pa/ (gi)." 参见成就法《大佛母般若波罗蜜多成就法及其羯磨集》（Yum chen sher phyin gyi sgrub thabs las tshogs dang bcas pa），出自"汤东杰布流派觉域教法传承"经典《秘密觉域耳传甚深教法》（gSang gcod snyan brgyud zab mo'i chos skor），作者是汤东杰布（Thang stong rgyal po, 1361/1365～1480/1486年）再传弟子雄钦巴·贤圣教幢吉祥贤（gShong chen pa mKhas btsun bstan pa'i rgyal mtshan dpal bzang po，15世纪），仪轨前所冠题名也进一步明确了传承——"出自玛吉密行耳传，意之大佛母念修法"（ma gcig gsang spyod snyan brgyud las/ thugs yum chen mo'i bsnyen thabs bzhugs so），玛吉也即觉域派创始人玛吉拉尊。In *gSung 'bum/_Thang stong rgyal po*, Thimphu: Kunsang topgey, 1976, TBRC W23919. 2: 362. bsTan 'dzin ye shes lhun grub, "*gSang spyod snyan brgyud zab mo'i chos skor gyi dkar chag rin chen bum bzang /*." In *gSung 'bum/_Thang stong rgyal po*, Thimphu: Kunsang topgey, 1976, TBRC W23919. 1: 7-8. 关于汤东杰布流派的觉域教法传承请参见德吉卓玛：《藏传佛教觉域流派探究》，中国藏学出版社，2014年，第142～151、186～197页。

［8］ "*Yum chen sher phyin gyi sgrub thabs las tshogs dang bcas pa/* (gi)." TBRC W23919. 2: 363, 365.

［9］ 转引自前揭《梵天佛地》（第四卷第二册），第205、342页。"de'i shar gyi logs chung la don zhags cho ga zhi［b］ mo las 'byung ba'i spyan ras gzigs khro bo don yod lcags kyu lha dang/ 'dod lha rnam thos sras dang bcas pa legs par bkod pa'i/ "此外，另记其施主和画师来源："（此）系供资施主具信比丘南卡楚臣成办。拉孜善巧画师本莫切塔尔巴（瓦）师徒精心敬绘。"（dgos kyi［sbyin bdag］ dad ldan dge slong nam mkha' tshul khrims kyis bgyis/ ri mo mkhas pa lha rtse ba dpon mo che thar pa dpon slob kyis legs par bza［bs/］）《不空羂索仪轨细释》也即《不空羂索神变真言经》（梵Ārya-amoghapāśakalparāja，藏’Phags pa don yod pa’i zhags pa’i cho ga zhib mo’i rgyal po），德格版《甘珠尔》，［D. No.］0686, rgyud, ma 1b1-316a6（vol. 92）。汉译本参见菩提流志译本《不空羂索神变真言经》，《大正藏》卷20。

［10］ Lokesh Chandra. *Dictionary of Buddhist Iconography*, Vol. 1. New Delhi: International Academy of Indian Culture and Aditya Prakashan, 1999: 290.

［11］《秘藏记》，《佛光大辞典》，第977页。

［12］在胎藏界之观音院，谓之不空羂索，在虚空藏院谓之不空钩观音。丁福保：《佛学大辞典》，上海书店出版社，2015年，第596页。

［13］ Thomas E. Donaldson. *Iconography of the Buddhist Sculpture of Orissa*: Text. Vol. 1. Abhinav Publications, 2001: 202, 264, 267.

［14］菩提流志译本《不空羂索神变真言经》卷9“最胜明王真言品”，《大正藏》卷20，第275页。

［15］《不空羂索神变真言经》（’Phags pa don yod pa’i zhags pa’i cho ga zhib mo’i rgyal po），德格版《甘珠尔》，［D. No.］0686, rgyud, ma 94b（vol. 92）。

［16］久美却吉多杰：《藏传佛教神明大全》，青海民族出版社，2004年，第243页。郑堆、罗文华主编：《五百佛像集：见即获益》，瑞士苏黎世大学民族学博物馆版本提供，影印本，中国藏学出版社，2011年，第256页，编号256（85a）。Rin ’byung，叶85右，本书中所录本尊来源于冉炯百法、纳塘百法和金刚鬘。

［17］《中华大藏经·丹珠尔》，中国藏学出版社，1995年，第39册，第848页。藏文转写如下：

zhal gsum ma/ spyan gsum phyag bzhi pa g.yas pa dang g.yon pa’i zhal ni nag pa dang dkar ba/ sku gser ltar ser ba/ phyag gnyis kyis chos bshad pa’i phyag rgya mdzad pa/ g.yas pa dang g.yon pa’i phyag gzhan gnyis kyis ni mchog sbyin pa dang/ me tog rgyas pa’i klu shing gi yal ga mdzas pa bsnams pa/

对于“g.yas pa dang g.yon pa’i phyag gzhan gnyis kyis ni mchog sbyin pa dang/ me tog rgyas pa’i klu shing gi yal ga mdzas pa bsnams pa”可以有两种理解：一种是左手施与愿印、右手持花瓣盛开的龙华树枝，与《成就法鬘》中一例略似，另一种理解是两手均作与愿印并持花瓣盛开的龙华树枝，手势与白居寺祖拉康一层内殿般若佛母右侧一尊红色身弥勒菩萨手势相同。然而，联系同一译者的后一篇《弥勒成就法》（《中华大藏经·丹珠尔》，第39册，第850页）的叙述，此处应做后一种理解。特此感谢中国藏学研究中心西藏文化博物馆当增扎西、仁青卓玛、周加克三位老师和同事在藏语语句解读中给予的建议和帮助。

［18］《弥勒成就法》（Byams pa’i sgrub thabs）：“zhal gsum spyan gsum / phyag bzhi pa nag po dang dkar po ni g.yas dang g.yon gyi zhal lo / / sku mdog gser lta bu’o / / sems dpa’i skyil krung gis bzhugs pa chos ’chad kyi phyag rgya mdzad pa’o / / gzhan g.yas pa dang / g.yon pa’i phyag dag gis mchog sbyin dang nA ga ge sar gyi me tog gi snye ma bsnams pa /”，此处译法与巴曹·楚臣坚赞译本相同，《中华大藏经·丹珠尔》，第40册，第1111页。

［19］ “zhal gsum spyan gsum gyis brgyan pa / / de yi ’og tu padma ste / / sems dpa’i skyil krung gis bzhugs pa / / phyag bzhi dag gis rnam par mdzes / / chos ston pa yi phyag rgya yis / / phyag gnyis dag ni rnam par brgyan / / g.yas pa’i phyag ni gnyis pa na / / mchog sbyin sems can skyong ba’o / / g.yon na lha rdzas yal ga ni / / klu shing me tog bcas pa’o”《中华大藏经·丹珠尔》，第40册，第164页。

［20］ “dPal snar thang pa’i mngon rtogs brgya rtsa”, In mKhyen brtse’i dbang po, Blo gter dbang po, *sGrub thabs kun btus*, TBRC W23681. Kangara, H.P.: Indo-tibetan buddhist literature Publisher, Dzongsar Inst. for advanced studies, null. 13: 729-836. retrieved from http://tbrc.org/link?RID=O1GS39248|O1GS392481GS40123$W23681, pp. 803-804 (815-816).

［21］ 《五百佛像集：见即获益》（*Rin’byung snar thang brgya rtsa rdor’phreng bcas nas gsungs pa’i bris sku mthong ba don ldan*）第431页，编号431（143b），瑞士苏黎世大学民族学博物馆版本提供，影印本，郑堆、罗文华主编，中国藏学出版社，2011年。所录心咒为“oṁ maitriye svāhā”。

［22］ Benoytosh Bhattacharyya. *The Indian Buddhist Iconography*: *Mainly Based on the Sadhanamala and Other Cognate Tantric Texts of Rituals*. H. Milford, Oxford University Press, 1924: 137.

［23］ 参见Benoytosh Bhattacharyya. *Sādhanamālā*, Baroda: Central Library, 1925, no. 35, 36.《成就法鬘》中第35、36篇《权衡三界观世音成就法》（Trailokyavaśaṅkaralokeśvarasādhana）：红色身，一面三目二臂，二手分持金刚羂索和金刚钩，金刚跏趺坐于红莲之上。其中第35篇提到在此尊的头冠上饰有阿弥陀佛。Benoytosh Bhattacharyya. *The Indian Buddhist Iconography*. H. Milford, Oxford University Press, 1924: 137. Lokesh Chandra, *Dictionary of Buddhist Iconography*, Vol. 12, New Delhi: International Academy of Indian Culture and Aditya Prakashan, 2004: 3631. 其藏译名主要有：’Jig rten gsum po dbang du byed pa’i ’jig rten dbang phyug，’Jig rten dbang phyug ’jig rten gsum dbang du mdzad pa, Khams gsum dbang du byed pa’i spyan ras gzigs dbang phyug等，译本主要有巴曹译师、巴哩译师等版本。《中华大藏经·丹珠尔》，第39册，第532～538页，第40册，第227～229、425～427页。

［24］ 据Bhattacharyya所记，这种观音的信仰和图像传统在巴基斯坦东部地区至今还有流传。Benoytosh Bhattacharyya. *The Indian Buddhist Iconography*. p. 137.

［25］ 《梵天佛地》（第四卷第一册），第75页。

［26］ 《梵天佛地》（第四卷第一册），第77、78页；第三卷第一册，第49页。对于大日如来的主要图像样式和仪轨文献，图齐曾在《梵天佛地》（Indo-Tibetica）中予以梳理，比对其序列，白居寺祖拉康一层内殿中这尊大日如来与其序列第2位的大日如来现证佛（rnam pa snam mdzad mngon par byang chub）图像特征基本一致，源于《摩诃毗卢遮那现等觉》（Mahāvairocanābhisambodhi）和《大日如来现证菩提仪轨·一切利乐处之自生》（rnam par snang mdzad mngon par byang chub pa’i cho ga phan bde kun ’byung las bdag bskyed）。

［27］ 《梵天佛地》（第四卷第一册），第84、85页。即使是在部分仪轨，如《般若佛母曼荼罗仪

轨》中见有较为详细的图像记录，但与白居寺祖拉康一层内殿十方佛图像差别较大。

［28］ Petra Müller. “Representing Prajñāpāramitā in Tibet and the Indian Himalayas. The iconographic concept in the Temples of Nako, rKyang bu and Zha lu”, in https://www.asianart.com/articles/mueller/index.html.

［29］ 佛寺遗存主要有11 ~ 12世纪后藏娘曲河沿岸的夏鲁寺般若佛母殿、孜乃萨寺般若佛母殿和江浦寺马头明王殿以及西藏西部的那科寺译师殿等壁塑遗迹；15世纪的白居寺吉祥多门塔五层北无量宫殿中的主供四臂般若与十方佛雕像，修建于1427 ~ 1436年；可追溯至16 ~ 17世纪的普兰科加寺（’Khor chags）十方佛殿内四臂般若佛母与十方佛塑像，现存为20世纪80年代新塑；建于1615 ~ 1629年的甘丹彭措林寺（dGa’ ldan phun tshogs gling）经书殿（gSung khang）主供四臂般若佛母塑像，现已毁没，参见闫雪：《西藏甘丹彭措林寺建筑格局及其渊源考释》，《民族研究》2016年第5期，第98 ~ 110页。感谢上海社会科学院宗教研究所闫雪博士向笔者惠示《甘丹彭错林寺志》中的这则信息：

gsung khang du grags pa’i gtsug lag khang ’di nyid na / lha khang phug na bcom ldan ’das ma shes rab kyi pha rol tu phyin pa phyag bzhi ma’i sku brnyan / logs bris phyogs bcu’i sangs rgyas dang bcas pa / ’khyams ’di’i g.yas logs na / yum chen mo phyag gnyis pa la ’khor phyogs bcu’i sangs rgyas kyi skor ba dang / bcom ldan ’das thub pa’i dbang po la byang sems nye ba’i sras brgyad la sogs pas bskor ba /

汉译文：在名为经书殿的佛殿中，龛内为四臂般若佛母世尊塑像与十方佛壁画，右边为二臂般若佛母周围绕以十方佛，以及伴有八大菩萨等眷属的世尊能仁……

参见多罗那他（Tāranātha）：《甘丹彭错林寺志》（dGa’ ldan phun tshogs gling gi gnas bshad），《先哲遗书》（Mes po’i shul bzhag）第76册，中国藏学出版社，2008年，第184页。

［30］ 《梵天佛地》（第四卷第一册），第84、85页。图齐在该书中对江浦寺马头明王殿般若佛母与十方佛图像组合予以释义时的观点。

［31］ 一行记本《大毗卢遮那成佛经疏》卷20“本尊三昧品”，《大正藏》卷39，第783页。

［32］ 录文和汉译文转引自石岩刚：《重构吐蕃时期桑耶寺建筑布局及画塑配置与内容——13世纪前涉及桑耶寺建筑、塑像、壁画的藏文文献研究》，首都师范大学硕士学位论文，2012年，第16、17、26、27、35页。

［33］ sBa gsal snang. *sBa bzhed ces bya las sba gsal snang gi bzhed pa*, mi rigs dpe skrun khang, 1980: 44. 汉译文参考拔塞囊著，佟锦华、黄布凡译注：《〈拔协〉增补本译注》，四川民族出版社，1990年，第35页。

［34］ Tanaka, Kimiaki. Wallpaintings and Mandalas at bSam-yas. *Journal of Indian & Buddhist Studies*, 1986, 35 (1): 472-475.

［35］ 藏文转写如下：

yum chen mo’i lha khang du lha khang shing brtsegs kyis phul ba’i ka drug mar / dbus su rnam par snang mdzad mi bzhi rgyab sprod thog phyed gnyis / mtha’ skor phyogs bcu’i sangs rgyas rgya lugs gos 'khyud nyams mtshar can thog mtho ngos / sbug na yum chen mo bcas snang / 三世噶陀司徒确吉嘉措（Chos kyi rgya mtsho），《雪域卫藏朝圣指南》（Gangs ljongs dbus gtsang gnas bskor lam yig nor bu zla shel gyi se mo do），四川民族出版社，2001年，第372页。中国藏学研究中心仁青卓玛副研究员对此段藏文加以解读和翻译，在此表示真挚的谢意。然而在17世纪的《后藏志》和图齐的《梵天佛地》书中并未提及该殿的大日如来塑像，参见前揭觉囊达那热特：《后藏志》第54页；前引《梵天佛地》（第四卷第一册），第46、47页。

[36] 善无畏译本：《大毗卢遮那经广大仪轨》卷3，《大正藏》卷18，第106页。

[37] "北维大莲台，观严字光轮，转成诸佛母，光晖真金色，缟素以为衣，遍照犹日光，正受住三昧，号名虚空眼，虚空眼明妃。"引自善无畏译本《大毗卢遮那经广大仪轨》卷2（《大正藏》卷18，第98、99页）。一行记本《大毗卢遮那成佛经疏》卷5（《大正藏》卷39，第631页）释义更为明确："至于北维置虚空眼。即是毗卢遮那佛母也。佛母仪如般若经佛母品中广说……"

[38] "阿闍梨言。明是大慧光明义。妃者梵云萝逝。即是王字作女声呼之。故传度者义说为妃。妃是三昧义。所谓大悲胎藏三昧也。此三昧是一切佛子之母。""佛于三昧中现此明妃也。口说名真言陀罗尼（男声也）身现曰明。以此善男子明妃如来身无二境界。由是力故。佛菩萨大名称。得无碍法。能苦除灭者。言此明妃者即同如来之身。若不悟此理无由成佛。若证无相无碍理。"引自一行记本《大毗卢遮那成佛经疏》卷9（《大正藏》卷39，第673页）和卷12"转字轮漫荼罗行品"（《大正藏》卷39，第708页）。另参见一行记本《大日经义释》卷9，《卍续藏》卷23，第422页。

[39] 亦称金刚界自在、虚空界自在、界自在母，参见阮丽：《敦煌石窟曼荼罗图像研究》，中央美术学院博士论文，2012年，第92页。田中公明：《敦煌 密教と美術》，法藏館，2000年，第104页。另记，在《真实摄经》和《五部心观》等经典中有提及绘制金刚界自在母的记述，在《真实摄经》"遍调伏品"第十六章"莲华秘密印曼荼罗"中央轮主尊"画金刚界自在女"，金刚界自在女在三昧耶印曼荼罗中是作为毗卢遮那如来的别名，其印名还有"释迦牟尼的坚固之印"。然而，金刚界自在母也被认定为其他佛母，如佛眼佛母，在《苏悉地羯罗经》中，属于佛部母，与金刚界自在母尊格属性相重。堀内寛仁：《堀内寛仁論集金剛頂経の研究》上卷，法藏館，1996年，第101页。相关论述参见阮丽：《敦煌石窟曼荼罗图像研究》，第92页。

[40] "yum chen mo shes rab kyi pha rol tu phyin ma rdo rje dbyings kyi dbang phyug ma zhal gcig phyag bzhi ma/" Christian Luczanits: "Mandalas of Mandalas: The Iconography of a stupa of Many auspicious Doors for Phag mo gru pa", in Erberto Lo Bue and Christian Luczanits eds., *Tibetan Art and Architecture in Context: PIATS 2006: Tibetan Studies: Proceedings of the Eleventh Seminar of the International Association for Tibetan Studies, Königswinter 2006*, IITBS (International Institute for Tibetan and Buddhist Studies GmbH), 2010: 281-310. 藏文参见TBRC W23743。此处衷心感谢浙江大学人文学院博士研究生王传播向笔者惠示此文。

［41］ 前揭觉囊达那热特著：《后藏志》，第35、36页；《梵天佛地》（第四卷第一册），第84页。

［42］ 前揭《雪域卫藏朝圣指南》，第372页；《梵天佛地》（第四卷第一册），第84页。

［43］ 相关论述请参见前揭《夏鲁寺般若佛母殿画塑图像研究——以相关仪轨文献为中心》第365、366页。

［44］ 德格版《丹珠尔》，rgyud，ju 247a4-260a7（vol. 170）。

［45］ 德格版《丹珠尔》，［D. No.］2645，rgyud，ju 260a7-270a2（vol. 170）。

［46］ 另有版本，较其多出十二尊，即内外四供养天女和四摄菩萨。'on rgyal sras bskal bzang thub bstan 'jigs med rgyal mtshan, *mi tra brgya rtsa'i dkyil 'khor gyi mngon rtogs blo gsal mgul rgyan*, Delhi: 'on chos sdings bla brang gi par khang, 1985: 137L4-142L2. 另参见自Kimiaki Tannka, *Mitrayogin's 108 Maṇḍalas: An Image Database*, Kathmandu: Vajra Publication, 2013: 67. gnyan 'od srung mgon po, *mngon par rtogs pa mu tig phreng ba* (*grub pa'i dbang phyug chen po mi tra dzo ki'i gsung las byung ba'i thugs dam gyi lha mchog brgya rtsa brgyad kyi mngon par rtogs pa mu tig phreng ba rgya gzhung dang khyad med gnyan 'od srung mgon po'i gsung*), in blo gter dbang po, *rgyud sde kun btus*. Kathmandu: Sachen International, Guru Lama, 2004, TBRC W27883. 23: 345-487: 389L2-391L5.

［47］ 布顿·仁钦珠著，蒲文成译：《布顿佛教史》，甘肃民族出版社，2007年，第200页。

［48］ 六则曼荼罗仪轨如下：

a.《金刚界大曼荼罗仪轨一切金刚出现》（r*Do rje dbyings kyi dkyil 'khor chen po'i cho ga rdo rje thams cad 'byung ba*）德格版《丹珠尔》，第2516号，rgyud, ku 1a1-lu 50a4.

b.《吉祥三界胜曼荼罗仪轨圣真性集怛特罗摄》（*dPal khams gsum rnam par rgyal ba'i dkyil 'khor gyi cho ga 'phags pa de kho na nyid bsdus pa'i rgyud las btus pa*）德格版《丹珠尔》，第2519号，rgyud，ku 67a3-110a4.

c.《般若波罗蜜多曼荼罗仪轨》（*Shes rab kyi pha rol tu phyin pa'i dkyil 'khor gyi cho ga*）德格版《丹珠尔》，第2644号，rgyud，ju 247a4-260a7.

d.《吉祥一切恶趣清净曼荼罗仪轨悲鬘》（*dPal ngan song thams cad yongs su sbyong ba'i dkyil 'khor gyi cho ga thugs rje'i phreng ba*）德格版《丹珠尔》，第2631号，rgyud，ju 124b5-156b7.

e.《一切恶趣清净曼荼罗成就法》（*Ngan song thams cad yongs su sbyong ba'i dkyil 'khor gyi cho ga*）德格版《丹珠尔》，第2635号，rgyud，ju 187a3-199a6.

f.《一切恶趣清净大曼荼罗成就法》（*Ngan song thams cad yongs su sbyong ba'i dkyil 'khor chen po'i sgrub thabs*）德格版《丹珠尔》，第2630，rgyud，ju 112b1-124b5.

参见杉木恒彦：《Ānandagarbhaの曼荼羅成就法論》，《インド哲学仏教学研究》1995年第3号，第3346页。

［49］ 罗文华：《木雅地区明代藏传佛教经堂砌壁画》，故宫出版社，2012年，第179、304～318、389～410、443～460页。

[50] 前揭罗文华《木雅地区明代藏传佛教经堂碉壁画》，第357、358页。

[51] 前揭罗文华《木雅地区明代藏传佛教经堂碉壁画》，第175、304～318、344～350、389～410、443～460页。

[52] Helmut F. Neumann, Heidi A. Neumann. Wall Paintings of Pang gra phug: Augusto Gansser's Cave. *Orientations*, 2011: Fig. 12；王瑞雷、任赟娟：《托林寺迦萨配殿药师图像重构——兼议13～15世纪西藏阿里地区药师如来信仰与图像配置》，《敦煌研究》2018年第2期，第103～105页；张长虹：《西藏阿里帕尔嘎尔布石窟（K1）壁画题记释读与相关问题》，《文物》2016年第7期。

[53] 关于药师佛曼荼罗仪轨已有多位学者加以探讨，如陈智音：《寂护与药师佛信仰在西藏的开端》，《天禄论丛：北美华人东亚图书馆员中国学文集》，广西师范大学出版社，2010年，第1～14页；笔者：《11至14世纪夏鲁寺般若佛母殿绘塑研究》，第107～114页；前揭《托林寺迦萨配殿药师图像重构——兼议13～15世纪西藏阿里地区药师如来信仰与图像配置》，第103～115页。

[54] Steven Kossak, Jane Casey Singer, Robert Bruce-Gardner. *Sacred Visions: Early Paintings from Central Tibet*. Metropolitan museum of art, 1998: 28, fig. 13.

[55] *Sacred Visions: Early Paintings from Central Tibet*. pp. 62, 105-107, 141, cat. no. 10, 23a, 23b, 23c, 36b.

[56] *Sacred Visions: Early Paintings from Central Tibet*. p. 117, cat. no. 27.

[57] （唐）玄奘、辩机原著，季羡林校注：《大唐西域记校注》，中华书局，2004年，第673页。

[58] *The Indian Buddhist Iconography: Mainly Based on the Sadhanamala and Other Cognate Tantric Texts of Rituals*. p. 78. 由11世纪初巴曹·楚臣坚赞（Pa tshab Tshul khrims rgyal mtshan）译师翻译成藏文rDo rje gdan gyi sgrub thabs，被收录在《百五十成就法》（梵*Sādhanaśatapañcāśikā*，藏*sGrub thabs brgya dang lnga bcu*）中。参见德格版《丹珠尔》rgyud，phu 170b5-173b2，编号3148、3149；北京版《丹珠尔》rgyud 'grel，thu，210b2-214a2（vol.80，p.164-165），编号3969、3970；《中华大藏经·丹珠尔》，第40册，第337、338、342页。

[59] Michael Henss. *The Cultural Monuments of Tibet: The Central Regions*, vol. 2. London, New York: Prestel, 2014: 507, fig. 726.

[60] *Sacred Visions: Early Paintings from Central Tibet*. pp. 51, 111, 139-140, 142, cat. no. 1, 25. 36a, 36c.

[61] 藏文原文转写如下：

rang bzhin gyi gnas nas ston pa gtso 'khor gsum pa spyan drangs nas mdun gyi nam mkhar dbus su ston pa bcom ldan 'das shAkya'i rgyal po/ sku mdog gser btsom lta bu/ sprul pa'i sku'i cha byad can/ mtshan bzang po sum cu rtsa gnyis dang/ dpe byad bzang po brgyad cus spras pa chos gos na bza' ngur smrig gsol ba/ phyag g.yas sa gnon/ g.yon mnyam gzhag/ zhabs rdo rje'i skyil mo krung du bzhugs shing/ ’od dang ’od zer dpag tu med pa ’phro ba/ de’i g.yas su ’phags pa shA ri’i bu/ g.yon du ’phags pa mo’u ’gal gyi bu/ gnyis ka ’ang dbu reg zhabs rje na/ na bza’ chos gos dur smrig gsol ba/ phyag g.yas na ’khar gsil dang/ g.yon na lhung bzed bsnams pa bzhengs nas ldem gyi tshul du bzhugs par bsgom/ de nas ston pa’i thugs ka nas ’od zer mtha’ yas pa phyogs bcur ’phros/ dkon mchog gsum po ma lus pa spyan drangs/ gtso ’khor gsum po la bsdu/ theg chen gyi lugs kyis shA ri’i bu ni/ sang rgyas thams cad kyi ye shes gcig tu bsdus pa ’jam pa’i dbyangs/ mo’u ’gal ni/ sangs rgyas thams cad kyi thugs rje gcig tu bsdus pa spyan ras gzigs dbang phyug/ ston pa bcom ldan ’das ni/ ’jig rten las ’das pa thams cad kyi spangs rtogs mdzad pa ’phrin las thams cad gcig tu bsdus pa’i ngo bor thag bcad la/ bdag gzhan sems can thams cad lus ngag yid gsum dang ba’i sgo nas phyag ’tshal bar bsam zhing/

参见sGra tshad pa rin chen rnam rgyal. *Yum chen mo’i sgrub thabs*, in Lokesh Chandra ed., *The Collected Works of Bu ston*, New Delhi: International Academy of Indian Culture, 1965-1971, Vol. 28: 87-92. TBRC W22106. 28: 99-104.

［62］ sGra tshad pa rin chen rnam rgyal. *Yum chen mo’i sgrub thabs*, p. 88. TBRC W22106. 28: 100.

［63］ 前引《梵天佛地》（第四卷第一册），第84、85页。

［64］ Tenzing Rigdol. *In-Between: 21st Century Tibetan Artists Respond to 12th-15th Century Tibetan Manuscript Covers*. Rossi & Rossi Ltd, 2013: 14.

［65］ “大法身佛母般若波罗蜜多母/法身般若波罗蜜多母”(chos sku chen mo shes rab kyi pha rol tu phyin ma/ chos sku shes rab pha rol phyin ma), “*Yum chen sher phyin gyi sgrub thabs las tshogs dang bcas pa*/ (gi).” TBRC W23919. 2: 363, 365.

［66］ 参见《夏鲁寺般若佛母殿画塑图像研究——以相关仪轨文献为中心》，第354页。参见宿白：《藏传佛教寺院考古》，文物出版社，1996年，第91页，图版32。

［67］ 相关研究颇丰，参见

a. 谢继胜：《川青藏交界地区藏传摩崖石刻造像与题记分析——兼论吐蕃时期大日如来与八大菩萨造像渊源》，《中国藏学》2009年第1期，第123～141页。

b. 张长虹：《藏东地区吐蕃时期大日如来图像研究》，《青海民族研究》2017年第1期，第14～20页。

c. 阮丽：《敦煌石窟曼荼罗图像研究》，第126页。

d. 席琳：《吐蕃禅定印毗卢遮那与八大菩萨组合图像研究》，《考古与文物》2014年第6期，第41～48页。

e. 田中公明：《胎蔵大日八大菩薩と八大菩薩曼荼羅の成立と展開》，《密教図像》第20号，2001年，第1～15页。

［68］ 前揭《雪域卫藏朝圣指南》，第98页。

［69］ 前揭《中世纪藏传佛教艺术——白居寺壁画艺术研究》，第89～92页。

［70］ 将就现存遗迹来看，在卫藏地区，释迦牟尼佛或三世佛题材被作为佛殿主供塑像至晚出现

在后弘期初期如艾旺寺和聂唐寺卓玛拉康等。参见前揭朱塞佩·图齐著，魏正中、萨尔吉编译：《梵天佛地》（第四卷第一册），第95页，图版54。另据12～13世纪初《娘氏教法史》记载，桑耶寺的中层殿主供为三世佛，13世纪中期的《底吾史记》记载桑耶寺底层殿所供主尊之一即为释迦牟尼佛，清静法洲殿和降魔真言洲殿所供主尊则为释迦牟尼佛五尊，苍芒格鲁洲殿同样供奉释迦牟尼佛七尊，另一本13世纪中叶的《弟乌教法史》记载桑耶寺底层殿所供主尊为三世佛。转引自前揭《重构吐蕃时期桑耶寺建筑布局及重塑配置与内容——13世纪前涉及桑耶寺建筑、塑像、壁画的藏文文献研究》，第46～66页。

（原载《故宫博物院院刊》2019年第10期）

西藏夏鲁寺及日普寺石刻调查报告

张中亚
（中国藏学研究中心西藏文化博物馆）

一、夏鲁寺石刻

西藏日喀则市桑珠孜区甲措雄乡夏鲁村夏鲁寺在距市区东南约30千米处，平均海拔4000米，位于雅鲁藏布江南岸与年楚河交汇处、年楚河下游西岸夏鲁河谷。以夏鲁寺为中心，正北约3千米处，古时被称为“丛堆”，是吐蕃时期十大集市之一，也是西藏历史上重要的驿站之一；向北“一箭程”的地方为坚贡寺，夏鲁寺的属寺之一；西南约3千米外的山坳，布顿大师修建了日普寺。

夏鲁寺石刻造像分布在外墙、北无量宫殿、东无量宫殿等三处，主要为佛、上师像。北无量宫殿木制供台之上供奉五方佛（图一）。减地阳刻，彩绘。从左到右依次为不动佛、宝生佛、毗卢遮那佛、阿弥陀佛、不空成就佛。身色分别为黄、蓝、白、红、绿。具圆形头光、椭圆形背光。宽肩细腰，上身、双腿偏长，呈结跏趺坐。整个石刻造像以蓝为底色，佛与佛之间填充花草、白云、日月。雕刻手法简洁粗犷，系早期作品。夏鲁寺外墙壁龛处的佛石刻（图二），减地阳刻，残缺，着通肩袈裟，全结跏趺坐，石刻保存完好，表面粉刷颜色同墙体色一致。夏鲁寺东无量宫殿门两旁存放

图一　夏鲁寺北无量宫殿五方佛石刻

四世班禅、达赖喇嘛石刻[1]（图三），班禅居左，面朝右，达赖喇嘛居右，面朝左，护持此殿。班禅石刻保存完整，局部断裂。其额骨凸起，右手持莲花，莲花上置宝剑，左手于腹前托钵。长约68.5、宽约56厘米。达赖喇嘛石刻中部断裂后黏结痕迹清晰可见。具圆形头光。着僧帽、大氅。右手持莲花，左手置经书。长约61、宽约51厘米。

图二 夏鲁寺外墙壁龛处佛石刻

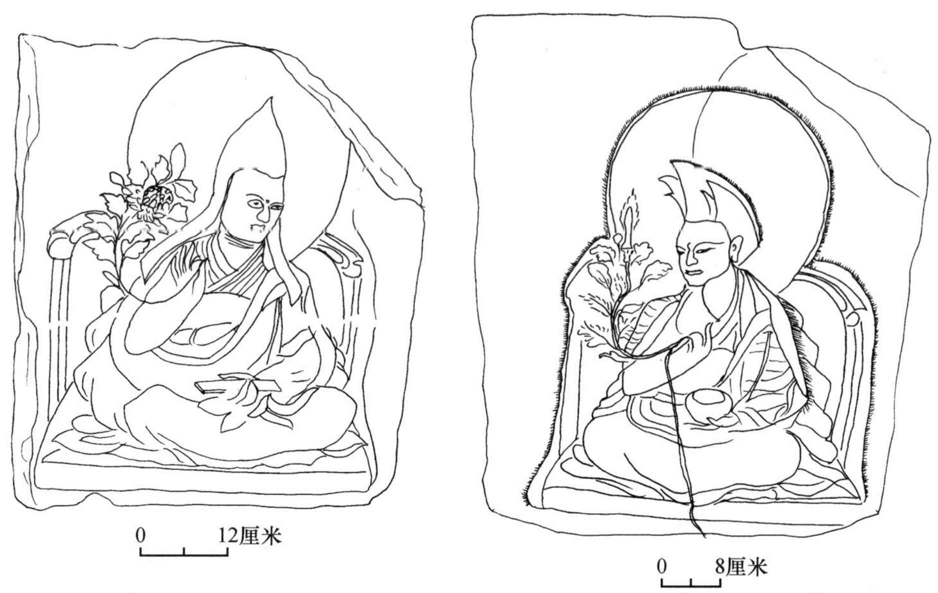

图三 夏鲁寺东无量宫殿四世班禅、达赖喇嘛石刻

二、日普寺石刻

日普寺是夏鲁寺寺院建筑群的重要组成部分，为夏鲁寺僧众夏季学法的重要场所。据传11世纪阿底峡在日普山修建一座静修禅房和供奉擦擦的擦康，14世纪布顿仁钦珠修建日普寺。据藏文史料记载，1352年布顿为纪念母亲修建了一座菩提塔，佛塔由布顿亲自设计并主持建造。此后在该塔所在区域陆续增建多座佛塔，形成塔群，附带围墙。可惜这些佛塔现为废墟，经多次踏勘，从塔基表面红陶覆莲瓣及散落四周琉璃残件来看，当时佛塔表面装饰红陶及琉璃饰件，关于这批塔群陶饰，笔者拙文[2]有详细论述。现在关注的焦点为日普寺石刻，大部分石刻粘贴于围墙或堆放于围墙周围（图四），少量石刻供奉于日普寺却吉颇章殿内[3]。

现对围墙处的造像石刻进行分类编号（图五），遵循的原则是“△”代表祖师，“○”代表佛、菩萨，“□”代表空缺，从右至左、从上到下依次进行编号为1～58，其中祖师18块，佛、菩萨40块。日普寺却吉颇章里收藏祖师石刻5块，逐一进行编号为59～63。下面针对这些石刻进行辨识、归类，大致分成五组：怙主三尊、五方佛、三十五佛、日普寺历代祖师及其他石刻。

图四　日普寺塔群围墙石刻

34 32 30 28 24 19 17 15 12
33 31 29 27 26 25 23 22 21 20 18 16 14 13 11 9 8 7 5 4 3 2 1
56 54 47 45 43 41 39
58 57 55 53 52 51 50 49 48 46 44 42 40 38 37 36 35 10 6

图五　日普寺塔群围墙石刻编号示意图

1. 怙主三尊石刻

编号4～6号，怙主三尊——怒相金刚手、四臂观音、文殊菩萨（图六），减地阳刻，雕刻于片岩上，线条古朴，石片皆呈不规则形，保存相对完整。金刚手，具火焰纹头光。一面二臂，头戴冠，赤发上扬。左手于胸前施期克印，右手上扬持金刚杵。

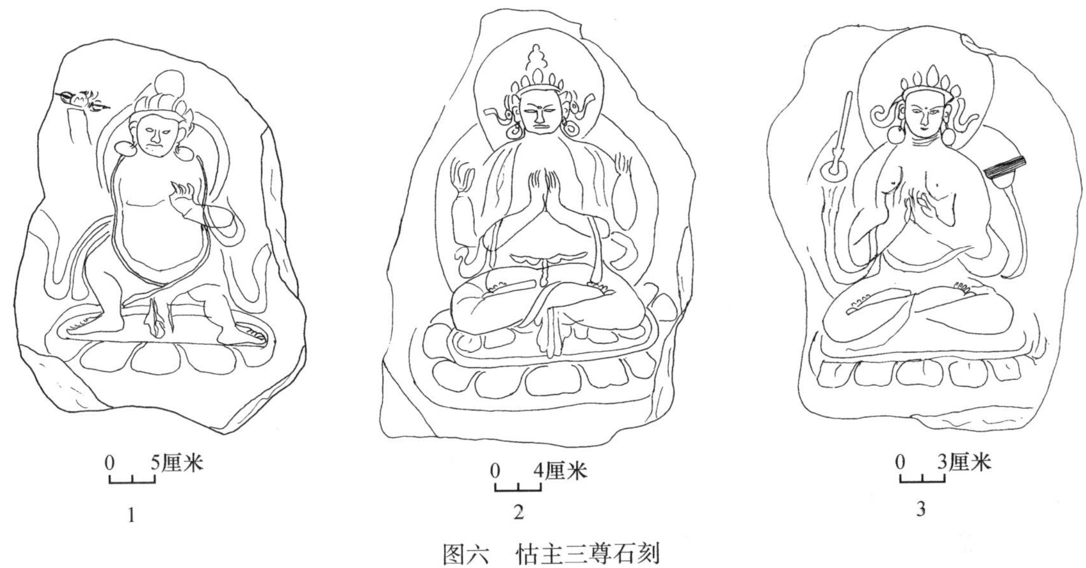

图六 怙主三尊石刻

1. 4号金刚手 2. 5号四臂观音 3. 6号文殊菩萨

佩戴骨饰与蛇饰，以缎与虎皮为裙。左展姿立于莲花日轮台之上。石刻最长约44.5、最宽约31.6厘米。四臂观音，坐姿像。具椭圆形头光、背光。一面四臂，头戴五叶宝冠，高发髻，着大环耳饰。二主臂合掌于胸前，似捧有摩尼宝珠，右上臂持念珠，左上臂持物不明（莲花？）。身披帛带，结跏趺坐于莲花月轮上。石刻最长约53、最宽约36厘米。文殊菩萨，坐姿像。具圆形头光、背光。一面二臂，头戴五叶冠，着大耳环。双手于胸前结说法印，并持莲花，分别放置宝剑和经书。宽肩细腰，身着天衣，结跏趺坐于莲花日轮上。石刻最长约52、最宽约40.2厘米。

2. 五方佛石刻

3号不空成就佛石刻（图七，1），坐姿像，雕刻于片岩上，浅浮雕，石片呈圆角长方形，保存良好。最长约47、最宽约33厘米。不空成就佛结跏趺坐于莲座上，具圆形头光、背光。高肉髻。宽额，面部呈圆角倒梯形。具白毫，眼睑弯曲。双耳饰圆形耳环。短颈，颈饰蚕节纹三道。宽肩细腰。身着右袒式袈裟，紧贴全身，线条流畅。左肩搭覆衣角。右手于胸前施无畏印，左手于腹前结禅定印。单层仰莲莲台，莲瓣硕大、圆润。8号宝生佛石刻（图七，2），最长约47、最宽约32厘米。右手施与愿印，其他同3号。从题材、石材、雕工的相似性判断，3号、8号石刻应属于同期。

3. 三十五佛石刻

编号2、11、14、34、36～50、52～57共25尊属于三十五佛体系中的诸佛（图八、图九），皆雕刻于片岩上，减地阳刻。石片多呈圆角长方形。诸佛形状大同小异，应该雕刻于同一时期。关于三十五佛佛名的确认，笔者对比了三个文本：竺法护译《佛说决定

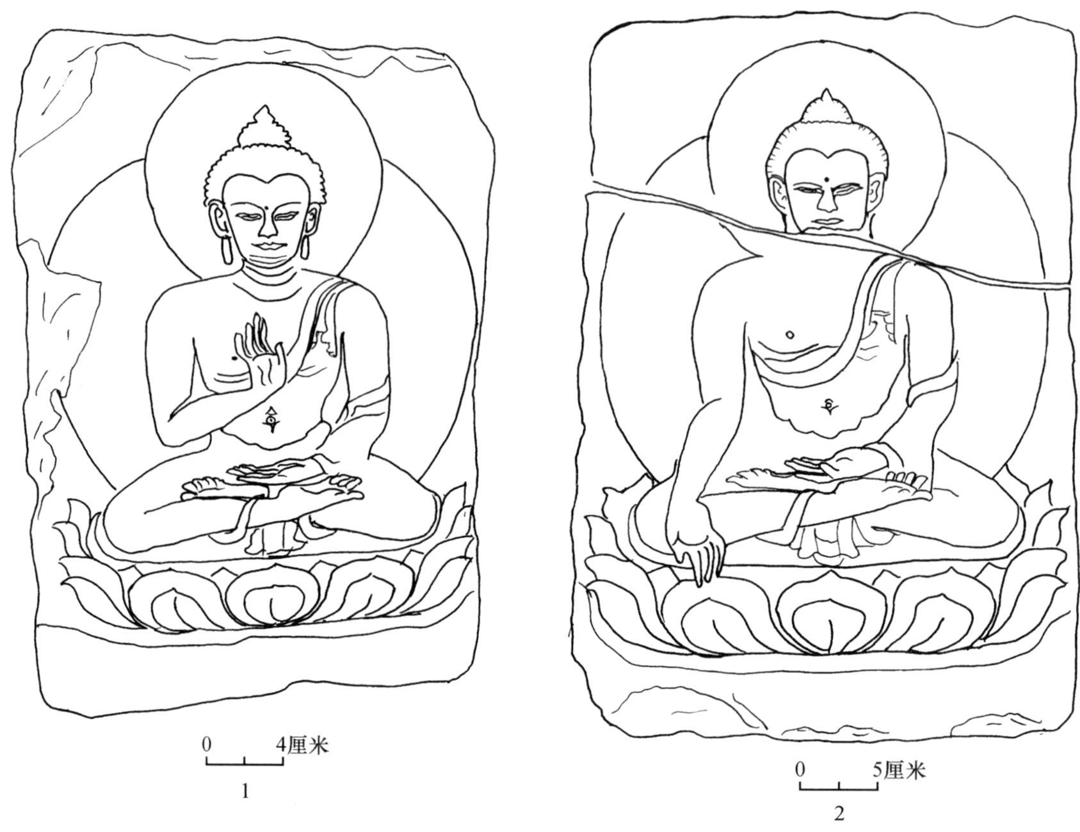

图七　五方佛石刻

1. 3号不空成就佛　2. 8号宝生佛

毗尼经》[4]、菩提流支译《大宝积经》[5]、不空译《佛说三十五佛名礼忏文》[6]，竺法护译本三十五佛名同菩提流支译本，与不空译本三十五佛名有别，通过对石刻造像藏文题记释读，笔者更倾向用前一种[7]。对照久美却吉多杰《藏传佛教神明大全》（藏文）的相关内容并结合石刻的藏文题记及其佛像所结手印加以辨识，具体内容见表一。

总的来看，三十五佛所穿袈裟类型可分为三类：第一类左肩通肩，而右肩仅披袈裟的一角，露出右肩与右胸；第二类袒右袈裟，即所着袈裟袒露右肩；第三类通肩袈裟，即两肩均被袈裟覆盖，于领口处成“U”形领。诸佛着袒右袈裟居多。三十五佛石刻造像皆覆莲座，莲瓣皆单层，单层莲瓣分四式，即a、b、c、d式，四式同期。a式莲瓣呈倒立桃形，瓣页阴刻中轴线。44号、48号、50号、53号、54号莲瓣类型属于a式。b式莲瓣前端呈三弧状，中间突出，瓣页阴刻中轴线，左右对称阴刻一对纹饰。14号、38号、39号、42号、45号、55号莲瓣类型属于b式。c式莲瓣前端呈五道弧形，中间大两端小，瓣页阴刻中轴线，左右对称阴刻一对纹饰。2号、11号、57号莲瓣类型属于c式。d式莲瓣呈倒立马蹄形。36号、37号、40号、41号、49号、52号、56号莲瓣类型属

图八　三十五佛石刻（一）

1. 2号释迦牟尼佛　2. 11号宝月佛　3. 14号光吉祥佛　4. 34号无忧吉祥佛　5. 36号宝莲花妙住山王佛　6. 37号净行佛　7. 38号龙自在王佛　8. 39号勤勇喜佛　9. 40号勤勇军佛　10. 41号金刚坚固能催佛　11. 42号宝月光佛　12. 44号无垢佛

图九　三十五佛石刻（二）

1. 45号帝幢幡王佛　2. 46号宝莲花游步佛　3. 47号水天佛　4. 48号善称名号吉祥佛　5. 49号斗战胜佛　6. 50号普遍照曜庄严吉祥佛　7. 52号宝火佛　8. 53号花吉祥佛　9. 54号勇施佛　10. 55号贤吉祥佛　11. 56号水王佛　12. 57号念吉祥佛

于d式。34号、46号、47号残损严重，无法判断。白居寺释迦牟尼石刻[8]、紫金寺斗战胜佛石刻[9]、乃宁寺药师佛石刻[10]与日普寺三十五佛石刻相似。年代属于同期。

表一　日普寺三十五佛石刻一览表

编号	名称	题记	尺寸/厘米
2	释迦牟尼佛ཤཱཀྱ་ཐུབ་པ།	…ཤཱཀྱ་［ཐུབ…］	30.8 × 18.8
11	宝月佛རིན་ཆེན་ཟླ་བ།	རིནཟླ	33.0 × 24.4
14	光吉祥佛འོད་དཔལ།	［ༀ།］འོད་དཔལ་ན་མོ།	
34	无忧吉祥佛མྱ་ངན་མེད་པའི་དཔལ།	…ལ་ན་མོ།	32.0 × 24.0
36	宝莲花妙住山王佛རི་དབང་གི་རྒྱལ་པོ།	ༀ།རི་དབང་གི་རྒྱལ་པོ་ལ་ན་མོ།	
37	净行佛ཚངས་པས་བྱིན།	［ལ་སིན］…［ལ་ན་མོ།］	
38	龙自在王佛ཚངས་པ།	།ཚང་པ་ལ་ན་མོ།	
39	勤勇喜佛དཔལ་དགྱེས།	གྱུས་［ལ་ན་མོ།］	
40	勤勇军佛དཔའ་བོའི་སྡེ།	…འོའི…སྡེ་ལ་ན་［མོ།］	
41	金刚坚固能摧佛རྡོ་རྗེ་སྙིང་པོས་རབ་ཏུ་འཇོམས་པ།	།རྡོ་སྙིང་པོ་…ཏའ་རྗེ…ཡཾ་ན་མོ།	
42	宝月光佛 རིན་ཆེན་ཟླ་འོད།	［།ཟླ…འོད་ལ་ན་མོ།］	
43	不详	无	
44	无垢佛དྲི་མ་མེད་པ།	［།དྲིམ་པ་ས་ལ་ན་མོ།］	
45	帝幢幡王佛དབང་པོའི་ཏོག་གི་རྒྱལ་མཚན།	［ༀ།］དབང་པོ་ཏོག་རྒྱལ་མཚན་ལ་ན་མོ།	
46	宝莲花游步佛རིན་ཆེན་པདྨས་རྣམ་པར་གནོན་པ།	…མོ།	
47	水天佛ཆུ་ལྷ།	无	
48	善称名号吉祥佛མཚན་དཔལ་ཤིན་ཏུ་ཡོངས་གྲགས།	ༀ།མཚན་དཔལ་ཤིཾན་ཏུ་…ཡང་ལ་ན་མོ།	
49	斗战胜佛གཡུལ་ལས་ཤིན་ཏུ་རྣམ་པར་རྒྱལ་བ།	།ལས་ཤིན་རྣཾ་པར་རྒྱལ་པོ་ལ་ན་མོ།	
50	普遍照曜庄严吉祥佛ཀུན་ནས་སྣང་བ་བཀོད་པ།?	…［མོ།］	
52	宝火佛རིན་ཆེན་མེ།	ༀ།ཇིན་མོང་ལ་ན་མོ།	34.0 × 28.2
53	花吉祥佛མེ་ཏོག་དཔལ།	…ཏོ…དཔལ་ན་མོ།	33.0 × 25.8
54	勇施佛དཔལ་སྦྱིན།	…［ལ་ན་མོ།］	32.4 × 22.0
55	贤吉祥佛དཔལ་བཟང་།	…དཔལ་བཟང་ལ་ན་མོ།	30.0 × 26.0
56	水王佛ཆུ་ལྷའི་ལྷ།	…ཆུ་ལྷའི…ལ་ན་མོ།	30.0 × 26.0
57	念吉祥佛སྲེད་མེད་ཀྱི་བུ།	།སེད་མེད་ཀྱི…ལ་ན་མོ།	33.0 × 24.0

4. 日普寺历代祖师像

编号7、16、20～24、26～33、51、58～63共二十二尊祖师石刻（图一〇），雕刻于片岩上，减地阳刻，绝大部分石片近似圆角长方形，有少部分残损严重，形状各异。这批石刻祖师像造型大同小异，或正面，或侧面，应属于同期作品。日普寺却吉颇章殿发现的编号60～63祖师石刻[11]应属于同一批，局部彩绘，依此推测，其他编号祖师造像原本也带有彩绘，因暴露在外长时间经雨水冲洗而褪去。总的来看，这一批祖师石刻雕刻技艺娴熟、手法固定，彼此之间往往依据正侧面、胖瘦、手印、题记等加以区分。这里仅列举标准造像20号加以说明。20号石刻为法王翁波·仁钦杰布[12]，石片微残。祖师具椭圆形头光、圆形背光及圆形身光。着僧帽，正面，微胖，双眉微翘，具白毫，杏仁眼，小鼻，抿嘴。短颈，颈饰蚕节纹三道。内着交领坎肩，外披通肩僧氅，僧氅褶皱极具装饰效果，衣服右下部似流水般装饰。双手于胸前结说法印。

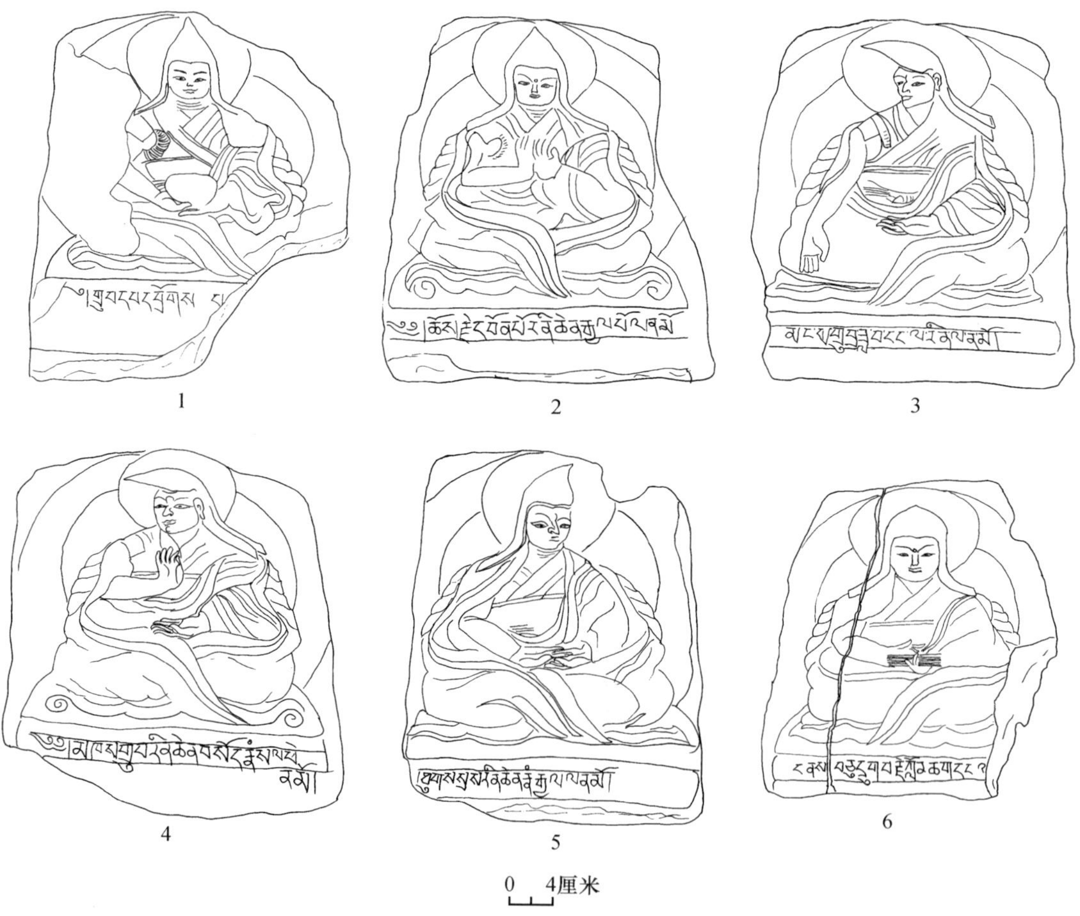

图一〇　日普寺历代祖师像石刻（一）

1. 16号珠旺·洛赛瓦　2. 20号法王翁波·仁钦杰布　3. 21号克珠·达瓦白仁　4. 22号克珠·仁钦索南培　5. 23号心传弟子·仁钦南杰　6. 26号日普寺第16位法主衮却贝

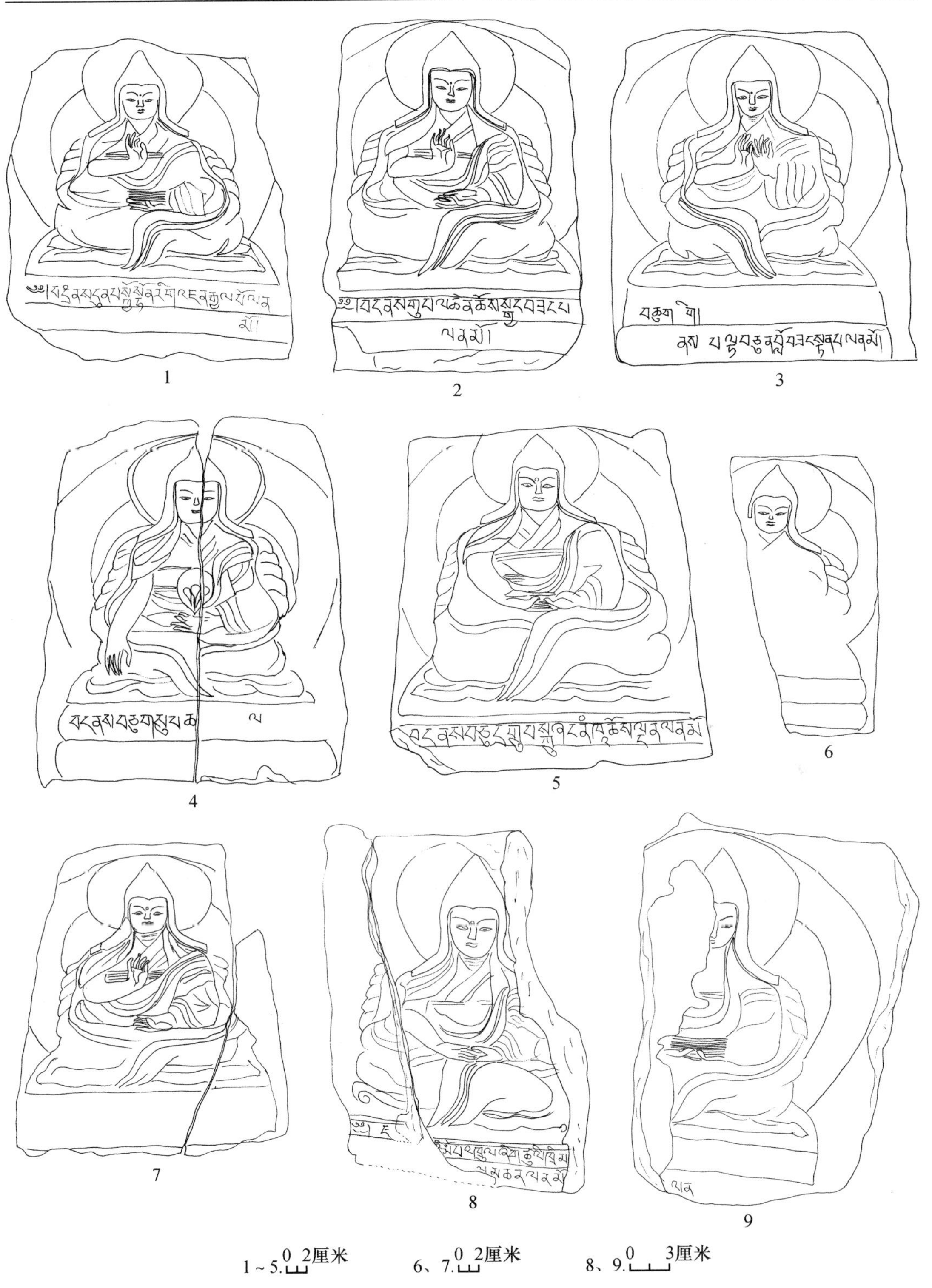

1～5. 0 2厘米　　6、7. 0 2厘米　　8、9. 0 3厘米

图一一　日普寺历代祖师像石刻（二）

1. 27号日普寺第7位法主觉顿·仁增杰布　2. 28号日普寺第9位法主洛钦·却迥桑波　3. 29号日普寺第11位法主拉尊·洛桑丹巴　4. 30号日普寺第13位法主擦钦·董　5. 31号日普寺第19位法主古相·南卡却丹　6. 32号上师　7. 33号日普寺第29位法主士官·洛桑确吉尼玛　8. 51号日普寺第4位法主珠悉祖赤杰赞　9. 58号上师

结跏趺坐于坐垫。坐垫下刻有藏文题记：༄༅།ཆོས་རྗེ་དཔོན་པོ་རིན་ཆེན་རྒྱལ་པོ་ལ་ན་མོ།。16号、26号～33号、51号、58号、59号、61号、63号祖师皆正面，造型基本同20号。根据《夏鲁寺历代上师传记》[13]记载并结合题记逐一辨识，具体表二。

表二　日普寺历代祖师石刻表

编号	姓名	题记	尺寸/厘米
16	珠旺・洛赛瓦	༄༅།གྲུབ་དབང་བློ་གསལ་བ……	
20	法王翁波・仁钦杰布	༄༅།ཆོས་རྗེ་དཔོན་པོ་རིན་ཆེན་རྒྱལ་པོ་ལ་ན་མོ།	
21	克珠・达瓦白仁	།མཁས་གྲུབ་ཟླ་བ་དཔལ་རིན་ལ་ན་མོ།	长40.0
22	克珠・仁钦索南培	༄༅།མཁས་གྲུབ་རིན་ཆེན་བསོད་ནྃས་འཕེལ་ལ་ན་མོ།	
23	心传弟子・仁钦南杰	།ཐུགས་སྲས་རིན་ཆེན་རྣྃ་རྒྱལ་ལ་ན་མོ།	
26	日普寺第16位法主衮却贝	……བདན་ས་བཅུ་དྲུག་པ་རྗེ་སློན་ཆོག་དཔལ་……	
27	日普寺第7位法主觉顿・仁增杰布	༄༅།བདན་ས་བདུན་པ་སྐྱོ་སྟོན་རིག་འཛིན་རྒྱལ་པོ་ལ་ན་མོ།	30.0 × 24.0
28	日普寺第9位法主洛钦・却迥桑波	༄༅།བདན་ས་དགུ་པ་ལོ་ཆེན་ཆོས་སྐྱོང་བཟང་པོ་ལ་ན་མོ།	30.0 × 20.0
29	日普第11位法主拉尊・洛桑丹巴	བཅུ་གཅིག། །གདན་ས་པ་ལྷ་བཙུན་བློ་བཟང་སྟན་པ་ལ་ན་མོ།	32.5 × 25.0
30	日普寺第13位法主擦钦・董	བདན་ས་བཅུ་གསུམ་པ་ཚར་ཆེན་དོང་ལ་ན་མོ།	32.0 × 24.0
31	日普寺第19位法主古相・南卡却丹	བདན་ས་བཅུ་དགུ་པ་སྐུ་ཞང་ནྃ་ཁ་ཆོས་ལྡན་ལ་ན་མོ།	
32	？	……ན་མོ།	29.0 × 15.0
33	日普寺第29位法主土官・洛桑确吉尼玛[14]	།བདན་ས་……［ཉེར］དགུ་པ་……	30.2 × 23.0
51	日普寺第4位法主珠悉祖赤杰赞	༄༅།བཛམ་……སོ་པ་འཁྲུལ་ཞིག་ཚུལ་ཁྲིམ་……མཚན་ལ་ན་མོ།	33.0 × 24.0
58	？	……ལ་མ……	29.6 × 20.0
59	日普寺第8位法主衮却卒成	༄༅།བདན་ས་བརྒྱད་པ་རྗེ་དཀོན་མཆོག་ཚུལ་ཁྲིམས་ལ་ན་མོ།	
60	心传弟子大堪布	……［ཐུ］གས་སྲས་མཁན་ཆེན་［ད་ཚ］	
61	日普寺第2位法主嘉央扎杰巴	༄༅།བདན་ས་གཉིས་པ་འཇམ་དབྱངས་གྲགས་རྒྱལ་པ་ལ་ན་མོ།	
62	古相……	༄༅།སྐུ་ཞང་……ལ་ན་མོ།	
63	日普寺第3位法主僧格白仁	༄༅།བདནས་གསུམ་པ་སངས་རྒྱས་དཔལ་རིན་ལ་ན་མོ།	

5. 其他石刻

1号桑波协那扎巴、7号布顿仁钦珠、24号阿底峡、25号仲敦巴（图一二），雕刻于片岩上，减地阳刻，微残。桑波协那扎巴，印度高僧，圆形头光，面部圆润，双耳肥大。颈饰蚕节纹两道。右臂上扬过头顶，右手掌心朝上，呈指示状；左臂微抬，左手托物，具体不明。着短裤，游戏坐。胁侍形如主尊。旁置水壶及杯。藏文题记：༄།ཁབཟང་པོ་ཞེས་ན་གྲགས་པ་ལ་ན་མོ。最长约62、最宽约48厘米。对照拉孜觉囊寺比如巴造像[15]，其

图一二　其他石刻

1. 1号桑波协那扎巴　2. 7号布顿仁钦珠　3. 24号阿底峡　4. 25号仲敦巴

年代为15～16世纪。布顿仁钦珠结跏趺坐于坐垫，具圆形头光，背靠椅。头光及靠椅周围均匀刻画细线，似光芒。着僧帽。具白毫，瞳孔放大。抿嘴，呈微笑状。短颈，颈饰两道蚕节纹。内着交领坎肩，外披通肩僧氅。右手于胸前结印，左手于腹前结禅定印拖钵。最长约44.2、最宽约31厘米。阿底峡双手结说法印，身躯左置宝箧，右置噶当塔，结跏趺坐。莲座左侧雕刻藏文题记：།ཇོ་བོ་རྗེ་ལ་ན་མོ།。最长约33、最宽约23厘米。仲敦巴长发搭于两肩，发端卷曲，左侧面，内着交领坎肩，外披通肩僧氅，右手于胸前，手掌稍撇，拇指与食指并拢，捏莲茎，掌心向外，左手置腹前结禅定印，结跏趺坐。莲座之下雕刻藏文题记，题记残损严重，无法释读。

三、初步结论

夏鲁寺北无量宫殿五方佛石刻虽表面施彩，但风格简洁粗犷，应为早期作品，年代上限暂定12世纪；夏鲁寺外墙壁龛佛石刻、日普寺塔群围墙怙主三尊石刻、1号桑波协那扎巴石刻从雕刻技法及风格并参见相关研究来看[16]，可能属于同期，年代上限暂定15世纪。藏文文献记载，19世纪夏鲁寺高僧洛色丹炯在日普寺建造历代祖师、三十五佛及八大药师佛等石刻造像，建立印经院，刊刻和印刷重要的经典与文献。综合来看，夏鲁寺东无量宫殿四世班禅及达赖石刻与日普寺塔群围墙五方佛、三十五佛、历代祖师、布顿、阿底峡及仲敦巴石刻雕刻技法类似，可能属于同期，年代上限定为19世纪较为妥当。

通过对夏鲁寺、日普寺石刻材料的梳理研究，我们大致对该批石刻有了一个整体认识，尤其是日普寺带有藏文题记的祖师造像，不仅为我们判定该批造像的年代提供了参考依据，而且为准确研究日喀则及周围地区同类造像提供了年代标尺。夏鲁寺、日普寺石刻造像的年代跨度由宋到清，甚至近代，本身这也从一个侧面反映了夏鲁寺历史沿革，从夏鲁寺初建、发展、繁荣、衰落，再到近代的复兴，每一阶段都有相应的石刻造像活动，我们无法推测这些造像活动的缘起，但有一点可以肯定，夏鲁寺及日普寺石刻造像遵循西藏石刻艺术的发展轨迹。这批造像为继续探究西藏尤其是后藏地区石刻艺术提供了宝贵材料。

附记：本文系中国藏学研究中心级课题、由西藏文化博物馆承担“元代夏鲁寺艺术与汉藏文化交流研究”（2015～2018年）项目阶段研究成果。本文图片及线图由笔者拍摄、绘制，尺寸测量由赵敏熙和笔者共同完成。

注　释

［1］四世班禅担任夏鲁寺第21任堪布期间（1642～1661年），曾募捐善款维修日普寺佛塔。

［2］张中亚：《西藏夏鲁日普寺塔群陶饰调查简报》，《南方民族考古》（第21辑），科学出版社，2021年。

［3］20世纪80年代以来，夏鲁寺筹集资金在佛殿废墟上新建了一座两层结构的却吉颇章殿，并在佛塔废墟上新建菩提大塔等。

［4］竺法护译：《佛说决定毗尼经》，《大正藏》第12册，新文丰出版社，1983年，第38页。

［5］菩提流支译：《大宝积经》卷九十，《大正藏》第11册，新文丰出版社，1983年，第515页。

［6］不空译：《佛说三十五佛名礼忏文》，《大正藏》第12册，新文丰出版社，1983年，第42页。

［7］《佛说决定毗尼经》罗列三十五佛名号：释迦牟尼佛、金刚不坏佛、宝光佛、龙尊王佛、精

进军佛、精进喜佛、宝光佛、宝月光佛、现无愚佛、宝月佛、无垢佛、离垢佛、勇施佛、清净佛、清净施佛、婆留那佛、水天佛、坚德佛、旃檀功德佛、无量掬光佛、光德佛、无忧德佛、那罗延佛、功德华佛、莲华光游戏神通佛、财功德佛、德念佛、善名称功德佛、红炎幢王佛、善游步功德佛、斗战胜佛、善游步佛、周匝庄严功德佛、宝华游步佛、宝莲华善住娑罗树王佛。《佛说三十五佛名礼忏文》则是：释迦牟尼佛、金刚坚固能摧佛、宝焰佛、龙自在王佛、勤勇军佛、勤勇喜佛、宝火佛、宝月光佛、不空见佛、宝月佛、无垢佛、离垢佛、勇施佛、净行佛、梵施佛、水王佛、水天佛、贤吉祥佛、无量威德佛、旃檀吉祥佛、光吉祥佛、无忧吉祥佛、那罗延吉祥佛、花吉祥佛、莲花光游戏神通佛、财吉祥佛、念吉祥佛、善称名号吉祥佛、帝幢幡王佛、斗战胜佛、勇健吉祥佛、勇健进佛、普遍照曜庄严吉祥佛、宝莲花游步佛、宝莲花妙住山王佛。

[8] 冯少华：《西藏嘛呢石刻》，北京出版社，2008年，第15页，图025。

[9] 冯少华：《西藏嘛呢石刻》，北京出版社，2008年，第106页，图0010。

[10]《元代夏鲁寺艺术与汉藏文化交流研究》课题组：《元代夏鲁寺艺术与汉藏文化交流研究·调查卷》，待刊，第198页，图4-46。

[11]《元代夏鲁寺艺术与汉藏文化交流研究》课题组：《元代夏鲁寺艺术与汉藏文化交流研究·调查卷》，待刊，第204页。

[12] 翁波·仁钦杰布，日普寺高僧，15世纪人。详情见https://www.tbrc.org/#!rid=P3426。

[13] 洛色丹炯：《夏鲁寺历代上师传记》，西藏藏文古籍出版社，2014年。

[14] 土官·洛桑确吉尼玛（1737～？年），青海佑宁寺著名活佛，1771年就任夏鲁寺堪布，1801年著《土官宗派史》。

[15] 冯少华：《西藏嘛呢石刻》，第179页，图0189。

[16] 韩书力：《西藏民间艺术丛书：玛尼石刻》，重庆出版社，2001年。

西藏左贡清末民居建筑特征研究

李亚忠[1] 其美多吉[2]

（1. 西藏自治区文物保护研究所；2. 罗布林卡管理处）

一、地理概况

左贡县位于西藏东南部，北靠察雅，东依芒康，南接云南德钦，西与察隅、八宿相连。318、214国道交汇贯穿全境，承东启西、连接南北，是历代商贾在茶马古道上进出西藏的必经之地。

根据笔者参与的调查，至今在昌都左贡县发现了两处清代民居，分别是东坝古民居和邓达古民居（图一）。这两处民居在建筑布局和木构装饰上，表现出了独特的风格，融合了藏、滇、川三地民居建筑的特点。

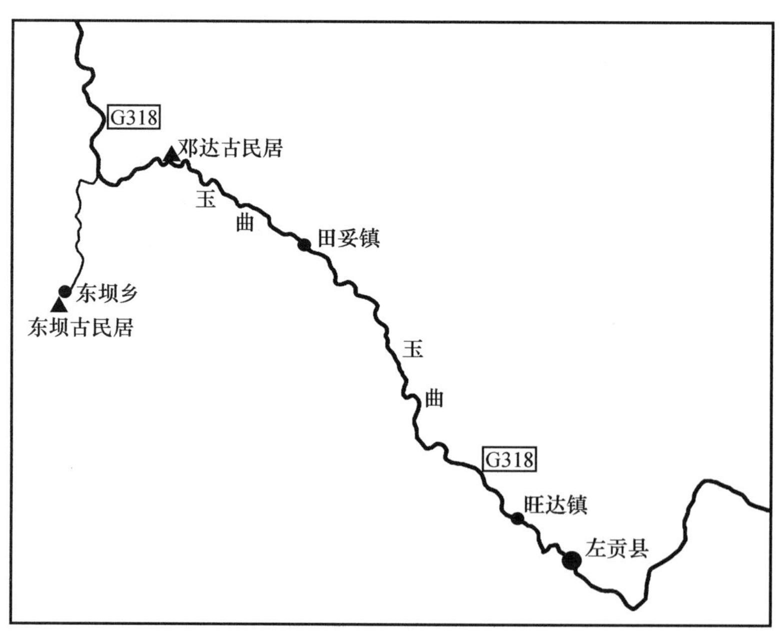

图一　东坝古民居和邓达古民居位置示意图

二、建造年代及现状

东坝古民居和邓达古民居均位于左贡县境内，这两处建筑基本保存了原有形制。根据走访调查得知，东坝古民居和邓达古民居均建于清末，屋主为庄园主。两处民居是典型的昌都庄园建筑，主要由三层主楼和院落组成。

（一）东坝古民居

东坝古民居位于左贡县东坝乡军拥村，始建于清末。2008年东坝古民居被列为左贡县级文物保护单位。

1. 建造布局

主楼坐北朝南，共三层（图二；图版三八，1）。

一层共28柱，开五进四，大门开于南墙正中。西北角建有井干式粮仓。一层现被用作储藏室，也曾用作牲畜棚（图三）。

二层共18柱，开五进四，西北角和西南角各建一井干式粮仓。现被用作厨房、卧室（图四）。

井干式粮仓是井干式建筑的一种形制。井干式建筑在西藏又被称为木楞房，这种建筑靠墙体承重。它的建筑构架是用原木镶嵌成框状，层层叠垒，形成墙壁，木材连接处作凹形榫，相互咬合，房梁和木椽直接架放在木墙上。这种建筑简单易建。

三层共17柱，开五进四，现被用作卧室、会客厅、诵经堂、佛堂（图五），现三层居住一位活佛。三层设有单跑木构梯，可通往三层屋顶。

院落正中开天井（图六），天井东南侧建一通往二层的楼梯。天井面积狭小，呈长方形。

2. 结构形制

墙柱混合承重，土木石结构，密梁平顶。外墙为收分墙，内墙为藤编木骨泥墙（图九、图一〇）。

墙柱混合承重，是将房屋的重量用梁架和墙体共同承担。房屋内部的梁柱支撑上部建筑和屋顶荷载承重。在立柱顶上置斗，斗上置托木，托木上置梁。各木构件之间用榫卯连接。靠近墙体处则直接用墙架梁承重。

屋顶为密梁平顶（图一一），平顶屋面按结构可分为三层。第一层是承重层，铺设规整的小木条；第二层是黄土层；第三层是面层。

图二　东坝古民居南立面图

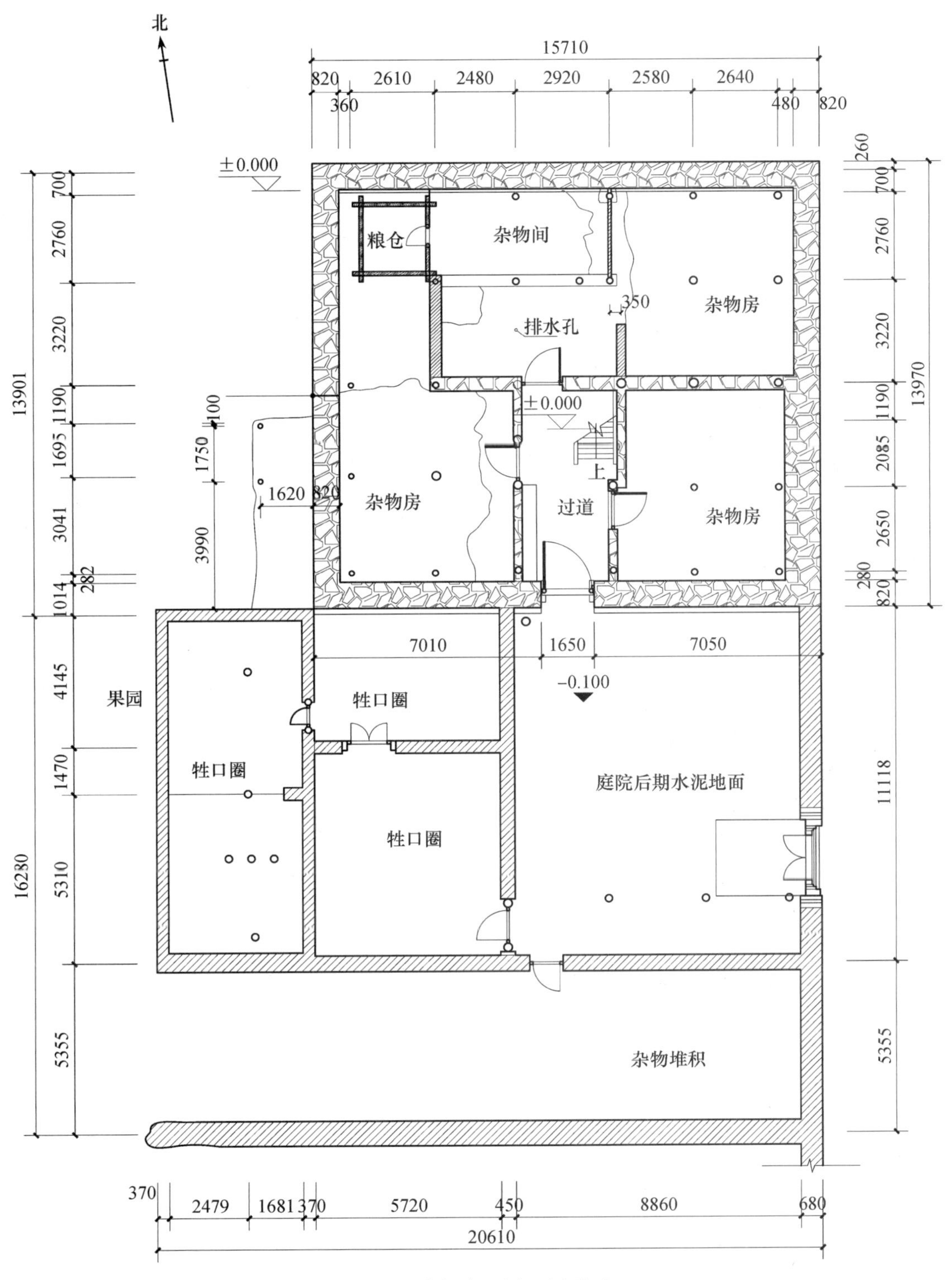

图三　东坝古民居一层平面

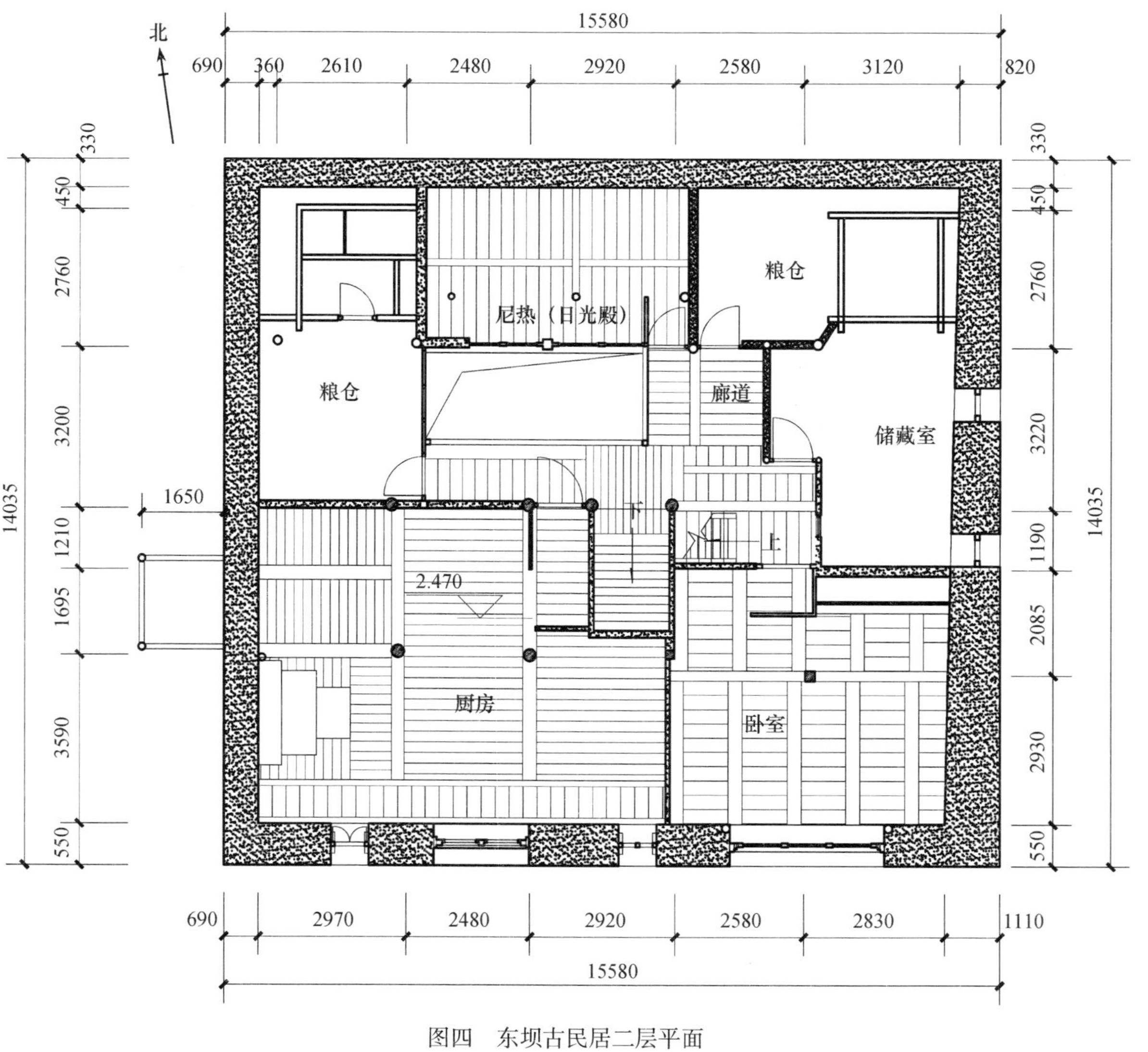

图四　东坝古民居二层平面

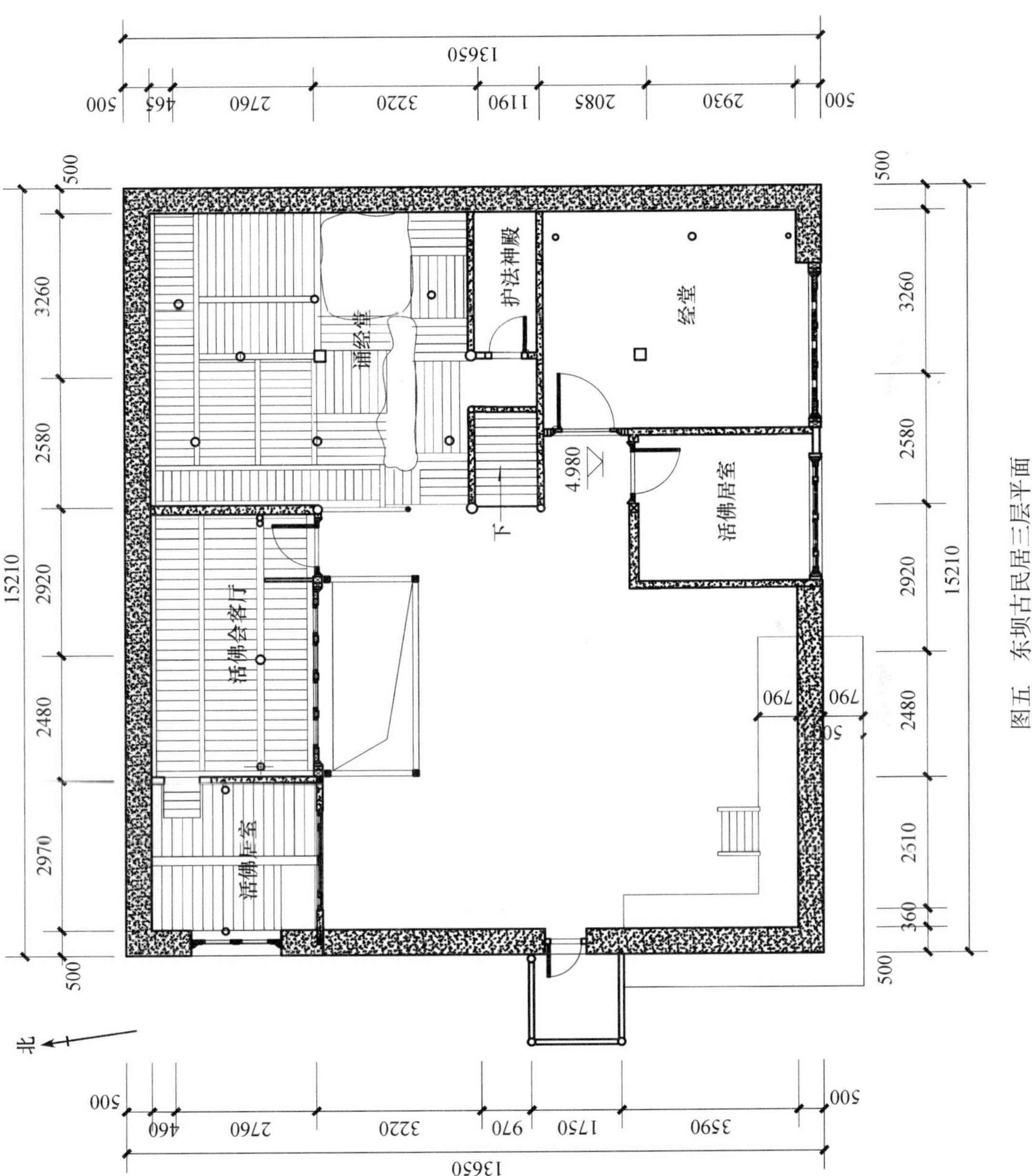

图五　东坝古民居三层平面

图六　东坝古民居天井

外墙为收分墙，下宽上窄，整体由下向上均衡内收，收分度在1%～7%。墙基用石材砌筑，墙体用泥土夯筑。用“收分”这种处理办法，可以减轻墙体上部的重量，使整个建筑的重心下降，增加建筑物的稳定性，提高抗震能力。

作为隔断屋内空间用的内墙则是藤编木骨泥墙（图版三八，2）。这种墙体是先用原木做成龙骨，再用藤条将龙骨编扎在一起，最后用掺桔梗和麦秸秆的泥土敷在藤编两侧。在泥土中加入桔梗和麦秸秆是为了增强泥土的黏性。藤编木骨泥墙的特点是轻便，可以减轻房屋的重量。

一层为素土地面，二层或三层铺木地板，三层部分地面用鹅卵石铺地（图七）。

图七　东坝古民居鹅卵石铺地

3. 建筑装饰

（1）房屋木构件

东坝一层大门为藏式传统简朴的板门。门楣为三层短椽，门框为五层，由外向内分别木雕装饰圆木纹、回形纹、边玛纹、异形莲花纹、雍仲纹，门扇为单扇板门。

二层的一间房屋内设有一推拉门。主要是因为房屋空间狭小而建造的。

东坝古民居的窗子有传统藏式窗和支摘窗两种。

传统窗子带有一层或两层短椽窗楣，窗扇一分为四，窗框外涂黑色梯形窗套。

支摘窗，上段支窗可推起支出，下部摘窗为榫卯结构，可活动并被摘下。例如，东坝古民居东南立面二层及三层的窗子为带有短椽窗楣的支摘窗。窗楣有二层短椽，窗框共六层，除第六层窗框为素面外，每层窗框均有木雕花纹装饰，由外向内分别为圆木纹、回形纹、边玛纹、异形莲花纹、雍仲纹。四扇窗扇，上部摘窗或为镂空菱形纹，或为锁花方格纹，或为镂空方格纹，下部摘窗或为镂空菱形纹，或为镂空方格纹，窗外建栏杆（图八、图一二）。

屋内还建有式样简单古朴的隔断（图一三）。隔断为两扇，上部绦环板饰镂空宝相花纹，隔断中心彩绘花瓶。

图八　东坝古民居三层窗

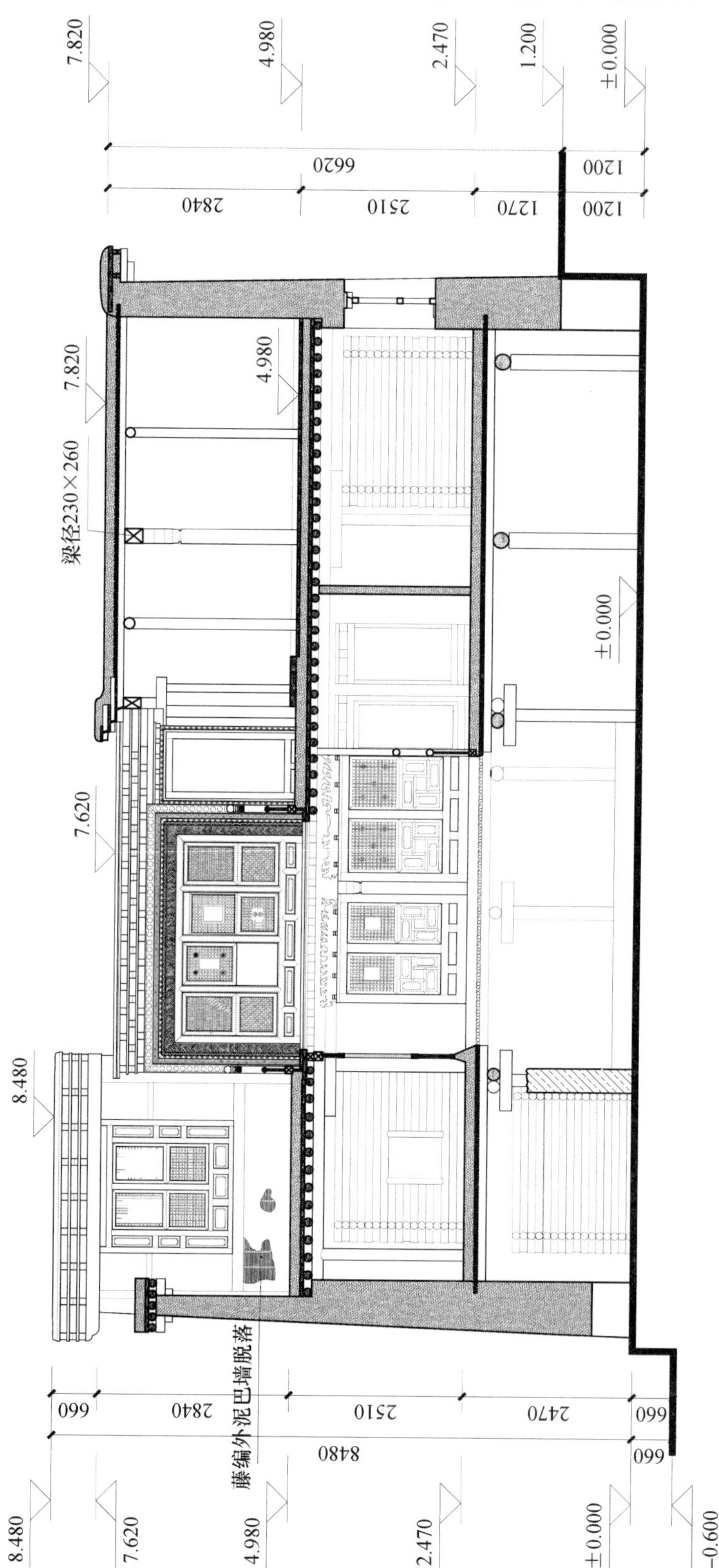

图九　东坝古民居剖面图（一）

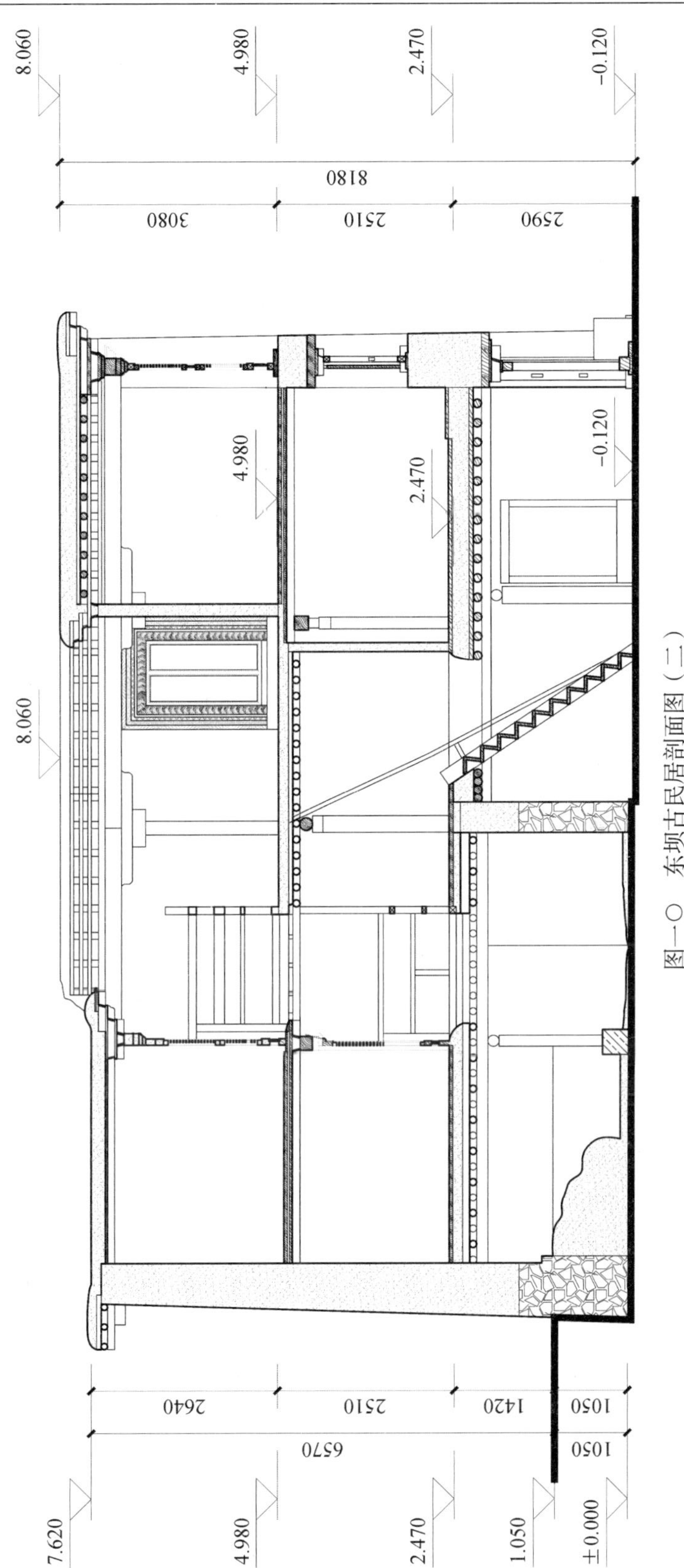

图一〇　东坝古民居剖面图（二）

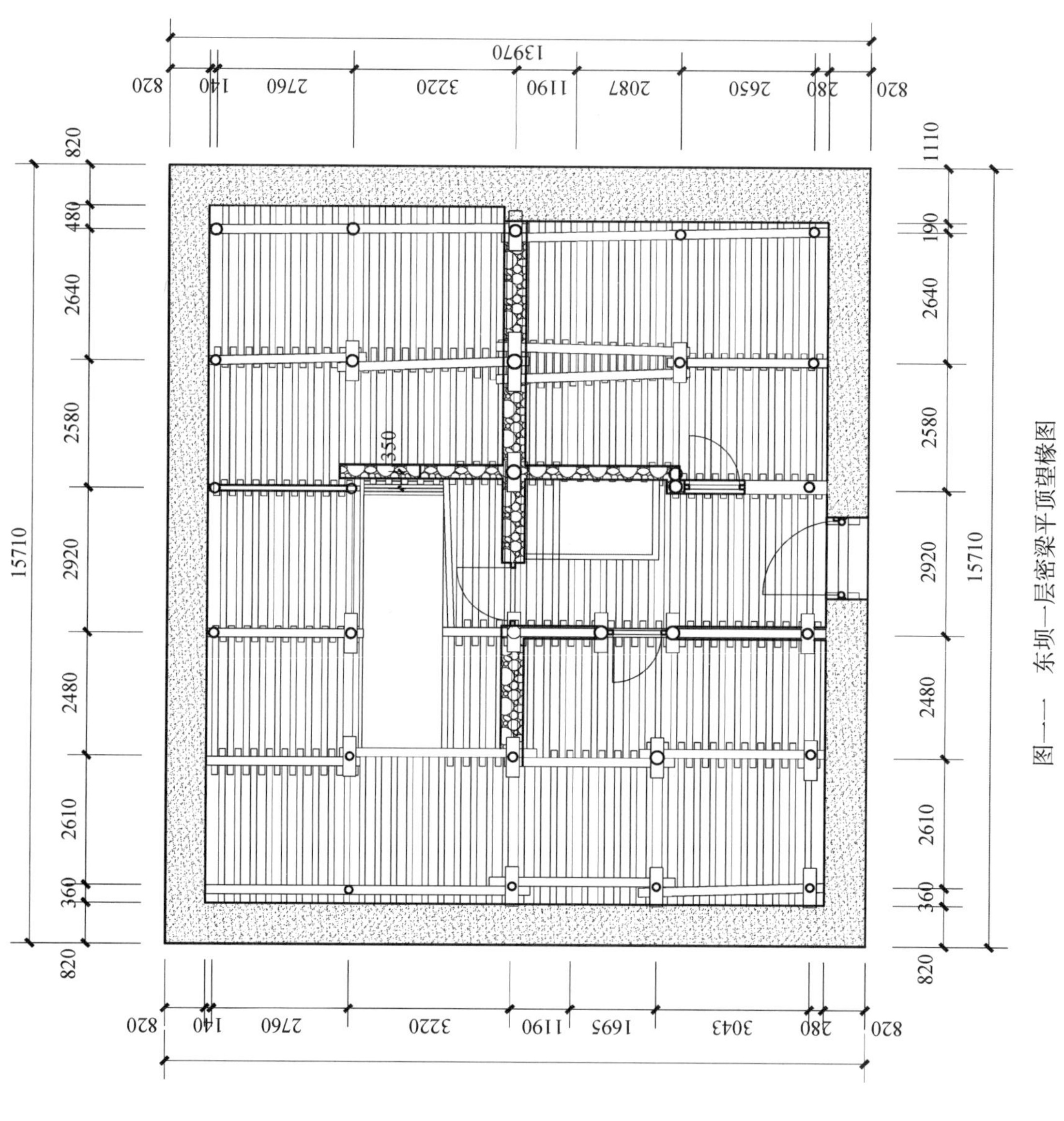

图一一　东坝一层密梁平顶望椽图

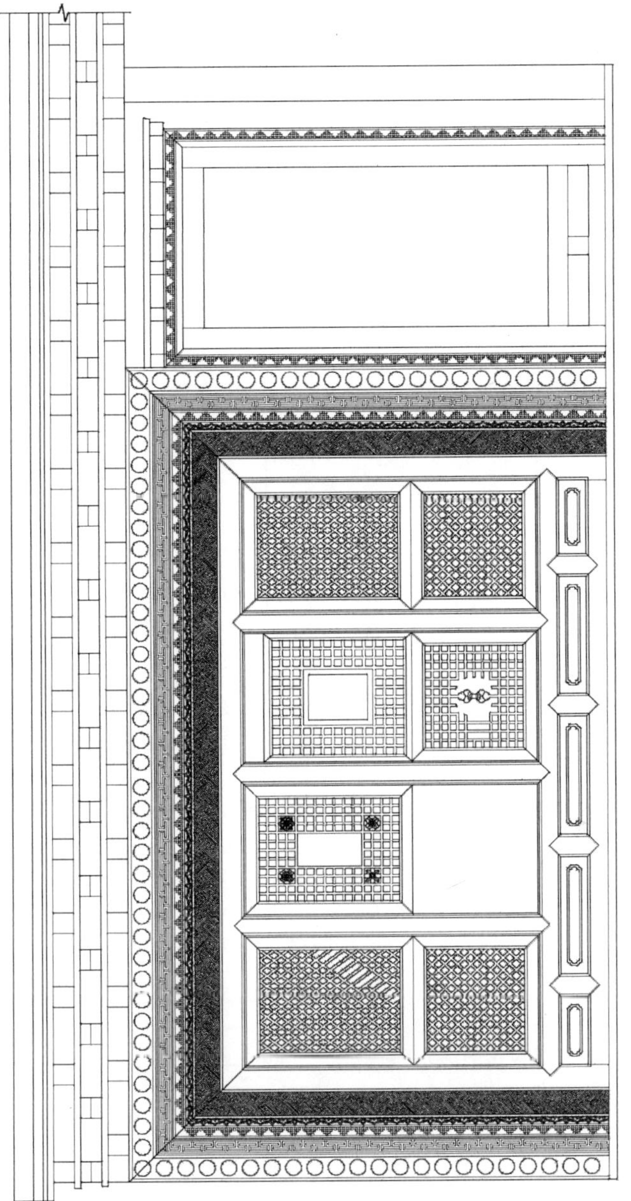

图一二　东坝古民居三层天井窗详图

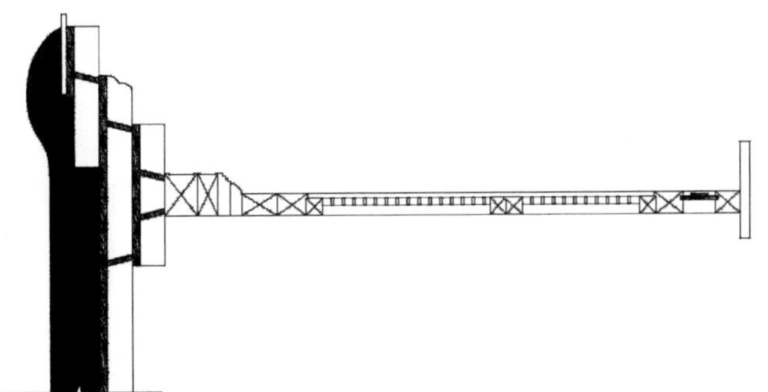

图一三　东坝古民居隔断详图

东坝古民居的木柜是仿门窗式样（图一四）。木柜顶部装饰两层短椽，椽子之间的枋板上绘有彩绘。木柜共有三层柜框，最外层柜框雕刻边玛纹，第二层彩绘莲花纹，第三层为宝蓝底描金瑞草纹。按功能可将木柜分为上下两部分，上部为壁柜，柜门为抽取式，可以整扇取下，其上雕镂空方格纹；下部为箱，箱的盖设于上部壁柜之下，需先打开壁柜，取出壁柜底部的盖板，才能使用下部的箱。

房屋内的楼梯均为单跑木构楼梯。楼梯侧部开槽，然后插置木踏板，踏板上包贴铁皮。在木梯帮上安扶手，扶手与梯帮的距离下部较小，上部较大，伸出踏步较多，不与梯帮平行，呈三角形状，方便上下使用。

房外有独木楼梯可攀上屋顶。这种楼梯的制作是在粗大的原木上直接开凿锯齿状踏步。

图一四　东坝古民居木壁柜

木构楼梯重量轻，制作简单。

（2）彩绘与壁画

东坝古民居的彩绘主要装饰在屋内梁、柱、托木、木柜和隔断上，以宝蓝色、朱红色为主，有卷草纹、祥云纹。在第三层的房屋里发现了一残存的壁画，壁画内容为八宝图，壁画色调鲜艳明亮，线条简单随意（图版三八，3）。

（二）邓达古民居

邓达古民居位于左贡县田妥镇德达村，始建于清末，距今已有120多年的历史。据调查了解，“邓达”家族原是当地的经商大户。2009年9月经自治区人民政府批准，邓达古民居列入西藏自治区级文物保护单位。

邓达古民居的建造布局、结构形制以及屋内的木构件（图一五；图版三九，1）与东坝古民居基本相似。

图一五　邓达古民居东南立面图

1. 建造布局与结构形制

主楼座西北朝东南，共三层，西侧屋面坍塌损毁。第三层建有井干式粮仓。院落正中开天井。

一层共49柱，开八进八，柱网以纵7列、横7排均衡分布。东南、东北、西南三墙各开一门，东南为民宅主入口。院落正中开南北向长方形天井。天井南侧，即房屋中部偏东处建一楼梯可通向二层。一层现被用作牲畜棚（图一九）。

二层共25柱，开八进四，西南墙开五窗，东南墙开六窗，西南墙正中开一门。除与一层相通的楼梯外，房屋西北墙靠北侧亦建有楼梯可通向上层。现被用作住房、伙房、仓库等（图二〇）。

三层共13柱，仅在西北墙北侧有与二层相通的楼梯，四面墙体封闭严实，东侧现被用作佛堂。在第三层的北角建有井干式粮仓。此处的井干式粮仓直接建在了房屋夯墙之上，并起到承重作用（图一六、图二一）。

2. 结构形制

墙柱混合承重，土木石结构，密梁平顶（图二二）。外墙为收分墙，隔断墙为藤编木骨泥墙（图一七、图二二）。墙柱混合承重，房屋内部的梁柱支撑上部建筑和屋顶荷载承重。在立柱顶上置斗，斗上置托木，托木上置弓木，弓木上置梁（图一八、图二四）。各木构建之间用榫卯连接。靠近墙体处则直接用墙架梁承重。

外墙为收分墙，下宽上窄，整体由下向上均衡内收，收分度在1%～7%。墙基用石材砌筑，墙体用泥土夯筑。

一层为素土地面，二层和三层铺设木板地板。

3. 建筑装饰

（1）房屋木构件

邓达古民居的大门为古朴简单的板门。但门上部直接建窗的做法较为特殊。门框共两层，双门扇，门扇装饰门环、门扣、门箍。大门上部的支摘窗共四扇，每扇支摘窗分为上下两段。上部支窗或饰镂空菱形纹，下部摘窗雕镂空方格纹。窗框共三层，结合了藏式建筑的做法，最外层木雕边玛纹，中间一层彩绘图案，内层涂黑色（图二五）。

邓达古民居二层房屋建有两关四扇的隔扇门（图二六）。最具特点的是每扇门的隔心被做成支摘窗，饰镂空方格纹，绦环板、裙板均为素面。

邓达古民居的窗子有两种形制，传统藏式窗与支摘窗。传统藏式窗为两重短椽窗楣，窗扇一分为四，窗框外涂黑色梯形窗套。例如，天井三层东南侧的窗子即为支摘

图一六　邓达古民居井干式粮仓

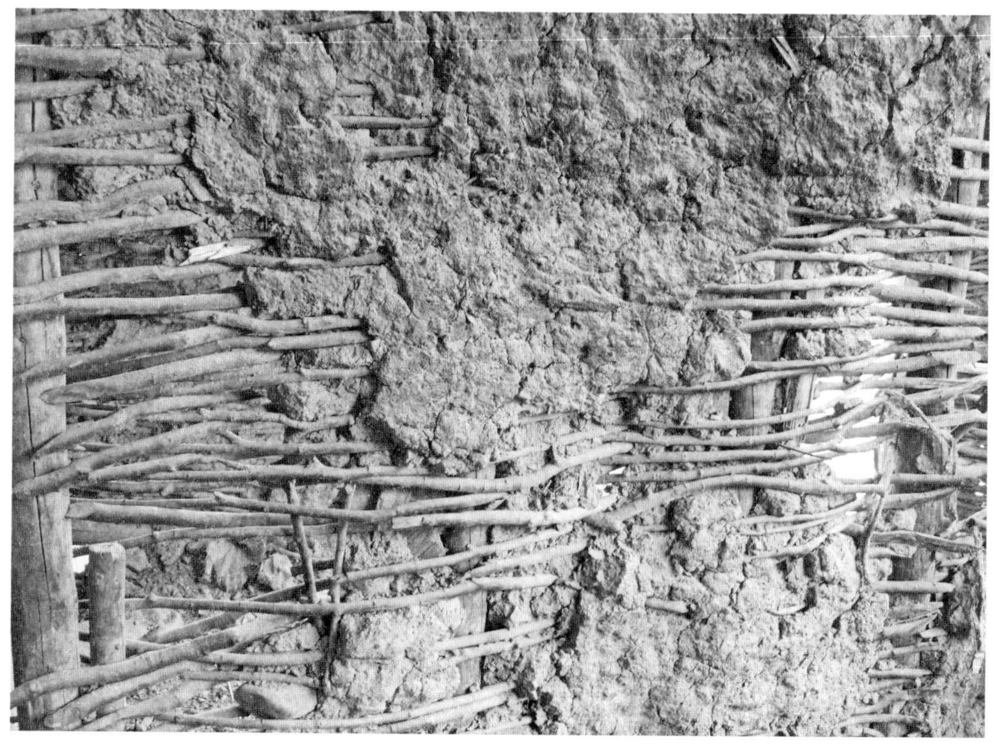

图一七　邓达古民居木骨藤编泥巴墙

图一八　邓达古民居托木弓木

窗，该支摘窗为三扇支摘窗，上部支窗为镂空方格纹，下部摘窗为实木板。窗框共三层，最外层木雕边玛纹，中层彩绘蓝色卷云纹，最内层窗框涂黑色颜料。窗框外依次涂黑、蓝、黄、红色的梯形窗套（图二七）。

民居内部设单跑木构楼梯，民居外设独木楼梯。

邓达古民居二层残存有支撑转经筒的木栏杆，三层的佛堂内有木质佛龛。

（2）彩绘与壁画

邓达古民居的梁柱和托木上也残存彩绘，色彩丰富鲜艳，有宝蓝、翠绿、朱红，金黄等色彩。彩绘花纹有莲花纹、万字纹、龙纹等。

在佛堂的大门上绘有一护法面像，金眉如火焰状竖立，怒目圆睁，大鼻缩皱，阔嘴大张，皓齿外露，红舌上翘，火焰状胡须向外伸张（图二八）。

三、民居建筑特征简析

（一）天　井

藏式建筑的敞开式天井通常分为两种，一种是天井面积往上逐层加大，一种是天井面积上下一致[1]。东坝古民居的天井面积是上下一致的，邓达古民居的天井属于面积往上逐层加大。这两处古民居的天井与云南“一颗印”建筑有相似之处。

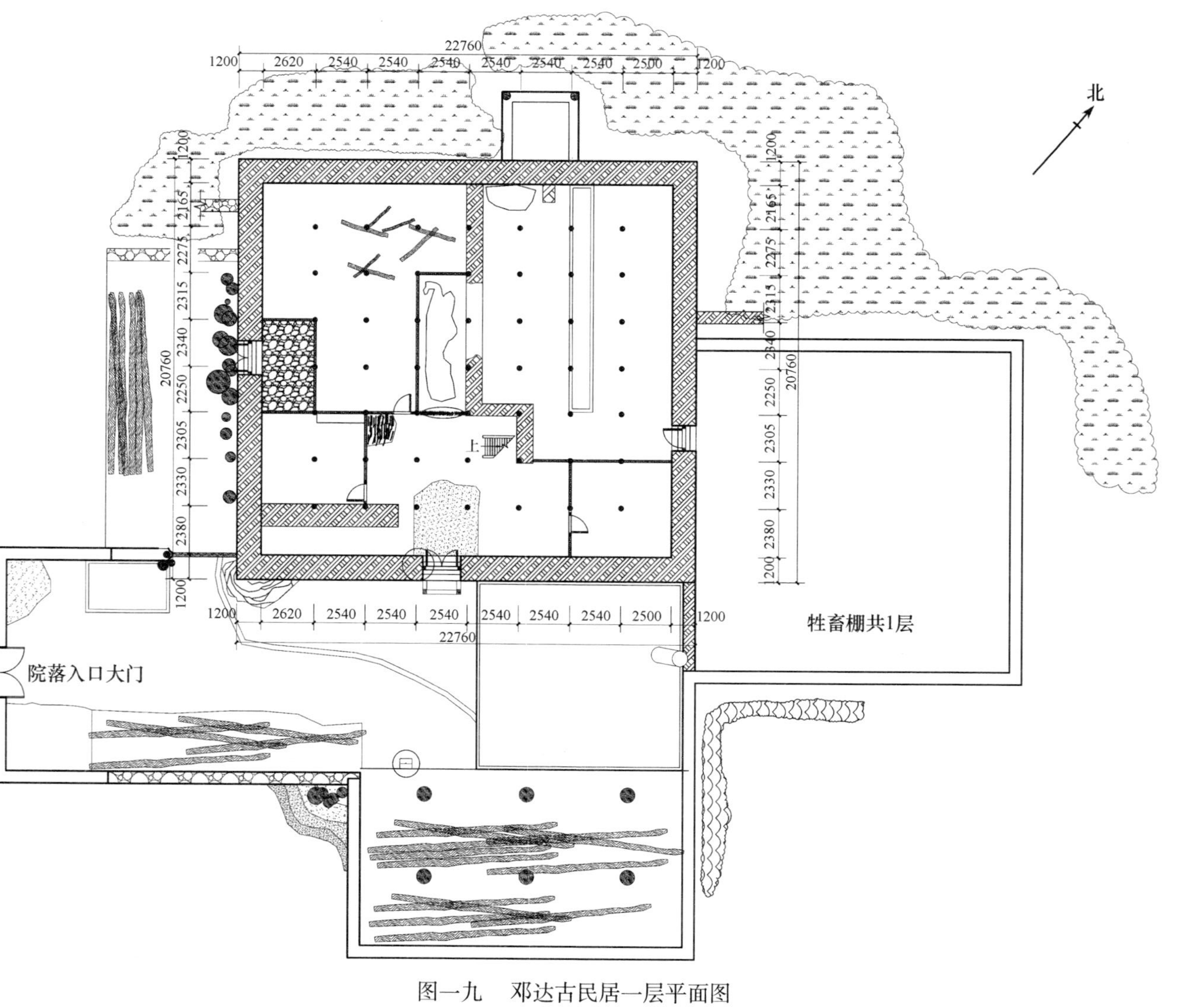

图一九　邓达古民居一层平面图

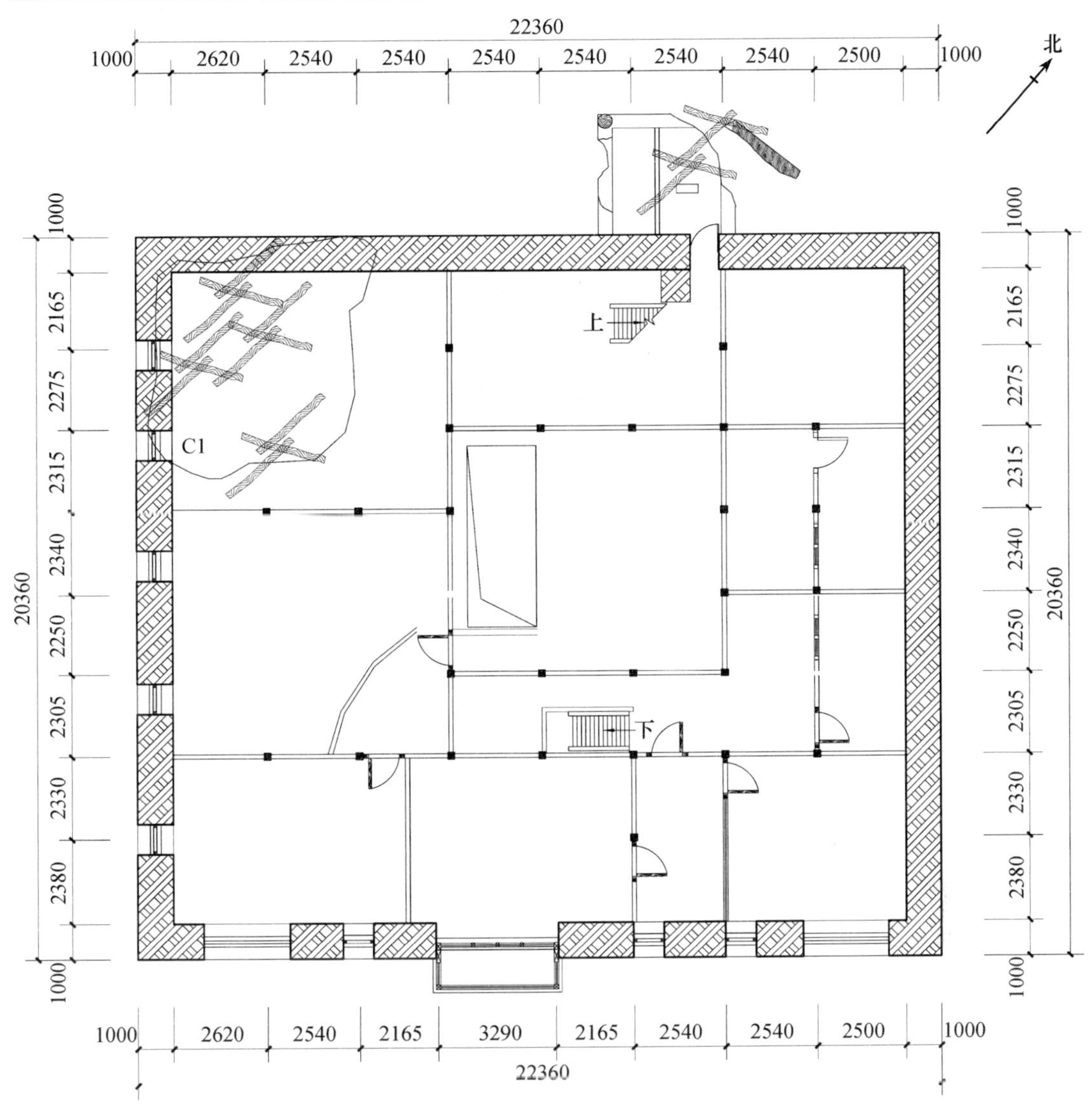

图二〇 邓达古民居二层平面图

天井是云南“一颗印”民居中建筑的中心，这是与左贡古民居的相似之处。云南“一颗印”民居是“以天井为中心”的、封闭的、正方形四合院[2]，东坝古民居和邓达古民居的建筑布局也是以天井为中心展开的，并且云南“一颗印”建筑的天井与左贡古民居的天井都较为窄小，这应是与建筑的布局功用以及当地的气候条件有关。

左贡的自然条件与云南昆明较为相似，且东坝和邓达古民居都是商人的宅院，这两处民居的一层也均是作为牲畜棚和储藏间。

“惟天井一事，其位置居中固为国内四合房之常制，但其形小而高深，则非他种住宅所得见者。此种小而高之天井，以常例断之，似于住宅之通风采光及容纳骡马牲

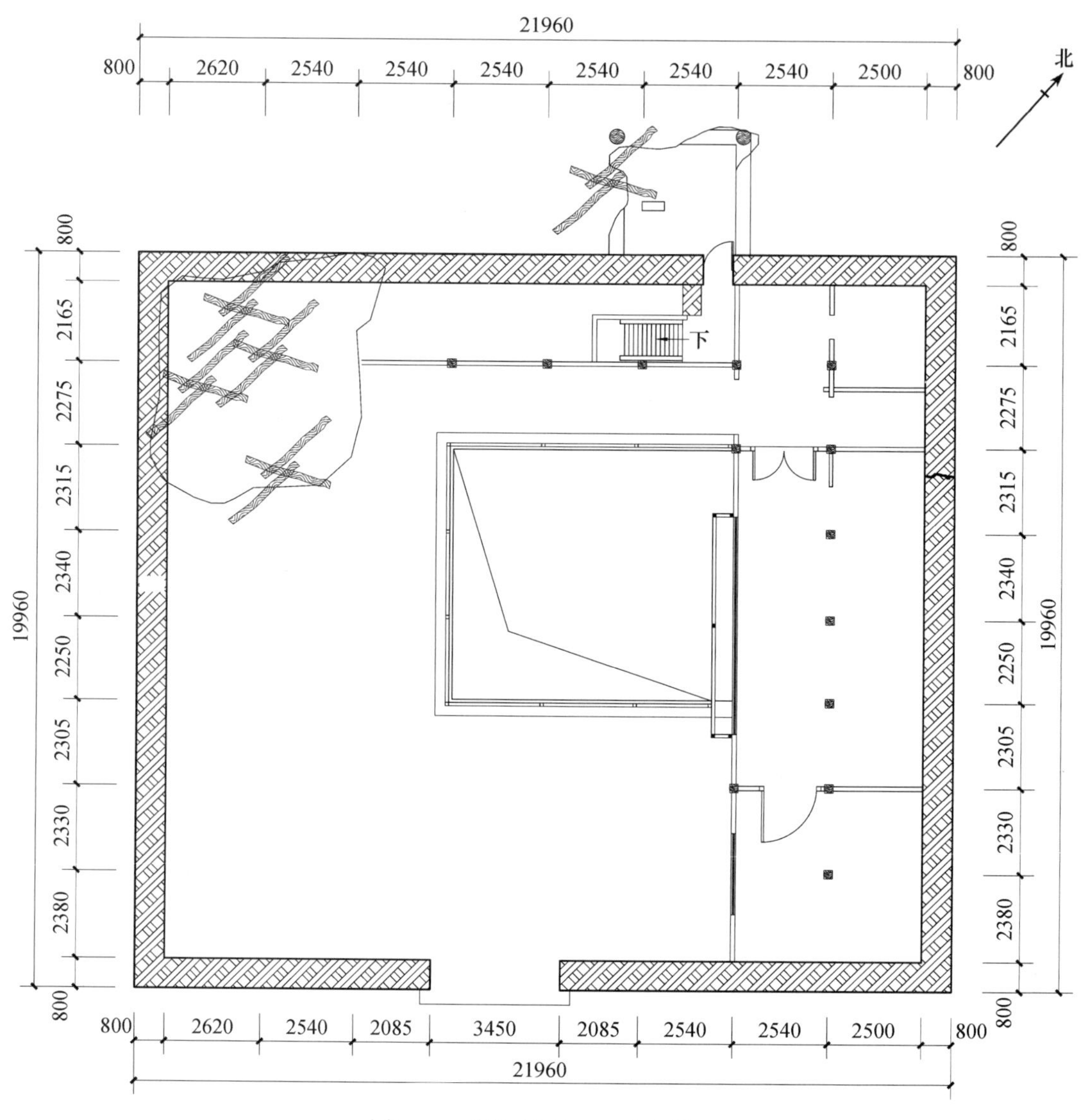

图二一　邓达古民居三层平面图

畜等稍感不足，但在云南确无甚问题。盖云南风大，房内通风实无甚困难，而地近赤道，阳光入射角较北方大。天井虽小，其直射光及返射光均强，昼间尚可足用。至于牲畜骡马等物，虽为当地运输所赖，然于农家不过为次要。”[3]

两者不同之处在于，云南“一颗印”民居的每座建筑都系单独建造，而后被天井紧密相连，形成天井将各分散的单座建筑连接在一起的格局；左贡古民居的建造，则是先夯打外墙，再搭建内部木构件，最后做隔墙，形成以天井为中心的整体建筑。

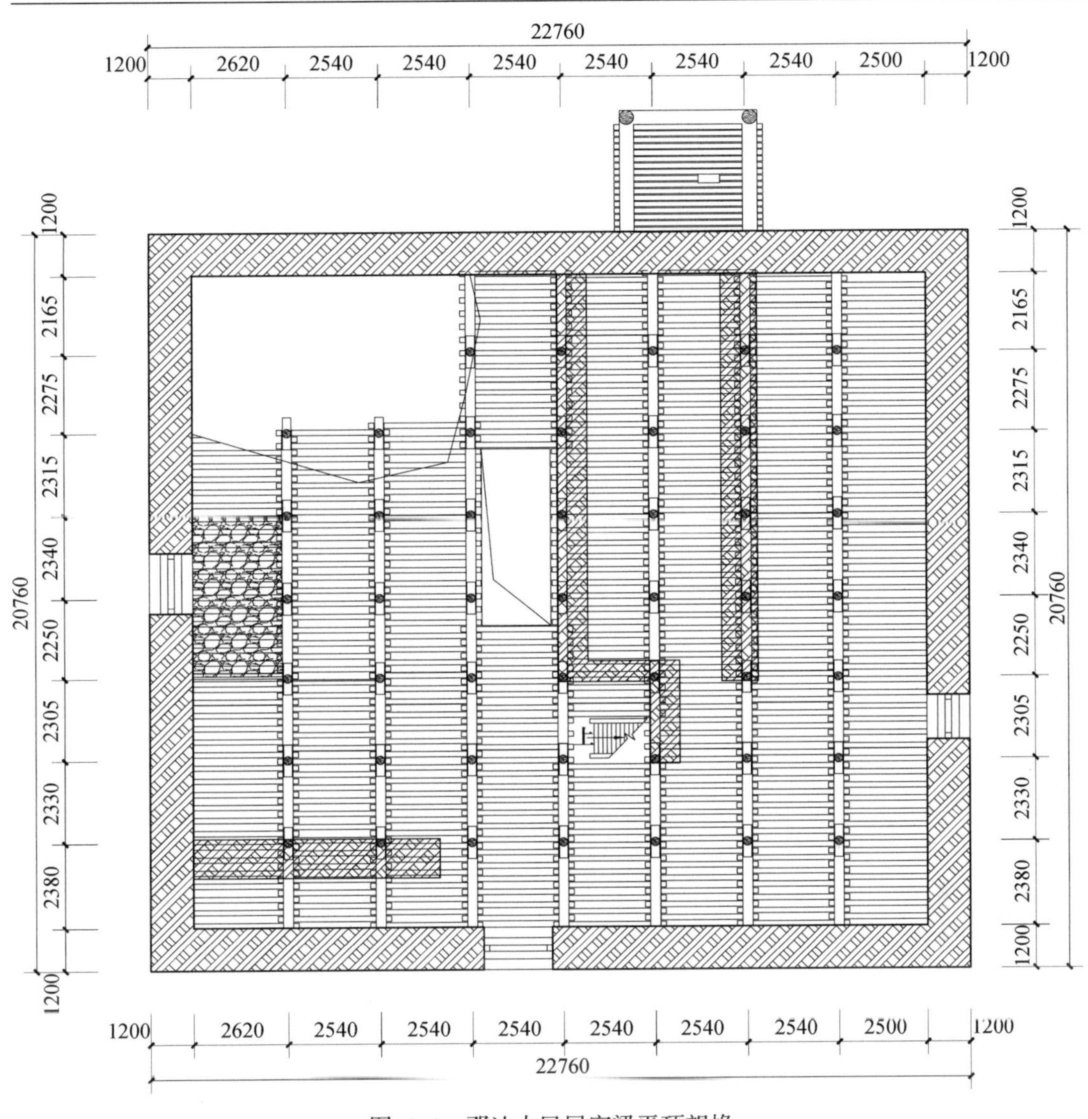

图二二　邓达古民居密梁平顶望椽

（二）隔　　墙

在房屋墙体的应用上，东坝古民居、邓达古民居与“一颗印”民居都采用了“厚重围护体与轻质隔断的组合”。外立面多用保温、隔热性能较好的厚重土墙围成，院落空间内部多采用通透的轻质木门和木窗等。藏式建筑的隔断墙通常是土坯墙，宽度比外墙窄，而东坝和邓达古民居的隔墙则是藤编木骨泥墙。

结合特有的气候条件分析，滇中地区和昌都市都属于高海拔低纬度地区，日夜温差大，白天阳光强烈，并且一年四季多风，且风力强大。因此，采用厚重封闭的外墙

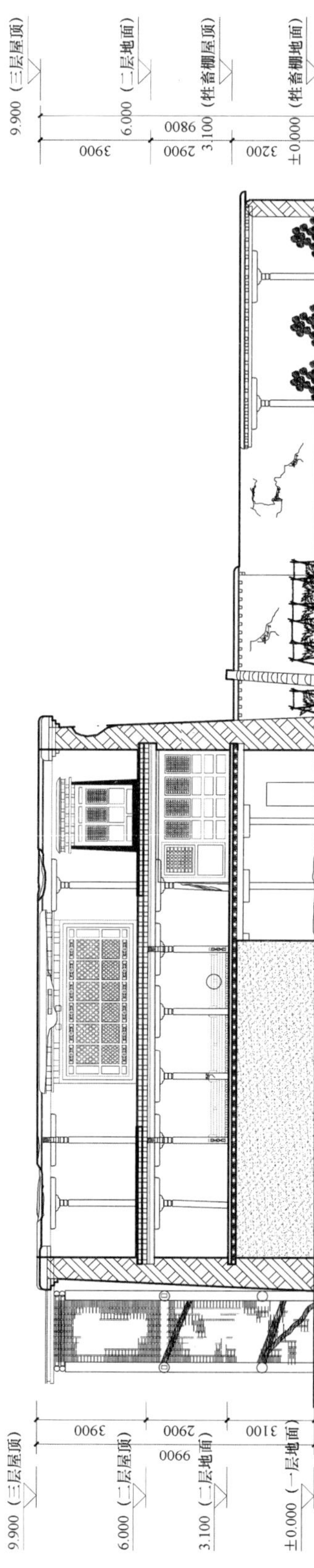

图二三　邓达古民居剖面图

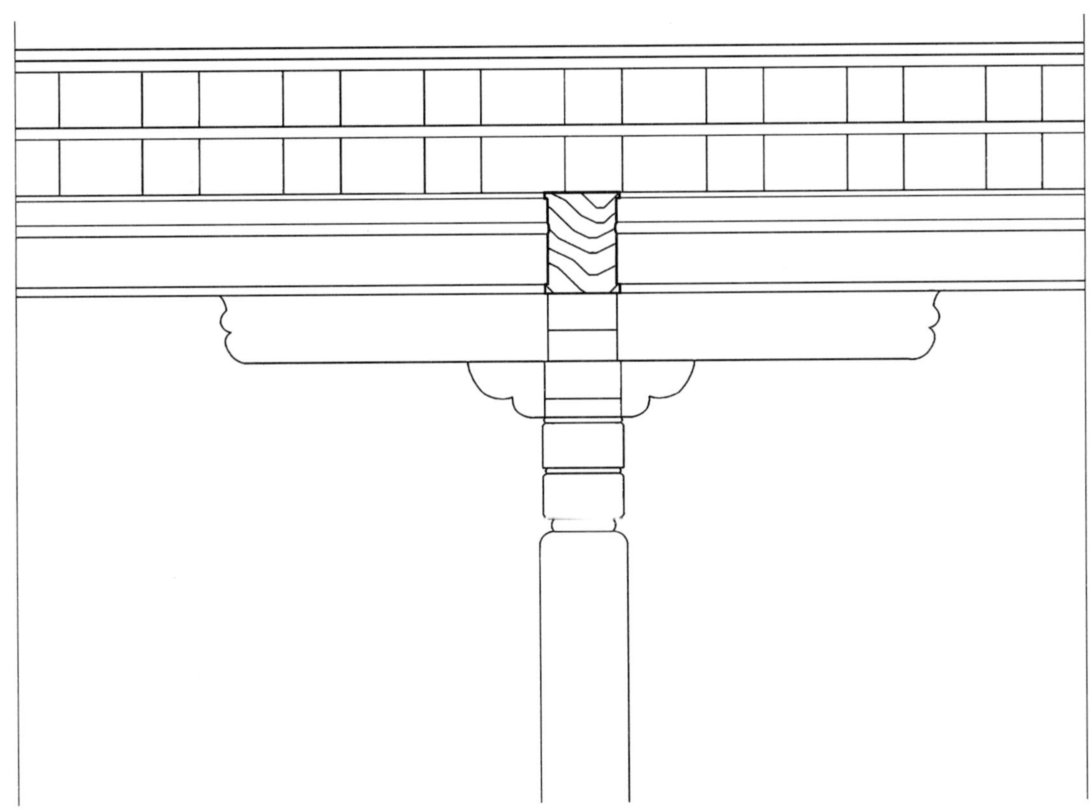

图二四　邓达古民居托木、弓木详图

可以起到保温隔热稳定室内温度和抵挡外部恶劣天气的作用，而内部的轻质隔断则有助于引入自然光照和新鲜空气以满足室内的采光与通风需求，在建筑内部为居住者创造出舒适宜的小环境[4]。

（三）木构件装饰

1. 门

东坝古民居里发现的推拉门不同于传统藏式建筑大门，是藏式建筑里少见的，在此也是为了节省屋内空间才建造的。

在邓达古民居大门之上直接开窗的做法，在传统藏式建筑中也是不多见的。

邓达古民居二层房屋的隔扇门，是明显的汉地古建筑用门。这扇门的特别之处还在于，上部隔心相当于支摘窗，可被支起。

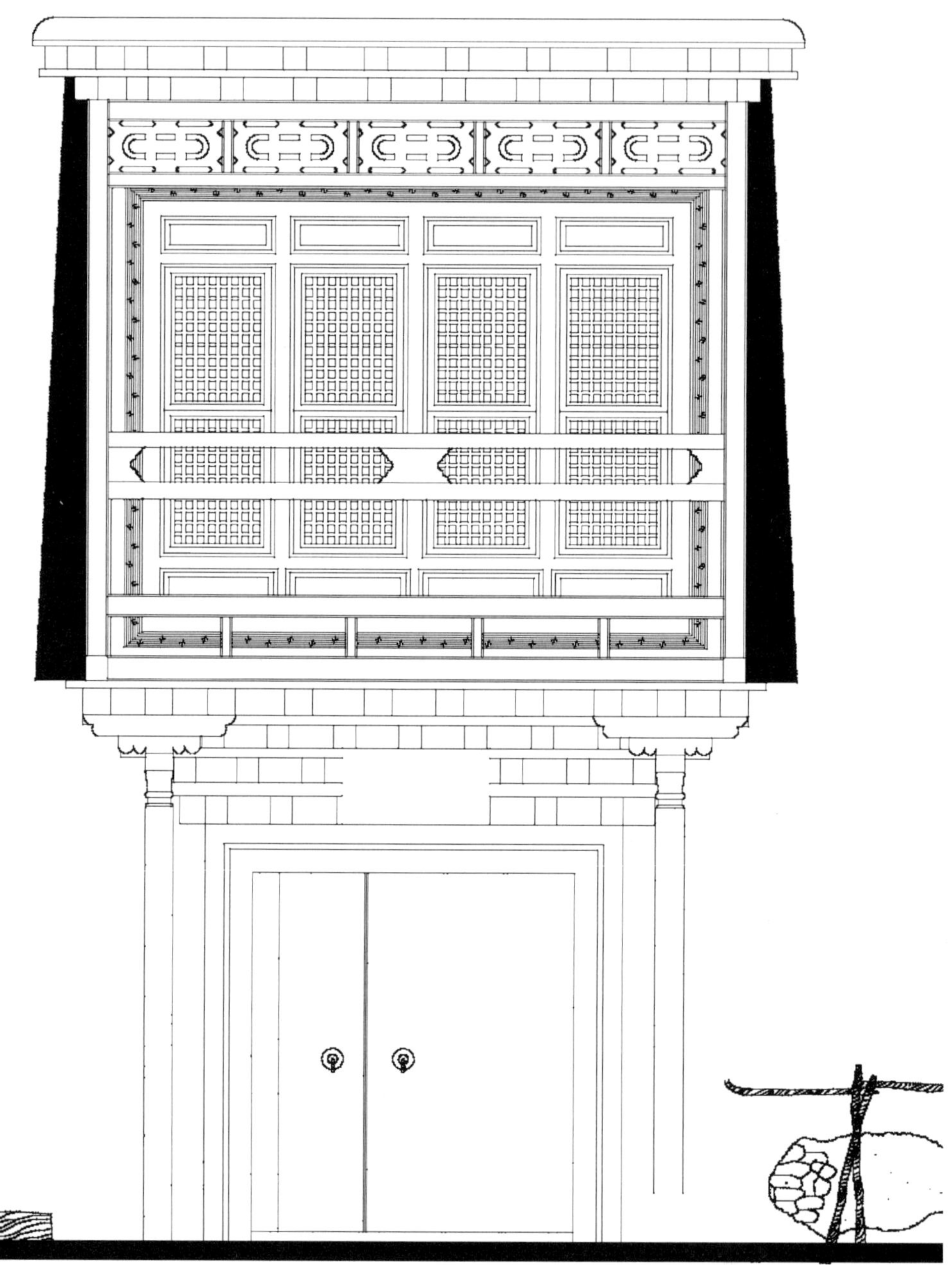

图二五　邓达古民居大门

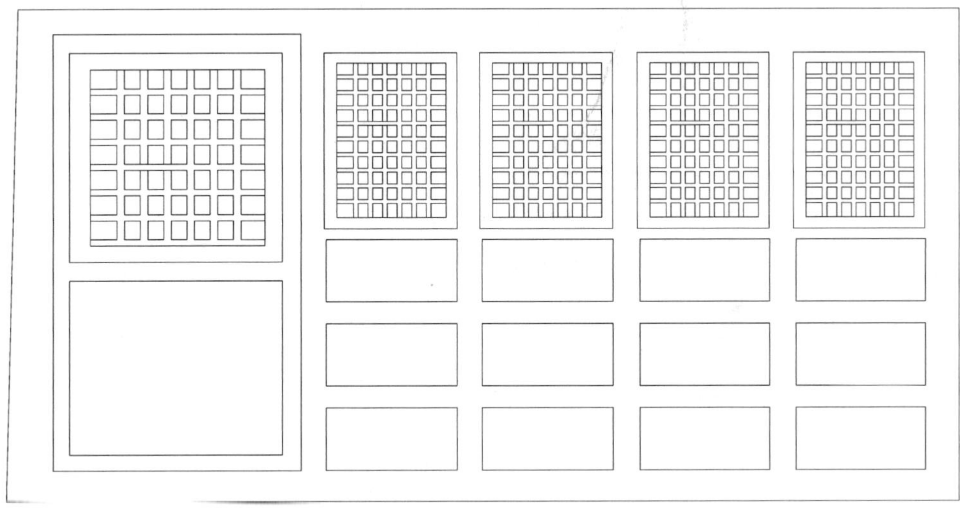

图二六　邓达隔扇门详图

图二七　邓达古民居窗详图

图二八　佛堂佛龛彩绘

2. 窗

邓达和东坝两处古民居的支摘窗，融合了多地建筑风格元素。

特别之处在于支摘窗由多层窗框组合而成，每层窗框有木雕或者彩绘图案，在窗框外还涂梯形窗套。这种装饰形式明显是汉藏的结合方式（图二九；图版三九，2）。

支摘窗外建栏杆，这种与栏杆相接在一起的形式与地坪窗相似，又叫“勾栏槛窗”，这种窗常与栏杆连在一起，多临水而设，这种与气候具有紧密联系的设计，显然不是藏地的本土特点。

3. 栏杆

栏杆是邓达和东坝古民居里常见的木构件，但在传统藏式民居里，并不建造栏杆，很显然栏杆是从外来建筑文化中引进的。

4. 隔断

装饰性木质隔断很少出现在传统藏族建筑里，但它是汉地建筑里的常用屋内装饰（图三〇）。

图二九　东坝古民居窗

图三〇　东坝古民居隔断

5. 木柜

仿门窗式样的木柜也是东坝古民居的特色之一。木柜顶部仿照藏式门窗式样，建两层短椽，柜门仿照汉式门窗作隔扇式样。但较为有创造性的是，木柜的隔扇式样的门是抽取式的，可以整扇取下。东坝的木柜与邓达古民居中的佛龛在形制上较为相似。

（四）粮　仓

东坝古民居和邓达古民居里的井干式粮仓，是目前在西藏境内发现的清代古建中仅存的。

在东坝古民居和邓达古民居发现的井干式粮仓，与藏地其他井干式建筑[5]不同，主要特点就是它作为土木石结构的附属设施，并非独立建筑。这应该与当地气候相关，左贡县平均海拔3700米，澜沧江、玉曲河由北向南呈“川”字形纵贯全境奔流而下，形成三种不同的河谷地貌、气候特征。气候相对温暖湿润，因此对于保存粮食的粮仓就选用了木头或木板作为建造材料，但是左贡县周围以及昌都地区，木材并不十分丰富，所以其他建筑设施没有大量应用木材（图三一）。

图三一　东坝古民居井干式粮仓

（五）地　　面

除常见的木板地面和素土地面外（图三二），东坝古民居有部分鹅卵石铺地，非常具有自然气息和生活趣味。

四、小　　结

从建造布局和民居内的隔墙看，中心设天井的建造布局和屋内隔断墙采用藤编木骨泥墙，均是吸收了云南“一颗印”建筑的风格。

从木构件装饰看，包括门、窗、栏杆、隔断、粮仓和鹅卵石铺地，则是吸收了滇、川两地民居的特点。

从民居内房屋的功用划分看，东坝古民居和邓达古民居是综合性的庄园院落。主楼一层通常作为储藏室或者牲畜棚等供生产活动之用，二层作为起居生活之用，三层作为佛堂之用。主要特征是建筑面积较大，除主体建筑外还有一院落。布局具有综合性，具备生产、生活、佛事、防御等功能（图三三、图三四）。

图三二　东坝古民居木板铺地

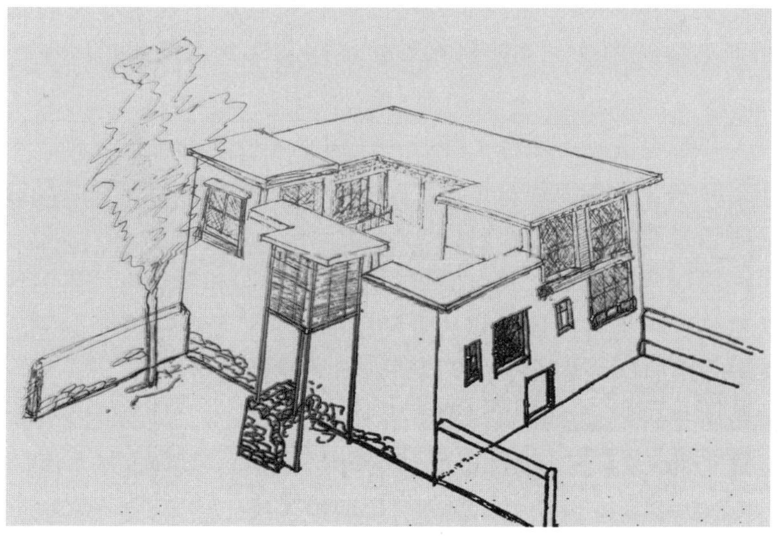

图三三　东坝鸟瞰图

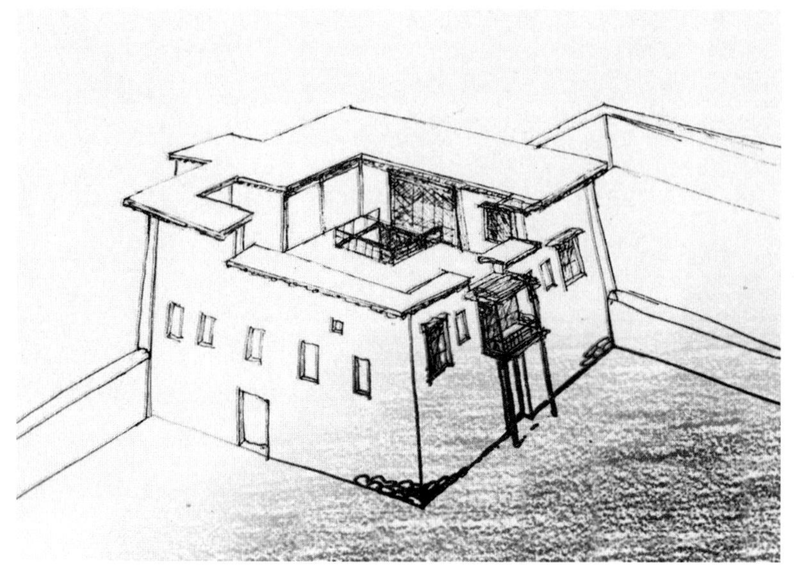

图三四　邓达鸟瞰图

保存至今的西藏古建筑以寺庙建筑为主，也有少部分的官式建筑，但保存下来的古民居数量则不多。左贡县现存的这两处清末古民居，是西藏古民居研究中较为重要的资料。而能在左贡县保存下这两处民居，与当地民风民俗有一定关系。昌都一带的居民一直有外出经商的惯例，而经商赚得的钱物则会用于家中房屋的修建和维护。而守护家庭祖业的传统理念，亦使得东坝古民居和邓达古民居得以世代维护，保存至今。

邓达古民居和东坝古民居融合了藏、川、滇三地建筑的不同风格，不仅吸收外来建筑元素，还将其融合于本地建筑中。左贡县位于西藏昌都市，系茶马古道交通重要之地。来往商贩携带商品途经左贡时，文化和风俗也在此留下各种印记。再结合本地气候特征，传统民居建筑风格，就形成了以东坝古民居和邓达古民居为代表的左贡清代古民居建筑风格。东坝古民居和邓达古民居的建筑，影响了左贡县周边地区的民居建筑风格，至今，左贡县一带的现代民居依然保持此种风格特征。

左贡清代民居是研究藏东建筑艺术发展和藏、滇、川三地文化交流的重要实物依据，同时也是研究康区庄园民居结构的重要范本，是在“茶马古道”滇藏川线商旅文化发展中，出现的以藏式建筑为主，融滇、川两地传统工艺为一体的建筑。

附记：本次测绘和调查工作得到了笔者工作单位——西藏自治区文物保护研究所的大力支持，也特此感谢各位同事在本文写作时给予的大力支持。

调查：李亚忠　罗布扎西　格桑央金　何伟　王冠群
摄影：李亚忠
绘图：李亚忠
执笔：李亚忠　其美多吉

注　释

[1] 陈耀东：《中国藏族建筑》，中国建筑工业出版社，2007年，第375页。

[2] 汪之力、张祖刚：《中国传统民居建筑》，山东科技出版社，1994年，第149页。

[3] 刘致平：《云南一颗印》，《华中建筑》1996年第3期。

[4] 蒋昕萌、王冬：《云南一颗印民居建筑空间原型解析》，《华中建筑》2012年第10期。

[5] 土呷：《昌都地区建筑发展小史》，《中国藏学》2003年第1期。

拉萨磨盘山关帝庙“圣德莫名”匾简释

田小兰

（西藏博物馆）

拉萨磨盘山关帝庙于清乾隆五十七年（1792年）初夏福康安离开拉萨征讨廓尔喀之前开始兴建，是年冬月（11月底）福康安班师回到拉萨之时竣工。乾隆五十八年（1793年）春，福康安撰写的《磨盘山新建关帝庙碑》立于庙内，与此同时，铭有征讨廓尔喀的88位将领职衔与姓名的铜钟也悬挂庙中[1]。此后，关帝庙受到官民的虔敬奉祀与祭拜。不仅历代驻藏大臣、驻藏官兵及汉族百姓时常前往朝拜，而且藏族人民也虔诚祭拜。

据传拉萨磨盘山关帝庙正殿墙上原来悬挂有五十余块颂扬关羽英雄业绩的匾额，从目前所见到的十余块匾额文字内容来看，这些匾额基本都是汉、满、蒙古族官兵、百姓所敬献。

本文拟以现在所见匾额中的“圣德莫名”匾为对象进行简略考证，不足之处，请方家指正。

一、“圣德莫名”匾文字考释

“圣德莫名”匾，木质，长方形。因未能攀高测量，匾额数据不详。表面黑漆磨损甚多，匾上留有以绿色颜料涂抹的字迹痕迹（图版四〇，1）。

匾额上阴刻143个汉字：匾额右侧竖书楷体“大清咸豐二年歳次壬子(1)夷則月(2)中浣(3)敬”等16字；匾额中上部书1个楷体“獻(4)”字；匾额中部从右至左横书楷体“聖德莫名(5)”4字；匾额下部从右至左竖书楷体109字，为22个人名及其所属绿营简称：“建中(6)楊茂春、督中歐陽超、建左張仕祥、軍右潘占雄、提右梁應超、建中王榮升、督右劉文光、督左曾萬春、督左王正洲、提右阮懷玉、建左虞成耀、巫山蔡必中、督中田占春、督右曾廷貴、建左龍澍、松中楊春懷、督中邱占彪、城右彭玉章、提右鍾長青、軍右徐占魁、提右劉興泰、督中雷應發。”匾额左侧竖书楷体“駐防前藏(7)馬步十隊目兵(8)等公立”等13字（图一）。

图一 “圣德莫名”匾

（1）咸丰二年即1852年，干支纪年为壬子年。

（2）夷则，古代乐律名。古乐分十二律，用来确定音阶的高下，阴阳各六，夷则为其一也。十二律制为古代律制，用三分损益法将一个八度分为十二个不完全相等的半音的一种律制，从低到高依次为黄钟、大吕、太簇、夹钟、姑洗、仲吕、蕤宾、林钟、夷则、南吕、无射、应钟。又将十二律与十二月相配，第九律夷则配七月，故夷则律为七月之律，夷则月则指农历七月。《吕氏春秋·音律》：“夷则之月，修法饬刑，选士厉兵。”

（3）浣，洗也。唐代定制，官吏十天一次休息沐浴，每月分为上、中、下浣，后借作上旬、中旬、下旬的别称。中浣，即中旬，亦作“中澣”“中盥”。

（4）“献”字当与匾额右侧“大清咸丰二年岁次壬子夷则月中浣敬”等16字连读为“大清咸丰二年岁次壬子夷则月中浣敬献”。

（5）圣德，超凡入圣的德行、操守；莫名，无可名状之意。圣德莫名，意指关羽超凡入圣的德行与操守非言语所能表达。

（6）“建中”为建昌镇总兵统辖的镇标中营之简称，与其后冠于人名前的“督中”等皆为四川绿营所辖[2]简称。

（7）前藏，即拉萨。

（8）马队即骑兵，步队即步兵。囿于资料所限，当时驻防拉萨的绿营兵丁究竟是马步队混编还是马队、步队分编以及每队人数等情况，笔者尚未看到有文章论及。

目，即头目也。目兵，兵卒中的小头领。《明史·陈金传》：“贼觇诸要害无守者，乃悉所有赂目兵，乘暮遁去。”民国初期亦沿用了目兵这一下层军官名称，邹鲁《浙江光复》：“及第二次施放，已被卫队目兵夺去机关枪，抚署无抵抗力矣。”在中华民国南京临时政府军队军衔制中，军士分为两级：一等目兵、二等目兵。不久之后，南京临时政府将军士改为三级：上士、中士、下士。因此，匾额所称目兵应指当时驻防拉萨的绿营马步队的最基层军官。

二、咸丰二年驻防前藏的四川绿营官兵情况分析

1. 反映有清一代西藏驻防官兵情况实物资料的简单梳理

按《清史稿·兵制》记载："至川军入藏之举，始于雍正初年，准噶尔窥边，诏以川、陕兵二千人驻防，设正副大臣，分驻前后藏。其时云南省军队亦分途入藏。事定，仍撤归原省。历朝镇抚藏地，多用汉军、番卒。"也就是说，从雍正初年开始，前后藏便已有川、陕兵驻扎，且历朝多用汉军、番卒镇抚藏地。

清朝兵制，各省设标，总督统辖督标，巡抚统辖巡标，提督统辖提标与总兵，总兵统辖镇标。标下设协，由副将统领；协下设营，由参将、游击、都司、守备分别统领；营下设汛，由千总、把总分别统领。

西藏境内发现的记录有四川绿营驻防西藏的实物资料，笔者已知的有拉萨磨盘山关帝庙乾隆五十八年铜钟铭文[3]、工布江达县江达乡嘉庆二年"万善同归"碑铭[4]、拉萨磨盘山关帝庙咸丰二年"圣德莫名"匾、定日县岗嘎镇光绪二十二年"荡芭寺"匾等4处。

拉萨磨盘山关帝庙乾隆五十八年铜钟铭文中记录了征讨廓尔喀的88位将领职衔与姓名，其中有4位将领分别为四川提督统辖之建昌镇总兵、川北镇总兵、松潘镇总兵和重庆镇总兵；工布江达县江达乡发现的嘉庆二年"万善同归"碑铭中明确记录了当时驻防拉里汛和江达汛的53名四川绿营官兵的统属及名录；拉萨磨盘山关帝庙咸丰二年"圣德莫名"匾上录有驻防拉萨的四川绿营目兵22人；定日县光绪二十二年"荡芭寺"匾上落款仅有"署防定日汛守备赵世魁"1人。

由此可知，乾隆五十八年（1793年）、嘉庆二年（1797年）、咸丰二年（1852年）这3则实物资料均记载了四川绿营官兵的信息，光绪二十二年（1896年）定日汛守备赵世魁是否隶属四川绿营不敢确指；除关帝庙铜钟铭文外，另3处资料均为驻防西藏官兵的确切记录，先后涉及拉里汛、江达汛、前藏（拉萨）及定日汛。

2."圣德莫名"匾所反映的咸丰二年驻防前藏（拉萨）的四川绿营情况分析

匾上记录的22位目兵均系四川绿营所辖，其中分属四川总督统辖之督标左、中、右营共8人，成都将军统辖之军标右营2人，四川提督统辖之提标右营4人、成都城守右营1人，建昌镇总兵统辖之镇标左、中营共5人，松潘镇总兵统辖之镇标中营1人，重庆镇总兵统辖之巫山营1人，所有目兵生平皆无考，详见表一。

表一　“圣德莫名”匾额所列四川绿营官兵隶属名录表

绿营统属	隶属与姓名	合计/人
四川总督统辖	督标右营：刘文光、曾廷贵 督标中营：欧阳超、田占春、邱占彪、雷应发 督标左营：曾万春、王正洲	8
成都将军统辖	军标右营：潘占雄、徐占魁	2
四川提督统辖	提标右营：梁应超、阮怀玉、锺长青、刘兴泰 成都城守右营：彭玉章	5
建昌镇总兵统辖	镇标中营：杨茂春、王荣升 镇标左营：张仕祥、虞成耀、龙澍	5
松潘镇总兵统辖	镇标中营：杨春怀	1
重庆镇总兵统辖	巫山营：蔡必中	1
合计		22

上表所列咸丰二年驻防拉萨的22名目兵所属情况，与嘉庆二年“万善同归”碑铭中记录的驻防拉里汛和江达汛的53名四川绿营官兵的统属及名录进行对比分析，可以得到至少以下两点结论：

（1）嘉庆二年“万善同归”碑铭全面记录了当时驻防拉里汛、江达汛的所有53位绿营官兵名录，涵盖了四川总督、成都将军、四川提督以及川北、建昌、松潘、重庆等四镇统辖的绿营官兵。而咸丰二年“圣德莫名”匾仅仅记录了当时驻防拉萨的22位四川绿营下层军官的统属与名录，两相比较，可知后者无川北镇总兵统辖的下层军官名录。到关帝庙祭拜关公之举对于驻防前藏的军人而言应系十分郑重的事情，匾中所录22位祭拜者均系下层军官，应属有意联络、集体参与的行动，断无将川北镇总兵所辖之目兵排除在外的可能。因此，可以推测在咸丰二年之时，驻防拉萨的绿营官兵中并无川北镇总兵所辖之目兵。

（2）从咸丰二年“圣德莫名”匾记录的目兵所属来看，除1位目兵为远离重庆镇总兵驻防之地的巫山营外，其他21位目兵均为督、军、提、镇驻防之营。而嘉庆二年“万善同归”碑铭记录的53位官兵中，有40人隶属督、军、提、镇驻防之营，其他13人则为四川总督、四川提督及4镇统辖之远离驻防之地的各营（表二）。

从上表可以看出，拉萨磨盘山关帝庙咸丰二年“圣德莫名”匾所录之22位下层军官名录涵盖了四川绿营除川北镇在外的大部分序列。与嘉庆二年“万善同归”碑铭所记载的四川绿营官兵隶属情况综合分析，至少可以看出这样一个特点，即咸丰二年驻防前藏（拉萨）的官兵与嘉庆二年驻防江达汛、拉里汛的官兵都是由四川绿营不同统属官兵混编而成的。其中，嘉庆二年驻防拉里汛的9位官兵分属9个不同的营，而驻防江达汛的44位官兵更是分属15个不同的营，同一个营的官兵最多只有4人。咸丰二年驻防前藏（拉萨）的22个目兵则分属10个不同的营，同一个营的目兵即达到4人之多。

表二　“万善同归”碑铭“圣德莫名”匾所录四川绿营隶属情况对比表

四川绿营统属		隶属与数目		
		驻防江达汛	驻防拉里汛	驻防拉萨
四川总督统辖	督标左营	4人		2人
	督标中营	4人	1人	4人
	督标右营	4人		2人
	大坝营		1人	
成都将军统辖	军标左营	3人	1人	
	军标右营	2人	1人	2人
四川提督统辖	提标前营	3人		
	提标左营	1人		
	提标中营	1人		
	提标右营	2人		4人
	成都城守左营	1人		
	成都城守右营			1人
川北镇总兵统辖	镇标左营	1人	1人	
	镇标中营	1人		
	镇标右营	2人		
	达州营	1人		
	通巴营		1人	
重庆镇总兵统辖	镇标左营	1人		
	镇标中营	2人		
	绥宁协	1人	1人	
	巫山营			1人
建昌镇总兵统辖	镇标左营		1人	3人
	镇标中营			2人
	镇标右营	1人	1人	
	会盐营	2人		
	越巂营	1人		
	泸宁营	1人		
	靖远营	1人		
松潘镇总兵统辖	镇标中营	1人		1
	叠溪营	2人		
	龙安营	1人		
合计		44人	9人	22人

注　释

[1] 陈祖军、赤列次仁、旺久·拉萨：《〈磨盘山新建关帝庙碑〉及铜钟铭文重录与相关问题略考》，《西藏研究》2015年第2期，第71～80页。

[2] 赵尔巽等：《清史稿·兵志》，中华书局，1977年。

[3] 陈祖军、夏格旺堆、李林辉：《工布江达县“万善同归”碑文考释》，《西藏研究》2016年第2期，第80～88页。

[4] 赵尔巽等：《清史稿·职官志》，中华书局，1977年。

拉萨《双忠祠碑记》重录与简释

陈祖军

（西藏自治区文物保护研究所）

双忠祠位于拉萨市城关区冲赛康居委会八廓北街，大昭寺东北侧，海拔3650米。

一、历史沿革

驻藏大臣衙门得名于清雍正五年（1727年）驻藏大臣入住之后，时称驻藏大臣行署[1]99。此前，该建筑据称名叫彭措热丹班觉，始建年代不详。

清康熙五十六年（1717年），准噶尔侵入拉萨，彭措热丹班觉被其首领占据。

清康熙五十九年（1720年），清军分兵三路攻打准噶尔。驻守拉萨的准噶尔军队经阿里逃往新疆，为时任阿里总管的康济鼐所败，清中央政府任命康济鼐为总理西藏事务的首席噶伦，康济鼐遂入住彭措热丹班觉。

清雍正五年（1727年）8月15日，康济鼐被阿尔布巴、隆布鼐、札尔鼐等三位噶伦以开会为名，诱杀于大昭寺。次日，他的两位妃子在彭措热丹班觉遇害。是为"阿尔布巴之乱"。

一个月之后，清中央政府派内阁学士僧格、副都统马喇带着清中央政府赐予康济鼐的总理西藏事务的印信抵达拉萨。是年，这座府邸成为驻藏大臣最初的衙门，史料中称为"宠岗"[1]或"通司冈"（今称冲赛康）。

清乾隆十二年（1747年），颇罗鼐病逝，其幼子珠尔默特那木札勒袭郡王位。

清乾隆十四年（1749年）年，珠尔默特那木札勒与其兄珠尔默特策布敦争权，害死其兄。乾隆皇帝以驻藏大臣纪山怯懦姑息，另派傅清、拉布敦进藏替职。

清乾隆十五年（1750年）10月13日，驻藏大臣傅清、拉布敦击杀珠尔默特那木札勒于通司冈，其随从罗布藏扎什逃走后聚兵数千围攻通司冈，傅清、拉布敦二位大臣罹难。事闻，乾隆震悼，令将驻藏大臣衙门改建为双忠祠。

清乾隆五十八年正月（1793年），傅清之侄、大将军福康安击败廓尔喀人入侵，班师回到拉萨之后，对双忠祠进行了全面修缮，并亲自撰写碑文，勒石为记，此即《双忠祠碑记》。

1999年拉萨市对该院进行了抢救性维修保护，将满、汉两种文字镌刻的5块《双忠祠碑记》石碑运至拉萨市文物局保管。

2011年，拉萨市人民政府公布“冲赛康扎康”为拉萨市文物保护单位。

2013年，国务院公布“冲赛康”为全国重点文物保护单位，拉萨市人民政府将其改建为清政府驻藏大臣衙门旧址陈列馆，并将《双忠祠碑记》两块汉文碑石陈列于此。

二、建筑遗存现状

驻藏大臣衙门原为四合院式布局，占地面积约1900平方米。早期建筑现仅存南侧临街部分，呈东西走向，为二楼一底土木石结构藏式平顶建筑，坐北朝南，建筑以中央大门为轴线，东西两侧一至三层均呈对称布局。大门辟于底层中央，方向194°，门前铺设素面踏道4级，木质门框。各层面向北侧庭院一侧的檐下立一排檐柱，檐柱与房屋之间为廊道，所有房间均向廊道一侧辟门。每层皆有木梯通往上层及屋顶。屋面为平顶，以阿嘎土加工。

三、碑铭简释

驻藏大臣衙门底层木门后门廊东西两侧原嵌有石碑5块，其中东壁下部镶嵌满文碑石2块，西壁下部镶嵌汉文碑石3块。汉文碑石现分别藏于拉萨市柳梧新区牦牛博物馆（1块）和大昭寺东北侧清政府驻藏大臣衙门旧址陈列馆（2块）。碑石从右至左三块拼接，碑身为长方形，上下均刻回文图案。碑文为竖书楷体，每行多为17字。遇尊称时上抬一字或二字，每行最多可至18或19字。全碑共68行967字。第1块石碑现藏于牦牛博物馆，宽96、高75、厚15.6厘米，文字大都漫漶不清，残损颇多，字径约2.7厘米；第2块石碑宽95.4、高84.5、厚16.5厘米，字径约2.3厘米，字间距1.5厘米，上下回形纹宽6厘米，回形纹间距64.8厘米；第3块石碑宽94.8、高77、厚17.2厘米，文字径约2.3厘米，字间距1.9厘米，上下回形纹宽5.5厘米，回形纹间距64.5厘米。第2、3块石碑文字清晰，仅极个别文字略有风化、剥蚀。

据《拉萨市文物志》记载：“首篇碑石剥蚀过甚，字迹大多不存，仅可辨识‘雙忠祠碑記’，‘……而公……’，‘……拉公……’，‘……達什曰召藏王来……’等字。”[2]126据此，可知该碑名为《双忠祠碑记》。现存石碑上能辨识的字与《拉萨市文物志》所载基本一致，其中碑右第一行的“雙忠祠碑記”5字已漫漶不辨；“而公”为第十九行第1、2字；“拉公”为第二十行第1、2字，“達什曰召藏王来”为末行（二十一行）第1至第7字。

该碑铭文字亦收录于《卫藏通志》卷六“雙忠祠”条，其中“在寵崗，爲傅、拉二公建。乾隆十五年，朱爾墨特那木扎勒謀逆，二公計誅之，爲其黨所害。乾隆五十八年，大將軍、公福康安征勦廓爾喀，班師回藏，爲之撰文勒石。其辭曰”等首题65字非原碑铭文字[1]99。

因第1块石碑上文字漫漶不清，故以收录完整且较为准确的《卫藏通志》卷六文字为准，以可辨识碑文及《拉萨市文物志》录文与之互校；第2、3块石碑文字清晰，以碑文为准与《卫藏通志》《拉萨市文物志》录文互校。兹按原碑字体写法录出，每行末标注“/”符号（图版四〇，2）：

雙忠祠碑記

雙忠祠在前藏大昭(1)東北，向爲駐藏大臣行/署。珠爾默特那木扎爾之難，駐藏大臣傅公、/拉公死焉，署亦燬於火。番民感二公之忠烈，/因其舊址請立祠，肖像以祀(2)，蓋以二公(3)大有/造於衛藏也。傅公諱清，爲康安世父。乾隆十/五年，公以都統奉/命駐藏(4)，左都御史拉布敦副之(5)。時珠爾默特那木/扎爾襲其父頗羅鼐郡王封(6)，專藏事，多不法。/公(7)裁抑之，横如故。公廉其叛逆有跡，密疏請/便宜從事，以絕後患。奏入。/上以公孤懸絕域，未可輕舉(8)。命都統班第代(9)拉公(10)，/將明正其罪，以申/國法。/旨未至，反謀益亟。廣布私人，凡駐藏大臣一舉動，/輒偵邏之，禁郵遞，不得通。潛結準噶爾爲外/援，藏中有異己者將盡誅之，勢且延及達賴/喇嘛，爲雄長一方之計。公如坐待其變，事發/而公必死；誘而誅之，其羽翼已成，眾寡不敵，/而公亦死。均之死也，毋(11)甯變速而禍小。遂與/拉公定密計，以十月十三日告其黨羅卜藏/達什曰：召藏王來，有(12)/旨令議事。朱爾墨特那木札爾以公勢孤，聞召，不/之(13)疑，亦不設備。公與拉公登樓待之，止其眾/於樓下，隨上者四五人。公見之，顏色不動如/平時。引入臥室，門闔(14)。急掣佩刀砍之，中項而/仆，從者競前(15)，以棓擊其首，立斃。羅卜藏達什/在室(16)門外，聞格鬥聲，知禍發，抶牕跳越。告其/壻第巴喇布坦等，號召賊眾，須臾麕至，鎗礮/競發，環攻之。墻高而固，不能入。賊乃積薪樓/下，烈焰四起，樓焚。賊遂攀援而登，公手刃數/賊，身被三傷，力竭，自刎以殉。拉公亦中創死。(17)/吁，烈矣哉！夫衛藏距京師萬有餘里，公鎮其/地，戍兵寡弱。外不足以制其力(18)，內不足以奪/其權。設(19)朱爾墨特那木札(20)爾竟舉兵反，番民/性怯懦，勢必舉而從之。以向隸版籍之地，一/旦陷賊(21)，卽使以身殉，事已無及。勞師糜餉，致/貽/聖主西顧憂，疇職是土，顧可以一死委其責耶？公/獨奮不顧身，毅然定大計，乘其未發，誘而誅/之。餘黨雖擾攘，而渠魁既(22)殲，如瓦解冰泮，無/能為難。不旋踵而就縛，盡伏厥辜。公雖死，而/全藏以安，/國威以振，是非霍光(23)之誘斬樓蘭所可同日[24]語/也。事定，班公及四川總督公策楞[25]至藏，列二[26]/公死事狀上/聞。/天子震悼，下/詔褒嘉忠烈[27]，公[28]與拉公[29]贈一等伯，入賢良祠、昭忠/祠。公仍入家祠從祀[30]，子孫以一等子爵世襲/罔替。/卹忠錄庸，延及苗裔[31]。嗚呼！公之心其可慰矣。康/安以五十七[32]年奉[33]/命督師進勦廓爾喀來藏。謁雙忠祠，瞻拜遺像，距/公殉節時盖四十餘年矣。藏番追念兩公遺/澤，歲時奔走[34]，香火不絕。至今猶有能道當時/遺事者。惟碑碣缺如，堂廡垣牖，閒有傾圮。爰[35]/於班師之日葺而新之。且恐歲久遺跡或湮，/敬書其事，以示後人。其時同殉者爲主事策/塔[36]爾、參將黄元龍，並為位於廡以配食。傳云[37]：/能捍大患，則祀之；如公者，番之[38]民雖[39]百世祀/可也[40]。/

御前大臣、太子太保、領侍衛内大臣、武英殿大學/士、吏部尚書兼兵部尚書、一等嘉勇公、大將/軍、從[41]子福康安拜手謹記/

監修同知李經文[42]/

守備徐棐[43]敬書/

乾隆五十八年正月[44]穀旦[45]/

（1）前藏，即拉萨；大昭，即大昭寺。《拉萨市文物志》录文“昭”字误为“招”。

（2）《拉萨市文物志》录文“祀”字误排为“杞”。

（3）《拉萨市文物志》录文此处衍一“之”。

（4）乾隆十四年十月二十一日谕旨赏固原提督傅清都统衔，并派往西藏与纪山公同办事[3]卷351。

（5）乾隆十五年九月十二日谕旨授予拉布敦都察院左都御史[3]卷372。

（6）乾隆十二年三月十五日谕旨由珠尔默特那木扎勒袭封郡王[3]卷286。

（7）《拉萨市文物志》录文“公”字误为“稍”。

（8）乾隆十五年十月初八日谕令傅清、拉布敦不可“轻率举动”，否则“必至酿成大事”[3]卷374。

（9）《拉萨市文物志》录文此处无“代”字。

（10）乾隆十五年四月二十六日谕令：“驻扎青海之副都统职衔班第赴藏换拉布敦。”[3]卷363

（11）《拉萨市文物志》录文“毋”字误为“勿”。

（12）石碑一文字至此。

（13）《拉萨市文物志》录文无“之”字。

（14）《卫藏通志》卷六误作“闔戶”[1]100。《拉萨市文物志》录文误作“门即阖”。

（15）《拉萨市文物志》录文此句误为“急掣襟底预藏前藏王颇罗鼐所献之佩刀连砍之，中项，仆从者进前”。

（16）《拉萨市文物志》录文无“室”字。

（17）傅清等诛杀珠尔默特那木扎勒之事参见《清代驻藏大臣传略》记载：“十月壬午，召珠尔默特那木扎勒至通司冈驻藏大臣衙门，言有诏，使登楼，预去其梯，若将宣诏，珠尔默特那木扎勒方跪拜，傅清自后挥刃断其首。于是其党卓呢、罗卜藏扎什等闻信，始率众数千，围楼重重，发枪炮、纵火。傅清中三创，度不免，刭自死。拉布敦死楼下……主事策塔尔、参将黄元龙皆自杀，通判常明中石矢伤，从死者千总二、兵四十九、商民七十七，粮务衙门被劫库银八万千余两。达赖喇嘛遣众僧救护未成。”[4]22

又见《卫藏通志》卷十三载：“珠尔墨特那木扎勒谋逆伏诛，驻藏大臣傅清、左都御史拉布敦为其党所害。驻藏主事策坦、参将黄元龙殉之。”[1]148

（18）《拉萨市文物志》录文此处衍一“隶”字。从后文看，系排版时误将此下三行末字上提一行所致。后文不再对此错行排版的问题出注。

（19）《拉萨市文物志》录文“设”字误为“使”。

（20）《拉萨市文物志》录文“札”字误为“扎”。

（21）《拉萨市文物志》录文此处衍一“众”字。

（22）《拉萨市文物志》录文“既”字误为“以”。

（23）《拉萨市文物志》录文“霍光”二字误为“傅介子”三字。

（24）《拉萨市文物志》录文此处衍一“而”字。

（25）《拉萨市文物志》录文“楞”字误排为“椤”。

（26）石碑二文字至此。

（27）《拉萨市文物志》录文“忠”字误为“溢以襄”三字。

（28）《拉萨市文物志》录文此处无“公”字。

（29）《拉萨市文物志》录文此处衍一“俱”字。

（30）《拉萨市文物志》录文“公仍入家祠從祀”七字误为“复敕建双忠祠，每春秋二时，特遣大臣致祭”等十七字。

（31）乾隆十五年十一月乙卯谕旨：“傅清、拉布敦著加恩追赠为一等伯，著入贤良祠、昭忠祠春秋致祭。傅清并入伊家祠从祀。伊等子孙给与一等子爵，世袭罔替，以示朕褒忠录庸之至意。”[3]卷377

（32）《拉萨市文物志》录文“七”字误为“六”。

（33）《拉萨市文物志》录文“奉”字误为“春”。

（34）《拉萨市文物志》录文此处衍一“时”字。

（35）《拉萨市文物志》录文“爰”字误为“爱”。

（36）《拉萨市文物志》录文“塔”字误为“答”。

（37）《卫藏通志》卷六误“云”为“曰”。

（38）《拉萨市文物志》录文此处无“之”字。

（39）《拉萨市文物志》录文此处衍一“有”字。

（40）《卫藏通志》卷六所录碑铭文字仅至此；缺此后的69字。

（41）《拉萨市文物志》录文“從”字误为“徙”。

（42）在拉萨“磨盘山关帝庙铜钟铭文”中，李经文的职衔为“四川水利同知”。

（43）在乾隆五十八年三月二十七日的谕旨中提到，千总徐棨被福康安提请“赏给应升顶戴”[5]781，可为何在这个正月的碑铭文字中其职衔却是更高品阶的守备衔?

（44）《拉萨市文物志》录文“乾隆五十八年正月”八字误置于“監修同知李經文”之上一行。

（45）据《清实录·清高宗实录》记载，乾隆五十八年正月初一日为乙未日，即1793年2月11日；二月初一为甲子日，即1793年3月12日，故《双忠祠碑记》应在2月11日至3月12日之间勒石刊立[3]卷1420。

四、乾隆皇帝诗《双忠祠》

清乾隆十五年傅清、拉布敦诛杀珠尔墨特那木扎勒，旋遇害。事变传至朝廷，乾隆皇帝弘历亲洒宸翰以悼。

双忠祠

乾隆十五年，驻藏都统傅清、左都御史拉布敦诛叛臣朱尔墨特那木札尔。其党罗藏札什率兵助逆，二臣死焉。赠以伯爵，优恤而归。其丧于京师，亲临奠醊，建专祠祀之，命曰双忠。并纪以诗：

卫藏西南夷极边，入我王化百馀年。
始犹羁縻后执赆，置兵为守防呼韩(1)。
蒙古习俗尚黄教，得失视此为转旋。
其何小丑背厚泽，夜郎自大轻王臣。
托词承平劳物力，示之大信休兵屯。
戕兄虐下遂无忌，更与外贼为牵援。
血人于牙攫财贿，中梗驿路军书传(2)。
惟时奉命监彼土，曰傅清暨拉布敦。
目睹逆势日猖獗，炎炎不息将燎原。
战守不可兵力弱，官军万里阻蜀门。
国事为重馀度外，二人同心利断金。
知无一生有九死，但期济事酬深恩。

朱尔墨特那木札，汝来示汝大义存。
天无二日尔二日，尔忘尔父叨藩翰。
凶渠稔祸力已张，藐视二人何有焉。
笼中之鸟砧上鱼，西藏指日据有全。
挺身来见忽疑虑，潜呼群丑施戈鋋。
傅卿直前扼其臂，逆王命者诛无延。
拉卿拔刀剸其脰，罪在魁首无牵连。
罗藏札什其羽翼，走险叫呶豕突然。
桀犬吠尧各为主，蜂屯蚁聚来獶猔。
吁嘻二臣力不逮，如归视死双躯捐。
小丑乌合旋就缚，骈首就戮长竿悬。
逆诛顺抚妖氛靖，卫藏万众如一言。
忠臣报主有如此，智勇兼济诚通天。
昔每椎心今吐气，如披云雾瞻苍旻。
不劳一旅剪渠寇，岂止万命免沉沦。
尸祝社祭众夙志，虔伸绝域千秋传。
灵舆肃肃归故里，建祠临奠恩频宣。
锡爵赐封延后世，志予哀悼旌勋贤。
双忠之气浩千古，双忠之力敌万军。
骂贼有似奋常山，诱致大异斩楼兰。
双忠迹略传斯篇，他年以待信史编。

（1）雍正年间始命大臣驻彼，率绿旗兵防守准噶尔。

（2）朱尔墨特那木札尔乃颇罗鼐之子，朕以其父勤劳，颇能安辑疆土，封为郡王。后颇罗鼐故，伊袭其父王爵，即诡词请撤驻藏官兵。因念彼既以撤兵为请，即不从，适足以致其疑，故如其请。自此肆无顾忌，戕其兄及侄，荼毒所部。遣使通准夷求援，旋断绝邮，置军书不达者旬日。二臣觇其逆谋已露，遂决计先事诛之。

注　释

［1］（清）佚名纂修：《［嘉庆］卫藏通志》，光绪丙申用写本刊，渐西村舍。
［2］西藏自治区文物管理委员会：《拉萨文物志》，1985年。
［3］《清实录·清高宗实录》，中华书局，2008年。
［4］吴丰培、曾国庆：《清代驻藏大臣传略》，西藏人民出版社，1988年。
［5］（清）方略馆编，季垣垣点校：《钦定廓尔喀纪略》，中国藏学出版社，2006年。

图版一

1. 2017ZGM1出土遗物
2. 2017ZGM1出土珠饰
3. 2017ZGM1
4. 2017ZGM1出土铜戒指
5. 2017ZGM2出土人骨
6. 2017ZGM2出土羊骨头
7. 2017ZGM2头厢内陶器
8. 2017ZGM2

札达县格布赛鲁墓地及出土遗物

图版二

1. 2017ZGM3
2. 2017ZGM3出土水晶柱
3. 2017ZGM4
4. 2017ZGM5
5. 2017ZGM7
6. 2017ZGM8
7. 2017ZGM8出土彩陶
8. 2017ZGM9

札达县格布赛鲁墓地及出土遗物

图版三

1. 陶罐（2017ZGM2:118） 2. 陶罐（2017ZGM6:46） 3. 陶罐（2017ZGM2:123） 4. 陶罐（2017ZGM2:131）

5. 陶罐（2017ZGM6:100） 6. 陶罐（2017ZGM8:23） 7. 陶罐（2017ZGM6:45） 8. 陶罐（2017ZGM6:97）

9. 陶罐（2017ZGM6:101） 10. 陶罐（2017ZGM6:99） 11. 陶钵（2017ZGM2:119） 12. 陶钵（2017ZGM2:133）

札达县格布赛鲁墓地出土陶器

图版四

1. 钻孔磨制石斧（2017ZGM1:56）

2. 水晶柱（2017ZGM3:26）

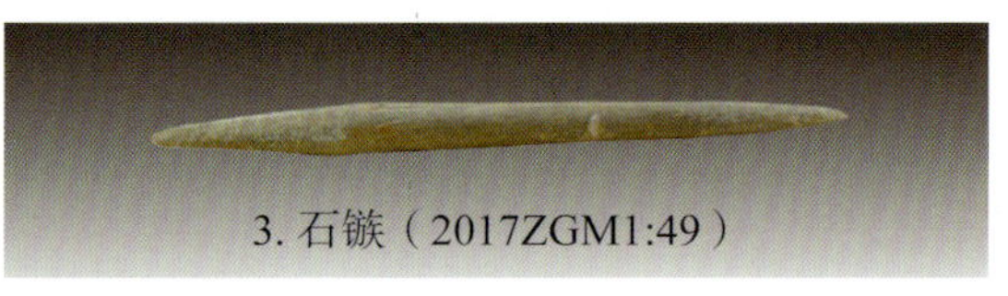

3. 石镞（2017ZGM1:49）

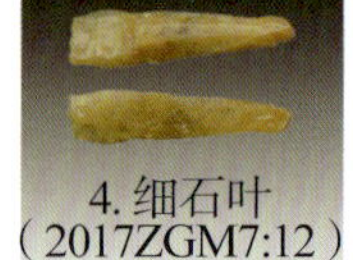

4. 细石叶（2017ZGM7:12）

5. 细石叶（2017ZGM1:61）

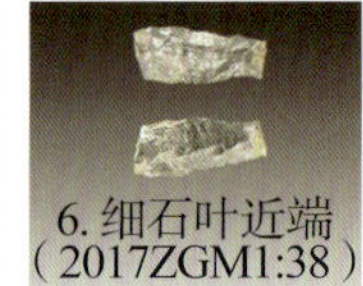

6. 细石叶近端（2017ZGM1:38）

7. 石镞（2017ZGM3:6）

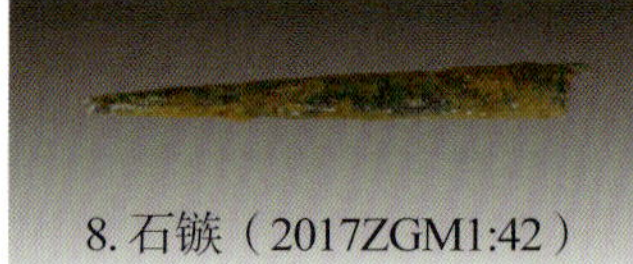

8. 石镞（2017ZGM1:42）

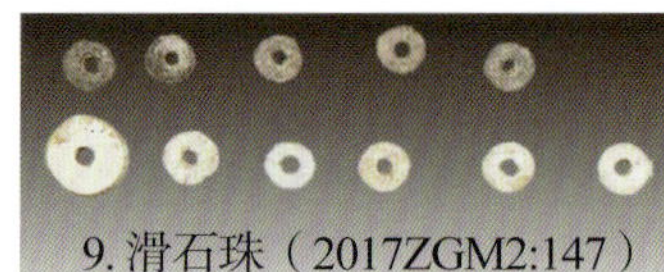

9. 滑石珠（2017ZGM2:147）

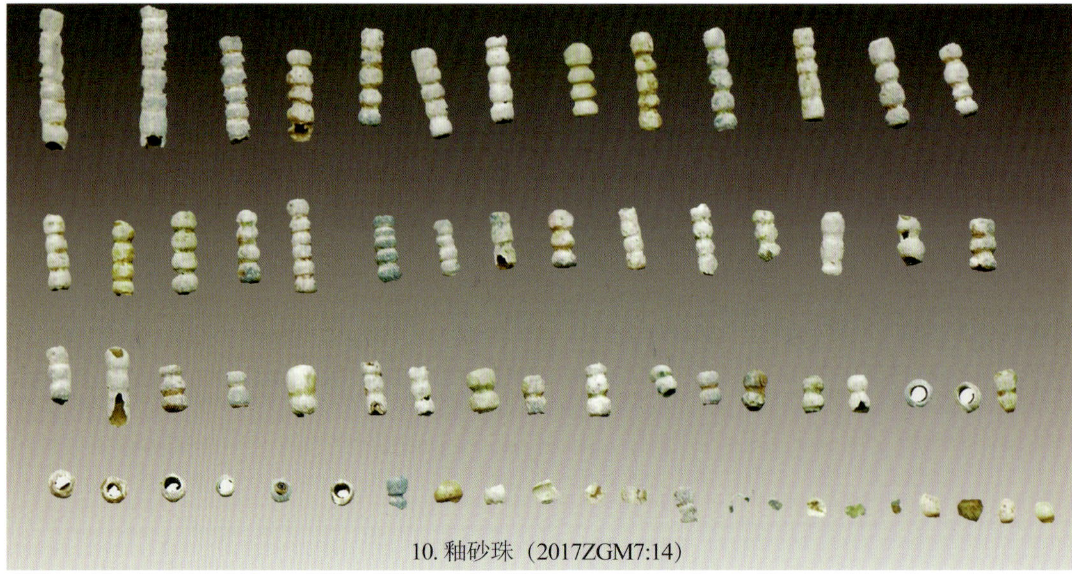

10. 釉砂珠（2017ZGM7:14）

札达县格布赛鲁墓地出土遗物

图版五

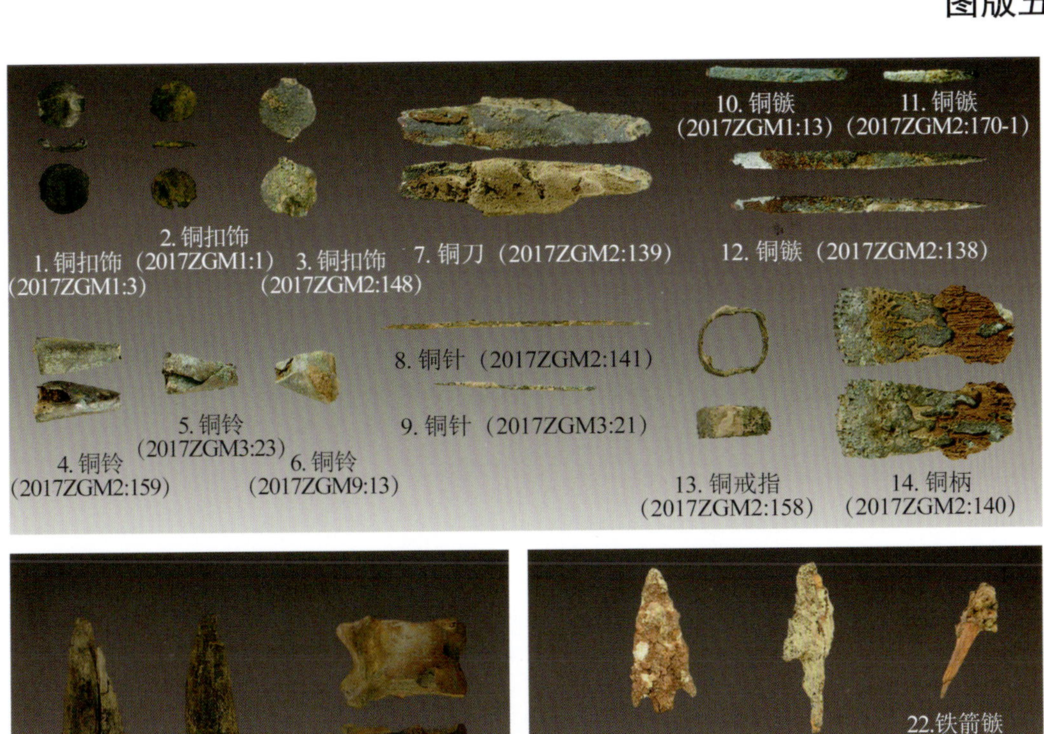

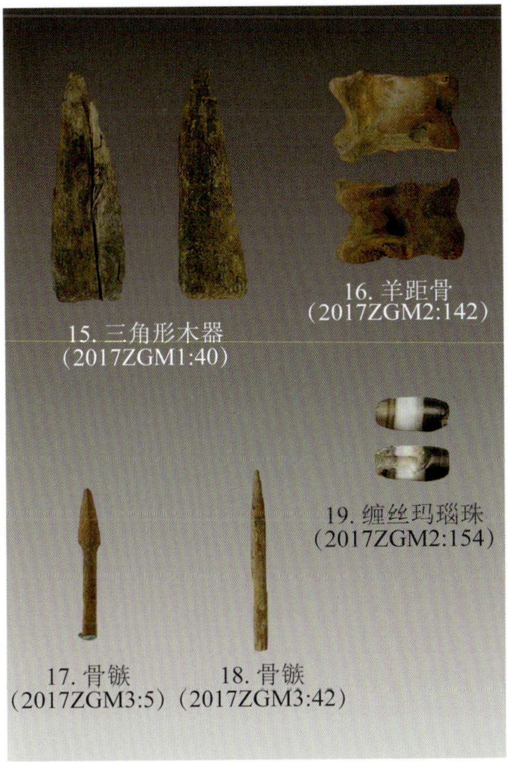

15. 三角形木器（2017ZGM1:40）
16. 羊距骨（2017ZGM2:142）
17. 骨镞（2017ZGM3:5）
18. 骨镞（2017ZGM3:42）
19. 缠丝玛瑙珠（2017ZGM2:154）

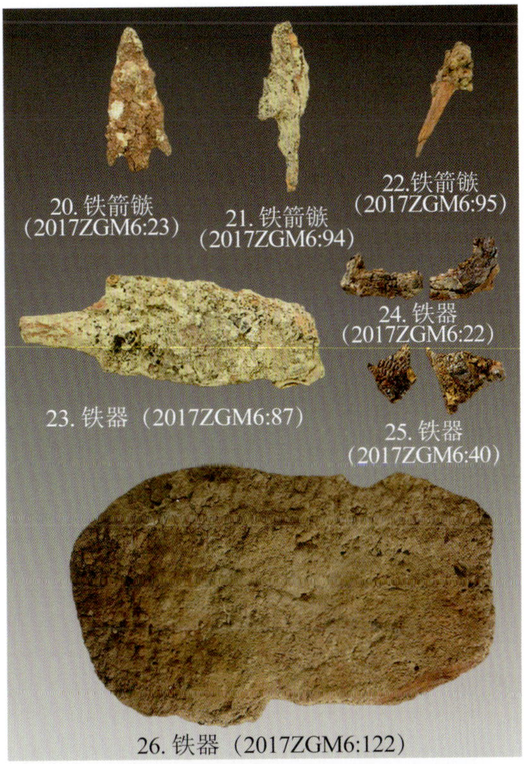

20. 铁箭镞（2017ZGM6:23）
21. 铁箭镞（2017ZGM6:94）
22. 铁箭镞（2017ZGM6:95）
23. 铁器（2017ZGM6:87）
24. 铁器（2017ZGM6:22）
25. 铁器（2017ZGM6:40）
26. 铁器（2017ZGM6:122）

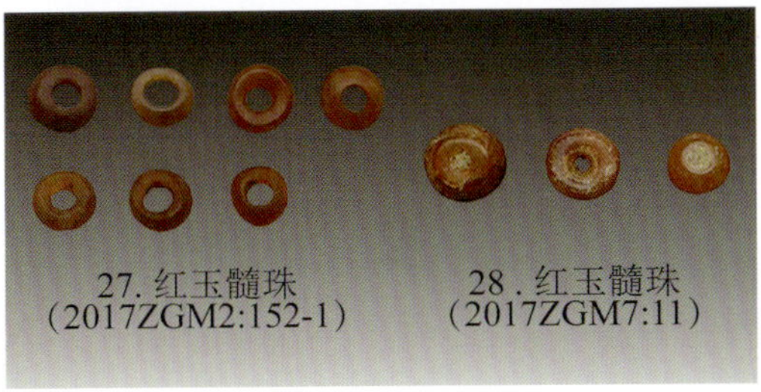

27. 红玉髓珠（2017ZGM2:152-1）
28. 红玉髓珠（2017ZGM7:11）

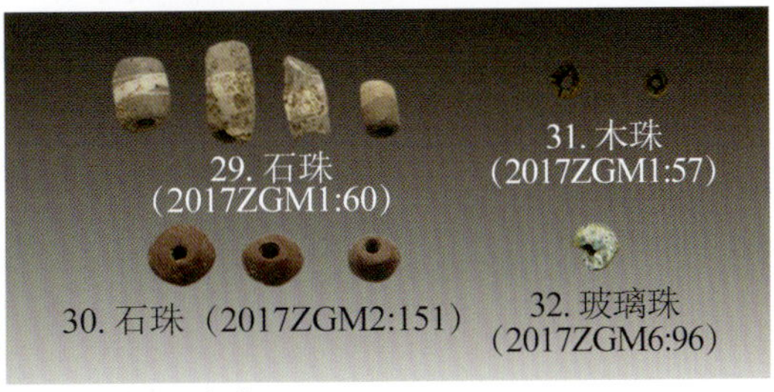

29. 石珠（2017ZGM1:60）
30. 石珠（2017ZGM2:151）
31. 木珠（2017ZGM1:57）
32. 玻璃珠（2017ZGM6:96）

札达县格布赛鲁墓地出土遗物

图版六

1. 邦嘎遗址出土陶器

2. 邦嘎遗址F1遗迹照片

3. 邦嘎遗址出土石器

琼结县邦嘎遗址及出土器物

图版七

1. M2俯拍

2. M1俯拍

3. M3正视图

乃东县结萨石室墓地

图版八

1. 陶圜底罐（M2:1）

2. 陶长颈罐（T5③:1）

3. 青铜残片（M6:2）

4. 镂空圈足铜钵（2009NJWM1:2）

5. 带柄铜镜（2009NJWM1:1）

6. 带饰铜环（2009NJWM1:3）

乃东县结萨石室墓地出土器物

图版九

1. 杰丁噶摩崖石刻造像群航拍图

2. 一号摩崖石刻造像整体崖面

3. 一号摩崖石刻正射影像图（局部）

4. 一号摩崖石刻正射影像图（局部）

5. 一号摩崖石刻正射影像图（局部）

拉萨市杰丁噶摩崖石刻

图版一〇

1. 二号摩崖石刻2-1-T1正射影像图

2. 二号摩崖石刻2-1-T2正射影像图

3. 二号摩崖石刻2-1-T3正射影像图

4. 二号摩崖石刻2-1-T4正射影像图

5. 二号摩崖石刻2-1-T5正射影像图

6. 二号摩崖石刻2-2正射影像图

拉萨市杰丁噶摩崖石刻

1. 二号摩崖石刻2-3正射影像图

2. 二号摩崖石刻2-5正射影像图

3. 二号摩崖石刻2-4正射影像图

拉萨市杰丁噶摩崖石刻

1. 二号摩崖石刻2-6正射影像图

2. 二号摩崖石刻2-7正射影像图

拉萨市杰丁噶摩崖石刻

1. 二号摩崖石刻2-7正射影像图

2. 二号摩崖石刻2-8正射影像图

3. 三号摩崖石刻3-1正射影像图

4. 三号摩崖石刻3-2正射影像图

5. 三号摩崖石刻3-3正射影像图

拉萨市杰丁噶摩崖石刻

图版一四

拉萨市杰丁嘎四号摩崖石刻正射影像图

图版一五

1. 五号摩崖石刻正射影像图

2. 六号摩崖石刻正射影像图

拉萨市杰丁噶摩崖石刻

图版一六

1. 身像（K7:1）

2. 上师像（K6:3）

3. 上师像（K6:4）

4. 上师像（K6:6）

5. 莲花生印经板（K4:22 A面）

6. 莲花生印经板（K4:22 B面）

吉隆县青嘎石窟出土遗物

1. 曼陀罗印经板（K4:23）

2. 菩萨印经板（K4:24）

吉隆县青嘎石窟出土遗物

图版一八

1. 东壁第1处
2. 东壁第2、3处
3. 东壁第4处
4. 东壁第5处
5. 东壁第6处
6. 东壁第7处
7. 东壁第8处
8. 东壁第9处
9. 东壁第10处
10. 东壁第11处
11. 东壁第12处
12. 东壁第13处
13. 东壁第15处
14. 东壁第14处
15. 东壁第16、17处
16. 东壁第18处

吉隆县青嘎石窟K2东壁题记

图版一九

1. 北壁细节

2. 东壁细节

3. 南壁细节

4. 西壁细节

吉隆县青嘎石窟K2壁画

吉隆县青嘎石窟K1佛塔泥塑（西南—东北）

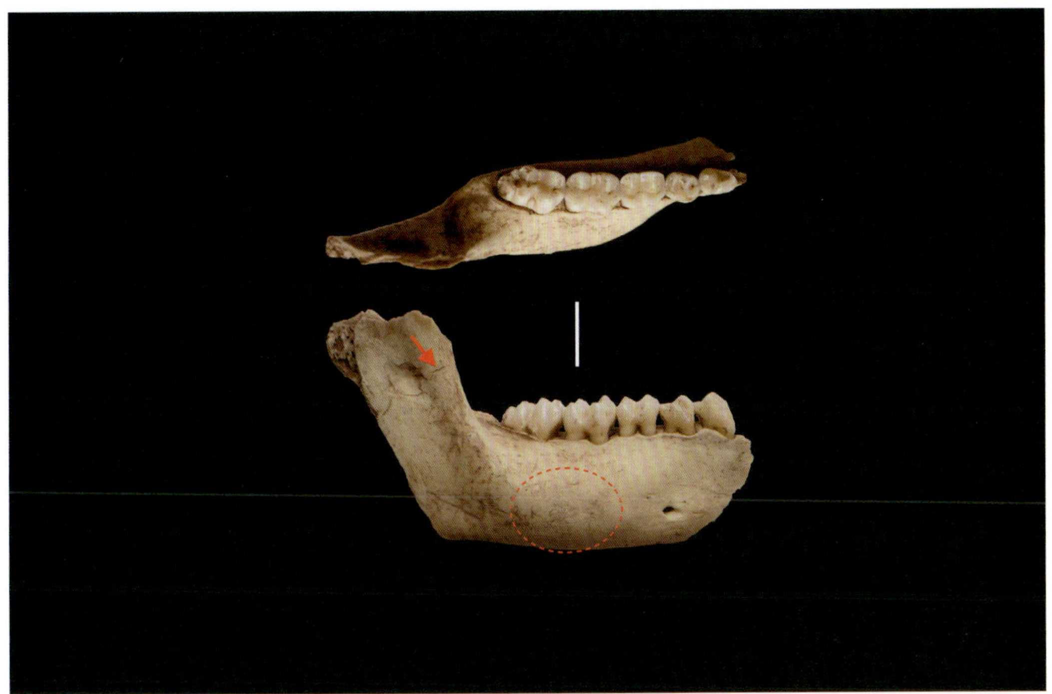

1. 灵长目动物标本

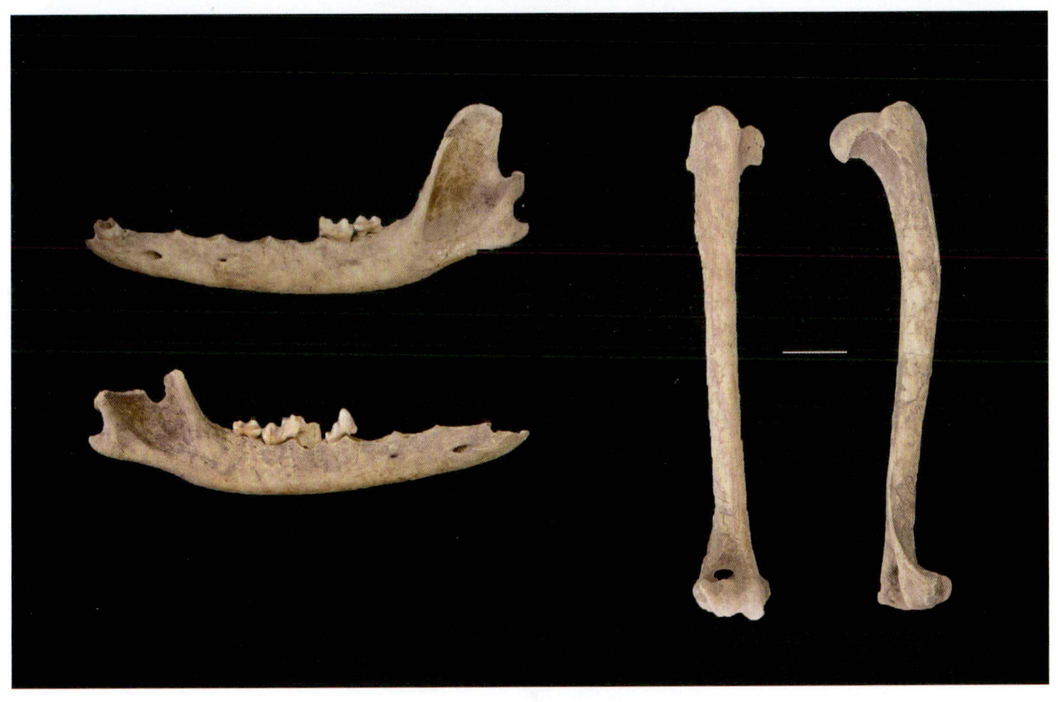

2. 食肉目动物标本

昌都市小恩达遗址出土动物遗存

图版二二

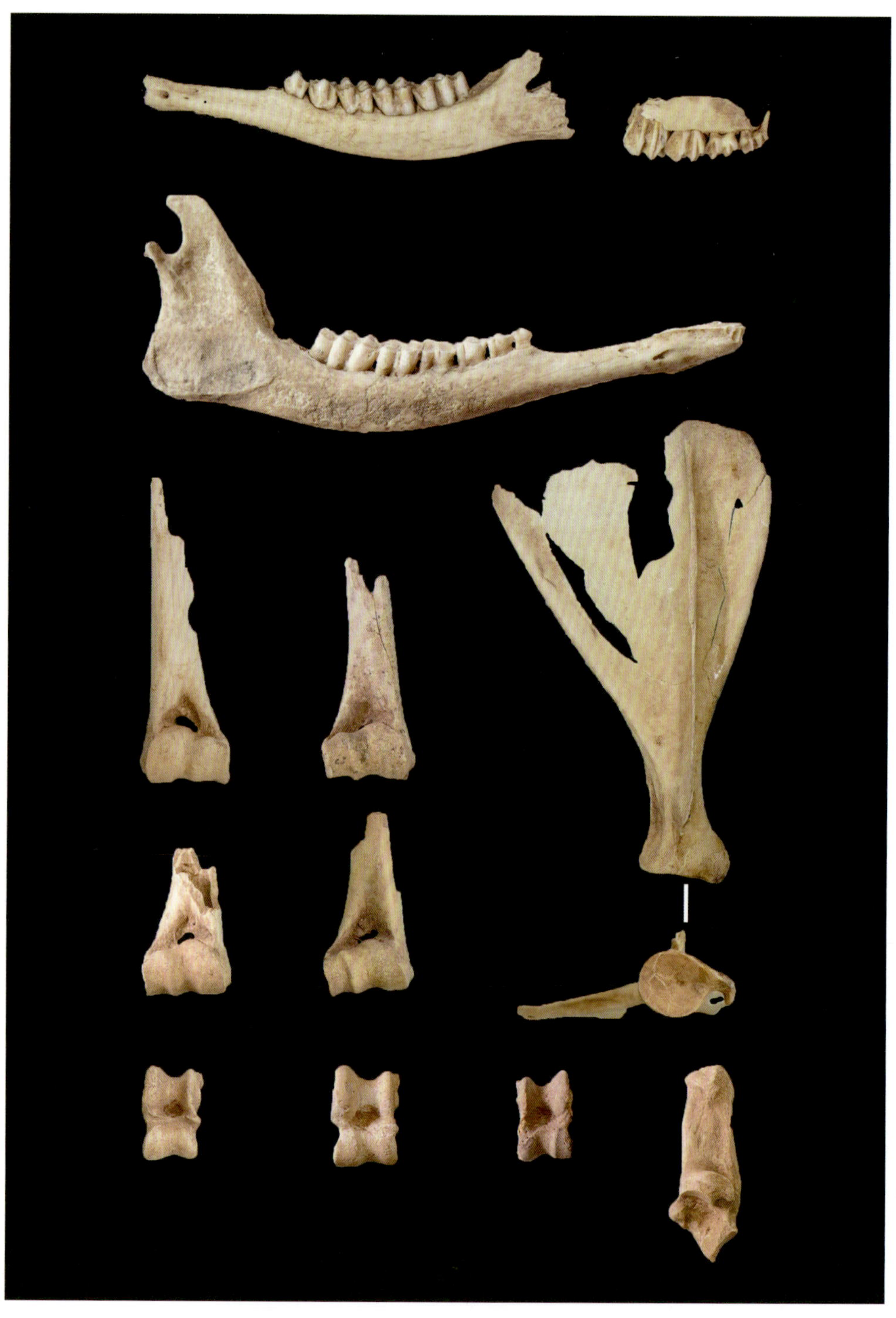

昌都市小恩达遗址出土麝科动物标本

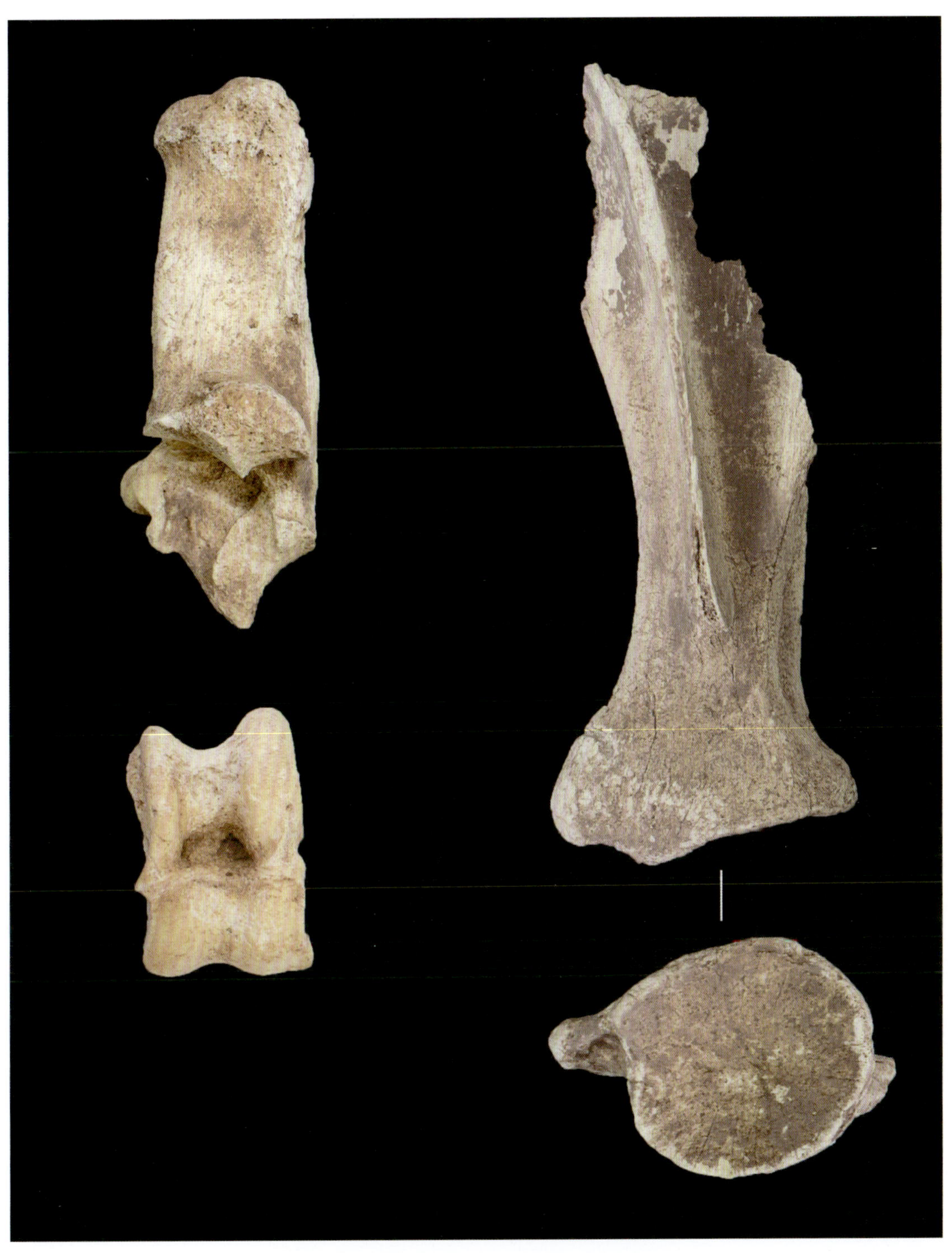

昌都市小恩达遗址出土大型鹿科动物标本

图版二四

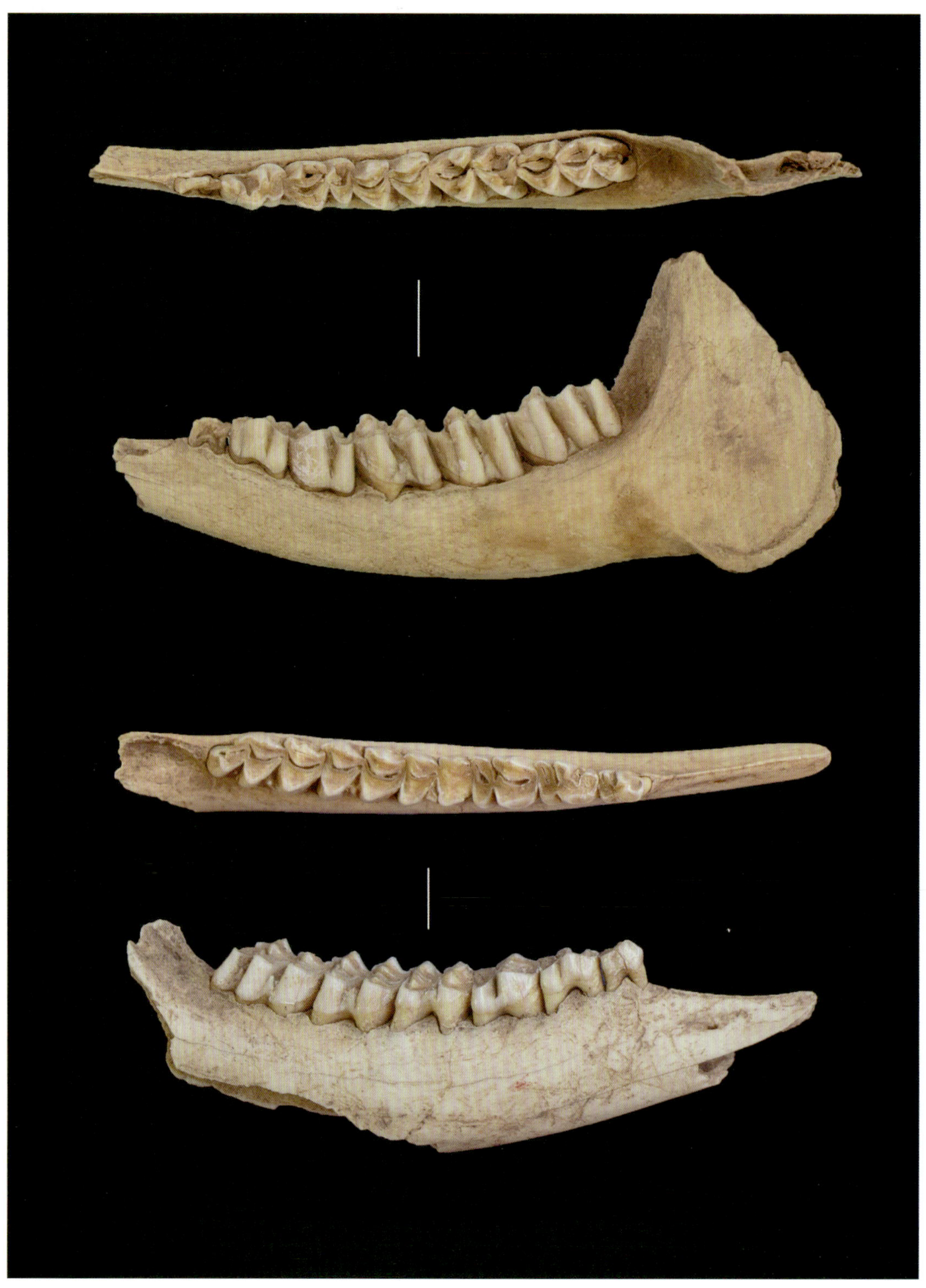

昌都市小恩达遗址出土中型鹿科动物标本

1. 狍标本

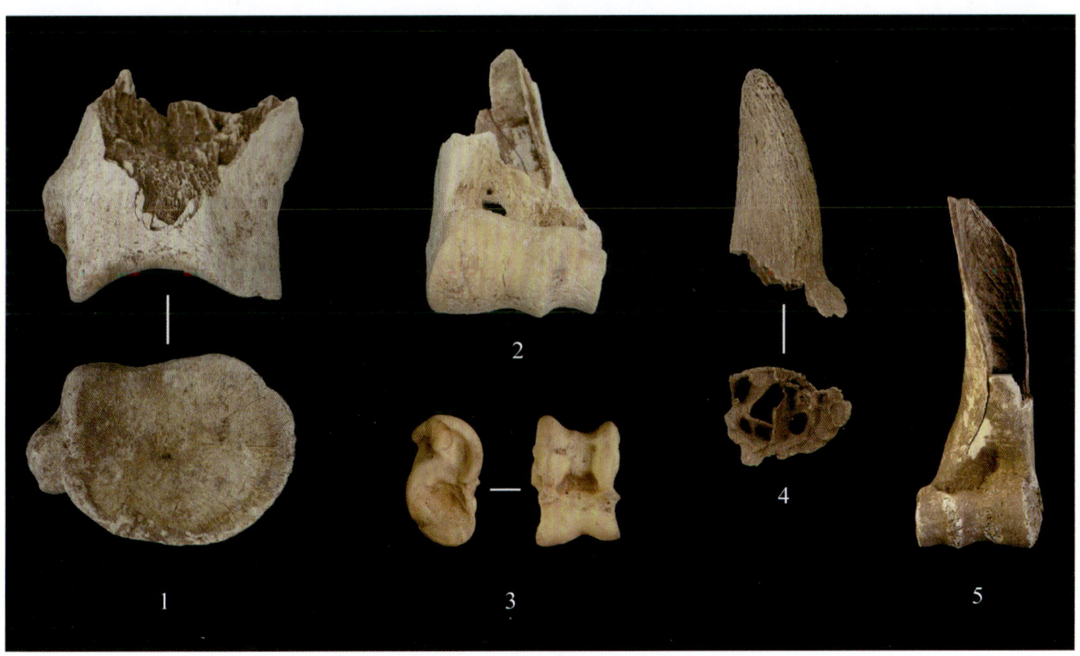

2. 牛科动物标本

昌都市小恩达遗址出土动物遗存

图版二六

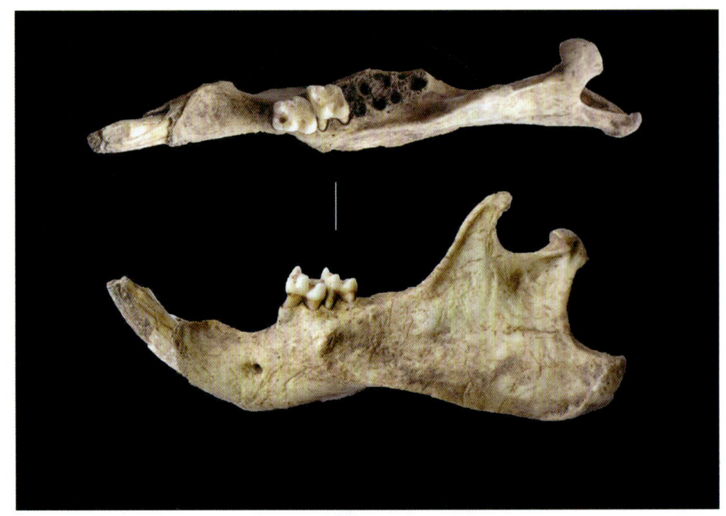

1. 旱獭下颌骨标本

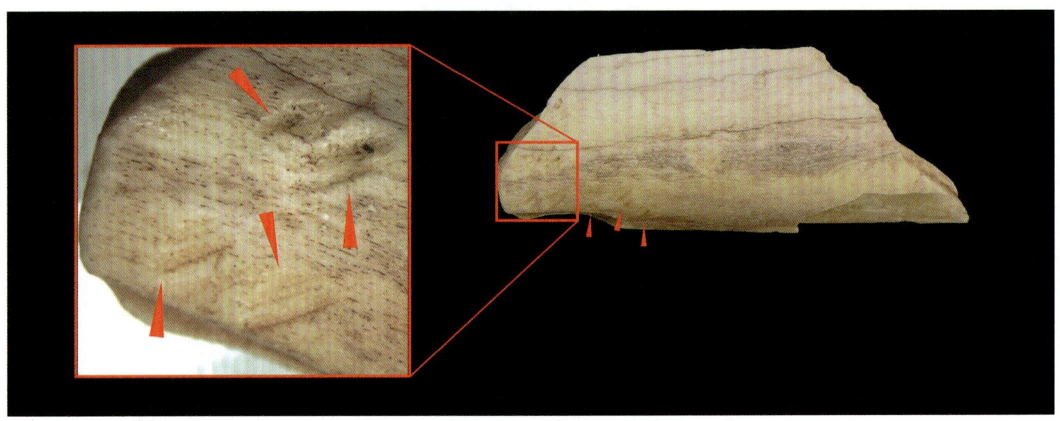

2. 带啮齿动物啃咬痕迹的标本

3. 骨锥标本

昌都市小恩达遗址出土动物遗存

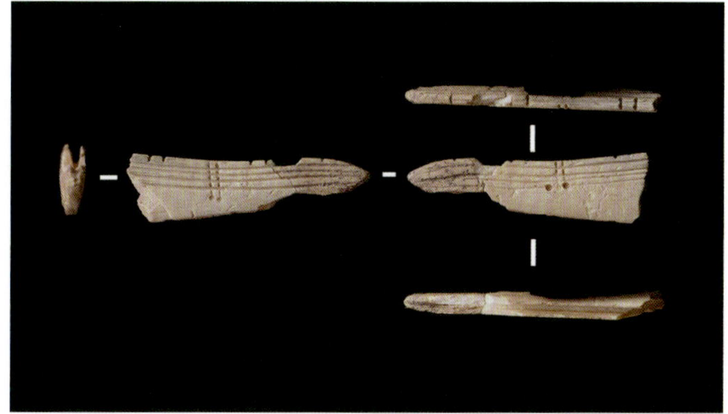

1. 骨柄

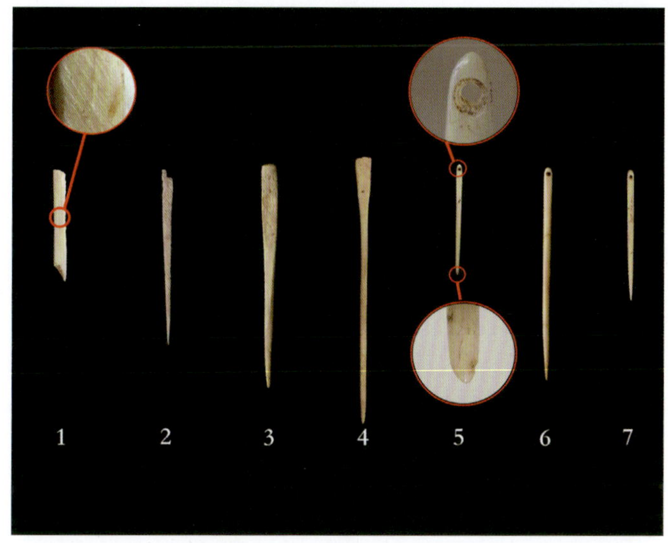

2. 骨针

3. 带骨瘤病理现象的标本

昌都市小恩达遗址出土动物遗存

图版二八

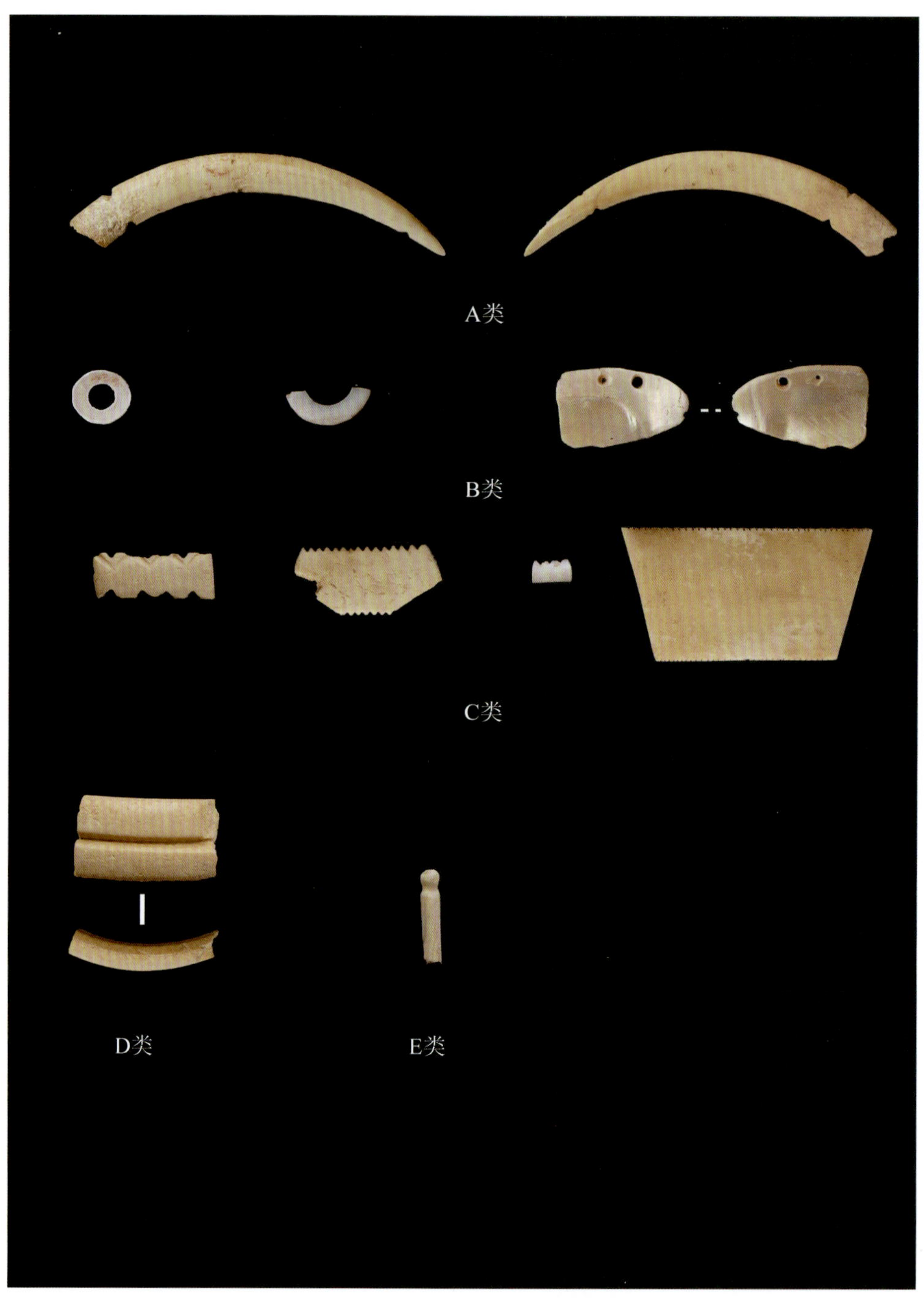

昌都市小恩达遗址出土牙饰和骨饰

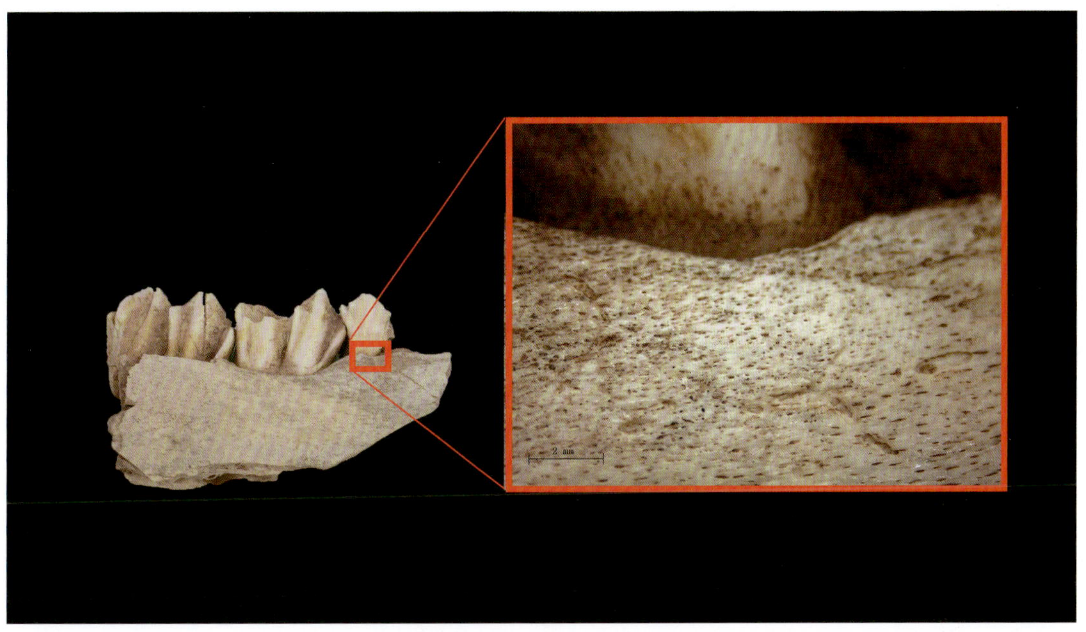

1. 带骨膜炎病理现象的标本

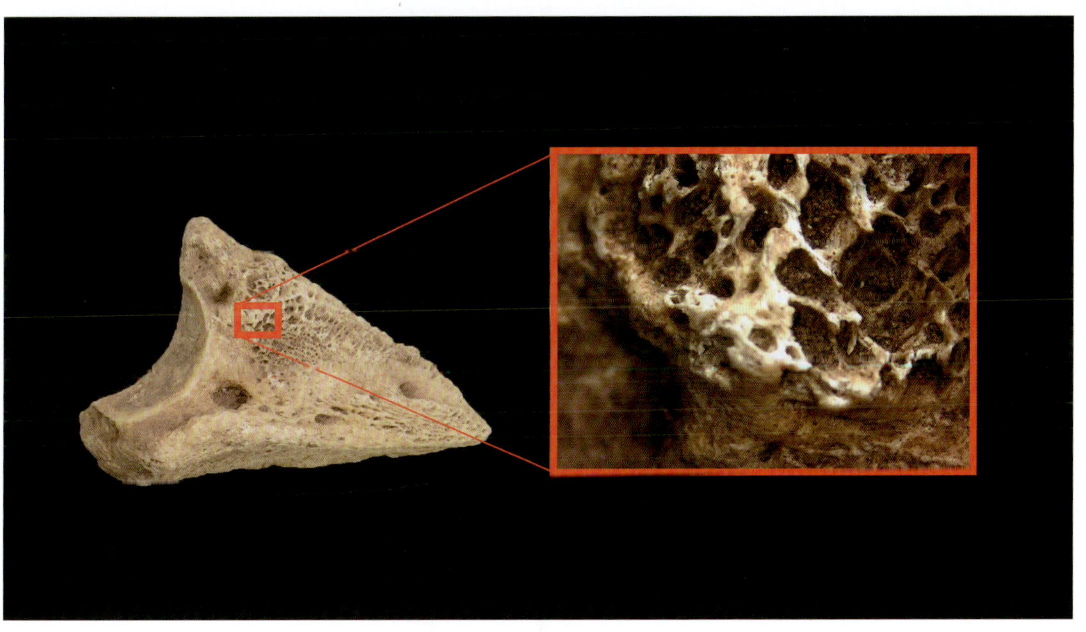

2. 带骨质增生病理现象的标本

图版三〇

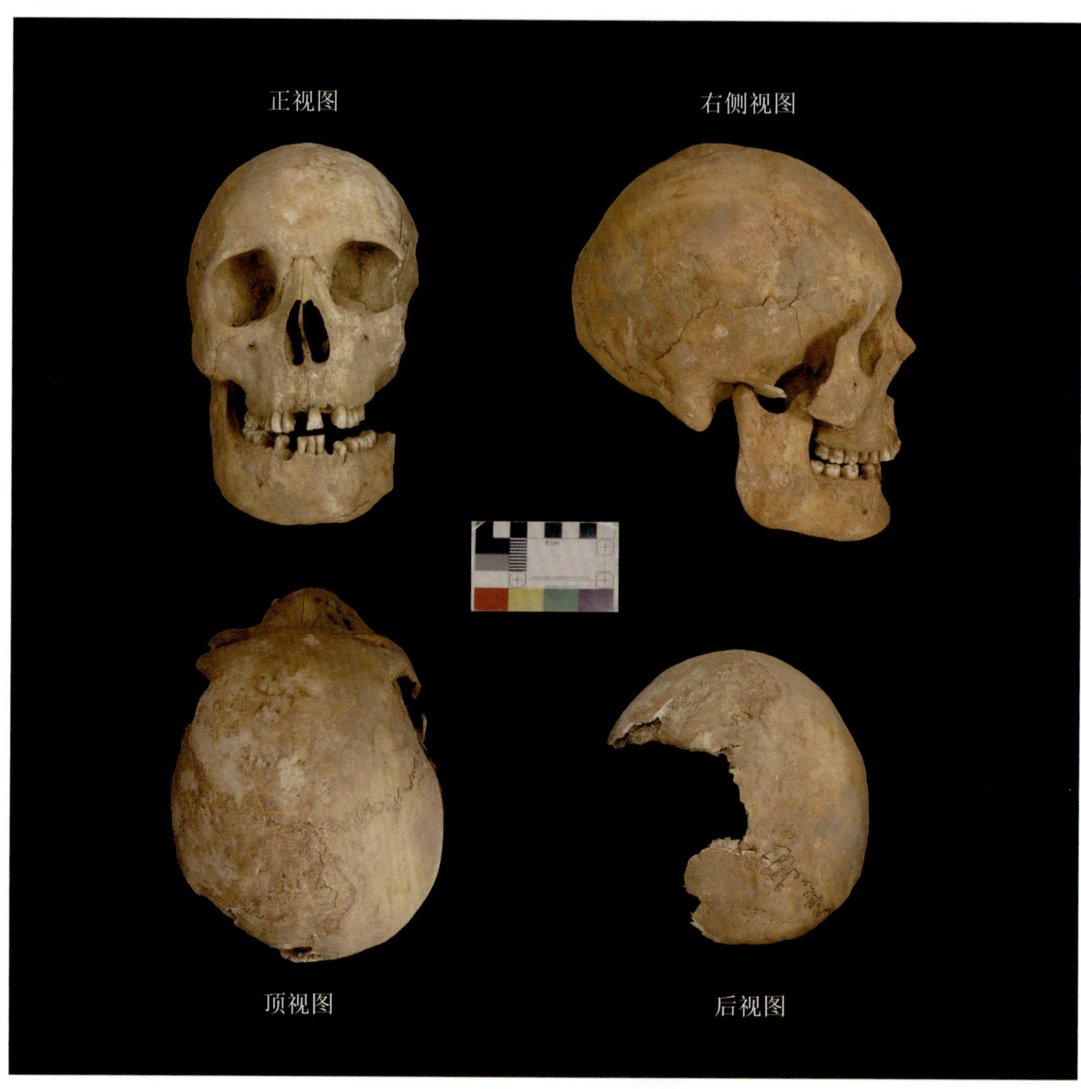

山南市结萨石室墓M2颅骨

图版三一

1. M23:12（正视）

2. M23:12（背视）

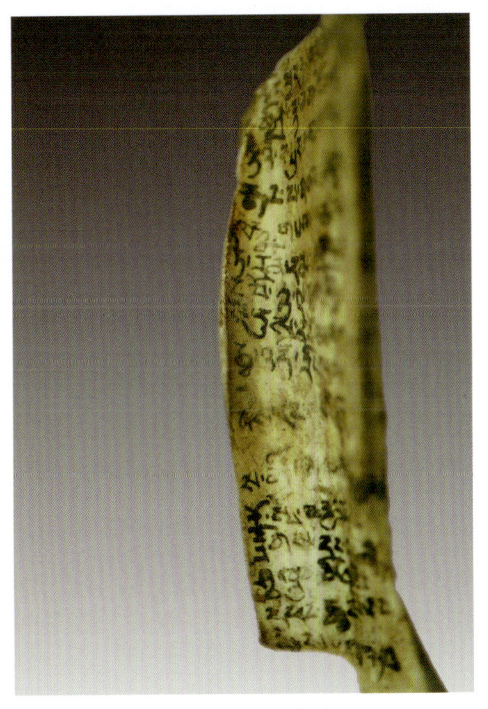

3. M23:12（左视）

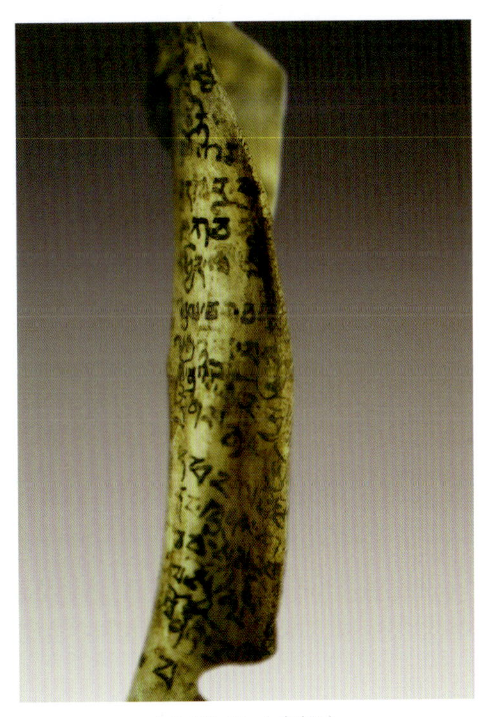

4. M23:12（右视）

都兰县热水墓地M23出土羊胛骨

图版三二

1. 卡尔恩地点全貌

2. T4塔群现状俯视

3. T4塔群现状侧视（南—北）

4. 麦隆沟佛寺排塔遗址

札达县曲龙遗址卡尔恩地点

1. 按印塔擦（单塔）（T4:1）

2. 按印塔擦（单塔）（T4:2）

3. 按印塔擦（多塔）（T4:7）

4. 金刚像擦（T4:17）

5. 麦隆沟遗址11~12世纪
按印多塔擦擦

6. 托林寺遗址11~12世纪
脱模多塔擦擦

7. 卡尔恩地点佛寺遗址QSFS1

8. 琼隆地点Ⅱ区D446未完工佛窟套斗式藻井

札达县曲龙遗址卡尔恩地点建筑遗址和出土擦擦

图版三四

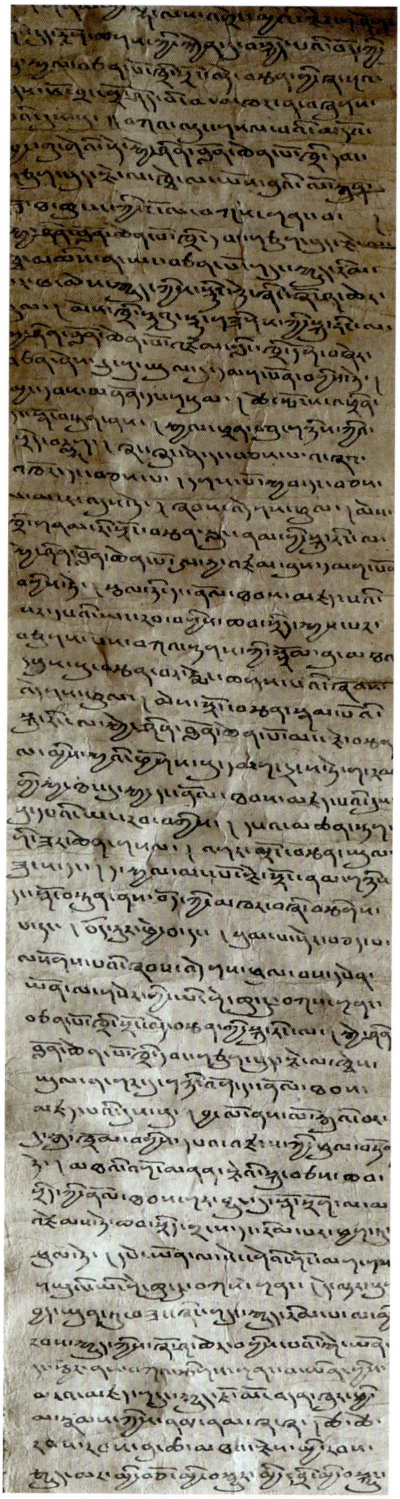

札达县曲龙遗址卡尔恩地点佛塔出土后弘初期历史文书正面局部

1. 宗喀石窟（自南向北）

2. 普巴神山K5（自南向北）

山南市、昌都市石窟遗存

图版三六

1. 香孜石窟东壁壁画

2. 邦扎石窟东壁壁画

阿里地区石窟壁画

1. 多尔玛石窟西北壁壁画

2. 唯色普石窟北壁壁画

日喀则市石窟壁画

图版三八

1. 东坝古民居主楼南立面

2. 东坝古民居藤编木骨泥墙

3. 东坝古民居第三层室内壁画

左贡县东坝古民居

1. 邓达古民居立面

2. 邓达古民居窗

左贡县邓达古民居

图版四〇

1. “圣德莫名”匾

2. 双忠祠碑

拉萨市磨盘山关帝庙匾、双忠祠碑